SAP-Prozesse: Finanzwesen und Controlling

Edition SAP®

In der Edition SAP des Addison-Wesley Verlages sind bisher erschienen:

Liane Will, Christiane Hienger, Frank Straßenburg, Rocco Himmer
Administration des SAP-Systems R/3
2. Auflage zum Release 3.x, 1997, ISBN 3-8273-1136-5

Erich Dräger
Projektmanagement mit SAP R/3
1. Auflage, 1998, ISBN 3-8273-1334-1

Mario Pérez, Alexander Hildenbrand, Bernd Matzke, Peter Zencke
Geschäftsprozesse im Internet mit SAP R/3
1. Auflage, 1998, ISBN 3-8273-1358-9

Rüdiger Buck-Emden
Die Technologie des SAP-Systems R/3
4. Auflage zum Release 4.0/4.5, 1998, ISBN 3-8273-1379-1

Thomas Teufel, Jürgen Röhricht, Peter Willems
SAP R/3-Prozeßanalyse mit Knowledge-Maps
1. Auflage, 1999, ISBN 3-8273-1388-0

Jörg Rensmann, Frank Eckardt
SAP R/3-Programmierung mit Delphi/Connect for SAP
1. Auflage, 1999, ISBN 3-8273-1425-9

Marcus Geiß, Roland Soltysiak
SAP R/3 dynamisch einführen
1. Auflage, 1999, ISBN 3-8273-1456-9

Gerhard Oberniedermaier, Marcus Geiß
SAP R/3-Systeme effizient testen
1. Auflage, 1999, ISBN 3-8273-1504-2

Andreas Berthold, Ulrich Mende, Herbert Schuster
SAP Business Workflow
1. Auflage, 1999, ISBN 3-8273-1483-6

Bernd Matzke
ABAP/4
3., erweiterte Auflage, 1999, ISBN 3-8273-1553-0

In Kürze erscheint:

Gerhard Oberniedermaier
Vertriebslogistik mit SAP R/3
1. Auflage, 2000, ISBN 3-8273-1610-3

EDITION SAP®

Thomas Teufel, Jürgen Röhricht,
Peter Willems

SAP-Prozesse: Finanzwesen und Controlling

ADDISON-WESLEY

An imprint of Pearson Education

München • Boston • San Francisco • Harlow, England
Don Mills, Ontario • Sydney • Mexico City
Madrid • Amsterdam

Die Deutsche Bibliothek – CIP-Einheitsaufnahme

Ein Titeldatensatz für diese Publikation ist bei der Deutschen Bibliothek erhältlich.

Umwelthinweis:
Dieses Buch wurde auf chlorfrei gebleichtem Papier gedruckt.
Die Einschrumpffolie – zum Schutz vor Verschmutzung – ist aus umweltverträglichem und recyclingfähigem PE-Material.

10 9 8 7 6 5 4 3 2
04 03 02 01

ISBN 3-8273-1600-6

Einbandgestaltung: Barbara Thoben, Köln
Lektorat: Christian Schneider, München
Herstellung: Anja Zygalakis, München
Satz: reemers publishing services gmbh, Krefeld
Druck: Schoder Druck, Gersthofen
Printed in Germany

Dieses Buch widmen wir:

Tina

Eva

Lalanthi

Benjamin

und unseren Eltern

Inhaltsverzeichnis

Vorwort

Die nachhaltige Verbesserung des Wissensmanagements ist ein wichtiger Schritt aus der Misere, daß unsere Gesellschaft nicht immer korrekt funktioniert. Wir alle müssen lernen, mit dem kostbaren Gut Wissen richtig umzugehen: Nur Unternehmen, die in der Lage sind, das in ihrer Organisation vorhandene Wissen produktiv und zielgerichtet einzusetzen, werden künftig erfolgreich sein. So oder ähnlich lauten die Prognosen der Botschafter der Wissensgesellschaft.

Der richtige Schlüssel für den Weg der Unternehmen in die Wissensgesellschaft heißt Knowledge Management. Das in den Köpfen der Mitarbeiter vorhandene individuelle Wissen muß „eingesammelt" und dem Unternehmen als Organisationswissen zur Verfügung gestellt werden. Gerade in High-Tech-Unternehmen ist Knowledge Management ein zentrales Thema: Wissen zirkuliert in Software-Branchen erheblich schneller als in den klassischen Märkten. Es kann davon ausgegangen werden, daß die Hälfte des Wissens, das wir heute aufbauen, in unserer High-Tech-Industrie bereits nach 18 Monaten wieder veraltet ist. Wissen ist ein wichtiger Produktionsfaktor, ist eine knappe und wertvolle Ressource, die in ihrem gesamten Lebenszyklus gezielt gemanagt werden muß.

Das vorliegende Buch zeigt nun konkrete Wege auf, wie mit Hilfe von sog. Knowledge Maps ein beschleunigtes Business Engineering durchgeführt und zu einem ganzheitlichen Prozeßwissensmanagement ausgebaut werden kann. Zusätzlich stellt es einen großen Fundus an konkreten Prozeß- und Organisations-Knowledge-Maps zu den wesentlichsten Prozeßbereichen des SAP-Systems zur Verfügung.

Bei den von den Autoren Th. Teufel, J. Röhricht und P. Willems entworfenen Knowledge Maps handelt es sich um die auf Prozeßbausteine des SAP-Systems bezogene Anwendung der herkömmlichen Mind Mapping Methode. Dabei wird pro Prozeßbaustein in strukturierter Form eine Synthese hergestellt zwischen typischen Beraterfragen zur Einführung des Systems, der ASAP-Methode (Q&Adb), der SAP-Dokumentation, den Transaktionen des SAP-Systems, den Prozeßmodellen als auch Tips und Tricks von Beratern.

Ich wünsche Ihnen viel Spaß beim Lesen und bin mir sicher, daß Sie mit Hilfe dieses Buches den Produktionsfaktor Wissen weiter ausbauen können.

Walldorf,
im März 1999

Gerhard Oswald
Mitglied des Vorstandes der SAP AG

Vorwort

Die Beherrschung der Prozesse ist die Voraussetzung für den Unternehmenserfolg. Die Informationstechnik ermöglicht eine Optimierung der inner- und zwischenbetrieblichen Prozesse, welche die Regeln des Wettbewerbs und die Strukturen der Wirtschaft grundlegend verändert. Sie ist die Basis für neue Produkte und Services, neue Formen der Kundenbeziehung und neue Führungsinstrumente. Diese Entwicklung bedeutet einen gewaltigen Effektivitäts- und Effizienzschub, allerdings auch eine sprunghaft steigende Komplexität. Ein Heer von Business Engineers ist damit beschäftigt, die Strukturen und Prozesse für das Unternehmen des Informationszeitalters zu entwickeln; die Ausbildungskosten für die Mitarbeiter, welche diese Prozesse ausführen, steigen rapide an.

Damit entsteht ein dringender Bedarf an Instrumenten des Business Engineering. Diese sollen sicherstellen, daß die enormen Investitionen der Unternehmen in ihre Reorganisation den erwarteten Nutzen realisieren, die Unternehmen sich kontinuierlich weiterentwickeln und die Kosten für den Betrieb der Prozesse sinken. Die Unternehmen verstehen ihre Transformationen mehr und mehr als organisatorischen Entwicklungsprozeß.

Die Instrumente des Business Engineering helfen dem Menschen, ein Unternehmen zu verstehen. Es sind Darstellungen, welche ihm Abläufe, Ergebnisse, ja sogar Machtstrukturen vorstellbar machen. Diese Beschreibungen zeigen dem Business Engineer oder dem Prozeßmitarbeiter verschiedene Sichten wie etwa die organisatorische Struktur, die Geschäftsobjekte oder die Supply-Chain-Strategie. Die Hilfsmittel bereiten Aussagen über das Unternehmen graphisch, tabellarisch und textlich auf, verbinden die Elemente zu einem umfassenden Bild und verdichten die Darstellungen für den jeweiligen Verwendungszweck. Computerunterstützte Werkzeuge helfen, die Darstellung zu editieren, Informationen zu suchen und zu verknüpfen.

Damit entsteht ein Knowledge Management des Business Engineering. Gegenstand ist das gesamte Wissen über die Organisation eines Unternehmens. Adressaten sind die Prozeßmitarbeiter, Führungskräfte, Business Engineers, Revisionsgesellschaften und letztlich sogar die Finanzanalysten.

Ausgehend vom Software Engineering hat sich eine Disziplin des Business Engineerings entwickelt, die vielfältige Instrumente zur Entwicklung und Nutzung des Wissens über ein Unternehmen hervorgebracht hat. Teufel, Röhricht und Willems präsentieren in diesem Buch einen neuen, semistrukturierten Ansatz, in dessen Mittelpunkt die Knowledge Map steht, die dem menschlichen Denken entgegenkommt und von den Möglichkeiten der Vernetzung über Hyperlinks Gebrauch macht. Der Ansatz versteht sich als übergeordnetes Hilfsmittel zur Strukturierung von und Navigation in Wissen.

Der Erfolg neuer Ansätze im Business Engineering ist schwer vorhersehbar, da er in einer äußerst komplexen Umgebung von vielen Faktoren abhängt. Die Erfahrung der Autoren und die Erprobung der Konzepte sind aber eine hervorragende Voraussetzung; die theoretischen Grundkonzepte des Ansatzes repräsentieren einen innovativen und pragmatischen Ansatz des Knowledge Managements.

St. Gallen,
im März 1999

Prof. Dr. Hubert Österle

Vorwort zur Prozeßbibliothek

Die SAP-Prozeßbibliothek ist ein Standardwerk zur Analyse und Beschreibung der Grundlagenprozesse des SAP Produktes mySAP.com, welches die neue Internet-Strategie der SAP darstellt. Ein wesentliches Merkmal von mySAP.com sind die Business Szenarien, bei denen es sich um eine prozeßorientierte Sicht auf die mySAP.com-Komponenten handelt. Diese sind die SAP Standardprodukte, wie z.B. das SAP R/3, der Advanced Planner and Optimizer, das Business Information Warehouse, das Business-To-Business Procurement etc. Daraus folgt, daß all diese, heute noch selbständig dastehenden Software-Lösungen, Teil eines großen Gesamten werden, mySAP.com. Trotzdem bleiben die Kernfunktionalitäten erhalten. Speziell dem R/3 kommt nach wie vor eine besondere Bedeutung zu, da es als Backend-System zentrale Prozesse wie Rechnungswesen, Logistik und Human Ressources integriert. Durch die neuen Komponenten wird jedoch diese Integration unternehmensinterner Prozesse auf eine kooperative Basis gestellt und eine firmenübergreifende und kollaborative Prozeßintegration erreicht. Da es sich bei dem ersten Band dieser Prozeßbibliothek hauptsächlich um die strukturierte Vorgehensweise zur Prozeßanalyse im Rahmen eines Business Engineering und dem damit verbundenen organisatorischen Knowledge Management handelt, kann diese Methodik auf das gesamte mySAP.com übertragen werden. Die Bände 2 bis 4 behandeln im Detail die Analyse der Prozeßabläufe des Backend Systems von mySAP.com, dem R/3, und stellen das dazu notwendige Wissen in Form von Knowledge Maps zur Verfügung.

Durch die Anwendung der Mind Mapping Methode und der Verwendung der EnjoySAP Benutzeroberfläche, werden diese SAP-Prozesse einfach und strukturiert erklärt. Darüber hinaus werden konkrete Wege aufgezeigt, wie das im Rahmen des Business Engineering gewonnene Wissen zu einem prozeßorientierten Wissensmanagement ausgebaut werden kann. Die Autoren stellen in der gesamten Prozeßbibliothek über 200 Knowledge Maps zur Verfügung, die allgemeine Dokumentation, Fragen zur Prozeßanalyse sowie Tips und Tricks, kombiniert mit geballter Beratererfahrung, verbinden. Dies erlaubt eine beschleunigte und vom Kunden weitgehend selbst durchführbare Prozeßanalyse. Die Bücher dieser Reihe hängen miteinander zusammen, sind jedoch so verfaßt, daß sie auch einzeln benutzt werden können.

Die Prozeßanalyse ist die zentrale Aufgabe bei der Einführung einer betriebswirtschaftlichen Software. Wir, die Autoren, haben in unserer langjährigen Tätigkeit als SAP-Berater gemeinsam in SAP-Einführungsprojekten an dieser Thematik gearbeitet. Die dort gesammelten Erfahrungen veranlaßten uns, die Vorgehensweise bei einer Prozeßanalyse zu überdenken. Die modernen Möglichkeiten eines Wissensmanagements führten uns dabei zu einem neuen Ansatz. Insbesondere die Vorgehensweise einer referenzbasierten Einführung des SAP-Systems erfordert, das Wissen in der Software und das Wissen von externen sowie internen Projektmitarbeitern für eine Prozeßanalyse besser zu nutzen. Insbesondere das organisatorische Wissen in den Unternehmen wird heute als weiterer Produktionsfaktor angesehen. Um so wichtiger ist es, während der SAP-Einführung die Techniken eines Wissensmanagements intelligent einzusetzen. Dabei wenden wir uns mit den Inhalten des Buches an folgende Zielgruppen:

- Entscheidungsträger der einzelnen Fachbereiche
- Projektleiter
- Prozeßverantwortliche (Process-Owner)
- Unternehmensberater, insbesondere SAP-Berater
- SAP-Projektteam
- SAP-Anwender
- Studenten
- alle Interessierten am SAP-System

Unsere Beratertätigkeit in Unternehmen und die Arbeit mit den genannten Zielgruppen zeigte uns immer wieder, daß trotz des hohen Komplexitätsgrades von integrierten Prozessen eine einfache Darstellung gefunden werden muß. Die Inspiration, die herkömmliche Mind Mapping Methode von Tony Buzan zur Erklärung betriebswirtschaftlicher Standardsoftware einzusetzen, gab uns Anlaß, diese Prozeßbibliothek zu schreiben.

Unser Ziel ist es:

- *das SAP Backendsystem R/3 so einfach wie möglich zu erklären,*
- *exklusives Berater-Know-how zum Business Engineering bereitzustellen,*
- *innovative Wege zum Aufbau eines Wissensmanagements aufzuzeigen.*

Das umfangreiche SAP-Wissen, dargestellt mit der Mind Mapping Methode, bezeichnen wir als Knowledge Maps. Diese sind eine pragmatische und visualisierte Darstellung und Bestandteil beim Aufbau eines unternehmensweiten Wissenspools während der SAP-Einführung.

Unterschiedliche Informationen werden strukturiert in einer Knowledge Map sichtbar, wobei wir versucht haben, durch Hinweise (siehe Glühlampe auf den Ästen der Knowledge Maps) die Beratererfahrung weiterzugeben. Bevor wir die Knowledge Maps zu den Prozeßbereichen im zweiten Teil unseres Buches aufzeigen, hat der Leser die Möglichkeit, sich mit der Theorie einer Prozeßanalyse vertraut zu machen. Wir beschreiben speziell in Kapitel 5 die Vorgehensweise für einen Prozeßanalyse-Workshop. Natürlich ist jedes Projekt unterschiedlich, und deshalb können Sie die beschriebenen Schritte zur Prozeßanalyse als Vorschlag ansehen. Wir sind gerne für weitere Anregungen offen und würden uns freuen, wenn Sie uns im Internet unter *www.knowledge-map.de* besuchen. Jede im Buch aufgeführte Prozeß-Knowledge-Map wird im Kern als LEGO Baustein dargestellt und ist eine weitere Vereinfachung, um Geschäftsprozesse in Form von LEGO Ketten aufzubauen. Der Autor Jostein Gaarder nennt in seinem Buch „Sofies Welt“ die LEGO Technik als das genialste Spielzeug der Welt. Diese Technik wollen wir zusätzlich für das Business (Re-)Engineering nutzen und haben mit freundlicher Genehmigung der LEGO GmbH die Erlaubnis bekommen, dieses Grafiksymbol einzusetzen.

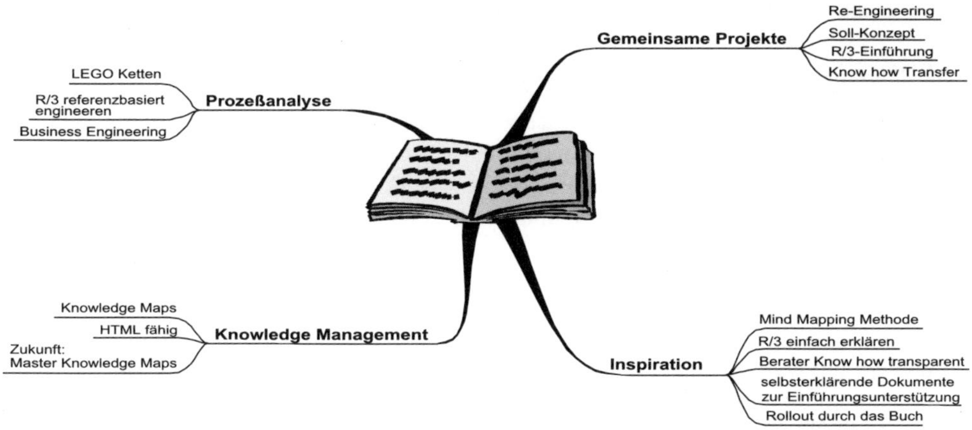

Weiterhin möchten wir uns für die Unterstützung zur Gestaltung des Buches bei den Kollegen Hans-Peter Thomas, Ümit Özdurmus, Dzenita, Maren Vaterrodt (Design LEGO Bausteine), Melanie Machold (Grafiken) und Susanne Lencinas (Marketing) bedanken. Anja Holzwarth (SAP AG) und Christian Schneider vom Verlag Addison-Wesley danken wir für die redaktionelle Überarbeitung dieses Werkes. Für die Unterstützung des gesamten Projektes gilt unser aufrichtiger Dank auch Herrn Christian Rauscher, Lektoratsleiter des Verlages Addison-Wesley. Dank gebührt auch Miho Birimisa und Robert Viehmann (ASAP) sowie Michael Jetter, der das Mind Manager-Tool bereitgestellt hat, und Michael Louis für die Gestaltung der dem Buch beigelegten CD-ROM. Maithri Samaradivakara, Hardlight Multimedia London, danken wir für die Unterstützung beim Marketing.

Für die beratende Unterstützung zum Aufbau und Review der Knowledge Maps gilt ganz besonderer Dank unseren Beraterkollegen Markus Hauser (Controlling), Ralf Brechter (Controlling), Angela Wahl-Knoblauch (Controlling), Mathias Weber (Vertrieb), Liane Richter (Vertrieb), Jörg Minge (Service Management), Helmut Bartsch (Beschaffung, Produktion), Dragan Grujic (Produktion) und Arvind Prasad (Produktion).

Als Promotoren konnten wir zu unserer Freude Herrn Gerhard Oswald, Mitglied des Vorstandes der SAP AG, Prof. Dr. Hubert Oesterle, IWI-HSG Universität St. Gallen, und Prof. Dr. Walter Brenner, Wirtschaftsinformatik und Betriebswirtschaftslehre der Universität Gesamthochschule Essen, gewinnen.

Für die fachlichen Beiträge im Bereich Finanzwesen (Finanzwesen und Controlling, Kapitel 5) möchten wir uns ganz besonders bei Birgit Teufel-Weiss bedanken. Für die anregende Diskussion zum prozeß-orientierten Wissensmanagement bedanken wir uns bei Dr. Christiane Prange. Herr Martin Boll, Geschäftsführer der Steeb Anwendungssysteme GmbH, hat bei der Evaluierung und Einsatzuntersuchung einen entscheidenden Beitrag (Kapitel 7) geleistet, den wir hier besonders erwähnen möchten.

Die Prozeßbibliothek umfaßt folgende Bände:

SAP-Prozesse mit Knowledge Maps analysieren und verstehen

Dieses Buch ist die Basis der SAP Prozeßbibliothek und gilt als „Muß", um die generelle Methodik zur Prozeßananalyse, dem Wissensmanagement und dem Arbeiten mit den Knowledge Maps zu verstehen. Es wird erklärt, was Knowledge Maps sind, wie sie sich aus der Mind Mapping-Methode ableiten und wie Sie in der Praxis eingesetzt werden können. Dazu werden ausführlich die theoretischen Grundlagen der Prozeßanalyse im Rahmen eines Business Engineerings sowie das Knowledge Management beschrieben. Zusätzlich wird ein Überblick zu mySAP.com gegeben.

SAP Prozesse: Finanzwesen und Controlling

In einem kurzen Theorieteil wird ein Überblick zum Produkt mySAP.com und eine Einführung zum generellen Arbeiten mit Prozessen und Knowledge Maps gegeben. Dann werden die wichtigsten Kostenrechnungsphilosophien und Kostenrechnungsverfahren beschrieben und die möglichen Werteflüsse – bei unterschiedlichen Kostenträgern – durch das SAP-System erläutert. Anschließend werden die Organisationseinheiten und Prozesse des externen Rechnungswesens und des Controllings, beginnend mit der Gemeinkostenrechnung über die Produktkostenrechnung bis hin zu der Ergebnis- und Marktsegmentrechnung, erklärt und mit Hilfe von EnjoySAP-Bildern transparent dargestellt.

SAP Prozesse: Planung, Beschaffung und Produktion

In einem kurzen Theorieteil wird ein Überblick zum Produkt mySAP.com und eine Einführung zum generellen Arbeiten mit Prozessen und Knowledge Maps gegeben. Dann werden die Organisationseinheiten und SAP-Prozesse der Logistikplanung, beginnend mit den Prozessen der Programmplanung (Primärbedarfe) und Materialbedarfsplanung (Primär- u. Sekundärbedarfe), erklärt. Danach wird die Beschaffung von der Bestellung über den Wareneingang bis hin zur Rechnungsprüfung beschrieben. Anschließend werden die Produktionsprozesse in deren logischer Reihenfolge dargestellt, wozu u.a. die Fertigungsauftragsbearbeitung und -rückmeldung gehört. Auch hier werden zur Unterstützung der Knowledge Maps und der textuellen Erklärungen EnjoySAP-Bilder genutzt.

SAP Prozesse: Vertrieb und Customer Service

In einem kurzen Theorieteil wird ein Überblick zum Produkt mySAP.com und eine Einführung zum generellen Arbeiten mit Prozessen und Knowledge Maps gegeben. Von der Angebotsbearbeitung bis zur Fakturierung ist ein reichhaltiges Repertoire an Vertriebsprozessen enthalten. Im Customer Service werden von der Meldungsbearbeitung bis zur Auftragsabrechnung alle Prozesse erklärt und mit EnjoySAP transparent gemacht. Der Band wird durch Knowledge Maps zu den Organisationseinheiten vervollständigt.

Walldorf,
im Januar 2000

Thomas Teufel
Jürgen Röhricht
Peter Willems

1 mySAP.com

1.1 EnjoySAP

Mit der Verfügbarkeit des R/3 Release 4.0 hat die Funktionalität der R/3-Komponenten Logistik, Finanzen und Human Resources einen funktionalen Abdeckungsgrad erreicht, der im allgemeinen beinahe jede Anforderung eines Unternehmens bezüglich von einer betriebswirtschaftlichen Standardsoftware abzubildender Prozesse und Funktionen erfüllt. Bis dato haben auch beinahe ausschließlich nur die „professionellen Anwender“ mit dem System R/3 gearbeitet, d.h. Anwender, die den Hauptteil ihrer Arbeitszeit mit den Funktionalitäten des R/3 arbeiten. Dies ist jedoch nicht das Ziel einer betriebswirtschaftlichen Software. So soll doch jeder Mitarbeiter, auch diejenigen die das System nur sporadisch benötigen, z.B. zum Aufruf eines bestimmten Berichts, nutzen. Dies stellt neue Anforderungen an das visuelle Design, die Ablauflogik und die Personalisierbarkeit einer Software, die von Ingenieuren entwickelt wurde und die sich bis dato an den „grauen“ Bildschirmen der Windows-Ära orientiert haben. Darüber hinaus stiegen im allgemeinen und unabhängig von SAP-Produkten die Erwartungen und Anforderungen der Endanwender bezüglich einer simplifizierten und personalisierbaren Nutzung von Software. Dazu trugen mehrere Strömungen, die sich in den letzten Jahren bei einer Vielzahl von Mitarbeitern eingebürgert haben, bei. Zwischenzeitlich haben sie nämlich die ersten Erfahrungen mit dem World Wide Web, neuen mobilen Geräten (Handhelds, Palmtops etc.) und auch Self-Service-Applikationen, die viele Unternehmen heute im Rahmen eines Intranets, z.B. zur Beantragung des Erholungsurlaubs, einsetzen, gemacht. Bei all diesen Anwendungen kommt es sehr stark auf die einfache Nutzbarkeit und den intuitiven Umgang mit der Software an. Deswegen galt es nun, diese Eigenschaften auch auf die mächtige Funktionalitäten des R/3-Systems zu übertragen. Dies war um so wichtiger, da mit dem Entstehen der Internetstrategie und des Produktes „mySAP.com“ u.a. sämtliche Funktionalitäten des R/3 in mySAP.com-Komponenten aufgehen und über das Internet zugänglich gemacht werden.

Aus diesen Gründen wurde im Sommer 1998 bei der SAP AG mit umfangreichen Kundenumfragen begonnen und eine Vielzahl an Entwicklern direkt zum Kunden geschickt, um deren Anforderungen an die SAP Software, bezüglich einfacherer Handhabung, aufzunehmen. Ziel war es, dem Endanwender den Umgang mit der Software so einfach wie möglich, intuitiv und personifizierbar zu machen. Dabei spielt es keine Rolle, ob es sich bei den anvisierten Endanwendern um sporadische oder ständige User der SAP-Software handelt. Auf einen gemeinsamen und kleinsten Nenner gebracht war das Ziel, daß die User Spaß während der Arbeit mit der Software haben und diese Arbeit auch „genießen“ (deshalb „EnjoySAP“). Es darf nicht als Last empfunden werden, mit der SAP Software zu arbeiten, z.B. die Stammdaten oder einen Umsatzbericht zu einem bestimmten Kunden anzuschauen. Der Endanwender wird zum **V.I.P.** Diese Abkürzung steht im Rahmen von EnjoySAP nicht nur dafür, daß der Endanwender als „Very Important Person" zu behandeln ist. Sie beschreibt auch die drei wesentlichen Elemente, aus denen sich EnjoySAP zusammensetzt und die im folgenden detaillierter erläutert werden:

- Neues **V**isuelles Design

Hierzu gehört das komplette Re-Design des gesamten SAP User-Interface. Die Arbeit mit dem System soll vom ersten Moment an so einfach möglich sein und ein möglichst angenehmes Gefühl, in der Art eines Look&Feel, vermitteln. Deswegen wurden alle Elemente innerhalb des User-Interface wie die Hintergrundfarbe des Frames, die Icons, die Buttons, die Scrollbalken, der Controls etc. völlig neu gestaltet und mit angenehmen und ansprechenden Farben eingefärbt. Damit wird sichergestellt, daß der Endanwender sofort wahrnimmt und versteht, was ein bestimmtes Element, z.B. ein Button, bedeutet und dessen Funktion, und damit auch den ihm zugedachten Einsatz versteht. Dazu gehört auch, daß wichtige Teile des Bildschirms stärker hervorgehoben werden als andere, z.B. neue eingegangene Aufgaben/Workitems in der Inbox (z.B. innerhalb eines automatischen Workflows), Muß-Eingabefelder oder Systemnachrichten.

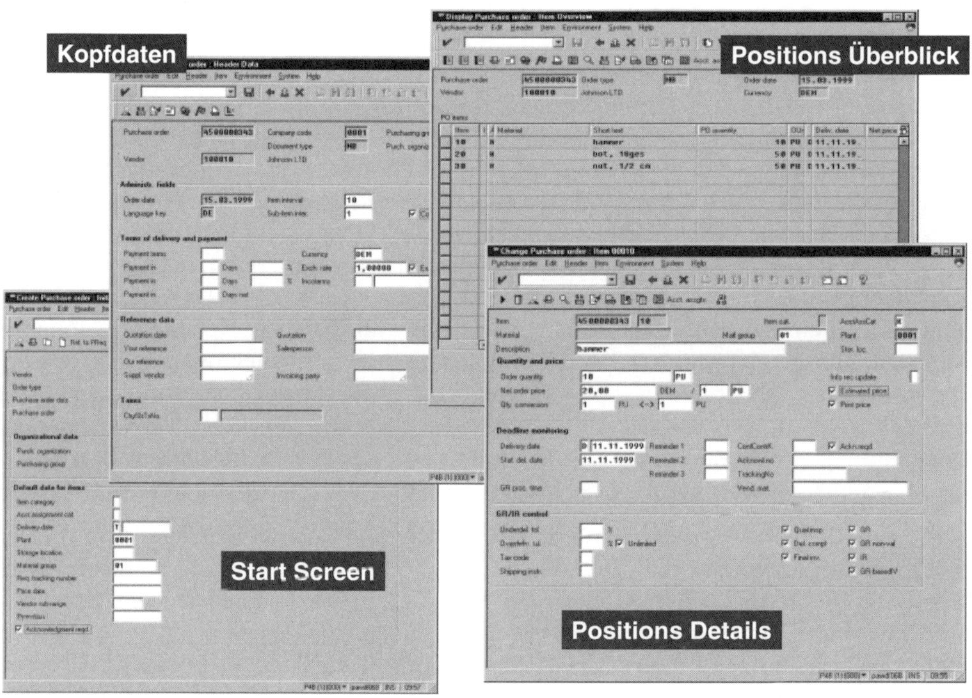

Abbildung 1.1-1: Transaktion „Bestellung Anlegen" im MM – vor EnjoySAP (© SAP AG)

- Neues **I**nteraktionsdesign

Jedoch ist es mit der ausschließlichen Verschönerung des Bildschirmaussehens nicht getan, die Arbeit mit dem System zu erleichtern. Denkt man an bestimmte R/3-Funktionalitäten, z.B. der Erfassung eines Verkaufsauftrags im SD oder einer Bestellung im MM (siehe Abbildung 1.1-1), so stellt man fest, daß man sich oftmals über mehrere Bildschirmbilder hinweg bewegen muß, um zu einer bestimmten Stelle oder Information innerhalb der Transaktion zu gelangen. Speziell diese Interaktion, d.h. wie ein Anwender mit dem System interagiert und sich durch die Bildschirme zur Durchführung seiner Arbeitsschritte navigiert, mußte vereinfacht werden. Darüber hinaus muß es möglich sein, diese Interaktion ebenfalls auf die spezifische Aufgabe und Anwenderrolle anzupassen. Um dieses Problemfeld nicht nur unter software-spezifischen, sondern vor allem auch betriebswirtschaftlichen Belangen zu lösen, wurden viele Interviews mit den Endanwendern in den Unternehmen geführt (z.B. mit Auftragserfassern, Einkäufern, Rechnungsprüfern etc.), deren Ergebnisse in das EnjoySAP Release eingeflossen sind. Darüber hinaus wurden neueste Interaktionstechnologien genutzt, um die SAP Applikationen durch verschiedene neue Bildschirmelemente, wie z.B. Baumstrukturen, Table-Controls, Tabstrips und Drag & Drop-Funktionen, zu rationalisieren. Dies reduzierte signifikant die Anzahl der Bildschirme die ein Anwender benötigt, um innerhalb seiner spezifischen Rolle, innerhalb eines bestimmten Prozesses (Business Szenario), die ihm zugedachte/-n Aufgabe/-n durchzuführen.

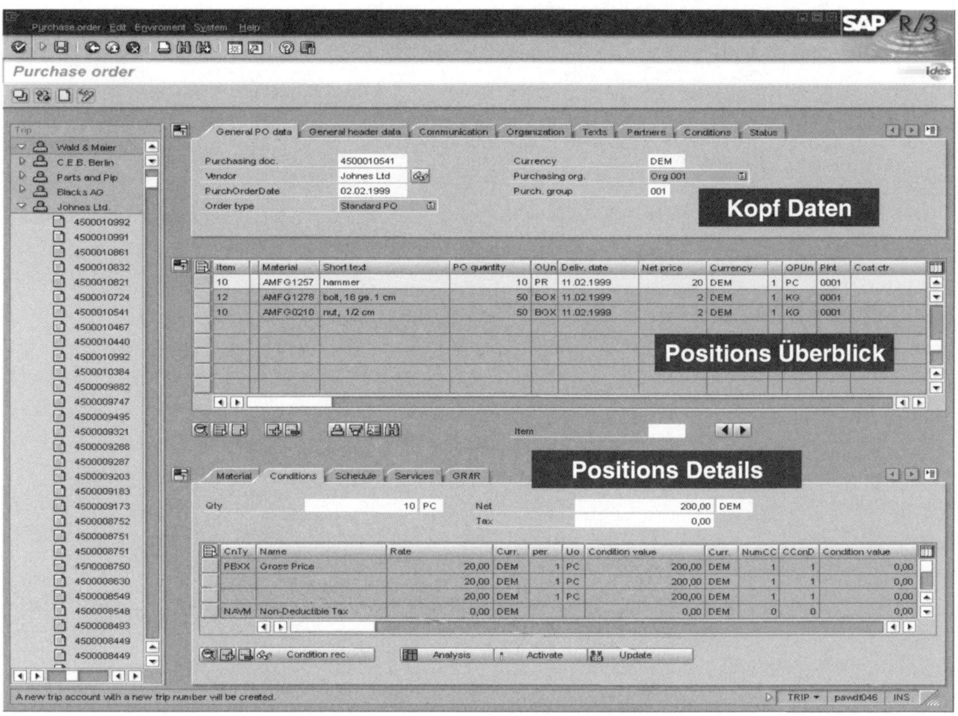

Abbildung 1.1-2: EnjoySAP-Bildschirm der Transaktion „Bestellung Anlegen“ (© SAP AG)

- Persönliche bzw. Personalisierbare Oberfläche

In vielen Fällen benötigen die Anwender viele der ihnen innerhalb einer Transaktion angeboten Funktionalitäten zur Durchführung ihrer Aufgabe, im Rahmen ihrer spezifischen Rolle, nicht. Im Gesamtkontext des Unternehmens und bei der Betrachtung des gesamten Prozesse jedoch, werden diese Funktionalitäten sehr wohl benötigt. Dann allerdings von anderen Anwendern, die wiederum bestimmte Rollen innerhalb desselben Prozesses einnehmen. Deswegen muß es auf einfache Art und Weise möglich sein, eine anwenderspezifische Arbeitsumgebung zu schaffen, die gemäß der/den Rolle/-n eines bestimmten Mitarbeiters ausgeprägt ist und nur die von diesem Mitarbeiter spezifisch benötigten Funktionalitäten – personalisiert – beinhaltet. Um genau diese persönlichen, rollenbasierten User-Interfaces zu schaffen, ist es mit EnjoySAP auf einfache Art und Weise möglich, eine anwenderspezifische Arbeitsumgebung herzustellen. Anstatt generischer Menüs und Bildschirmlayouts werden Anwenderszenarien definiert, die gemäß den Aufgaben, die ein Anwender im Rahmen seiner bestimmten Rolle im Unternehmen innehat, ausgeprägt sind, z.B. Vertriebsmitarbeiter, Einkäufer, Produktionsplaner. Damit wird die Anforderung „what you see is what you need" erfüllt, und Anwender können die am meisten von ihnen benötigten Transaktionen in einer „Favorite"-Liste sammeln und zugänglich machen.

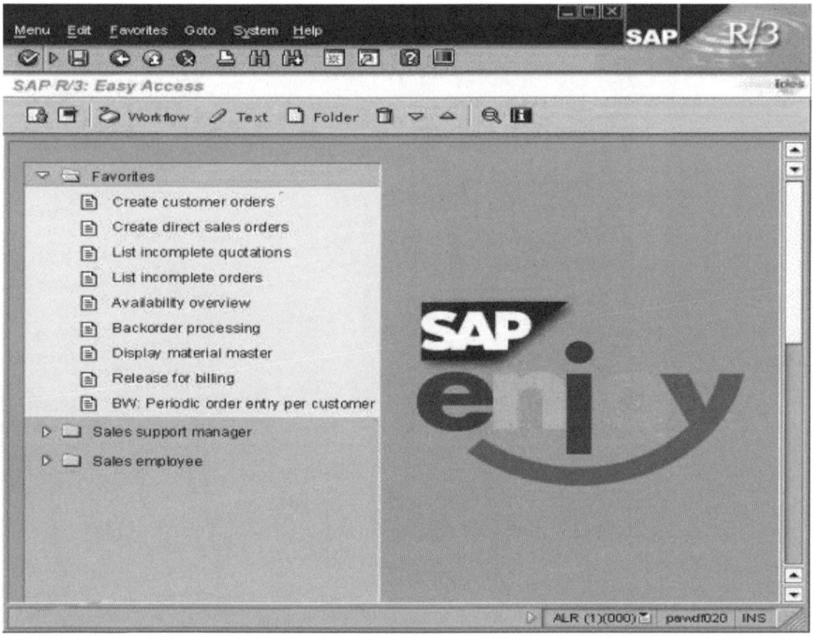

Abbildung 1.1-3: EnjoySAP-Bildschirm mit Favorites (© SAP AG)

Als letzter Punkt soll an dieser Stelle nochmals darauf hingewiesen werden, daß EnjoySAP eine wesentliche Voraussetzung für die schnelle Realisierung der Internetstrategie und des Produktes mySAP.com war (vgl. dazu die Ausführungen in den folgenden Kapiteln 1.2 bis 1.4). Dabei werden u.a. sämtliche Funktionalitäten des R/3 in mySAP.com-Komponenten aufgehen und über das Internet zugänglich gemacht werden (vgl. Abbildung 1.1-4). Der allgemeine Umgang mit den Möglichkeiten des World Wide Web stellt dieselben Anforderungen an den Webbrowser und den zu besuchenden Webpages, die sich auch EnjoySAP zum Ziel gesetzt hat:

- Ansprechendes visuelles Design
- Einfache und leicht verständliche Interaktion
- Personalisierung

Stellen Sie sich vor, Sie bewegen sich im Internet, um Informationen zu bekommen, Aktien zu handeln, Produkte zu kaufen, etc. Wenn der Sie dabei unterstützende Webbrowser oder die besuchten Webpages nicht einfach zu handhaben und zu verstehen sind, benutzen Sie entweder einen anderen Webbrowser oder eine andere Webpage.

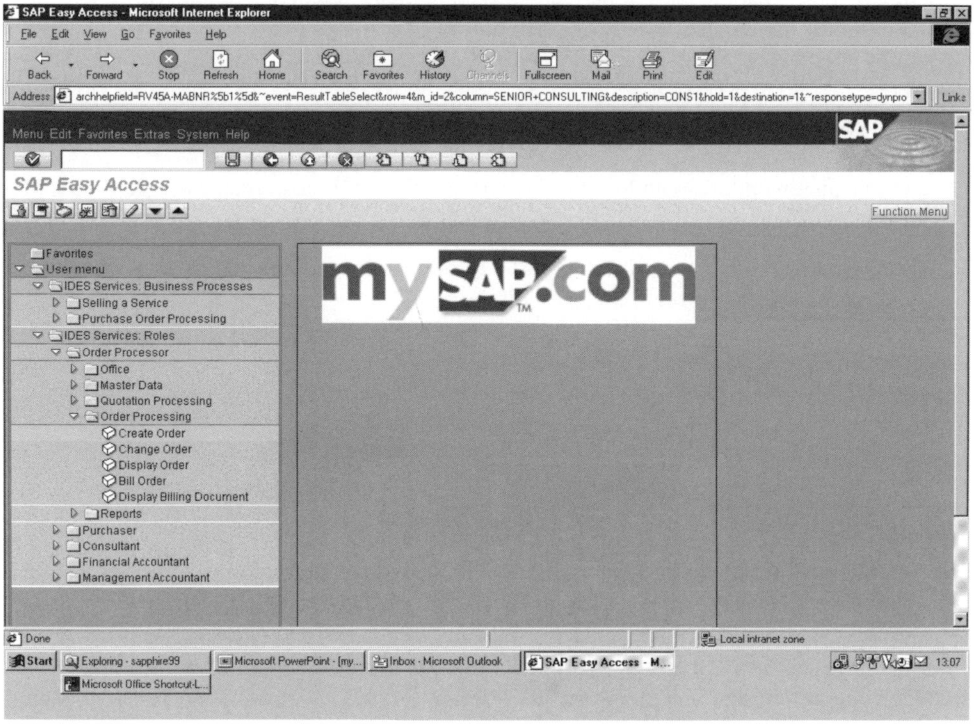

Abbildung1.1-4: Zugriff auf SAP-R/3 über das Internet unter Einsatz des SAPGUI für HTML (EnjoySAP Design) (© SAP AG)

Software-technisch ermöglicht wird diese Transformation der auf dem Client bzw. Frontend installierten Graphical User Interface (GUI) durch zwei Neuentwicklungen der SAP, dem SAPGUI für HTML und dem SAPGUI für Java. Dabei ist es zukünftig nicht mehr notwendig, außer es wird der SAPGUI für Windows genutzt, den GUI lokal auf den Frontend-

Rechner (Desktop-Computer) zu installieren. Es genügt ein einfacher Internet-Browser (z.Zt. Microsoft Internet Explorer). Damit ist ein Zugriff auf die SAP-Komponenten von überall über ein Netzwerk, ohne Client-Installation des GUI, möglich.

1.2 Was ist mySAP.com und One-Step-Business?

MySAP.com steht für die neue SAP-Internetstrategie, innerhalb derer sich das Unternehmen als Anbieter nicht nur eines reinen „Produktes", sondern umfassender Softwarelösungen für die überbetriebliche Zusammenarbeit im neuen virtuellen Wirtschaftsraum präsentiert. MySAP.com ist SAPs umfassende, offene E-Business Lösung und besteht aus Branchenlösungen, Portalen, geschäftsszenarien-orientierten und rollenbasierten Internetanwendungen, speziellen Internetservices sowie aus XML-basierter Technologie. Im Zusammenspiel erlauben diese Elemente, daß jedes Unternehmen an der Internetökonomie teilnehmen und den größtmöglichen Nutzen daraus ziehen kann. Die Ziele von mySAP.com für die Unternehmen bestehen darin

- die Mitarbeiter aktiver und direkter als bisher in die Unternehmensprozesse miteinzubeziehen, z.B. durch mehr Selbstverantwortung im Rahmen von Mitarbeiter-Self-Services,
- einfach anzuwendende und personalisierbare Geschäftslösungen komplett über das Internet anzubieten,
- alle Geschäftspartner wie Kunden und Zulieferer in die eigenen Prozesse direkt über die Unternehmensgrenzen hinweg zu integrieren,
- neue Werte zu generieren, d.h. nicht nur Prozesse effektiver oder effizienter zu machen, was sich in „Zahlen" wie Kostenersparnisse ausdrücken läßt. Sondern z.B. völlig neue Kundengruppen bzw. Lieferantenquellen zu erschließen und damit die Wertschöpfung zu erhöhen und
- einstufige- (One-Step-) Geschäftsabwicklungen in einem kollaborativen bzw. kooperativen Geschäftsumfeld zu ermöglichen.

Das bedeutet, daß durch den Einsatz von mySAP.com das Unternehmen selbstverständlich eine Lowest-Cost-Of-Ownership und ein hohes Return-On-Investment erreichen soll. Der Schwerpunkt liegt dabei jedoch auf der Schaffung neuer und zusätzlicher Werte, wie z.B. das Erschließen von neuen Kundengruppen. Um jedoch wirklich neue Werte zu generieren und das Unternehmen in eine neue Art der überbetrieblichen Zusammenarbeit zu katapultieren, reicht auch das reine Erreichen neuer Kundengruppen noch nicht aus. Es muß zusätzlich erreicht werden, daß das Unternehmen ohne großen Mehraufwand mit diesen „neuen" Kunden auch sofort und ohne großen zusätzlichen Aufwand Geschäftsabwicklungen durchführen kann. Dies ist in einer effizienten Art nur möglich, wenn die operativen Anwendungssysteme dieser Geschäftspartner miteinander kommunizieren und Daten austauschen, was unter dem Schlagwort „One-Step-Business bzw. Einstufige Geschäftsabwicklung" verstanden wird. Ein Beispiel von vielen stellt dabei die Beschaffung von C-Materialien bzw. -Services über das Internet (MRO eProcurement) dar, wie es in Abbildung 1.2-1 dargestellt und im folgenden kurz erläutert wird.

Im Rahmen des E-Commerce treffen Angebot und Nachfrage, z.B. über einen Marktplatz, aufeinander. Damit E-Commerce auf einer Business-To-Business Basis entstehen kann, benötigt man einen Anbieter, der seine Waren über das Internet, z.B. über einen Marktplatz oder über seinen eigenen Online-Store auf seiner Webpage anbietet. Darüber hinaus gibt es einen Käufer, der eine bestimmte Ware über das Internet, z.B. über einen Marktplatz oder direkt durch das Ansteuern einer bekannten Webpage, kaufen will. In obigem Beispiel bietet der Anbieter seine Waren über seinen Online-Store an.

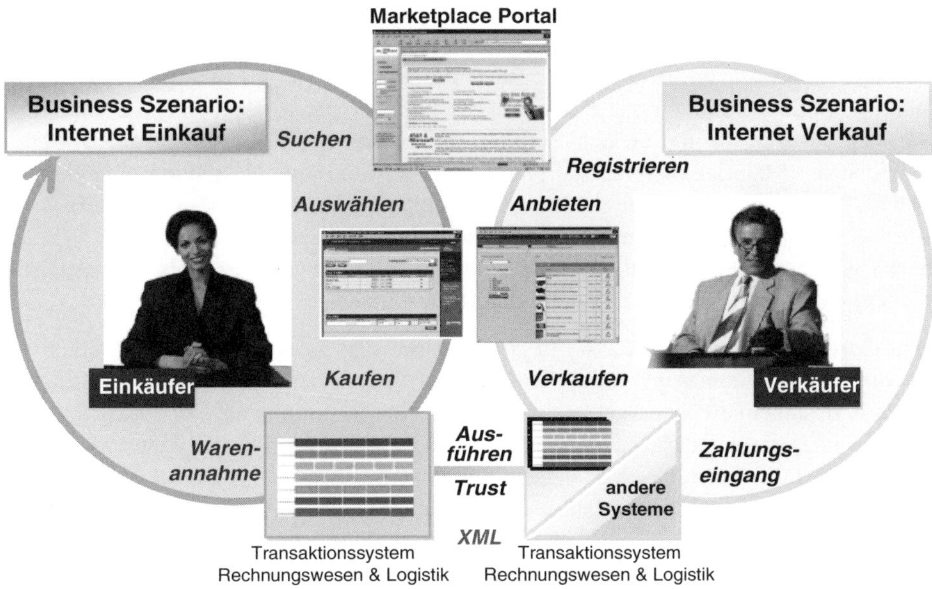

Abbildung 1.2-1: mySAP.com – One-Step-Business (© SAP AG)

Zu bemerken ist hier, daß der Online-Store in diesem Beispiel zu seinem operativen Backend-System (ERP-Software), welches ein SAP- oder ein Fremdsystem sein kann, integriert ist. Darüber hinaus ist er über *www.mySap.com* im Business Directory verzeichnet und seine Software ist „One-Step-Business" fähig, da, wie genannt, die Internetsoftware an die operativen Backend-Systeme angeschlossen ist und entsprechende technische (z.B. XML, HTTP) und semantische (z.B. BAPI, e-SPEAK, Biz-Talk) Internetstandards nutzt. Auf der anderen Seite gibt es einen Käufer, dessen Business-To-Business-Beschaffungssoftware (z.B. mySAP.com-Business-To-Business-Procurement) es ermöglicht, Kataloge von verschiedenen Anbietern, z.B. über ein Open-Catalogue-Interface, einzubinden. Ebenfalls ist diese Internet-Beschaffungssoftware mit dem operativen Backend-System (ERP-Software), welches wiederum ein SAP oder Fremdsystem sein kann, verbunden. Auch seine Software muß „One-Step-Business" fähig sein, was wiederum dadurch sichergestellt wird, daß die Internetanbindung an die operativen Backend-Systeme angeschlossen ist und die oben genannten technischen und semantischen Internet-Standards genutzt werden. Nehmen wir an, unsere Einkäuferin auf der Käuferseite sucht einen neuen Anbieter, der ihr Unternehmen mit Laserdruckern versorgt, da der bisherige Anbieter zu teuer wurde. Da sie nun nicht weiß, welche Anbieter diese zu den besten Konditionen liefern, nutzt sie den SAP Marketplace unter *www.mySAP.com*, um mögliche Lieferanten zu finden. Sie kontaktiert den entsprechenden Lieferanten und handelt telefonisch bzw. über internetfähige Dokumente entsprechende Konditionen aus. Über das Business-To-Business Open-Catalogue-Interface wird dann nach Einigung über den Preis, mögliche Lieferkonditionen und Abnahmemengen, der Katalog des Anbieters in das eigene, firmeninterne Beschaffungssystem eingebunden. Wird nun ein Drucker benötigt, braucht sie bzw. die entsprechende Fachabteilung (falls die benötigten Berechtigungen vorliegen) nur über die Business-To-Business-Procurement-Software auf den entsprechenden Anbieterkatalog zu gehen, das Produkt auszuwählen und zu bestellen. Normalerweise, d.h. ohne Anbindung der Beschaffungs- bzw. Onlinestore-Software an die operativen Backend-Systeme und des Einsatzes von Internetstandards, müßten nun sehr viele manuelle Schritte erfolgen. Der Einkäufer müßte die Bestellung ausdrucken und an den Einkauf geben. Der wiederum müßte die Bestellung manuell in die Materialwirtschaftssoftware eingeben und eine Bestellung erzeugen. Der Verkäufer auf der anderen Seite müßte nun die eingehende Bestellung in das internes Auftragserfaßungssystem eingeben und speichern. Auch die weiteren Schritte, wie z.B. Austausch von Lieferscheinen, Fakturen etc., müßten semi-integriert und mit Austausch von vielen Papieren, die wiederum manuelle Schritte bedingen, erfolgen.

Der große Benefit von mySAP.com liegt nun darin, daß durch die Schaffung einer One-Step-Business-Umgebung genau in dem Moment, indem der Einkäufer seine Bestellung vornimmt, in seinem eigenen System automatisch eine Bestellung angelegt wird. Dies wird durch die integrierte Übergabe der entsprechenden Parameter (z.B. Lieferant, Artikel, Menge, Preis etc.) vom Beschaffungssystem an das operative Backend-System (ERP-System) ermöglicht. Auf der Verkäuferseite werden im selben Moment die entsprechenden Daten (z.B. Kunde, Artikel, Menge, Preis) von der Online-Store-Software an das operative Backend-System (ERP-System) übergeben. Darüber hinaus werden auch alle weiteren Daten, wie z.B. die Bestellnummer bzw. die Kundenauftragsnummern und die dazugehörigen Bestätigungen, von den Systemen ausgetauscht.

Um diese Kommunikation der Backend-Systeme beider Unternehmen zu gewährleisten, gibt es zwei generelle Wege. Die Anbindung kann entweder dadurch erfolgen, daß sich die entsprechenden Systeme über den Marktplatz *www.mySAP.com* „unterhalten“ und entsprechende elektronische Dokumente austauschen. Die entsprechenden Internetanwendungen, also die Business-To-Business-Procurement-Software und der Online-Store können aber auch direkt miteinander verbunden werden und tauschen dann die Daten direkt, ohne über den Marktplatz zu gehen, miteinander aus. Um das volle Potential von mySAP.com zu beschreiben und darzustellen, warum in diesem Zusammenhang auch von „Collaborative Business“, also kollaborativem bzw. kooperativem Zusammenarbeiten, nicht nur auf einer 1:1 Basis, d.h. von einem Empfänger zu einem Sender und umgekehrt, sondern einer n:n Basis, d.h. von mehreren Empfängern zu mehreren Sendern und umgekehrt, gesprochen wird, soll das Beispiel noch einen Schritt weiter verfolgt werden.

Wurden bisher Geschäftssysteme miteinander verbunden, wurde dazu in aller Regel das Medium EDI verwendet. EDI jedoch ist umfangreich und schwierig bei der Installation (vgl. Hess, S. 195) und ebenfalls sehr teuer während des laufenden Betriebes. Darüber hinaus handelt es sich bei EDI-Verbindungen i.d.R. um 1:1 Verbindungen, die ggfs. mit jedem

Geschäftspartner neu aufgesetzt und eingestellt werden müssen. Durch den Einsatz der Internettechnologie, bei SAP spricht man dabei von dem Internet-Business-Framework, und der Anwendung der sich z.Zt. herauskristallisierenden technischen und semantischen Standards, wird diese Anbindung der eigenen Systeme an die Systeme des/der Geschäftspartner sehr stark vereinfacht und verbilligt. Falls diese ebenfalls für „One-Step-Business" Szenarien vorbereitet sind, d.h. die Backend-Systeme an die Internetanwendungen angeschlossen sind und die entsprechende Standards eingesetzt werden. Die Anbindung der eigenen Systeme an das Internet muß damit nur ein einziges mal durchgeführt werden. Damit kann man nun mit jedem Geschäftspartner i.d.R. ohne einen weiteren Schritt, d.h. ohne daß mit jedem Geschäftspartner erneut eine explizite Verbindung aufgebaut werden muß, kommunizieren und die Geschäftssysteme integrieren. Daraus wird ersichtlich, warum man an dieser Stelle nicht mehr nur über „E-Business", sondern über „C-Business", d.h. Collaborative Business spricht. Es geht nicht mehr um den Aufbau von 1:1 Verbindungen zwischen einzelnen Unternehmen, sondern um den Aufbau der Netzwerke innerhalb ganzer Communities, wie es bereits Hagel/Armstrong (vgl. NET GAIN – Profit im Netz; Hagel/Armstrong, S.17 ff.) beschrieben haben. Berücksichtigt man dazu auch „Metcalfe's Law" (vgl. European Communication Council Report; Zerdick et al, S. 116 ff.) das besagt, daß der Wert (Value = V) eines Netzwerks im Quadrat der Teilnehmern (n) steigt, $V = n^2$, wird schnell klar, daß es sich hier nicht nur um überbetriebliche Prozeßoptimierungen handelt, sondern um die Generierung völlig neuer Möglichkeiten und Werte (Values), z.B. die Erschließung eines neuen, umfassenden Kundenkreises.

1.3 Evolutionsstufen zu mySAP.com

mySAP.com steht für e-Community Kollaboration, welches das Paradigma für die Integration, Kooperation und Kollaboration von Geschäftsanwendungen für die nächsten Jahre bzw. Jahrzehnte, im Rahmen des „Post-Net-e-Business" (vgl. Gartner Group, Handelsbblatt Nr. 221, 15.11.1999, o.S.) darstellt. Betrachtet man den Verlauf der Entwicklung, wie es zu dieser Ära der e-Community Kollaboration kam, kann dies im wesentlichen in drei Phasen aufgeteilt werden (vgl. Abbildung 1.3-1).

- *Phase 1: Enterprise Ressource Planungssysteme (ERP)*

Hier stand im Vordergrund, die Prozesse innerhalb der Unternehmen zu integrieren, um damit die größte mögliche Effizienz der Geschäftsabwicklung zu erreichen. So machen es diese Systeme möglich, daß z.B. bei der Buchung eines Wareneingangs in der Materialwirtschaft integriert und ohne Zusatzaufwand auch die Konten der Finanzbuchhaltung wertmäßig fortgeschrieben werden, ggfs. bei sofortigem Verbrauch für einen Fertigungsauftrag auch dies integriert dokumentiert wird. Stellvertretend steht für diese Integration und damit diese Evolutionsstufe das R/3-System. Technologisch wird dies über die 3stufige Client/Server-Architektur ermöglicht.

- *Phase 2: Inter-Enterprise Kooperation*

Gegenüber der Phase 1 steht hier die Integration der Systeme über Unternehmensgrenzen hinweg, also die geschäftliche Kooperation von ein bis mehreren Geschäftspartnern, im

Vordergrund. Das bedeutet, daß der Prozeßgedanke und die Ziele bezüglich integrierter Prozesse und Effizienzsteigerungen auf die Systeme der Geschäftspartner ausgeweitet werden. Dazu benötigt man über das R/3 als Best-In-Class ERP-System hinaus noch zusätzliche Software, die genau diese Kooperationen und Integrationen ermöglicht. SAP bietet in diesem Umfeld u.a. die Produkte Business-To-Business Procurement (Beschaffung übers Internet), Business-To-Business Sales (Verkauf übers Internet), Supply-Chain-Management (Advanced Planner and Optimizer), Customer-Relationship Management etc. an. Somit wird es möglich, die eigenen Produkte über das Internet einer breiten Masse an Kunden anzubieten und die Bestellungen darüber direkt ins ERP-System zu integrieren. Ein anderes Beispiel hierfür ist die Zusammenarbeit bezüglich einer gemeinsamen Produktionsplanung, in der der Hersteller eines Gutes (z.B. Automobilhersteller) seine Produktionspläne tagesgenau den Lieferanten (z.B. Zulieferer der Automobilindustrie) für die Optimierung der eigenen Planung und Produktion zur Verfügung stellt. Über die genannten zusätzlichen Programme hinaus, werden in dieser Phase auch einzelne Bausteine und Objekte der ERP-Systeme, z.B. über EDI, direkt miteinander verbunden und tauschen die entsprechenden Daten aus. Dazu werden im Rahmen von R/3 die IDOCs und BAPIs, verbunden über eine direkte Leitung bzw. ein Netzwerk, verwendet. Auch hier kommt die 3stufige Client/Server-Architektur, erweitert um das Business Framework (BAPIs), zur Anwendung.

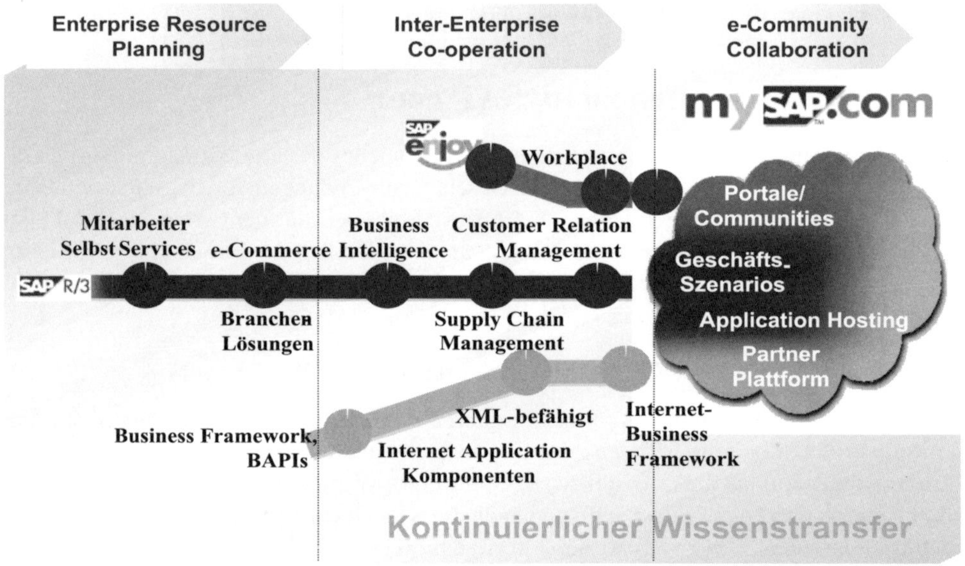

Abbildung1.3-1: Evolution von Geschäftslösungen und Produkte der SAP AG (© SAP AG)

- *Phase 3: e-Community Kollaboration*

In dieser Stufe wird der Integrationsgedanke, wie er in Stufe 2 erreicht wird, um eine zusätzliche Potenz erweitert. Hier stehen nicht nur Effizienz und Effektivitätssteigerungen im Vordergrund, sondern die Schaffung von neuen Werten für die Unternehmen. Die Integration über Unternehmensgrenzen hinweg wird hierbei nicht nur auf einige wenige Lieferanten und Kunden beschränkt, sondern soll für die gesamte Welt des „globalen Dorfes Internet" ausgedehnt werden. Das bedeutet, daß mit jedem beliebigen Partner ohne jeglichen zusätzlichen Aufwand eine Zusammenarbeit und damit die Verbindung der operativen Systeme (Backend-ERP-Systeme) über das Internet, durch den Einsatz entsprechender Standards, möglich wird. Dabei muß es sich nicht notwendigerweise um langfristig bestehende Partnerschaften handeln. Diese sind selbstverständlich wünschenswert und anzustreben. Es kann sich jedoch auch um eine einmalige Zusammenarbeit handeln. Technologisch betrachtet bietet SAP hierzu das Produkt mySAP.com mit entsprechenden unternehmensinternen (Workplace) und öffentlichen (Marktplatz *www.mySAP.com*) Portalen, Web-fähigen Geschäftsprozessen (Software-Komponenten) und das XML- und BAPI-fähige Internet-Business-Framework an.

1.4 Bestandteile von mySAP.com

Abbildung 1.4-1: Bestandteile von mySAP.com (© SAP AG)

Es wurde bereits darauf hingewiesen, daß mySAP.com weit mehr als nur ein Produkt bzw. eine Software ist und welche Zielsetzung damit verfolgt wird. Zusammengefaßt läßt sich feststellen, daß mySAP.com auf vier wesentlichen Grundpfeilern beruht, wie es aus Abbildung 1.4-1 ersichtlich ist. Diese einzelnen Bestandteile werden im folgenden näher erläutert.

1.4.1 mySAP.com – Business Scenarios

Ein wesentlicher Meilenstein in Richtung Internet ist, die gesamte SAP-Produktlinie Internet-fähig zu machen. Der erste Schritt erfolgte durch die Initiative „EnjoySAP“ (vgl. Kapitel 1.1), da im Internetzeitalter eine Software einfach zu erlernen, anzupassen und anzuwenden sein muß, damit sie von jedem Mitarbeiter genutzt werden kann. Stand EnjoySAP am Anfang für das vereinfachte Arbeiten mit der SAP Software, so ist diese, erweitert durch den SAPGUI für HTML bzw. dem SAPGUI für Java in Verbindung mit einem normalen Internetbrowser, z.B. Microsoft Internet Explorer 5.0, zukünftig von überall in der Welt über das Internet zugänglich. Wesentliche Implikationen hat das Internet speziell auch auf die Integration von Prozessen, unternehmensgrenzen-übergreifend. Hierfür kommen zukünftig die sogenannten „Geschäftsszenarien“ (Business Scenarios) zum Einsatz. mySAP.com-Geschäftsszenarien sind rollenbasierte und branchen-spezifische, End-zu-End integrierte Geschäftsprozesse, die sowohl unternehmensintern als auch unternehmensübergreifend Mitarbeiter, Kunden, Lieferanten und weitere Geschäftspartner über das Medium Internet verbinden bzw. integrieren. Implementiert sind diese Geschäftsszenarien mit den Komponenten der SAP e-Business Solutions (vgl. Abbildung 1.4.1-1).

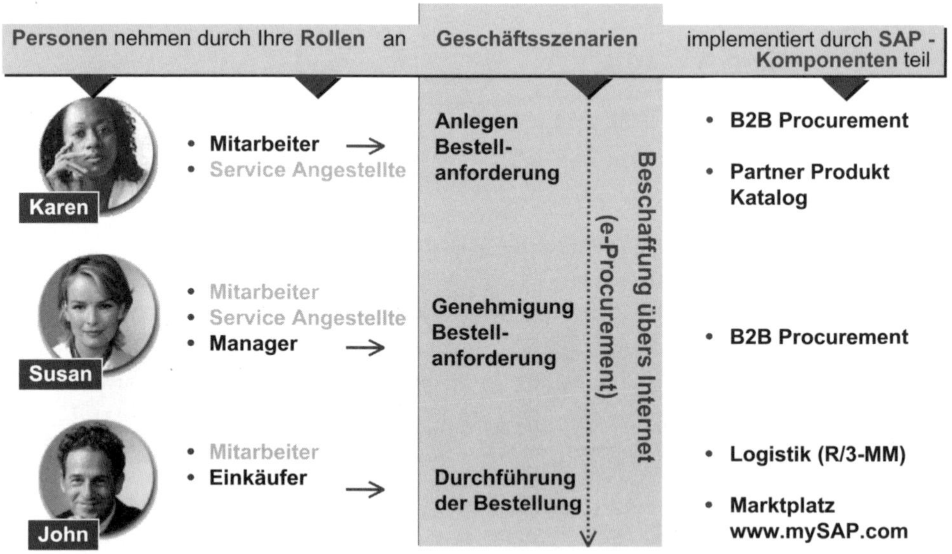

Abbildung 1.4.1-1: mySAP.com – Geschäftszenarien (Business Scenarios) (© SAP AG)

Das in Abbildung 1.4.1-1 dargestellte Geschäftsszenario „Beschaffung von C-Teilen über das Internet (MRO e-Procurement)“ ist wie folgt zu lesen:

- Karen ist in dem Beispielunternehmen angestellt. Um ihre Aufgaben innerhalb der bestimmten Prozesse, an denen Sie beteiligt ist, durchzuführen, ist sie im wesentlichen den Rollen „Mitarbeiter“ und „Angestellte im Servicebereich“ zuzuordnen. In ihrer Rolle als Service-Mitarbeiter benötigt sie Service-spezifische Informationen, z.B. zu bestimmten Kunden und den von diesen eingesetzten Produkten, speziell Häufigkeit der Serviceleistungen etc. In ihrer Rolle als Mitarbeiter benötigt sie bestimmte Informationen und Services, die jedem Mitarbeiter, abteilungsunabhängig, zur Verfügung stehen, wie z.B. Unternehmensnachrichten, selbständige Beantragung von Urlaub oder der Bestellung von bestimmten C-Teilen. In dem in Abbildung 1.4.1-1 dargestellten Beispiel bestellt sie sich in ihrer Rolle als Mitarbeiter ein bestimmtes Produkt, z.B. einen Palmtop, den sie nicht zur Durchführung ihrer Tätigkeiten als Service-Mitarbeiterin benötigt. Als „normale" Mitarbeiterin des Unternehmens benötigt sie diesen jedoch z.B. zum Zeitmanagement. Dazu legt sie über einen Intranet-basierten Mitarbeiter-Selbstservice (ESS) eine Bestellanforderung an. Diese Aktivität ist Teil des Geschäftsszenarios „Beschaffung C-Teile über das Internet (MRO e-Procurement)". Genutzt wird dazu die mySAP.com-Komponente: Business-To-Business Procurement.

- Susan ist ebenfalls in dem Beispielunternehmen angestellt. Sie ist die Vorgesetzte von Karen und deshalb gegenüber Karen zusätzlich noch der Rolle „Manager" zuzuordnen. Als Vorgesetzte von Karen muß sie in dem in Abbildung 1.4.1-1 dargestellten Beispiel die Bestellanforderung von Karen genehmigen. Auch diese Aktivität ist Teil des Geschäftsszenarios „Beschaffung C-Teile über das Internet (e-Procurement)". Diese Genehmigung führt sie ebenfalls mit Hilfe der mySAP.com-Komponente Business-To-Business Procurement durch. Unterstützt wird dieses Szenario durch einen unternehmensinternen Business-Workflow, durch den Susan, z.B. über eine Nachricht in ihrer Mail-Eingangsbox, darauf hingewiesen wird, daß sie eine bestimmte Aktivität („genehmigen Bestellanforderung") durchführen muß.
- John ist ebenfalls in dem Beispielunternehmen angestellt. Im Gegensatz zu Karen und Susan arbeitet er im Einkauf. Dort nimmt er seine Aufgaben im Rahmen der Rollen „Mitarbeiter" und „Einkäufer" war. Als Einkäufer führt er die von Susan genehmigte und von Karen erfaßte Bestellanforderung aus und setzt sie in eine Bestellung bei dem entsprechenden Lieferanten um. Auch diese Aktivität ist Teil des Geschäftsszenarios „Beschaffung C-teile über das Internet (MRO e-Procurement)". Er nutzt dazu die mySAP.com-Komponente Logistik (Materialwirtschaft, R/3-MM). Die gesamte Bestellabwicklung wird dabei von dem operativen Backend-System durchgeführt, nachdem die entsprechenden Daten integriert von der Business-To-Business-Procurement-Software übergeben wurden. Wäre in unserem Beispiel die Software des besagten Unternehmens nicht direkt, sondern durch den Dokumentenaustausch über den Marktplatz *www.mysap.com* mit dem Partnerunternehmen (Lieferanten) verbunden, würde die Integration und Online-Weitergabe der Bestellung (z.B. über ein BAPI in XML-Format) über den Marktplatz laufen und darüber dem operativen System des Lieferanten übergeben.

Weitere Beispiele für Szenarien sind:

- Kooperative (Collaborative) und integrierte Planung und Prognose, z.B. Lieferantengeführter Warenbestand, Kunden-geführte Produktionsplanung
- Verkauf und Beschaffung, z.B. Business-To-Business-Procurement, MRO-Procurement
- Kooperative (Collaborative) Applikationen, z.B. Lieferantenkooperationen, kooperatives Projektmanagement, Procurement Aggregation

- Rechnungsstellung und Vergütung, z.B. Web-basierte Rechnungsstellung, Webbasierte Rückzahlung/Vergütung/Rückvergütung
- Employee Self Services, z.B. Knowledge Management, Training
- Unternehmensführung mit SEM (Strategic Entersprise Management), z.B. SEM Überblick, Strategische Planung
- Integrierte Vertriebs- und Service Integrationen über das Internet (Customer Relationship Management)

Eine detailliertere Beschreibung, wie nun die bestehenden (z.B. R/3) und zukünftigen (z.B. Business-To-Consumer-Internet-Selling) Softwarekomponenten mit mySAP.com und den Szenarien in Zusammenhang stehen, wird ausführlich in Kapitel 1.6 erläutert. Dies ist notwendig und wichtig, um die Einordnung der in dieser Bücherreihe behandelten Prozeßbausteine vorzunehmen und abzugrenzen.

1.4.2 mySAP.com – Workplace

Der mySAP.com Workplace ist ein unternehmensinternes Portal, das den Anwendern einen Web-basierten schnellen, komfortablen und einfachen Zugriff auf alle externen und internen Applikationen sowie entsprechenden Diensten und Inhalten zur Verfügung stellt. Der Workplace ist dabei vollständig auf dem EnjoySAP-Design basiert, was ihn einfach zu verstehen, anzupassen und zu verwenden macht. Da er rollenbasiert und personalisierbar ist, hält er auf einer Oberfläche alle Informationen bereit, die ein bestimmter Mitarbeiter innerhalb der ihm zugedachten Rollen zur Durchführung seiner Arbeit benötigt. Die wesentlichen Merkmale werden im folgenden aufgezählt und kurz erläutert.

- *Single-Point-of-Access mittels Webbrowser*

Der mySAP.com Workplace ist zentraler Ausgangspunkt. Von hier aus hat der Anwender Zugriff auf alle Systeme, die er im Rahmen seiner täglichen Arbeit benötigt. Dies gilt sowohl für alle SAP-Applikationen, als auch Nicht-SAP-Applikationen. Zentrales Merkmal ist dabei, daß die aufgerufenen Applikationen von einem zentralen Punkt aus gestartet werden können und die benötigten Applikationen bzw. Informationen innerhalb eines zentralen Fensters, dem Webbrowser, angezeigt werden. Das bedeutet, daß der Anwender nicht mehrere Programme, z.B. ausgehend von Windows, starten und damit auch nicht mit einer Vielzahl von Benutzeroberflächen arbeiten muß. Da der Workplace darüber hinaus basierend auf betriebswirtschaftlichen Rollen aufgebaut ist, braucht der Anwender nicht mehr zu wissen, welche SAP oder Non-SAP-Systeme er zur Durchführung einer bestimmten Aufgabe aufrufen muß. So muß der Anwender z.B. zum Anlegen eines Kundenauftrags nur auf den Link „Anlegen Kundenauftrag" oder zur Anzeige eines bestimmten Berichts den Link „Bericht Kunden nach Regionen", auswählen. Zum Anlegen des Kundenauftrags würde er die R/3-SD Funktionalität „Kundenauftrag anlegen" (VA01) innerhalb der Workplace-Bedieneroberfläche, unter Einsatz des SAPGUI für HTML, angezeigt bekommen. Dem Bericht „Kunden nach Regionen" könnte ein bestimmter Bericht aus dem Business Information Warehouse (BW) zugrunde liegen.

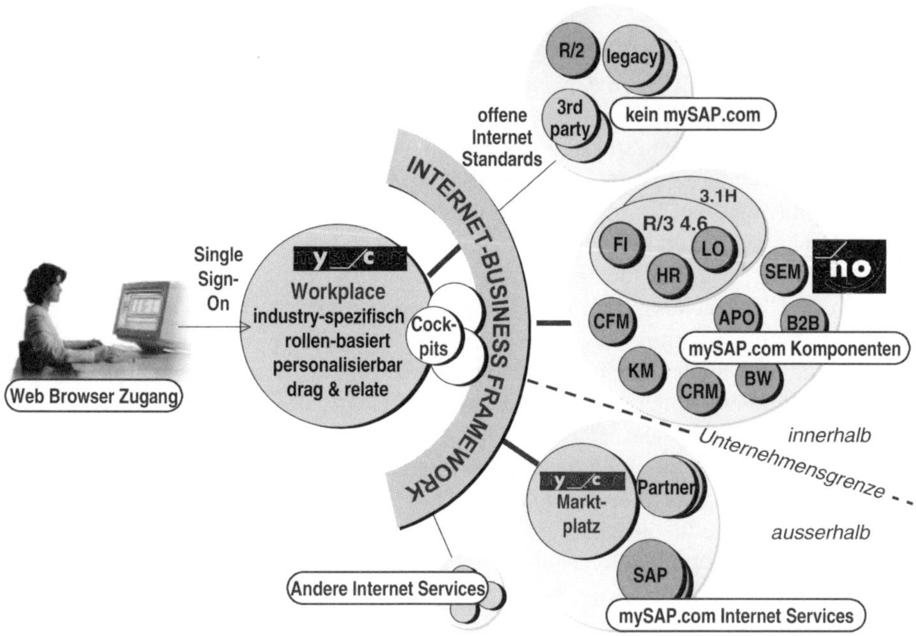

Abbildung1.4.2-1: mySAP.com – Workplace (© SAP AG)

- *Personalisierte und rollenbasierte Benutzeroberfläche*

Da es in einem Unternehmen eine Vielzahl an Nutzern gibt, die im Rahmen ihrer Rollen (z.B. Controller, Mitarbeiter, Auftragsbearbeiter, Einkäufer, Manager) verschiedene Informationen benötigen, wird der Workplace vorkonfiguriert von SAP ausgeliefert. Er kann jedoch auf allen Ebenen branchen-, unternehmens-, rollenspezifisch und ebenfalls individuell zusätzlich konfiguriert und angepaßt werden. Die Rollenorientierung beim Workplace ist deshalb wichtig, da die unterschiedlichen Nutzer im Rahmen ihrer Rollen an gleichen Geschäftsszenarien teilnehmen können, dabei jedoch unterschiedliche Aktivitäten oder Informationen benötigen. Zum Beispiel möchte ein bestimmter Nutzer in der Rolle des Mitarbeiters ein bestimmtes Produkt bestellen und erfaßt dazu eine Bestellanforderung. Dadurch nimmt er am Geschäftsszenario „Bestellung C-Teile übers Internet (MRO e-Procurement)“ teil. Ein anderer Nutzer in der Rolle des Einkäufers hat die Möglichkeit, diese Bestellung auszuführen, benötigt dazu aber andere Funktionalitäten und Informationen als der Mitarbeiter, der die Bestellung erfaßt. Ein rollenbasierter Workplace stellt damit sicher, daß alle Mitarbeiter die zur Durchführung ihrer Tätigkeiten relevanten Informationen, Funktionalitäten und Services zur Verfügung haben. Da es sich beim Workplace um eine zentral betriebene Applikation handelt, können die Endanwender zusätzlich den zentral zur Verfügung gestellten Workplace individuell auf deren Belange personalisieren, z.B. Hinzufügen bestimmter Links, die oft benötigt werden.

- *Komfortable Integration*

Zwischen Intranet, Extranet, Internet, Office-Anwendungen, betriebswirtschaftlichen Applikationen etc. ist es für einen Anwender oftmals erdrückend, mit der Informationsflut und den technischen Möglichkeiten dieser Anwendungen umzugehen und sich damit zurechtzufinden. Speziell wenn er bestimmte Anwendungen nur sporadisch benötigt. Dadurch verwendet der Anwender eine Menge Zeit mit wiederholter Passworteingabe, dem Durchsuchen von Unmengen an Informationen und dem Wechsel zwischen Benutzeroberflächen. Darüber hinaus verringert die oftmals nicht vorhandene Integration zwischen Webbasierten Ressourcen (z.B. Online-Tracking von Lieferdaten) und betriebswirtschaftlichen Anwendungen (z.B. Überwachung einer Bestellung) ein produktives Arbeiten der Mitarbeiter. Genau dieser Herausforderung entgegnet der Workplace mit der eingebauten „Drag&Drop“-Funktionalität. Beispielsweise bekommt ein Vertriebsmitarbeiter auf seinem Workplace angezeigt, daß ein bestimmter Auftrag überfällig ist. Um zu überprüfen warum bzw. wo sich die Lieferung z.Zt. befindet, nimmt er die Lieferscheinnummer und zieht diese mittels Drag&Drop auf das Symbol eines Expreßversenders innerhalb desselben Bildschirmfensters im Workplace. Dieser greift automatisch auf die Seite des Spediteurs zu und kann, falls die Seite des Spediteurs entsprechend eingerichtet ist, die Details der überfälligen Sendung einsehen. Diese Integration erspart dem Anwender mühsame Schritte: das Klicken auf den Webbrowser, die Eingabe der Webadresse des Spediteurs, das Einloggen mit dem Paßwort und die manuelle Eingabe der Auftragsnummer.

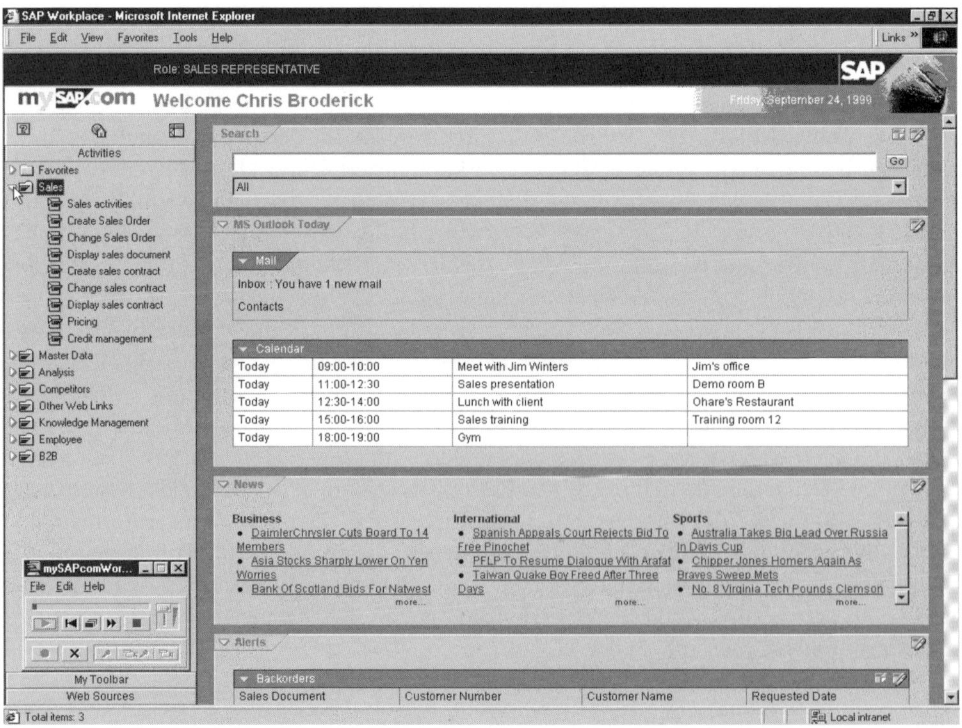

Abbildung 1.4.2-2: mySAP.com – Workplace (© SAP AG)

- *Offenheit und Flexibilität*

Der Workplace ist ein zentral gelegener und verwalteter Applikationsserver, der alle Ressourcen entsprechend den persönlichen Anforderungen und der Rolle eines Anwenders zusammenfaßt. Dadurch können entsprechende Sicherheitsmechanismen zur Verfügung gestellt werden und ein komfortables Single Sign-On wird ermöglicht. Durch das Internet Business Framework werden über den Workplace ebenfalls die neuen Möglichkeiten der gemeinsamen Zusammenarbeit (Business-Collaboration) über das Internet unterstützt, da es eine auf Webstandards basierte, flexible und offene Infrastruktur für alle mySAP.com Lösungen, gestützt durch XML-basiertes Webmessaging und Webflow, zur Verfügung stellt. Darüber hinaus wird noch darauf hingewiesen, daß außer einem Webbrowser keine spezielle Client-Installation benötigt wird. Durch die Verwendung des offenen Internet Standards HTML als Front-End Protokoll, kann deshalb bei der Anwendung des Workplace von einem Thin-Client Computing gesprochen werden.

- *Systemzugriff überall*

Da auf dem Front-End Rechner nur ein Webbrowser benötigt wird und es sich beim Workplace um eine Server-basierte Applikation handelt, kann ein Anwender von überall auf seine rollenbasierte und personalisierte Arbeitsumgebung zugreifen.

1.4.3 mySAP.com – Marketplace (Marktplatz)

Historisch betrachtet handelt es sich bei einem Marktplatz um einen zentralen Platz, an dem sich Angebot und Nachfrage nach Produkten, Dienstleistungen und Informationen treffen. Darüber hinaus war der Marktplatz auch Zentrum des gesellschaftlichen Lebens, wie z.B. die Agorá in der griechischen Antike, wo man sich zum gelehrten Dialog, zum gewöhnlichen Klatsch oder politischen Diskurs traf (vgl. Rißmann et al, S. 142). Über die Zeit hinweg, speziell durch die Industrialisierung und den damit verbundenen unübersichtlicher und komplexer werdenden Produkten und Dienstleistungen, entwickelten sich mehr und mehr fokusierende und spezialisierende Formen von Marktplätzen (z.B. Fischmarkt, Automarkt, Lebensmittelmärkte) und deren Derivaten (z.B. Messen für Automobile, Computer, Maschinenbau, Landmaschinen). Die Entwicklung der Informationstechnologie, speziell des Internets, bringt nun genau diese Märkte einen Schritt weiter, vom physisch vorhandenen Markt wird der Marktplatz der Zukunft in den Cyberspace transformiert, dem virtuellen Marktplatz. Dieser Entwicklung wird die SAP durch die Entwicklung ihres eigenen Marktplatzes unter *www.mySAP.com* gerecht. Der mySAP.com Marktplatz ist eine Internet-Community, über den als zentralen Dreh- und Angelpunkt Unternehmen aller Branchen und Größen ihre Geschäfte vollständig abwickeln können.

Bevor im Detail auf die speziellen Services und Angebote zur Geschäftskooperation auf dem Marktplatz *www.mySAP.com* eingegangen wird, soll noch auf folgende Ausführungen bezüglich genereller Netzeffekte, der Standardisierung und der Integration von Geschäftsprozessen über das Internet hingewiesen werden. Die Internetfähigkeit der Software-Komponenten stellt eine wichtige Voraussetzung dafür dar, Geschäftsprozesse integriert über das Internet, aber auch jede andere Art von Netzwerken, abzuwickeln. Somit ist sie Basis für jegliche Art von Business-Kollaboration bzw. -Kooperation. Bei der Business-Kollaboration handelt es sich jedoch nicht wie bei EDI um die Verbindung weniger Geschäftspartner (Lieferanten, Kunden etc.) auf einer 1:1 Basis, zu denen man darüber hinaus i.d.R. schon seit langem Geschäftsverbindungen hält. Vielmehr geht es dabei darum, die Vorteile von Netzwerken und Standards, die sich derzeit zur Kommunikation über das Internet bilden (z.B. XML), zu nutzen. Das bedeutet, daß man zukünftig auch mit Geschäftspartnern zusammenarbeitet, zu denen bis dato keine Kontakte bestanden. Möglicherweise trifft man mit diesen nur zur Abwicklung einer bestimmten Geschäftstransaktion zusammen, und diese Partnerschaft löst sich nach Abwicklung der expliziten Transaktion wieder auf. Dies kann mit der Bildung von virtuellen Unternehmen (vgl. Wüthrich, S. 49 ff.) verglichen werden. Die Entstehung und Beschränkung auf wenige semantische (z.B. BAPI, e-Speak, BIZTALK, W3C) und technische (z.B. XML, HTTP, COM, JAVA) Standards ermöglicht es, daß man ohne zusätzlichen Aufwand die Geschäftsprozesse zu jedem beliebigen Unternehmen, das seinerseits wiederum gleiche Standards einsetzt, integriert. Diese zwei wesentlichen Entwicklungen ermöglichen die Business-Kollaboration. Über diese betriebswirtschaftlichen und technischen Voraussetzungen hinaus gilt es nun, in der Zeit der virtuellen Netzwerke den richtigen Geschäftspartner mit den passenden Produkten, Dienstleistungen oder Informationen zu finden. All diese Voraussetzungen werden durch den Marketplace und die SAP Lösungen zur Verfügung gestellt.

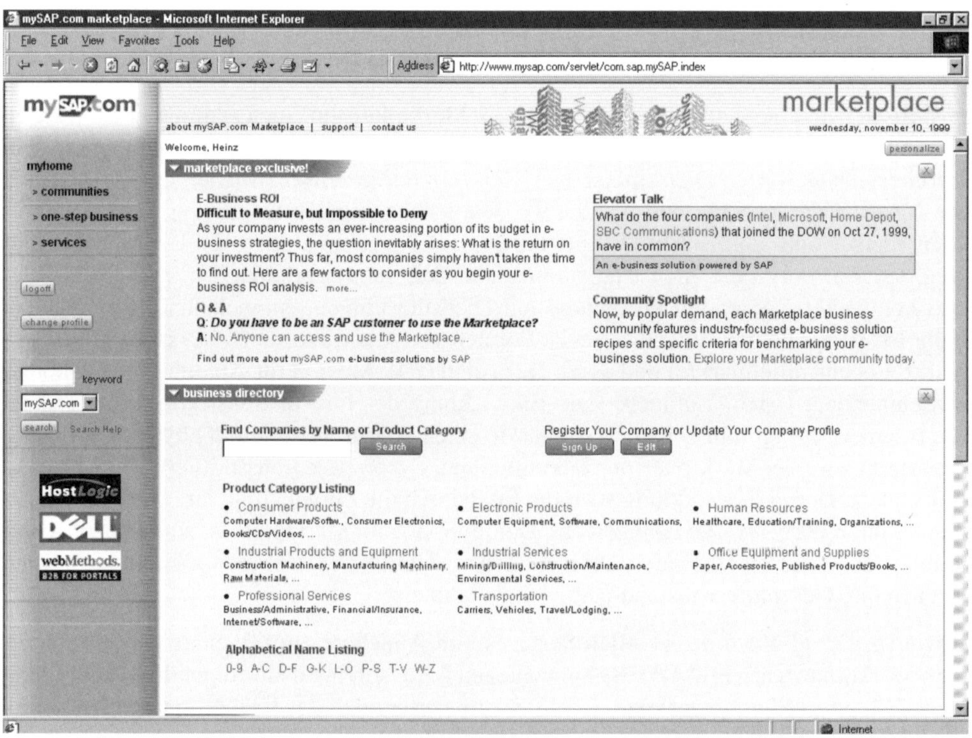

Abbildung 1.4.3-1: Der mySAP.com Marktplatz – Startseite (© SAP AG)

Im Detail bietet der mySAP.com Marktplatz die im folgenden beschriebenen und auf den „4 Cs“ des Internet (Community, Commerce, Collaboration, Content) basierenden Services und Möglichkeiten zur Geschäftsabwicklung über das Internet an.

- *Commerce (Handel)*

Im wesentlichen bietet der mySAP.com Marktplatz ein Business Directory an, das ähnlich zu verstehen ist wie die „Gelbe Seiten“. Dabei findet man vielfältige Informationen zu Käufern und Verkäufern wie allgemeine Unternehmensdaten, Produktkataloge, Kontaktadressen, Zielmärkte etc. Hierbei arbeitet SAP mit den DUNS-Nummern des Wirtschaftsdatenbankanbieters Dun&Bradsteet, die über eine Verzeichniszuordnung mit dem Business Directory der SAP verbunden sind. Damit wird der E-Commerce aktiv durch die SAP unterstützt und der Fokus des „Commerce“-Teils des Marktplatzes bezüglich Kaufen und Verkaufen deutlich. Die Integration der Geschäftspartner im Rahmen bestimmter Prozesse, die über den Commerce hinausgehen, z.B. kooperative Planung und Prognose, sind unter dem Stichwort „Collaboration“ zusammengefaßt. Der SAP Marktplatz geht jedoch weit über ein einfaches Business Directory, das es heute bereits von einigen Anbietern gibt, hinaus, indem nicht nur Geschäftspartner gefunden werden können. Vielmehr ist es möglich, direkt über den Marktplatz *www.mySAP.com* Geschäfte abzuwickeln und Transaktionen und die dafür benötigten Daten in einer einstufigen Geschäftsabwicklung (One-Step-Business) zu integrieren. Dazu müssen beide Geschäftspartner ihre Systeme durch Verwendung der entsprechenden Internetstandards und Anbindung an die operativen Backend-Systeme „One-Step-Business“ befähigt haben. Dann werden die entsprechenden Geschäftsdokumente ausgetauscht und ein reibungsloser Informationsaustausch gewährleistet (vgl. Kapitel 1.2, Was ist mySAP.com und One-Step-Business?). Diese Einzigartigkeit des von SAP geschaffenen Marktplatzes muß hier hervorgehoben werden. Einzig von einem Marktplatz zu sprechen, wäre in dem Kontext von mySAP.com falsch, da es aus mehreren branchenübergreifenden Marktplätzen, speziell jedoch aus vielen vertikalen und regionalen Marktplätzen, besteht. Die branchenübergreifenden bzw. horizontalen Marktplätze bieten speziell Güter und Dienstleistungen an, die branchenunabhängig benötigt werden. Das beste Beispiel hierfür ist der Marktplatz zur Beschaffung von MRO-Teilen (Maintenance, Repair, Operation), welcher die Beschaffung von C-Teilen erleichtert. Erweitert werden diese branchenübergreifenden Marktplätze durch Anwendungen wie Auktionen, den Abgleich von Lieferantenanfragen, etc. Daneben vereinen und bündeln speziell die vertikalen Marktplätze Angebot und Nachfrage einer bestimmten Branche, z.B. für die Öl- und Gas-Branche, bezüglich spezieller Güter, Dienstleistungen und Informationen. Gleiches gilt für die regionalen Marktplätze, die regional Angebot und Nachfrage zusammenbringen. So macht ein Marktplatz z.B. für Immobilien nur für eine bestimmte Region, z.B. Baden-Württemberg, Sinn. Selbstverständlich sollte dieser dann an einen Immobilien-Marktplatz Deutschland oder Europa angebunden werden, und man kann somit von den verschiedenen Marktplätzen gegenseitig aufeinander verzweigen.

- *Business Collaboration (Geschäftskooperation)*

Die kooperative bzw. kollaborative Zusammenarbeit über das Internet kann viele unterschiedliche Ausprägungen haben, geht jedoch weit über den reinen E-Commerce, wie oben unter dem Stichpunkt „Commerce“ beschrieben, hinaus. Letztlich ist gemeinsames Ziel aller Bestandteile von mySAP.com, die unternehmensinternen Prozesse unternehmensgrenzenübergreifend via Medium Internet mit möglichst allen Geschäftspartnern zu verbinden und zu integrieren. Dies jedoch nicht in einer 1:1 Beziehung, sondern in einer n:n Beziehung, d.h. mit jedem Teilnehmer am „One-Step-Business" können Geschäftsprozesse integriert werden, ohne immer wieder zusätzliche Implementierungen vorzunehmen, wie es z.B. beim Einsatz von EDI notwendig wäre. Einige ausgewählte Beispiele von Geschäftskooperationen, die über den „klassischen" E-Commerce hinausgehen, werden im folgenden kurz beschrieben.

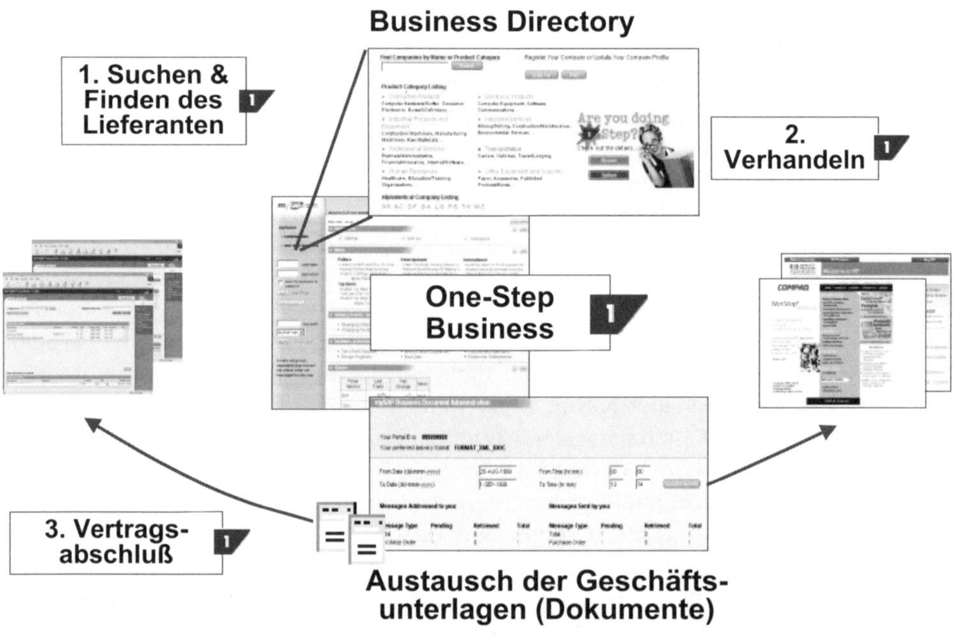

Abbildung 1.4.3-2: E-Commerce über den Marketplace www.mySAP.com (© SAP AG)

- *Distributor Reseller Management*

Das Web-gestützte Geschäftsszenario Distributor Reseller Management (DRM) vereinfacht die einzelnen Schritte der Zusammenarbeit zwischen Herstellern und Distributoren bzw. Wiederverkäufern (Reseller). Dabei werden elektronisch und XML-unterstützt sämtliche Prozeßschritte, von der Einleitung eines Kontaktes über die Verhandlung und Aushandlung der Geschäftsgrundlagen und -inhalte, bis hin zum Abschluß der entsprechenden Übereinkommen, unterstützt.

- *RFP (Request for Proposal) und RFQ (Request for Quotation) Matching, d.h. Abgleich von Lieferantenanfragen*

Auf den Marktplatz von mySAP.com können Lieferantenanfragen gebucht, verteilt und abgeglichen werden, was die Verwaltungskosten im Ein- und Verkauf der partizipierenden Unternehmen reduziert. Dabei werden die Anforderungen der Käufer zielgerichtet bezüglich bestimmter bevorzugter Lieferanten in der entsprechenden Sektion des Marktplatzes abgegeben. Die Lieferanten können dann wiederum ihre Angebote abgeben und verhandeln. Sind sie bereits Teilnehmer, wird über ein Klassifizierungssystem der Vergleich von den zur Verfügung stehenden Kapazitäten der Lieferanten mit der benötigten Menge ermöglicht.

- *Kooperative Absatz- und Produktionsplanung und -prognose*

Die Vertriebsgesellschaften bzw. Distributoren erstellen ihre Absatzplanung und geben diese über das Internet in das entsprechende Planungsblatt ein, z.B. unter Einsatz des APO (Advanced Planner und Optimizer), wobei der Zugang u.a. über den Marktplatz von mySAP.com erfolgend kann. Der Hersteller bzw. Lieferant kann dann seine Produktionsplanung entsprechend aktualisieren und anpassen (vgl. Abbildung 1.4.3-3). Gegebenenfalls sind mehrere Planungszyklen zu durchlaufen.

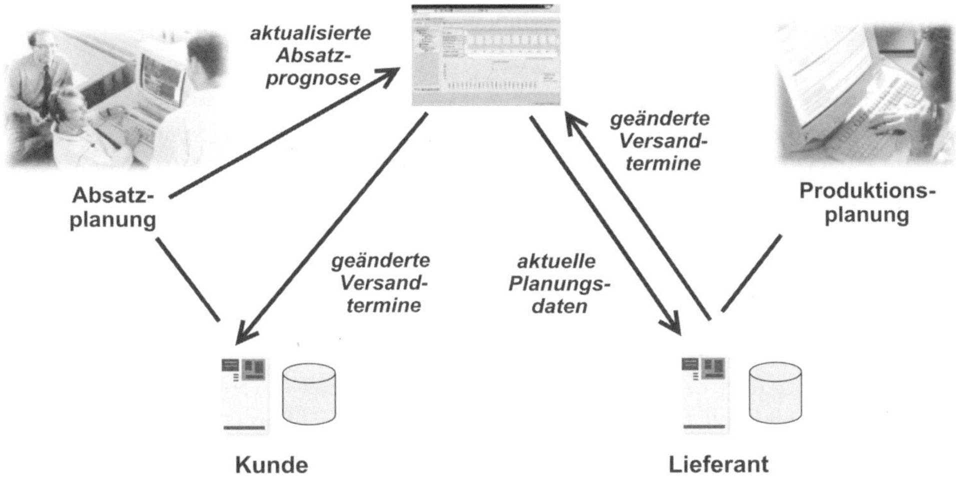

Abbildung 1.4.3-3: Kooperative Absatz- und Produktionsplanung bzw. -prognose (© SAP AG)

- *Content (Inhalt)*

Es gibt sehr viele Internetseiten, die sich nur einem Ziel widmen: zu informieren. Man spricht dabei über die zur Verfügungstellung von Inhalten, dem sogenannten „Content". Es tummeln sich sehr viele Anbieter von Inhalten, die entweder allgemein oder auch Zielgruppen-spezifisch diese Inhalte anbieten. mySAP.com stellt ebenfalls entsprechende Inhalte zur Verfügung, wobei es sich hauptsächlich um Benutzergruppen-spezifische Inhalte handelt. Dazu gehören z.B. umfangreiche Wirtschaftsnachrichten, aber auch ausführliche Branchennachrichten. Ebenfalls werden allgemeine Informationen wie Nachrichten aus Sport, Politik etc. angeboten.

- *Community*

Die Informationstechnologie ändert rapide die Art und Weise, wie heutzutage Geschäfte abgewickelt und zwischen den Unternehmen Produkte und Services ausgetauscht werden. In dem heutigen, konkurrenzintensiven Geschäftsumfeld benötigen Käufer jederzeit von überall Zugang zu den Informationen und Preisen sowie Alternativen der von ihnen benötigten Produkte bzw. Dienstleistungen. Die Verkäufer dagegen müssen mit schnellem, uneingeschränktem, vor allem auch personalisierten und globalen Zugang zu den Informationen und dem bestmöglichen Preis bezüglich der von ihnen angebotenen Produkte und Dienstleistungen antworten. Um diese Anforderungen zu unterstützen, bietet SAP entsprechende Business Communities. Dies sind Plätze im virtuellen Raum, an denen sich die Geschäftspartner aus derselben Branche, z.B. Consumer Products, treffen und miteinander kommunizieren, entsprechende Inhalte in Form von Nachrichten abfragen können, über bestimmte Veranstaltungen informiert werden und direkt Geschäfte miteinander abwickeln können. Dabei werden von SAP neunzehn verschiedene vertikal ausgeprägte Business Communities unterstützt, z.B. eine Community der Consumer Product (Konsumgüter) Branche.

Nach diesen Ausführungen kann zusammengefasst werden, daß der mySAP.com Marktplatz eine Kombination aus Infrastrukturtechnologie, Webanwendungen und Webservices ist. Zum Schutz der Daten, die über den Marktplatz ausgetauscht werden, kommen SSL-Protokolle (Secure Socket Layer) zum Einsatz, die Vertraulichkeit, Integration und Authentifizierung der Daten sicherstellen. Neben Verisign werden auch andere Zertifikate unterstützt. Die entsprechende Übermittlung der Daten in Form von Transaktionen wird über einen Message Store Service abgesichert. In diesem Fall tritt SAP als vertrauenswürdiger, unabhängiger Dritter auf und bietet den Service, alle Business-To-Business-Transaktionen (z.B. Bestellungen und Rückmeldungen) zu protokollieren und zu speichern. Die von den Geschäftspartnern über den Marktplatz ausgetauschten Belege, werden über eine Messaging Engine abgewickelt, welche die Geschäftsbelege in XML-Format sowohl mit synchronen als auch asynchronen Protokollen empfängt, speichert und versendet.

1.4.4 mySAP.com – Application Hosting

Application Hosting ist neben dem Marketplace, Workplace und den Geschäftsszenarien der vierte wesentliche Pfeiler der Internetstrategie mySAP.com. Bevor auf dieses Dienstleistungsangebot im Detail eingegangen wird, zuerst noch eine allgemeine Begriffsklärung zum Thema Application Hosting, das von sogenannten ASP (Application Service Providern) angeboten wird. Unter Application Hosting versteht man eine Dienstleistung, bei der ein ASP die Unternehmenslösungen (Applikationen, wie z.B. das R/3, Business-To-Business-Procurement oder auch mySAP.com in Gesamtheit) und die zugehörige Technologie (Netzwerk, Datenbank, Betriebssystem etc.) innerhalb des eigenen Rechen- und Datenzentrums betreibt, und dem Kunden über ein Netzwerk (z.B. Extranet, Virtual Private Network oder das Internet) zugänglich macht. Der Kunde braucht nichts weiter als die entsprechenden Desktop- bzw. Netzwerk-(Network Computing)Rechner mit einem Webbrowser sowie die Anbindung an das Netzwerk, z.B. über einen ISDN-Internetanschluß, und kann damit auf seine spezifische Unternehmenslösung zugreifen. Abhängig von dem speziellen Anbieter kann es sich dabei um eine definierte vorkonfigurierte Lösung handeln („off-the-shelf"), bei der keine kundenindividuellen Änderungen möglich sind. Auf der anderen Seite kann es sich um eine speziell auf die Anforderungen des Kunden zugeschnittene Lösung handeln. In der Regel spricht man jedoch vom Application Hosting, wenn es sich um den ersten beschrieben Fall handelt, da es sich bei den Beziehungen ASP zum Kunden um 1:n Beziehungen handelt. Im zweiten Fall wird es sich im Normalfall eher um ein klassisches Outsourcing Projekt handeln. Darüber hinaus bieten die ASP über sogenannte Service Level Agreements (SLAs, das sind Service-Abkommen) unterschiedliche Services an, z.B. Upgrade-Zyklen, Anzahl der Sicherungen. Zum Application Hosting und zu ASP folgen hier zwei Analysten-Definitionen:

- „Application Service Providers (ASPs) implement, host and manage a wide range of applications for multiple clients networked into a central processing facility" (META-Group).
- „Hosted Applications typically allow packaged software products or solutions to be deliverd on a one-to-many basis. ... where the application is purchased as a service. Responsibility for ... management and development is ceded contractually to an external service provider" (IDC)

Um eine grobe Einordnung der unterschiedlichen Angebote von ASPs im Application Hosting vorzunehmen, hat SAP, in Anlehnung an die gängigsten Definitionen von führenden Analystenhäuser, folgende drei zu unterscheidenden Level bezüglich Application Hosting vorgenommen:

- *Plattform Services bzw. Information Technology Outsourcing (ITO)*

Hier delegiert der Kunde sämtliche, zumindest jedoch einen sehr großen Teil der Aktivitäten bezüglich des operativen Betriebs der IT-Infrastruktur (z.B. Netze, Server, Betriebssysteme, Datenbanken, Internetbasis, R/3-Basis) an den ASP.

- *Application Services bzw. Application Management Outsourcing (AMO)*

Hier delegiert der Kunde sämtliche anwendungsbezogene Aktivitäten bezüglich der operativen Anwendungen wie z.B. dem R/3, Business Information Warehouse, Business-To-Business-Procurement, Internetapplikationen etc. an den ASP. Bei den Aktivitäten kann es sich um das Applikations Design, das Customzing, das technische Change Management (Upgrades), die Dokumentation, den Applikations-Help-Desk etc. handeln.

- *Business Operation Services bzw. Business Process Outsourcing (BPO)*

Hier delegiert der Kunde die Abwicklung eines kompletten, zumindest aber eines sehr großen Teiles eines Geschäftsprozesses oder einer betrieblichen Funktion an den ASP. Das bedeutet, daß der ASP sich um alle mit der Durchführung dieses Geschäftsprozesses verbundenen Aktivitäten kümmert. Beispielsweise betreibt der ASP beim Hosting der HR-Personalabrechnung die gesamte Applikation (HR-Payroll), führt aber auch die Aktualisierung der Personalstammsätze und die Abrechnung sowie den Versand der Lohn- bzw. Gehaltsabrechnungen durch.

Im Rahmen von mySAP.com bietet die SAP und ihre Partner ein komplettes End-zu-End-Hosting-Angebot an, das in seiner Gesamtheit über das Internet und auf herkömmlichem Wege (Standleitung, Extranet etc.) zugänglich bzw. lieferbar ist.

- *Testdrive Your Solution Online*

Im Rahmen der Evaluierung hat der Interessent die Möglichkeit, die mySAP.com Lösungen „probezufahren", bevor er sie kauft. Dieser „Try-before-you-buy"-Ansatz macht es möglich, sich über das Internet einen User-Account bei der SAP zu besorgen, um damit den Zugang zu dem mySAP.com System zu erhalten. Dabei wird ein Internet-Demonstrations- und Evaluierungssystem genutzt, in dem die typischen – branchenspezifischen – Prozesse eines Unternehmens selbst durchgespielt werden können. Dieses Evaluierungssystem ist ein – branchenspezifisches – vorkonfiguriertes System, das Komponenten wie z.B. R/3, Business-To-Business-Procurement, Workplace etc. beinhaltet und mit dem integrativ die entsprechenden Prozesse durchgespielt werden können.

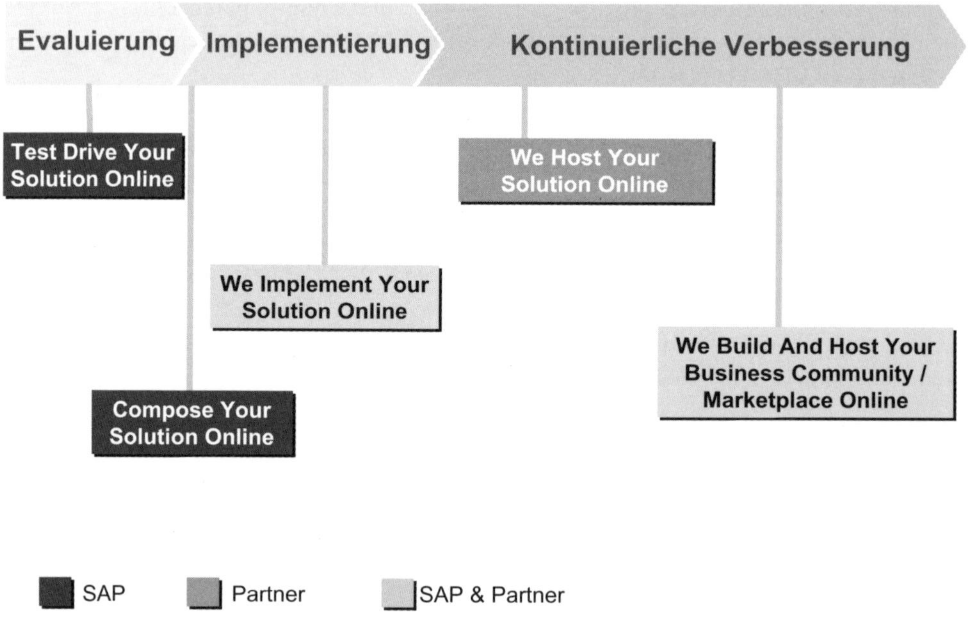

Abbildung 1.4.4.-1: mySAP.com – Application Hosting (© SAP SAP AG)

- *Compose Your Solution Online*

An der Schnittstelle zwischen Evaluierung und Implementierung hat der Interessent bzw. Kunde die Möglichkeit, durch das Ausfüllen eines Web-basierten Fragebogens ein auf seine Belange und Branche vorkonfiguriertes System zu erstellen. Entschließt er sich, Kunde der SAP zu werden, kann er dieses System dann in der nächsten Phase noch weiter online detaillieren.

- *We Implement Your Solution Online*

Nachdem der Kunden seine unternehmensindividuelle SAP Lösung zusammengestellt hat, kann er die Implementierung auf zwei Arten durchführen. Herkömmlich, das heißt er installiert die Hard- und Software vor Ort und führt ebenfalls vor Ort mit einem Projektteam die Detaillierung, d.h. die Detailanalyse (Blueprinting) und -konfiguration, durch. Oder online, d.h., er läßt die Software auf der Hardware eines SAP Partners oder der SAP selbst in einem, von den SAP-Partnern bzw. SAP selbst betriebenen Rechenzentrum, installieren. Die Detaillierung führt er online über das Internet durch. Dabei kann sich ein Projektteam vor Ort beim Kunden befinden, der Kunde kann aber zusätzlich auch auf eine Vielzahl von Online-Services (z.B. e-learning, e-consulting) der SAP zugreifen.

- *We Host Your Solution Online*

Hierbei handelt es sich um den operativen Betrieb der SAP-Lösungen durch ASPs, d.h. den klassischen Application Hosting Fall. Dabei hat der Kunden im wesentlichen zwei Möglichkeiten, seine Lösung hosten zu lassen. Entweder der Kunde wendet sich direkt an einen der SAP ASP-Partner, der genau die Lösung anbietet, die den speziellen Kundenanforderungen am besten genügt, d.h. ohne über die Serviceangebote der SAP zu gehen (z.B. We Implement Your Solution Online). Oder er übergibt sein individuelles System, welches er über die Online-Implementierung der SAP auf seine Belange individuell konfiguriert hat, zum operativen Betrieb an den SAP ASP-Partner. Dies wird deshalb notwendig, da SAP selbst nicht als ASP für den operativen Betrieb der SAP-Lösungen am Markt auftritt.

- *We Build And Host Your Marketplace*

Sehr viele Unternehmen nehmen an mehreren Marktplätzen, wie z.B. *www.mySAP.com* teil, um dadurch die unternehmensübergreifenden Prozesse, z.B. Beschaffungsprozesse, zu optimieren. Bei solchen Marktplätzen muß man zwischen geschlossenen, bei denen nur eininge wenige und selektive Geschäftspartner teilnehmen, und offenen, die für jedermann zugänglich sind, unterscheiden. Viele Kunden, speziell größere Konzerne, wollen neben der Teilnahme an verschiedenen offenen und geschlossenen Marktplätzen auch einen eigenen, Konzern-spezifischen Marktplatz aufbauen und betreiben, z.B. um mit selektiven eigenen Lieferanten und Kunden bzw. sonstigen Partnern Prozesse zu integrieren. Hierbei ist ein weiteres Serviceangebot, um im Rahmen von mySAP.com diesen Unternehmen zu helfen, die eigenen Marktplätze zu bauen und operativ zu betreiben.

1.5 Zusammenhänge der mySAP.com Software-Komponenten

Betrachtet man das heutige Produktspektrum der SAP, so gibt es im wesentlichen die nachfolgend aufgelisteten Einzelprodukte, die jeweils einzeln implementierbar sind. Ihre volle Schlagkraft entwickeln sie jedoch erst durch die vollständige und einfach zu realisierende Integration untereinander (z.B. R/3-Materialwirtschaft mit Business-To-Business-Procurement). Das Produktsprektrum umfaßt im einzelnen:

- R/3 als Backend ERP-System (Financials, Logistics, Human Ressources)
- Customer Relationship Management
- Advanced Planner and Optimizer
- Business-To-Business-Procurement
- Business-To-Business-Selling
- Business-To-Consumer-Selling
- Business Information Warehouse
- Knowledge Management
- Corporate Finance Management
- Strategic Enterprise Management
- Employee Self Services

Diese Produkte können derzeit einzeln gekauft und implementiert werden und unterlaufen verschiedenen Releasezyklen. Bei mySAP.com handelt es sich hingegen um eine Gesamtlösung. Das bedeutet konkret, daß die obengenannten einzelnen Software-Produkte Teil eines Gesamtpaketes „mySAP.com" werden und man zukünftig von mySAP.com – Software-Komponenten, z.B. mySAP.com – Customer Relationship Management, mySAP.com – Logistik, spricht. Der mySAP.com-Kunde erhält somit ein Gesamtpaket an verschiedenen Software-Komponenten, die vor Ort installiert werden und nach Bedarf des Kunden zur Umsetzung seiner kundenindividuellen Anforderungen an die im Unternehmen zu implementierenden Geschäftsszenarien zu- oder abgeschaltet werden können. Da mySAP.com jedoch keine reine Software-Lösung darstellt, sondern vielmehr eine Gesamtlösung zur kooperativen Geschäftsabwicklung ist, gibt es neben den reinen Software-Komponenten noch Servicekomponenten. Abbildung 1.5-1 zeigt mySAP.com in einer Gesamtsicht.

Die wichtigste Ressource eines Unternehmens sind die Mitarbeiter, speziell deren effektiver und effizienter Einsatz. Um ihre tägliche Arbeit verrichten zu können, müssen die dazu notwendigen und unterstützenden informationstechnologischen Lösungen alle Aktivitäten so einfach wie möglich zugänglich und bedienbar machen. Dies hängt dabei stark davon ab, welche Informationen der einzelne Mitarbeiter gemäß seiner Rolle im Unternehmen benötigt. Deswegen steht bei der Umsetzung von mySAP.com der Endanwender im Mittelpunkt aller Aktivitäten. Jeder Mitarbeiter partizipiert während seiner Tätigkeit im Unternehmen an unterschiedlichen Prozessen bzw. Geschäftsszenarien, die innerhalb des Unternehmens (z.B. Beantragung des Urlaubs via Employee Self Service, Analyse der Umsatzzahlen etc.), aber auch über dessen Grenzen hinaus ablaufen (z.B. Beschaffung über das Internet, kooperative Produktionsplanung etc.). Dabei ist die Art und Weise, wie ein Mitarbeiter innerhalb eines solchen Geschäftsszenarios partizipiert und welche Informationen bzw. Transaktionen er dazu benötigt, abhängig von seiner Rolle. Ein Manager in der Einkaufsabteilung benötigt im Rahmen seiner Tätigkeit eine andere Unterstützung als ein Sachbearbeiter im Einkauf. Darüber hinaus gibt es, abhängig davon, welchem Industriezweig eine Firma zugeordnet ist, andere Anforderungen an die inhaltsspezifische Ausprägung der Informationen, z.B. benötigt ein Mitarbeiter im Vertrieb eines Unternehmens der Konsumgüterbranche andere Informationen bzw. Transaktionen als ein Vertriebsmann im Bereich Aerospace & Defense. Deshalb ist mySAP.com entsprechend industriespezifisch, gemäß den Industry Solution Maps, ausgeprägt. Das bedeutet ebenfalls, daß die SAP Branchenlösungen (IS = Industry Solutions) Bestandteil von mySAP.com sind. Grundlage dieser, auf den einzelnen Anwender zugeschnittenen rollen-basierten und industriespezifischen Geschäftszenarien, sind die SAP Software- und Servicekomponenten. Diese gehen dabei über die obige Aufzählung an Software-Komponenten hinaus. Als zusätzliche Software-Applikation kommt der Workplace hinzu. Speziell im Bereich Services sind der Marketplace, das Business Directory, die Business Communities, die allgemeinen Internet-Services und das Application Hosting hervorzuheben.

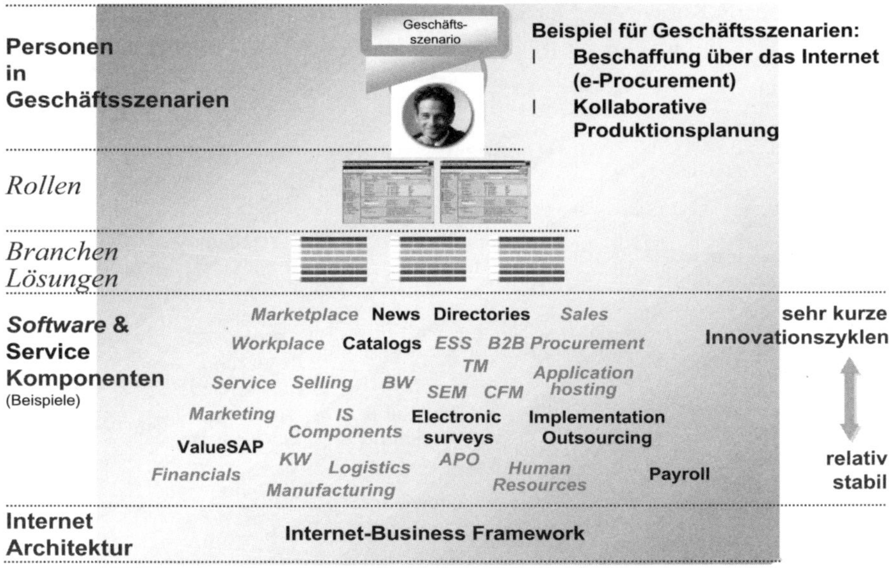

Abbildung 1.5-1: mySAP.com – System- und Software-Komponenten (© SAP AG)

Alle mySAP.com Komponenten können also unabhängig als eigenständige Komponenten oder gemeinsam, als Teil einer größeren Lösung, eingesetzt werden. Dabei spielt die Reihenfolge ihrer Implementierung keine Rolle. Das heißt, es können die unterschiedlichen Szenarien, die mehr als nur eine Software-Komponente benötigen, sowohl ausschließlich nur mit mySAP.com-Komponenten, aber auch mit Software-Lösungen von Fremdanbietern, umgesetzt werden. Dies wird durch das Internet Business Framework mit dem semantischen Standard BAPI und dem technischen Standard XML ermöglicht.

Beachte: **Das System R/3 und die damit verbundenen Funktionalitäten, bleiben auch innerhalb mySAP.com erhalten. Wenn man zukünftig von z.B. mySAP.com–Logistik, mySAP.com–Financials spricht, so sind damit die direkt aus dem R/3 abgeleiteten Funktionalitäten gemeint. R/3 wird auch gern als „Backend" bzw. „Backbone"-System referenziert.**

1.6 Prozeßbausteine von mySAP.com

In Kapitel 1.5 wurden die einzelnen Komponenten von mySAP.com und deren Zusammenhänge dargestellt sowie die Abgrenzung zu den heute bestehenden Applikationen R/3 und den New Dimension (z.B. Business-To-Business Procurement, Business Information Warehouse) Produkten dargestellt. Explizit wurde auch darauf hingewiesen, daß die Basisfunktionalitäten des heutigen R/3 erhalten bleiben, diese aber Teil des neuen „gesamten" mySAP.com werden. Ebenfalls wurde die Strategie der Business Szenarien erklärt. Betrachtet man die heutige Situation bezüglich Software-Lösungen, läßt sich feststellen, daß die Komponenten des R/3 ein Unternehmen innerhalb dessen Grenzen integrieren. Sollen Prozesse unternehmensübergreifend integriert werden, nutzt man entweder die Techniken der R/3-immanenten Internet Application Components (IACs, vgl. SAP-Prozeßbibliothek, SAP-Prozesse mit Knowledge Maps analysieren und verstehen, Kapitel 1.1.9) und der BAPIs oder der neuen Produkte wie z.B dem Business-To-Business Procurement.

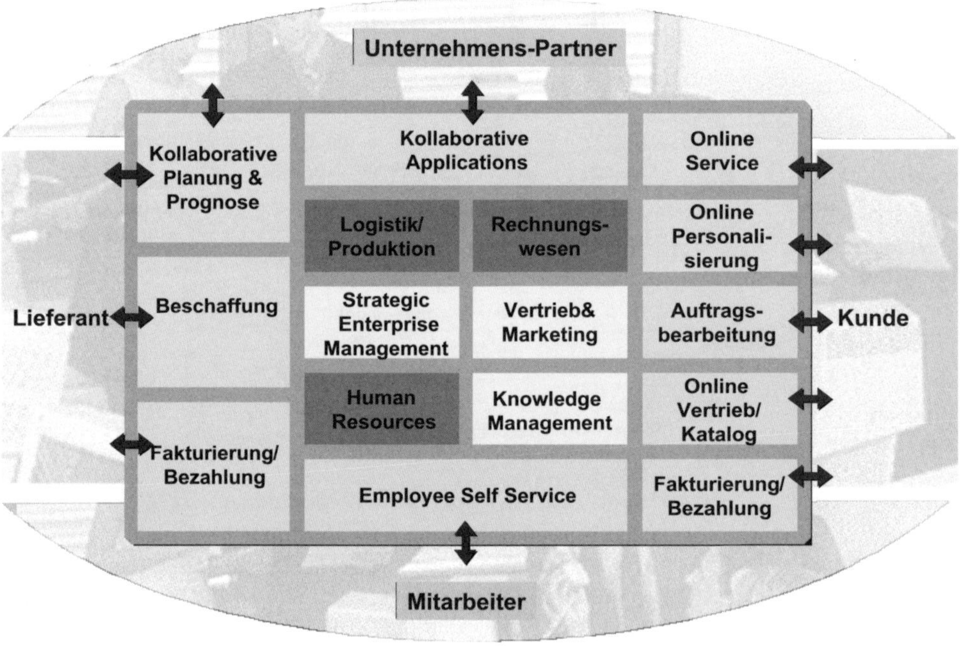

Abbildung 1.6-1: Komponenten und Business Scenarios (© SAP AG)

Die unternehmensübergreifend ablaufenden Prozesse bzw. Business Szenarien benötigen also unterschiedliche Komponenten wie z.B. das R/3 als Execution-System und das Business-To-Business Procurement als Produkt für die umfassenden Internetintegrationen. Daraus läßt sich somit folgern, daß ein R/3 auch in Zukunft immer noch eine immens wichtige Rolle spielt – entgegen lautwerdender Meinungen, daß eine ERP-Software nicht mehr benötigt wird. Das R/3 und dessen Funktionalität, auch wenn zukünftig von Komponenten von mySAP.com gesprochen wird (vgl. Kapitel 1.5), wird

- auch weiterhin zur Integration der Prozesse unternehmensintern benötigt und
- nimmt zur Ausführung und Steuerung der über das Internet unternehmensübergreifenden abgewickelten Geschäftsprozesse bzw. Business Szenarien die Rolle des Backend- bzw. Executionsystems ein.

Abbildung 1.6.-1 und 1.6-2 sollen dies verdeutlichen. Die im mittleren Rechteck dunkel hinterlegten Rechtecke (Logistik/Produktion, Rechnungswesen, Human Ressources) stellen dabei die Komponenten und Funktionalitäten von mySAP.com dar, die heute durch R/3 zur Verfügung gestellt werden. Jede der dort dargestellten Komponenten (vgl. Kapitel 1.5) enthält eine bestimmte Anzahl an Prozeßbausteinen (vgl. Abbildung 1.6-2), die aneinander gesetzt werden können.

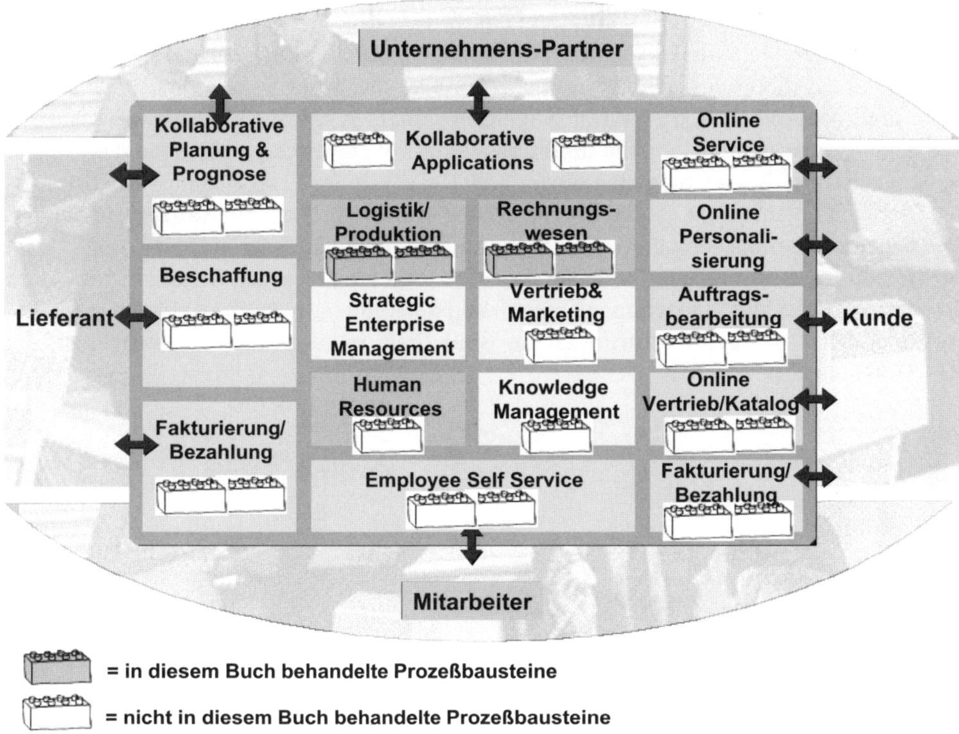

Abbildung 1.6-2: Komponenten und Business Scenarios

Auf diese Art und Weise gebildete Prozeßketten können Prozesse darstellen, die nur innerhalb des Unternehmens ablaufen. Sehr wohl kann eine solche Prozeßkette jedoch auch einen Geschäftsprozeß darstellen, der unternehmensübergreifend abläuft (siehe Abbildung 1.6-3). Damit läßt sich feststellen, daß die in Kapitel 1.5 aufgelisteten Komponenten in ihrer Gesamtheit alle Prozeßbausteine von mySAP.com beinhalten. Die Aneinanderkettung einzelner Prozeßbausteine aus einer Komponente oder die Integration von Prozeßbausteinen verschiedener Komponenten bilden die Geschäftsszenarien von mySAP.com. Im Verbund ermöglichen diese Bausteine einen neuen Ansatz in der Abwicklung des elektronischen Handels bzw. der kooperativen Zusammenarbeit und der Bereitstellung betrieblicher Informationssysteme. Als Komponenten internetfähiger Anwendungen tragen sie zur Überwindung funktionaler und räumlicher Barrieren sowie zur Maximierung der persönlichen und gemeinsamen Leistung bei.

Beispielsweise werden beim Internetvertrieb an den Endverbraucher (Business-to-Consumer oder „B2C") Prozeßbausteine verschiedener mySAP.com Komponenten integriert, d.h. die betriebswirtschaftliche Logik des R/3-Vertriebsmoduls und die Prozesse und Funktionen des SAP Online Stores werden auf einer interaktiven, multimedialen Online-Oberfläche zusammengeführt. Bei diesem hochgradig integrierten Ansatz werden alle zugehörigen Daten (Kundendaten, Preise und logistische Informationen) im R/3-System abgelegt und gepflegt. Im Online-Store wird direkt auf diese Daten zugegriffen, Datenreplikationen entfallen vollständig. Alle Daten wie z.B. Produktinformation, Preise und Produktverfügbarkeit werden direkt aus dem System gelesen und sind somit stets aktuell. Der Online-Store muß bei Änderung dieser Daten nicht nochmals gepflegt werden. Kundenaufträge und neue Kundenstammdaten, die im Internet eingegeben werden, werden an das zentrale System zur Weiterbearbeitung übergeben. SAP R/3 bildet dabei das Business Backbone des Geschäfts und dient somit als Gerüst für den kompletten Prozeß der Auftragsabwicklung, was bedeutet, daß alle Folgeprozesse zum Auftrag, wie z.B. Versand, Fakturierung und Abwicklung von Zahlkarten, direkt im SAP R/3 abgebildet werden. Prozesse im Online-Store, wie z.B. Produktdarstellung, Einkaufskorbverwaltung, Kundenerfassung, Angebotserstellung oder -verfolgung, Auftragsstatus, sind direkt mit den Prozeßbausteinen aus dem R/3-System integriert.

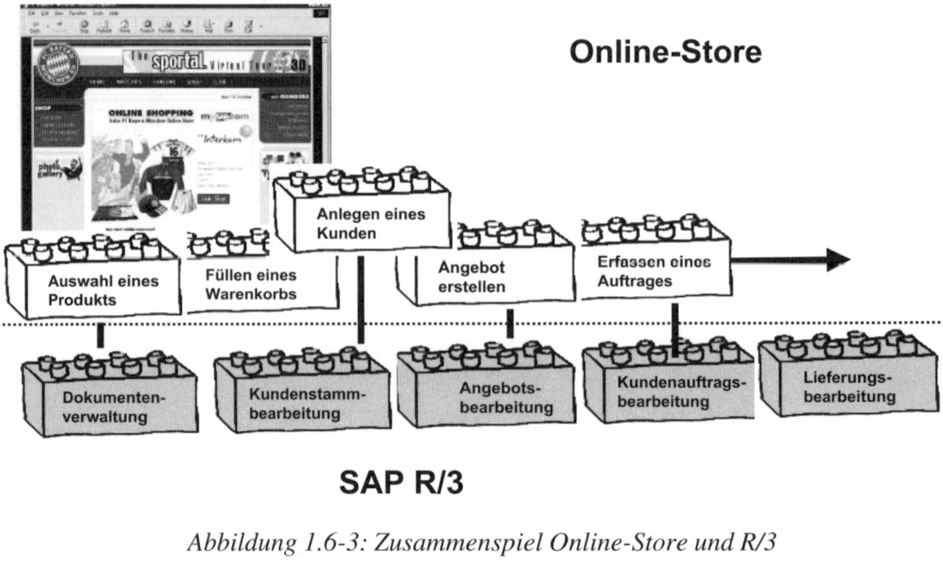

Abbildung 1.6-3: Zusammenspiel Online-Store und R/3

Um das Zusammenspiel der Prozeßbausteine verschiedener mySAP.com Komponenten, hier die schon oben erwähnte Online-Store und R/3, zu verdeutlichen, zeigen wir an dieser Stelle ein kleines Beispiel (siehe auch Abbildung 1.6-3):

- *Auswahl eines Produktes*
  Bei der Auswahl einer Produktgruppe im Online-Store werden die verschiedenen Artikel zu dieser dargestellt. Die Liste enthält Kurzdarstellung der Produkte (z.B. bestehend aus Kleinbild und Bezeichnung) und deren Preis. Von der Produktliste kann zu einer Produktdetailansicht mit Langtext, Bild und Tonmaterial verzweigt werden. Zur Detailpräsentation des Produktes im Online-Store wird dabei auf die *Dokumentenverwaltung*, beziehungsweise den entsprechenden Prozeßbaustein, zugegriffen.
- *Füllen eines Warenkorbs*
  Ist der Kunde vom Produkt überzeugt und möchte es bestellen, so legt er es in einen Warenkorb. Dieser besteht aus einer Liste aller bislang ausgewählten Produkte, die zur Bestellung gehören. Im Backend-System R/3 wird dabei keine Transaktion durchgeführt.
- *Anlegen eines Kunden*
  Ist der Interentanwender ein Neukunde des Unternehmens, so muß er vor Erstellung des Angebotes einen Prozeß der Registrierung durchlaufen, bei dem im wesentlichen die Adreßdaten aufgenommen werden. Der Online-Store legt daraufhin im R/3-System einen Kundenstamm an und ordnet dem Kunden eine Kundennummer zu. Der Prozeßbaustein *Kundenstammbearbeitung* im R/3-System wird durch den Dialog im Online-Store ausgeführt
- *Angebot erstellen*
  Unter Berücksichtigung aller kundenspezifischen Regelungen wird nach einer erfolgreichen Identifikation des Kunden ein Preisangebot erstellt. Des weiteren wird die aktuelle Verfügbarkeit geprüft und der daraus resultierende Liefertermin sofort online bestätigt. Diese Rückmeldungen an den Internet-Anwender erfolgen durch die Prozessierung der *Kundenauftragsbearbeitung* im R/3-System. Dabei handelt es sich in diesem Falle nur um eine Simulation, da noch kein entgültiger Auftrag vom Kunden abgesetzt wurde.
- *Erfassen eines Kundenauftrages*
  Ist der Kunde mit dem Angebot einverstanden, so kann er dieses in einen Auftrag umwandeln. Er erhält eine Rückmeldung, die neben allen Informationen zu den bestellten Waren wie Produktname, Menge und Verfügbarkeit die Auftragsnummer des direkt online in R/3 erfaßten Auftrages enthält, d.h. der Prozeßbaustein *Kundenauftragsbearbeitung* wird durchgeführt.

Die weitere Bearbeitung des Kundenauftrags, z.B. Lieferungsbearbeitung und Fakturierung, erfolgt im SAP R/3-System. Anhand der Auftragsnummer kann der Kunde später die Internet Application Component *Kundenauftragsstatus* den aktuellen Status seines Auftrags online erfragen: wie viele bzw. welche Artikel seines Auftrags für den Transport vorbereitet oder bereits versendet wurden.

Wir wollen explizit darauf hinweisen, daß wir in den übrigen Bänden der vorliegenden Prozeßreihe die Prozeßbausteine der mySAP.com-Komponenten Logistik und Rechnungswesen, d.h. dem heutigen R/3-Rechnungswesen und -Logistik, im Detail mit Hilfe der Knowledge Maps erklären bzw. analysieren und durch die EnjoySAP-Bilder verdeutlichen. Wir haben unseren Schwerpunkt damit auf die Integration eines Unternehmens unternehmensintern gelegt, da dies nach wie vor Voraussetzung für integrierte und damit effektive sowie effiziente Prozesse darstellt und unabdingbare Voraussetzung dafür ist, Prozesse unternehmensübergreifend zu integrieren.

1.7 Beispiel eines Geschäftsszenarios im Internet mit mySAP.com-Marktplatz, Business-To-Business-Procurement und dem Backend R/3-System

Mit der SAP Business-To-Business-Procurement Lösung kann über das Internet der komplette Beschaffungsprozeß von nicht produktionsbezogenen Artikeln (meistens C-Materialien) optimal unterstützt werden. Damit wird der heutige Einkauf entscheidend von den operativen Bestellungen der indirekten Güter entlastet und kann sich strategisch auf die Waren und Dienstleistungen konzentrieren, für die Lieferantenbeziehungen notwendig sind. Die Vorteile für den Einsatz einer Business-To-Business-Einkaufsabwicklung sind demnach:

- Entlastung des Einkaufs von operativen Aufgaben
- Einfache und schlanke Prozesse zwischen Verkäufer und Einkäufer (z.B. keine Erfassung der Bestellungspositionen, Wareneingang, Rechnung – wird direkt über das Internet abgewickelt und elektronisch ausgetauscht)

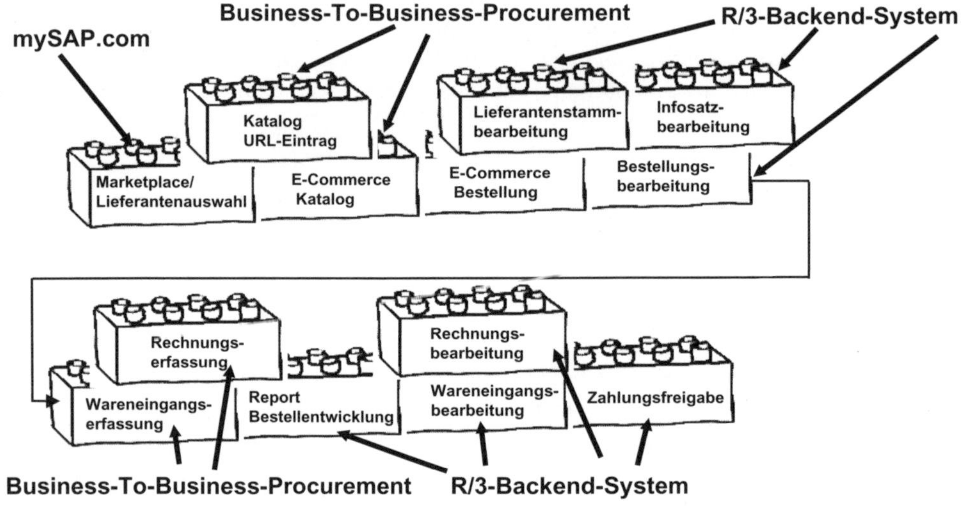

Abbildung 1.7.-1: E-Commerce „Einkaufsabwicklung" – Wertschöpfungskette

- viele unnötige und doppelte Prozeßschritte (doppelte Datenpflege) fallen weg
- mehr Transparenz in der Preisgestaltung und bessere Produktvergleichbarkeit
- aufwendige Genehmigungsverfahren werden elektronisch unterstützt

Durch die Integration der Business-To-Business-Komponente in das Konzept mysap.com ist es möglich, die Lieferanten durch über den Marktplatz zu finden und seinen Katalog in das Business-To-Business-Beschaffungssystem aufzunehmen. Nach dem Beschaffungsvorgang im Internet durch Business-To-Business-Procurement können weiterhin die Prozesse wie Wareneingangsbearbeitung und Rechnungsbearbeitung im betriebswirtschaftlichen Backend R/3-System weiterverarbeitet werden. Es werden nun im einzelnen die Prozeßschritte des Szenarios erklärt.

Schritt 1: *Rolle (Einkäufer) sucht nach geeigneten Lieferanten über mySAP.com auf dem Marketplace*

Unter der Rubrik One-Step-Business findet der Einkäufer die Unternehmen nach verschiedenen Produktkategorien geordnet. Er kann verschiedene Anbieter vergleichen und sie später als Insupplier in die Katalogauswahl aufnehmen. Der Online-Katalog (Produktkatalog) zum One-Step-Business wird nur dann genutzt, wenn Produktangebot, Preis und Lieferkonditionen den Einkäufer überzeugen. In unserem Beispiel sucht der Einkäufer gezielt nach dem Unternehmen Graininger. Er kann sich detailliert über das Unternehmensprofil informieren und per Link in den Katalog Graininger verzwiegen. Außerdem hat SAP in diesem Fall die Firma Grainger als One-Step-Business Anbieter ausgewiesen, d.h., der Katalog kann ohne Schwierigkeiten in die Business-To-Business-Katalogauswahl mit dem Eintrag der URL (Uniform Resource Locator), der Anmeldedaten sowie der Rückgabe-URL aufgenommen werden. Die Daten werden pro Katalog im Customizing von SAP Business-To-Business-Procurement (siehe Abbildung 1.7.-3) eingetragen. Damit ist eine Teilnahme an offenen, kooperativen, virtuellen Marktplätzen möglich, auf denen sich Geschäftsprozesse in einem Schritt (One-Step-Business) abwickeln lassen.

Der Marktplatz unter mySAP.com hat zum Ziel, ein „Business community collaboration" zu ermöglichen, d.h., es ist ein offener Marktplatz auch für Wettbewerber, die ihre Materialien, Tools und Dienstleistungen anbieten. Damit wird dem Einkäufer ein breiteres Lieferantenspektrum mit einer größeren Markttransparenz als bisher zur Verfügung gestellt.

2. Schritt: *Rolle (Anforderer/ Einkäufer) verzweigt in die Einkaufsumgebung von SAP Business-To-Business-Procurement*

Zu Beginn der Bestellung erkennt der Anforderer einen leeren Einkaufskorb. Diesen kann er mit Waren oder Leistungen füllen. Dazu kann er entweder direkt die Materialnummer (siehe Abbildung 1.7.-4 – Eingabefeld Material) eingeben, sofern er diese kennt und sie für das Back-End System (z.B. R/3) bekannt ist, oder er verzweigt in einen Online-Katalog. Hat er nicht die Berechtigung, eine Bestellung aufzugeben, kann er auch eine Beschreibung seines Bedarfs (freie Eingabe) vornehmen, die zur Weiterverarbeitung für den Einkäufer bestimmt ist. In unserem Beispiel wählt der Einkäufer gleich direkt den Requisite-Katalog aus und startet den Bestellvorgang (Start Button).

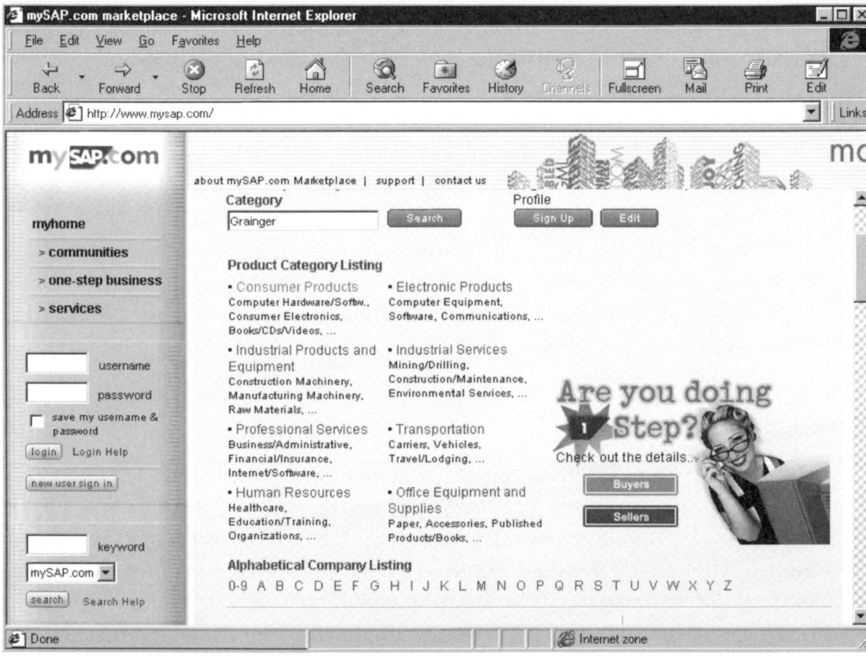

Abbildung 1.7.-2: EnjoySAP Screen zum mySAP.com Marketplace (© SAP AG)

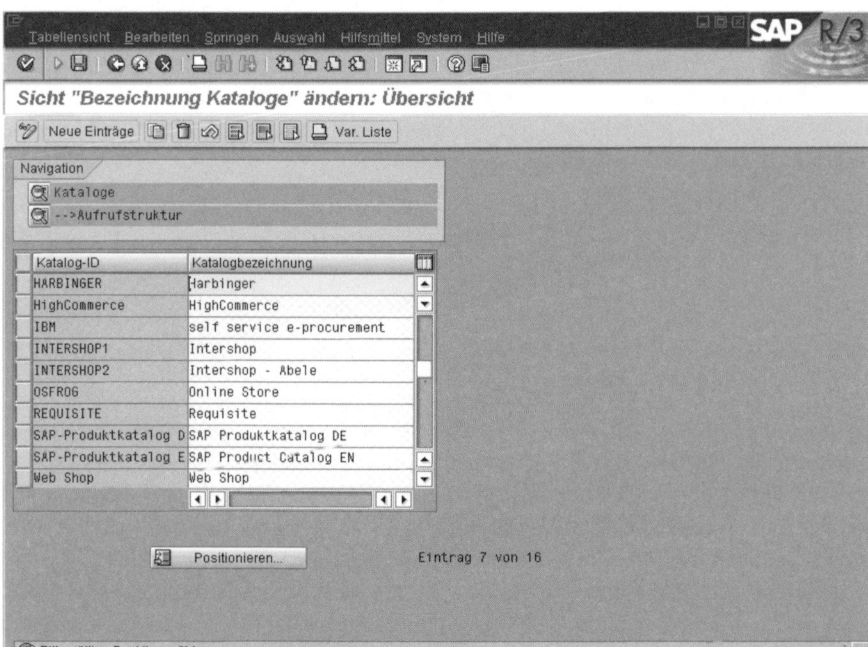

Abbildung 1.7.-3: EnjoySAP Screen zum Katalog Customizing (© SAP AG)

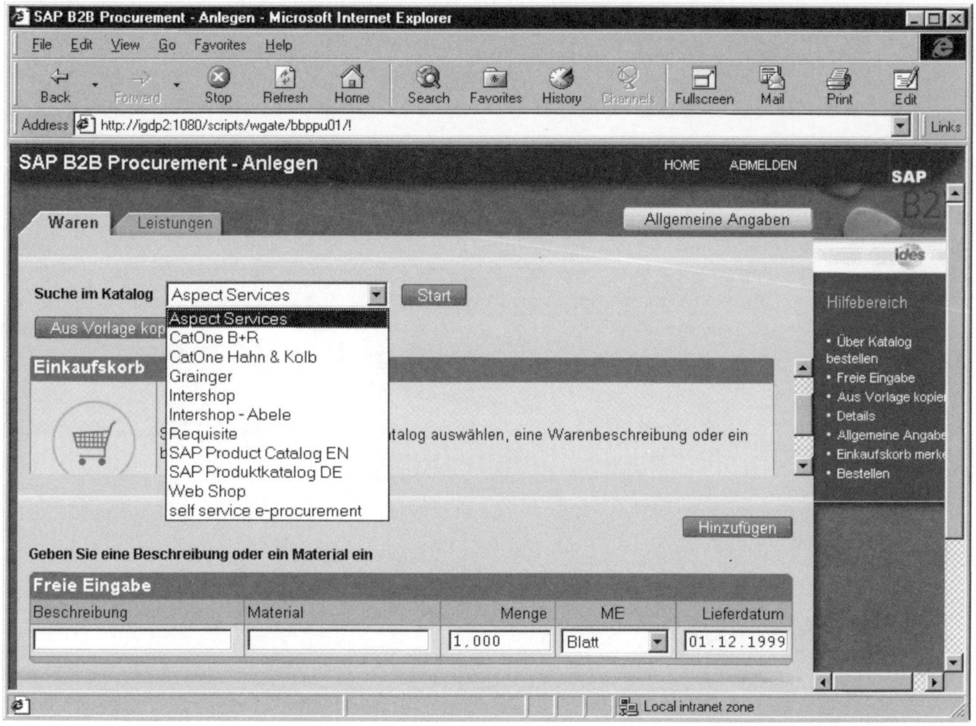

Abbildung 1.7.-4: EnjoySAP Screen zum SAP-Business-To-Business-Procurement – Einkaufskorb (© SAP AG)

3. Schritt: *Rolle (Einkäufer) verzweigt in den Anbieter-Katalog und selektierte Ware zur Bestellanforderung*

In den Katalogen der Anbieter kann meistens durch eine direkte Suche die Artikelbezeichnung eingeben werden (in diesem Beispiel: Palm Pilot), oder die Auswahl der Artikel kann über die Einkaufsliste erfolgen. In den meisten Fällen wird in der Auflistung aus Performance Gründen auf Produktbilder verzichtet. Auf dem Detailbild (Klick auf das Lupen-Symbol) jedoch findet der Einkäufer ein eingesanntes Produktbild mit weiteren Produkteinzelheiten, wie Abmaße, Toleranzen, nähere Beschreibungen zum Produkt etc. Die Stärken Web-basierter Kataloge liegen oft im einfachen Aufbau der meist intuitiven und akzeptierten Präsentationsform. Für die Übernahme der Artikel in den SAP Einkaufskorb sind folgende Felder vorgesehen:

- Materialnummer oder Beschreibung (Kurztext)
- Menge mit Mengeneinheit
- Preis, Preiseinheit und Währung
- Lieferzeit

- Lieferant
- eventuell Lieferantenmaterialnummer
- Hersteller mit Herstellerteilenummer
- Warengruppe

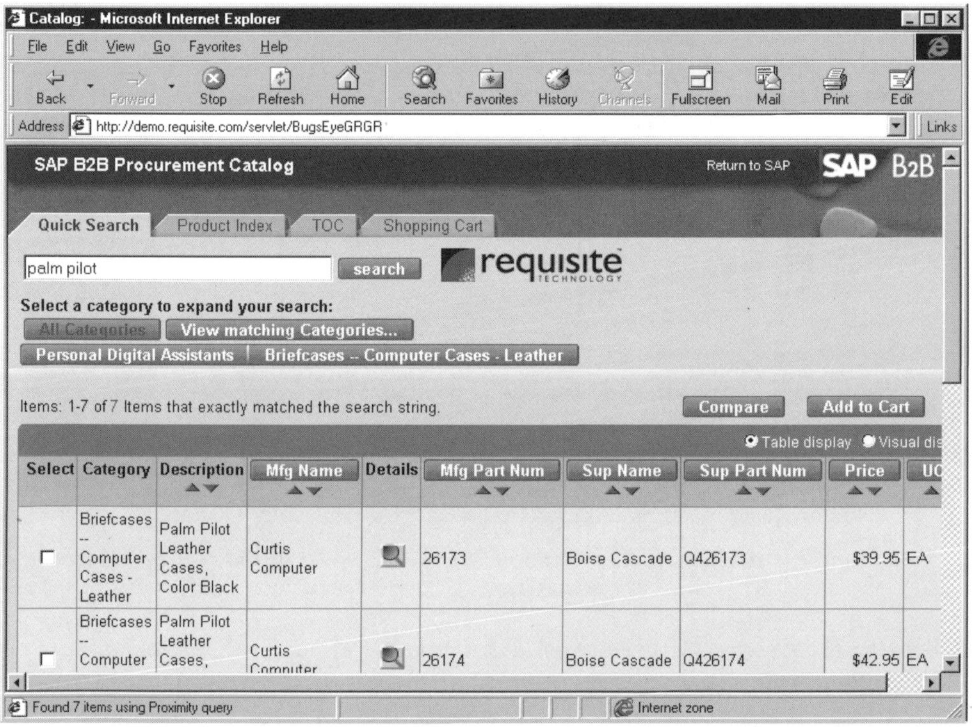

Abbildung 1.7.-5: EnjoySAP Screen zur Warenauswahl aus einem Online-Katalog (© SAP AG)

Der Datenaustausch, d.h. die Integration heterogener Systeme (wie z.B. unterschiedliche Online-Kataloge mit dem SAP Business-To-Business-Procurement-System) erfordern Normen. Momentan fehlen international einheitliche Standards, die eine unkomplizierte Kommunikation zwischen den verschiedenen Internetanwendungen ermöglichen. Mit dem Business Connector (BC) stellt die SAP eine Grundlagentechnik bereit, die es erlaubt, mit der XML-Technologie (eXtended Markup Language) einen definierten Datenaustausch zwischen den verschiedenen Geschäftspartnern mit unterschiedlichen Systemen (z.B. Produktkatalog eines Anbieters) vorzunehmen. XML kristallisiert sich immer mehr zum akzeptierten Normformat innerhalb des World Wide Web Consortiums (W3C) heraus. Die Schnittstelle des SAP Business Connectors konvertiert XML-Dokumente in ein von SAP-(R/3-)Servern lesbares Format.

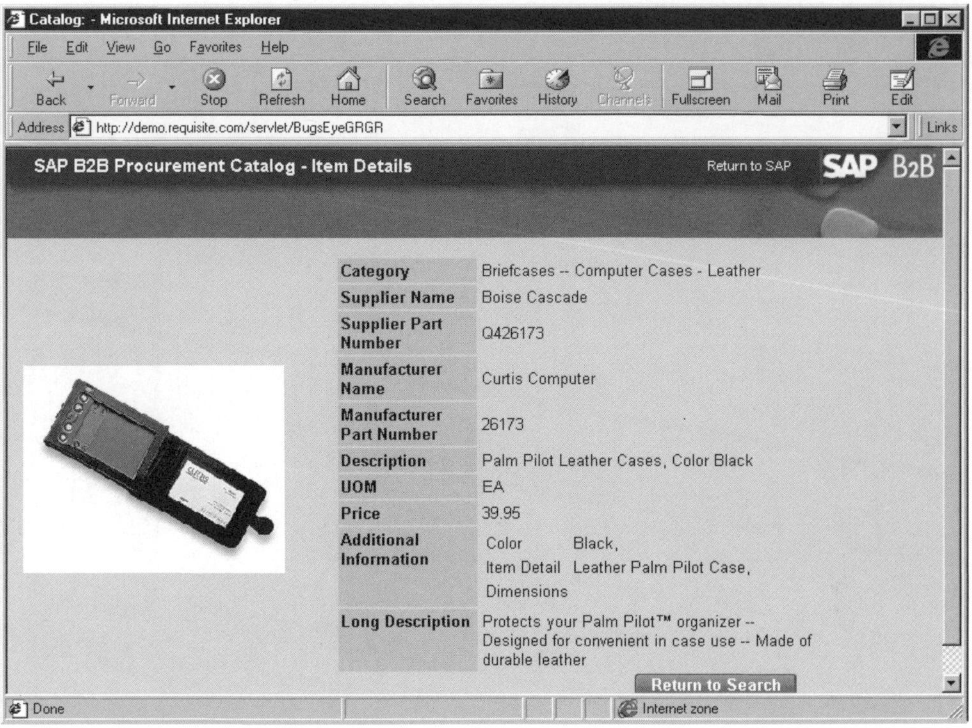

Abbildung 1.7.-6: EnjoySAP Screen zum Online-Katalog – Detailsicht (© SAP AG)

4. Schritt: *Rolle (Einkäufer) übernimmt den Artikel in die Shopping Cart und bestellt*

Die Artikel (z.B. Plam Pilot) sind mit dem Menuepunkt „Add to Cart“ in das SAP Business-To-Business-Procurement-System übernommen worden. Innerhalb der Shopping Cart können die Mengen verändert werden, wobei sich der Preis automatisch nach den Veränderungen neu berechnet. Die Shopping Cart dient nochmals zur Kontrolle der bestellten Ware, bevor Sie endgültig in den Einkaufskorb übernommen wird. Von dort aus kann die Bestellung abgeschlossen werden. Im Hintergrund erzeugt das SAP-System im R/3 Backend die Bestellnummer und Infosatznummer. Unser Beispiel zeigt auf Abbildung 1.7.-7 die Bestellnummer *3000031323* zum Lieferanten *5400.* Gleichzeitig wird ein Workflow gestartet, der prüft, ob eine Genehmigung erforderlich ist. Wenn ja, erhalten die Personen, die genehmigen müssen, eine Nachricht (Workitem) in ihrer Mailbox (Eingang). Wenn nein, so werden wie hier im Beispiel aufgeführt im Backend-System Bestellungen oder Reservierungen angelegt. Hat der Einkäufer seinen Einkaufskorb (hier Korb 011299) abgespeichert, so kann er ihn als persönliche Kopiervorlage beim nächsten Einkaufen wiederverwenden. Außerdem können Sie nachträglich die Kontierungsangaben (Kostenstelle, Anlage, Projekt, Kundenauftrag, Netzplan) ändern. In den meisten Fällen arbeiten Sie mit dem Kontierungstyp „K“ wie Kostenstelle, und Sie können noch kurzfristig in den Grunddaten des SAP Business-To-Business-Procurement die Kostenstelle abändern.

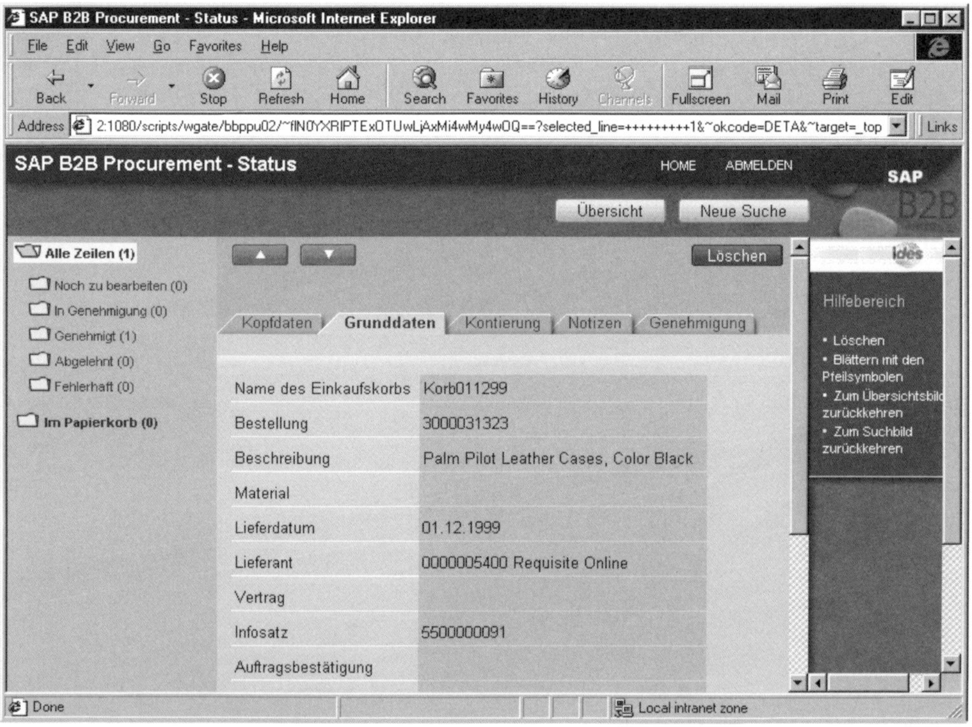

Abbildung 1.7.-7: EnjoySAP Screen zum SAP Business-To-Business-Procurement-System – Angabe der Bestell-, Lieferanten- und Infosatznummer (© SAP AG)

5. Schritt: *Rolle (Einkäufer) kann sich den erzeugten Infosatz, Lieferantenstamm oder die Bestellung im R/3 Backend-System anzeigen lassen*

Der Infosatz zeigt dem Einkäufer die vereinbarten Daten, wie z.B. Preis zu einem Material, Bestellkonditionen, Lieferbedingungen, Toleranzgrenzen für Über- bzw. Unterlieferungen an. Im Gegensatz zur Preisangabe im Materialstamm kann der Infosatz speziell die mit dem Lieferanten vereinbarten Preise ausweisen. Wenn kein Nettopreis im Infosatz definiert ist, werden die Konditionen der letzten Bestellung bzw. des letzten Rahmenvertrags in eine neue Bestellung gezogen. Im Normalfall existiert ein Infosatz, und die Konditionen werden über eine Vorlage in die Bestellung übernommen. Der Kataloganbieter aus dem SAP Business-To-BusinessBusiness-To-Business-Procurement-System ist im R/3 Backend-System ebenfalls als Lieferant (Kreditor) mit Name und Anschrift hinterlegt. Weiterhin kann der Einkäufer die geltende Währung, die Zahlungsbedingungen oder die Kontaktperson im Stammsatz hinterlegen. Aus dem 4. Schritt wurde automatisch eine Bestellung im R/3 Bakkend-System mit der Belegart „EC" (Electronic Commerce) erzeugt. In Abbildung 1.7.-8 sehen Sie das Positionsbild der Bestellung mit den wichtigsten Feldern. Die erste Feldgruppierung zeigt die Mengenangabe und den Nettopreis. Unterscheidet man zwischen Bestellmengeneinheit und Bestellpreismengeneinheit, so ist eine Umrechnung notwendig. Die weitere Feldgruppierung umfaßt die Terminüberwachung, wobei bei einer gestaffelten

Menge nach einem vorgegebenen Terminplan geliefert wird (Liefereinteilungen). Weitere wichtige Kennzeichen befinden sich in der Wareneingangs- und Rechnungseingangs-(WE/RE-)Steuerung. In unserem Beispiel sind die Kennzeichen für den Wareneingang (WE) und Rechnungseingang (RE) gesetzt, d.h., wir erwarten von unserem Lieferanten „Requisite Online" einen Wareneingang (siehe Schritt 6) und eine Rechnung (siehe Schritt 7). Erwarten Sie zu einer Bestellung mehrere Teillieferungen, so ist eine wareneingangsbezogene Rechnungsprüfung sinnvoll (Kennzeichen WE-bez. RE). Demnach basiert die Rechnung nicht auf der Bestellung, sondern auf den einzelnen Lieferungen (Wareneingangsbeleg).

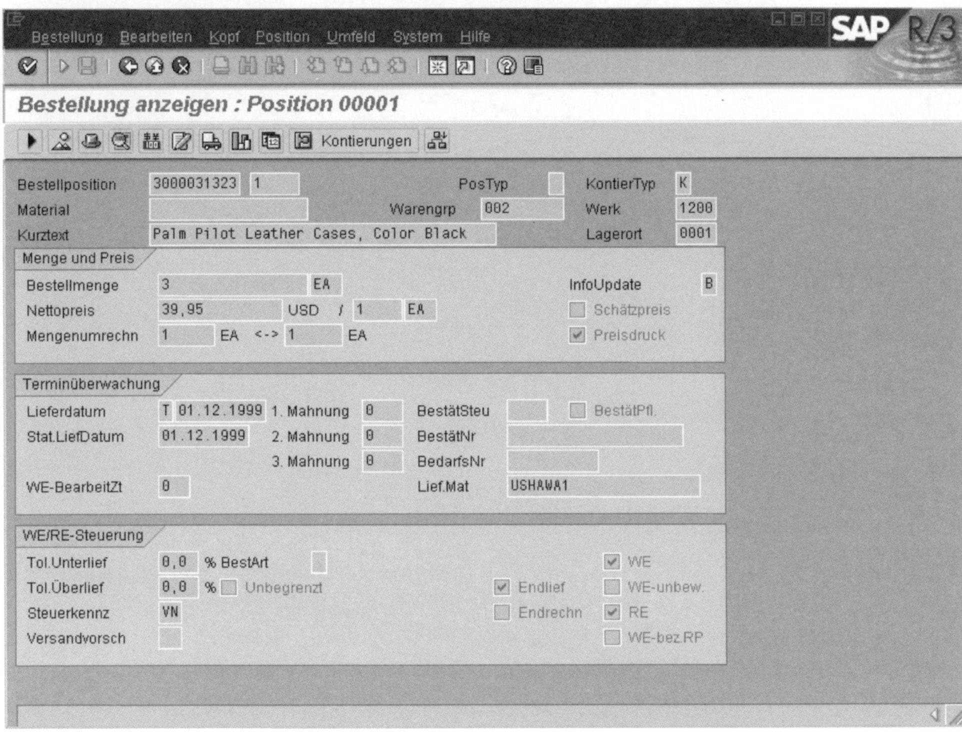

Abbildung 1.7.-8: EnjoySAP Screen zur Bestellung im R/3 Backend-System (© SAP AG)

6. Schritt: *Rolle (Anforderer/ Einkäufer) kontrolliert, ob der Wareneingang schon erfolgt ist und welche Kostenstelle damit belastet wurde*

Nachdem die Materialien (hier unser Palm Pilot mit Wareneingangsmenge von drei Stück) geliefert wurden, hat der Mitarbeiter (Anforderer/ Einkäufer) folgende Möglichkeiten. Er kann den Wareneingang erfassen oder die Ware zurückschicken (z.B. bei Beschädigung) oder ein Stornieren bereits erfaßter Wareneingänge veranlassen. Um zu entscheiden, ob das Bestell-Budget ausreichend ist, kann im Backend R/3-System eine Kostenstellenanalyse gestartet werden. Im SAP Business-To-Business-Procuremt-System sind die Daten zur Kontierung hinterlegt. In unserem Beispiel handelt es sich um die Kostenstelle *1000*, die mit den Waren des Einkaufskorbes *011299* belastet wurde. Der Einkäufer kann die Kontierungsdaten ansehen und ggfs. abändern, wobei die möglichen Angaben vom Kontierungtyp (Kostenstelle, Anlage, Projekt, Vertriebsbeleg, Auftrag und Netzplan) abhängen.

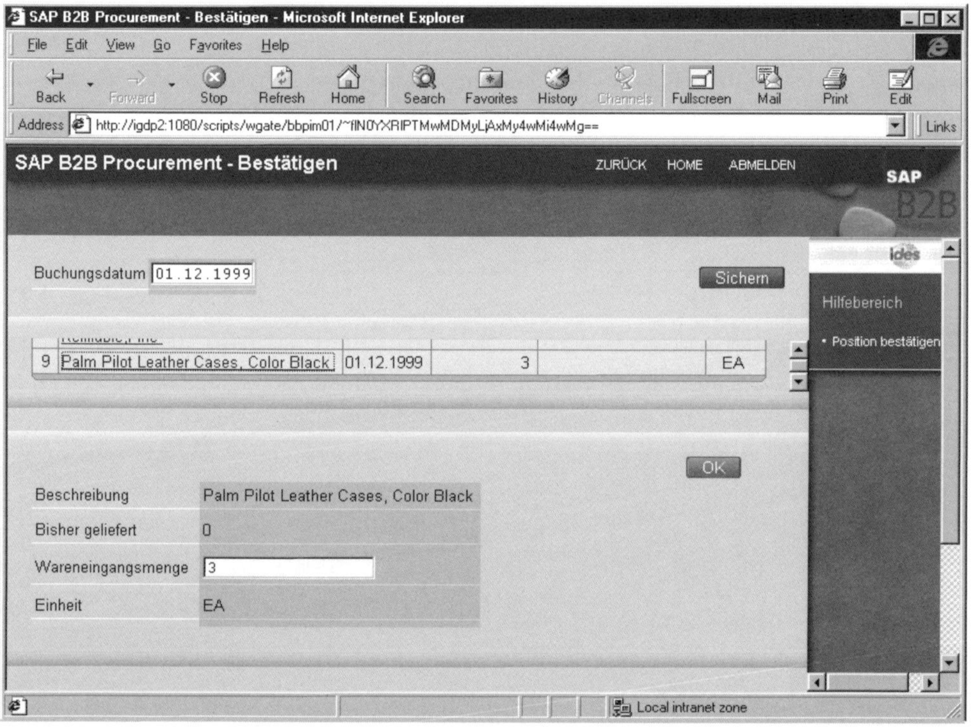

Abbildung 1.7.-9: EnjoySAP Screen zum SAP Business-To-Business – Wareneingang des Artikels (© SAP AG)

7. Schritt: *Rolle (Lieferant/ Kataloganbieter) erfaßt die Rechnung direkt im Business-To-Business Procurement System*

Entweder der Lieferant stellt eine Rechnung per Post oder er erfaßt die Rechnung zur Bestellung gleich im Internet über das Business-To-Business-Procurement-System. Die Rechnung kann danach einem Genehmigungsverfahren unterliegen. Falls die Rechnung abgelehnt wird, erhält der Rechnungssteller eine E-Mail. Wurde die Rechnung genehmigt, so wird sie zur Zahlung freigegeben. In Abbildung 1.7.-10 sehen sie die Selektion der Bestellungen, zu denen eine Rechnung erfaßt werden kann. Sie können die Suche durch Eingabe eines Datums einschränken. Die Bestellungen, die den Suchkriterien entsprechen, werden angezeigt. Die Farben der ganz linken Spalte „Rechnung erstellen" zeigen an, ob die Bestellung schon zur Rechnungserfassung freigegeben wurde (grün = frei zur Rechnung, rot = Wareneingang ist noch nicht erfolgt). Danach kann die Rechnung entweder direkt erfaßt werden, oder Sie zeigen sich die Detaildaten zur Bestellung erst an, editieren evtl. die Bestellung und erfassen dann erst die Rechnung.

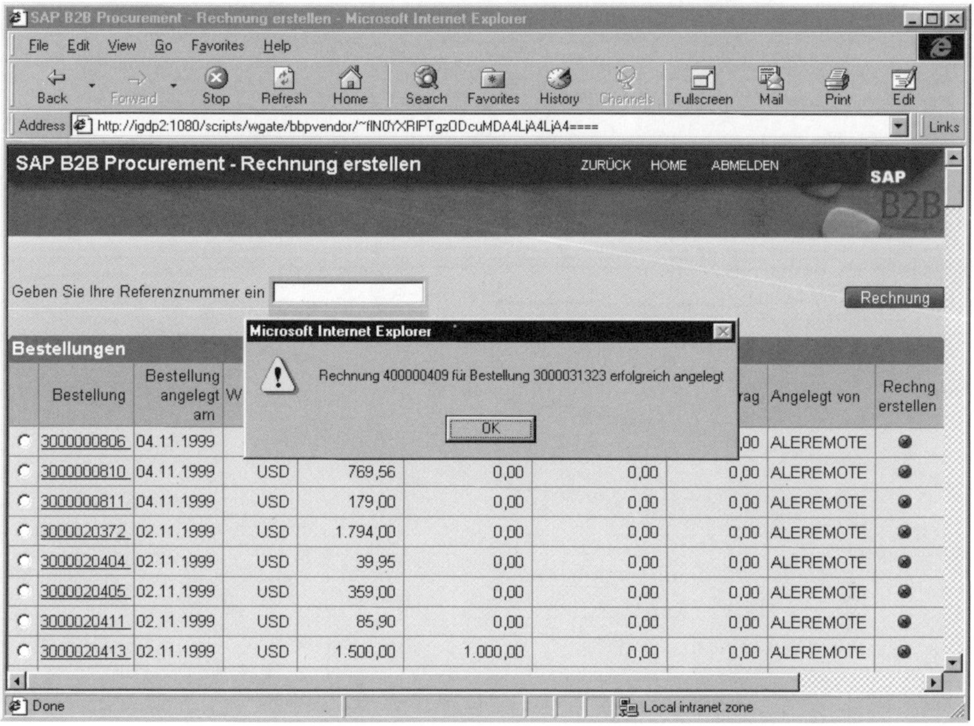

Abbildung 1.7.-10: EnjoySAP Screen zum SAP Business-To-Business-Procurement – Rechnungserfassung (© SAP AG)

8. Schritt: *Rolle (Einkäufer) kontrolliert die Bestellentwicklung im Backend R/3-System*

Der Einkäufer erkennt durch den Report „Bestellentwicklung“ im Einkaufssystem des Backend Systems R/3, ob Wareneingänge und Rechnungseingänge schon erfolgt sind. In der Bestellentwicklung sind sämtliche Vorgänge zu einer Bestellposition dokumentiert. Zusätzlich werden zu den Wareneingängen und Rechnungen die Bezugsnebenkosten, Anzahlungen etc. aufgeführt. In der Abbildung 1.7.-11 sehen Sie die Bezugsnebenkosten zu Wareneingang von *16,38 DM*. Beim Anzeigen der Bestellentwicklung können Sie zwischen mehreren Sichten wechseln. Folgende Sichten stehen Ihnen zur Verfügung:

- Bezugsnebenkosten
- Rechnungsbelege
- Menge im Sperrbestand
- die Zuordnung von Waren- und Rechnungseingangsbelegen bei WE-bezogener Rechnungsprüfung

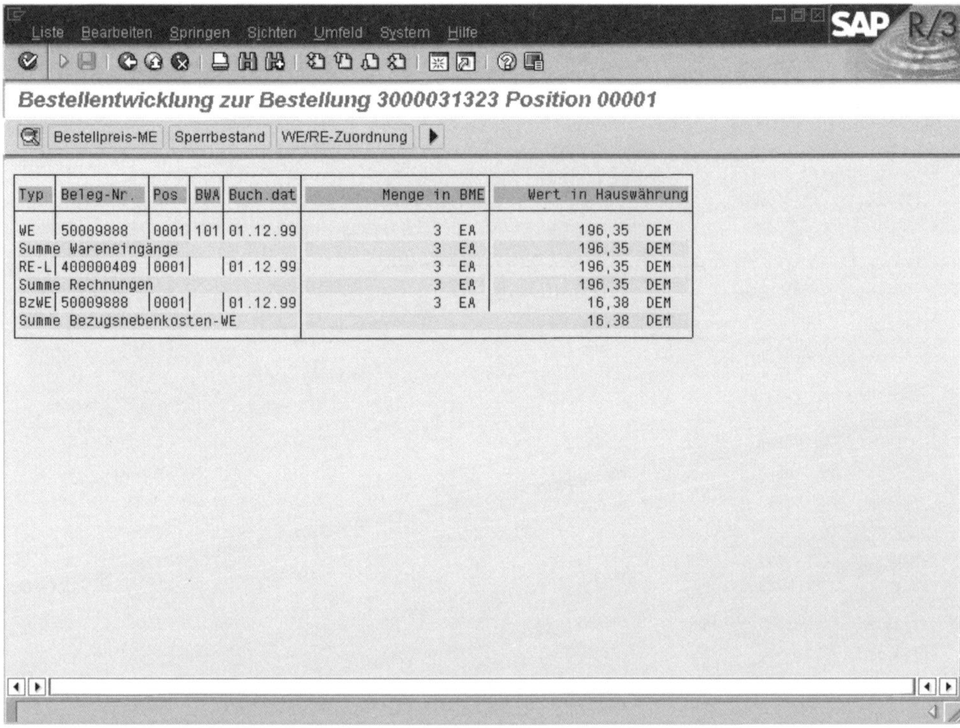

Abbildung 1.7.-11: EnjoySAP Screen zur Bestellentwicklung im Backend System-R/3 (© SAP AG)

9. Schritt: *Rolle (Buchhalter) kontrolliert die verbuchte Rechnung zur Bestellung und Wareneingang*

Der Buchhalter kann den Materialbeleg, Buchhaltungsbeleg, Profit-Center-Beleg, spezielle Ledger und den Kostenrechnungsbeleg im Backend R/3-System aufrufen. Beim Buchen der Rechnung sucht das Backend R/3-System die Konten heraus, die bebucht werden müssen. Die Kontenfindung basiert zum einen auf Ihren Eingaben bei der Rechnungserfassung, zum anderen auf gespeicherten Informationen, wie Netto- oder Bruttobuchung, dem bekannten Kreditorkonto mit den Sachkonten. Im Materialstamm sind weitere Informationen hinterlegt, die für das Bebuchen wichtig sind. Beispielsweise die Bewertungsklasse (welches Konto wird für das Material bebucht), Preissteuerung (Standardpreis/gleitender Durchschnittspreis). Zusätzlich sind die Konten in einem Kontenplan definiert. Speziell für die Rechnungsprüfung sind folgende Konten wichtig:

- *Kreditorenkonto (im Beispiel Kreditor „Requisite Online“ mit Konto 5400)*

Für jeden Kreditor wird in der Nebenbuchhaltung ein eigenes Konto eingerichtet, auf das alle Beträge gebucht werden, die diesen Kreditor betreffen. Eine Buchung auf das Kreditorenkonto ist nicht gleichzusetzen mit einer Zahlung; diese nimmt erst die Finanzbuchhaltung durch die Buchung „*Kreditorenkonto an Bank*“ vor.

- *Bestandskonto*

Im Backend R/3-System wird nicht für jedes Material ein eigenes Konto eingerichtet. Vielmehr werden verschiedene Materialien mit ähnlichen Eigenschaften auf einem gemeinsamen Konto zusammengefaßt. Welches Konto für ein Material relevant ist, wurde im Materialstammsatz definiert.

- *WE/RE-Verrechnungskonto (im Beispiel WE/RE-Verrechnungskonto mit 119,85 DM)*

Das WE/RE-Verrechnungskonto ist ein Zwischenkonto zwischen Bestands- und Kreditorenkonto. Beim Buchen eines Wareneingangs führt das System folgende Kontobewegungen durch: Dem Bestandskonto wird der Wert der Lieferung (Bestellnettopreis x Wareneingangsmenge) gutgeschrieben, das WE/RE-Verrechnungskonto wird mit diesem Betrag belastet. Mit dem Buchen der Rechnung wird nun das WE/RE-Verrechnungskonto zu Lasten des Kreditorenkontos ausgeglichen.

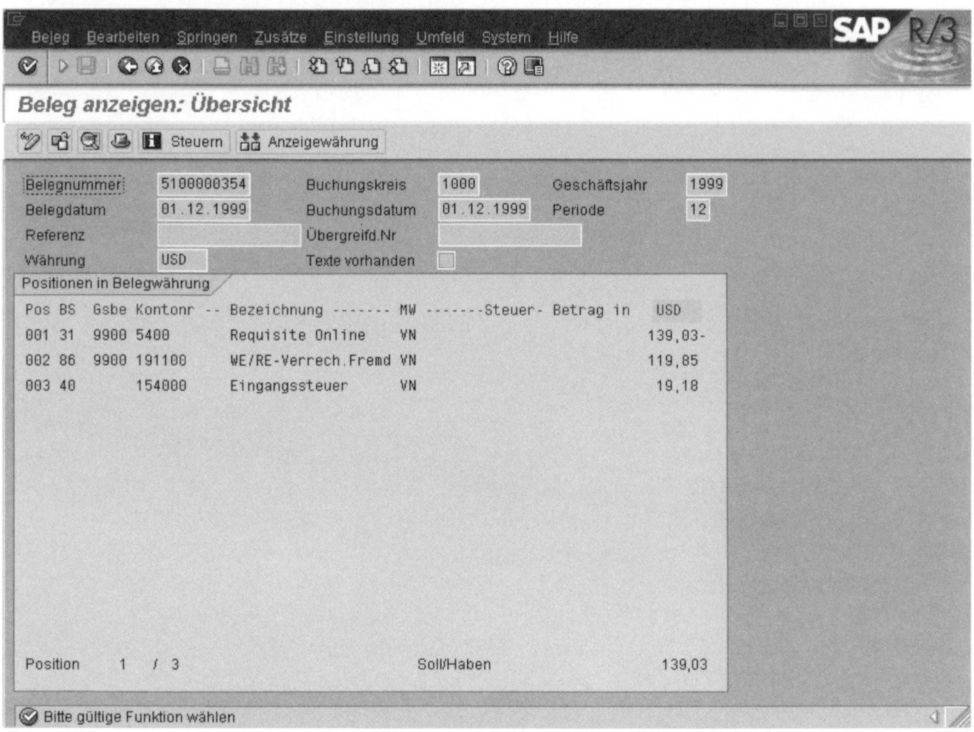

Abbildung 1.7.-12: EnjoySAP Screen zum Buchhaltungsbeleg im Backend System-R/3 (© SAP AG)

Zum Ende einer Abrechnungsperiode sollten alle Einkäufe im Rechnungswesen des Backend-Systems verbucht sein. Zusammen mit der gebuchten Rechnung ergibt dies ein ausgeglichenes Verrechnungskonto.

2 Grundlagen zu Prozessen und Knowledge Maps

2.1 Prozesse im SAP-System

Unternehmen entscheiden sich immer häufiger für den Einsatz von betriebswirtschaftlicher Standardsoftware. Dabei fällt oft die Entscheidung für den Einsatz der Client-/Server-basierten Anwendungssysteme der SAP AG. Es wird dabei auf die Erfahrung anderer Unternehmen gebaut, die in die Entwicklung der Standardsoftware eingebracht wurde. Die vorhandenen Funktionalitäten im SAP-System lassen sich durch die variable Parametrisierung (Customizing) für unterschiedliche Szenarien eines Unternehmens einsetzen. Dabei ist der Vergleich der Geschäftsprozesse des Unternehmens mit den einsetzbaren Standardprozessen sinnvoll. Neuerdings wurde innerhalb der SAP AG für diese Analyseanforderung ein neues Wort geprägt, das diesen Vergleich sehr gut trifft. Es wird von

- *Mapping*

gesprochen, und das Unternehmen bekommt im Erstkontakt eine *Solution Map* für seine Branche gezeigt, die eine Analyse der Geschäftsprozesse schon zum Zeitpunkt des Vertriebs ermöglicht.

Thomas H. Davenport ist Professor an der Boston University School of Management und stellt mit seinem 1997 erschienenen Buch *„Working Knowledge: How Organizations Manage What They Know"* die kritische Frage:

- *Paßt Ihr Unternehmen zur Software?*

Damit meint er die notwendigen Prozeßanalysen mit der Beschreibung eines Knowledge Managements, die vor der eigentlichen Software-Implementierung durchgeführt werden. Die Ergebnisse mit der notwendigen Transparenz vermitteln dem Unternehmen mehr Sicherheit, die wirklich notwendigen Geschäftsprozesse im Standard abbilden zu können.

Unter dem Motto

- *Mapping People, Processes and Products*

stellt der Vorstandssprecher der SAP AG, Henning Kargermann, die notwendige Voraussetzung für die Durchführung (Sapphire 99 in Nizza, France – Announcement) in den Mittelpunkt.

Eine Prozeßanalyse mit dem Ziel, ein Mapping durchzuführen, erfordert zum einen eine Prozeßorientierung und zum anderen die intelligente Dokumentation in Form von Wissenslandkarten (Knowledge Maps). Bevor wir auf die Knowledge Maps in den weiteren Kapiteln des Buches näher eingehen, erklären wir nachfolgend kurz die Grundlagen der SAP-Prozesse und die wichtigsten betriebswirtschaftlichen Begriffe aus der *Business Engineer-Welt*.

2.1.1 Was ist unter einem Geschäftsprozeß zu verstehen?

Striening teilt den Begriff für die Definition in Geschäft und Prozeß auf. Er definiert zunächst den Begriff *Geschäft*: „Unter einem Geschäft soll ein ökonomisch motivierter Austausch von Gütern oder Dienstleistungen verstanden werden.“ Unter dem Begriff *Geschäftsprozeß* definiert er wie folgt: „Ein Geschäftsprozeß bezeichnet die Abfolge von Tätigkeiten, Aktivitäten und Verrichtungen zur Schaffung von Produkten oder Dienstleistungen, die in einem direkten Beziehungszusammenhang stehen und die in ihrer Summe den betriebswirtschaftlichen, produktionstechnischen, verwaltungstechnischen und finanziellen Erfolg des Unternehmens bestimmen“ (vgl. Striening, H.-D., S.20-50). Davenport versteht unter einem Geschäftsprozeß einen kundenorientierten Ablauf: „Ein Geschäftsprozeß ist eine Menge von strukturierbaren und meßbaren Vorgängen, die für die Erstellung einer spezifischen Leistung für den Kunden oder für den Markt entwickelt wurden“ (Davenport, T.: Process Innovation. Reengineering Work through Information Technology, 1993). Auch Hammer und Champy verstehen unter einem Geschäftsprozeß auf den Kunden ausgerichtete Aktivitäten: „Geschäftsprozesse sind als ein Bündel von Aktivitäten, für das ein oder mehrere unterschiedliche Inputs benötigt werden, und das für den Kunden ein Ergebnis von Wert erzeugt, definiert“ (Hammer, Champy, Reengineering the Corporation, 1993). Man kann davon ausgehen, daß fünf bis acht Kernprozesse an 80 % des Umsatzes im Unternehmen beteiligt sind. Ein Geschäftsprozeß setzt sich aus einzelnen Prozessen zusammen. Bei einem Prozeß handelt es sich um eine ablauforientierte Zusammenfassung von Funktionen. Spricht man von einem Prozeß, so stellt man sich einen Ablauf von Teilelementen vor. Die Teilelemente eines Prozesses können Funktionen oder ihrerseits erneut Prozesse sein. Sie sind in einer logisch zeitlichen Reihenfolge angeordnet und geben somit die Bearbeitungsabfolge wieder.

Die SAP AG hat vor ca. fünf Jahren mit der betriebswirtschaftlichen Prozeßbeschreibung begonnen und dabei die Methode der ereignisgesteuerten Prozeßketten (EPK) angewandt. Diese Methode wurde am Institut für Wirtschaftinformatik in Saarbrücken entwickelt (vgl. Keller, Nüttgens, Scheer, Semantische Prozeßmodellierung auf der Grundlage „Ereignisgesteuerter Prozeßketten“) und zeichnet sich mit der Symbolerweiterung der Ereignisse aus. Mittlerweile umfaßt das SAP Referenzmodell ca. 800 Prozesse, wobei unterschieden werden muß, zwischen Szenarioprozeß und EPK-Prozeß. In den Abschnitten 2.1.4 und 2.1.5 wird näher auf die EPK-Prozesse der SAP eingegangen.

2.1.2 Unternehmensprozeßbereiche

Eine Prozeßanalyse kann aus projektorganisatorischen Gesichtpunkten nicht generalisiert auf das ganze Unternehmen durchgeführt werden. Ideal wäre eine Prozeßlandkarte mit allen Integrationsschnittstellen, die das Unternehmen komplett beschreibt und modellhaft darstellt. Dieses Modell wäre zwar wünschenswert, ist aber aus Komplexitätsgründen nicht möglich. Aus diesem Grund unterteilt man ein Unternehmen in überschaubare *Unternehmensprozeßbereiche*.

Ein weiterer Grund ist die gewachsene Struktur eines Unternehmens, d.h. die Prozeßbereiche spiegeln oftmals die organisatorischen Strukturen wider. Beispielsweise gibt es einen Unternehmensprozeßbereich *Vertriebslogistik,* und im Unternehmen existiert dazu eine

Abteilung *Vertrieb* oder sogar eine eigene *Vertriebsgesellschaft*. Für die Abbildung der Organisationsstrukturen wird eine Grobbeschreibung der Unternehmensprozeßbereiche als Basis herangezogen (siehe dazu SAP-Prozeßbibliothek, SAP-Prozesse mit Knowledge Maps analysieren und verstehen, Kapitel 5.3.2 – Workshop zur Definition der Organisation, speziell Abbildung 5.3.2-10: Hilfsmittel zur Grobbeschreibung der Prozeßbereiche). Im Referenzmodell der SAP AG sind mögliche Unternehmensprozeßbereiche als Struktur vorgegeben. Die Szenarien (mögliche Varianten von Prozessen innerhalb eines Unternehmensbereiches) sind unterhalb der Unternehmensprozeßbereiche eingeordnet und verweisen in einer weiteren Prozeßstufe auf den einzelnen Prozeßbaustein (EPK-Prozeß).

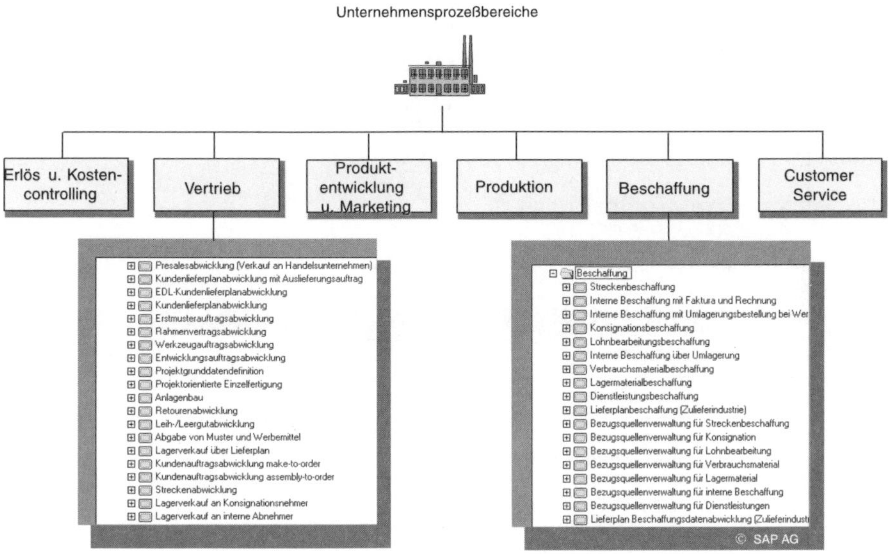

Abbildung 2.1.2-1: Unternehmensprozeßbereiche mit Szenarien aus Vertrieb und Beschaffung

Zu Beginn eines Projektes kann der Projektrahmen durch die Auswahl der Unternehmensprozeßbereiche abgesteckt werden. Wichtig ist hierbei, daß die einzelnen Prozesse an dieser Stelle noch nicht detailliert analysiert werden (vgl. Teufel, T.: SAPinfo Wertschöpfung pur, November 1997).

Beispielsweise hat ein mittelständisches Unternehmen die Prozeßbereiche externes Rechnungswesen, Erlös und Kostencontrolling, Beschaffung, Produktion und Vertrieb, jedoch keinen Prozeßbereich Produktentwicklung und Marketing.

2.1.3 Szenarioprozesse

Jeder Unternehmensprozeßbereich (wie in Kapitel 2.1.2 beschrieben) beinhaltet betriebswirtschaftliche Abläufe, die je nach Erscheinungsbild Ihres Unternehmens unterschiedliche Szenarien ansprechen. Es existieren in der Regel mehrere Szenarien zu einem Unternehmensprozeßbereich, die als Szenariobausteine bezeichnet werden. Beispielsweise wählen Sie für den Bereich Produktion mehrere Szenariobausteine aus, da Sie unterschiedliche Produkte unterschiedlich produzieren. Zur Herstellung von Produkt A setzen Sie beispielsweise den Szenarienprozeß Losfertigung ein, und für die Fertigung von Produkt B entscheiden Sie sich für eine Kundenauftragsfertigung. Für Produkt B verursachen Sie eine hohe Wertschöpfung, und deshalb können diese Produkte aus Kostengründen nicht auf Lager produziert werden.

Die Auswahl der richtigen Szenarien ist ein sehr wichtiger Schritt für eine effiziente Implementierung der betriebswirtschaftlichen Standardsoftware. Sie können die Auswahl in der Q&Adb von ASAP vornehmen oder Sie setzen ein Modellierungstool (z.B. Intellicorp) ein, mit dem Sie aus dem SAP Referenzmodell die Szenarien selektieren. Die Auswahl der Szenarien kann sich exemplarisch nach folgenden Fragestellungen richten:

- Wie hoch ist Ihre Wertschöpfung eines Produktes?
- Kann Ihr Produkt kontinuierlich produziert werden?
- Leisten Sie Service für Ihr Produkt?
- etc.

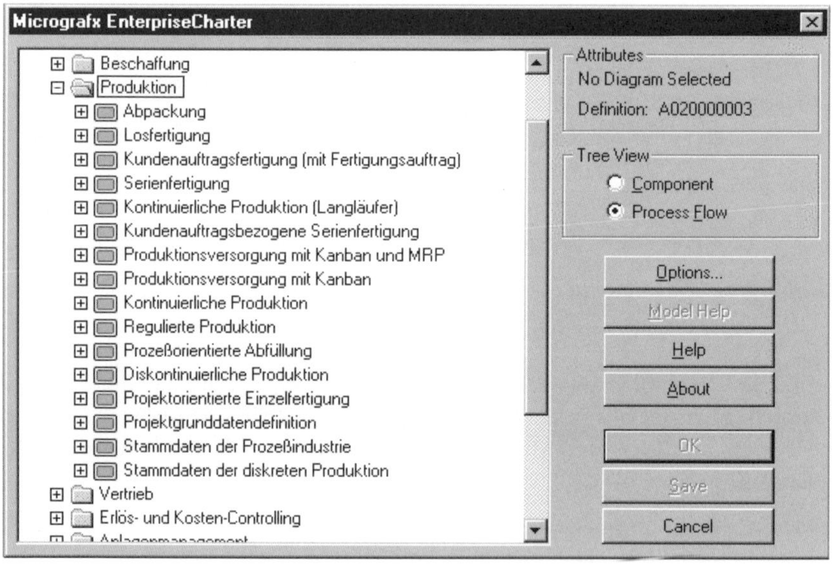

Abbildung 2.1.3-1: Szenariobausteine im UnternehmensProzeßbereich Produktion (© Micrografx)

Vermissen Sie für Ihre Unternehmenssicht für einen bestimmten Unternehmensprozeßbereich ein vorgedachtes Szenario, so empfehlen wir Ihnen trotzdem, ein ähnliches Szenario auszuwählen. Dadurch ersparen Sie Modellierungszeit, und Sie können während der Prozeßanalyse (siehe auch SAP-Prozeßbibliothek, SAP-Prozesse mit Kowledge Maps analysieren und verstehen, Kapitel 5.3.3, Workshop zur Prozeßanalyse mit Knowledge Maps) die notwendigen Modifikationen vornehmen, z.B. weitere Prozeßbausteine in den Szenarioprozeß aufnehmen und einen eigenen Szenarioprozeß aufbauen.

Empfehlung:
Auch wenn Sie für Ihr Geschäftsvorhaben kein geeignetes Szenario selektieren können, so wählen Sie einen ähnlichen Szenarioprozeß aus und modifizieren sie ihn!

Die Szenarienprozesse von SAP sind auch in der EPK-Terminologie beschrieben und besitzen Ereignisse, Funktionen, Prozeßwegweiser und Verbindungsoperatoren (siehe dazu die nähere Beschreibung in Kapitel 2.1.5). Wichtig ist zu wissen, daß die

- Funktion einem Prozeßbaustein

entspricht. Diese Funktionen in den Szenarienprozessen bezeichnen wir in den folgenden Kapiteln als Prozeßbaustein und setzen ihn bildlich einem LEGO Baustein gleich. Um die Komplexität zu minimieren, haben wir für die Darstellung der Szenarien, die nicht im SAP-Referenzmodell enthalten sind, die Form einer LEGO Kette gewählt. Wir empfehlen deshalb, wie in Kapitel 2.2 beschrieben, die Funktionen aus den Szenarien herauszunehmen und in eine vereinfachte Darstellung unternehmensindividuell zu adaptieren.

2.1.4 Prozeßgruppe

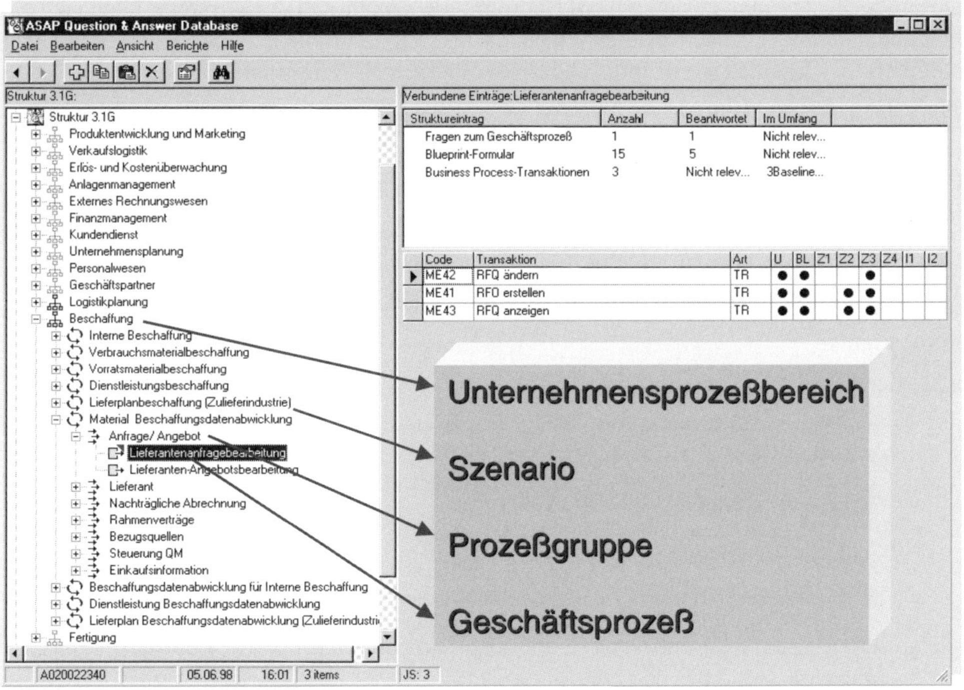

Abbildung 2.1.4-1: Struktur der Prozeßgruppe aus der Q&A-DB aus ASAP (© SAP AG)

Eine Prozeßgruppe ist eine Zusammenfassung von Prozeßbausteinen innerhalb eines Szenarios. Beispielsweise sind die Prozesse:

- Lieferantenanfragebearbeitung und
- Lieferantenangebotsbearbeitung

zur Prozeßgruppe *Anfrage/Angebot* zusammengefaßt worden. Diese Zusammenfassung ermöglicht eine verdichtete Darstellung in Form von vorgedachten Wertschöpfungsketten (siehe dazu SAP-Prozeßbibliothek, SAP-Prozesse mit Kowledge Maps analysieren und verstehen, Abbildung 5.3.2-11: SAP-Wertschöpfungskette zur Beschaffung). Die Bildung der Gruppen soll für den Anwender eine Navigationshilfe darstellen. Die Teilbereiche sind so benannt, daß der Anwender aus dem jeweiligen Fachgebiet grob erkennt, um welchen betriebswirtschaftlichen Sachverhalt es sich handelt. Zu einem späteren Zeitpunkt werden diese Sachverhalte durch Prozeßbausteine detailliert analysiert.

2.1.5 Prozeß

Wird von einem Prozeß gesprochen, so muß man zunächst unterscheiden, ob es sich um den Prozeßbaustein handelt oder um die Ablauflogik. Der Prozeßbaustein (später Synonym zur Terminologie LEGO Baustein) ist der eigentliche Prozeßname, wie z.B. Bestellungsbearbeitung. Navigieren Sie auf die EPK-Darstellung im SAP-Referenzmodell, so bekommen Sie zum Prozeß die Ablauflogik visuell angezeigt (siehe Abbildung 2.1.5-1: EPK-Prozeß „Freigabe Bestellung" aus dem Tool Micrografx®). Während der Beratung kann sich eine Prozeßdarstellung als nachteilig erweisen, da die EPK-Grafiken zu komplex erscheinen und methodische Grundlagen zur Interpretation voraussetzen. Wir empfehlen deshalb:

Empfehlung:
Benutzen Sie nur die Prozeßbausteine (Prozeßnamen)!
Für ein BPR Projekt (Business Process Reengineering) können zur Analyse nur in einzelnen Fällen EPK-Prozesse hilfreich sein!

Die EPK-Methode besteht aus den Elementen *Ereignis, Funktion, Prozeßwegweiser* und *Verbindungsoperatoren*. Es werden nun die einzelnen Symbole erläutert:

- *Ereignis*

Kennzeichnend für ein Ereignis ist, daß es zum Zeitpunkt seines Eintretens eine oder mehrere Funktionen auslösen (triggern) kann. Ein Ereignis ist ein erreichter oder unerreichter statischer Zustand. Wesentliche Merkmale von Ereignissen sind:

- Ereignisse können Funktionen auslösen.
- Funktionen erzeugen Ereignisse.
- Ergebnisalternativen von Funktionen werden über Ereignisse charakterisiert.
- Ereignisse repäsentieren einen eingetretenen, betriebswirtschaftlich relevanten Zustand.
- Ereignisse unterstützen die Konsistenz bei der Modellierung der Prozesse.

Die Ereignisse haben keine Entscheidungskompetenz, d.h. Sie können weder zwei noch mehrere Funktionen alternativ starten. In der Abbildung 2.1.5-1 sehen Sie als Beispiel ein Ereignis „*Bestellung ist angelegt*", welches die Funktion „*Einkaufsbeleg freigeben*" auslöst.

- *Funktion*

Eine Funktion stellt einen betriebswirtschaftlichen Vorgang dar, der eine aktive Ausführung von physischen und geistigen Aktivitäten bedingt. Sie repräsentiert einen Arbeitsschritt in einem Geschäftsprozeß und beschreibt die Transformation eines Eingangszustandes in einen Zielzustand durch das Lesen, Ändern, Löschen oder Erzeugen von Objekten. Eine Funktion wird ausgelöst durch ein oder mehrere Ereignisse und hat wiederum ein oder mehrere Ereignisse als Ergebnis. Somit hat eine Funktion Entscheidungskompetenz bezüglich der nachfolgenden Funktionen (vgl. Keller, Nüttgens, Scheer, Semantische Prozeßmodellierung auf der Grundlage „Ereignisgesteuerter Prozeßketten").

Zur Unterscheidung von Funktionen gelten folgende Regeln:

- *Semantische Transformationsregel*

Ist die semantische Transformationsregel von Funktionen verschieden, dann sind es unterschiedliche Funktionen (prozedurale Regel). Der Umkehrschluß ist nicht zulässig.

- *Input-Output-Regel*

Gehen in eine Funktion andere Daten ein, als in eine zweite Funktion, so spricht man von einer deskriptiven Regel. Gehen aus einer Funktion andere Daten aus, als aus einer zweiten Funktion, dann sind sie wiederum unterschiedlich. Der Umkehrschluß ist nicht zulässig.

Zur näheren Beschreibung von Funktionen und Ereignisse können über *Attribute* zusätzliche Informationen wie z.B. die Langbezeichnung, Bearbeitungszeit und die Bearbeitungshäufigkeit hinterlegt werden (z.B. Attribute im ARIS Toolset der IDS Prof. Scheer GmbH, Saarbrücken).

In der Methode der ereignisgesteuerten Prozeßkette sind Verknüpfungsregeln hinterlegt, die definieren, wie Ereignisse und Funktionen miteinander verbunden werden können. Werden mehrere Ereignisse mit einer Funktion verknüpft, so liegt eine Ereignisverknüpfung vor. Handelt es sich bei der Verknüpfung um eine Verbindung zwischen mehreren Funktionen und einem Ereignis, so wird dies als Funktionsverknüpfung bezeichnet (vgl. Keller, Nüttgens, Scheer, Semantische Prozeßmodellierung auf der Grundlage „Ereignisgesteuerter Prozeßketten"). Für die beiden Verknüpfungsarten stehen drei logische Verknüpfungsoperatoren zur Verfügung.

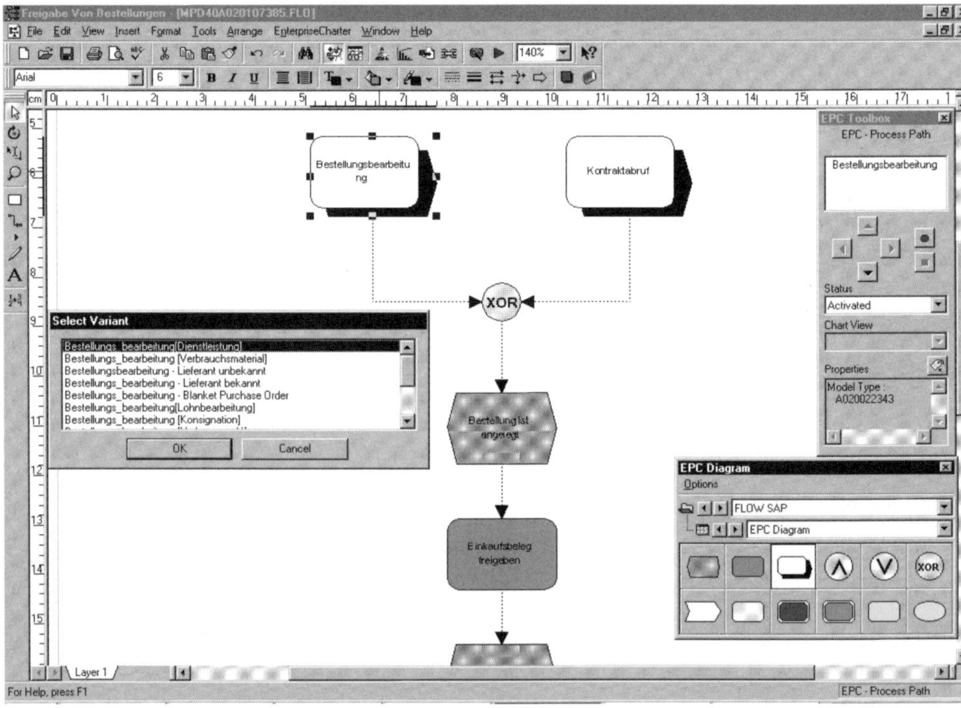

Abbildung 2.1.5-1: EPK-Prozeß „Freigabe Bestellung" aus dem Tool Micrografx®

- *„UND"-Verknüpfung*

Bei einer logischen UND-Verknüpfung (konjunktive Verbindung) von Ereignissen und Funktionen müssen alle Ereignisse eingetreten bzw. Funktionen aktiv sein, damit die Aussage wahr ist (vgl. Schönig, Logik für Informatiker, 1989).

- *„ODER"-Verknüpfung*

Eine logische ODER-Verknüpfung (disjunktive Verbindung) besagt, daß mindestens eines von mehreren alternativen Ereignissen eingetreten bzw. eine von mehreren Funktionen aktiv sein muß, damit die Aussage wahr ist. Dabei ist zu beachten, daß ein Ereignis niemals alternativ zwei Funktionen aktivieren kann (vgl. Schönig, Logik für Informatiker, 1989).

- *„EXCLUSIVE ODER"-Verknüpfung*

Die exclusive ODER-Verknüpfung (adjunktive Verbindung) sagt aus, daß genau eines von mehreren alternativen Ereignissen eingetreten sind muß, damit die Aussage wahr ist. Dabei ist zu beachten, daß ein Ereignis niemals alternativ zwei Funktionen aktivieren kann (vgl. Schönig, Logik für Informatiker, 1989).

2.1.6 Methodischer Ansatz

Für die einfache Darstellung der Geschäftsprozesse ist es wichtig, geeignete Methoden zu verwenden, die mit denen von der Realität abstrahiert werden können. Besonders die Informatik hat eine Vielzahl von Methoden hervorgebracht, die überwiegend für den Entwurf und die Entwicklung von DV-Systemen eingesetzt werden (vgl. Balzert, H., S. 30-65). Die Vielzahl der Methoden, die sich teilweise nur geringfügig unterscheiden, haben zu einer hohen Unübersichtlichkeit geführt und eine einheitliche Konzeption für die Anwendungsentwicklung behindert. Nicht jede Methode eignet sich für die Darstellung von Geschäftsprozessen. Einige Methoden sind datenorientiert, andere eher funktions- oder organisationsorientiert. Es gibt auch Mischformen, die neben einem Schwerpunkt auch die übrigen Aspekte teilweise berücksichtigen. Geschäftsprozesse werden in der Praxis zunehmend durch den Einsatz von DV-gestützen Informationssystemen selbst zum Betrachtungsgegenstand. Für die Planung und Realisierung von Informationssystemen gibt es unterschiedliche Ansätze. Scheer beschreibt hierzu einen Ansatz (ARIS – **Ar**chitektur integrierter **I**nformations**s**ysteme), der verschiedene Realisierungsstufen bzw. Beschreibungsebenen beinhaltet. Diese Beschreibungsebenen orientieren sich an einer dreistufigen Aufteilung, die sich nach der Nähe zur Informationstechnik richtet. Im einzelnen wird in folgende Schichten unterschieden:

- Fachkonzeptebene (Ebene der semantischen Modelle)
- DV-Konzeptebene
- Implementierungsebene

Mit dem Einsatz der *Business Solution Maps* und der in Zukunft möglichen *Knowledge Maps,* kann bei einem SAP Implementierungsprojekt in folgende, denkbare Schichten unterschieden werden:

- ***Schicht 1:*** Strategie, Ziele und Organisation
- ***Schicht 2:*** Zuordnung des Unternehmens zu einer/ mehreren SAP Business Solution Maps
- ***Schicht 3:*** Auswahl der Szenarioprozesse bzw. Aufbau der Prozeß LEGO Kette.
- ***Schicht 4:*** Analyse der einzelnen Prozesse (LEGO Bausteine) mit Knowledge Maps – Aufbau eines Soll-Konzeptes.
- ***Schicht 5:*** Beispiele am SAP-System (Anwendung, Prototyping)
- ***Schicht 6:*** Transport eines Pre Configured Client (80% Lösung – Branchentemplate)
- ***Schicht 7:*** Customizing und Vervollständigung

Zwischen den einzelnen Schichten findet jeweils ein Mapping statt, d.h.:

- ***Mapping zwischen Schicht 1 und 2:***
  Im Hinblick auf die Ziele und Organisation eines Unternehmens wird die passende Business Solution Map bzw. mehrere Business Solution Maps ausgesucht.

- ***Mapping zwischen Schicht 2 und 3:***
  Die vorgedachten SAP Szenarioprozesse lassen sich im Hinblick auf die Bausteine der Business Solution Map auswählen. Je nach Geschäftsvorhaben werden die einzelnen Szenarioprozesse durch die Abbildung einer LEGO Kette vereinfacht.
- ***Mapping zwischen Schicht 3 und 4:***
  Mit der Prozeßanalyse werden die selektierten Prozeßbausteine aus Schicht 3 im Detail diskutiert. Die Ergebnisse werden als Soll-Konzept dokumentiert.
- ***Mapping zwischen Schicht 4 und 5:***
  Die im Sollkonzept vorgedachten Lösungen werden am SAP-System getestet. Eventuell kann auch auf dieses Mapping verzichtet werden und gleich ein Mapping zwischen 4 und 6 stattfinden.
- ***Mapping zwischen Schicht 5 und 6:***
  Nach der Ausgestaltung des Soll-Konzeptes und den vorangegangenen Tests am SAP-System, werden die Transportaufträge eines vorkonfigurierten Systems (Branchentemplate) gestartet. Der Kunde beginnt seine Customizing Tätigkeit auf einer 80% Lösung.

Natürlich sind die aufgeführten Schichten die beschriebene „schöne, heile Welt“, aber wir möchten mit dieser Schichtendarstellung die Problematik der einzelnen Mappingaufgaben aufzeigen und verdeutlichen, daß Mapping nicht gleich Mapping ist. Die Schichten 1-4 reflektieren die Betriebswirtschaft eines Unternehmens, während die Schichten 5 und 6 die IT-Welt (SAP-System) reflektieren. Die klassischen Unternehmensberatungen sind hauptsächlich bei Projekten von Schicht 1 bis 4 involviert, während die Softwareberater bei Schicht 4 und 5 zum Einsatz kommen. Bei erfolgreichen Projekten muß der Schwerpunkt auf die oben genannten Mappingaufgaben gelegt werden, damit die *Welten* der Betriebswirtschaftlehre (Modelle) und die der IT-Realisierung (SAP-System) aufeinander abgestimmt werden.

2.2 Aufbau einer LEGO Kette

Der Aufbau von LEGO Ketten nach bestimmten Unternehmensszenarien vermittelt dem Leser und dem Unternehmen in der Praxis einen Überblick, wie die einzelnen Prozeß-Knowledge Maps zusammenhängen („*roter Leitfaden*“). Die Darstellungsform der grafischen LEGO Bausteine wurde aus didaktischen Gründen deshalb so gewählt, da fast ausschließlich jeder von uns in der Kindheit dieses Spielsortiment benutzt hat (Johnstein Gaarder im Buch: „*Sophies Welt*“ – Zitat: „Das genialste Spielzeug der Welt!“). So, wie wir damals die LEGO Bausteine willkürlich aneinandersetzten, so lassen sich die Standardbausteine je nach betriebswirtschaftlichem Sachverhalt zusammenfügen. Auf SAP bezogen bedeutet dies, daß die LEGO Bausteine standardisiert sind, jedoch die Adaptierung und die Selektion der Bausteine unternehmensindividuell vorgenommen werden kann.

Prinzipiell könnte das *ganze* Unternehmen mit einer einzigen LEGO Kette grafisch abgebildet werden, jedoch wird aus Gründen der Komplexitätsminimierung die Abbildung der LEGO Kette pro Prozeßbereich begrenzt. In unserem Beispiel werden Ausschnitte aus dem Prozeßbereich der *Beschaffung* gezeigt, die sich an dem Szenario der *Lagermaterialbeschaffung* orientieren. In der Praxis können Sie die vorgedachten Szenarienprozesse aus dem SAP-Referenzmodell als Vorlage heranziehen und wie im *Prozeßanalyse*-Workshop (siehe dazu SAP-Prozeßbibliothek, SAP-Prozesse mit Knowledge Maps analysieren und verstehen, Kapitel 5.3.3, auch Abbildung 5.3.3-4) beschrieben, verzichten Sie auf die Ereignissymbole und verdichten diesen Szenarioprozess zu einer LEGO Kette.

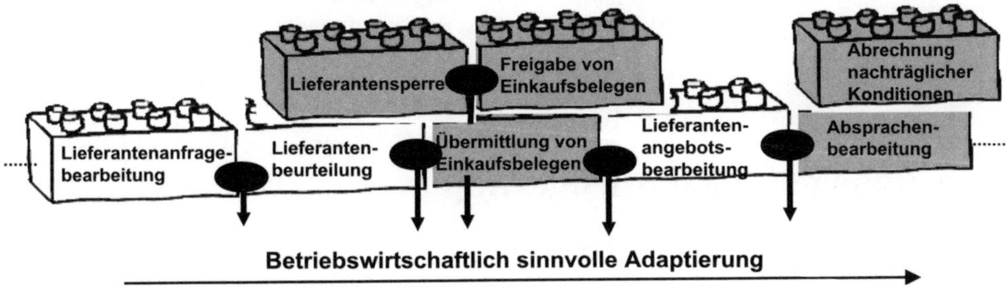

Abbildung 2.2-1: Logische und zeitliche Anordnung der LEGO Bausteine

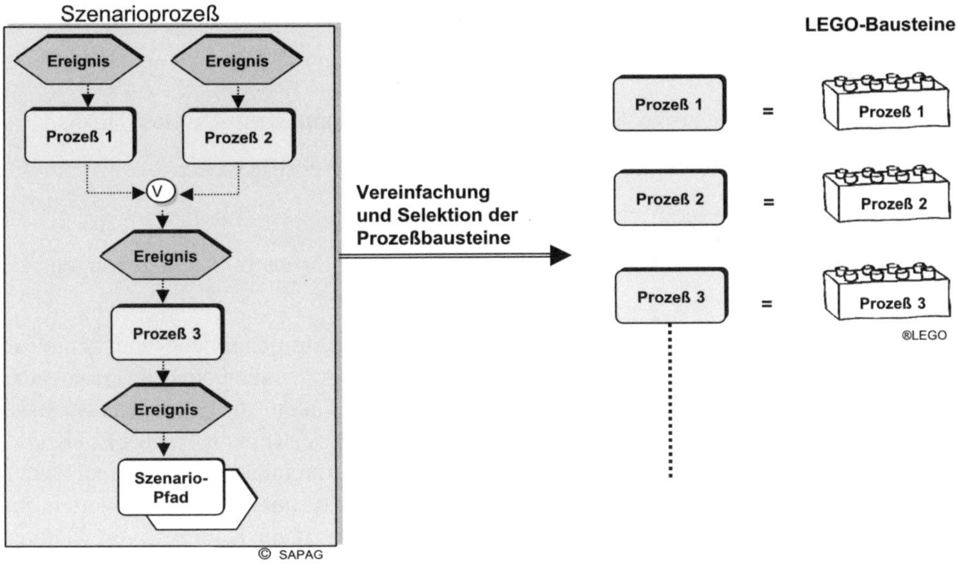

Abbildung 2.2-2: Selektion der LEGO Bausteine aus den vorgedachten SAP-Szenarien

In unseren LEGO Ketten der Knowledge Map Database benutzen wir drei Arten von LEGO Bausteinen. Die *weißen* Bausteine reflektieren die Prozeßbausteine (z.B. Rechnungsbearbeitung) zum jeweiligen Prozeßbereich und beinhalten im Hintergrund die erstellten Prozeß-Knowledge Maps. Sind Bausteine der LEGO Kette *hellgrau* hinterlegt, so ist dies ein Hinweis auf die noch nicht vorhandenen Prozeß-Knowledge Maps. *Dunkelgraue* LEGOs sind Bausteine, die Verbindungen zu anderen Prozeßbereichen (z.B. Kreditorenabwicklung) aufzeigen. Benötigen Sie Bausteine, die nicht im Standard von SAP vorgesehen sind bzw. Add-on-Lösungen zum SAP-System bedeuten, so können Sie z.B. mit schraffierten Bausteinen die LEGO Kette komplettieren.

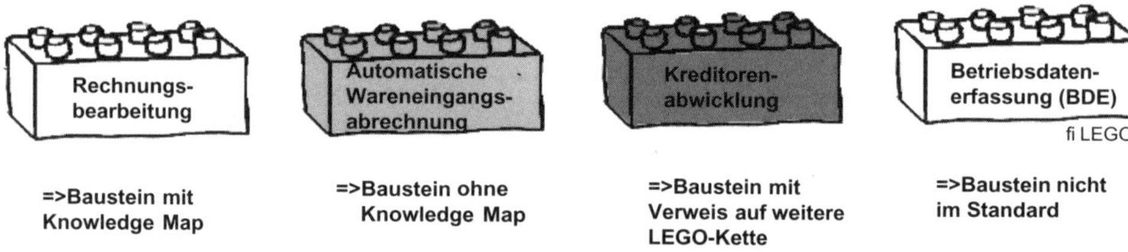

Abbildung 2.2-3: Arten von LEGO Bausteinen

2.3 Aufbau einer Knowledge Map

Der Ersteller von Knowledge Maps hat bei der Gestaltung und Entwicklung dieser einen sehr hohen Freiheitsgrad. Knowledge Maps sind in ihrem Grundaufbau nur durch fünf grundsätzliche Gestaltungsmerkmale bestimmt, die hauptsächlich in den Grundregeln der allgemeinen „Mind-Mapping-Methode“ von Tony Buzan (vgl. SAP-Prozeßbibliothek, SAP-Prozesse mit Knowledge Maps analysieren und verstehen, Kapitel 3.1, Allgemeine Mind-Mapping-Methode) begründet sind:

- *Wurzel* als zentrales Thema der Knowledge Map,
- *Hauptäste* bilden die grundsätzlichen Kapitel bzw. Ordnungsbegriffe zum Thema,
- *Nebenäste* untergliedern die grundsätzlichen Ordnungsbegriffe weiter,
- *Symbole* heben einzelne Äste hervor,
- *Verbindungslinien* zwischen den einzelnen Ästen zeigen wichtige Beziehungen und Interdependenzen auf.

Das Zusammenwirken dieser Gestaltungsmerkmale erlaubt, umfangreiche und komplexe Themen, die z.B. bei der Prozeßanalyse im Rahmen eines SAP Implemetierungsprojekts zu bearbeiten sind, schnell zu verstehen und zu vermitteln. Insbesondere die grafische Visualisierung der Struktur gibt dem Anwender einen schnellen Überblick zu einem Thema. Ein Knowledge Map enthält auf geringer Fläche eine dichte Komplexität an Inhalten, Fragen und Fakten zur Prozeßanalyse. Gearbeitet wird mit Schlüsselbegriffen bzw. mit Assoziationsworten. Sie sind so passend gewählt, daß sich in oder hinter ihnen ein weiterer Komplex von weiteren Komplexen versteckt. Mit Hilfe dieser Schlüsselbegriffe (Wortanker) werden mit Leichtigkeit riesige Datenmengen gemerkt. Im folgenden werden diese Gestaltungsmerkmale grundlegend erläutert, um Sie mit dem Aufbau von Knowledge Maps vertraut zu machen.

Alle Knowledge Maps im Buch wurden mit der Software MindManager, Version 3.5, der Firma MindJET LLC (vgl. SAP-Prozeßbibliothek, SAP-Prozesse mit Knowledge Maps analysieren und verstehen, Kapitel 8) entwickelt. Durch die Arbeit mit MindManager konnten die Autoren problemlos eine grafische Ausarbeitung von hoher Qualität und Güte erstellen, die zu einer hohen Akzeptanz auf Anwenderseite führt.

2.3.1 Wurzel

Die Wurzel enthält in einem Stichwort das Zentral- oder Hauptthema des Knowledge Maps. In Abbildung 2.3.1-1 ist dieses die Fakturabearbeitung, ein Prozeßbaustein aus dem Unternehmensprozeßbereich Vertrieb. Hinter der Wurzel, verdeutlicht durch das Symbol 🕮, ist zusätzlich ein Text abgelegt, der das zentrale Thema des Knowledge Maps kurz und knapp erläutert. Dies trifft generell auf alle Arten von Knowledge Maps (vgl. Kapitel 2.4, Arten von Knowledge Maps) zu. Bei Bedarf kann die Erläuterung im Rahmen der Prozeßanalyse genutzt werden, um eine kurze Einführung zum zentralen Thema zu erhalten.

Abbildung 2.3.1-1: Wurzel des Knowledge Map, Prozeßbaustein Fakturabearbeitung

Bei der Knowledge Map in Abbildung 2.3.1-1 handelt es sich um einen Prozeßbaustein des Vertriebs. Das Thema in Form der Wurzel entspricht für diese Knowledge Map-Art den Prozeß-Knowledge Maps, den einzelnen Bausteinen der LEGO Ketten (siehe Abbildung 2.2-3) und erlaubt somit eine einfache Navigation aus der Wurzel zum entsprechenden Szenarioprozeß.

2.3.2 Hauptäste

Die Menge an Fragen und Themen, die innerhalb einer Prozeßanalyse oder allgemein bei der Bearbeitung eines komplexen Themas behandelt werden, bedürfen einer Struktur. Die Fragen lassen sich mit Hilfe von Hierarchie- und Kategoriebildung ordnen und gliedern. Hauptäste bilden dabei die grundsätzlichen Kapitel bzw. Ordnungsbegriffe zum zentralen Thema der Knowledge Map.

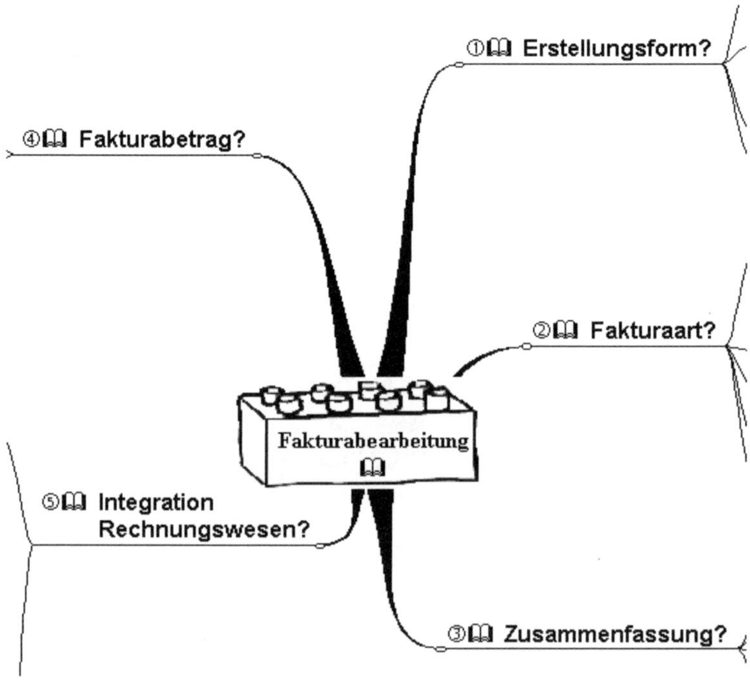

Abbildung 2.3.2-1: Hauptäste der Knowledge Map, Prozeßbaustein Fakturabearbeitung

Hauptäste bestehen aus einem bis zwei Schlüsselwörtern, die jeweils die einfachsten und offensichtlichsten Ordnungsbegriffe des Kapitels bilden. Mit der Beschränkung auf wenige Schlüsselwörter wird einerseits die Übersichtlichkeit des Themas gewährleistet und andererseits die Einprägsamkeit des Themas erhöht. Bei der Wahl der Stichwörter für die Hauptäste wird auf Abkürzungen bewußt verzichtet, da diese eventuell nicht eindeutig sind und somit den Anwender irritieren. Durch den sternförmigen Aufbau der Knowledge Maps kann der Wurzel eine Vielfalt von weiteren Ordnungsbegriffen bzw. Schlüsselwörtern zugeordnet werden. In Abbildung 2.3.2-1 sind dies fünf Begriffe. Mittels dieser läßt sich der obige Prozeßbaustein im Sinne einer Prozeßanalyse grundsätzlich gliedern. Die Hauptäste ermöglichen es, die nachfolgenden Ebenen schneller zu finden und zu bilden. Alle für wichtig erachteten Themen, Fragen, Tips und Hinweise zur Fakturabearbeitung werden durch diese Ordnungsbegriffe und den daran hängenden Nebenästen (vgl. Kapitel 2.3.3, Nebenäste) abgehandelt.

Schließt das Schlüsselwort mit einem ? ab, ergibt sich auf dem Hauptast in der Knowledge Map bereits eine Frage zur Prozeßanalyse. Im Buch sind die Fragen zu den jeweiligen Knowledge Maps aufgeführt, wobei das Schlüsselwort **fett** markiert ist. In den Abbildungen zu den Knowledge Maps ist auch durch das Symbol 🕮 ersichtlich, daß sich hinter einem Hauptast ein Text und damit eine Frage verbirgt. Im MindManager kann durch einfaches Markieren des Astes direkt der Text angezeigt werden. Die Frage zu den Ordnungsbegriffen steht nicht für sich allein, sondern wird zusätzlich im Text erläutert. Gegebenenfalls werden Lösungsmöglichkeiten und -alternativen aufgezeigt. Bei einer negativen Antwort kann es bereits an dieser Stelle zu einem Ausschließen weiterer Themen und Fragen kommen. Durch die Hierarchiebildung werden in diesem Fall alle weiteren anhängenden Nebenäste bedeutungslos.

Die Anzahl der Hauptäste in den Knowledge Maps kann je nach Komplexitätsgrad variieren. Sie sind fortlaufend durchnumeriert, und beginnend mit der ① können maximal ⑨ grundsätzliche Ordnungsbegriffe pro Knowledge Map gebildet werden. Die Anordnung der Hauptäste beginnt immer rechts oben mit der ① und wird im Uhrzeigersinn hochgezählt. Im Text wird jeweils der Bezug zwischen den Fragen und den grundsätzlichen Ordnungsbegriffen über die Nummern ① bis ⑨ hergestellt. Sollte dabei die Frage auf dem Hauptast sein, wird nur die Nummer angegeben. Ist es eine Frage auf einen untergeordneten Nebenast, wird dies beispielsweise über den Ausruck „zu ①“ verdeutlicht. Mehr als ⑨ grundsätzliche Ordnungsbegriffe können und sollen pro Knowledge Map nicht gebildet werden. Kommt es zu einer größeren Anzahl von grundsätzlichen Kapiteln, sollte eine Aufsplittung des komplexen Themas in mehrere Knowledge Maps vorgenommen werden.

2.3.3 Nebenäste

Von den zentralen Ordnungsbegriffen, den Hauptästen, zweigen Nebenäste ab, die diese untergliedern. Von den weiterführenden Nebenästen können wieder andere Nebenäste ausgehen usw. Mit der hierarchischen Gliederung entsteht ein ganzer Baum, der alle Themen und Fragen aufzeigt und besonders die Verbindung zwischen ihnen hervorhebt. Wie bei den Hauptästen werden auch bei den Nebenästen Schlüsselwörter verwendet, die eine prägnante Gliederung des Themas bzw. der Frage bilden. In der Abbildung 2.3.3-1 sind dies für den Hauptast *Integration Rechnungswesen* die Nebenäste *Finanzbuchhaltung* und *Controlling*. Die Nebenäste sind eine eindeutige und vollständige Gliederung des Hauptastes und erlauben keine weiteren Nebenäste auf der gleichen Hierarchiestufe. Auch wenn es in der Abbildung 2.3.3-1 nicht der Fall ist, können auf dieser ersten Ebene von Nebenästen hinter den Schlüsselwörtern weitere Fragen zur Prozeßanalyse stehen.

Generell können auf allen Nebenästen wiederum Fragen zur Prozeßanalyse gestellt werden, die anhand des ? und des Symbol 🕮 ersichtlich sind. Relevant sind diese Fragen natürlich nur, wenn diese auf den übergeordneten Neben- bzw. Hauptästen zu einer Antwort geführt haben, die eine weitere Detaillierung in der hierarchischen Anordnung erfordert. Die relative Bedeutung jeder Frage tritt durch den sternförmigen Aufbau von Knowledge Maps sinnfälliger in Erscheinung. Wichtigere Fragen und Themen befinden sich in der Nähe des Zentrums, weniger wichtige in den Randzonen. Die Anzahl der Hierarchien an Ästen ist nach oben nicht eingeschränkt. Wie die Abbildung 2.3.3-1 zeigt, lassen sich problemlos bei komplexen Kapiteln die Nebenäste über 5 Hierarchiestufen abbilden, ohne daß die Struktur des Themas verlorengeht. Ganz im Gegenteil bleibt eine genaue Einordnung zum Hauptast, dem grundsätzlichen Thema, jederzeit erhalten. Durch die konsequente Hierarchiebildung wird wiederum auf allen Ebenen gewährleistet, daß im Falle einer negativen Antwort alle weiteren anhängenden Nebenäste bedeutungslos werden.

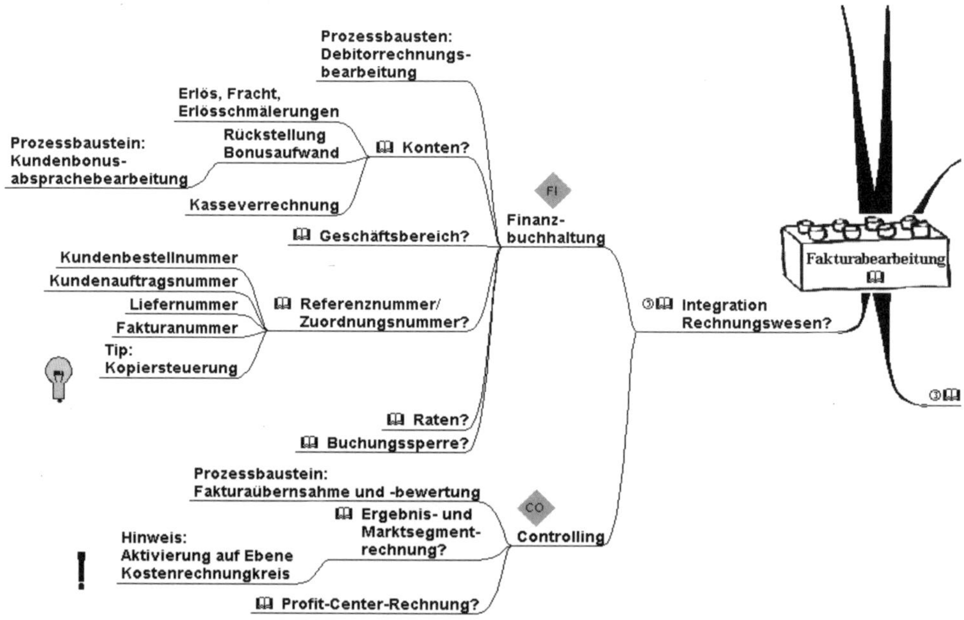

Abbildung 2.3.3-1: Nebenäste zu einem Hauptthema der Prozeß-Knowledge Map, Fakturabearbeitung

Nebenäste zu einem grundsätzlichen Kapitel lassen sich nach drei unterschiedlichen Inhalten klassifizieren:

- *Themen,*
  die das Kapitel auf der nächsten Stufe strukturieren und gegebenenfalls weitere Fragen zur Prozeßanalyse enthalten.
- *Hinweise, Tips oder Warnungen*
  zur Prozeßanalyse, die mit Symbolen gekennzeichnet sind (vgl. auch Kapitel 2.3.4, Symbole).
- *Prozeßbausteine*
  zum Aufzeigen von logischen Verbindungen zwischen Prozessen innerhalb eines Unternehmensprozeßbereichs oder auch übergreifend in Form eines Wegweisers.

2.3.4 Symbole

Knowledge Maps bauen, wie auch die allgemeine Mind Mapping Methode, auf die Annahme, daß „ein Bild mehr sagt als tausend Worte“. Symbole unterstützen dabei die Aufnahme des Inhalts, können helfen, einzelne Bereiche abzugrenzen oder hervorzuheben und erleichtern die Verständlichkeit der Knowledge Map. Für den Aufbau der Knowledge Maps wurden aus Gründen der Konsistenz und Einheitlichkeit drei Symbole verwendet:

Achtung – Bei der Implementierung dieses Prozesses bzw. dieser Funktion sind gewisse Bedingungen zu beachten. Anderenfalls kann es zu Problemen, z.B. langen Laufzeiten oder unerwünschten Effekten kommen. Diese Empfehlungen begründen sich weitestgehend auf Erfahrungen aus Beratungsprojekten und können somit schon in der frühen Phase der Prozeßanalyse berücksichtigt werden.

! Beachte – Wichtige Informationen konzeptueller Art oder auch zur Systemkonfiguration. Diese Hinweise begründen sich in systemimmanenten Restriktionen, die bei einer Implementierung unbedingt beachtet werden müssen. Zum frühen Zeitpunkt der Prozeßanalyse können dadurch bereits wichtige Weichen und Richtungen für das Implemetierungsprojekt gesetzt werden.

Hinweis – Hilfestellungen und Vorschläge zur Gestaltung von Geschäftsprozessen und auch zur späteren Implementierung in der Realisierungsphase, z.B. für das konkrete Customizing im Einführungsleitfaden. Gerade diese Hinweise helfen den Projektmitgliedern, auf Erfahrungen von bereits realisierten Lösungen aufzubauen und somit die Implemetierung zu beschleunigen.

Bei dem Aufbau von Knowledge Maps zur Prozeßanalyse muß an vielen Stellen die Integration in andere Unternehmensprozeßbereiche beachtet werden. Dies wird bei den Prozeß-Knowledge Maps durch Nebenäste mit dem konkreten Namen des integrierten Prozeßbausteins gewährleistet. Zusätzlich werden bei Prozeßbausteinen aus anderen Unternehmensprozeßbereichen spezielle Symbole verwendet, die diese übergreifende Integration hervorheben. Diese wurden in Anlehnung an die Symbole der SAP-Komponenten gewählt und sind im folgenden aufgeführt:

HR	Personalwirtschaft	BC	Basis
CA	Anwendungsübergreifende Komponenten		
FI	Finanzbuchhaltung	CO	Erlös- und Kosten-Controlling
TR	Finanzmanagement	IM	Anlagenmanagement
LO	Logistik allgemein	MM	Materialwirtschaft

PM	Instandhaltung	PP	Produktionsplanung und -steuerung
QM	Qualitätsmanagement	SD	Vertrieb
SM	Customer Service	PS	Projektsystem

2.3.5 Verbindungslinien

Innerhalb einer Knowledge Map können zwischen den einzelnen Haupt- und Nebenästen aufgrund der integrierten Prozesse und Funktionen wichtige Interdependenzen auftreten. Mittels Verbindungslinien werden diese Beziehungen deutlich hervorgehoben. Abbildung 2.3.5-1 veranschaulicht dies für das Thema *Fakturabearbeitung* durch die Verbindungslinie zwischen dem Thema *Sammelfaktura* und der Frage *Rechnungstermine* im grundsätzlichen Kapitel *Zusammenfassung*. Der Leser und Anwender soll hiermit frühzeitig auf diese wichtigen Integrationspunkte hingewiesen werden. In den Texten zu den einzelnen Ästen wird diese Beziehung explizit erläutert.

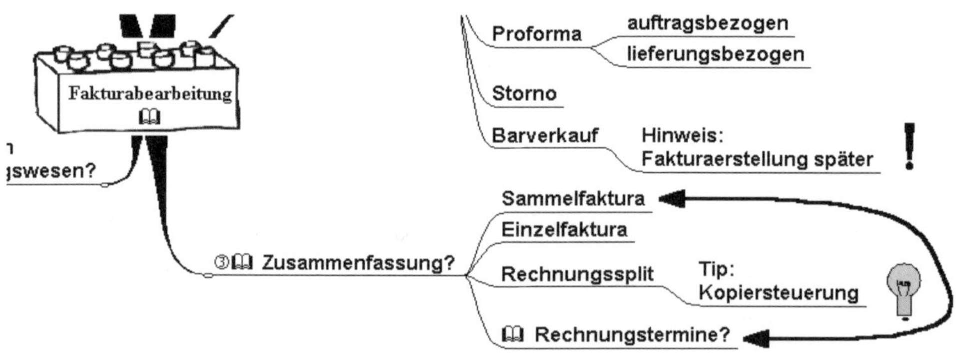

Abbildung 2.3.5-1: Verbindungslinien Knowledge Map, Prozeßbaustein Fakturabearbeitung

2.4 Arten von Knowledge Maps

Zur Prozeßanalyse finden verschiedene Arten von Knowledge Maps Anwendung. Abhängig von Zeitpunkt und Fragestellung in der Prozeßanalyse lassen sich verschiedene Arten verwenden:

- *Überblick-Knowledge Maps* zur Einführung in einen Unternehmensprozeßbereich
- *Szenario-Knowledge Maps* zur Auswahl der SAP-Geschäftsszenarien

- *Organisations-Knowledge Maps* zur Ausprägung der kundenindividuellen Organisationsstruktur
- *Business Objekt-Knowledge Maps* zur Darstellung von Belegen und Stammdaten pro Unternehmensprozeßbereich
- *Prozeß-Knowledge Maps* zur detaillierten Prozeßanalyse

2.4.1 Überblick-Knowledge Map

Der komplette betriebswirtschaftliche Umfang des SAP-Systems ist in Unternehmsprozeßbereiche (vollständige Liste siehe Abbildung 2.4.1-1) gegliedert. Die Abgrenzung dieser ist so gewählt, daß sie eine homogene Einheit im Sinne einer prozeßorientierten Strukturierung bilden. Ein Unternehmensprozeßbereich hat definierte Aufgabenfelder, die weitestgehend überlappungsfrei sind.

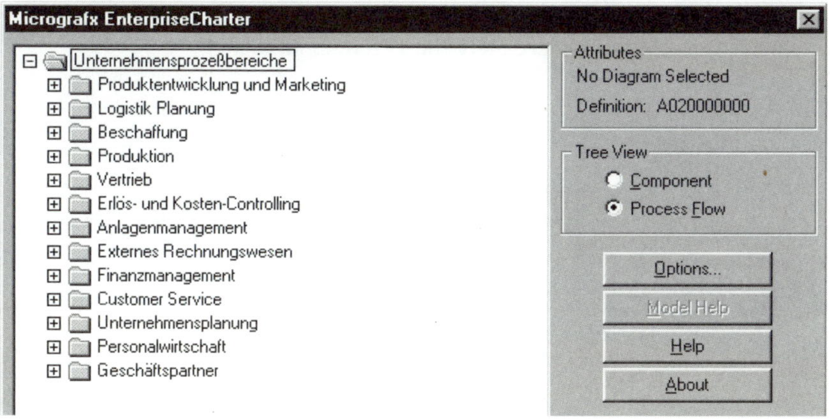

Abbildung 2.4.1-1: Unternehmensprozeßbereiche

Die Darstellung der Aufgaben erfolgt unterhalb des Unternehmsprozeßbereichs durch Geschäftsszenarien, die auf ein gemeinsames Grundmuster zurückzuführen sind. Überblick-Knowledge Maps ermöglichen dem Leser und Anwender einen ersten, strukturierten Einstieg in diese Unternehmensprozeßbereiche und damit in die Prozeßanalyse (vgl. auch Kapitel 2.1.2, Unternehmensprozeßbereiche).

Die Überblick-Knowledge Maps versetzen durch die Kategorisierung und Gliederung in Ordnungsbegriffe den Leser und Anwender sehr schnell in die Lage, eine Übersicht zum betriebswirtschaftlichen Umfang eines Unternehmensprozeßbereichs zu erhalten. Die Strukturierung der Unternehmensprozeßbereiche wurde dabei stark in Anlehnung an die im SAP-System vorhandene Komponentensicht vorgenommen. Bei den Ordnungsbegriffen wird sich nur auf ein aussagefähiges Schlüsselwort begrenzt, zu dem im Text eine allgemeine betriebswirtschaftliche Erläuterung vorhanden ist. Nur in wenigen Fällen ergibt sich beim Überblick-Knowledge Map eine mehrstufe Hierarchie der Äste. Darauf wurde bewußt verzichtet, da in einem frühen Stadium der Prozeßanalyse erst ein inhaltlicher Überblick bzw. eine Einführung zum Thema auf oberster Ebene gegeben werden soll. Eine weitere Detaillierung zu den Unternehmensprozeßbereichen ergibt sich durch die folgenden Knowledge Map-Arten (vgl. Kapitel 2.4.2 bis 2.4.5).

2.4.2 Szenario-Knowledge Map

Unterhalb des klar abgegrenzten Unternehmsprozeßbereichs spaltet sich dieser in Business-Szenarien auf. Diese beschreiben den Ablaufs von Geschäftsprozessen entlang einer betriebswirtschaftlichen Typologie. Ein Szenario, siehe z.B. Abbildung 2.4.2-1, stellt ein Muster für einen Geschäftsprozeß dar, der innerhalb eines bestimmten Unternehmensprozeßbereichs abläuft. Dabei werden alle Prozesse, die zur vollständigen Abarbeitung der Aufgaben erforderlich sind, zeitlich-logisch miteinander verknüpft. Dabei stellt das Business-Szenario den Rahmen für die Gesamtheit der an den Prozessen beteiligten Elemente bzw. Objekte dar. Geschäftsszenarien lassen sich grafisch in Form von LEGO Ketten oder ereignisgesteuerten Prozeßketten (EPK) darstellen. Die vorgedachten Szenarioprozesse von SAP dienen hauptsächlich der schnellen Analyse, damit die immer wiederkehrenden Geschäftsprozesse nicht von neuem modelliert werden müssen.

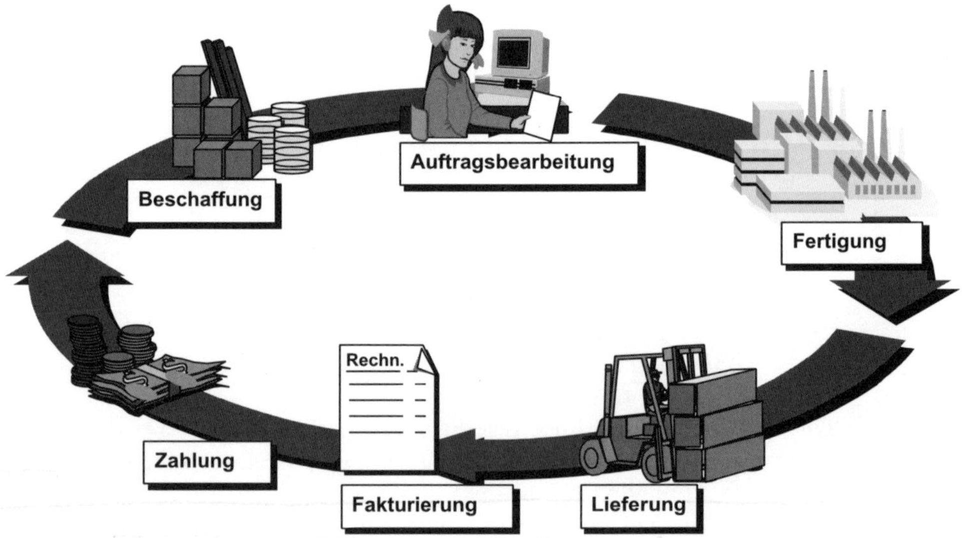

Abbildung 2.4.2-1: Business-Szenarios: Kundenauftragsabwicklung Assembly-to-Order (© SAP AG)

Szenario-Knowledge Maps beschreiben auf einem Bild alle Szenarien pro Unternehmensprozeßbereich und unterstützen den Anwender bei einer ersten Zuordnung der Geschäftsprozesse in ihrem Unternehmen auf das SAP-System. Jedes Szenario ist per Ast und Stichwort festgehalten und im Text erläutert. Bevor eine detaillierte Analyse (vgl. Kapitel 2.4.5, Prozeß-Knowledge Maps) stattfinden kann, müssen vorab auf aggregierter Ebene die Prozeßbereiche festgelegt werden. Sie bilden die Grundlage für die Detailanalyse. Auch wenn Sie bei der Auswahl der Szenarien niemals zu einer vollständigen Abdeckung mit Ihren Geschäftsprozessen kommen, sollte es trotzdem möglich sein, ähnliche Szenarien auszuwählen. Weitere Details zur Nutzung von Szenario-Knowledge Maps finden Sie in der SAP-Prozeßbibliothek, SAP-Prozesse mit Knowledge Maps analysieren und verstehen, Kapitel 5.3.3, Workshop zur Prozeßanalyse mit Knowledge Maps.

2.4.3 Organisations-Knowledge Map

Flexible Organisationseinheiten im SAP-System bieten die Möglichkeit, auch komplexe Unternehmensstrukturen abzubilden. Eine Vielzahl von Organisationseinheiten dient dazu, den rechtlichen und organisatorischen Aufbau eines Unternehmens aus unterschiedlichen Sichten (z.B. Einkauf, Vertrieb, Finanzbuchhaltung, Kostenrechnung) darzustellen (vgl. dazu SAP-Prozeßbibliothek, SAP-Prozesse mit Knowledge Maps analysieren und verstehen, Kapitel 5.3.2, Workshop zur Definition der Organisation). So können in der Vertriebslogistik eigene Organisationseinheiten definiert werden, in der Beschaffungslogistik oder im Rechnungswesen wiederum andere. Durch die Verknüpfung der Organisationseinheiten untereinander (vgl. auch Abbildung 2.4.3-1, Organisationsstrukturen) werden die verschiedenen Unternehmensbereiche integriert.

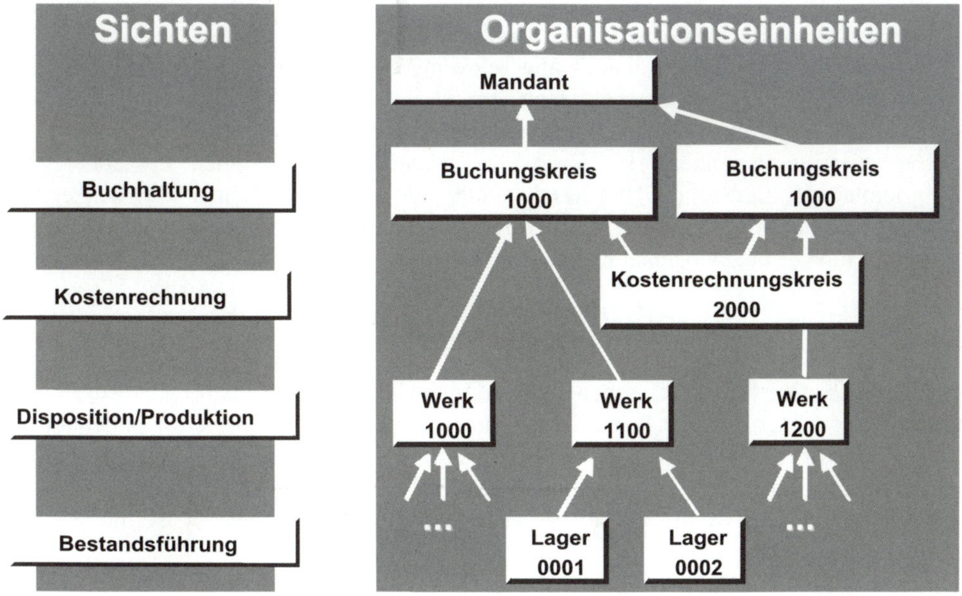

Abbildung 2.4.3-1: Organisationsstrukturen

Die Definition der *kundenspezifischen Organisationsstruktur* im Rahmen der Organisationsworkshops ist Voraussetzung für die anwendungsspezifische Systemeinstellung. Die Entscheidung zur Verwendung und Ausgestaltung bestimmter Organisationseinheiten wird dabei von zahlreichen *Faktoren* beeinflußt. Mit Hilfe der Organisations-Knowledge Maps wird der Anwender in die Lage versetzt, die zu berücksichtigenden Faktoren pro Organisationseinheit zu erkennen und diese für sein Unternehmen auszuprägen. Die Äste in der Knowledge Map veranschaulichen die entscheidenden Einflußfaktoren zum Aufbau einer Kunden-Organisationsstruktur. Eine Kategorisierung nach grundsätzlichen Fragestellungen wird durch die Hauptäste sichtbar, die Nebenäste untergliedern diese gegebenenfalls mehrstufig in weitere Themen und Fragen. Dabei sind immer erklärende Texte zu den Ästen vorhanden, die dem Anwender ausführlich mit Beispielen das Thema und die verschiedenen Ausprägungsmöglichkeiten detailliert erläutern. Es wurden zur Prozeßanalyse zwei unterschiedliche Varianten von Organisation-Knowledge Maps entwickelt:

- *Prozeßbereichsorientierte Organisations-Knowledge Maps*
  zeigen alle Organisationselemente auf, die für die Prozesse innerhalb eines Prozeßbereichs notwendig sind. Hier steht der Prozeßbereich, z.B. Beschaffung, in der Wurzel, und es werden die Einflußfaktoren und speziell die Beziehungen und Interdependenzen zwischen den erforderlichen Organisationselementen aufgezeigt. Dies ist insbesondere wegen der Verknüpfungen zwischen den Organisationselementen von Bedeutung. Beispielsweise wird im Prozeßbereich *Vertrieb* für die Außenorganisation mit dem Organisationselement *Verkaufsbüro* gearbeitet. Wichtig ist es hier, die Verknüpfung und Abhängigkeit zur *Vertriebsorganisation*, konkret zum Organisationselement *Vertriebsbereich*, darzustellen.

- *Organisationselementeorientierte Knowledge Maps*
  zeigen pro Organisationseinheit alle relevante Einflußfaktoren, die auch prozeßbereichsübergreifend zu beachten sind, zur Gestaltung der Kundenorganisation. Hier steht das konkrete Organisationselement als zentrales Thema in der Wurzel. Einige Organisationselemente, z.B. das *Werk*, haben in verschiedenen Prozeßbereichen grundlegende Bedeutung. Hier ist es wichtig, aus den verschiedenen Blickwinkeln alle Einflußfaktoren zu erkennen, um bei der Prozeßanalyse zu einem über alle Prozeßbereiche hinweg abgewogenen Ergebnis zu kommen.

2.4.4 Business Objekt-Knowledge Map

SAP-Business-Objekte beschreiben ganzheitliche betriebswirtschaftliche Zusammenhänge. Reale Objekte, wie z.B. ein Mitarbeiter, eine Bestellung oder ein Kundenauftrag, werden in betriebswirtschaftlichen Anwendungssystemen, wie dem SAP-System, als Business-Objekte abgebildet. Sie können sich die SAP-Business-Objekte als „black boxes" vorstellen, die SAP-Daten und Geschäftsprozesse kapseln und auf diese Weise die Struktur- und Implementierungdetails der zugrundeliegenden Daten verbergen. Diese Kapselung führt zu einer Komplexitätsreduktion, da die innere Strukturierung eines Business-Objekts in weitere, geschachtelte Objekte verborgen bleibt.

Es ist nicht zwingend, aber oftmals sinnvoll, sich im Rahmen der Prozeßanalyse einen Überblick zu den Belegen und Stammdaten innerhalb eines Prozeßbereichs zu verschaffen. Business Objekt-Knowledge Maps geben auf einem Bild alle Business-Objekte pro Teilkomponente und können bei Bedarf im Prozeßanalyse-Workshop benutzt werden. Insbesondere die Business Framework Architecture des SAP-Systems läßt diesen Blickwinkel auf die Prozeßbereiche immer wichtiger werden. Das Business Framework, das offene, komponentenbasierte Architektur, die Interaktion und Integration von Softwarekomponenten der SAP und anderer Hersteller ermöglicht, gewinnt eine immer größere Bedeutung. Business-Objekte sind Kernbestandteil des Business Framework und bieten eine objektorientierte Sicht der betriebswirtschaftlichen Funktionalität des SAP-Systems. Der Zugriff auf die SAP-Business-Objekte erfolgt über stabile, standardisierte Methoden, die BAPIs (Business Application Programming Interfaces).

2.4.5 Prozeß-Knowledge Map

Prozesse bzw. Prozeßbausteine beschreiben die kleinsten abgeschlossenen betriebswirtschaftlichen Aufgaben im SAP-System (vgl. dazu Kapitel 2.1, Prozesse im SAP-System). Prozesse zeigen auf einem detaillierten Niveau, wie einzelne Funktionen des SAP-Systems zeitlich-logisch miteinander in Beziehung stehen, um eine betriebswirtschaftliche Aufgabe zu lösen. Ein Prozeß hat eine technische Entsprechung in den Transaktionen des SAP-Systems.

Die eigentliche und detailierte Prozeßanalyse orientiert sich an Prozeßbausteinen, zu denen Prozeß-Knowledge Maps (vgl. dazu SAP-Prozeßbibliothek, SAP-Prozesse mit Knowledge Maps analysieren und verstehen, Kapitel 5.3.3, Workshop zur Prozeßanalyse mit Knowledge Maps) ein wichtiges Hilfsmittel sind. Die Wurzel des Knowledge Maps gibt eine kurze Einführung zum zentralen Thema des Prozeßbausteins, Hauptäste zeigen die grundsätzlichen Kapitel in Form von Stichwörtern auf und untergliedern sich weiter über mehrere Ebenen in Nebenäste. Die Schlüsselwörter auf den Ästen sind so gewählt, daß sich in oder hinter ihnen ein weiterer Komplex von Unterthemen versteckt. Durch den sternförmigen Aufbau befinden sich wichtigere Themen und Fragen in der Nähe des Zentrums (Wurzel), weniger wichtige in den Randzonen, d.h. auf untergeordneten Nebenästen der Knowledge Map. Die Fragen zu den Ästen der Knowledge Map können für die Prozeßanalyse-Workshops genutzt werden, um die grundsätzlichen Themen eines Prozesses inhaltlich zu diskutieren. In der Knowledge Map selbst ist für jede Frage eine Erklärung aufgeführt, die bei der Analyse das notwendige Wissen zur Beantwortung der Frage zur Verfügung stellt. Die Beziehungen von Prozeßbausteinen, d.h. die zeitlich-logische Anordnung, wird auf den Nebenästen mittels Wegweisern verdeutlicht. Dadurch wird die Integration zu Prozeßbausteinen des gleichen oder eines anderen Unternehmensprozeßbereiches sofort deutlich und kann während der Prozeßanalyse berücksichtigt werden. Erfahrungen aus Implementierungsprojekten in Form von Hinweisen, Tips und Warnungen sind zusätzlich als Nebenäste zu den grundsätzlichen Kapiteln und Fragen eines Prozeßbausteins enthalten.

Der Umfang von Prozessen im SAP-System kann sehr unterschiedlich sein. Abbildung 2.4.5-1 stellt beispielsweise zwei Prozeß-Knowledge Maps des Vertriebs, Transportabfertigung (linke Seite) und Kundenauftragsabfertigung (rechte Seite), gegenüber. Allein durch das Bild wird die Vielschichtigkeit eines Prozeßbausteins sofort offensichtlich. Durch die Anzahl der grundsätzlichen Kapitel und die Hierarchiestufen erfolgt die Abstufung, ohne daß dabei die Strukturierung und damit die Übersichtlichkeit verlorengeht.

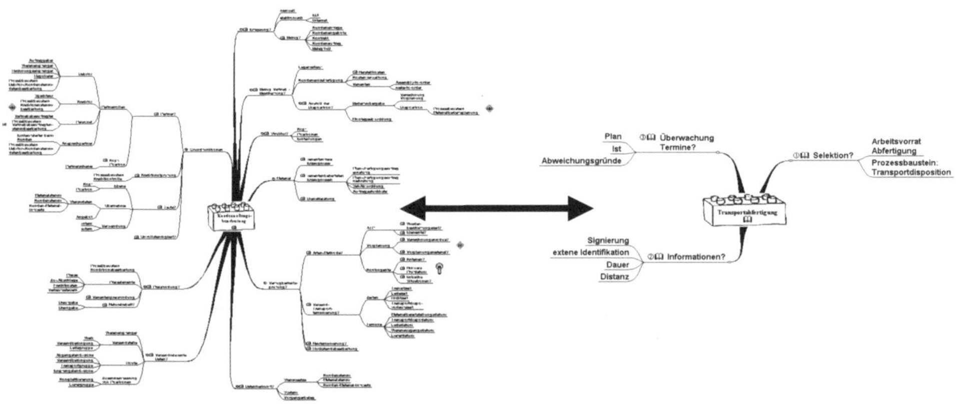

Abbildung 2.4.5-1: Umfang von Prozeß-Knowledge Maps

2.5 Knowledge Maps und *AcceleratedSAP*

Der Einsatzbereich der Prozeßanalyse mit Knowledge Maps ist breit gefächert. Zuerst muß im Rahmen der SAP-Einführung in Projekte unterschieden werden, die mit der SAP-Standardmethode ASAP eingeführt werden, und solchen, die eine andere Methode nutzen. Generell kann die von uns vorgeschlagene Methode zur Prozeßanalyse und das damit verbundene Business Engineering in jedem SAP-Einführungsprojekt genutzt werden, da die *Prozeßanalyse mit Knowledge Maps* ein eigenständiges Konzept darstellt. Dadurch kann sie in jede gängige Projektmanagementmethode zur SAP-Einführung eingebettet werden. Speziell bezüglich der in der SAP-Prozeßbibliothek, SAP-Prozesse mit Knowledge Maps analysieren und verstehen, Kapitel 3.3 dargestellten SAP-Standardeinführungs-methode *Accelerated*SAP (ASAP) sehen wir den Einsatz der Knowledge Map-Datenbank als wesentlichen weiteren Beschleuniger eines ASAP-Projektes an. Aus diesem Grund wird in diesem Kapitel der Einsatzbereich der Knowledge Maps im Rahmen eines ASAP-Projektes entlang der Roadmap beschrieben. Bitte beachten Sie auch in der Prozeßbibliothek, SAP-Prozesse mit Knowledge Maps analysieren und verstehen: In Kapitel 3.3 „*Accelerated*SAP" die allgemeinen Ausführungen zu dieser Einführungsmethode, in Kapitel 5.2 die „Konzeptionellen Grundlagen der Prozeßanalyse", in Kapitel 1.3 die dargestellten „Benefits durch den Einsatz der Knowledge Maps" und das Potential der Knowledge Maps zum „Wissensmanagement" in Kapitel 6. Speziell beim Thema Wissensmanagement geht die Bedeutung der Organisations- und Prozeß-Knowledge Maps über die eines Beschleunigers hinaus.

Vielmehr erweitern sie sogar die ASAP-Vorgehensweise, da sie, wie in der SAP-Prozeßbibliothek, SAP-Prozesse mit Knowledge Maps analysieren und verstehen, Kapitel 6 beschrieben, zu einem Master-Knowledge Map ausgebaut und zum organisatorischen Wissensmanagement genutzt werden können. Bei einem ASAP-Projekt und der damit verbundenen Implementierung des SAP-Systems können die Knowledge Maps in den folgenden Phasen genutzt werden (vgl. Abbildung 2.5-1):

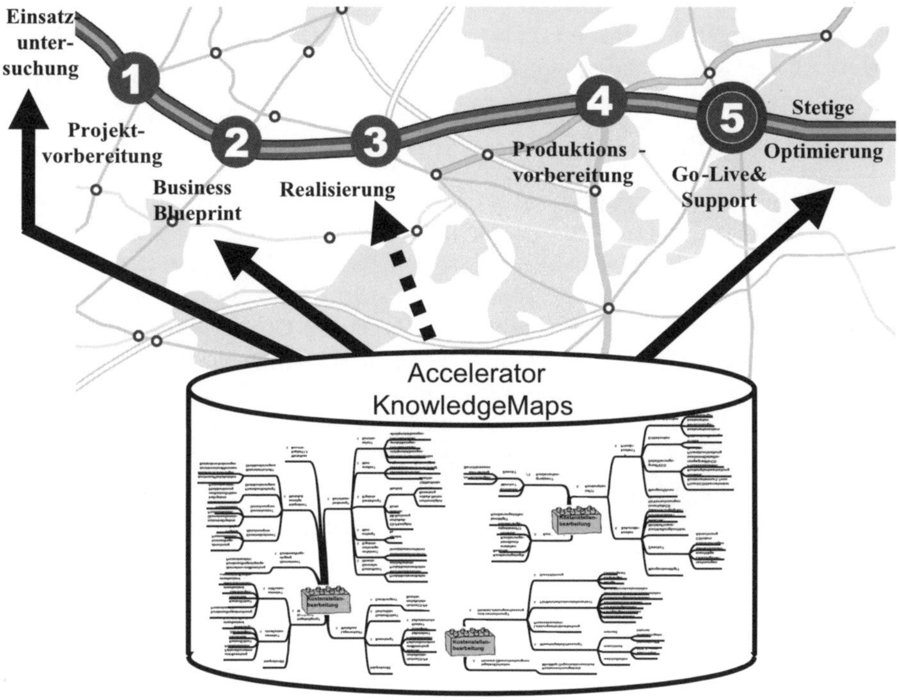

Abbildung 2.5-1: Anordnung und Einsatzbereich der Organisations- und Prozeß-Knowledge Maps bei einem ASAP-Projekt

- Pre-Sales bzw. Einsatzuntersuchung
- Business Blueprint
- Realisierung

2.5.1 Einsatzuntersuchung

Die in der Prozeßbibliothek dargestellten Organisations- und Prozeß-Knowledge Maps können bereits im Rahmen einer Einsatzuntersuchung (Feasibility Study) eingesetzt werden. Voraussetzung dazu ist, daß die Einsatzuntersuchung prozeßorientiert und basierend auf den SAP-Standardprozessen des Referenzmodells erfolgt.

Besonders in dieser Phase zeigen sich die Vorteile der Knowledge Maps sehr deutlich. In der Vergangenheit wurden während der Einsatzuntersuchungen Checklisten für jede Applikation verwendet, deren Fragen weniger differenziert waren als im späteren Sollkonzept verlangt. Durch die strukturierte Darstellung der Fragen mit ihren Abhängigkeiten in einer Baumstruktur können bereits in der Phase der Einsatzuntersuchung die Knowledge Maps verwendet werden. Dabei werden entweder nur die Äste behandelt, die relevant sind, oder aber alle Äste, dann aber nur bis zu einem bestimmten Detaillierungsgrad, z.B. bis auf die zweite Ebene. Die dabei gewonnenen Erkenntnisse und Ergebnisse bilden die Grundlage für das weitere Vorgehen. Dabei macht man den Zustand der Knowledge Map nach der Einsatzuntersuchung zum Ausgangspunkt der weiteren Überlegungen.

2.5.2 Business Blueprint

Während des Business Blueprints können die Knowledge Maps vollständig eingesetzt werden. Dabei zahlt sich deren Einsatz besonders deshalb aus, weil Sie sich als Leser und Anwender der Knowledge Maps auf die Prozeßanalyse- bzw. Business (Re-)Engineering-Workshops selbständig vorbereiten können. Das spart dann bei den eigentlichen Workshops viel Zeit und Geld. Es wird empfohlen, während der Organisations- und Prozeßanalyse-Workshops die Knowledge Maps zu verwenden. Sie stellen damit einen strukturierten Ablauf der Workshops sicher. Darüber hinaus können Sie im Fall noch fehlender Informationen zu den gelieferten Knowledge Maps diese, wenn nötig, erweitern oder zusätzliche Informationen erfassen. Auch hier erweist sich die strukturierte Vorgehensweise der Knowledge Maps-Methode als vorteilhaft, da diese Informationen auf jeder Stufe einer Aststruktur ergänzt werden können oder gar ein vollkommen neuer Ast erstellt werden kann. Bitte berücksichtigen Sie, daß im Rahmen der Organisations- und Prozeßanalyse-Workshops nicht nur explizites, d.h. dokumentiertes Wissen, sondern auch sehr viel implizites Wissen aufgedeckt und diskutiert wird. Um dieses Wissen in explizites umzuwandeln, können Sie ebenfalls die Knowledge Maps benutzen. Dies ist ein erster, wenn auch sehr wichtiger Schritt in Richtung des organisatorischen Wissensmanagements. Bitte vergleichen Sie dazu die Ausführungen in der SAP-Prozeßbibliothek, SAP-Prozesse mit Knowledge Maps analysieren und verstehen, Kapitel 6.

2.5.3 Realisierung

Wie profitieren Sie nun nach der Prozeßanalyse auch in der Phase der Realisierung vom Einsatz der Knowledge Maps? In Kapitel 1.2 der SAP-Prozeßbibliothek, SAP-Prozesse mit Knowledge Maps analysieren und verstehen, wird ausgeführt, daß die Knowledge Maps eine Synthese zwischen SAP-Berater-Erfahrung, SAP-Standard-Dokumentation, AcceleratedSAP, SAP-Transaktionen, SAP-Business-Objekten, SAP-Organisations-einheiten und dem SAP-Referenzmodell sind. Dadurch dienen sie zwar hauptsächlich der Konzeption Ihres Unternehmens im Rahmen des Business Engineerings. Aber nicht nur ihr strukturierter Aufbau, sondern auch die enthaltenen Tips und Tricks machen die Knowledge Maps zu wertvollen Helfern, haben sie doch Auswirkungen auf die Konfiguration des SAP-Systems. Ihr dokumentarischer Charakter sorgt dafür, daß wichtige Zusatzinformationen während der Konfiguration der Organisationsstrukturen oder der Geschäftsprozesse gewonnen werden können.

2.5.4 Stetige Optimierung

Die Knowledge Maps unterstützen durch ihre obengenannten Eigenschaften darüber hinaus die Phase der stetigen Optimierung des Systems (des Continuous Changes) hinsichtlich mehrerer Aspekte. Auch hier zeigt sich, wie vorteilhaft die Knowledge Maps sind.

Da die Organisationseinheiten und die Prozesse auf unterschiedlichen Ebenen durch die Strukturierung der Knowledge Maps in Haupt- und Nebenäste dokumentiert sind, steht dieses Wissen in allen Phasen des Lebenszyklus des SAP-Systems und somit auch dem *Continuous Change* zur Verfügung. Sollen nun in dieser Phase Erweiterungen der eingesetzten oder aber auch der noch nicht eingesetzten Prozesse/Funktionalitäten notwendig werden, können die Knowledge Maps wie bereits beim Initialprojekt zum Einsatz kommen. Bei den Erweiterungen kann es sich um neue Prozeßbausteine handeln, die bisher noch nicht im Einsatz sind, oder um bereits genutzte Prozeßbausteine, von denen jedoch nur Teilfunktionalitäten im Einsatz sind. Im ersten Fall wird beispielsweise bei der Erst-implementierung ein konkreter Prozeßbaustein, z.B. Kundenanfragebearbeitung, noch nicht implementiert. Im Rahmen des Continuous Engineerings wird sein Einsatz jedoch notwendig oder gewünscht. In diesem Fall kann das Knowledge Map zu diesem Prozeßbaustein wie bereits bei der Erstimplementierung von Grund auf zum Einsatz kommen. Im zweiten Fall wird beispielsweise bei der Erstimplementierung ein konkreter Prozeßbaustein bearbeitet, jedoch werden bestimmte Ausprägungen oder Funktionen, die innerhalb dieses Prozeßbausteines ablaufen, noch nicht für den produktiven Einsatz genutzt. Werden nun in der Phase der *Stetigen Optimierung* (*Continuous Change)* diese, bisher noch nicht genutzten Funktionalitäten relevant, so kann auch hier auf die Knowledge Map zurückgegriffen werden, und zwar nur auf die Äste oder Unteräste, die noch nicht im Einsatz sind bzw. noch nicht bearbeitet wurden. Als Beispiel dafür kann der Prozeßbaustein *Kundenauftragsbearbeitung* dienen. Im Rahmen der Ersteinführung wurde beschlossen, die Kreditlimitprüfung, die eine Teilfunktionalität der *Kundenauftragsbearbeitung* darstellt, nicht einzuführen. Das soll jetzt nachgeholt werden. Auch hier kommt die Knowledge Map des Prozeßbausteins zum Einsatz, da auf dessen Hauptast diese Funktionalität abgefragt wird (siehe Knowledge Map Database: Kundenauftragsbearbeitung).

2.5.5 Wissensmanagement

Zusätzlich zu der genannten Unterstützung der einzelnen Phasen eines ASAP-Projektes erweitern die Knowledge Maps die Vorgehensweise von ASAP dadurch, daß sie ein organisatorisches Wissensmanagements des Organisations- und Prozeßwissens im Unternehmen ermöglichen. Dieses Wissen kann dadurch nicht nur durch die Berater, sondern auch durch die Anwender und alle anderen Angestellten des Unternehmens genutzt werden. Alleine schon der Einsatz der Knowledge Maps stellt ein wissensbasiertes Vorgehen bei der Adaption der unternehmensspezifischen Prozesse auf das SAP-Systems dar und kann als ein erster Schritt zu einem umfassenden Wissensmanagement aufgefaßt werden. Werden die von uns ausgelieferten Knowledge Maps noch ausgebaut zu den in Kapitel 6.2 der SAP-Prozeßbibliothek, SAP-Prozesse mit Knowledge Maps analysieren und verstehen, beschriebenen *Master-Knowledge Maps*, wird ein umfassendes, Ihr gesamtes Unternehmen einschließendes Wissensmanagement möglich. Erreicht wird dies dadurch, daß alle Materialien, Arbeitsergebnisse etc., die während des Business Engineerings anfallen bzw. erstellt werden, der entsprechenden Prozeß- oder Organisations-Knowledge Map zugeordnet werden. Dazu gehören beispielsweise Schulungsunterlagen, die Standarddokumentation, Testdaten, Prozeßketten, technische Angaben etc. (siehe SAP-Prozeßbibliothek, SAP-Prozesse mit Knowledge Maps analysieren und verstehen, Kapitel 6.2).

3 Allgemeines zur Knowledge Map Database

In den folgenden Kapiteln 4 bis 6 werden nun die wesentlichen Knowledge Maps zur Prozeßanalyse aus den zwei Unternehmensprozeßbereichen Finanzwesen und Erlös- und Kostencontrolling vorgestellt. Die Auswahl wurde dabei so getroffen, daß ein Unternehmen der High-Tech-Branche (siehe auch SAP-Prozeßbibliothek, SAP-Prozesse mit Knowledge Maps analysieren und verstehen, Kapitel 3.4, Business Solution Maps) durch die Szenarioprozesse beispielhaft analysiert wurde. Die einzelnen Knowledge Maps sind *generisch* entwickelt, d.h., sie können auch für andere Branchen und Szenarien eingesetzt werden (die LEGO Bausteine der Prozeßketten sind bezüglich einer anderen Branche eventuell in einer anderen Art zusammengesetzt). Das Übersichts-Knowledge Map zum Erlös- und Kosten-Controlling kann beispielsweise übergreifend für alle Branchen benutzt werden. Es bietet einen Überblick über den Prozeßbereich und ist allgemeingültig.

Die von den Autoren entwickelten Knowledge Maps in den folgenden Kapiteln werden neben der Veröffentlichung in diesem Buch auch auf CD-ROM ausgeliefert. In der beiliegenden Buch-CD erhalten Sie eine Auswahl von drei Knowledge Maps mit einer MindManager-21-Tage-Version. Mit diesem Tool können Sie sich die Knowledge Maps anzeigen lassen und sie individuell bearbeiten. Durch die offene und beliebig erweiterbare Struktur kann jeder Anwender die Knowledge Maps mit seinem Wissen und seiner Erfahrung aus SAP-Projekten ergänzen. Die vollständige Sammlung aller Knowledge Maps kann unter

- *www.knowledge-map.de*

bestellt werden.

Wir erheben mit der Knowledge Map Database nicht den Vollständigkeitsanspruch über das SAP-Wissen. Sie stellt in ihrer Gesamtheit ein Fundus von Kernprozessen in den wichtigen Unternehmensprozeßbereichen dar, die es erlauben, in Einführungsprojekten verschiedenster Branchen Knowledge Maps einzusetzen. In der nächsten Auflage des Buches werden wir an einer Erweiterung der Database arbeiten, die auf ein Feedback der Anwender und Leser basiert. Sie können uns jederzeit Anregungen und Ergänzungen zu den einzelnen Knowledge Maps auf der Homepage hinterlassen.

4 Organisation

Die aufgeführten Organisations-Knowledge Maps dienen zur Definition der Organisation des Unternehmens mit den SAP-Organisationseinheiten (vgl. SAP-Prozeßbibliothek, SAP-Prozesse mit Knowledge Maps analysieren und verstehen, Kapitel 5.3.2, Workshop zur Definition der Organisation). Die Organisationseinheiten stehen in unterschiedlichen Beziehungen zueinander. Damit die Beziehungen aufgebaut werden können, sind auf den Knowledge Maps inhaltliche Fragen gestellt, die einige Hinweise vermitteln, wie die SAP die organisatorischen Beziehungen versteht.

4.1 Buchungskreis

Der Buchungskreis ist das Organisationselement der Finanzbuchhaltung. Ein Buchungskreis stellt eine selbständig bilanzierende Einheit dar, beispielsweise eine Firma innerhalb eines Konzerns. Auf dieser Ebene werden die Bilanz und Gewinn- und Verlustrechnung, wie vom Gesetzgeber gefordert, erstellt. Der Buchungskreis ist die kleinste organisatorische Einheit des externen Rechnungswesens, für die eine vollständige, in sich abgerundete Buchhaltung eingerichtet werden kann.

Alle Geschäftsvorfälle im externen Rechnungswesen werden grundsätzlich auf der Ebene des Buchungskreises erfaßt und gepflegt. Die Verkehrszahlenfortschreibung und Festlegungen zum Zahlen und Mahnen finden auch auf dieser Ebene statt. Eine weitere Unterteilung aus organisatorischen Gründen ist durch interne Organisationsstrukturen möglich.

Hinweis:
Zu beachten ist, daß es ab dem Release 4.0 nicht mehr notwendig ist, einen eigenen Buchungskreis zu definieren, wenn sich ein nicht-selbständiges Werk im Ausland befindet. Ab Release 4.0 können über Profit-Center interne Lieferanten- und Kundenbeziehungen mit Transferpreisen abgebildet werden.

Hinweis:
Ist die rechtliche Ausgliederung von Teilen rechtlich selbständiger Einheiten geplant, sollte die Überlegung gemacht werden, diese als eigene Buchungskreise mit dem temporären Nachteil des höheren internen operativen Aufwandes zu führen, da das nachträgliche Splitting eines produktiven Buchungskreises sehr aufwendig ist.

① *Welche **Verbindungen** hat der Buchungskreis zu anderen Organisationselementen?*

Vergleichen Sie hierzu die organisatorische Überblicks-Map Organisationselemente des externen Rechnungswesens. Zusätzlich taucht hier der Finanzkreis auf, der die Verknüpfung zur Finanzmittelrechnung darstellt, und der Personalbereich, der den Bezug zur Personalwirtschaft HR verdeutlicht.

② *Wie definieren Sie einen **Buchungskreis?***

Als erstes müssen Sie sich über einen bis zu einem vierstelligen alphanumerischen Schlüssel Gedanken machen. Denn dieser repräsentiert den Buchungkreis. Diesen Schlüssel müssen Sie bei der Anlage der buchungskreisspezifischen Teils der Stammdaten angeben, ebenso bei den Buchungsvorgängen. Die Adresse, die Sie bei der Definition eintragen, wird bei späteren Korrespondenzen zur Verfügung gestellt, z.B. bei der Umsatzsteuervoranmeldung.

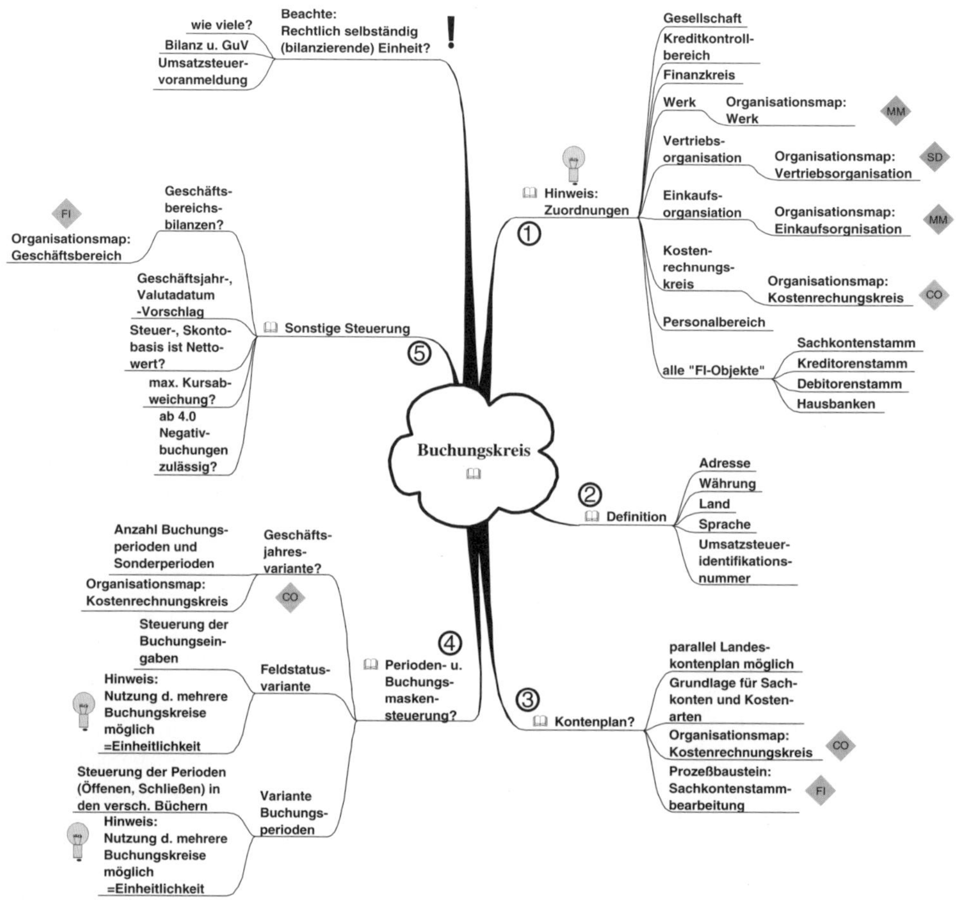

Abbildung 4.1-1: Organisations-Knowledge Map Buchungskreis

Die von Ihnen festgelegte Währung gilt in diesem Buchungskreis als Hauswährung aller Bücher, d.h., buchen Sie einen Betrag in Fremdwährung, wird dieser vom System in Hauswährung umgerechnet. Durch das einzugebende Land erfährt das System, was als Inland zu betrachten ist, alle anderen Länder sind zum Ausland gehörend einzustufen und werden beim Zahlungsverkehr beispielsweise dementsprechend berücksichtigt. Die Kontenbezeichnung und die Texte werden in der von Ihnen definierten Landessprache primär angezeigt.

③ *Welcher* ***Kontenplan*** *wird in Ihrer Firma genutzt?*

Der Kontenplan stellt ein Verzeichnis aller in Ihrer Finanzbuchhaltung verwendeten Konten dar. Durch die Zuordnung des Kontenplans zum Buchungskreis legen Sie den Kontenrahmen fest, den Sie in Ihrer Firma nutzen wollen. Befinden Sie sich in einem Konzern und wollen einen gemeinsamen Kontenplan nutzen, sind aber aus landesrechtlichen Gründen an einen Landeskontenplan gebunden, können Sie diesen ebenfalls eintragen. Die relevanten Auswertungen sind dann auch nach Landeskontenplan möglich (vgl. Prozeßbaustein *Sachkontenstammbearbeitung*).

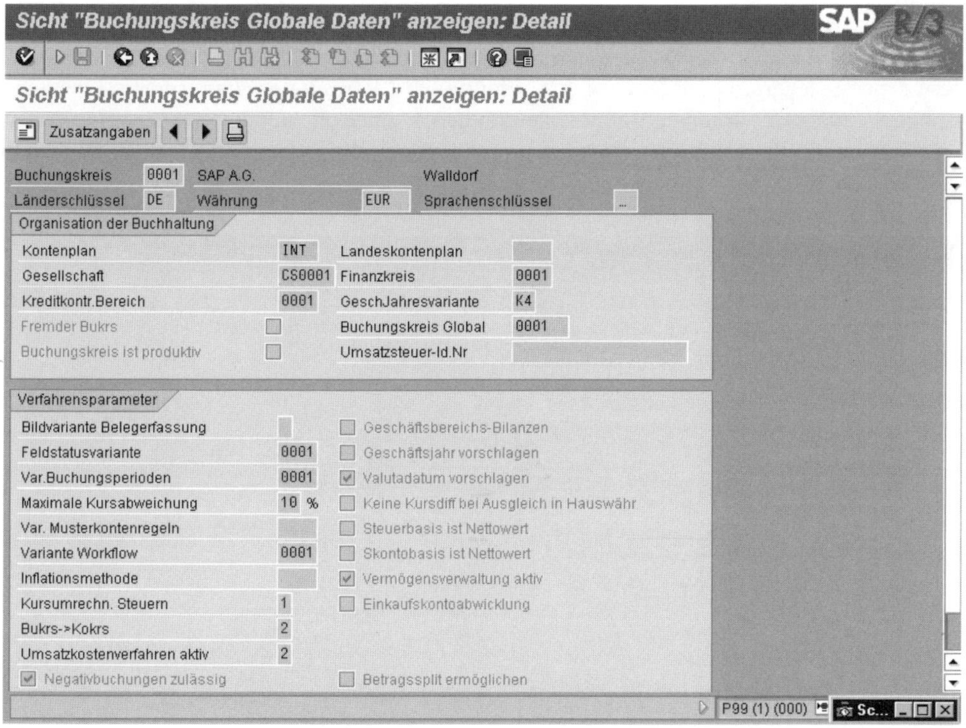

Abbildung 4.1-2: EnjoySAP Screen zum Buchungskreis – Globale Daten (© SAP AG)

④ Wie **steuern** Sie Ihre Eingaben bei den Buchungen?

- Wie ist Ihr *Geschäftsjahr* definiert?

Die *Geschäftsjahresvariante* definiert die Anzahl der Buchungsperioden und die der Sonderperioden, die für den Jahresabschluß genutzt werden. Diese Definition steht in engem Zusammenhang mit dem Organisationselement der Kostenrechnung, dem *Kostenrechnungskreis* (vgl. Organisations-Map *Kostenrechnungskreis*).

- Wie *steuern* Sie Ihre *Eingaben* bei den Buchungen?

Die *Feldstatusvariante* vereinigt alle einzelnen Steuerungen der Buchungsvorgänge (*Feldstatusgruppe* im buchungskreisabhängigen Sachkontenstamm) unter einem Begriff. Hat Ihr Unternehmen mehrere rechtlich selbständige Firmen bzw. *Buchungskreise*, können alle die gleiche Steuerung benutzen. Dies bedeutet, daß alle die gleichen *Muß-Eingaben*, *Kann-Eingaben* und *ausgeblendeten* Felder in Ihren Sachkontenstämmen respektive den Buchungen nutzen können. (vgl. Prozeßbaustein *Sachkontenstammbearbeitung*)

- Wann *Öffnen* bzw. *Schließen* Sie Ihre *Buchungsperioden* in den verschiedenen Büchern?

Sie können die Steuerung der *Perioden* für alle Nebenbücher und das Hauptbuch einheitlich oder separat steuern. Diese Steuerungsdefinition wird *Variante Buchungsperiode* genannt. Haben Sie mehrere Firmen in Ihrem Unternehmen, können alle auf diese Steuerung verweisen, d.h., für alle beteiligten Firmen werden gleichzeitig die *Perioden* geöffnet und geschlossen.

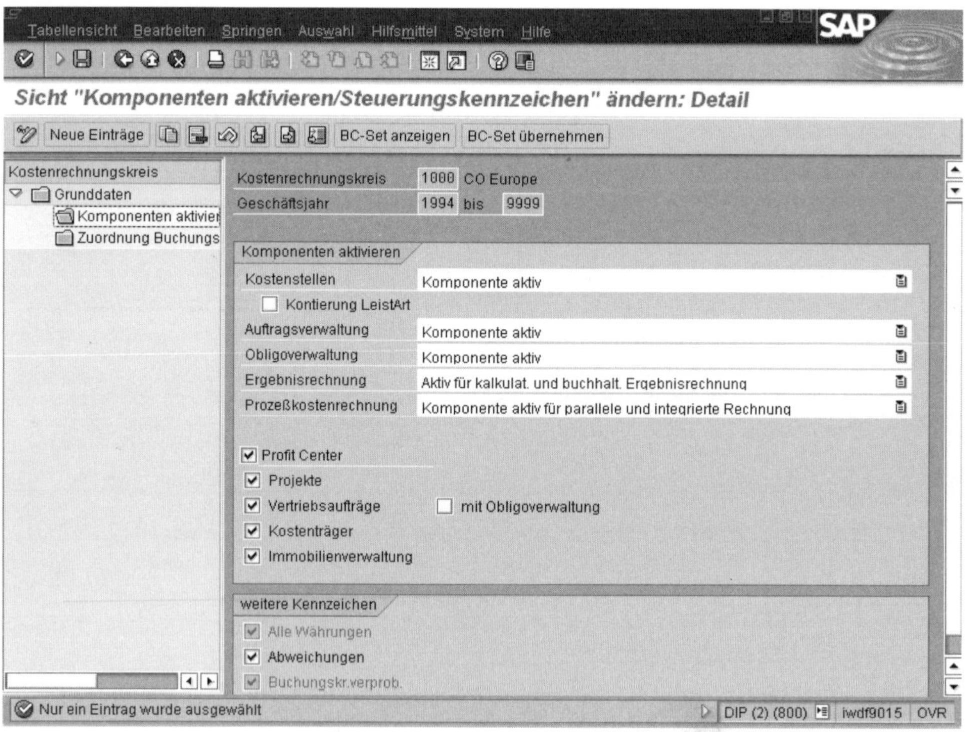

Abbildung 4.1-3: EnjoySAP Screen zum Buchungskreis – Zuordnungen (© SAP AG)

⑤ *Wollen Sie Bilanzen auf* ***Geschäftsbereichsebene*** *oder das* ***Geschäftsjahr*** *bzw.* ***Valutadatum*** *in den Buchungen vorgeschlagen haben oder gar eine* ***maximale Kursabweichung*** *festlegen? Ebenso ist es Ihnen wichtig, bei* ***Stornobuchungen nicht*** *die* ***Verkehrszahlen*** *der Gegenseite (Soll/Haben) zu beeinflussen?*

Durch das Ankreuzen der Geschäftsbereichsbilanzen erhalten Sie die Möglichkeit, bei den Buchungen den Geschäftsbereich einzutragen. Der Vorteil ist, Sie müssen nicht sämtliche Steuerungen der Konten und Buchungsschlüssel querchecken. Ebenso können Sie festlegen, daß das System das Geschäftsjahr (sinnvoll bei jahresabhängiger Belegnummernvergabe) und das Valutadatum vorschlägt oder daß der Basisbetrag für die Berechnung der Steuer um das Skonto gekürzt und für die Berechnung des Skontos der Basisbetrag um die Steuer gekürzt ist (länderspezifisch). Über die Eingabe einer maximalen Kursabweichung können Eingabefehler bei der Buchungserfassung vermieden werden, da bei Überschreitung der prozentualen Abweichung ein Warnhinweis durch das System gegeben wird. Ab Release 4.0 ist es möglich, unter der Voraussetzung, daß die Stornierung am gleichen Tag durchgeführt wird wie die Ursprungsbuchung, daß bei Stornobuchungen die jeweiligen Verkehrszahlen der Gegenseite nicht fortgeschrieben werden. Darum sieht der Kontostand des betroffenen Kontos nach der Stornierung so aus, als ob dieser Beleg nie gebucht worden wäre.

4.2 Kostenrechnungskreis

Der Kostenrechnungskreis ist die Organisationseinheit der Kostenrechnung, speziell des Gemeinkosten- und Produktkosten-Controllings. Er stellt die organisatorische Einheit innerhalb eines Unternehmens oder Konzerns dar, für die eine vollständige, in sich geschlossene Kostenrechnung durchgeführt werden soll.

Innerhalb des Kostenrechnungskreises werden innerbetriebliche Geschäftsvorfälle abgebildet, wobei primäre Kosten aus dem externen Rechnungswesen (Finanzbuchhaltung, FI) übernommen und nach innerbetrieblichen Gesichtspunkten gegliedert werden. Handelt es sich dabei um Einzelkosten, werden sie direkt auf den Kostenträgern der betrieblichen Leistungseinheiten erfaßt. Sind es Gemeinkosten, werden diese auf den Kostenstellen, Innenaufträgen, Prozessen etc. erfaßt und über interne Verrechnungstechniken verursachungsgerecht weiterverrechnet. Aufgrund dieser feineren Untergliederung des Controllings gegenüber der Finanzbuchhaltung können Informationen zur Kostenkontrolle, Unternehmenssteuerung oder des Vertriebs-Controllings abgeleitet werden. Beachte: Der Kostenrechnungskreis stellt die Grenze für Verrechnungen und das Standardreporting dar, d.h., daß Verrechnungen, z.B. Umlage, Leistungsverrechnung, nur für CO-Objekte desselben Kostenrechnungskreises durchgeführt werden können.

① *Hinweis:*
Der Kostenrechnungskreis ist mehreren Organisationseinheiten innerhalb und außerhalb des Prozeßbereichs Erlös- und Kosten-Controlling zugeordnet:

- *Buchungskreis*

Ein Buchungskreis ist die kleinste organisatorische Einheit des externen Rechnungswesens, für die eine vollständige, in sich abgeschlossene Buchhaltung abgebildet werden kann. Dies beinhaltet die Erfassung aller buchungspflichtigen Ereignisse und die Erstellung aller Nachweise für einen gesetzlichen Einzelabschluß wie Bilanzen und Gewinn- und Verlustrechnungen. Der Kostenrechnungskreis wird einem bis mehreren Buchungskreisen zugeordnet. Wird in der Finanzbuchhaltung ein Konto gebucht, welches auch als Kostenart angelegt ist, wird der zugehörige Kostenrechnungskreis über die explizite Zuordnung von Buchungskreis zu Kostenrechnungskreis gefunden. Deshalb kann ein Buchungskreis immer nur einem Kostenrechnungskreis zugeordnet sein.

- *Geschäftsbereich*

Ein Geschäftsbereich ist eine organisatorische Einheit des externen Rechnungswesens, die einen abgegrenzten Tätigkeitsbereich oder Verantwortungsbereich im Unternehmen widerspiegelt und als weiteres Gliederungsmerkmal in der Finanzbuchhaltung verwendet werden kann. Erfaßte Buchungen können somit zusätzlich mit diesem Kontierungsmerkmal versehen und detailliert werden. Wichtig dabei ist, daß ein Geschäftsbereich gleichzeitig mehreren Buchungskreisen zugeordnet werden kann. Dies ist möglich, da Geschäftsbereiche dazu dienen, eine über Buchungskreisgrenzen hinausgehende, unternehmensexterne Segmentberichterstattung, z.B. über die Tätigkeitsfelder des Unternehmens, zu ermöglichen.

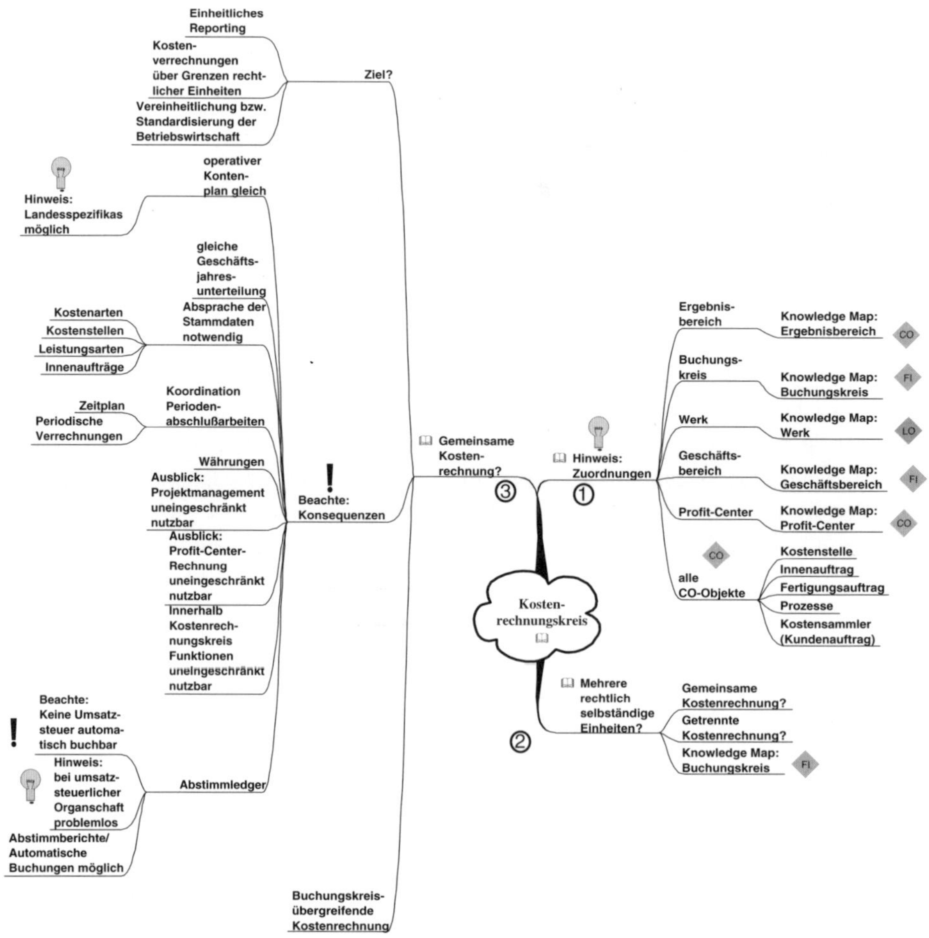

Abbildung 4.2-1: Organisations-Knowledge Map – Teil 1: Kostenrechnungskreis

Als Segment gilt ein isolierbares Tätigkeitsfeld des Unternehmens. Wenn Geschäftsbereichsbilanzen zur internen Berichterstattung erstellt werden sollen, muß der Geschäftsbereich auch innerhalb des Controllings gepflegt werden. Die Objekte des Controllings (beispielsweise Kostenstellen und Innenaufträge) müssen dann zusätzlich in ihren Stammsätzen einem Geschäftsbereich zugeordnet werden. Wird ein Objekt aus einem Buchungskreis gebucht, so muß weder der Buchungskreis noch der Geschäftsbereich explizit angegeben werden, da beide aus den Stammsätzen automatisch gezogen werden können.

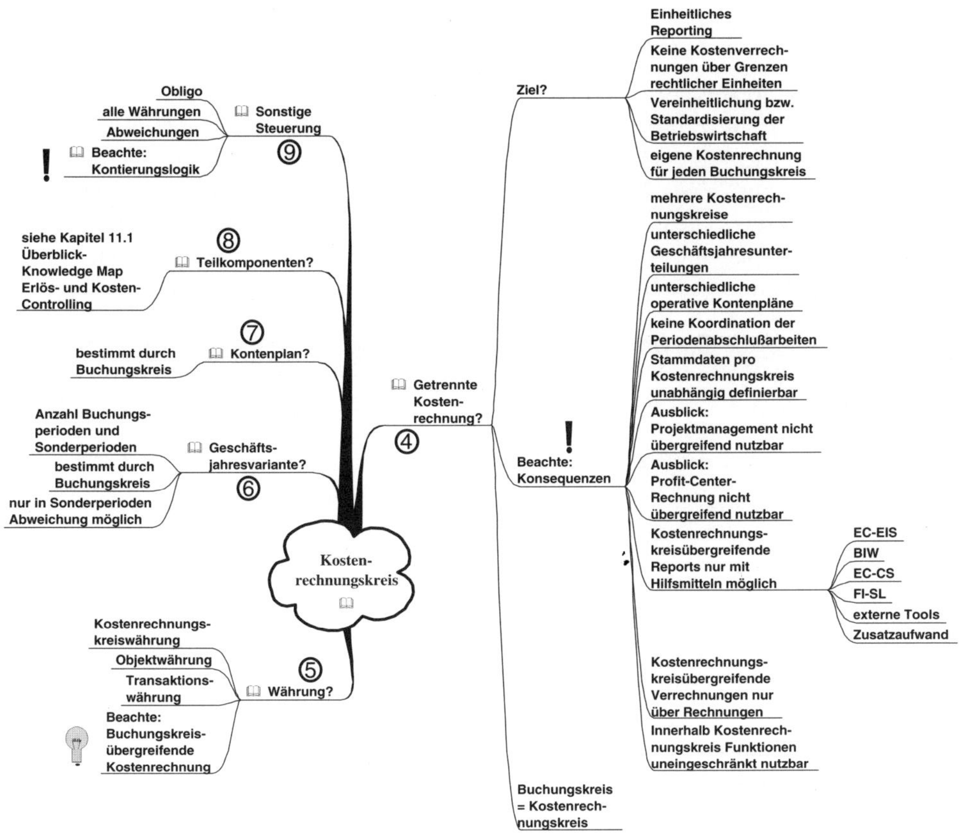

Abbildung 4.2-2: Organisations-Knowledge Map – Teil 2: Kostenrechnungskreis

Ergebnisbereich

Der Ergebnisbereich stellt einen Teil des Unternehmens dar, für den eine einheitliche Segmentierung des Absatzmarktes vorliegt. Für einzelne Marktsegmente, die durch klassifizierende Merkmale beschrieben werden (z. B. Artikelgruppe, Kundengruppe, Land, Vertriebsweg), wird durch Gegenüberstellung von Kosten und Erlösen ein Ergebnis ausgewiesen. Einem Ergebnisbereich können dabei mehrere Kostenrechnungskreise zugewiesen werden.

- *Profit Center*

Ein Profit Center ist eine organisatorische Einheit des Rechnungswesens, die das Unternehmen managementorientiert, d.h., zum Zwecke der internen Steuerung gliedert. Dabei orientiert sich diese Ergebnisrechnung nicht extern am Markt, sondern intern auf abgegrenzte Verwantwortlichkeitsbereiche im Unternehmen, deren Profitverantwortliche nicht nur für Kosten, sondern zusätzlich für Erlöse bzw. Ergebnisse verantwortlich sind. Die auf den Profitcentern ausweisbaren Ergebnisse können nach dem Umsatz- und/oder nach dem Gesamtkostenverfahren ermittelt werden.

- *Werk*

Ein Werk ist eine organisatorische Einheit der Logistik, die das Unternehmen aus Sicht der Produktion, Beschaffung, Instandhaltung und Disposition gliedert. In einem Werk werden Materialien produziert bzw. Waren und Dienstleistungen bereitgestellt und geliefert. Das Werk wird dabei über einen Bewertungskreis, der – nach bilanziellen Gesichtspunkten – einem Buchungskreis zugeordnet ist, auch einem Kostenrechnungskreis zugeteilt. Setzen Sie die Produktionsplanung und -steuerung in Verbindung mit der Kalkulation ein, so ist für die Material- und Auftragskalkulation die Bewertung auf Werksebene erforderlich.

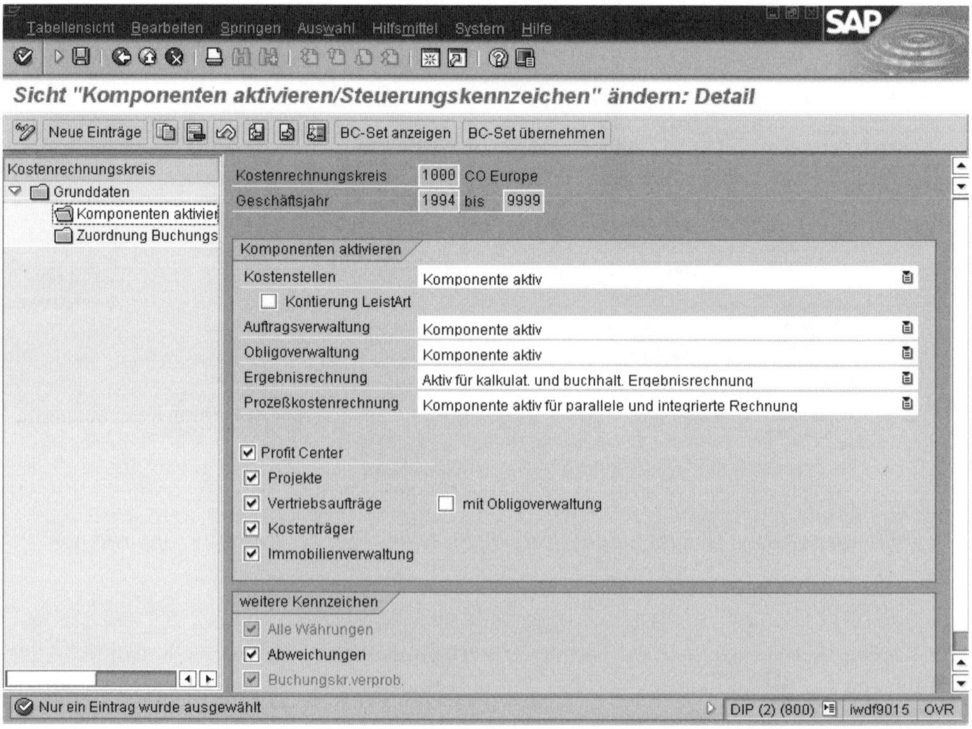

Abbildung 4.2-3: EnjoySAP Screen zum Kostenrechnungskreis – Steuerungskennzeichen (© SAP AG)

② *Gibt es in Ihrem Unternehmen* ***mehrere rechtlich selbständige Einheiten****?*

Rechtlich selbständige Einheiten werden in der Finanzbuchhaltung über Buchungskreise abgebildet. Der Buchungskreis stellt dabei die kleinste organisatorische Einheit dar, für die eine vollständige, in sich geschlossene Buchhaltung durchgeführt werden kann. Bei jeder Buchung eines Belegs in der Finanzbuchhaltung wird auch in der Kostenrechnung eine Buchung erzeugt, falls die Kostenrechnung aktiv, dem Buchungskreis ein Kostenrechnungskreis zugeordnet und das entsprechende Sachkonto als Kostenart angelegt ist.

③ *Wollen Sie eine* ***gemeinsame Kostenrechnung*** *für alle Buchungskreise oder zumindest für verschiedene Gruppen von Buchungskreisen gebündelt durchführen?*

Dieser Fall wird als buchungskreisübergreifende Kostenrechnung bezeichnet.

Zu ③: Welches ***Ziel*** *verfolgen Sie damit?*
In der Regel wird diese Art der Organisationsstruktur erwünscht, falls Sie eines oder mehrere der nachfolgenden Ziele verfolgen:

- Ein einheitliches und abgestimmtes Reporting, auch über System- und Ländergrenzen hinweg, das nicht nur auf organisatorischem Wege, sondern unterstützt durch das SAP-System erfolgen soll
- Kostenverrechnungen, die innerhalb des Controllings durchgeführt werden, sollen über die Grenzen der rechtlich selbständigen Einheiten erfolgen, z.B. Kostenstelle 4711 in Buchungskreis 1000 verrechnet 10h Drehen an Fertigungsauftrag 489999 in Buchungskreis 2000
- Eine generelle Vereinheitlichung und Standardisierung Ihrer Betriebswirtschaft, z.B. gleiche Kontenbezeichnungen weltweit, gleiche Kostenstellenschlüssel etc.

Beachte zu ③: Im Fall, daß Sie sich für dieses Szenario entscheiden, zieht dies bestimmte Konsequenzen nach sich:

- Der operative Kontenplan, auf dessen Konten die Finanzbuchhaltungen buchen, muß in allen Buchungskreisen derselbe sein. Landesspezifische Besonderheiten oder gesetzliche Vorschriften können über sogenannte alternative Kontennummern berücksichtigt werden.
- Es muß in allen Buchungskreisen dasselbe Geschäftsjahr verwendet werden.
- Es wird eine Absprache über die Nutzung und speziell die Schlüsselung der Stammdaten, z.B. Kostenstellen, Kostenarten, Leistungsarten, Innenaufträge, notwendig.
- Sämtliche Periodenabschlußarbeiten müssen koordiniert ablaufen.
- Für die Besonderheiten bezüglich der Währungen siehe Erläuterungen zu Ast 5.
- Ausblick: Das Projektmanagement (PS) kann uneingeschränkt auch über Buchungskreisgrenzen hinweg genutzt werden.
- Ausblick: Die Profit-Center-Rechnung (EC-PCA) kann uneingeschränkt auch über Buchungskreisgrenzen hinweg genutzt werden.

- Das Abstimm-Ledger muß genutzt werden. Mit seiner Hilfe werden buchungskreisübergreifende Verrechnungen aufgezeichnet, und ihm kommt ein besonderer Stellenwert zu. Werden im Controlling Kosten über Buchungskreisgrenzen hinweg verrechnet und nicht mit der Finanzbuchhaltung abgestimmt, stimmen die entsprechenden Buchungskreis- bzw. Geschäftsbereichsbilanzen sowie Gewinn- und Verlustrechnungen nicht mehr überein. Buchungskreisübergreifende Verrechnungen sind gleichzusetzen mit Leistungen, die über Fakturen von einem Buchungskreis an einen anderen in Rechnung gestellt werden. Daraus ist ersichtlich, daß auch solche internen Kostenverrechnungen umsatzsteuerpflichtig sind. Nur wenn Sie zwischen den rechtlich selbständigen Einheiten eine umsatzsteuerliche Organschaft vereinbart haben, kann die Funktionalität von buchungskreisübergreifenden Verrechnungen ohne weiteres genutzt werden. Das Abstimm-Ledger stellt eine Anzahl an Abstimmberichten und automatischen Abstimmbuchungen zur Verfügung.
- Innerhalb des Kostenrechnungskreises sind alle Funktionen uneingeschränkt nutzbar.

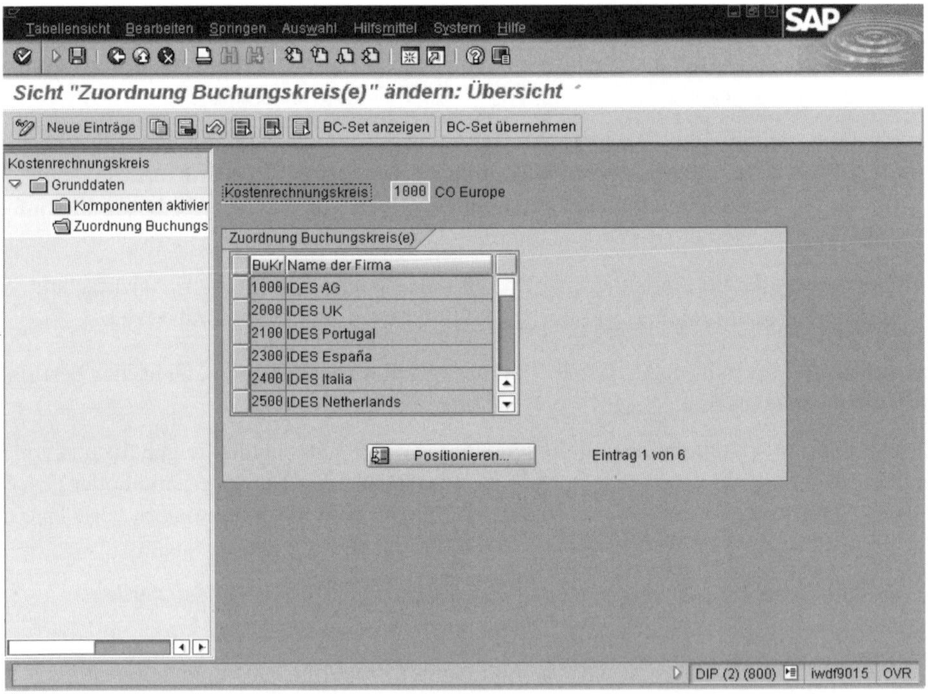

Abbildung 4.2-4: EnjoySAP Screen zum Kostenrechnungskreis – Steuerungskennzeichen (© SAP AG)

④ *Wollen Sie für jeden Buchungskreis eine eigene, d.h. von den anderen Buchungskreisen* ***getrennte Kostenrechnung*** *durchführen?*

In dem Fall, daß sie für jede rechtlich selbständige Einheit eine von den anderen Buchungskreisen unabhängige und nicht beeinflußbare Kostenrechnung durchführen wollen, ist jedem Buchungskreis ein Kostenrechnungskreis zuzuordnen.

*Zu ④: Welches **Ziel** verfolgen Sie damit?*
In der Regel wird diese Art der Organisationsstruktur erwünscht, falls Sie eines oder mehrere der nachfolgenden Ziele verfolgen:

- Ein einheitliches und abgestimmtes Reporting ist nicht erwünscht oder soll nicht systemunterstützt, sondern rein auf organisatorischem Wege erfolgen
- Kostenverrechnungen, die innerhalb des Controllings durchgeführt werden, erfolgen nicht über die Grenzen der rechtlich selbständigen Einheiten
- Eine generelle Vereinheitlichung und Standardisierung Ihrer Betriebswirtschaft, z.B. gleiche Kontenbezeichnungen weltweit, gleiche Kostenstellenschlüssel, ist nicht systemunterstützt, sondern nur auf organisatorischem Wege erwünscht

Beachte zu ④: Falls Sie sich für dieses Szenario entscheiden, zieht dies bestimmte Konsequenzen nach sich:

- Sie benötigen mehrere Kostenrechnungskreise, was höheren Pflegeaufwand bedeutet.
- Es können unterschiedliche Geschäftsjahresunterteilungen in den Buchungskreisen genutzt werden.
- Es können unterschiedliche operative Kontenpläne pro Buchungskreis genutzt werden, da Buchungskreis = Kostenrechnungskreis ist.
- Es muß keine Koordination der Periodenabschlußarbeiten erfolgen.
- Die Stammdaten pro Kostenrechnungskreis können unabhängig voneinander definiert werden.
- Ausblick: Das Projektmanagement (PS) kann nicht uneingeschränkt über Buchungskreisgrenzen genutzt werden.
- Ausblick: Die Profit-Center-Rechnung (EC-PCA) kann nicht uneingeschränkt über Buchungskreisgrenzen genutzt werde.
- Das Abstimm-Ledger muß nicht genutzt werden.
- Buchungskreisübergreifende und in diesem Fall auch kostenrechnungskreisübergreifende Verrechnungen sind nur über Rechnungen möglich. Berichte können nur über Hilfsmittel wie z.B. Executive-Information-System (EC-EIS), Business Information Warehouse (BW), Managementkonsolidierung (EC-CS) oder externe Tools erfolgen und bedeuten immer Zusatzaufwand.
- Innerhalb des Kostenrechnungskreises sind alle Funktionen uneingeschränkt nutzbar.

⑤ *Mit welchen **Währungen** wollen Sie innerhalb Ihrer Kostenrechnung arbeiten?*

Allgemein können innerhalb des Controllings und damit des Kostenrechnungskreises die folgenden drei Währungen mit den beschriebenen Eigenschaften geführt werden:

- *Kostenrechnungskreiswährung*

In dieser Währung wird die Kostenrechnung durchgeführt, d.h., es werden die Kosten in der Kostenrechnung, Verrechnungen sowie alle Berichte aufgeführt.

- *Objektwährung*

Jedes Controlling-Objekt, z.B. Kostenstelle, Innenauftrag, verfügt über eine spezifische Objektwährung, die im Stammsatz definiert ist. Beachte: Bei buchungskreisübergreifender Kostenrechnung ist die Objektwährung automatisch gleich der Währung des Buchungskreises, zu welchem das Objekt zugeordnet ist.

- *Transaktionswährung*

Die Transaktionswährung ist die Währung, in der die jeweiligen Belege im Controlling gebucht werden. Sie kann von den beiden oben genannten Währungen abweichen.

Alle Währungen werden automatisch durch das System, gemäß den Kursen, die Sie in einer bestimmten Währungstabelle pflegen, umgerechnet.

⑥ *Welche **Geschäftsjahresvariante** wollen Sie für die Kostenrechnung nutzen?*

Die Geschäftsjahresvariante definiert die Anzahl der *echten* Buchungsperioden und die der Sonderperioden, die genutzt werden, um den Jahresabschluß durchzuführen. Dabei darf die Geschäftsjahresvariante des Kostenrechnungskreises gegenüber der des Buchungskreises nur in den Sonderperioden abweichen.

⑦ *Welcher **Kontenplan** soll für die Kostenrechnung genutzt werden?*

Der Kontenplan stellt ein Verzeichnis aller in Ihrer Finanzbuchhaltung verwendeter Konten dar. Im Normalfall übernimmt der Kostenrechnungskreis den Kontenplan des ihm zugeordneten Buchungskreises und kann nicht davon abweichen. Nur bei buchungskreisübergreifender Kostenrechnung kann der Kontenplan *frei* bestimmt werden. Bitte beachten Sie, daß dabei alle Buchungskreise denselben operativen Kontenplan nutzen müssen. Operativ bedeutet, daß mit den innerhalb des Kontenplans aufgeführten Konten auch die konkreten Sachkontenbuchungen durchgeführt werden müssen. Da diese Vorgehensweise nicht immer problemlos durchgeführt werden kann, was gesetzliche oder einfach auch pragmatische Gründe haben kann, können Sie in der Finanzbuchhaltung alternative Kontennummern definieren. Damit kann dann zumindest das landesspezifische oder gewünschte Berichtswesen sichergestellt werden.

⑧ *Welche **Teilkomponenten** des Erlös- und Kosten-Controlling nutzen Sie?*

In Kapitel 6.1, Überblicks-Knowledge Map zum Erlös- und Kosten-Controlling, wird nachgefragt, welche Komponenten des Unternehmensprozeßbereiches Erlös- und Kosten-Controlling Sie nutzen wollen, z.B. Kostenstellenrechnung, Kostenträgerrechnung, Vertriebs - Controlling. Diese Fragestellung kann bereits an dieser Stelle bei der Behandlung der Organisationseinheiten beantwortet werden und ist später im Customizing einzustellen.

⑨ *Welche **sonstigen** besonderen **Steuerungsmöglichkeiten** benötigen Sie?*

Sie haben die Möglichkeit, nicht alle obigen erläuterten Währungen zu führen. Darüber hinaus können Sie bestimmen, ob Sie in Ihrem Kostenrechnungskreis mit Obligos arbeiten wollen. Obligos sind noch nicht realisierte, aber mit hoher Gewißheit erwartete Kosten, so kann z.B. durch Bestellanforderungen ein Bestellobligo auf einer Kostenstelle ausgewiesen werden und ggf. gegen das Budget eines Innenauftrags geprüft werden. Falls Sie für das Gemeinkosten-Controlling Abweichungen im Rahmen der Abweichungsermittlung berechnen und verrechnen wollen, so ist dies hier zu definieren.

4.3 Ergebnisbereich

Der Ergebnisbereich ist die Organisationseinheit des Ergebnis- und Vertriebs-Controlling, im SAP-System realisiert durch die Ergebnisrechnung (CO-PA). Der Ergebnisbereich steht dabei stellvertretend für die organisatorische Einheit eines Unternehmens, für die eine einheitliche Struktur bzw. Segmentierung des Absatzmarktes vorgenommen wird. Er wird in seiner Ausgestaltung entscheidend bestimmt durch die Merkmale (Ergebnisobjekte), den Wertfeldern, wie z.B. Erlöse, Rabatte (kalkulatorische Ergebnisrechnung), und den Kosten- und Erlösarten (buchhalterische Ergebnisrechnung). Siehe Prozeßbausteine *Definition der Marktsegmente* und *Definition der Bewertungsstrategie*.

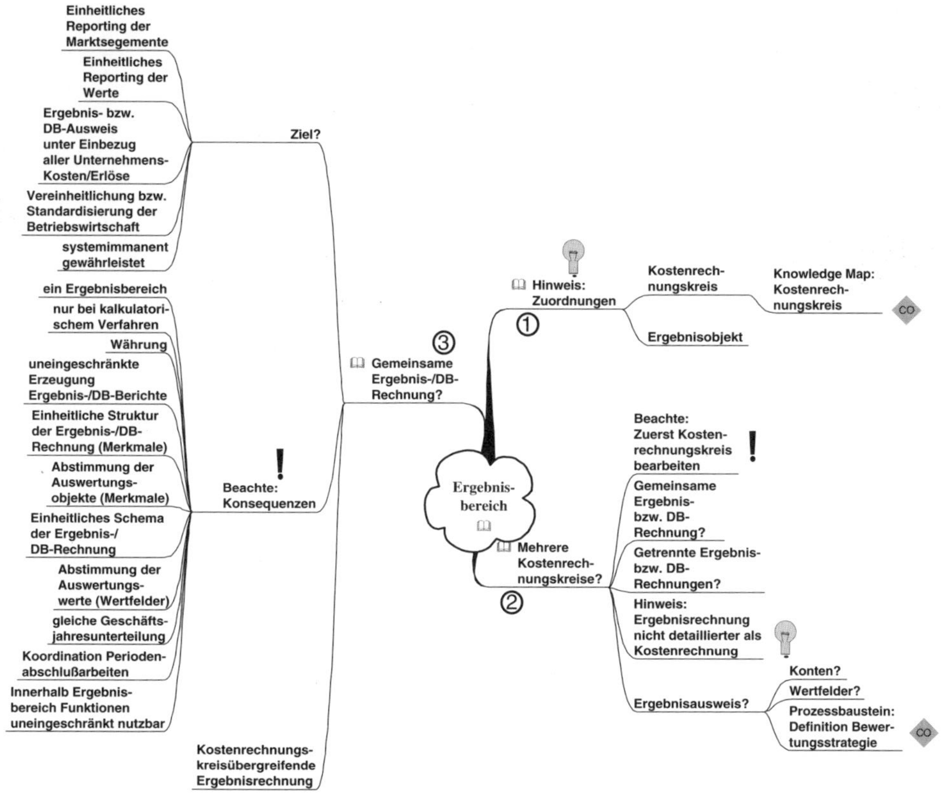

Abbildung 4.3-1: Organisations-Knowledge Map – Teil 1: Ergebnisbereich

Als Controlling-Objekte dienen die Ergebnisobjekte, sie stellen eine Kombination der Merkmalwerte dar. Die Profit-Center, mit denen im Rahmen der Profit-Center-Rechnung eine interne Ergebnisrechnung für Organisationseinheiten durchgeführt wird, sind innerhalb des Kostenrechnungskreises angesiedelt. Da der Ergebnisbereich Strukturen im Absatzmarkt widerspiegelt, sollte in der Regel ein Ergebnisbereich für ein Unternehmen ausreichen.

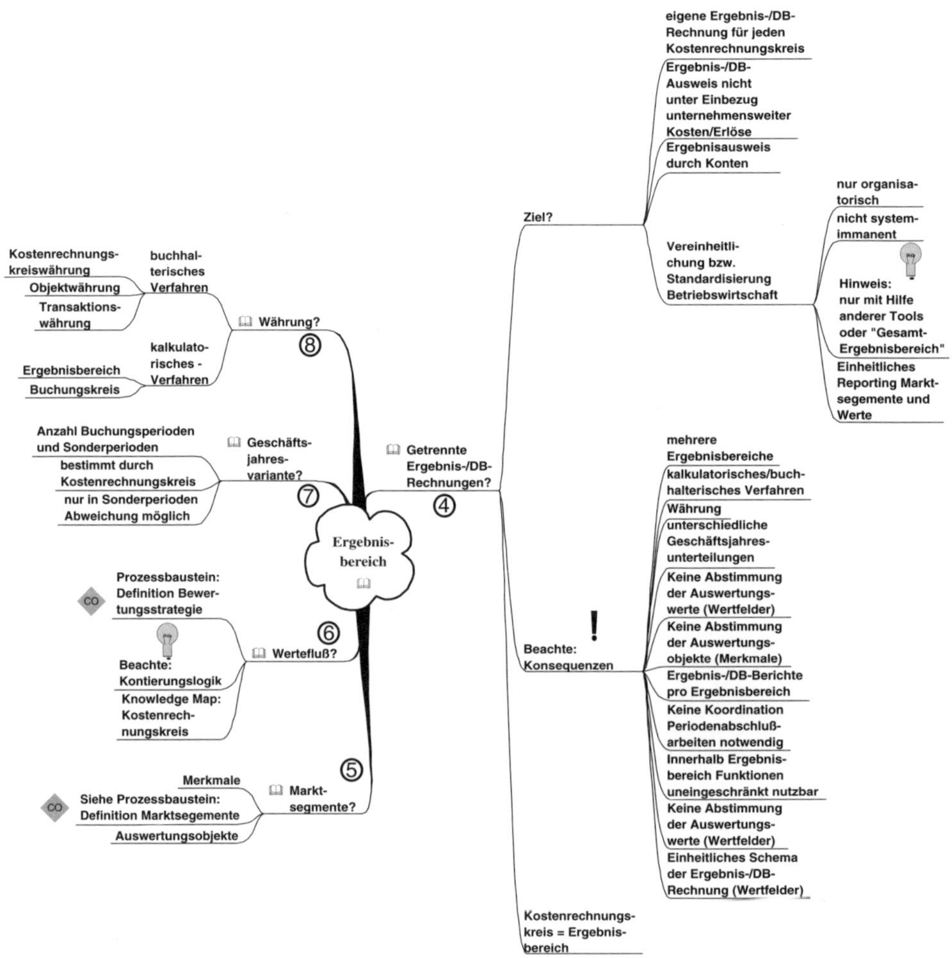

Abbildung 4.3-2: Organisations-Knowledge Map – Teil 2: Ergebnisbereich

① *Hinweis:*

Der Ergebnisbereich wird dem Kostenrechnungskreis zugeordnet. Dadurch ist er indirekt auch allen anderen, dem Kostenrechnungskreis zugeordneten Organisationseinheiten zugeordnet. Durch diese Zuordnung kann z.B. die Abrechnung von Kostenstellensalden auf ein Ergebnisobjekt erfolgen. Darüber hinaus wird der Ergebnisbereich bei einer Buchung (z.B.

Erstellung einer Faktur) im Prozeßbereich Vertrieb über die Zuordnungen Faktur zum Kundenauftrag => Verkaufsorganisation => Buchungskreis => Kostenrechnungskreis => Ergebnisbereich gefunden, und die Erlöse bzw. Erlösschmälerungen werden an die Ergebnisrechnung weitergeleitet.

② *Führen Sie in Ihrem Unternehmen **mehrere**, voneinander unabhängige Kostenrechnungen durch (abgebildet durch **Kostenrechnungskreise**)?*

Beachte:
Zur Beantwortung dieser Frage sollten Sie zuerst die Organisationseinheit Kostenrechnungskreis bearbeiten.

Eine Kostenrechnung wird im Controlling immer pro Kostenrechnungskreis abgebildet. Der Kostenrechnungskreis stellt dabei die Einheit dar, für die eine vollständige, in sich geschlossene Kostenrechnung durchgeführt wird. Durch die Kostenrechnung werden jedoch nur die Kosten betrachtet. Um Aussagen über den Erfolg eines Unternehmens oder den Deckungsbeitrag spezieller Produkte treffen zu können, müssen die Kosten den Erlösen gegenübergestellt werden. Dies wird im Rahmen der Ergebnisrechnung möglich. Gibt es in Ihrem Unternehmen mehrere unabhängige Kostenrechnungen (Kostenrechnungskreise), müssen Sie die auf den Ästen 3 und 4 gestellten Fragen klären.

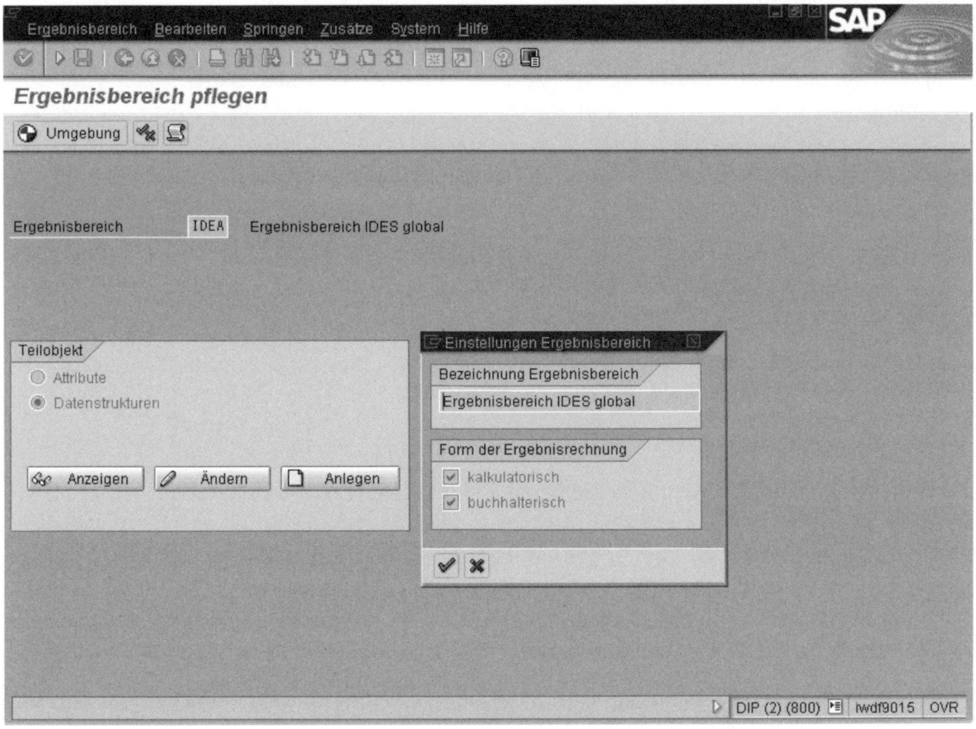

Abbildung 4.3-3: EnjoySAP Screen zum Ergebnisbereich – Einstieg (© SAP AG)

Hinweis:
Die Ergebnisrechnung kann nicht detaillierter sein als die Kostenrechnung. Deshalb beeinflußt die Entscheidung, wie Sie Ihre Kostenrechnung durchführen, maßgeblich die Entscheidung bezüglich der Ergebnis- bzw. Deckungsbeitragsrechnung.

③ *Wollen Sie eine* ***gemeinsame Ergebnis- und Deckungsbeitragsrechnung*** *für alle Kostenrechnungskreise oder verschiedene Kostenrechnungskreis-Gruppierungen durchführen?*

Dieser Fall wird als kostenrechnungskreisübergreifende Ergebnisrechnung bezeichnet. Dabei sind einem Ergebnisbereich 1:n-Kostenrechnungskreise zugeordnet. Dazu führen Sie mehrere voneinander unabhängige Kostenrechnungen durch, die Ergebnis- bzw. Dekkungsbeitragsrechnung wird aber unter Einbezug der Gesamtkosten und Gesamterlöse durchgeführt.

Zu ③: Welches ***Ziel*** *verfolgen Sie damit?*
In der Regel wird diese Art der Organisationsstruktur erwünscht, falls Sie eines oder mehrere der nachstehenden Ziele verfolgen:

- Ein einheitliches und abgestimmtes Reporting über die Marktsegmente (z.B. Kunden, Artikel, Kundengruppen, Länder) und/oder die auszuweisenden Werte (z.B. Erlöse, Deckungsbeiträge), auch über System- und Ländergrenzen hinweg, das nicht nur auf organisatorischem Wege, sondern unterstützt durch das SAP-System, erfolgen soll.
- Das Ergebnis bzw. die Deckungsbeiträge sollen an zentraler Stelle, unter Einbezug unternehmensweiter Kosten und Erlöse, erfolgen. Das heißt, daß Kostenrechnungen zwar dezentral angesiedelt sein sollen, für die Ergebnisermittlung des Gesamtunternehmens aber alle unternehmensweiten Kosten berücksichtigt werden sollen.
- Eine generelle Vereinheitlichung bzw. Standardisierung Ihrer Betriebswirtschaft, z.B. gleiche Ergebnis-/Deckungsbeitragszeilen (Wertfelder, Konten) sowie einheitliche Auswertungsmerkmale, z.B. unter Kundengruppe A in Land X wird dasselbe verstanden wie unter Kundengruppe A in Land Y.

Beachte zu ③: In dem Fall, daß Sie sich für dieses Szenario entscheiden, zieht dies bestimmte Konsequenzen nach sich:

- Sie arbeiten i.d.R. mit einem Ergebnisbereich.
- Sie können einem Ergebnisbereich nur dann mehrere Kostenrechnungskreise zuordnen, wenn Sie mit der kalkulatorischen Ergebnisrechnung arbeiten. Die buchhalterische Ergebnisrechnung kann in diesem Fall nicht eingesetzt werden, da dort mit Konten gearbeitet wird, die innerhalb eines bestimmten Kontenplanes angesiedelt sind. Da hierbei unterschiedliche Kostenrechnungskreise verschiedene Kontenpläne nutzen können, wird diese Möglichkeit systemtechnisch ausgeschlossen.
- Der Ergebnisbereich kann nur zwei Währungen führen, die Ergebnisbereichswährung und ggf. die Buchungskreiswährung (nur kalkulatorisches CO-PA).
- Sie können uneingeschränkt Ergebnis- bzw. Deckungsbeitragsberichte erzeugen, da Sie auf die gesamten Kosten/Erlöse Ihres Unternehmens bzw. Konzernes zugreifen können

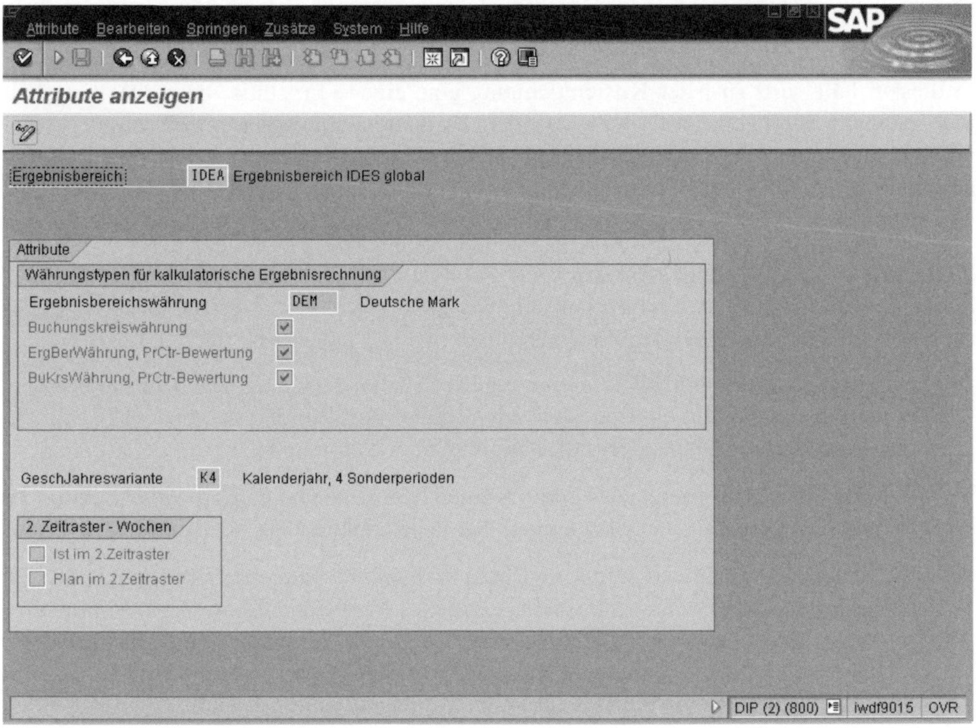

Abbildung 4.3-4: EnjoySAP Screen zum Ergebnisbereich – Attribute (© SAP AG)

- Sie vergleichen *Äpfel mit Äpfeln,* da Sie für dieselben Sachverhalte gleiche Merkmale und Bezeichnungen verwenden, was in einer einheitlichen Struktur der Ergebnis- bzw. Deckungsbeitragsrechnung mündet. Dies erfordert eine Abstimmung der Merkmale, z.B. was wird generell unter einer Kundengruppe und deren Ausprägung beschrieben.
- Sie können mit einem einheitlichen Schema der Ergebnisrechnung arbeiten, d.h. unabhängig davon, von welchem Subunternehmen oder welcher Niederlassung Sie die Berichtszeilen vergleichen, Sie werden immer dieselben Werte enthalten. Dies erfordert die Abstimmung der Auswertungszeilen (Wertfelder).
- Es muß in allen Kostenrechnungskreisen dasselbe Geschäftsjahr verwendet werden.
- Zusätzlich darf die Geschäftsjahresunterteilung in der Ergebnisrechnung nur in den Sonderperioden von der in der Kostenrechnung genutzten abweichen.
- Sämtliche Periodenabschlußarbeiten müssen koordiniert ablaufen, d.h., bevor nicht alle Kostenrechnungskreise die Kosten an die Ergebnisrechnung verrechnet haben, ist die Ergebnis- bzw. Deckungsbeitragsrechnung – zumindest für das Gesamtunternehmen – noch nicht aussagekräftig, da noch Kosten fehlen.
- Innerhalb des Ergebnisbereiches sind jedoch alle Funktionen uneingeschränkt nutzbar.

④ *Wollen Sie für jeden Kostenrechnungskreis eine eigene, d.h. von den anderen Kostenrechnungskreisen* ***getrennte Ergebnis- und Deckungsbeitragsrechnung*** *durchführen?*

In diesem Fall wird zu jeder Kostenrechnung eine eigene Ergebnis- bzw. Deckungsbeitragsrechnung durchgeführt. Dabei wird jedem Kostenrechnungskreis jeweils ein Ergebnisbereich zugeordnet. Die Ergebnis- bzw. Deckungsbeitragsrechnung bezieht dabei nur die innerhalb des einen Kostenrechnungskreises angefallenen Kosten bei der Gegenüberstellung der Erlöse mit ein.

Zu ④: Welches ***Ziel*** *verfolgen Sie damit?*
In der Regel wird diese Art der Organisationsstruktur erwünscht, falls Sie eines oder aber auch mehrere der nachfolgenden Ziele verfolgen:

- Es soll für jede Kostenrechnung eine eigene Ergebnisrechnung durchgeführt werden. Deshalb erfolgt der Ergebnisausweis auch immer nur pro Unternehmen (Kostenrechnungskreis) unter Einbezug der dafür angefallenen Erlöse und Kosten.
- Sie wollen den Ergebnisausweis durch Konten darstellen und dafür die buchhalterische Ergebnisrechnung nutzen. Dabei können Sie keine kalkulatorischen Werte verwenden.
- Eine generelle Vereinheitlichung und Standardisierung Ihrer Betriebswirtschaft, z.B. gleiche Ergebnis- bzw. Deckungsbeitragszeilen (Wertfelder, Konten) sowie einheitliche Auswertungsmerkmale (z.B. unter Kundengruppe A in Land X wird dasselbe verstanden wie unter Kundengruppe A in Land Y), ist bei diesem Vorgehen nur auf organisatorischem Wege möglich und nicht systemimmanent gewährleistet.

Hinweis:
Eine Ergebnisrechnung, die alle Werte und Kosten, die in Ihrem Gesamtunternehmen angefallen sind, enthält, wird nur unter Verwendung eines weiteren Gesamtergebnisbereichs oder eines anderen Tools, z.B. Business Information Warehouse, möglich.

Beachte zu ④: In dem Fall, daß Sie sich für dieses Szenario entscheiden, zieht dies bestimmte Konsequenzen nach sich:

- Sie arbeiten mit mehreren Ergebnisbereichen.
- Sie können das kalkulatorische oder buchhalterische CO-PA nutzen.
- Sie können unterschiedliche Währungen in den einzelnen Ergebnisbereichen nutzen.
- Jeder Ergebnisbereich kann unterschiedliche Geschäftsjahresunterteilungen haben, abhängig von den zugeordneten Kostenrechnungskreisen.
- Es muß keine systemimmanent bedingte Abstimmung der Ergebnisrechnungszeilen (Wertfelder) oder der Auswertungsobjekte (Merkmale) erfolgen.
- Die Ergebnis- bzw. Deckungsbeitragsberichte können immer nur beschränkt auf einen Ergebnisbereich erzeugt werden.
- Falls nicht organisatorisch sichergestellt, kann der Fall eintreten, daß Sie *Äpfel mit Birnen* vergleichen, da sie für dieselben Sachverhalte unterschiedliche Merkmale und Bezeichnungen verwenden.

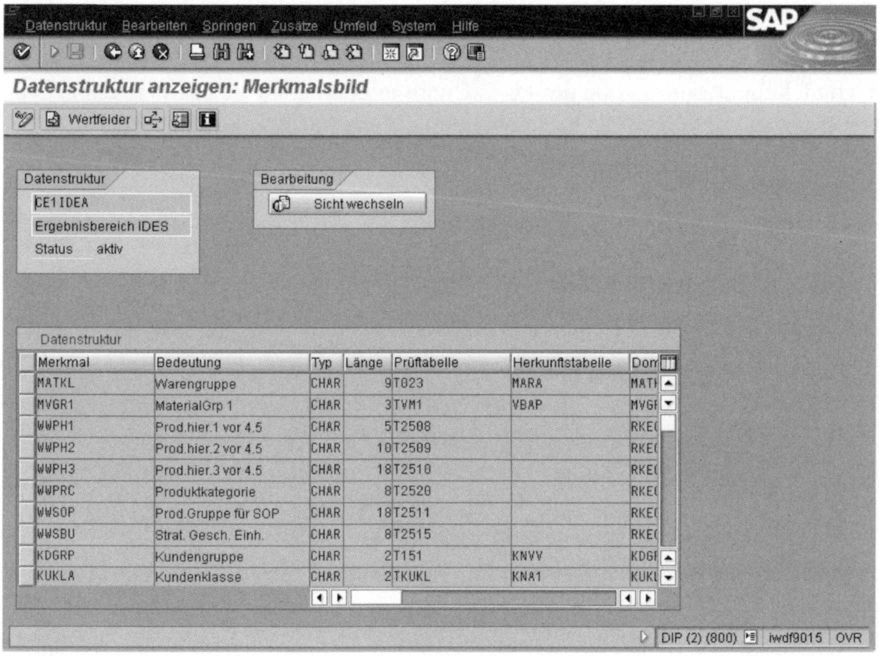

Abbildung 4.3-5: EnjoySAP Screen zum Ergebnisbereich – Merkmale (© SAP AG)

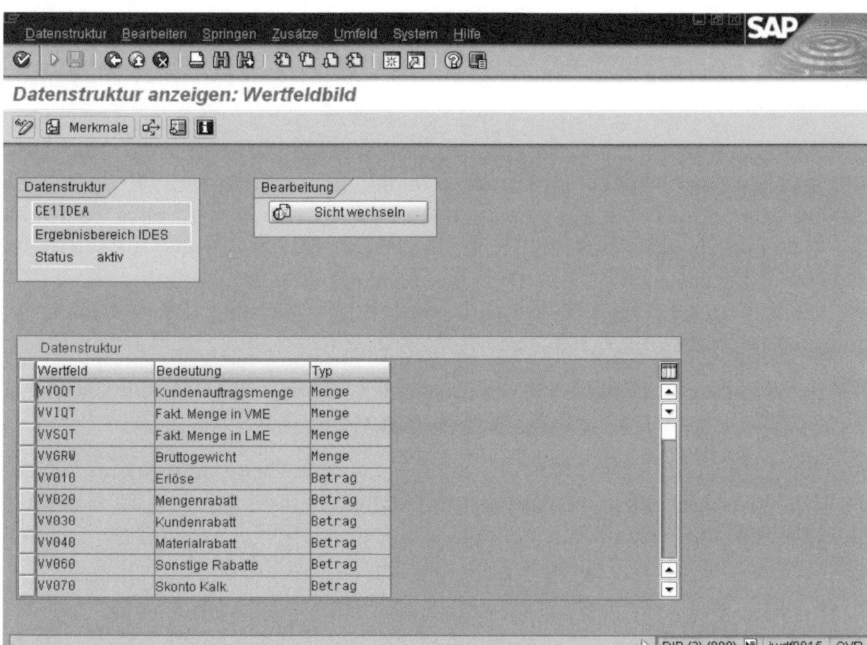

Abbildung 4.3-6: EnjoySAP Screen zum Ergebnisbereich – Wertfelder (© SAP AG)

- Es besteht die Gefahr, daß Sie unternehmensweit nicht mit einem einheitlichen Schema der Ergebnisrechnung arbeiten, falls Sie dies nicht organisatorisch sicherstellen.
- Es muß keine Koordination der Periodenabschlußarbeiten erfolgen, da ein Ergebnisbereich immer nur von einem Kostenrechnungskreis mit Werten versorgt wird.
- Innerhalb des Ergebnisbereiches sind alle Funktionen uneingeschränkt nutzbar.

⑤ *Welche **Marktsegmente** wollen Sie auswerten?*

Siehe Fragen und Erläuterungen zu Prozeßbaustein *Definition Marktsegmente.*

⑥ *Von welchen Prozeßbereichen und welchen Komponenten des SAP-System wird die Ergebnis- bzw. Deckungsbeitragsrechnung mit Daten versorgt, und wie sieht der **Wertefluß** aus?*

Siehe Fragen und Erläuterungen zu Prozeßbaustein *Definition Bewertungsstrategie.*

Beachte:
Kontierungslogik beim Organisations-Knowledge Map *Kostenrechnungskreis.*

⑦ *Welche **Geschäftsjahresvariante** wollen Sie für die Ergebnis- bzw. Deckungsbeitragsrechnung nutzen?*

Die Geschäftsjahresvariante definiert die Anzahl der *echten* Buchungsperioden und die der Sonderperioden, die genutzt werden, um den Jahresabschluß durchzuführen. Dabei darf die Geschäftsjahresvariante des Ergebnisbereiches zu der im Kostenrechnungskreis genutzten nur in den Sonderperioden abweichen.

⑧ *In welcher/n **Währung** bzw. Währungen wollen Sie Ihre Ergebnis- bzw. Deckungsbeitragsrechnung durchführen?*

Generell müssen Sie für den Ergebnisbereich eine Währung definieren. Sie stellt die Währung der Ergebnis- bzw. Deckungsbeitragsrechnung dar, und alle in die Ergebnisrechnung transferierten Werte werden in sie umgerechnet. In der Regel stellt sie auch die Hauptwährung des Unternehmens dar, in der die Konzernberichte erstellt werden. Bitte beachten Sie, daß dabei unter Konzern auch ein über mehrere Länder verteiltes, mittelständisches Unternehmen verstanden wird. Es gibt jedoch bezüglich der Währung Unterschiede zwischen dem buchhalterischen und dem kalkulatorischen Ergebnisrechnungsverfahren:

- Bei dem buchhalterischen Verfahren werden immer die Kostenrechnungskreis-, Buchungskreis- und Transaktionswährung fortgeschrieben.
- Bei dem kalkulatorischen Verfahren kann neben der Währung des Ergebnisbereichs zusätzlich die Währung des Buchungskreises, innerhalb dessen eine Transaktion abgewickelt wurde, fortgeschrieben werden.

Bitte beachten Sie, daß es sich hierbei um die Abspeicherung der Werte auf der Datenbank handelt. Im Berichtswesen kann noch in weitere Währungen, zum entsprechenden Kurs, umgerechnet werden.

4.4 Geschäftsbereich

Der Geschäftsbereich ist ein optionales internes Organisationselement der Finanzbuchhaltung. Wird ein Geschäftsbereich definiert, werden auf dieser Ebene die Verkehrszahlen der Sachkonten geführt. Soll ein Bereich, beispielsweise eine Sparte (vgl. organisatorische Überblicks-Map Organisationselemente des Vertriebes) eines Unternehmens wirtschaftlich gesondert betrachtet werden, müssen Sie Geschäftsbereiche einsetzen. Nun haben Sie die Möglichkeit, interne Bilanzen und Gewinn- und Verlustrechnungen zu erstellen. Die Anforderungen an eine interne Bilanz sind nicht so hoch wie an eine offenzulegende Bilanz und GuV. Das ist auch gut so, da der Aufwand sehr groß wäre, dies zu verwirklichen.

Prinzipiell ist die Definition von Geschäftsbereichen unabhängig von der Definition anderer Organisationseinheiten anderer Bereiche. Der Geschäftsbereich wird beim Buchen mitgegeben oder automatisch abgeleitet z.B. über die Kostenstelle, vorausgesetzt, er wurde im Kostenstellenstamm eingetragen. So steht der Geschäftsbereich in jeder Belegposition zur Verfügung und kann ausgewertet werden. Auch die Salden bzw. Verkehrszahlen stehen auf der Ebene Geschäftsbereich zur Verfügung. Die Geschäftsbereiche gelten für alle Buchungskreise und sollten daher dieselbe Bedeutung haben.

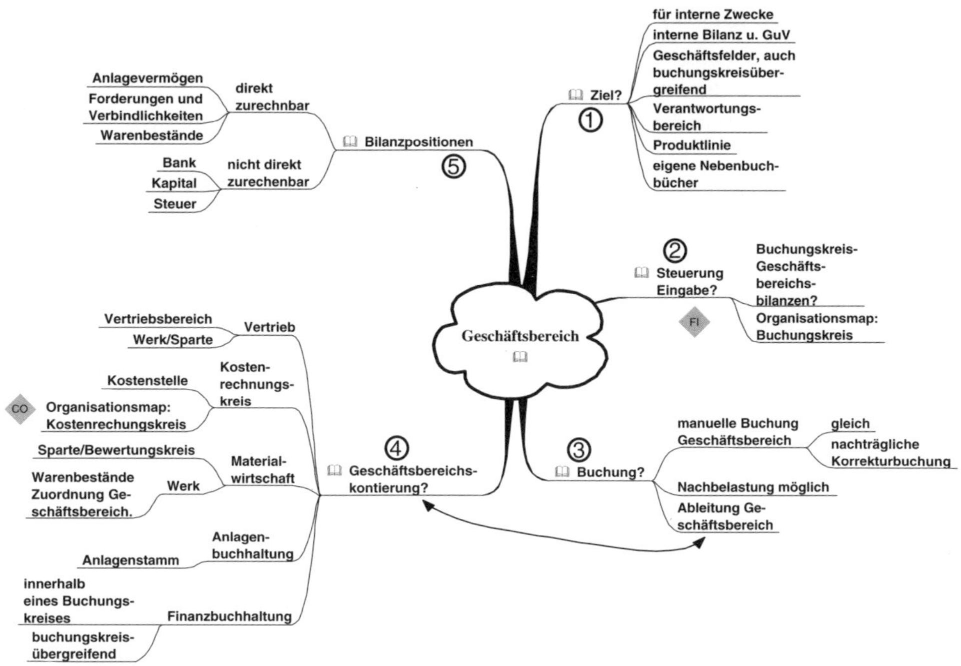

Abbildung 4.4-1: Organisations-Knowledge Map: Geschäftsbereich

① *Unter welchen Voraussetzungen benötigen Sie optional einzurichtende* ***Geschäftsbereiche****?*

Folgende Situationen erfordern das Einrichten von Geschäftsbereichen:
Sie wollen strategische Geschäftsfelder oder Produktlinien separat betrachten und auswerten können. Oder Sie benötigen für bestimmte Verantwortungsbereiche eine über Buchungskreise hinweggehende Berichterstattung. Sie möchten für die eben genannten Einheiten interne Bilanzen und Gewinn- und Verlustrechnungen erstellen. Sie möchten das Anlagevermögen beispielsweise getrennt nach strategischen Geschäftsfeldern betrachten.

② *Wollen Sie Bilanzen auf Geschäftsbereichsebene erstellen?*

Durch das Ankreuzen der Geschäftsbereichsbilanzen erhalten Sie die Möglichkeit, bei den Buchungen den Geschäftsbereich einzutragen. Der Vorteil ist, Sie müssen nicht sämtliche Steuerungen der Konten und Buchungsschlüssel querchecken.

③ *Wie findet die Kontierung des Geschäftsbereiches statt?*

Entweder man gibt bei der Buchung der Sachkontenzeile den Geschäftsbereich explizit mit, dann erbt die Kontokorrentposition automatisch den Geschäftsbereich, oder der Geschäftsbereich wird aus z.B. der Kostenstellenkontierung abgeleitet. Werden bei einer mehrere Geschäftsbereiche bebucht, kann auch nachträglich eine Korrekturbuchung erfolgen. Wurde der Geschäftsbereich bei der Buchung nicht kontiert, können Forderungen und Verbindlichkeiten sowie die Steuer über die Nachbelastung Bilanz nachträglich kontiert werden. Es gibt für Skonti und Kursdifferenzen eine Nachbelastung Gewinn- und Verlustrechnung.

③ *Welche Möglichkeiten gibt es, den Geschäftsbereich automatisch abzuleiten?*

Buchungen, die aus dem Vertrieb herrühren, können über den Vertriebsbereich oder die Sparte-/Werkskombination den Geschäftsbereich ableiten. Ebenso Buchungen aus der Materialwirtschaft tun dieser Anforderung genüge über den Bewertungskreis und die Sparte. Die Kostenstellen und Anlagen haben im Stamm eine direkte Zuordnung zum Geschäftsbereich, daher erfolgt die Herleitung des Geschäftsbereiches direkt über diese Einträge.

④ *Was unterscheidet eine Geschäftsbereichsbilanz von einer offenzulegenden Bilanz?*

Bestimmte Bilanzpositionen lassen sich direkt und ohne Mühe dem Geschäftsbereich zuordnen, wie das Anlagevermögen, die Warenbestände und die Forderungen und Verbindlichkeiten. Wiederum andere Positionen lassen sich nur mit großer Mühe aufteilen, dazu zählen das Kapital, die Banken und die Steuer.

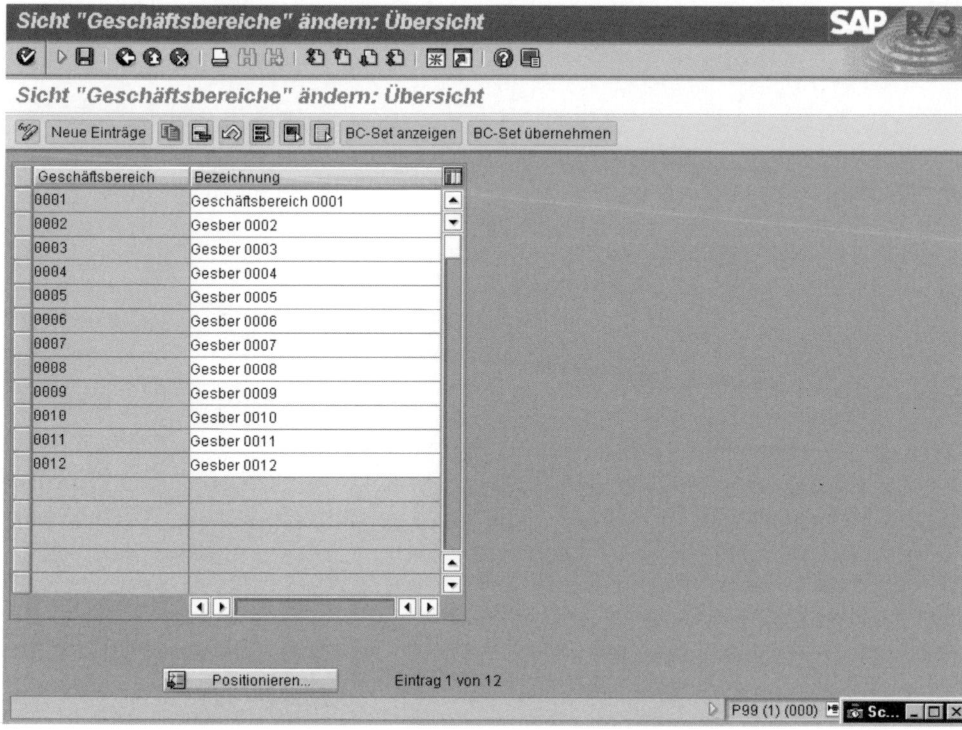

Abbildung 4.4-2: EnjoySAP Screen zum Geschäftsbereich (© SAP AG)

5 Externes Rechnungswesen[1]

5.1 Überblick externes Rechnungswesen

Der Unternehmensprozeßbereich externes Rechnungswesen beinhaltet hauptsächlich die Funktionalitäten der Finanzbuchhaltung (FI). Ein modernes und leistungsfähiges Finanzbuchhaltungssystem muß sowohl den externen wie den internen Anforderungen an das Rechnungswesen gerecht werden. Während die externe Sicht auf Rechenschaftslegung (Gesetzgeber) und Information (Anteilseigner, Gläubiger, Belegschaft, Öffentlichkeit) gerichtet ist, bildet die Abdeckung der Kontroll- und Dispositionsaufgaben die Grundlage eines effizienten Unternehmens-Controllings (vgl. SAP – Hauptbuch 1996).

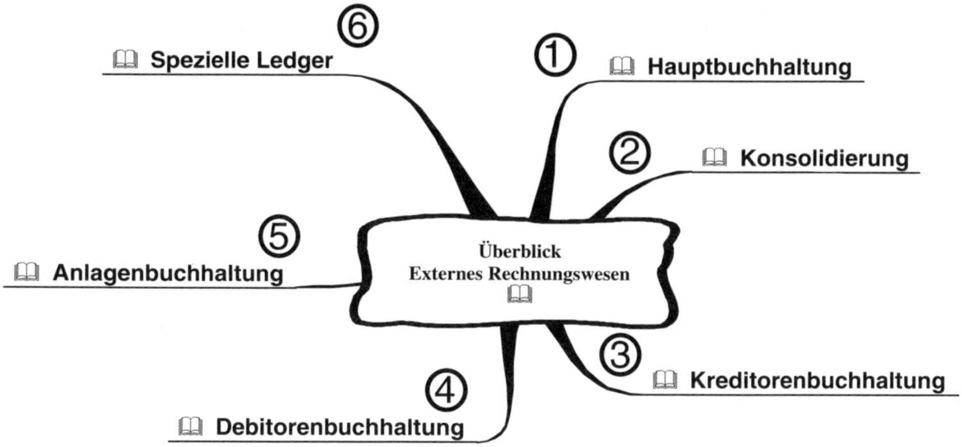

Abbildung 5.1-1: Überblicks-Knowledge Map: Externes Rechnungswesen

Das externe Rechnungswesen ermöglicht dem Kaufmann, seiner Verpflichtung zur systematischen Selbstinformation und zur Rechnungslegung gegenüber anderen, insbesondere den Fremdkapitalgebern und dem Fiskus, nachzukommen. Als wesentliche Bestandteile beinhaltet das externe Rechnungswesen daher die Finanzbuchhaltung und den Jahresabschluß. Die Daten kommen aus den operativen oder geplanten Geschäftsvorgängen der Logistik und werden auf die Konten der jeweilig verwendeten Kontenpläne fortgeschrieben. Falls diese Geschäftsvorgänge im Rechnungswesen abgebildet werden sollen, können

1. Birgit Teufel-Weiss, Senior-Berater SFO GmbH

diese durch Buchungen im externen Rechnungswesen ausgeführt werden. So können beispielsweise Eingangsrechnungen oder Ausgangsrechnungen auch ohne Datenlieferung aus den vorgelagerten logistischen Anwendungen erstellt werden. Das externe Rechnungswesen stellt neben seiner Bedeutung für die operative Abwicklung von Zahlungsströmen die Basis für den Ausweis aller bewerteten Geschäftsvorgänge zur Verfügung.

① *Welche Funktion hat das **Hauptbuch** im externen Rechnungswesen?*

Die zentrale Aufgabe der Hauptbuchhaltung ist die Gesamtdarstellung des externen Rechnungswesens und damit der Konten. Die Aufnahme und Sammlung aller Geschäftsvorfälle in einem betriebswirtschaftlich integrierten Software-System garantiert zu jedem Zeitpunkt, daß die Kontenführung vollständig und abgestimmt ist. Das Hauptbuch des Systems FI besitzt folgende Merkmale:

- die freie Wahl der Konzern- oder Firmenebene
- das automatische Mitbuchen aller Posten der Nebenbücher in der Hauptbuchhaltung (Abstimmkonten)
- das gleichzeitige Fortschreiben des Hauptbuches und der Kostenrechnungsbereiche
- das zeitnahe Auswerten und Berichten des aktuellen Buchungsstoffes in Form von Kontendarstellungen, Ergebnisrechnungen mit unterschiedlichen Bilanzversionen und Zusatzanalysen

Wesentlich ist, daß damit das Hauptbuch automatisch als ganzheitlicher Nachweis aller Geschäftsvorfälle gilt. Es stellt die zentrale und aktuelle Komponente der Rechnungslegung dar. Der Nachweis der einzelnen Vorgänge ist in Realtime aktuell zu jedem Zeitpunkt verfügbar über Belege, Einzelposten und Verkehrszahlen auf unterschiedlichen Ebenen wie

- Kontenführung
- Journalschreibung
- Summen-/Saldenverkehrszahlen
- Bilanz-/GuV-Auswertungen

② *Was verstehen Sie unter einer **Konsolidierung**?*

Unter einer Konsolidierung versteht man die Zusammenführung der Einzelabschlüsse der einbezogenen Konzerngesellschaften zum Konzernabschluß unter dem Gesichtspunkt der Einheitstheorie. Gemäß der Einheitstheorie soll der Konzernabschluß die Vermögens-, Finanz- und Ertragslage so darstellen, als ob alle in den Konzernabschluß einbezogenen Gesellschaften ein einziges Unternehmen wären. Zu diesem Zweck ist es erforderlich, alle Auswirkungen auf den Konzernabschluß, die auf Lieferungen, Leistungen oder finanziellen Beziehungen zwischen den Konzerngesellschaften selbst beruhen, zu eliminieren. Zu den Konsolidierungsmaßnahmen gehören die folgenden Vorgänge:

- Kapitalkonsolidierung
- Schuldenkonsolidierung

- Zwischenergebniseliminierung
- Aufwands- und Ertragseliminierung
- Beteiligungsertragseliminierung
- Umgliederungen

Die Konsolidierungsmaßnahmen werden im Konsolidierungssystem durch entsprechende Konsolidierungsbuchungen behandelt, wobei zwischen Eliminierungsbuchungen und teilkonzernabhängigen Konsolidierungsbuchungen unterschieden wird.

③ *Welchen Zweck erfüllt die **Kreditorenbuchhaltung**?*

Die Kreditorenbuchhaltung führt und verwaltet die buchhalterischen Daten aller Kreditoren. Darüber hinaus ist sie ein integraler Bestandteil des Einkaufssystems: Lieferungen und Rechnungen werden lieferantenbezogen geführt. Aus den operativen Vorgängen werden die Buchungen automatisch angestoßen. Das Cash Management wird ebenfalls mit Werten aus den Rechnungen versorgt, um so die Liquiditätsplanung zu optimieren. Verbindlichkeiten werden durch das Zahlungsprogramm reguliert. Dabei werden alle gängigen Zahlwege (Schecks, Überweisungen etc.) in Formularform ebenso unterstützt wie der elektronische Weg (Datenträgeraustausch mittels Diskette und Vorbereitung der Datenfernübertragung). Die jeweiligen länderspezifischen Zahlverfahren sind ebenfalls Bestandteil des Programms. Bestehende Forderungen (z.B. Rückzahlung einer Gutschrift) können ggfs. angemahnt werden. Diese Funktion wird durch das Mahnprogramm unterstützt. Die Buchungen in der Kreditorenbuchhaltung werden zugleich auch im Hauptbuch geführt, wobei je nach Vorgang (Verbindlichkeiten, Anzahlungen u.a.) unterschiedliche Sachkonten fortgeschrieben werden. Für die Verfolgung der offenen Posten stehen Ihnen Fälligkeitsvorausschauen und weitere Standardberichte zur Verfügung. Im Schriftverkehr können Saldenbestätigungen, Kontoauszüge und andere Mitteilungen individuell gestaltet werden. Zur Dokumentation der Vorgänge in der Kreditorenbuchhaltung stehen Ihnen Saldenlisten, Journale, Kontenschreibung und andere Auswertungen zur Verfügung.

④ *Welche Funktion hat die **Debitorenbuchhaltung**?*

Die Debitorenbuchhaltung führt und verwaltet die buchhalterischen Daten aller Debitoren. Darüber hinaus ist sie ein integraler Bestandteil des Vertriebs-Controllings. Die Buchungen in der Debitorenbuchhaltung werden zugleich auch im Hauptbuch geführt, wobei je nach Vorgang (Forderungen, Anzahlungen, Wechsel u.a.) unterschiedliche Sachkonten fortgeschrieben werden. Für die Verfolgung der offenen Posten stehen Ihnen Kontoanalysen, Alarmreports, Fälligkeitsraster sowie ein flexibles Mahnwesen zur Verfügung. Der damit verbundene Schriftverkehr wird individuell gestaltet. Das gilt auch für Zahlungsmitteilungen, Saldenbestätigungen, Kontoauszüge oder Zinsberechnungen. Der Zahlungseingang kann sowohl über komfortable Bildschirmfunktionen als auch auf elektronischem Weg (DFÜ) den fälligen Forderungen zugeordnet werden. Mit dem Zahlungsprogramm können Lastschriftverfahren und Anzahlungen automatisiert werden. Zur Dokumentation der Vorgänge in der Debitorenbuchhaltung stehen Ihnen Saldenlisten, Journale, Kontenschreibung und andere Auswertungen zur Verfügung. Für Stichtagsbetrachtungen werden Fremdwährungsposten neu bewertet, kreditorische Debitoren ermittelt und die so gewonnenen Salden nach Restlaufzeiten gerastert. Die Debitorenbuchhaltung bildet nicht nur eine der Grundlagen der ordnungsgemäßen Buchführung, sondern liefert durch die enge Verzahnung mit der Vertriebskomponente Daten für ein effektives Kreditmanagement und durch die Verbindung zum Cash Management Informationen zur Optimierung der Liquiditätsplanung.

⑤ *Welchen Zweck erfüllt die* ***Anlagenbuchhaltung****?*

Die SAP-Komponente Anlagenbuchhaltung dient innerhalb des SAP-Systems zur Verwaltung und Überwachung des Sachanlagevermögens. Im SAP-Rechnungswesen hat es als Nebenbuch zum FI-Hauptbuch die Aufgabe, detaillierte Informationen zu den Vorgängen im Sachanlagevermögen zur Verfügung zu stellen. Die Anlagenbuchhaltung besteht aus den folgenden Teilkomponenten:

- klassische Anlagenbuchhaltung und Bewertung
- Leasing-Abwicklung
- Konsolidierungsvorbereitung
- Informationssystem

Die klassische Anlagenbuchhaltung umfaßt den gesamten Lebenslauf der Anlagen von der Bestellung oder dem ersten Zugang, der gegebenenfalls noch als Anlage im Bau geführt wird, bis zum Abgang. Zwischen diesen beiden Zeitpunkten werden die Werte für Abschreibungen, Zinsen, Versicherung und andere Zwecke weitgehend automatisch errechnet und in vielfältiger Form im Informationssystem zur Verfügung gestellt. Eine Auswertung ermöglicht die Abschreibungsvorausschau und Simulation der Wertentwicklung im Anlagevermögen. Das System bietet weiterhin spezielle Funktionen für geleaste Anlagen. Die parallele Wertführung in verschiedenen Währungen und Bewertungsmodalitäten ermöglicht ein komfortables Vorbereiten der Konsolidierung multinationaler Konzerne. Funktionen für die technische Anlageverwaltung in Form von Technischen Plätzen und Equipments bietet das Modul *Instandhaltung*. Für die Verwaltung von Finanzanlagen ist das Modul *Treasury* vorgesehen.

⑥ *Welche Eigenschaften hat das* ***spezielle Ledger****?*

Das System der speziellen Ledger ist ein Werkzeug, mit dem der Anwender die von anderen SAP-Anwendungen (wie z.B. Hauptbuchhaltung, Kostenstellenrechnung und Profit-Center-Rechnung) angebotene Funktionalität erweitern bzw. besser nutzen kann, ohne das Standardsystem modifizieren zu müssen. Mit den speziellen Ledgern steht ein Auswertungssystem zur Verfügung, das eine firmenspezifische Erweiterung des klassischen Kontobegriffs erlaubt. Durch die Kombination von Dimensionen unterschiedlicher Anwendungen auf mehreren Detailebenen können firmenspezifische Summenbildungen für Umsatzanalysen oder ein Konzernberichtswesen veranlaßt werden, die sich dann schnell und flexibel auswerten lassen. Eine Dimension dient zur Abbildung bestimmter Kriterien in Geschäftsprozessen. Das spezielle Ledger ist ein Empfängersystem, in dem Daten aus verschiedenen anderen SAP-Anwendungen erfaßt und abgeleitet werden können. Es ist kein Sendersystem für andere SAP-Anwendungen. Wenn Sie diese Komponente wählen, können Sie durch frei definierbare Kontierungen, Perioden und Währungen vielfältige firmenspezifische Berichte und Analysen erstellen. Sie haben beispielsweise die Möglichkeit, nicht standardisierte Kontierungen für Ihr Berichtswesen zu definieren und in Ihre spezielle Ledger aufzunehmen. Die im speziellen Ledger verfügbaren Funktionen geben Ihnen die Möglichkeit, Informationen zu sammeln, miteinander zu kombinieren, Summen zu bilden, zu modifizieren sowie Ist- und Planwerte umzulegen bzw. zu verteilen, die aus anderen SAP-Anwendungen und aus externen Systemen in das spezielle Ledger übertragen werden.

5.2 Organisationseinheiten des externen Rechnungswesens

Die Organisationsstruktur des externen Rechnungswesens ist geprägt von den gesetzlichen Rahmenbedingungen. So muß eine rechtlich selbständige Firma bilanzieren und eine eigene Buchhaltung führen. Die Geschäftsbeziehungen nach außen zu den Kunden und Lieferanten beziehen sich ebenfalls auf diese Einheit. Diese Mindeststruktur, die es abzubilden gilt, heißt im SAP-System Buchungskreis. Im externen Rechnungswesen gibt es Organisationselemente, die externen Charakter haben, wie der Buchungskreis und die Gesellschaft. Es gibt auch für interne Zwecke Strukturierungsmöglichkeiten, wie z.B. Geschäftsbereiche oder Mahnbereiche.

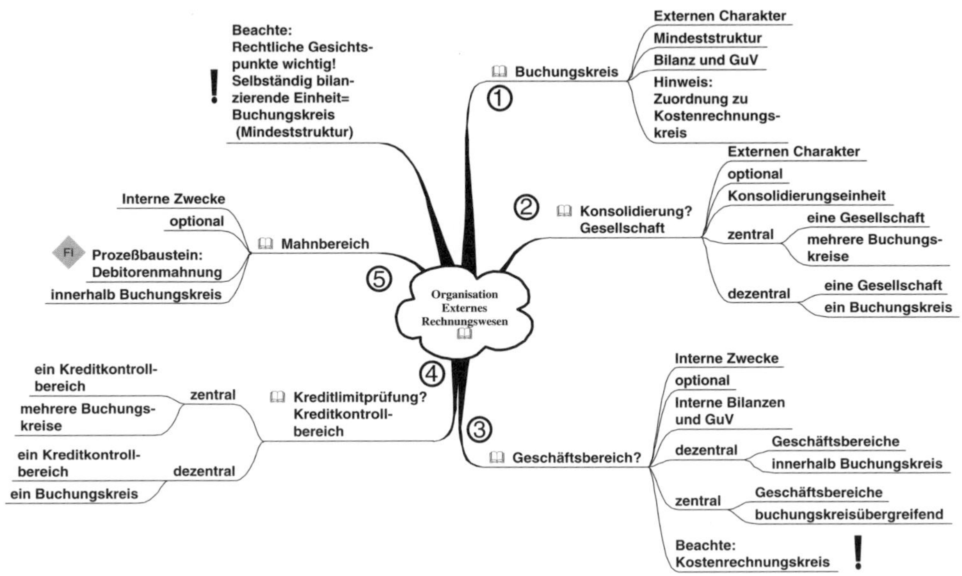

Abbildung 5.2-1: Organisations-Knowledge Map: Externes Rechnungswesen

① *Wie viele **rechtlich selbständige Einheiten (Buchungskreise)** umfaßt Ihr Unternehmen?*

Rechtlich selbständige Einheiten werden im externen Rechnungswesen als Buchungskreis abgebildet. Der Buchungskreis stellt dabei die kleinste organisatorische Einheit dar, für die eine vollständige, in sich geschlossene Buchhaltung (d.h. Aufzeichnung aller buchhaltungspflichtigen Ereignisse und Erstellung aller gesetzlichen geforderten Nachweise wie Bilanz und Gewinn- und Verlustrechnung) durchgeführt werden kann. Mehr dazu in der Organisations-Map Buchungskreis.

② *Bei Ihrem Unternehmen handelt es sich um einen **Konzern**, und Sie möchten später eine **Konsolidierung der Gesellschaften** durchführen?*

Für den Konzernabschluß bildet als organisatorische Einheit die Gesellschaft die Grundlage. Durch die Gesellschaftskonsolidierung entsteht der Konzernabschluß. Voraussetzung ist, daß alle beteiligten Gesellschaften denselben Kontenplan und das gleiche Geschäftsjahr benutzen, die Währungen können unterschiedlich sein.

③ *Gibt es bei Ihnen **Geschäftsfelder bzw. -bereiche** oder **Sparten**, für die Sie eigene **Bilanzen** und **Gewinn- und Verlustrechnungen** durchführen wollen?*

Diese wirtschaftlich gesondert zu betrachtenden internen Unternehmenseinheiten sind im SAP-System Geschäftsbereiche. Diese werden nochmals gesondert beschrieben in der Organisations-Map Geschäftsbereiche.

④ *Möchten Sie bei Ihren Kunden bzw. Debitoren eine **Kreditlimitprüfung** durchführen?*

Dazu benötigen Sie als organisatorische Einheit den Kreditkontrollbereich. Dieser kann eins zu eins einem Buchungskreis oder aber auch mehreren rechtlich selbständigen Firmen zugeordnet sein. Über den Kreditkontrollbereich, der auch sehr eng mit SD verknüpft ist, wird festgelegt, wie und wann eine Prüfung erfolgen soll. Bei Überschreitung des Limits können beispielsweise Liefersperren gesetzt werden.

⑤ *Sind in Ihrem Unternehmen verschiedene **Bereiche für das Mahnen** zuständig?*

Diese verschiedenen Bereiche werden im Mahnwesen als Mahnbereiche abgebildet. Sie haben beispielsweise zwei Sparten Kunststoff- und Metallwaren, diese Bereiche werden von unterschiedlichen Abteilungen gemahnt. Des weiteren können verschiedene Vertriebswege, Verkaufsorganisationen oder Geschäftsbereiche Auslöser für Mahnbereiche sein (vgl. Prozeßbaustein Debitorenmahnung).

5.3 Business Objekte Externes Rechnungswesen

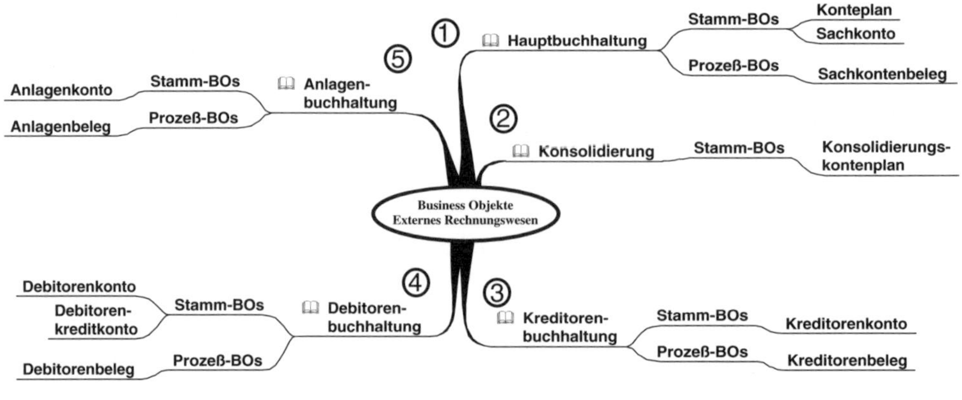

Abbildung 5.3-1: Business Objekt-Knowledge Map: Externes Rechnungswesen

① *Welche Objekte sind für die* ***Hauptbuchhaltung*** *notwendig?*

Das Business Objekt *Kontenplan* ist ein vom Rechnungswesen definiertes Gliederungsschema zur Aufzeichnung von Werten bzw. Werteströmen für eine ordnungsgemäße Rechnungslegung. Der Kontenplan im SAP-System ist ein Verzeichnis aller Sachkontenstammsätze, die in einem Buchungskreis oder in mehreren Buchungskreisen benötigt werden. Der Kontenplan enthält zu jedem Sachkontenstammsatz die Kontonummer, die Kontobezeichnung und steuernde Informationen. Geschäftsvorfälle werden auf Konten gebucht und über Konten verwaltet. Zu jedem Konto, das Sie benötigen, müssen Sie einen Stammsatz anlegen. Dieser enthält Informationen, die das Erfassen von Geschäftsvorfällen auf das Konto und das Verarbeiten der Daten steuern. Das Sachkonto nimmt die Geschäftsvorfälle in Summenform auf. Im System werden alle Geschäftsvorfälle, die auf Sachkonten gebucht werden, im Hauptbuch fortgeschrieben. Das Business Objekt Sachkontenbeleg ist ein Buchhaltungsbeleg, der Nachweise über Wertebewegungen in einem Buchungskreis enthält, die für die Hauptbuchhaltung relevant sind. Beim Buchen eines Sachkontenbelegs werden die Verkehrszahlen der bebuchten Konten fortgeschrieben.

② *Welche Objekte benötigen Sie für die* ***Konsolidierung****?*

Das Business Objekt *Konsolidierungskontenplan* enthält ein für die Konzernrechnungslegung definiertes Gliederungsschema zur Aufzeichnung von Werten bzw. Werteströmen, das in der Konzernrechnungslegung zur Erstellung eines konsolidierten Abschlusses verwendet werden kann. Der Konsolidierungskontenplan in der Konsolidierung ist gleichbedeutend mit dem Kontenplan der Finanzbuchhaltung. In der Regel besteht er jedoch aus weniger Positionen als es Sachkontenpositionen in der Finanzbuchhaltung gibt, da die Konsolidierung einen geringeren Detaillierungsgrad erfordert.

③ *Welche Objekte sind für die* ***Kreditorenbuchhaltung*** *von Bedeutung?*

Der Kreditor ist ein Geschäftspartner, gegenüber dem Verbindlichkeiten für erhaltene Leistungen bestehen. Eine solche Leistung kann z.B. eine erhaltene Lieferung, eine empfangene Dienstleistung oder die Übertragung eines Rechtes sein. Der Kreditor tritt im Einkauf als Lieferant auf. Das Kreditorenkonto enthält Informationen, die das Erfassen von Geschäftsvorfällen auf das Konto und das Verarbeiten der Daten steuern. Außerdem ist für jedes Kreditorenkonto automatisch die Einzelpostenanzeige und die Verwaltung der offenen Posten vorgesehen. Das Business Objekt *Kreditorenbeleg* ist ein Buchhaltungsbeleg, der Nachweise über Wertebewegungen in einem Buchungskreis enthält, die für die Kreditorenbuchhaltung relevant sind.

④ *Welche Objekte sind für die* ***Debitorenbuchhaltung*** *notwendig?*

Der Debitor ist ein Geschäftspartner, gegenüber dem Forderungen für erbrachte Leistungen bestehen. Eine solche Leistung kann z.B. eine erhaltene Lieferung oder eine empfangene Dienstleistung sein. Der Debitor tritt im Vertrieb als Kunde auf. Das Debitorenkonto enthält wie auch das Kreditorenkonto Informationen, die das Erfassen von Geschäftsvorfällen auf das Konto und das Verarbeiten der Daten steuern. Ein Debitorenkonto umfaßt Verkehrszahlen, in denen Wertebewegungen für Berichtszwecke des Debitorenbuchs als periodenbezogener Summenwert dargestellt sind. Das Business Objekt *Debitorenkreditkonto* dient der

Überwachung des Kreditbetrages, der im Kreditkontrollbereich an den Debitor gewährt wird. Ein Debitorenkreditkonto enthält den Summenwert aller offenen Posten, den Summenwert der noch nicht belieferten Kundenaufträge, der noch nicht fakturierten Kundenlieferungen sowie der noch nicht buchhalterisch erfaßten Kundenfakturen. Der Debitorenbeleg ist ein Buchhaltungsbeleg, der Nachweise über Wertebewegungen in einem Buchungskreis enthält, die für eine Debitorenbuchhaltung relevant sind. Wenn Sie Geschäftsvorfälle auf ein Konto buchen, schreibt das System automatisch den Kontensaldo fort und vermerkt, welche Positionen eines Belegs auf das Konto gebucht wurden. Zu jedem Debitorenkonto können Sie sich daher den Kontensaldo und die Einzelposten ansehen.

⑤ *Welche Objekte benötigen Sie für die* ***Anlagenbuchhaltung****?*

Die Anlage ist ein Gegenstand, ein Recht oder ein sonstiger wirtschaftlicher Wert des Betriebsvermögens, der dem Unternehmen dauerhaft zur Verfügung steht und am Abschlußstichtag einzeln identifizierbar ist. Seine Wertentwicklung wird als Ganzes oder in Teilen (Unteranlagen) im Rahmen der Anlagenbuchhaltung betrachtet. Ein Anlagenkonto umfaßt Verkehrszahlen, in denen die Wertebewegungen des Anlagevermögens als periodenbezogener Summenwert erfaßt sind. Es legt fest, wie zu bewerten ist (d.h. die Abschreibungsmethode und andere Bewertungsparameter). Das Business Objekt *Anlagenbeleg* ist ein Buchhaltungsbeleg, der Nachweise über Wertebewegungen in einem Buchungskreis enthält, die für die Anlagenbuchhaltung relevant sind.

5.4 Szenarien des externen Rechnungswesens

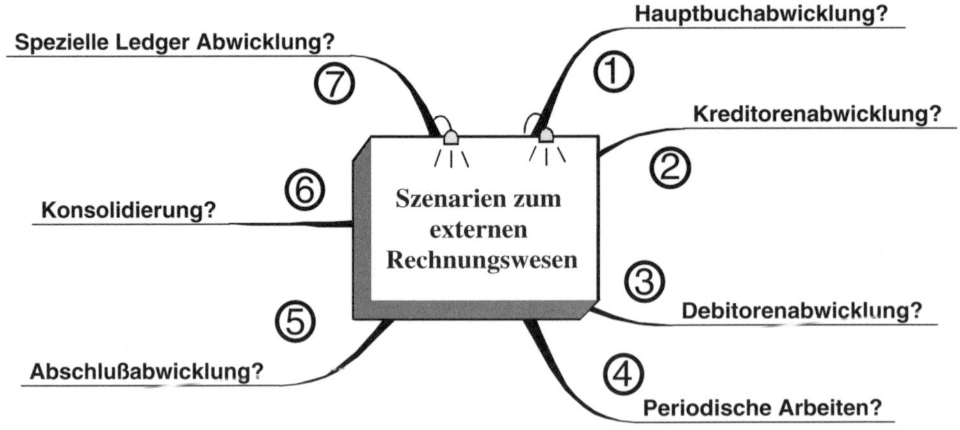

Abbildung 5.4-1: Szenarien-Knowledge Map zum externen Rechnungswesen

Die Szenarien des Unternehmensprozeßbereichs externes Rechnungswesen sind im wesentlichen an die in Kapitel 5.1, Überblick externes Rechnungswesen, beschriebenen Inhalte angelehnt. Für das externe Rechnungswesen gestaltet es sich ähnlich wie beim Erlös- und Kosten-Controlling extrem schwierig, anwendbare Szenarien zu finden. Gegenüber dem Controlling ist es hierbei aber möglich, zumindest bestimmte Szenarien getrennt einzusetzen. So bedingt die Anwendung des Szenarios Hauptbuchabwicklung nicht den Einsatz des Szenarios Debitorenbuchhaltung, jedoch wird in jedem Fall das Szenario periodische Arbeiten benötigt. Bitte definieren Sie, welche der dargestellten Szenarien Sie in Ihrem Unternehmen benötigen (vgl. SAP AG, Online-Dokumentation, Version 4.0B, 1998).

① *Wollen Sie mit der* ***Hauptbuchabwicklung*** *arbeiten?*

Dieses Szenario beschreibt den Prozeß, welcher zur Definition der Sachkonten und zur Planung Ihres Hauptbuches dient. Darüber hinaus werden die Buchungen des Hauptbuchbereichs dargestellt. Grundsätzlich wird hier zwischen Bilanz- und GuV-Konten unterschieden. Innerhalb dieses Szenarios können Sie auch die Planung pro Buchungskreis vornehmen.

② *Wollen Sie mit der* ***Kreditorenabwicklung*** *arbeiten?*

Dieses Szenario beschreibt die Prozesse, die Ihnen bei der Abwicklung des Geschäftsverkehrs mit den Kreditoren dienen, z.B. Belegvorerfassung, Rechnungen und Gutschriften, Zahlungsanforderung, manuelle Zahlung, manueller Kontoausgleich, Zahlungsfreigabe etc. Bei integrativem Einsatz der Finanzbuchhaltung in Verbindung mit der Materialwirtschaft (MM) gibt es hierbei sehr viele Beziehungen.

③ *Wollen Sie mit der* ***Debitorenabwicklung*** *arbeiten?*

Dieses Szenario beschreibt die Prozesse, die Ihnen bei der Abwicklung des Geschäftsverkehrs mit den Debitoren dienen, z.B. Belegvorerfassung, Rechnungen und Gutschriften, manueller Zahlungseingang, Anzahlungen, Wechsel, manueller Kontoausgleich etc. Bei integrativem Einsatz der Finanzbuchhaltung in Verbindung mit dem Vertriebssystem (SD) gibt es hierbei sehr viele Beziehungen.

④ *Welche der durch das SAP-System angebotenen* ***periodischen Arbeiten*** *benötigen Sie?*

Dieses Szenario beschreibt die Prozesse, die Ihnen bei der Abwicklung der regelmäßig durchzuführenden Arbeiten dienen. Es existieren Beziehungen sowohl zu kreditorischen als auch zu debitorischen Prozessen sowie anderen Szenarien, z.B. Mahnung, Zahlung, Dauerbuchungen, maschineller Ausgleich etc.

⑤ *Wollen Sie die* ***Abschlußabwicklung*** *nutzen?*

Dieses Szenario beschreibt die Prozesse, die Sie bei der Abwicklung der Abschlußarbeiten sowohl unterjährig als auch am Ende eines Geschäftsjahres unterstützen. Hierzu zählt neben den eigentlichen Abschlußarbeiten auch die Archivierung Ihrer Daten.

⑥ *Benötigen Sie in Ihrem Unternehmen die* ***Konsolidierung****?*

Dieses Szenario beschreibt die Prozesse, die Ihnen zur Durchführung einer legalen Konsolidierung (FI-LC), d.h. der Zusammenführung von Einzelabschlüssen der verschiedenen Konzernunternehmen zum Konzernabschluß, zur Verfügung stehen. Dazu gehören z.B. Kapital- und Schuldenkonsolidierung, Zwischenergebniseliminierung etc.

⑦ *Wollen Sie in Ihrem Unternehmen mit der* ***speziellen Ledger-Abwicklung arbeiten****?*

Dieses Szenario beschreibt die Prozesse, die Ihnen beim Einsatz des FI-SL-Systems zur Verfügung stehen. Mit Hilfe des FI-SL-Systems können Sie auf mehreren Ebenen über die aus den verschiedenen Anwendungen stammenden Werte berichten. Die im FI-SL-System verfügbaren Module geben Ihnen die Möglichkeit,

- Informationen zu sammeln
- Informationen miteinander zu kombinieren
- Summen zu bilden
- Summen zu modifizieren
- Ist- und Planwerte umzulegen bzw. zu verteilen

die aus anderen SAP-Anwendungen und aus externen Systemen in das FI-SL-System übertragen werden.

5.5 Prozeßkette zum externen Rechnungswesen

Zur Darstellung unserer Prozeß-Knowledge Maps wurden die fünf gängigsten Szenarioprozesse des externen Rechnungswesens ausgewählt, Hauptbuch-, Kreditoren-, Debitorenabwicklung, periodische Arbeiten und Abschlußabwicklung. Bei der Szenarioprozeßbetrachtung wurden die periodischen Arbeiten in die Betrachtung der Hauptbuch-, Kreditoren- und Debitorenabwicklung integriert. Die Szenarienprozesse sind im Kreditoren-, Debitoren- und Sachkontenbereich größtenteils ereignisgesteuert. Doch gerade im externen Rechnungswesen gibt es periodisch wiederkehrenden Tätigkeiten, täglich, monatlich und jährlich. In unserer Modellfirma werden die zwei Hauptszenarienprozesse Kreditoren- und Debitorenabwicklung durch die vorgelagerte Module MM und SD angetriggert und datentechnisch gespeist.

Der kreditorische Prozeßdurchlauf (vgl. Szenario *Kreditorenabwicklung*) wird in der Regel durch die LEGO Bausteine Rechnungsbearbeitung bzw. -freigabe eingeleitet (vgl. Szenario *Lagermaterialbeschaffung*). Sie können natürlich auch unter Nichtbeachtung der Rechnungsbearbeitung in MM eine Kreditorenrechnung manuell in der Finanzbuchhaltung einbuchen, d.h., es erfolgt kein systemtechnischer Abgleich mit der Bestellung. Beide Male erhalten Sie auf dem Kreditorenkonto einen offenen Posten, den es in der Zukunft oder sofort lt. Zahlungsbedingungen zu bezahlen gilt. Sie können dazu den Prozeßbaustein maschinelle Zahlung nutzen. Dort haben Sie die Möglichkeit, unter Berücksichtigung von Skontostrategien und verschiedenen Zahlwegen die Verbindlichkeiten zu regulieren. Dabei können die Zahlungsträger in Papierform oder auf elektronischem Weg (Diskette und Vorbereitung der Datenfernübertragung) erstellt werden (vgl. Prozeßbaustein *Maschinelle Zahlung*). Eine manuelle Zahlung und ein nachträglicher Ausgleich der Posten nach einer Akontobuchung sind denkbar. Ausstehende Forderungen (z.B. Gutschriften) können angemahnt werden (vgl. Prozeßbaustein *Debitorenmahnung*). Die Buchungen in der Kreditorenbuchhaltung werden gleichzeitig in der Hauptbuchhaltung geführt, wobei je nach Vorgang (Verbindlichkeit, Anzahlung etc.) unterschiedliche Sachkonten fortgeschrieben werden.

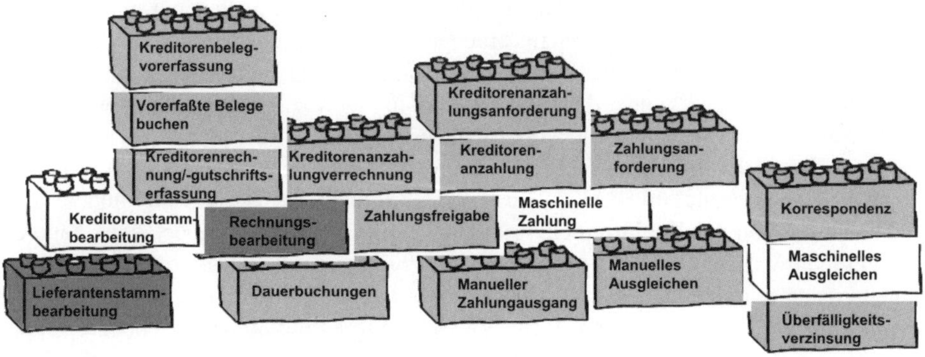

© SAP AG (Prozessinhalte), ® LEGO (Grafiksymbole)

Abbildung 5.5-1: Szenario: Kreditorenabwicklung

Die offenen und ausgeglichenen Posten können nach Bedarf angezeigt und ausgewertet werden, sowohl am Bildschirm als auch auf Papier in Berichtsform. Via Schriftverkehr, wie Kontoauszüge, Saldenbestätigungen und sonstige Schreiben, können Sie mit dem Kreditor nach Bedarf oder periodisch kommunizieren. Ebenso können Sie bei Bedarf den maschinellen Ausgleich oder die Überfälligkeitsverzinsung einsetzen. Zur Dokumentation des Buchungsstoffes gibt es viele Auswertungen, Journale, Saldenlisten, Kontenschreibung etc.

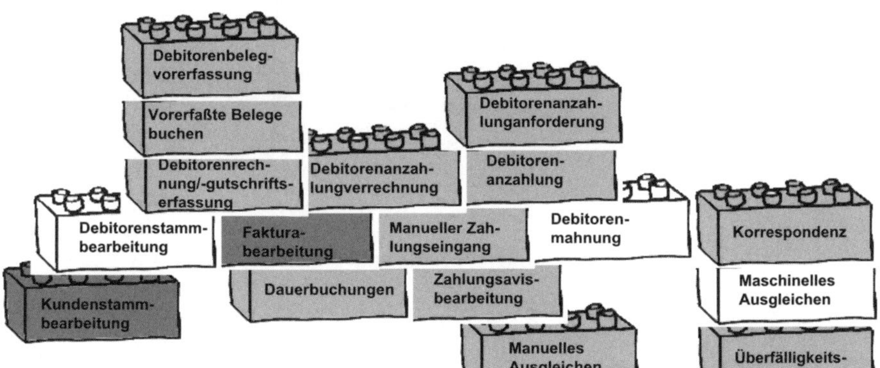

© SAP AG (Prozessinhalte), ® LEGO (Grafiksymbole)

Abbildung 5.5-2: Szenario – Debitorenabwicklung

Der Szenarioprozeß *Debitorenabwicklung* beginnt normalerweise nach dem LEGO Baustein *Fakturierung* in SD, wobei auch durchaus eine manuelle Ausgangsrechnung in der Finanzbuchhaltung direkt gebucht werden kann. Beide Vorgänge haben einen offenen Posten auf dem Debitorenkonto zur Folge. Die Buchungen in der Debitorenbuchhaltung werden zugleich auch im Hauptbuch gebucht, wobei je nach Vorgang (Forderungen, Anzahlung etc.) unterschiedliche Sachkonten fortgeschrieben werden. Der nächste auf die Faktura folgende Schritt ist die Eingangszahlung des Kunden bzw. Debitors. Der erwartete Zeitpunkt der Zahlung ist abhängig von den Zahlungsbedingungen. Werden diese nicht eingehalten, kann der Debitor gemahnt werden (vgl. Prozeßbaustein *Debitorenmahnung*). Die offenen und ausgeglichenen Posten können nach Bedarf angezeigt und ausgewertet werden, sowohl am Bildschirm als auch auf Papier in Berichtsform. Via Schriftverkehr, wie Kontoauszüge, Saldenbestätigungen, Differenzschreiben und sonstigen Briefen, können Sie mit dem Kreditor nach Bedarf oder periodisch kommunizieren. Ebenso können Sie bei Bedarf den maschinellen Ausgleich oder die Überfälligkeitsverzinsung einsetzen. Zur Dokumentation des Buchungsstoffes gibt es viele Auswertungen, Journale, Saldenlisten, Kontenschreibung etc.

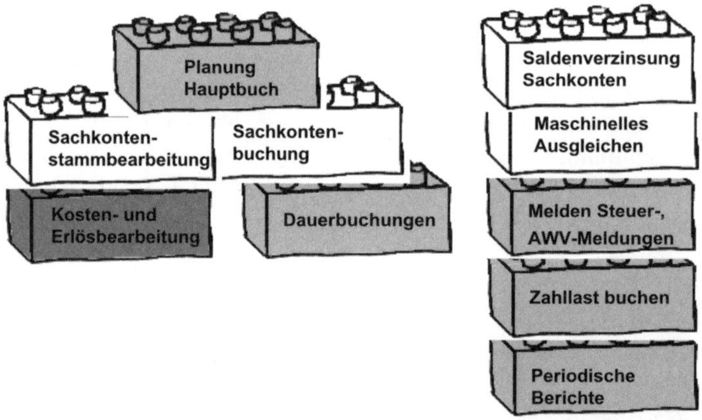

Abbildung 5.5-3: Szenario – Hauptbuchabwicklung

Für das Hauptbuch besteht der Szenarioprozeß hauptsächlich aus der Sachkontenbuchung und den periodischen Arbeiten. Da die Vorgänge aus den vorgelagerten Bereichen und den Nebenbüchern direkt im Hauptbuch gebucht werden, gilt das Hauptbuch als ganzheitlicher Nachweis aller Geschäftsvorfälle und ist damit Grundlage für die Rechnungslegung. Zusätzlich können Sie im Hauptbuch auch Planwerte abbilden, Sachkonten verzinsen (z.B. Mitarbeiterdarlehen) und bei Bedarf auch Offene-Posten-geführte Sachkonten maschinell ausgleichen.

Womit wir beim nächsten Szenarioprozeß, den Abschlußarbeiten, wären. Diese können die Notwendigkeit haben, daß sie täglich, monatlich oder jährlich ablaufen. Das SAP-System unterstützt Sie bei diesen Arbeiten über sogenannte Reports (vgl. Prozeßbaustein *Saldovortrag*). Zu den Abschlußarbeiten werden folgende Punkte gezählt:

- Die zeitliche Abgrenzung der Aufwendungen und Erträge
- Die Rasterung und Bewertung der Forderungen und Verbindlichkeiten
- Das Erstellen der Bilanz und Gewinn- und Verlustrechnung
- Die Dokumentation des Buchungsstoffes

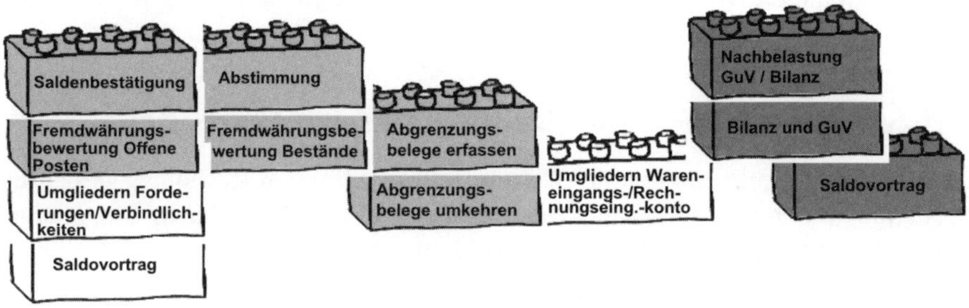

Abbildung 5.5-4: Szenario – Abschlußarbeiten

Für den Tagesabschluß ist im SAP-System kein buchhalterischer Abschluß erforderlich. Wahlweise können Sie das Belegjournal und die Korrespondenz für die Geschäftspartner drucken. Am Monatsende werden die erlaubten Buchungsperioden gepflegt (vgl. Prozeßbaustein *Sachkontenbuchung*). Externe Berichte, wie die Bilanz und GuV, Umsatzsteuervoranmeldung und die Meldungen zum Außenwirtschaftsverkehr, werden erstellt. Ebenso können das Journal, die Kontenschreibung, eine Salden- und Offene-Posten-Liste ausgedruckt werden. Denken wir an die Bilanz und GuV, die wir am Geschäftsjahresende vorbereiten, gibt es dafür folgende vorbereitende Maßnahmen:

- Saldenbestätigungen erstellen, um den Bestand an Forderungen und Verbindlichkeiten zu prüfen.
- Bewertung der Fremdwährungsbestände und offenen Posten in Fremdwährung.
- Rasterung der Forderungen und Verbindlichkeiten mit Umgliederung der Posten bei geändertem Abstimmkonto, debitorischen Kreditoren und kreditorischen Debitoren.
- Umbuchung des Wareneingangs-/Rechnungseingangsverrechnungskontos nach gelieferter Ware, noch nicht berechnet, und berechneter aber noch nicht gelieferter Ware (vgl. Prozeßbaustein *Umgliedern Wareneingangs-/Rechnungseingangskonto*).
- Einzelwertberichtigungen über Sonderhauptbuchtechnik buchen. Dadurch werden die Debitorenpositionen auf ein gesondertes Abstimmkonto gebucht.

Der Jahresabschluß gliedert sich in zwei zeitlich abweichende Schritte:

- Zu Beginn des neuen Geschäftsjahres werden die Buchungsperioden für das neue Jahr geöffnet, und der Saldovortrag wird durchgeführt (vgl. Prozeßbaustein *Saldovortrag*).
- Zu einem späteren Zeitpunkt nehmen Sie die bilanzvorbereitende Tätigkeit wie oben beschrieben wahr und erstellen die Bilanz und Gewinn- und Verlustrechnung. Sie dokumentieren die Geschäftsvorfälle mit Hilfe der Kontenschreibung und archivieren Ihre nicht mehr benötigten Belege.

5.5.1 Prozeß-Knowledge Map – Sachkontenstammbearbeitung

Die Sachkontenstammbearbeitung ist ein Kernprozeß im gesamten Rechnungswesen und beinhaltet für die weiteren Prozeß-Knowledge Maps wichtige Steuerdaten. Die gesamte Logistikkette mit den Mengenflüssen ist über eine definierte Kontenfindung mit den jeweiligen Sachkonten wertmäßig verknüpft. Sämtliche für das externe Rechnungswesen wichtigen Werte werden auf den Sachkonten gesammelt und stehen später beispielsweise für Bewertungs- oder Abgrenzungszwecke zur Verfügung. Für interne Auswertungen können Buchungen auf den Auftrags- und Ertragskonten an die Kostenrechnung weitergereicht werden, dort werden die den Konten entsprechenden Kosten- und Erlösarten bebucht.

Der Sachkontenstamm setzt sich aus verschiedenen inhaltlichen Elementen zusammen. Jedes dieser Elemente ist einem Organisationsbereich zugeordnet. Dadurch haben Sie die Möglichkeit, auch die Verantwortlichkeit der Teilinhalte auf verschiedene Abteilungen oder Organisationseinheiten zu verteilen. Der Sachkontenstamm gliedert sich in einen Kontenplanbereich, der für einen oder mehrere Buchungskreise gelten kann. Dessen Inhalt sind Informationen allgemeiner Art wie die Sachkontennummer, die Kontenbezeichnung und die Kennzeichnung, ob es sich um ein Bestands- oder Erfolgskonto handelt. Ein weiterer Teil des Sachkontenstammes besteht aus dem buchungskreisspezifischen Bereich, der die für einen Buchungskreis gültigen Einstellungen beinhaltet, wie beispielsweise die Währung des Kontos.

① *Welcher **Kontenplan bzw. welche Kontenpläne** wird oder werden in Ihrem/Ihren Unternehmen benutzt?*

Aufgrund beispielsweise der Branche, der Rechtsform oder des Landes, in dem sich Ihr Unternehmen befindet, ergeben sich bestimmte Anforderungen an die Gliederung eines Kontenplans. Nach Festlegung des entsprechenden Kontenplans wird dieser dem Buchungskreis, der einer rechtlich selbständig bilanzierenden Einheit entspricht, eindeutig zugeordnet.

Besteht Ihr Unternehmen aus mehreren rechtlich selbständigen Firmen, steht die Überlegung an, ob ein gemeinsamer Kontenplan benutzt werden kann oder ob die Anforderungen an die Gliederung des Kontenplans pro Unternehmenseinheit (Buchungskreis) unterschiedlich sind. In diesem Fall können in den einzelnen Buchungskreisen unterschiedliche Kontenpläne benutzt werden. Voraussetzung ist, daß alle verwendeten Kontenpläne im Kontenplanverzeichnis eingetragen werden. Haben Sie die Entscheidung für einen Kontenplan gefällt, ordnen Sie dem Buchungskreis genau diesen Kontenplan zu, dabei müssen Sie die Pflegesprache der Kontenbezeichnung und die Länge der Kontennummern festlegen.

Beachte:
Ist eine spätere Nutzung des elektronischen Kontoauszuges vorgesehen, empfiehlt es sich, die Sachkontennummer 6stellig vorzugeben, um die Abbildung der Bank- und Bankunterkonten am Standard zu orientieren. Dort werden in den ersten vier Stellen der Kontonummer die Bank und in den letzten zwei Stellen das Bankunterkonto abgebildet. Der Kontenplan muß im Kontenplanverzeichnis vermerkt werden.

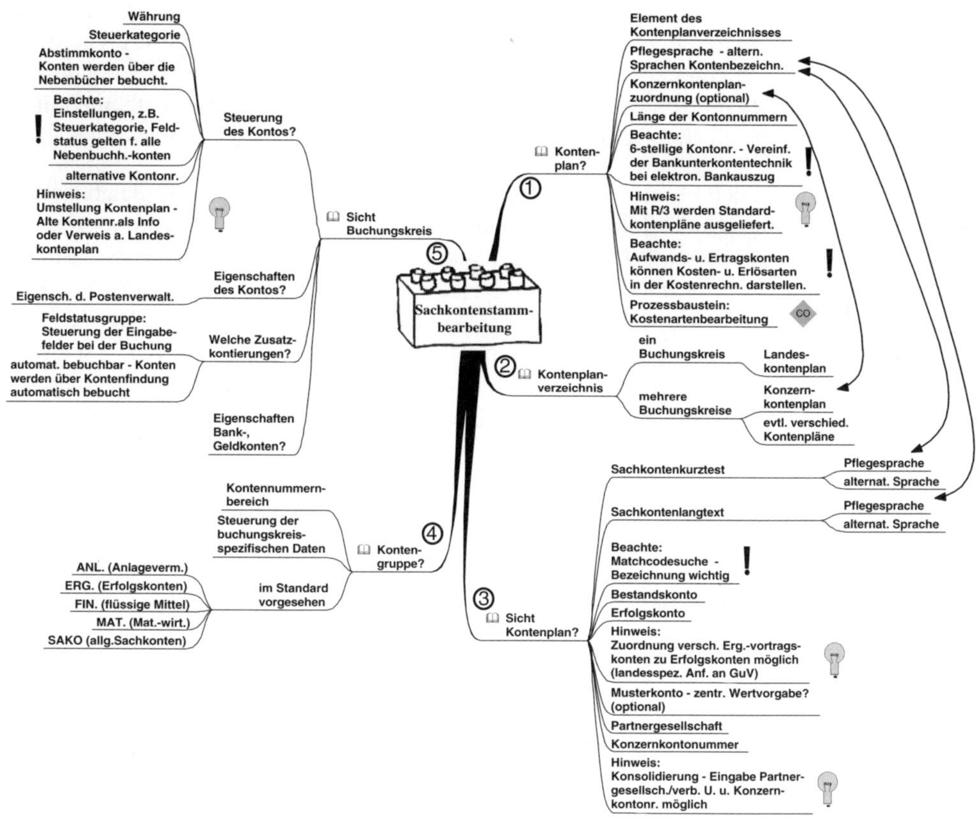

Abbildung 5.5.1-1: Prozeß-Knowledge Map – Sachkontenstammbearbeitung

Hinweis:
Mit dem SAP-System werden Standardkontenpläne ausgeliefert. Diese können komplett kopiert und angepaßt werden. Bei abweichenden Kontennummern können diese in den Standardkontenplänen beinhalteten Sachkonteneinstellungen auch als Kopiervorlage für Ihre buchungskreisspezifischen Konteneinstellungen dienen.

Zu ①: *Gibt es innerhalb der Firmengruppe unterschiedliche Gliederungsanforderungen an einen **Kontenplan**, beispielsweise in Abhängigkeit vom Land oder der Branche?*
Ist dies nicht der Fall, erhalten alle entsprechenden Buchungskreise einen Verweis auf den gleichen Kontenplan. Auch bei der nachfolgend beschriebenen Situation können Sie auf

Wunsch weltweit denselben Kontenplan benutzen. Denn im SAP-System können Sie zusätzlich einen Landeskontenplan mitführen.

Der Einsatz eines zusätzlichen Landeskontenplanes ist erforderlich, falls eine Ihrer Firmen den Sitz im Ausland hat und Sie gesetzlich zu einer bestimmten Gliederung des Kontenplans gezwungen sind. Was ist zu tun? Vorbereitend ist der Landeskontenplan im Kontenplanverzeichnis einzutragen und der kontenplanspezifische Teil des Sachkontos anzulegen. Als nächstes müssen Sie dem Buchungskreis zusätzlich zum Unternehmenskontenplan den Landeskontenplan zuordnen. Nun können Sie im Sachkonto in der Buchungskreissicht über das Feld „Alternative Kontennummer" die Verbindung zur Kontonummer des Landeskontenplans herstellen. In der Hauptbuchhaltung können die wesentlichen Berichte nun mit der Gliederung nach dem eigenen oder landestypischen Kontenplan ausgegeben werden.

Im SAP-System können in einem Mandanten, der hier dem Unternehmen gleichzusetzen ist, aber auch mehrere unterschiedliche Kontenpläne benutzt werden. Der Eintrag im Kontenplanverzeichnis, der alle gültigen Kontenpläne eines Unternehmens abbildet, ist Voraussetzung. Über einen Konzernkontenplan können Sie die Konten der unterschiedlichen Kontenpläne bzw. Buchungskreise für die Definition der Bilanz und GuV aus Konzernsicht zusammenfassen. Hierfür muß der Konzernkontenplan angelegt und im Kontenplanverzeichnis registriert werden. Ebenso muß in den entsprechenden Kontenplänen ein Eintrag des Konzernkontenplans erfolgen. Die jeweiligen Konzernkonten müssen mit der kontenplanspezifischen Sicht der Sachkontenstämme angelegt sein. Die Pflege der Buchhaltungssicht kann hier ignoriert werden. Nun kann in den Sachkonten der einzelnen Kontenpläne der Bezug zur Konzernkontonummer hergestellt werden. Dadurch wird die Erstellung der Bilanz- und GuV-Struktur wesentlich erleichtert. In den einzelnen Berichtspositionen wird direkt auf die Konzernkontonummer verwiesen. Es findet automatisch eine Zusammenfassung der sich dahinter verbergenden gleichbedeutenden Konten der unterschiedlichen Kontenpläne statt.

Befinden sich Firmen im Ausland, können Sie den Kurz- und Sachkontenlangtext in der jeweiligen Landessprache pflegen. Dies ist nur möglich, wenn diese Sprache als alternative Sprache im Kontenplan zugelassen wurde. Der Anwender erhält die Kontenbezeichnungen bei der Anzeige des Sachkontos oder beim Buchen in seiner Anmeldesprache.

② *Welche Kontenpläne werden in Ihrem Unternehmen genutzt? (**Kontenplanverzeichnis**)*

Sämtliche Kontenpläne, die im Unternehmen genutzt werden, auch Landes- oder Konzernkontenpläne, müssen im Kontenverzeichnis vermerkt werden.

③ *Welche Daten des Sachkontenstammes werden zentral, d.h. buchungskreisübergreifend im Kontenplanbereich verwaltet? (**Sicht Kontenplan**)*

Neben dem Kurz- und Sachkontenlangtext legen Sie in dieser Sicht fest, ob es sich um ein Bestands- oder Erfolgskonto handelt. Beim Jahreswechsel werden die Kontensalden von Bestandskonten auf sich selbst vorgetragen. Die Kontensalden der Erfolgskonten werden als Gewinn- und Verlustvortrag auf ein Ergebnisvortragskonto, das von Ihnen definiert wurde, fortgeschieben (vgl. Prozeßbaustein *Saldovortrag*).

Beachte:
Das Ergebnisvortragskonto wird über einen frei wählbaren Schlüssel den Erfolgskonten zugeordnet. Durch die Zuordnung der Erfolgskonten zu verschiedenen Ergebnisvortragskonten lassen sich Anforderungen an die GuV eines internationalen Konzerns abbilden. Optional können durch den Eintrag eines Musterkontos Vorschlagswerte aus dem Musterkonto in den buchungskreisabhängigen Teil des Sachkontenstammsatzes übernommen werden. Je nach definierter Wertübertragungsregel können diese dann überschrieben werden oder nicht. Existieren mehrere Buchungskreise und besteht zusätzlich der Wunsch, Daten zentral vorzugeben, bietet sich diese Musterkontentechnik an.

④ *Welche Auswirkung hat die* ***Kontengruppe*** *auf den Sachkontenstammsatz?*

Grundsätzlich dient die zwingende Eingabe der Kontengruppe bei der Anlage des Sachkontenstammsatzes zur späteren Vermeidung von Eingabefehlern. Sie können beispielsweise einer Kontengruppe einen Nummernbereich zuordnen. Dieser wird dann bei der Sachkontenanlage mit der von Ihnen eingegebenen Sachkontennummer verglichen und ggfs. abgewiesen. Ebenso steuert die Kontengruppe die gezeigten Eingabefelder und die obligatorisch zu tätigenden Definitionen bei der Pflege des buchungskreisabhängigen Teils des Sachkontenstammsatzes.

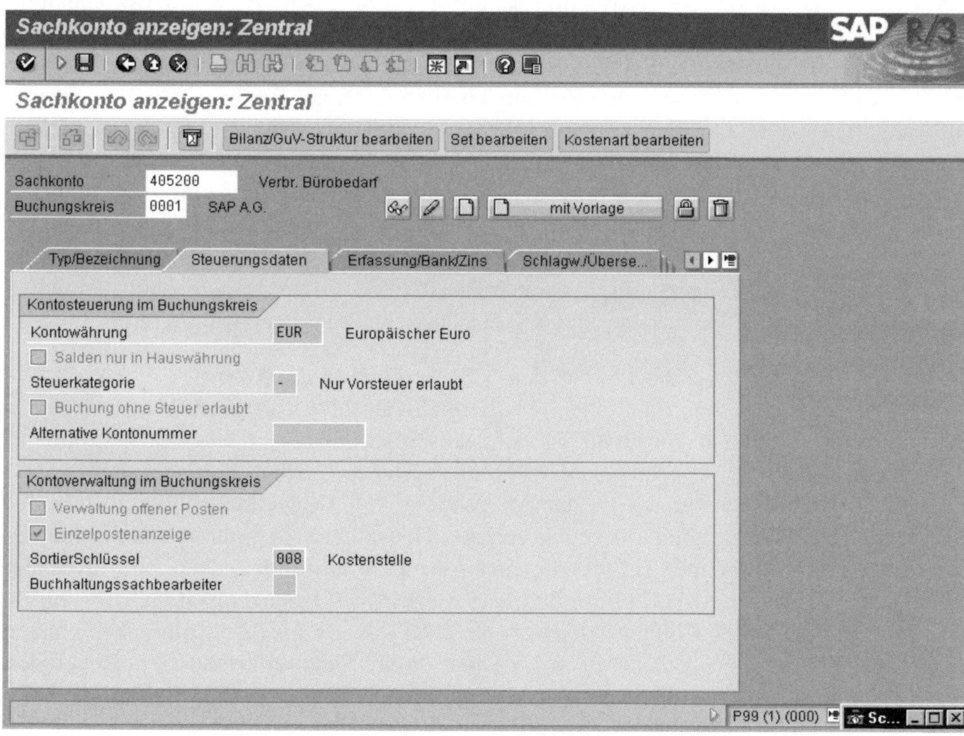

Abbildung 5.5.1-2: EnjoySAP Screen zur Sachkontenstammbearbeitung (© SAP AG)

Beachte:
Beim späteren Einsatz zusätzlicher Anwendungen kann es notwendig werden, daß die Eingabefelder einer Kontengruppe erweitert werden. Alle Stammsätze, die diese Kontengruppe benutzen, sind von dieser Änderung betroffen, und die entsprechenden Definitionen in den Stammmsätzen müssen eventuell nachgepflegt werden.

⑤ *Welche Daten sind aus **Sicht des Buchungskreises** für den Sachkontenstammsatz relevant?*

Zu ⑤: *Wie soll das **Konto gesteuert** werden? Gibt es spezielle Eigenschaften für dieses Konto?*
Die Festlegung der Währung spielt eine zentrale Rolle bei der Buchung auf das entsprechende Sachkonto und die Fortschreibung der Verkehrszahlen. Ein Vorschlag der im Buchungskreis hinterlegten Hauswährung erfolgt automatisch. Haben Sie sich bei einem Konto für den Eintrag der Hauswährung entschieden, kann das Konto in jeder Währung bebucht werden. Der Kontostand und die Verkehrszahlen werden in der Hauswährung fortgeschrieben. Wird das Konto in Fremdwährung geführt, kann dieses auch nur mit Fremdwährung bebucht werden. Das Fortschreiben der Verkehrszahlen wird automatisch in Fremd- und Hauswährung vorgenommen. Bei Devisenkonten empfiehlt es sich, um eine Vergleichsmöglichkeit des Kontostandes bei der Bank zu haben, diese in der Buchhaltung auch in der entsprechenden Währung zu führen. Für Verrechnungskonten, die in Fremdwährung bebucht werden, kann das Kennzeichen Salden nur in Hauswährung gesetzt werden. Damit treten bei zeitversetzten Buchungen, wenn sich der Betrag in Hauswährung zu null saldiert, keine Kursdifferenzen auf. Die Steuerkategorie weist speziell die Steuerkonten und die dazugehörende Steuerart (Ausgangs- oder Vorsteuer) aus. Handelt es sich um kein Steuerkonto, wird hier festgelegt, welche Steuerart bei Geschäftsvorfällen, die dieses Konto betreffen, zugelassen sind. Sie können zusätzlich auch Buchungen ohne Steuer auf diesem Konto erlauben. Über den Eintrag der Kontenart weisen Sie die Abstimmkonten aus. Abstimmkonten sind nicht direkt bebuchbar, sie werden über die Nebenbuchhaltungen, wie z.B. die Anlagen-, Debitoren- oder Kreditorenbuchhaltung, bebucht.

Zu ⑤: *Wie soll das Konto verwaltet werden? (**Eigenschaften des Kontos**)*
Wollen Sie bei einem Konto zu einem bestimmten Geschäftsvorfall auch eine Gegenbuchung zuordnen können, empfiehlt es sich, dieses Konto als *offene-Posten-geführt* zu deklarieren. Die Posten können miteinander ausgeglichen werden, daher ist immer nachvollziehbar, welche Buchungen zueinander gehören. Bei Verrechnungskonten stellt dies eine große Hilfe dar, um den Überblick und die Transparenz zu wahren. Bei Konten mit sehr vielen Posten kann auch ein maschineller Ausgleich stattfinden, dazu muß zuvor aber ein eindeutiges Zuordnungskriterium definiert werden. Ein Kennzeichen legt fest, ob Sie auf einem Konto nur den Kontensaldo oder aber auch jede *einzelne Buchung* sehen können. Es gibt Konten, bei denen dies keinen Sinn hat, da die Detailinformationen über andere Funktionen abrufbar sind, wie z.B. die Abstimmkonten. Deren Detailinformationen sind über die Nebenbücher abrufbar. Ebenso sind im Erlösbereich viele Auswertungen im Bereich Vertrieb denkbar. Über einen *Sortierschlüssel* können Sie steuern, wie das Zuordnungsfeld bei einer Buchung vom System gefüllt werden soll. Die Anzeige und Bearbei-

tung der Posten kann dann auch nach der *Zuordnungsnummer* sortiert werden. Wird die Sortierfolge geändert, bleiben die alten Posten unberührt, bei allen nachfolgenden Buchungen wendet das System die neuen Regeln an.

Zu ⑤: *Welche **Zusatzkontierungen** sind notwendig bei der Buchung auf dieses Konto? Ist eine manuelle Buchung auf das Konto erlaubt?*
Welche Felder beim Buchen auf ein Konto zur Eingabe angeboten werden, steuert die im Stamm eingetragene Feldstatusgruppe in Kombination mit dem Feldstatus im Buchungsschlüssel. Da im Standard im Buchungsschlüssel aber alle Felder auf Kann-Eingabe stehen, sind letztendlich die Eintragungen im Stamm ausschlaggebend. Auch hier werden wie bei der Kontengruppe, die für die Bildsteuerung der Stammsatzfelder verantwortlich ist, Gruppen gebildet. Gleichgeartete Konten erhalten durch denselben Eintrag die gleichen Kontierungsfelder beim Buchen. Um Fehlerquellen beim Buchen zu minimieren, können für Konten, die automatisch vom System bebucht werden, manuelle Buchungen ausgeschlossen werden. Bei Bank- und Geldkonten können zusätzlich Angaben zur entsprechenden Hausbank, dem Bankkonto und ob das Konto geldbewegungsrelevant ist, getätigt werden.

5.5.2 Prozeß-Knowledge Map – Sachkontenbuchung

Der Prozeß Sachkontenbuchung stellt einen Kernprozeß des externen Rechnungswesens dar. An ihm soll exemplarisch das SAP-Belegprinzip erläutert werden. Sämtliche Buchungen werden in Belegform abgespeichert. Der Aufbau besteht in einem Belegkopf mit allgemeinen Informationen wie Buchungsdatum, Belegart, Belegnummer etc. und den Belegpositionen mit den Soll- und Habenseiten. Es können nur Belege gebucht werden, deren Soll- und Habenpositionen null ergeben. Zusatzkontierungen, z.B. die Kostenstellen für das interne Rechnungswesen, können mitgegeben oder sogar erzwungen werden. Dies können Sie pro Vorgang und Konto individuell festlegen. Kennzeichen, die im Sachkontenstamm (vgl. Prozeßbaustein *Sachkontenstammbearbeitung*) definiert wurden, haben Auswirkungen auf den Buchungsvorgang. Ist beispielsweise im Konto eine Steuerkategorie Vorsteuer eingetragen und Buchungen ohne Steuer sind nicht zugelassen, erzwingt das System die Eingabe eines Steuerkennzeichens mit der Eigenschaft Vorsteuer. Sie sehen, die sorgfältige Pflege des Sachkontenstammes macht sich hier bezahlt, d.h., Fehlerquellen können minimiert werden. Wurde ein Steuerkennzeichen eingegeben, wird automatisch eine zusätzliche Belegzeile für die Steuerbuchung erzeugt. Und das Besondere daran ist, direkt bei der Belegeingabe erfolgt eine Verprobung der Steuer. Haben Sie den Beleg noch nicht gespeichert, ist jede Zeile noch änderbar. Nach erfolgter Buchung lassen sich nur Werte ändern, die nicht die Ordnungsmäßigkeit der Buchführung berühren, wie beispielsweise Texte. Andernfalls muß der Beleg storniert werden. Dazu müssen Sie nur den entsprechenden Beleg aufrufen und den Stornovorgang anstoßen. Nicht alle Konten können direkt über eine Sachkontenbuchung bebucht werden, dazu zählen die Abstimmkonten. Diese werden über die Nebenbuchhaltungen automatisch mitgebucht und müssen nicht periodisch übernommen werden. Ebenso werden Werte automatisch aus der Materialwirtschaft und dem Vertrieb auf die Konten abgestellt. Um Ausnahmesituationen Rechnung zu tragen und den Buchhalter zu unterstützen, gibt es zahlreiche Sonderfunktionen, wie beispielsweise die Belegvorerfassung, falls beim Buchen Informationen fehlen. Die Einzelheiten finden Sie unter den entsprechenden Astbeschreibungen.

① *Welchen Geschäftsvorfall wollen Sie buchen? Wie sollen die Belegnummern vergeben werden? (**Belegart**)*

Die Wahl der Belegart ist entscheidend für den weiteren Prozeßverlauf. Über den Aufruf der Funktion Sachkontenbuchung wird die dazugehörende Belegart vorgeschlagen. Neben den steuernden Einstellungen, Kontoart und Nettoverfahren, stellt die Belegart ein wichtiges Kriterium dar, um Geschäftsvorfälle voneinander zu unterscheiden. In der Einzelpostenanzeige beispielsweise kann nach der Belegart sortiert und summiert werden. In den verschiedenen Auswertungen und Anzeigefunktionen ist sofort ersichtlich, um welche Art von Buchung es sich handelt. Die Belegart gilt unternehmensweit. Durch die Verbindung zu einem Nummernkreis sind die Belegnummern eingeschränkt und vorgegeben. Gleichzeitig bestimmen Sie, ob die Belegnummern automatisch vom System oder manuell zu vergeben sind.

② *Welche Daten sind für den gesamten Beleg gültig? (**Belegkopf**)*

Um einen Beleg eindeutig abzulegen und immer wieder zu finden, wird als erstes die Belegnummer vergeben. In welcher Form sie vergeben wird, wird über den Nummernkreis festgelegt (vgl. Belegart). Für das Buchungsdatum schlägt das SAP-System das Systemdatum vor. Über das Buchungsdatum wird automatisch die Buchungsperiode ermittelt und mit den gültigen offenen Perioden verglichen. Handelt es sich um eine Fremdwährungsbuchung, geben Sie zusätzlich die entsprechende Währung im Belegkopf ein. Der im System datumsabhängig hinterlegte Kurs wird für die Umrechnung in Hauswährung herangezogen. Bei zusätzlicher Eingabe eines Umrechnungsdatums wird der Kurs zu diesem Datum zugrunde gelegt. Auf Wunsch kann ein manueller Kurs bei der Buchung definiert werden. Für weitere Informationen können Sie im Belegkopf eine Referenznummer und einen Belegkopftext beifügen.

③ *Welche Daten werden für die **Sachkontenpositionen** benötigt?*

Die Behandlung der nun einzugebenden Belegpositionen steuert der jeweilige Buchungsschlüssel. Ein Buchungsschlüssel ist eindeutig einer Kontoart und der Soll- oder Habenseite zugeordnet. Des weiteren steuert der Buchungsschlüssel in Kombination mit dem betroffenen Konto (vgl. Prozeßbaustein *Sachkontenstammbearbeitung*) die für diesen Buchungsvorgang relevanten Zusatzkontierungen. Durch die Eingabe verschiedener Buchungskreise im Belegkopf respektive den Belegpositionen können buchungskreisübergreifende Buchungen realisiert werden. Die dazugehörenden jeweiligen Gegenbuchungen werden über die Kontenfindung automatisch vom System erzeugt. Gleichzeitig erhält der Vorgang eine buchungskreisübergreifende Nummer, mit der es auch jederzeit möglich ist, den kompletten Beleg anzuzeigen.

④ *Gibt es bei Ihnen besondere Vorfälle beim Buchen? (**Bearbeitungsfunktionen – Sonderfälle**)*

- Sie bemerken während der Buchung des Beleges, daß Ihnen Informationen zum Kontieren fehlen.
  Tritt diese Situation auf, können Sie den Beleg parken. Der Beleg ist noch unvollständig, aber vorerfaßt und hat eine Belegnummer. Die Verkehrszahlen werden nicht aktualisiert, aber der Beleg steht für Auswertungen schon zur Verfügung.

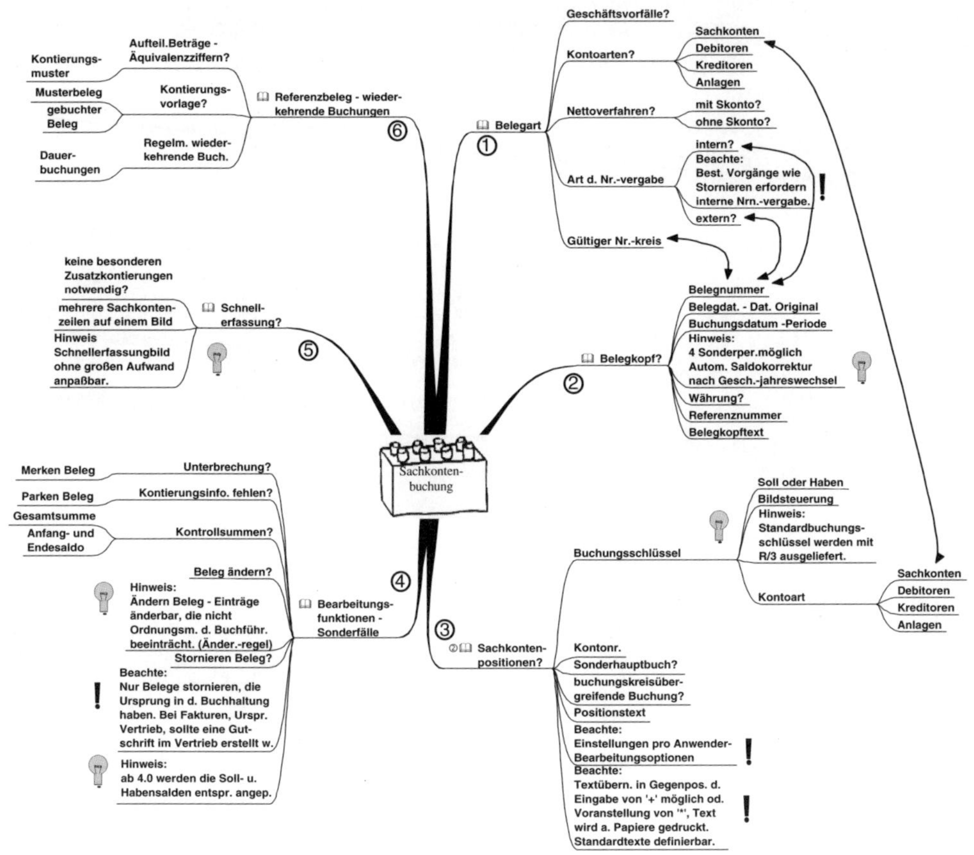

Abbildung 5.5.2-1: Prozeß-Knowledge Map – Sachkontenbuchung

- Sie wollen die Belege überprüfen und die vorab per Tippstreifen errechneten Summen als Kontrollsummen dem System vorgeben.
  Dazu geben Sie dem System die Gesamtsumme vor. Nach den entsprechenden Buchungen werden die Abweichungen auf Wunsch angezeigt. Sie können auch den Anfangssaldo vorgeben und sich den Endsaldo nach den Buchungsvorgängen anzeigen lassen und ggfs. mit der Belegsituation vergleichen. Bestimmte Informationen eines Beleges können Sie nachträglich ändern, z.B. den Text. Haben Sie aber beispielsweise ein falsches Konto gebucht, müssen Sie den Vorgang stornieren.

⑤ *Sie wollen mehrere Sachkontenpositionen auf einem Bild (**Schnellerfassung**) erfassen und können auf ausführliche Zusatzkontierungen verzichten?*

Die Schnellerfassung garantiert die Erfassung mehrerer Belegpositionen auf einem Bild. Da der Platz für die Eingaben beschränkt ist, können aufwendige Zusatzkontierungen nur nachträglich vorgenommen werden. Die Erfassungsmaske selbst kann ohne großen Aufwand den Firmenbelangen angepaßt werden.

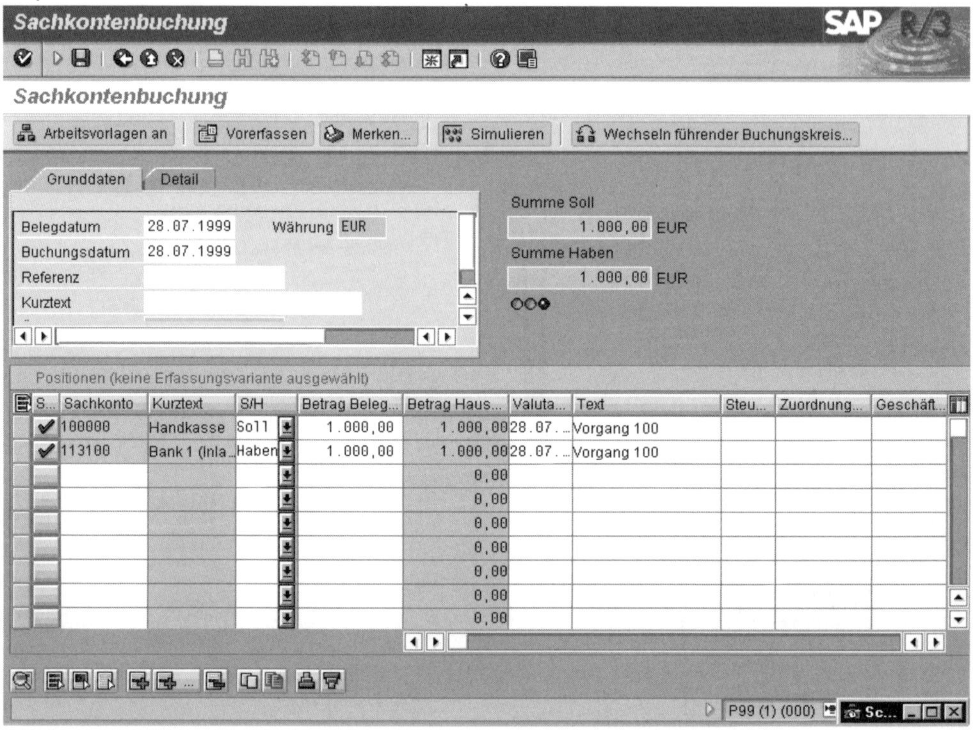

Abbildung 5.5.2-2: EnjoySAP Screen zur Sachkontenbuchung (© SAP AG)

⑥ *Sie wollen den Erfassungsvorgang für **wiederkehrende** oder ähnliche **Buchungen** vereinfachen? (**Referenzbeleg**)*

Dazu können Sie eine eventuell auch zweizeilige Erfassungsmaske für umfangreiche Sachkontenkontierungen als Kontierungsmuster generieren. Diese dient als Vorlage für die spätere Buchung. Dabei können Sie anhand von vorgegebenen Äquivalenzziffern einen bei der Buchung einzugebenden Betrag auf die Positionen verteilen lassen. Bei der Verwendung der Musterbelege muß eine vollständige Buchung als Muster erfaßt werden. Da es sich um keinen echten Beleg, sondern nur um ein Muster handelt, werden auch keine Verkehrszahlen weggeschrieben. Sie nehmen bei der Buchung auf den Musterbeleg Bezug, dabei können verschiedene Optionen ausgewählt werden, beispielsweise Sie übernehmen die Beträge oder nicht.

5.5.3 Prozeß-Knowledge Map – Maschinelles Ausgleichen

Der Prozeßbaustein maschinelles Ausgleichen unterstützt Sie insbesondere im Sachkontenbereich beim automatischen Postenausgleich auf den Verrechnungskonten. Dort sammelt sich eine ganze Menge von Posten an, wenn Sie beispielsweise an das Wareneingangs-/Rechnungseingangskonto denken. Jeder Wareneingang und jeder Rechnungseingang erzeugt auf diesem WE/RE-Konto eine Buchung. Abgesehen vom Aufwand des manuellen

Ausgleichs hier noch den Überblick zu bewahren, ist bei solchen Konten sehr schwer. Daher steht der maschinelle Ausgleich, der sporadisch bzw. periodisch angestoßen werden kann, zur Verfügung. Der Ausgleich kann sowohl für Debitoren- und Kreditoren- als auch für Sachkonten genutzt werden. Das Programm gruppiert dazu kontenweise nach vorgegebenen Kriterien die Posten. Ist der Saldo der Gruppe in Haus- bzw. Fremdwährung null, werden die Posten ausgeglichen. Alle am Ausgleich beteiligten Posten erhalten eine gemeinsame Ausgleichsbelegnummer und ein Ausgleichsdatum. Das Programm nimmt als Ausgleichsbelegnummer und -datum die Belegnummer und das Buchungsdatum des jüngsten Beleges, der am Ausgleich beteiligt ist.

① *Sind bei Ihnen die **Voraussetzungen** für einen maschinellen Ausgleich erfüllt?*

Eine wichtige Voraussetzung, daß ein Konto am maschinellen Ausgleich teilnehmen kann, ist, daß es als offene-Posten-verwaltet gekennzeichnet ist. Die Nebenbücher der Debitoren und Kreditoren sind automatisch als offene Posten geführt. Bei den Sachkonten können Sie im Sachkontenstamm das Merkmal für die Offene-Posten-Verwaltung setzen, empfehlenswert ist dies bei Verrechnungs- und Bankzwischen- bzw. Bankunterkonten. So können Sie jederzeit nachvollziehen, ob ein Geschäftsvorfall ausgeglichen, d.h. abgeschlossen ist. Das Programm gleicht keine Sonderhauptbuchvorgänge aus. Der Ausgleichsvorgang darf auch keine zusätzliche Buchung auslösen, wie beispielsweise eine Skontobuchung. Wird das normale maschinelle Ausgleichsprogramm genutzt, darf auch keine Kursdifferenz entstehen, da dies auch eine neue Buchung auslösen würde. Ausnahme bildet hier das maschinelle Ausgleichen des Wareneingangs-/Rechnungseingangskontos, nur der Saldo der Transaktionswährung muß null ergeben. Es werden automatisch Kursdifferenzen gebucht, wenn die Salden in der Hauswährung oder in mehreren Hauswährungen nicht null ergeben.

② *Welche **Kriterien** definieren bei Ihnen einen gemeinsamen Geschäftsvorfall?*

Das Ausgleichsprogramm bildet Gruppen von Posten eines Kontos nach folgenden Kriterien:

- Geschäftsbereich, falls genutzt
- Partnergesellschaft
- Abstimmkonto
- Hauswährung
- bis zu vier frei wählbare Kriterien (Informationen aus Belegkopf oder -positionen)

Die frei definierbaren Kriterien geben Sie pro Kontoart, Konto oder Konteninterval an. Sie müssen überlegen, welches Kriterium aus dem Belegkopf oder den Belegpositionen ein eindeutiges Indiz ist, daß diese Buchungen zu einem Geschäftsvorfall gehören. Sie möchten beispielsweise die Buchungen auf dem WE/RE-Verrechnungskonto automatisch ausgleichen. In diesem Fall bietet sich neben den vom System vorgegeben Kriterien die Bestellnummer als Gruppierungsmerkmal an, um Wareneingänge und Rechnungseingänge miteinander auszugleichen.

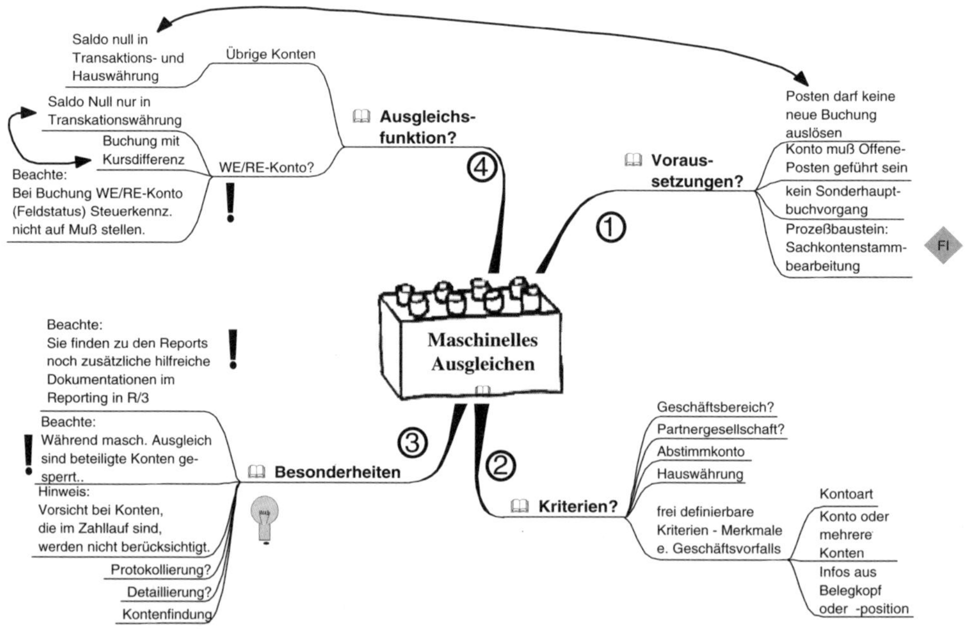

Abbildung 5.5.3-1: Prozeß-Knowledge Map – Maschinelles Ausgleichen

③ *Gibt es **Besonderheiten**, die beim maschinellen Ausgleich zu beachten sind?*

Gibt es etwas Besonderes bei einem Report zu beachten, können Sie zusätzlich in einer Reportbeschreibung diese Merkmale erfragen. Dazu gehen Sie über den direkten Einstieg ins Reporting. Dazu benötigen Sie den technischen Namen des Reports. Diesen ermitteln Sie über das Systemmenü und die Abfrage des Status. Im Fall des maschinellen Ausgleichs heißt der Report SAPF123 und im speziellen Anwendungsfall des Wareneingangs-/Rechnungseingangskonto ist es der Bericht SAPF123W. Zu beachten ist, daß alle am maschinellen Ausgleich beteiligten Konten während des Programmlaufes gesperrt sind. Sind Konten durch irgendwelche anderen Transaktionen gesperrt, wie beispielsweise durch den Zahllauf, werden diese beim Ausgleich nicht berücksichtigt. Das Ausgleichsprogramm liefert eine Liste der Belegpositionen in ausführlicher oder kurzer Form, je nach Wunsch. Zusätzlich kann ein Protokoll eingeschaltet werden. In diesem können Sie erfahren, warum ein Posten nicht ausgeglichen wurde.

④ *Was gibt es für verschiedene **Ausgleichsfunktionen**? Welche Konten möchten Sie maschinell ausgleichen?*

Es gibt zwei Ausgleichsfunktionen, eine ist speziell für das WE/RE-Verrechnungskonto und die andere für die übrigen Bereiche. Der Unterschied ist, daß bei der Ausgleichsfunktion für das WE/RE-Konto auch bei Kursdifferenzen ein Ausgleich stattfindet. Es müssen nur die Salden der Transaktionswährung null ergeben. Sind die der Hauswährung nicht null, werden automatisch Kursdifferenzen gebucht. Benutzen Sie die andere Ausgleichsfunktion, würde in dem geschilderten Fall kein Ausgleich stattfinden, weil durch den Ausgleich eine neue Buchung entstehen würde.

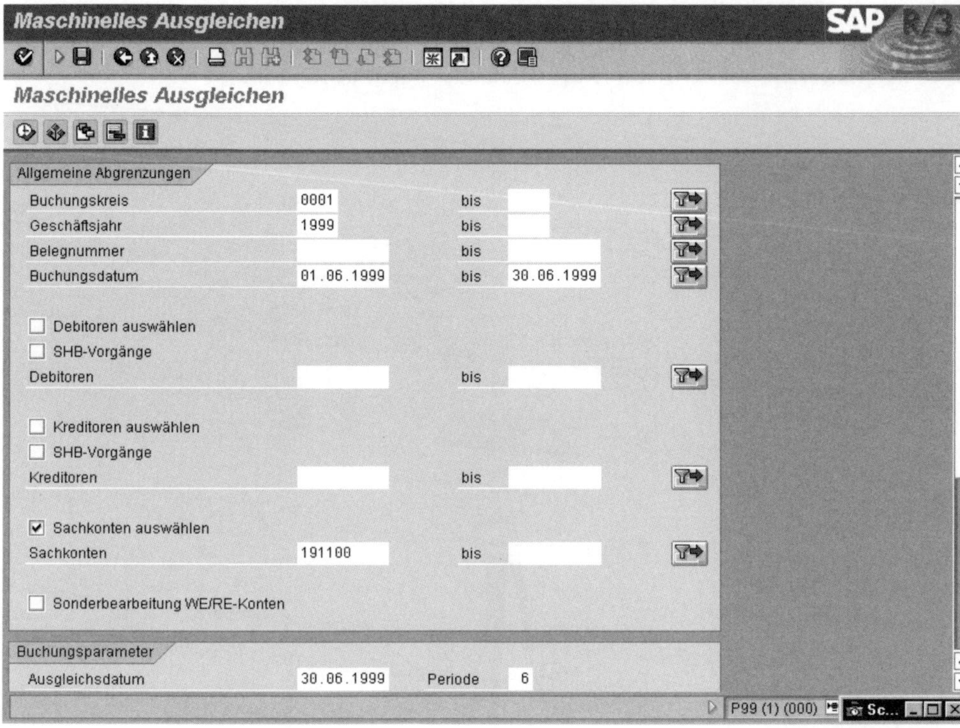

Abbildung 5.5.3-2: EnjoySAP Screen zum Maschinellen Ausgleichen (© SAP AG)

5.5.4 Prozeß-Knowledge Map – Saldenverzinsung Sachkonten

Den Prozeßbaustein Saldenverzinsung können Sie beispielsweise nutzen, um die Zinsabrechnung der Bank in Ihrer Buchhaltung nachzurechnen. Im Debitoren- bzw. Kreditorenbereich findet die Saldenverzinsung Anwendung, um z. B. Mitarbeiterdarlehenskonten zu verzinsen. Die für diesen Prozeßbaustein nötigen Randbedingungen werden mit den nachfolgenden Fragen präzisiert und festgeschrieben.

① *Welche spezifischen **Festlegungen** treffen Sie bezüglich der Verzinsung **im Sachkontenstamm**?*

Mit dem Eintrag des Zinskennzeichens der Art Saldenverzinsung treffen Sie die Entscheidung, daß dieses Konto an der Verzinsung teilnimmt, d. h., ist kein Zinskennzeichen eingetragen, wird das Konto bei der Verzinsung auch nicht berücksichtigt. Mit dem Zinskennzeichen werden die wichtigsten Festlegungen getroffen, wie Zinssatz und die Regeln, wie die Zinsen zu ermitteln sind. Die Eingabe des Verzinsungsrhythmus ist nur bei automatischer Abrechnungszeitraumermittlung erforderlich. Sie geben den Verzinsungsabstand in Monaten vor. Der Verzinsungsrhythmus kann sowohl im Sachkontenstamm (Prozeßbaustein Sachkontenstammbearbeitung) als auch beim Zinskennzeichen definiert werden, Priorität hat die Festlegung im Sachkontenstamm. Der Stichtag letzte Verzinsung wird normalerweise durch den Verzinsungslauf mit der Obergrenze des Abrechnungszeitraums automatisch gefüllt. Das Zinslaufdatum wird im Sachkontenstamm ebenfalls im Datum letzter Zinslauf vermerkt. Dies wird vom System benötigt, um festzustellen, ob Posten noch in einen bereits verzinsten Zeitraum (Rückvaluten) gebucht worden sind.

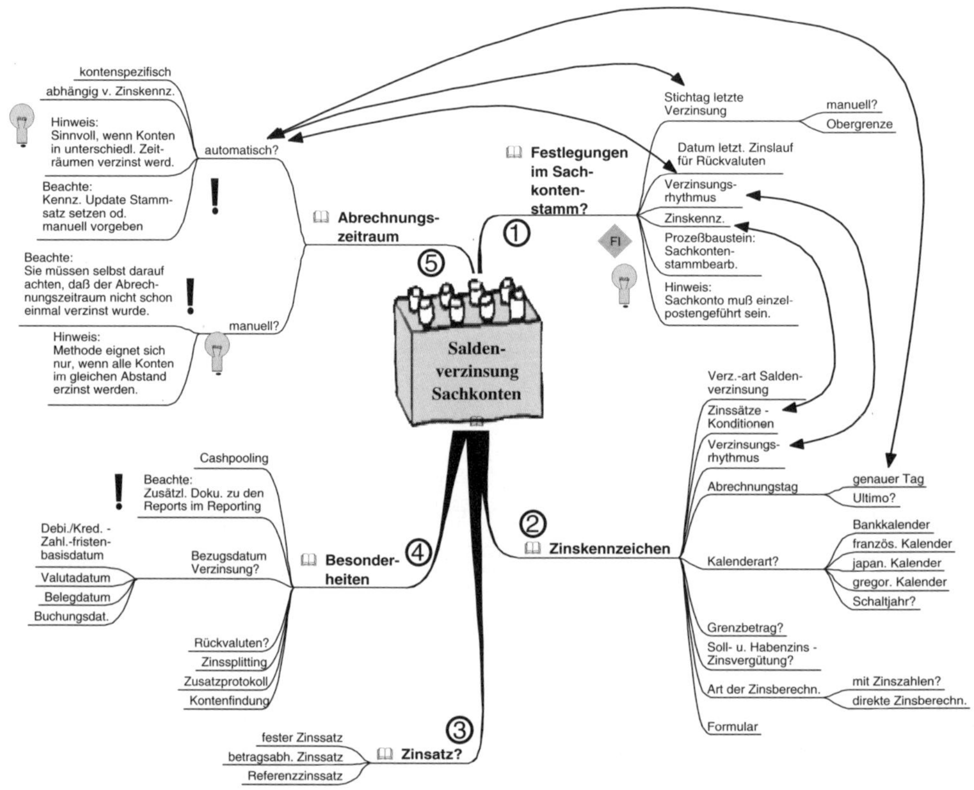

Abbildung 5.5.4-1: Prozeß-Knowledge Map – Saldenverzinsung

② *Was wird durch das* ***Zinskennzeichen*** *festgelegt und gesteuert?*

Der Verzinsungsreport ermittelt bei der Saldenverzinsung das Zinskennzeichen im Sachkontenstamm. Mit dem Zinskennzeichen werden die wichtigsten Festlegungen für die Verzinsung getroffen, wie beispielsweise der Zinssatz und wie die Zinsen berechnet werden sollen. Für die Zinstagebestimmung wird im Zinskennzeichen der Bezug zur Kalenderart hergestellt. Sie können z.B. den Bankkalender benutzen, dann haben alle Monate 30 Tage und das Jahr 360, oder Sie legen sich auf den gregorianischen fest mit den tatsächlichen Tagen im Monat und einem Jahr mit 365 oder 366 Tagen. Sie können die Verzinsung auch abhängig von einem Grenzbetrag vornehmen. Ist dieser null, erfolgt eine Verzinsung eines Kontos, vorausgesetzt, es hat einen Saldovortrag, oder es wurden im abzurechnenden Zeitraum Posten gebucht. Sie können festlegen, daß bei diesem Zinskennzeichen nur eine Sollverzinsung stattfinden soll oder aber ob auch zusätzlich eine Habenverzinsung erwünscht ist. Wird der Abrechnungszeitraum automatisch ermittelt, ist der im Zinskennzeichen mitgegebene Abrechnungstag von Bedeutung. Sie geben im Zinskennzeichen an, ob mit Zinszahlen gerechnet oder direkt verzinst wird. Der Verzinsungsabstand in Monaten (Verzinsungsrhythmus) kann global im Zinskennzeichen oder im jeweiligen Sachkonto für die Berechnung des Abrechnungszeitraumes eingetragen werden.

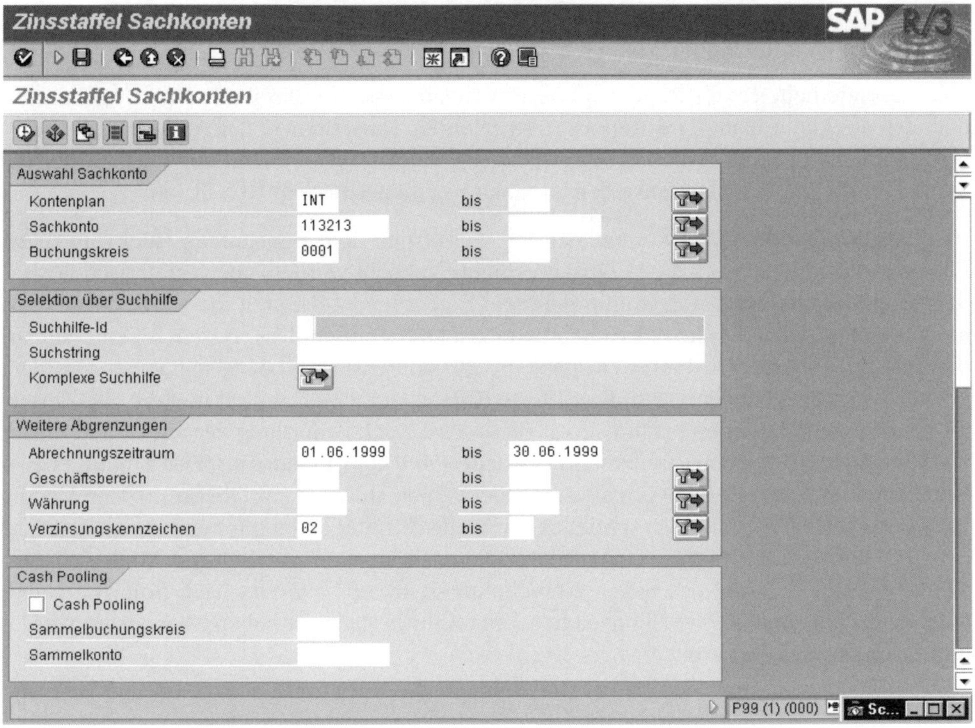

Abbildung 5.5.4-2: EnjoySAP Screen zur Saldenverzinsung (© SAP AG)

③ *Möchten Sie Ihre Konten mit einem festen oder einem betragsabhängigen **Zinssatz** verzinsen?*

Der Zinssatz wird pro Zinskennzeichen, Währung und Gültigkeitsdatum definiert. Sie können einen festen Zinssatz definieren, diesen aber auch betragsabhängig gestalten. Sie können sich auf einen Referenzzinssatz beziehen und bei Bezug zusätzlich einen festen Zuschlag definieren.

④ *Welche **Besonderheiten** gibt es bei der Saldenverzinsung zu beachten?*

Sie können in einem sogenannten Cashpool den Gesamtsaldo mehrerer Konten für die Verzinsung heranziehen, beispielsweise können Sie mehrere Konten verschiedener Tochterunternehmen innerhalb eines Konzerns einschließlich der Mutter zusammenfassen. Voraussetzung ist, daß Sie die Konten gebündelt in einer Reportvariante ablegen. Reportvarianten stellen „eingefrorene" Selektionen, Definitionen und ggfs. auch Sortierungen dar, die je nach Bedarf jederzeit zum Aufruf eines Reports wieder herangezogen werden können. Des weiteren müssen Sie ein Sammelkonto, das die Sammelfunktion des Cashpoolings übernimmt und die Bedingungen für die Verzinsung vorgibt, angeben. Alle beteiligten Konten müssen dasselbe Zinskennzeichen und dieselbe Währung (Single Currency Cash Pooling) besitzen. Normalerweise wird durch das Cashpooling ein Zinsgewinn (Benefit) erzielt. Dieser errechnet sich als Differenz aus den errechneten Zinsen ohne Cashpooling und den errechneten Zinsen mit Cashpooling. Diese Differenz ist der Zinsgewinn (Benefit) und kann auf dem Sammelkonto manuell gebucht werden.

Alle Besonderheiten eines Reports sind zusätzlich in einer Beschreibung zum Bericht selbst über den direkten Einstieg ins Reporting zu erfahren. Dazu braucht der Anwender den technischen Namen des Reports. Diesen erfährt er über das Systemmenü und die Abfrage des Status. Im Fall der Sachkontensaldenverzinsung heißt der Bericht RFSZIS00.

Eine besondere Bedeutung kommt bei der Verzinsung den sogenannten Rückvaluten zu. Dies sind Posten, die nach einer Zinsabrechnung gebucht wurden, aber valuterisch noch in den bereits abgerechneten Zeitraum gehören. Eigentlich ist dadurch die letzte Zinsabrechnung ungültig, da nicht alle relevanten berücksichtigt wurden. Das System erkennt anhand des Tages des letzten Zinslaufes (Angabe im Sachkontenstamm oder Angabe bei Zinslauf), ob Rückvaluten entstanden sind. Das älteste Rückvaluta wird ermittelt und die alte Zinsabrechnung erneut durchgeführt, und zwar rückwärts. Nach Ermittlung der relevanten Zinsen der alten Verzinsungsuntergrenze und dem ältesten Rückvalutadatum wird nun unter Einbeziehung der neuen Posten vom ältesten Rückvalutadatum bis zur Obergrenze die Verzinsung korrekt neu berechnet. Anschließend wird die Zinsabrechnung für den neuen Zeitraum erstellt. Wollen Sie die Zinsen des Rückvalutenzeitraums (zusätzlich die Minussoll- und Minushabenzinsen) und des neuen Abrechnungszeitraums getrennt nach Soll und Haben ausweisen, müssen Sie das Kennzeichen Zins-Splitting gesetzt haben. Ansonsten werden nur die Gesamtzinsen verbucht.

Beachte:
Erst nach der ordentlichen Durchführung der Buchungen sollte das Datum des letzten Zinslaufes gesetzt werden. Wurde das Datum des letzten Zinslaufes nicht ordentlich gesetzt, weicht der ausgewiesene valuterische Saldovortrag vom Endsaldo des letzten Zinslaufes ab. Das Ergebnis des Verzinsungsreports ist eine Liste in Staffelform. Falls ein Konto nicht verzinst wurde, können Sie das herausfinden, indem Sie den Zinslauf protokollieren lassen. Anhand des Protokolls können Sie feststellen, warum ein Konto nicht verzinst wurde. Die Eckdaten für die Verzinsung sind in den einzelnen Ästen beschrieben. Zusätzlich können Sie die zu verzinsenden Konten über Selektionskriterien eingrenzen. Wichtigste Voraussetzung bei den zu verzinsenden Konten ist, daß sie einzelpostengeführt und mit einem Zinskennzeichen versehen sind. Um den Zinsaufwand bzw. -ertrag automatisch buchen zu können, müssen zuvor diese Konten in der Kontenfindung für die Verzinsung hinterlegt werden. Der Zinslauf erstellt eine sogenannte Batch-Input-Mappe. Wird diese ausgeführt bzw. abgespielt, erfolgen erst die tatsächlichen Buchungen, je nach Wunsch online oder im Hintergrund.

⑤ *Wie legen Sie den **Abrechnungszeitraum** für die Verzinsung fest?*

Sie geben den Abrechnungszeitraum manuell vor, wenn in Ihrem Unternehmen alle Konten im gleichen Abstand verzinst werden. Dabei bestimmen Sie die Ober- und Untergrenze manuell. Überschneidungen von Zeiträumen werden vom System nicht erkannt. Der Stichtag letzte Verzinsung darf in den Konten nicht gefüllt sein.

Sie können die Abrechnungszeiträume auch automatisch durch das SAP-System ermitteln lassen, dann ist gewährleistet, daß es keine Überschneidungen bei den Zeiträumen gibt. Wenn Sie Konten in unterschiedlichen Zeitabständen verzinsen wollen, ist die automatische Errechnung die einzige Möglichkeit, den Überblick zu bewahren. Wie geht das System vor? Sie geben bei Aufruf des Reports den Abrechnungszeitraum vor. Ein Konto nimmt an der Verzinsung teil, falls die für das Konto ermittelte Obergrenze die von Ihnen vorgegebene Obergrenze nicht überschreitet. Die Ober- und Untergrenze für das Konto wird wie nachfolgend beschrieben vom System ermittelt. Die Untergrenze ergibt sich aus dem Tag nach dem Datum letzte Verzinsung (siehe Ast ① Festlegungen im Sachkontenstamm). Die Obergrenze errechnet der Verzinsungsreport, indem er auf den Stichtag der letzten Verzinsung den Monatsabstand des Verzinsungsrhythmus addiert. Der genaue Tag ergibt sich aus dem im Zinskennzeichen deklarierten Abrechnungstag.

5.5.5 Prozeß-Knowledge Map – Umgliedern Wareneingangs-/Rechnungseingangskonto

Der Prozeßbaustein Umgliedern Wareneingangs-/Rechnungseingangskonto wird am Geschäftsjahresende gebraucht, um Warenlieferungen, zu denen noch keine Lieferantenrechnungen existieren, und eingegangene Rechnungen, zu denen die Ware noch nicht geliefert wurde, abzugrenzen. Der hohe Integrationsgrad des SAP-Systems, hier zwischen der Beschaffung und der Buchhaltung, ermöglicht eine aktuelle wertmäßige Abgrenzung. Bei der Einbuchung der Warenlieferung (Prozeßbaustein *Wareneingangsbearbeitung*) werden im Hintergrund automatisch die entsprechenden Konten der Finanzbuchhaltung mitgebucht, in diesem Fall beispielsweise das Bestandskonto Rohstoffe und als Gegenkonto ein Wareneingangs-/Rechnungseingangsverrechnungskonto, auch kurz WE/RE-Verrechnungskonto genannt. Erfolgt, meistens zeitlich versetzt, der Rechnungseingang (Prozeßbaustein *Rechnungsbearbeitung*), werden die Verbindlichkeiten erhöht und das WE/RE-Konto entlastet. Dieser Vorgang kann auch zeitlich andersherum ablaufen, d.h., erst wird die Lieferantenrechnung gebucht und später erfolgt der Wareneingang. Ist ein Beschaffungsvorgang abgeschlossen, gibt es eine oder mehrere Soll- und Habenbuchungen auf dem WE/RE-Verrechnungskonto, die sich entsprechen bzw. die sich ausgleichen würden. Dieser Ausgleich muß vom Anwender initiiert werden, erfolgt also nicht automatisch. Sie werden insofern unterstützt, als daß Sie über speziell von Ihnen festgelegte Kriterien einen maschinellen Ausgleich (Prozeßbaustein *Maschineller Ausgleich*) durchführen können.

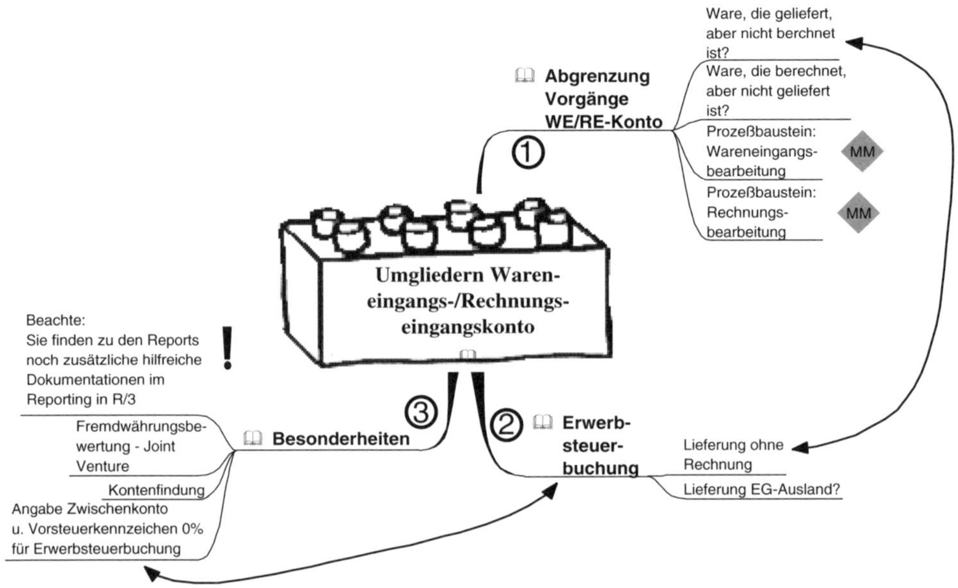

Abbildung 5.5.5-1: Prozeß-Knowledge Map –
Umgliedern Wareneingangs-/Rechnungseingangskonto

① *Haben Sie am Geschäftsjahresende Waren, die geliefert wurden, aber noch nicht berechnet sind, oder Waren, die berechnet, aber noch nicht geliefert sind? (**Abgrenzung Vorgänge WE/RE-Konto**)*

Über den Report Umgliedern Wareneingangs- und Rechnungseingangskonto analysieren Sie vor Bilanzerstellung zu einem bestimmten Stichtag die WE/RE-Verrechnungskonten, um die gebuchten Geschäftsvorfälle, Ware, die geliefert, aber noch nicht berechnet wurde, oder Ware, die berechnet, aber nicht geliefert wurde, korrekt auszuweisen. Dazu saldiert der Umgliederungsreport alle offenen Posten pro Bestellnummer und Position. Ergeben Sie zusammen nicht null, werden Korrekturbuchungen erzeugt. Bei einem Habensaldo handelt es sich um gelieferte und nicht berechnete Ware und bei einem Sollsaldo um berechnete, aber noch nicht gelieferte Ware. Die ebenso bezeichneten Abgrenzungs- bzw. Zielkonten werden entsprechend gebucht, die Gegenbuchung erfolgt auf ein Korrekturkonto. Die Ziel- und Korrekturkonten werden einmalig in der Kontenfindung definiert. Die benötigten Umbuchungen werden pro Buchungskreis, WE/RE-Verrechnungskonto, Abstimmkonto und wenn notwendig pro Geschäftsbereich erstellt. Die Buchungen werden zu dem von Ihnen angegebenen Stornostichtag wieder storniert. Wird kein Datum eingegeben, wird am Tag nach der Umgliederung das Storno vorgenommen. In der Bilanz wird das WE/RE-Verrechnungskonto zusammen mit dem Korrekturkonto in einer Bilanzposition ausgewiesen. Der gemeinsame Saldo der Konten ist null.

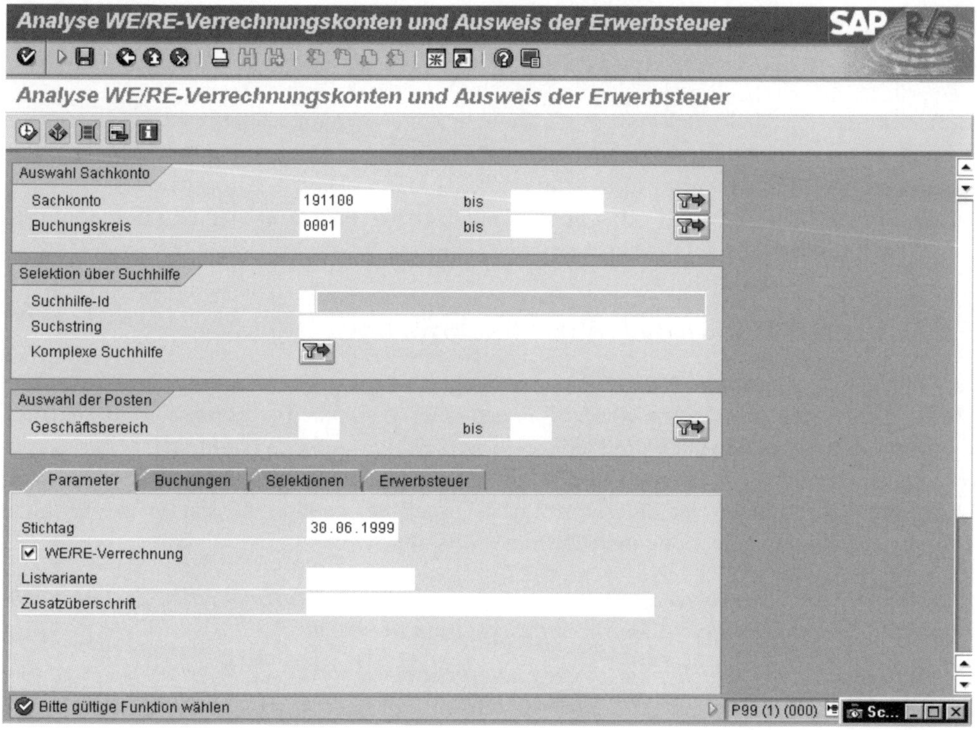

Abbildung 5.5.5-2: EnjoySAP Screen zum Umgliedern Wareneingangs-/Rechnungseingangskonto (© SAP AG)

② *Gibt es bei Ihnen am Geschäftsjahresende Waren, die aus dem EG-Ausland eingeführt wurden, aber für die es noch keine Lieferantenrechnung gibt? (**Erwerbsteuerbuchung**)*

Normalerweise wird mit Buchung der Eingangsrechnung die Erwerbsteuer gebucht. Die Erwerbsteuer wird für Lieferungen aus dem EG-Ausland erhoben. Gibt es nun aber Geschäftsvorfälle aus dem EG-Ausland mit Wareneingangsbuchung, aber ohne entsprechenden Rechnungseingang, können Sie zusätzlich mit dem Umgliederungsreport aufgrund des Wareneingangs eine Erwerbsteuerbuchung vornehmen lassen. Das SAP-System benötigt dazu ein steuerrelevantes Zwischenkonto, das Sie beim Aufruf des Reports angeben müssen. Die Buchung auf dieses Konto ist der Anstoß für die Erwerbsteuerbuchung. Das Steuerkennzeichen aus der Wareneingangsbuchung wird zugrunde gelegt. Mit einer Buchung in gleicher Höhe wird das Zwischenkonto wieder entlastet und gleichzeitig wird eine Vorsteuerbuchung mit einem Vorsteuerkennzeichen null Prozent vorgenommen. Die Erwerbsteuer wird pro Buchungskreis und Geschäftsbereich gebucht.

③ *Gibt es **Besonderheiten**, die bei der Umgliederung des WE/RE-Verrechnungskontos zu beachten sind?*

Gibt es etwas Besonderes bei einem Report zu beachten, können Sie zusätzlich in einer Beschreibung zum Bericht selbst diese über den direkten Einstieg ins Reporting erfragen.

Dazu benötigen Sie den technischen Namen des Reports. Diesen ermitteln Sie über das Systemmenü und die Abfrage des Status. Im Fall *Umgliedern Wareneingangs-/Rechungseingangskonto* heißt der Bericht RFWERE00.

Befinden Sie sich im Joint Venture mit anderen Unternehmen, könnte es für Sie relevant sein, für in Fremdwährung gebuchte Posten, die geliefert und noch nicht berechnet wurden, zusätzlich eine Fremdwährungsbewertung durchzuführen. Die Posten werden wie in Ast ① beschrieben auf ein Zielkonto gebucht. Zusätzlich erfolgt aber eine Buchung in Fremdwährung zum Stichtagskurs auf ein separates Zielkonto.

5.5.6 Prozeß-Knowledge Map – Saldovortrag

Der Prozeßbaustein *Saldovortrag* ist ein wichtiger Vorgang zum Beginn eines Geschäftsjahres. Die Salden der Konten werden ins neue Geschäftsjahr vorgetragen. Dabei werden die Bestandskonten, wie auch die Debitoren- und Kreditorenkonten, auf sich selbst vorgetragen. Die Erfolgskontensalden laufen auf dem oder den entsprechenden Ergebnisvortragskonten zusammen. Der Saldovortragslauf muß angestoßen werden, er erfolgt nicht automatisch bei einer Buchung ins neue Geschäftsjahr.

① *Sind in Ihrem Unternehmen alle Voraussetzungen für das* ***Eröffnen eines Geschäftsjahres*** *getroffen worden? Welche Voraussetzungen sind zu beachten?*

Der Prozeß *Eröffnen Geschäftsjahr*, der einhergeht mit dem Prozeß *Saldovortrag* und hier auch gemeinsam mit diesem betrachtet werden soll, erfordert bestimmte Voraussetzungen. Neben der definierten Anzahl der Perioden, die ein Geschäftsjahr beeinhaltet, müssen die Vorgaben für die Belegnummern für das neue Jahr festgelegt und mindestens die erste Buchungsperiode des neuen Geschäftsjahres muß offen sein. Das Geschäftsjahr wird, sind die genannten Voraussetzungen erfüllt, mit der ersten Buchung auf jedes Konto eröffnet. Dies kann auch ein Saldovortrag sein.

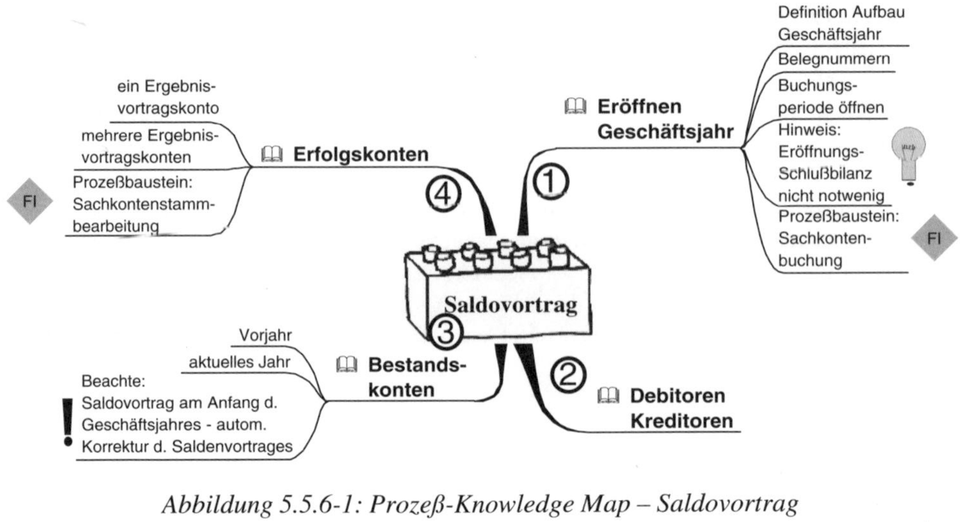

Abbildung 5.5.6-1: Prozeß-Knowledge Map – Saldovortrag

② *Sie möchten die **Kreditoren- und Debitorenkonten** vortragen?*

Dazu sind keine besonderen Voraussetzungen zu erfüllen.

③ *Wann starten Sie den Saldovortrag? (**Bestandskonten**)*

Sie können den Saldovortrag zu einem beliebigen Zeitpunkt starten. Starten Sie ihn am Ende eines Geschäftsjahres, kann das System bei Buchungen in das alte Jahr nicht erkennen, daß dies eine Saldenkorrektur zur Folge hätte. Daher die Empfehlung, den Lauf am Anfang des neuen Geschäftsjahres vorzunehmen. Dadurch ist gewährleistet, daß bei jeder Buchung ins alte Geschäftsjahr automatisch der Saldo korrigiert wird, ohne den Saldovortragslauf nochmals anzustoßen.

Zu ③: Haben Sie ein Konto irrtümlich als GuV-Konto deklariert und möchten dies im neuen Jahr richtigstellen und als Bestandskonto führen, müssen Sie den Saldovortragslauf nochmals anstoßen, damit der Saldovortrag korrigiert wird.

④ *Ist Ihr Unternehmen in mehreren Ländern zu Hause und hat daher auch unterschiedliche Anforderungen an eine Gewinn- und Verlustrechnung?(**Erfolgskonten**)*

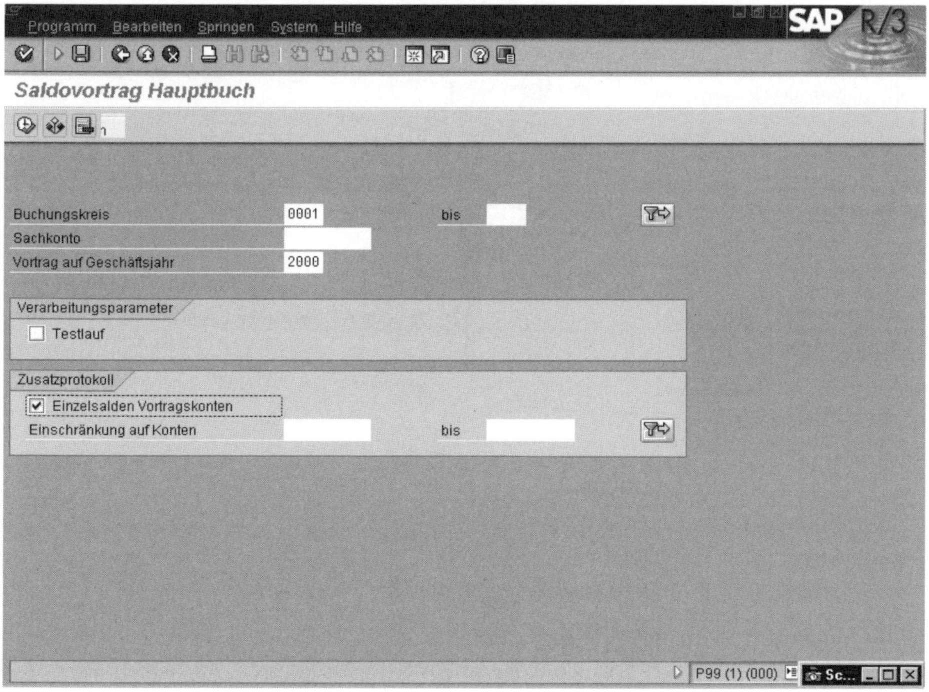

Abbildung 5.5.6-2: EnjoySAP Screen zum Saldovortrag (© SAP AG)

Sie können jedem Erfolgskonto im Stamm einen Erfolgskontentyp zuordnen. Dieser Erfolgskontentyp ist mit einem Ergebnisvortragskonto verbunden. Bei Benutzung mehrerer Kontenpläne muß dieses Konto ggfs. pro Kontenplan hinterlegt werden. Um den Anforderungen unterschiedlicher Länder gerecht zu werden, können Sie unterschiedliche Erfolgskontentypen den Erfolgskonten zuordnen. Den Erfolgskontentypen liegen dann verschiedene Ergebnisvortragskonten zugrunde.

5.5.7 Prozeß-Knowledge Map – Kreditorenstammbearbeitung

Lieferanten, mit denen Ihre Firma geschäftliche Beziehungen unterhält, erfassen Sie in einem Lieferanten- und Kreditorenstammsatz. Für die Abwicklung der verschiedenen Geschäftsvorfälle werden die Daten, z.B. die Adresse aus dem Kreditorenstamm, benötigt. Werte wie die Zahlungsbedingungen werden als Vorschlagswert in die Buchungen übernommen, können aber vorfallsabhängig abgeändert werden. Der Einkauf und die Finanzbuchhaltung benutzen denselben Stammsatz, um Datenredundanzen zu vermeiden. Um den spezifischen Anforderungen der verschiedenen Abteilungen gerecht zu werden, ist der Stammsatz in verschiedene Sichten aufgeteilt. Es ist organisatorisch zu klären, wer für welche Inhalte verantwortlich ist. Das SAP-System unterstützt Sie auch über verschiedene Abgleichprogramme. Nähere Details erfahren Sie auch unter dem Prozeßbaustein *Lieferantenstammbearbeitung* im MM.

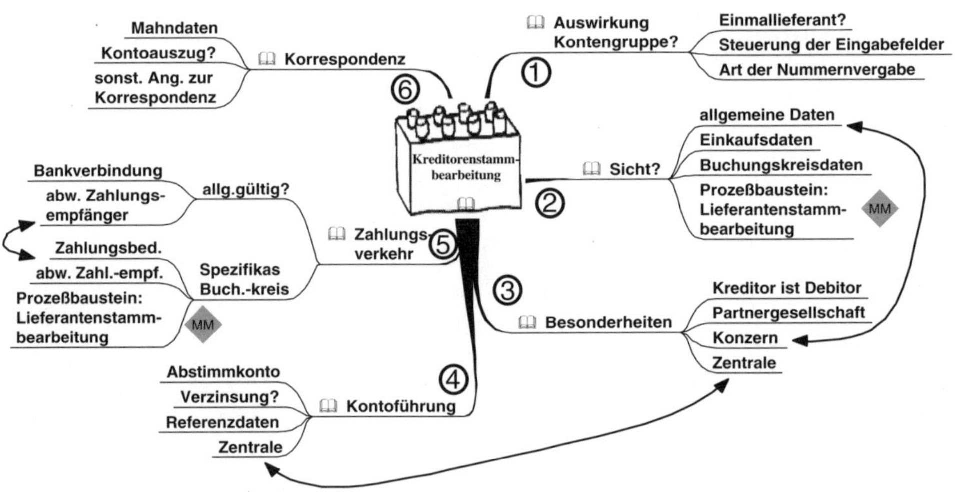

Abbildung 5.5.7-1: Prozeß-Knowledge Map – Kreditorenstammbearbeitung

① *Welche **Auswirkung** hat die **Kontengruppe** auf den Kreditorenstamm?*

Die von Ihnen festgelegte Kontengruppe hat eine große Bedeutung für den nachfolgenden Prozeßablauf. Gibt es beispielsweise Lieferanten bzw. Kreditoren, mit denen Sie nur einmalige Geschäfte machen, lohnt es sich nicht, einen eigenen Stamm anzulegen. Dazu wird ein Sammelkonto CPD (Konto pro Diverse) eingerichtet. Der dafür benötigte abweichende Prozeßablauf wird über die Kontengruppe bei der Anlage des Sammelkontos festgelegt. Buchen Sie später einen Vorgang auf dieses Konto, werden Sie z.B. die Adreßdaten und zahlungsrelevanten Daten erst bei der Erfassung des Geschäftsvorfalls eingeben, um später diesen Kreditor auch bezahlen zu können. Ferner beeinflußt die Kontengruppe die Nummernvergabe, d.h., entweder wird die Nummer extern vom Anwender vergeben, oder das System vergibt die Nummer intern. Welche Felder zur Eingabe zwingend notwendig sind oder welche ausgeblendet werden können, steuert die Kontengruppe ebenfalls.

② *Welche Informationen zum Lieferanten sind in Ihrem Unternehmen aus* ***Sicht der Buchhaltung*** *wichtig?*

Der allgemeine Teil und der Einkaufsdatenteil werden ausführlich unter dem Prozeßbaustein Lieferantenstammbearbeitung in der Beschaffung beschrieben, daher wird an dieser Stelle auf eine Dokumentation verzichtet. Lediglich für die Buchhaltung relevante Felder werden in diesem Abschnitt angesprochen. Im buchungskreisspezifischen Bereich des Kreditorenstammes werden Eigenschaften der Kontoführung, wie das Abstimmkonto, das die Verbindung zum Hauptbuch darstellt, vermerkt. Zu beachten ist, daß dieses Abstimmkonto die Steuerung der Eingabefelder beim Buchen beeinflußt (vgl. Prozeßbaustein *Sachkontenstammbearbeitung*). Ebenso werden in der Buchhaltungssicht die Zahlungsbedingungen und Zahlungsdaten gepflegt.

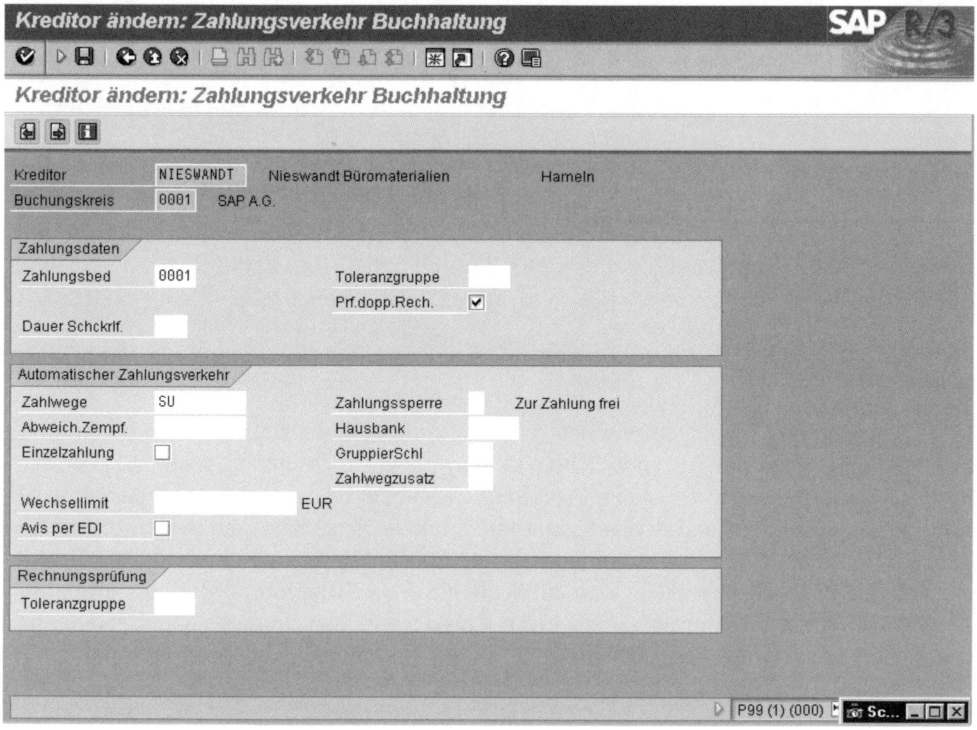

Abbildung 5.5.7-2: EnjoySAP Screen zur Kreditorenstammbearbeitung (© SAP AG)

③ *Gibt es in Ihrem Unternehmen Kreditoren mit* ***Besonderheiten****?*

Zu ③: *Gibt es in Ihrem Unternehmen* ***Kreditoren, die gleichzeitig Debitoren*** *sind, und Sie wollen diese zwei miteinander betrachten?*
Sie können die Belege beider Seiten gemeinsam betrachten und die offenen Posten im Zahl- wie Mahnprogramm gemeinsam bearbeiten. Voraussetzung ist, daß Sie im jeweils anderen Stammsatz den Bezug auf den anderen Partner herstellen. Bei Bedarf können die Posten auch miteinander verrechnet werden. Dies kann ebenfalls im Kreditorenstamm festgelegt werden.

Zu ③: *Sind Sie Mitglied in einem Firmenverbund (****Partnergesellschaft****) und streben eine spätere Konsolidierung an?*
Sie führen Ihr Partnerunternehmen als Kreditorenstamm versehen mit einer konzernweit einheitlichen Partnergesellschaftsnummer. Bei Buchungen auf diesen Kreditor wird die Information der Partnergesellschaft mit in den Beleg übernommen. Dies ist Voraussetzung für die im Rahmen der Konzernkonsolidierung stattfindenden Binnenumsatzeleminierung.

Zu ③: *Haben Sie mehrere Kreditoren, die einem gemeinsamen* ***Konzern*** *angehören?*
Ist dies der Fall, können Sie all diesen Kreditoren eine Konzernkennzeichnung im allgemeinen Teil des Lieferanten- bzw. Kreditorenstammes mitgeben. Danach haben Sie die Möglichkeit, über den Konzern Auswertungen zu fahren oder über diesen Begriff einen Matchcode zu bilden.

Zu ③: *Gibt es bei Ihnen* ***Filialen****, bei denen Sie bestellen, aber die Zahlung geht an die Zentrale?*
Gibt es diese Konstellation, legen Sie die Filial- und Zentralkonten als Kreditorenstämme an. In den Filialen stellen Sie einen Verweis auf das Zentralkonto her. Nun können Sie bei der Filiale bestellen. Die Umsatz- und Verkehrszahlen werden vom System nicht auf dem Filial-, sondern auf dem Zentralkonto geführt. Die Zentrale erhält Ihre Zahlung. Gibt es mehrere Filialen zu einer Zentrale, können Posten mehrerer Filialen gleichzeitig bezahlt werden.

④ *Welche Merkmale der* ***Kontoführung*** *soll das Konto des Kreditors in der Buchhaltung aufweisen?*

Eines der wichtigsten buchhalterischen Angaben im Kreditorenstamm ist die Bestimmung des Abstimmkontos. Dieses auch Mitbuchkonto genannte Sachkonto stellt die Verknüpfung zum Hauptbuch dar. Es ist eine Art Sammelkonto, auf dem die Verbindlichkeiten, beispielsweise nach Inland und Ausland getrennt, durch die Buchungen auf den einzelnen Kreditoren auflaufen. Neben einem Sortierkriterium für die Einzelposten können auch Zentral- und Filialverhältnisse abgebildet werden. Wollen Sie das Kreditorenkonto verzinsen, müssen Sie die relevanten Informationen wie das Zinskennzeichen eintragen. Die Beziehung zu einem Einkaufsverband oder auch zu einer alten Kontonummer können zusätzlich dargestellt werden.

⑤ *Welche Daten sind für den* ***Zahlungsverkehr*** *wichtig?*

Die notwendigen Bankverbindungen bei z.B. Überweisungen sind im allgemeinen Teil des Stammsatzes zu hinterlegen. Wurde das Bankenband mit sämtlichen in Deutschland ansässigen Banken eingespielt, ist es nur notwendig, die Bankleitzahl und die Kontonummer einzutragen.

Sie können einen abweichenden Zahlungsempfänger im Kreditorenstamm eintragen. Dieser muß ebenfalls als Stammsatz vorhanden und der Bezug muß hergestellt sein. Dies ist die Voraussetzung, um beispielsweise Überweisungen oder Schecks über den abweichenden Zahlungsempfänger zu regeln. Der abweichende Zahlungsempfänger kann für alle Firmen gültig im allgemeinen Bereich der Stammdaten oder firmenspezifisch im Buchungskreisteil abgelegt werden.

Der Einkauf und die Finanzbuchhaltung benutzen denselben Stammsatz, um Datenredundanzen zu vermeiden. Um den spezifischen Anforderungen der verschiedenen Abteilungen gerecht zu werden, ist der Stammsatz in verschiedene Sichten aufgeteilt. Es ist organisatorisch zu klären, wer für welche Inhalte verantwortlich ist. Das SAP-System unterstützt Sie auch über verschiedene Abgleichprogramme. Ebenso ist es möglich, erst im Beleg diese Festlegung zu treffen. Die spezifische Definition gilt, also erst der Belegeintrag, dann der Eintrag im Buchungskreis und dann die allgemeine Festlegung. Bei den Festlegungen zum Zahlungsverkehr spielt die Zahlungsbedingung eine herausragende Rolle. Wichtig ist, daß die Zahlungsbedingungen mit dem Einkauf abgestimmt werden müssen, da dort ebenso ein Eintrag für die Geschäftsprozesse im Einkauf erfolgt.

⑥ *Was gibt es bei der **Korrespondenz** zu beachten?*

Neben den Mahndaten (auch Gutschriften können gemahnt werden), die ausführlich im Prozeßbaustein *Debitorenmahnungen* beschrieben sind, wird in diesem Bild festgelegt, ob der Kreditor regelmäßig einen Kontoauszug erhält und in welchem Abstand. Der Kontoauszug kann auch nur auf Anforderung erstellt werden, dann braucht hier kein Eintrag gemacht zu werden. Handelt es sich um einen Kreditor mit Zentral- und Filialverhältnis, kann hier festgelegt werden, daß trotzdem die Filiale die Korrespondenz wie Mahnung und Kontoauszug erhalten soll, was eine Ausnahme darstellt. (vgl. Ast ③ Besonderheiten)

5.5.8 Prozeß-Knowledge Map – Maschinelle Zahlung

Der Prozeßbaustein *Maschinelle Zahlung* ist ein sehr wichtiger Baustein hauptsächlich für den Kreditorenbereich. Er findet aber auch Einsatz bei debitorischen Vorgängen, wenn Sie an Gutschriften oder den Lastschriftverkehr denken. Sie können sowohl Inlands- wie Auslandszahlungen abwickeln, sogar länderspezifische besondere Zahlverfahren, wie das ESR-Verfahren in der Schweiz, werden abgebildet. Der maschinelle Zahllauf ist ein periodisch aufzurufender Prozeß, für den bestimmte Eckdaten bzw. Parameter anzugeben sind. Der Zahllauf läuft in folgenden drei Schritten ab:

- *Vorschlagslauf*
  Das Zahlungsprogramm ermittelt die zu regulierenden Posten und erstellt eine Zahlvorschlagsliste, die nachträglich am Bildschirm überarbeitet werden kann. Beispielsweise können Sie Posten sperren oder Zahlsperren aufheben, Sie können Zahlwege oder Bankverbindungen ändern. Zusätzlich entsteht ein Vorschlagsprotokoll, das je nach Auswahl kurz oder ausführlich angezeigt wird. Eine Ausnahmeliste informiert Sie schnell über die Posten, die aus bestimmten Gründen nicht im Zahlvorschlag berücksichtigt wurden.

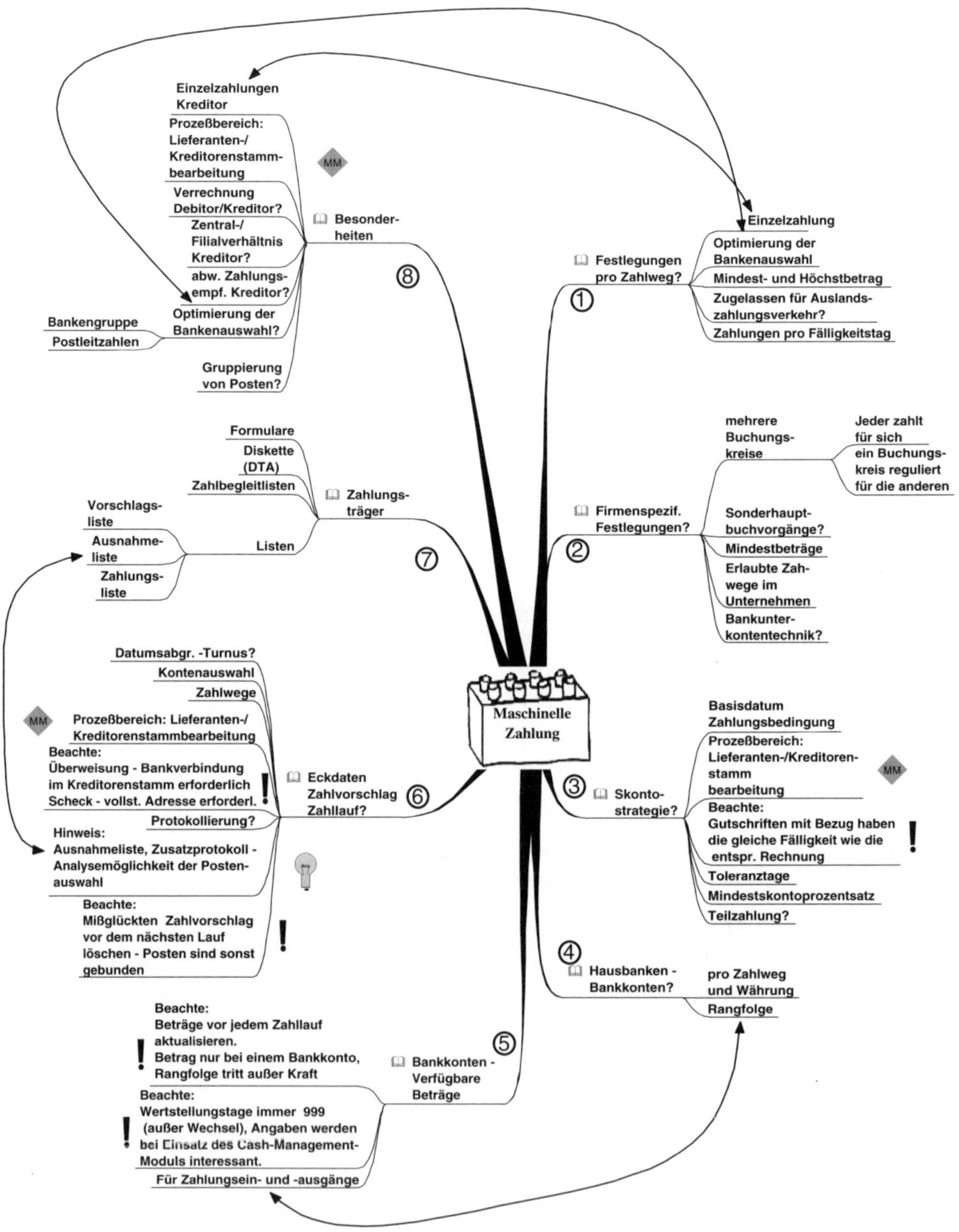

Abbildung 5.5.8-1: Prozeß-Knowledge Map – Maschinelle Zahlung

- *Zahlungslauf*
  Die Zahlung erfolgt aufgrund der bearbeiteten Vorschlagsliste. Die Posten werden ausgeglichen und die Daten für die Zahlungsträger werden bereitgestellt. Auch in diesem Schritt erhalten Sie ein Protokoll.

- *Erzeugen der Zahlungsträger*
  Dieser Schritt kann auch mit dem davorliegenden kombiniert werden. In dieser Phase werden die Formulare gedruckt oder der Datenträger erstellt.

① *Bis zu welchem Betrag soll beispielsweise eine Überweisung ausgestellt werden? Ab welchem Betrag wird ein Scheck ausgestellt? (**Festlegungen pro Zahlweg**)*

Über die Begrenzung des Mindest- und Höchstbetrages pro Zahlweg können Sie den Übergang von Überweisung zum Scheck steuern. Sie bestimmen auch, ob ein Zahlweg für den Auslandszahlungsverkehr zugelassen ist und ob bei diesem Zahlweg alle Posten einzeln gezahlt werden. Weitere Festlegungen gibt es beim Zahlweg dann zu treffen, wenn bei einem Zahlweg beispielsweise für jeden Posten eine separate Zahlung erfolgen soll.

② *Hat Ihr Unternehmen mehrere rechtlich selbständige Einheiten, und soll ein Buchungskreis zentral für die anderen bezahlen? (Firmenspezifische Festlegungen)*

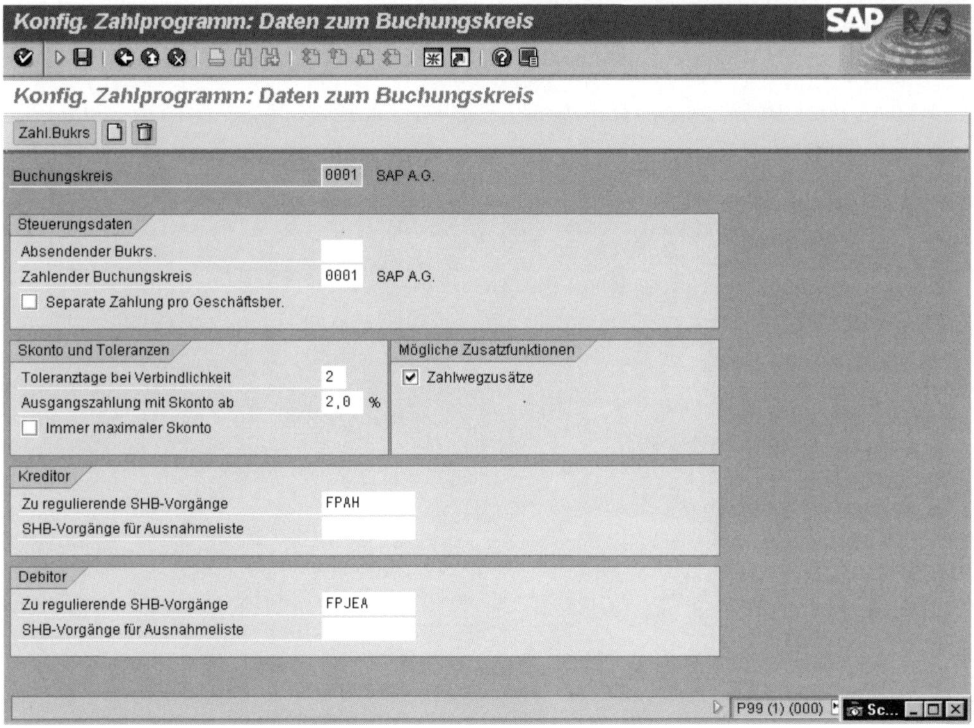

Abbildung 5.5.8-2: EnjoySAP Screen zur Maschinellen Zahlung – Einstellungen (© SAP AG)

Pro Buchungskreis wird die Beziehung zum zahlenden Buchungskreis hergestellt. Es kann auch pro Buchungskreis der gleiche zahlende Buchungskreis eingetragen sein. Bestimmte zusätzliche Festlegungen müssen noch getroffen werden, z. B. ob Sonderhauptbuchvorgänge mitreguliert werden sollen oder nicht. Denken Sie bei Teilzahlungen daran, die Zahlungsanforderung als Sonderhauptbuchvorgang hier mit zu berücksichtigen. Damit keine Kleinbeträge bezahlt werden, können Sie hier eine Werteingabe im Mindestbetrag vornehmen.

③ *Welche* ***Skontostrategie*** *wird in Ihrem Unternehmen bevorzugt?*

Sie wollen bei Zahlungen immer den höchstmöglichen Skonto ausschöpfen. Dazu können Sie in dem System ein Kennzeichen setzen, dann wird immer das erste Skontorecht in Anspruch genommen. Gerade bei Liquiditätsengpässen bietet es sich aber vielleicht an, die Nettofälligkeit der Posten auszunutzen. Hierbei hilft Ihnen die Stellschraube des Mindestskontoprozentsatzes. Je höher Sie den Prozentsatz wählen, desto weniger Posten entsprechen diesem Skontoprozentkriterium. Denn das Zahlprogramm reguliert nur Posten, die den angegebenen Prozentsatz im aktuellen Lauf erreichen würden, ansonsten wird die Nettofälligkeit genutzt. Sie können über verschiedene Einstellungen dieses Mindestskontoprozentsatzes auch eine Strategie zwischen den genannten Extremfällen wählen. Über einzutragende Toleranztage kann die Zahlung hinausgezögert werden. Die Toleranztage werden zu den ermittelten Zahlungsfristen addiert. Ebenso können Sie für bereits verbuchte Rechnungen auch Teilzahlungen realisieren. Sie müssen dazu eine Zahlungsanforderung über den gewünschten Teilbetrag erfassen und die entsprechende Rechnung zur Zahlung sperren.

④ *Welche Ihrer* ***Bankkonten (Hausbank)*** *sind für Überweisungen, Schecks und andere Zahlwege vorgesehen?*

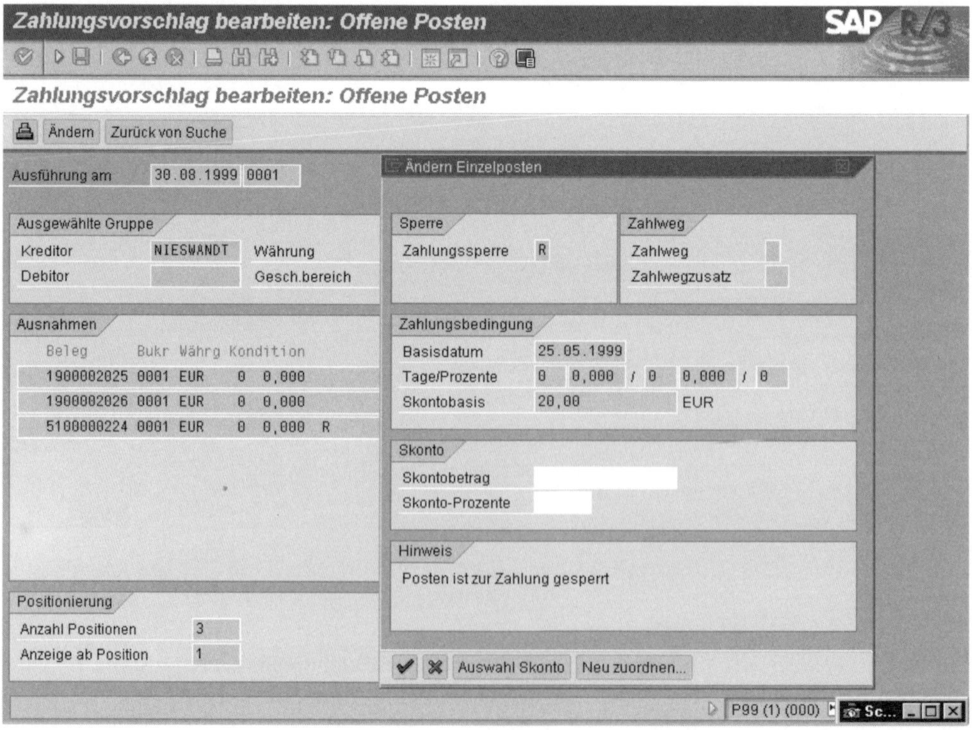

Abbildung 5.5.8-3: EnjoySAP Screen zur Maschinellen Zahlung – Durchführung (© SAP AG)

Sie geben pro Zahlweg und auf Wunsch zusätzlich pro Währung die Hausbanken und entsprechenden Bankkonten vor. Gibt es pro Zahlweg und Währung mehrere Bankkonten, müssen Sie eine Rangfolge festlegen. Sind die Mittel des ersten Bankkontos beim Zahllauf erschöpft, wird das zweite herangezogen.

⑤ *Welche Mittel stehen Ihnen bei welchen Hausbanken und auf welchen Konten zur Verfügung? (**Bankkonten – Verfügbare Beträge**)*

Für jedes Konto Ihrer Hausbanken geben Sie pro Zahllauf den verfügbaren Betrag vor, die Beträge werden nach Zahlungsein- und -ausgang unterschieden. Entsprechend der Rangfolge der Bankkonten werden die Mittel verwendet. Betragssplittungen nimmt das System nicht vor. Wollen Sie einen Zahllauf nur von einem bestimmten Bankkonto bedienen, tragen Sie in dem einen entsprechenden Bankkonto einen Betrag größer null ein, die restlichen haben keinen Eintrag.

⑥ *Welche Posten sollen in diesem Zahllauf berücksichtigt werden? (**Eckdaten Zahlvorschlag/Zahllauf**)*

Vor dem Start des Zahllaufs geben Sie bestimmte Eckdaten vor, wie beispielsweise die Kontoselektion und die in diesem Zahllauf zu berücksichtigenden Zahlwege. Aufgrund des Datums des nächsten Zahllaufes und der aktuellen Skontostrategie ermittelt das System die Posten, die in diesem Zahlauf mit berücksichtigt werden müssen. Wertvolle Informationen liefert das Zusatzprotokoll, das Sie fallweise einschalten und mit bestimmten Optionen versehen können. Scheitert beispielsweise eine Zahlung per Überweisung, weil im Lieferanten-/Kreditorenstamm die Bankverbindung fehlt, ist diese Ausnahmesituation sowohl in der Ausnahmeliste als auch im eventuell zugeschalteten Zusatzprotokoll ersichtlich.

⑦ *Welche **Zahlungsträger** in welcher Form sollen bei welchem Zahlweg ausgedruckt bzw. erstellt werden?*

Durch das Zahlungsprogramm entstehen die Zahlungsbelege. Diese liefern wiederum die Datengrundlage für die *Zahlungsträger* in Papier- oder Dateienform (für Datenträgeraustausch). Sie bestimmen über die Angabe beim jeweiligen Druckprogramm, das abhängig vom Zahlweg ist, in welcher *Form der Zahlbeleg* erstellt werden soll. Bei Auslandszahlungen können auch gleich die *Außenwirtschaftverkehrsmeldungen* ausgegeben werden.

⑧ *Gibt es in Ihrem Unternehmen **Besonderheiten, die beim Zahlvorgang zu beachten sind?***

Zu ⑧: *Haben Sie Kreditoren, die **Einzelzahlungen** pro Posten verlangen?*
Dann können Sie diese Anforderung im Lieferanten-/Kreditorenstammsatz festlegen (vgl. Ast ① Festlegungen pro Zahlweg).

Zu ⑧: *Gibt es bei Ihnen **Kreditoren, die gleichzeitig Debitoren** sind, und eine Verrechnung ist zugelassen?*
Wurde in dem jeweiligen anderen Stammsatz die Verbindung zum gegensätzlichen Stammsatz hergestellt und das Verrechnungskennzeichen gesetzt, findet beim Zahllauf eine Verrechnung statt. Dies hat zur Folge, daß ein Habensaldo ausbezahlt und ein Sollsaldo eingezogen wird.

Zu ⑧: *Gibt es bei Ihnen Kreditoren, die einer* ***Zentrale*** *untergeordnet sind? Wer bezahlt, die* ***Filiale*** *oder* ***Zentrale****?*
Das SAP-System nimmt automatisch die Zentrale als Zahlungsempfänger an, trotzdem können Sie über eine Dezentralmarkierung den Fall umkehren, d.h., die Filiale würde die Zahlung erhalten.

Zu ⑧: *Existieren bei Ihnen Kreditoren, die immer oder fallweise einen* ***abweichenden Zahlungsempfänger angeben?***
Sie können im Lieferanten-/Kreditorenstamm des jeweiligen Kreditors generell, d.h. für alle Buchungskreise oder speziell für einen Buchungskreis, den abweichenden Zahlungsempfänger angeben. Oder Sie tragen den abweichenden Zahlungsempfänger im betroffenen Posten ein, wenn diese Situation nur sporadisch auftaucht.

Zu ⑧: *Muß für bestimmte Fälle der Geldtransfer sehr schnell vonstatten gehen? (****Optimierung der Bankenauswahl****)*
Dann können Sie jeder Bank eine Bankengruppe zuordnen. Dieses Kriterium ist für den Zahllauf ausschlaggebend. Das SAP-System versucht, eine Hausbank und eine entsprechende Partnerbank mit der identisch gleichen Gruppe zu finden. Auch nach Postleitzahlen kann optimiert werden.

5.5.9 Prozeß-Knowledge Map – Debitorenstammbearbeitung

Kunden, mit denen Ihre Firma geschäftliche Beziehungen unterhält, erfassen Sie in einem Kunden- und Debitorenstammsatz. Für die Abwicklung der verschiedenen Geschäftsvorfälle werden die Daten, z.B. die Adresse, aus dem Debitorenstamm benötigt. Werte wie die Zahlungsbedingungen werden als Vorschlagswert in die Buchungen übernommen, können aber vorfallsabhängig abgeändert werden. Der Vertrieb und die Finanzbuchhaltung benutzen denselben Stammsatz, um Datenredundanzen zu vermeiden. Um den spezifischen Anforderungen der verschiedenen Abteilungen gerecht zu werden, ist der Stammsatz in verschiedene Sichten aufgeteilt. Es ist organisatorisch zu klären, wer für welche Inhalte verantwortlich ist. Das SAP-System unterstützt Sie auch über verschiedene Abgleichprogramme. Nähere Details erfahren Sie auch unter dem Prozeßbaustein *Kundenstammbearbeitung* im SD.

① *Welche* ***Auswirkung*** *hat die* ***Kontengruppe*** *auf den Debitorenstamm?*

Die von Ihnen festgelegte Kontengruppe hat eine große Bedeutung für den nachfolgenden Prozeßablauf. Gibt es beispielsweise Kunden bzw. Debitoren, mit denen Sie nur einmalige Geschäfte machen, lohnt es sich nicht, einen eigenen Stamm anzulegen. Dazu wird ein Sammelkonto CPD (Konto pro Diverse) genutzt. Der dafür benötigte und abweichende Prozeßablauf wird über die Kontengruppe bei der Anlage des Sammelkontos festgelegt. Buchen Sie später einen Vorgang auf dieses Konto, werden z.B. die Adreßdaten erst bei der Erfassung des Geschäftsvorfalls eingegeben, um später diesen auch mahnen zu können. Ferner beeinflußt die Kontengruppe die Nummernvergabe, d.h., entweder wird die Nummer extern vom Anwender vergeben, oder das System vergibt die Nummer intern. Welche Felder zur Eingabe zwingend notwendig sind oder welche ausgeblendet werden können, steuert die Kontengruppe ebenfalls.

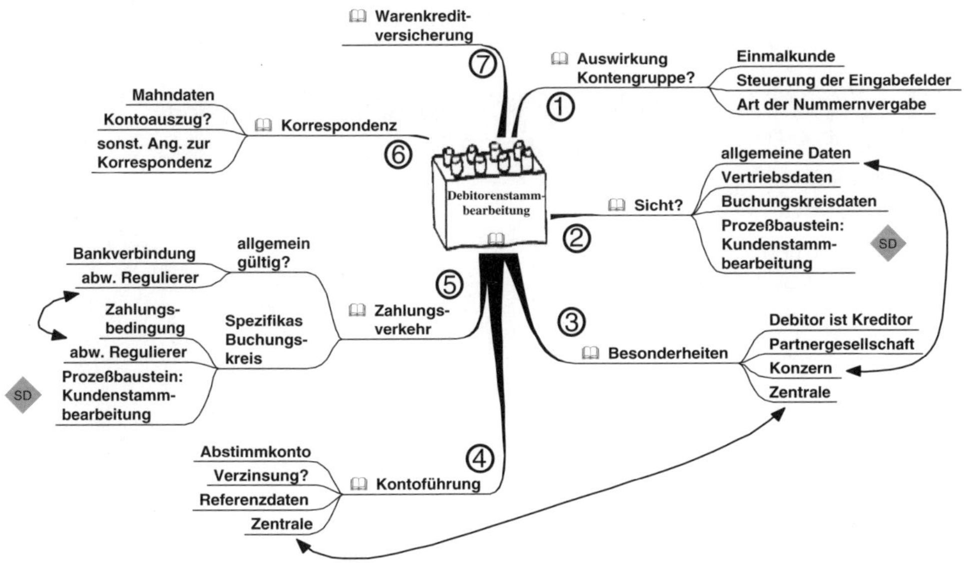

Abbildung 5.5.9-1: Prozeß-Knowledge Map – Debitorenstammbearbeitung

② *Welche Informationen zum Kunden sind in Ihrem Unternehmen aus* ***Sicht der Buchhaltung*** *wichtig?*

Der allgemeine Teil und der Vertriebsdatenteil werden ausführlich unter dem Prozeßbaustein *Kundenstammbearbeitung* innerhalb des Prozeßbereich *Vertrieb* beschrieben. In diesem Kapitel werden nur die für die Buchhaltung relevanten Felder angesprochen. Im buchungskreisspezifischen Bereich des Debitorenstammes werden Eigenschaften der Kontoführung, wie das Abstimmkonto, das die Verbindung zum Hauptbuch darstellt, vermerkt. Zu beachten ist, daß dieses Abstimmkonto die Steuerung der Eingabefelder beim Buchen beeinflußt (vgl. Prozeßbaustein *Sachkontenstammbearbeitung*). Ebenso werden in der Buchhaltungssicht die Zahlungsbedingungen und Mahndaten gepflegt.

③ Gibt es *in Ihrem Unternehmen Debitoren mit* ***Besonderheiten****?*

Zu ③: *Gibt es in Ihrem Unternehmen* ***Debitoren, die gleichzeitig Kreditoren*** *sind, und Sie wollen diese zwei miteinander betrachten?*
Sie können die Belege beider Seiten gemeinsam betrachten und die offenen Posten im Mahn- wie Zahlprogramm gemeinsam bearbeiten. Voraussetzung ist, daß Sie im jeweilig anderen Stammsatz den Bezug auf den anderen Partner herstellen. Bei Bedarf können die Posten auch miteinander verrechnet werden. Dies kann ebenfalls im Debitorenstamm festgelegt werden.

Zu ③: *Sind Sie Mitglied in einem Firmenverbund (****Partnergesellschaft****) und streben eine spätere Konsolidierung an?*
Sie führen Ihr Partnerunternehmen als Debitorenstamm, versehen mit einer konzernweit einheitlichen Partnergesellschaftsnummer. Bei Buchungen auf diesen Debitor wird die

Information der Partnergesellschaft mit in den Beleg übernommen. Dies ist Voraussetzung für die im Rahmen der Konzernkonsolidierung stattfindenden Binnenumsatzeleminierung.

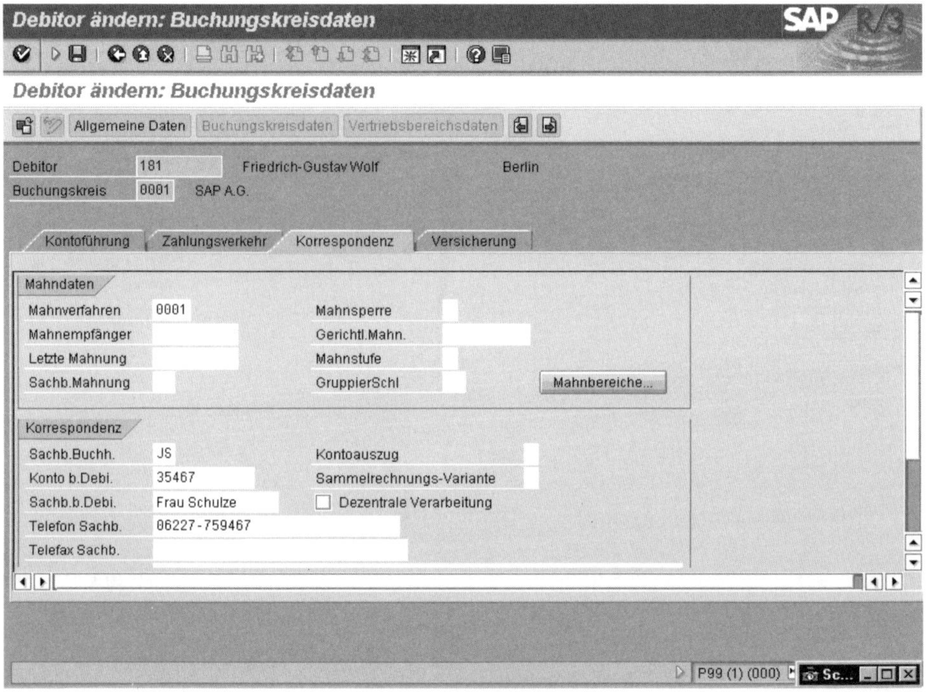

Abbildung 5.5.9-2: EnjoySAP Screen zur Debitorenstammbearbeitung (© SAP AG)

Zu ③: *Haben Sie mehrere Debitoren, die einem gemeinsamen **Konzern** angehören?*
Ist dies der Fall, können Sie all diesen Debitoren eine Konzernkennzeichnung im allgemeinen Teil des Kunden- bzw. Debitorenstammes mitgeben. Danach haben Sie die Möglichkeit, über den Konzern Auswertungen zu definieren oder über diesen Begriff einen Matchcode zu bilden.

Zu ③: *Gibt es bei Ihnen **Filialen**, die bei Ihnen bestellen, aber die **Zentrale** bezahlt die Rechnungen?*
Gibt es diese Konstellation, legen Sie die Filial- und Zentralkonten als Debitorenstämme an. In den Filialen stellen Sie einen Verweis auf das Zentralkonto her. Nun kann die Filiale bei Ihnen bestellen. Die Umsatz- und Verkehrszahlen werden vom System nicht auf dem Filial-, sondern auf dem Zentralkonto geführt. Die Regulierung bzw. Bezahlung erfolgt durch die Zentrale. Gibt es mehrere Filialen zu einer Zentrale, können Posten mehrerer Filialen gleichzeitig ausgeglichen werden.

④ *Welche Merkmale der **Kontoführung** soll das Konto des Debitors in der Buchhaltung aufweisen?*

Eines der wichtigsten buchhalterischen Angaben im Debitorenstamm ist die Bestimmung des Abstimmkontos. Dieses auch Mitbuchkonto genannte Sachkonto stellt die Verknüpfung zum Hauptbuch dar. Es ist eine Art Sammelkonto, auf dem die Forderungen, beispielsweise nach Inland und Ausland getrennt, durch die Buchungen auf den einzelnen Debitoren auflaufen. Neben einem Sortierkriterium für die Einzelposten können auch Zentral- und Filialverhältnisse abgebildet werden. Wollen Sie das Debitorenkonto verzinsen, müssen Sie die relevanten Informationen wie das Zinskennzeichen eintragen (vgl. Prozeßbaustein *Saldenverzinsung*.) Die Beziehung zu einem Einkaufsverband oder auch zu einer alten Kontonummer können zusätzlich dargestellt werden.

⑤ *Welche Daten sind für den **Zahlungsverkehr** z.B. bei Gutschriften wichtig?*

Die notwendige Bankverbindung bei z.B. Überweisungen von Gutschriften ist im allgemeinen Teil des Stammsatzes zu hinterlegen. Wurde das Bankenband mit sämtlichen in Deutschland ansässigen Banken eingespielt, ist es nur notwendig, die Bankleitzahl und die Kontonummer einzutragen. Sie können einen abweichenden Regulierer im Debitorenstamm eintragen. Dieser muß ebenfalls als Stammsatz vorhanden und der Bezug muß hergestellt sein. Dies ist die Voraussetzung, um beispielsweise Rücküberweisungen, Bankeinzüge oder die erwarteten Geldeingänge über den Regulierer zu tätigen. Der Regulierer kann für alle Firmen gültig im allgemeinen Bereich der Stammdaten oder firmenspezifisch im Buchungskreisteil definiert werden. Ebenso ist es möglich, erst im Beleg diese Festlegung zu treffen. Die spezifischste Definition gilt, also erst der Belegeintrag, dann der Eintrag im Buchungskreis und dann die allgemeine Festlegung. Bei den Festlegungen zum *Zahlungsverkehr* spielt die *Zahlungsbedingung* eine herausragende Rolle. Wichtig ist, daß die *Zahlungsbedingungen* mit dem *Vertrieb* abgestimmt werden müssen, da dort ebenso ein Eintrag für die Geschäftsprozesse im Vertrieb erfolgt.

⑥ *Was gibt es bei der **Korrespondenz** zu beachten?*

Neben den Mahndaten, die ausführlich im Prozeßbaustein *Debitorenmahnungen* beschrieben sind, wird in diesem Bild festgelegt, ob der Debitor regelmäßig einen Kontoauszug erhalten und in welchem Abstand dies geschehen soll. Der Kontoauszug kann auch nur auf Anforderung erstellt werden, dann braucht hier kein Eintrag gemacht zu werden. Handelt es sich um einen Debitor mit Zentral- und Filialverhältnis, kann hier festgelegt werden, daß trotzdem die Filiale die Korrespondenz wie Mahnung und Kontoauszug erhalten soll, was eine Ausnahme darstellt (vgl. Ast ③).

⑦ *Haben Sie eine **Warenkreditversicherung** für diesen Debitor abgeschlossen?*
Dann können im Debitorenstamm die notwendigen Daten gepflegt werden.

5.5.10 Prozeß-Knowledge Map – Debitorenmahnung

Der Prozeßbaustein *Debitorenmahnung* ist ein wichtiges Hilfsmittel, um in Verzug geratene offene Posten eines Geschäftspartners einzufordern. Wie und mit welchem Nachdruck dies passieren soll, bestimmen Sie mit den Festlegungen zum Mahnprogramm. Dabei gibt es die Möglichkeit, die Geschäftspartner unterschiedlich zu behandeln. Einem Ihrer besten Kunden werden Sie vermutlich nur eine freundliche Zahlungserinnerung schicken, einem schon öfter in Verzug geratenen Kunden werden Sie einen Mahnbrief mit einer gewissen Schärfe je Mahnstufe zukommen lassen. All diese Feineinstellungen können Sie in unterschiedlichen Mahnverfahren festlegen und dem jeweiligen Geschäftspartner zuordnen.

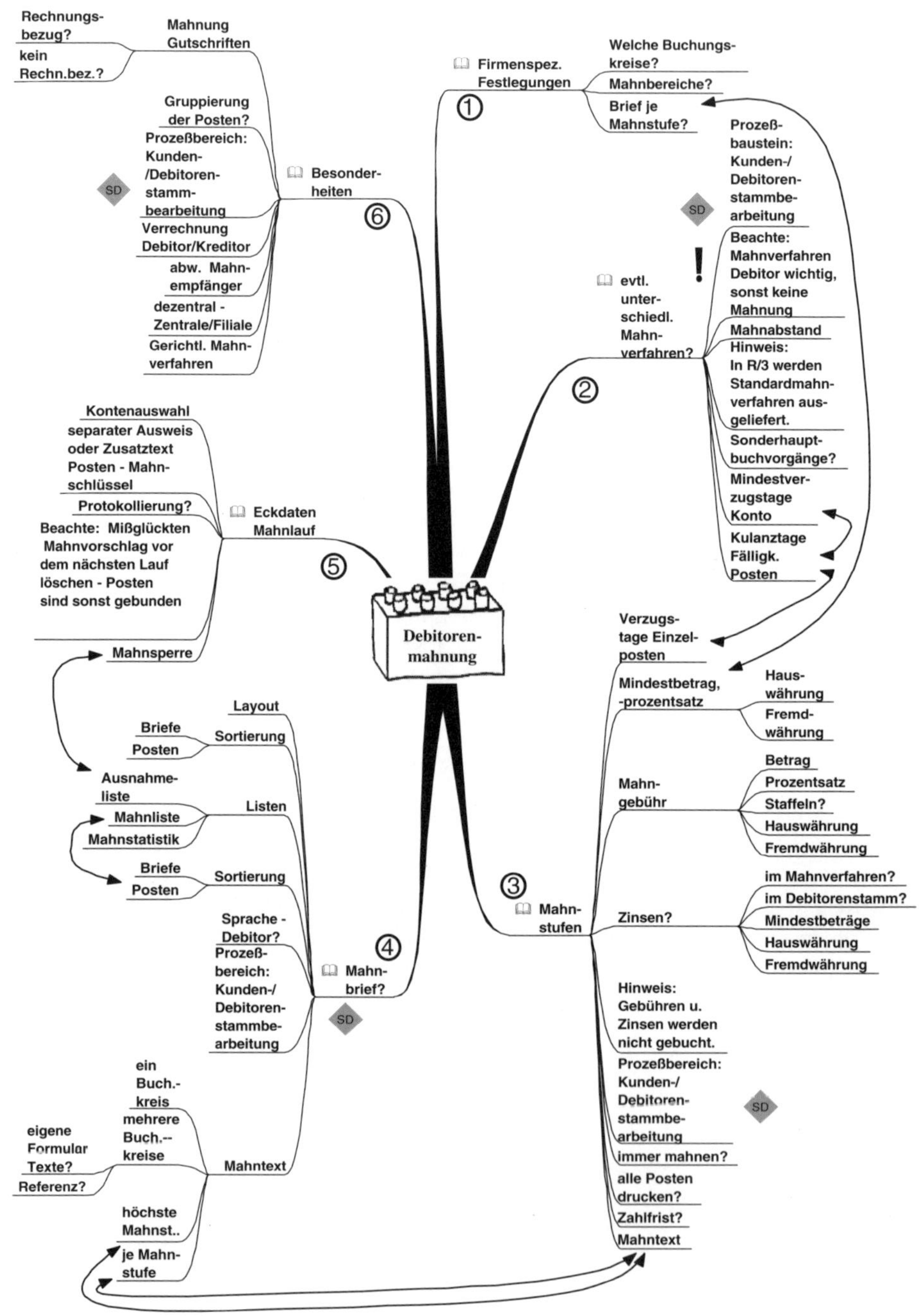

Abbildung 5.5.10-1: Prozeß-Knowledge Map – Debitorenmahnung

Nachfolgendes Vorgehen empfiehlt sich beim Ablauf des Mahnlaufes:

- *Mahnvorschlag*
  Das Mahnprogramm ermittelt die zu mahnenden Posten pro Mahnstufe unter der Berücksichtigung Ihrer Definitionen. Diese vom System vorgeschlagenen Posten können nun von Ihnen bearbeitet werden. Sie können beispielsweise die Mahnstufen ändern oder Posten für den Mahnlauf sperren. Zusätzlich entsteht ein Protokoll, das je nach Festlegung kurz oder ausführlich angezeigt wird. Eine Ausnahmeliste informiert Sie schnell über die nicht in die Mahnung eingegangenen Posten und die entsprechenden Gründe dazu.

- *Mahndruck*
  Die bearbeiteten Mahnposten sind die Grundlage für das Drucken der Mahnbriefe. Beim Druck der Mahnschreiben werden gleichzeitig die relevanten Werte, wie die Mahnstufe und das Mahndatum, in die Posten und das Konto des Geschäftspartners eingetragen.

① *Wie ist Ihr Mahnwesen organisiert? (**Firmenspezifische Festlegungen**)*

Zu ①: *Besteht Ihr Unternehmen aus mehreren rechtlich selbständigen Firmen (**Buchungskreise**)?*
Dann müssen Sie entscheiden, welche Buchungskreise am Mahnen teilnehmen sollen. Dies wird einmalig im Mahnprogramm in den firmenspezifischen Festlegungen definiert.

Zu ①: *Haben Sie eine Spartenorganisation und wollen das Mahnwesen auch auf dieser Ebene organisieren (**Mahnbereiche**)? Oder wollen Sie die Verantwortlichkeiten für das Mahnwesen pro Vertriebsweg, Verkaufsorganisation oder Geschäftsbereich realisieren?*
Können Sie eine dieser Fragen mit Ja beantworten, ist es sinnvoll, Mahnbereiche einzusetzen. Diese bieten Ihnen die Möglichkeit, die Mahnungen in einer Organisationsebene unterhalb des Buchungskreises zu organisieren. Hat Ihre Firma z.B. zwei Sparten, elektronische und mechanische Produkte, können Kunden dieser Bereiche in unterschiedlicher Form gemahnt werden. Es kann aber auch durchaus der Fall sein, daß ein Kunde Produkte aus beiden Sparten bezieht, dann wird er von beiden Mahnbereichen gemahnt. Ferner sind folgende zwei Konstellationen zu beachten:

- *Mahnbereiche mit unterschiedlichen Mahnverfahren*
  Mahnen Sie in Ihren Sparten in unterschiedlichen Tagesabständen, müssen im Kunden-/Debitorenstammsatz pro Mahnbereich die unterschiedlichen Mahnverfahren hinterlegt werden.

- *Das gleiche Mahnverfahren in mehren Mahnbereichen*
  Sie haben in den verschiedenen Mahnbereichen die gleichen Eckdaten wie z.B. den Mahnabstand, wollen das ganze Mahnwesen aber organisatorisch trennen. Trifft dieser Sachverhalt zu, müssen Sie im Kunden-/Debitorenstamm das Mahnverfahren zentral definieren. Die Folge davon ist, daß Sie im Beleg den Mahnbereich mitgeben müssen. Kommen die Beleginformationen aus vorgelagerten Bereichen, wie dem Vertrieb oder dem Einkauf, können die Mahnbereiche automatisch abgeleitet werden. Voraussetzung ist, daß zuvor Ableitungsregeln definiert wurden.

Zu ①: *Wollen Sie generell einen separaten **Mahnbrief pro Mahnstufe** versenden?*
Haben Sie sich für diese Option entschieden, sollten Sie ein paar Randbedingungen beachten: Der Mindestbetrag bzw. die Mindestprozentsätze gelten für jede Mahnstufe, d.h., werden diese Grenzwerte nicht überschritten, wird keine Mahnung für diese Stufe erzeugt. Die Mahnpositionen werden auch nicht der nächst niederen Mahnstufe zugeschlagen. Das Merkmal „alle Posten mahnen" macht zusammen mit dem oben erwähnten Merkmal Mahnbrief pro Stufe keinen Sinn. Denn zu welcher Stufe und zu welchem Brief sollten die nicht überfälligen Posten gezählt werden?

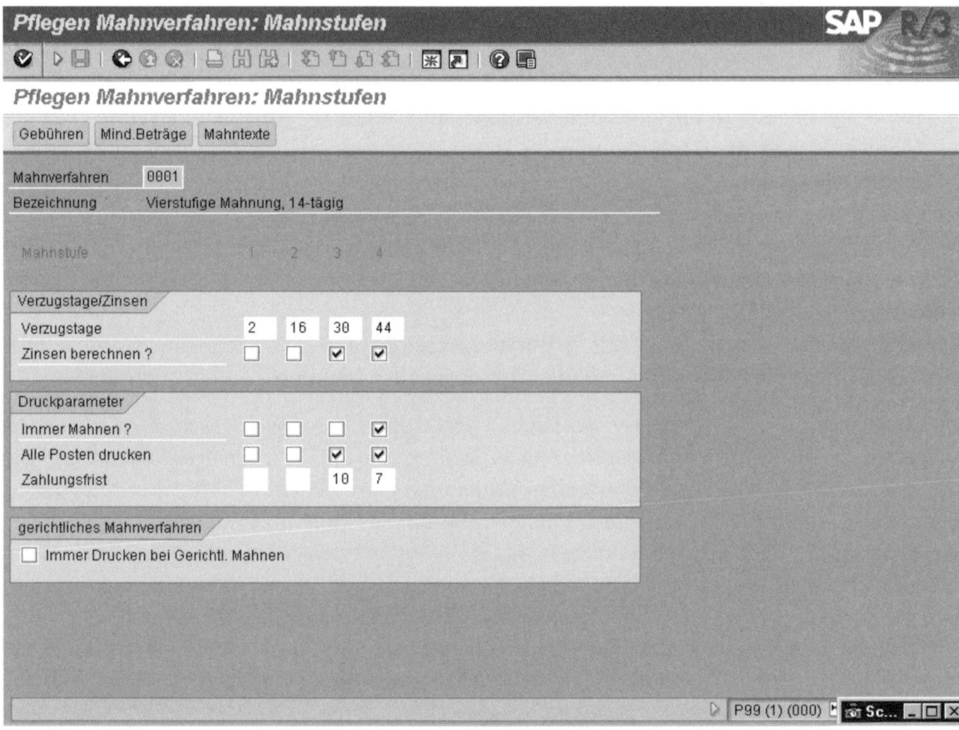

Abbildung 5.5.10-2: EnjoySAP Screen zur Debitorenmahnung – Einstellungen (© SAP AG)

② *Wie möchten Sie Ihre Mahnläufe steuern? (**Mahnverfahren**)*

Zu ②: *Welchen **Mahnabstand** wünschen Sie pro Mahnverfahren? Wie viele **Mahnstufen** soll es im Verfahren geben? Gibt es **Kulanztage**, die Sie dem Debitor einräumen?*
Alle diese Eckdaten legen Sie pro Mahnverfahren fest. Dieses Mahnverfahren muß mit dem Kunden-/Debitorenstamm verknüpft werden. Die höchste Mahnstufe und das Datum des letzten Mahnlaufes werden vom System im Stammsatz als Information vermerkt. Anhand des Mahndatums und des im Mahnverfahren definierten Mahnabstandes ermittelt das Mahnprogramm, ob das entsprechende Konto gemahnt werden soll oder nicht.

Zu ②: *Möchten Sie, um Bearbeitungszeiten oder Bankrücklauftage zu berücksichtigen, bei Ihren Mahnungen* ***Kulanz*** *walten lassen?*
Das Mahnprogramm ermittelt aufgrund des eingegebenen Ausstellungsdatums und der Zahlungsfrist im Posten die überfälligen bzw. zu mahnenden Posten. Sie können diese Frist über einen Eintrag bei den Kulanztagen für Posten verlängern. Oder Sie geben für das Konto Mindestverzugstage an. Dabei vergleicht das Mahnprogramm diese Mindestverzugstage mit den Verzugstagen des längsten überfälligen Postens. Sind diese Tage des Postens größer oder gleich den Mindestverzugstagen, wird das Konto gemahnt.

Zu ②: *Möchten Sie besondere Geschäftsvorfälle wie Anzahlungen, Bürgschaften etc. in Ihre Mahnungen mit einbeziehen? (**Sonderhauptbuchvorgänge**)*
Sie können diese Sonderhauptbuchvorgänge, die bei einem Mahnlauf berücksichtigt werden sollen, dem Mahnverfahren zuordnen.

③ *Wie soll mit den einzelnen* ***Mahnstufen*** *verfahren werden?*

Zu ③: *Wie viele* ***Mahnstufen*** *wollen Sie in Ihrem Mahnverfahren nutzen?*
Sie müssen mindestens eine und können maximal neun Mahnstufen nutzen. Dabei gelten Mahnverfahren, die nur eine Mahnstufe haben, als Zahlungserinnerung. Diese können bei wichtigen Kunden eingesetzt werden. Ein offener Posten wird einer Mahnstufe zugerechnet, sobald seine Verzugstage größer gleich den Verzugstagen der Mahnstufe sind. Auf dem Mahnbrief wird der Posten mit der entsprechenden Mahnstufe ausgedruckt. Zusätzlich wird die Mahnstufe im Posten vermerkt, und die höchste Mahnstufe aller Posten eines Kunden bzw. Debitors wird ebenfalls vom Mahnprogramm in seinem Konto eingetragen. Normalerweise bestimmt diese höchste Mahnstufe auch den Text des Mahnbriefes. Sie können aber auch einen Mahnbrief pro Mahnstufe versenden. Die Verzugstage je Mahnstufe werden vom Mahnprogramm automatisch vorgeschlagen. Für die erste Mahnstufe ergeben sich die Tage aus den Kulanztagen der Einzelpostens, für alle weiteren Mahnstufen werden die Mahnabstandstage mit den Tagen der vorherigen Mahnstufe summiert.

Zu ③: *Möchten Sie ab einer gewissen Mahnstufe eine* ***Zahlungsfrist*** *festlegen?*
Sie können eine Zahlungsfrist ausdrucken. Das Mahnprogramm addiert die eingetragenen Tage der Zahlungsfrist auf das Ausstellungsdatum und gibt dieses Datum im Mahnschreiben an. Zusätzlich kann über einen Bezug zu einem Feiertagskalender gewährleistet werden, daß dieses Datum auf kein Wochenende oder keinen Feiertag fällt. Das Mahnprogramm nimmt automatisch den nächsten Werktag.

Zu ③: *Möchten Sie vermeiden, daß durch Kleinbeträge hohe Mahnstufen ausgelöst werden?* (**Mindestbetrag, -prozentsatz**)
Sie können pro Mahnstufe einen Mindestbetrag und einen Mindestprozentsatz festlegen. Das System vergleicht den Mindestbetrag mit dem Betrag der mahnbaren Posten, zusätzlich wird dieser in Bezug zu der Summe der offenen Posten des Kontos gesetzt und mit dem Prozentwert verglichen. Wird der Mindestprozentsatz nicht erreicht, sind die Bedingungen für diese Mahnstufe nicht erfüllt.

Zu ③: *Wollen Sie trotz unverändertem Mahnbestand das Konto bei den Mahnläufen berücksichtigt haben? (**immer mahnen**)*
Diese Festlegung treffen Sie mit der Option „immer mahnen". Diese Option ist zu empfehlen bei einem einstufigen Mahnverfahren wie der Zahlungserinnerung.

Zu ③: *Möchten Sie in Ihrem Mahnbrief nicht nur die mahnbaren Posten, sondern alle Posten eines Kontos ausgedruckt haben?* ***(alle Posten drucken)***
Auch diesen Sachverhalt stellen Sie im Feintuning des Mahnprogrammes ein.

Zu ③: *Möchten Sie für Mahnungen* ***Gebühren*** *und* ***Zinsen*** *berechnen?*
Sie können pro Mahnstufe, Mahnverfahren und Währung Gebühren festlegen. Dabei ist es möglich, einen festen Betrag oder einen Prozentwert zu nutzen. Sie können auf Wunsch diese Gebühren sogar je nach Mahnbetrag staffeln. Die Gebühren werden je Währung ermittelt, findet das Mahnprogramm keinen entsprechenden Eintrag, werden keine Gebühren auf dem Schreiben ausgewiesen. Zusätzlich können Sie auf Wunsch je nach Mahnstufe oder Mahnverfahren Zinsen in der jeweiligen Währung errechnen lassen. Die Zinsberechnung können Sie abhängig von einem Mindestbetrag in Haus- oder Fremdwährung einschalten. Findet das Programm keinen Eintrag mit Fremdwährung, ist die Definition mit Hauswährung maßgebend. Das Zinskennzeichen für das Mahnprogramm kann im Kunden-/Debitorenstamm oder Mahnverfahren eingetragen werden. Sind beide Werte vorhanden, nimmt das Mahnprogramm das aus dem Stammsatz. Die Zinssätze werden datumsabhängig für jedes Zinskennzeichen ermittelt.

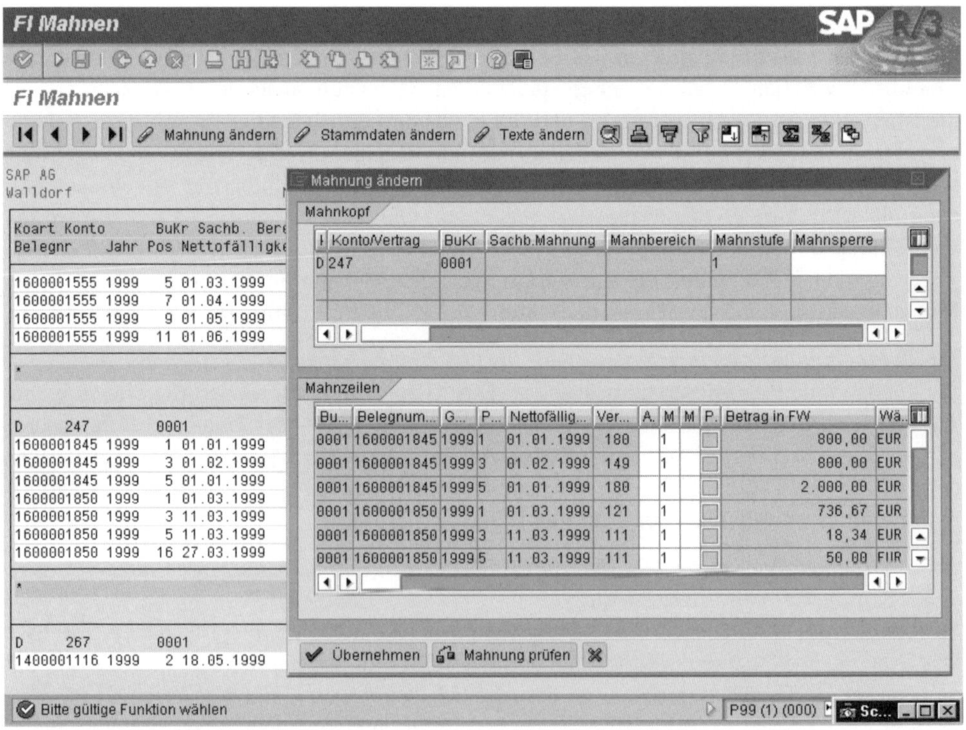

Abbildung 5.5.10-3: EnjoySAP Screen zur Debitorenmahnung – Durchführung (© SAP AG)

④ *Wie sollen die **Mahnbriefe** aussehen?*

Zu ④: *Möchten Sie Ihre Briefe speziell **sortiert** haben, d.h. z.B. nach Postleitzahl, um bei der Post eine Kostenermäßigung für vorsortierte Briefe zu erhalten? Oder möchten Sie die Posten innerhalb der Aufstellung im Mahnbrief nach bestimmten Kriterien sortiert haben?*
Sie können die Sortierungen individuell festlegen, diese gilt dann sowohl für die Mahnbriefe als auch für die Mahnliste.

Zu ④: *Besteht Ihr Unternehmen aus mehreren Buchungskreisen, Sie wollen aber ein einheitliches Formular für die Mahnungen benutzen? (**Mahntext**)*
Dazu müssen Sie in den buchungskreisspezifischen Festlegungen auf das jeweilige Formular des entsprechenden Buchungskreises referenzieren.

Zu ④: *Möchten Sie für die verschiedenen **Mahnstufen Texte** mit unterschiedlicher Schärfe definieren?*
So können Sie diese Texte pro Mahnstufe definieren. Maximal sind dabei neun Mahnstufen zugelassen und mindestens eine sollten sie benutzen (vgl. Ast ③ Mahnstufen).

⑤ *Welche Posten sollen im Mahnlauf berücksichtigt werden? (**Eckdaten Mahnlauf**)*

Vor dem Start des Mahnlaufs geben Sie bestimmte Eckdaten vor, wie beispielsweise die Kontoselektion und das Ausstellungsdatum. Wertvolle Informationen liefert das Zusatzprotokoll, das Sie fallweise einschalten können. Scheitert beispielsweise eine Mahnung, weil in der Adresse die Straße fehlt, so wird diese Ausnahmesituation sowohl in der Ausnahmeliste als auch im eventuell zugeschalteten Zusatzprotokoll ersichtlich. Über eine zusätzliche Definition von Mahnschlüsseln und Zuordnung dieser Schlüssel zu bestimmten Posten können Sie festlegen, daß ein Posten nur bis zu einer bestimmten Mahnstufe gemahnt wird oder daß eine bestimmte Art von Posten separat ausgewiesen und mit einem Text auf dem Mahnbrief versehen wird. Über einen Mahnsperreintrag können Sie bestimmte Kunden bzw. Debitoren oder Posten eines Debitors von der Mahnung ausschließen. Diese Mahnsperren werden definiert und mit unterschiedlichen Texten versehen.

⑥ *Gibt es in Ihrem Unternehmen **Besonderheiten**, die beim Mahnvorgang zu beachten sind?*

Nachfolgende Detailfragen sollen Licht in die Vielzahl der unterschiedlich zu behandelnden Geschäftsvorfälle bringen:

Zu ⑥: *Wie werden bei Ihnen **Gutschriften** gebucht bzw. behandelt bezüglich Fälligkeit oder Verrechnung mit Rechnungsposten?*
Eine Gutschrift ist normalerweise immer sofort fällig, es sei denn, Sie haben eine rechnungsbezogene Gutschrift erstellt, dann gelten die Zahlungsbedingungen der Rechnung. Das SAP-System übernimmt bei einem Rechnungsbezug auch die Mahnstufe der dazugehörenden Rechnung in die Gutschrift. Gibt es keinen Bezug, wird automatisch die höchste Mahnstufe des Kontos eingesetzt, um die Gutschrift mit den ältesten Mahnposten zu verrechnen.

Zu ⑥: *Wollen Sie bestimmte Posten in der Mahnung zusammenfassen?* *(**Gruppierung der Posten**)*
Dazu ist es notwendig, daß Sie Gruppierungsschlüssel, d.h. Kriterien für die Zusammenfassung von Posten, definieren. Zusätzlich muß der Gruppierungsschlüssel im jeweiligen Kunden-/Debitorenstamm eingetragen werden. Haben nun bei einem Mahnlauf die Posten dieselben Merkmale, werden sie gruppiert.

Zu ⑥: *Wollen Sie eine interne Mitteilung an die Rechtsabteilung bzw. den Rechtsanwalt weiterleiten, falls die höchste Mahnstufe erreicht ist? (**Gerichtliches Mahnverfahren**)*
Die interne Mitteilung wird, bei entsprechendem Formulareintrag unterhalb der höchsten Mahnstufe, generiert. Leitet die Rechtsabteilung ein gerichtliches Mahnverfahren ein, müssen Sie dieses Datum in den Kunden-/Debitorenstamm eintragen. Kommt ein neuer zu mahnender Posten nach Berücksichtigung des Mahnabstandes ins Spiel, wird die Rechtsabteilung umgehend über eine interne Mitteilung unterrichtet. Den deutschen Gesetzen über den Mahnbescheid ist insofern Rechnung getragen, als daß über die Möglichkeit der Summenbildung aller fälligen Posten ab Mahnstufe gewährleistet ist (*Summe ab Mahnstufe 3*), daß diejenigen Posten separat summiert werden, die größer Mahnstufe 3 sind, d.h. mindestens drei Mal gemahnt wurden.

Zu ⑥: *Gibt es unter Ihren Debitoren welche mit einem **Zentral- und Filialverhältnis**? Wer soll die Mahnung erhalten?*
Normalerweise bezahlt die Zentrale und diese erhält auch die Mahnung und sonstige Korrespondenzen. Ist dies nicht gewünscht, haben Sie die Möglichkeit, das Ganze herumzudrehen. Dazu müssen Sie im Stammsatz des Kunden/Debitors die Kennzeichnung „Dezentrales Verarbeiten" vornehmen. In diesem Fall würde die Filiale die Mahnungen etc. erhalten.

Zu ⑥: *Gibt es in Ihrem Unternehmen Einmalkunden, für die es sich nicht lohnt, einen eigenen Stammsatz anzulegen? Sie wollen diese aber mahnen?*
Dann gibt es folgendes zu beachten: Das SAP-System faßt alle Posten, die dieselbe Adresse beinhalten, zusammen, die Fortschreibung der Mahndaten erfolgt in den Posten.

Zu ⑥: *Wollen Sie **kreditorische Gutschriften** auch anmahnen?*
Oder gibt es bei Ihnen Debitoren, die gleichzeitig Kreditoren darstellen, und aus dem gemeinsamen Blickwinkel ergibt sich ein Sollsaldo, der gemahnt werden soll?
Sie können auch Kreditoren bei einem Sollsaldo mahnen. Für die kreditorischen Debitoren oder debitorischen Kreditoren können Sie festlegen, ob der gemeinsame Saldo der Konten ausschlaggebend für die Mahnungen sein soll.

5.5.11 Prozeß-Knowledge Map – Umgliedern Forderungen/ Verbindlichkeiten

Vor Bilanzerstellung muß geprüft werden, ob nicht Korrekturbuchungen notwendig sind, um Forderungen und Verbindlichkeiten korrekt auszuweisen (Prozeßbaustein *Umgliedern Forderungen/Verbindlichkeiten*). Im SAP-System werden Sie durch Berichte bzw. Reports bei diesen korrigierenden Maßnahmen unterstützt. Der Report erkennt, ob sich ein Abstimmkonto geändert hat und ob Debitorenkonten einen Habensaldo (kreditorische Debitoren) oder Kreditorenkonten einen Sollsaldo (debitorische Kreditoren) aufweisen.

Ebenso wird geprüft, ob Forderungen bestehen, die eine höhere Restlaufzeit als ein Jahr, oder Verbindlichkeiten, die eine höhere Restlaufzeit als ein Jahr oder gar höher als fünf Jahre aufweisen. Für diese Sonderfälle werden automatisch Korrekturbuchungen durchgeführt und zwar pro Hauptbuchkonto, pro Geschäftsbereich und Währung. Voraussetzung ist, daß die benötigten Korrektur- und Zielkonten dem System zuvor bekannt gemacht worden sind. (Kontenfindung)

① *Mußten Sie im laufenden Geschäftsjahr das **Abstimmkonto**, das Sonderhauptbuchkonto oder die Partnerkennzeichnung (verbundene Unternehmen) eines Debitors oder Kreditors **ändern**?*

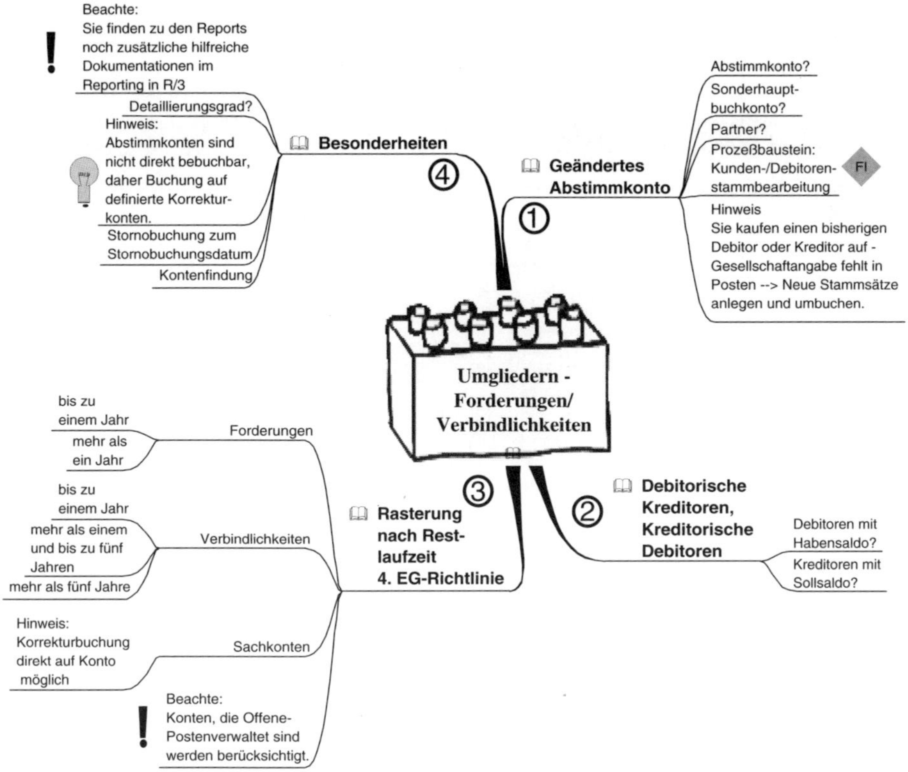

Abbildung 5.5.11-1: Prozeß-Knowledge Map – Umgliedern Forderungen/Verbindlichkeiten

Bei der Bilanzvorbereitung bedürfen obengenannte Situationen einer besonderen Behandlung. Im SAP-System werden Sie durch Berichte bzw. Reports bei diesen korrigierenden Maßnahmen unterstützt. Hier erkennt der Report, ob sich ein Abstimmkonto, ein Sonderhauptbuchkonto oder eine Partnerbeziehung bei einem Debitor oder Kreditor geändert hat. Der Report nimmt entsprechende Korrekturbuchungen für geänderte Abstimmkonten oder Sonderhauptbuchkonten automatisch vor. Die Buchung erfolgt auf Korrekturkonten, weil Abstimmkonten bzw. Sonderhauptbuchkonten nicht direkt bebucht werden können. Voraussetzung ist, daß Sie zuvor zu den betroffenen Konten die Korrekturkonten hinterlegt haben. Die benötigten Buchungsschlüssel sind im Standardsystem bereits definiert. In der Bilanz muß jeweils das ursprüngliche Konto zusammen mit dem Korrekturkonto in einer Position ausgewiesen werden.

② *Gibt es in Ihrem Unternehmen Debitoren mit einem Habensaldo (Verbindlichkeit, **kreditorische Debitoren**) und Kreditoren mit einem Sollsaldo (Forderung, **debitorische Kreditoren**)?*

Ist dies der Fall, erkennt der Report diese Situation und nimmt aus dem Grund wie bei Ast ③ beschrieben eine Korrekturbuchung vor. Die Buchung erfolgt auf ein Konto sonstige Verbindlichkeiten bzw. sonstige Forderungen, und als Gegenkonto wird ein entsprechendes Korrekturkonto, das Sie definiert haben, bebucht. Dieses Korrekturkonto muß zusammen mit dem Abstimmkonto in einer Bilanzposition ausgewiesen werden.

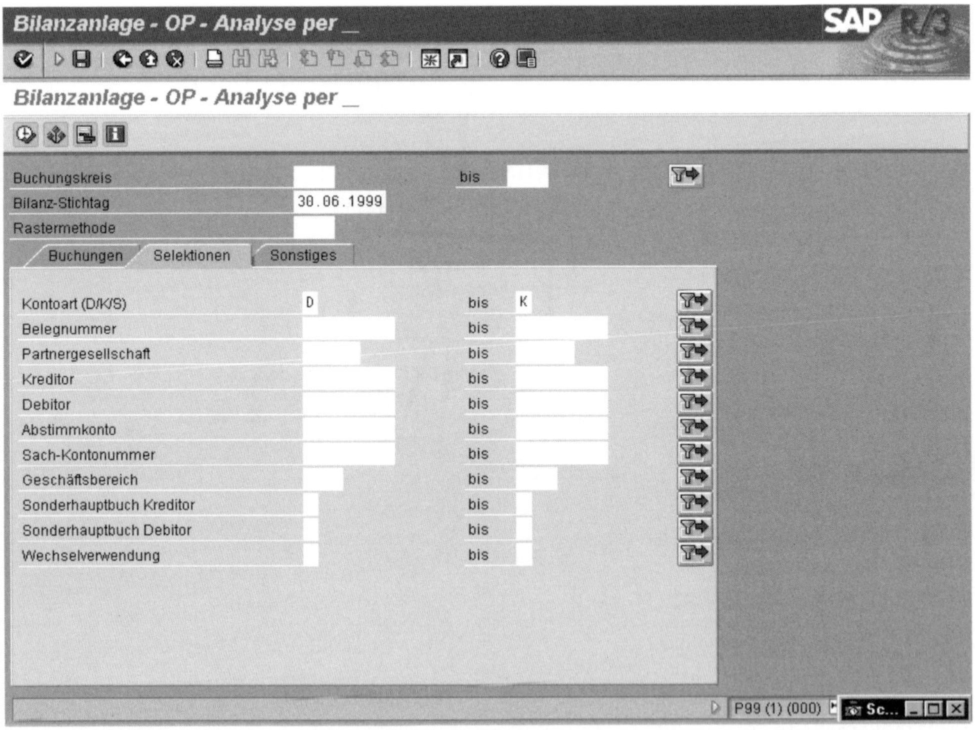

Abbildung 5.5.11-2: EnjoySAP Screen zur Umgliederung Forderungen/Verbindlichkeiten (© SAP AG)

③ *Existieren in Ihrem Unternehmen Forderungen mit einer Restlaufzeit höher als ein Jahr oder Verbindlichkeiten mit einer Restlaufzeit höher als ein Jahr oder sogar höher als fünf Jahre? (**Rasterung nach Restlaufzeit 4. EG-Richtlinie**)*

Auch bei dieser Gelegenheit werden Sie durch den Umgliederungsreport in der Form unterstützt, daß er pro Kontoart Debitoren, Kreditoren und Sachkonten und in Zusammenhang mit dem Abstimmkonto die Rasterung für Sie vornimmt. Es werden alle Konten, die offene-Posten-verwaltet sind, durch den Report analysiert. Auch in dieser Situation werden Korrekturkonten benötigt. Die Buchung erfolgt hier auf speziell nach Restlaufzeiten benannten separaten Forderungs-/und Verbindlichkeitskonten und den entsprechenden Korrekturkonten. In der Bilanz müssen die ursprünglichen Forderungs- bzw. Verbindlichkeitskonten zusammen mit den Korrekturkonten in der jeweiligen Bilanzposition ausgewiesen werden. Diese Positionen stellen dann den Ausweis der Forderungen bzw. Verbindlichkeiten kleiner als ein Jahr dar. Wollen Sie die Rasterung der Forderungen und Verbindlichkeiten unter Berücksichtigung der Fremdwährungskorrekturen durchführen, müssen Sie zuvor die Fremdwährungsbewertung durchführen und dabei das Kennzeichen „Bewertung zur Bilanzvorbereitung" angekreuzt haben. Konten können bei der Rasterung auch als Gruppe betrachtet werden, wenn sie in den Debitoren- oder Kreditorenstämmen dieselbe Partnergesellschaft (bei Konzernen) beinhalten, oder bei Sachkonten, wenn das entsprechende Feld den gleichen Inhalt aufweist.

④ *Was gibt es für Sie bei diesen bilanzvorbereitenden Maßnahmen **Besonderes** zu beachten?*

Sämtliche bilanzvorbereitende Maßnahmen werden durch den Aufruf sogenannter Reports unterstützt. Über den technischen Reportnamen (hier: SAPF101), den Sie über das System- und Statusmenü erfragen können, erhalten Sie in der direkten Aufrufzeile im Reporting zusätzliche hilfreiche Dokumentation zu den jeweiligen Berichten. Den Detaillierungsgrad der Liste, die zusätzlich zu den Umbuchungen ausgegeben wird, bestimmen Sie. Treten beim Reportdurchlauf Fehler auf, aufgrund z.B. nicht hinterlegter Konten, wird Ihnen dies in einem Protokoll aufgezeigt. Das SAP-System nutzt bei nicht direkt bebuchbaren Konten die Technik der Buchung über Korrekturkonten. Durch den gemeinsamen Ausweis zweier Konten, nämlich dem Ursprungskonto und dem Korrekturkonto, in einer Bilanzposition, wird automatisch der richtige Wert in die Position eingestellt. Ein automatisches Buchen der entsprechenden Konten ist nur möglich, weil über die Kontenfindung die Konten einmalig im System bei Inbetriebnahme hinterlegt werden.

6 Erlös- und Kosten-Controlling

Die Aufgabe eines Unternehmens besteht in der Produktion und dem Absatz von Wirtschaftsgütern. Dazu werden Produktionsfaktoren eingesetzt, die man nach Gutenberg nach in die Elementarfaktoren eingesetzte Betriebsmittel, menschliche Arbeitsleistung, Werkstoffe sowie Dienstleistungen, und nach den dispositiven Faktor der Planung, Lenkung und Kontrolle des Betriebsgeschehens unterscheidet (vgl. Gutenberg, S. 2, 11 ff.). Um den durch die unternehmerische Tätigkeit entstehenden Güterstrom und Geld- bzw. Zahlungsmittelstrom zu steuern, zu bewerten und zu überwachen und am Prinzip der Wirtschaftlichkeit auszurichten, ist der Einsatz des betrieblichen Rechnungswesens als Führungsinstrument notwendig (vgl. Schmalenbach, S. 886). Diesen Anforderungen nach einer Koordination, Steuerung, Bewertung und Optimierung der im Unternehmen ablaufenden Prozesse zu entsprechen und deren Umsetzung sicherzustellen, ist speziell die Aufgabe des Unternehmensprozeßbereichs Erlös- und Kosten-Controlling im SAP-System. Die Gliederung des SAP-Systems wurde dabei an dem Gesamtkontext der betriebswirtschaftlichen Lehre bezüglich der Einteilungen in die Teilgebiete des betrieblichen Rechnungswesens angelehnt. Bei dem Erlös- und Kosten-Controlling handelt es sich dabei um den dritten wesentlichen Pfeiler.

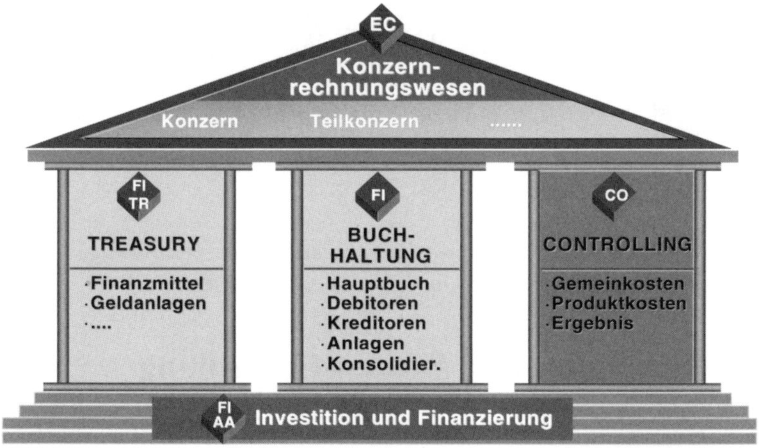

Abbildung 6-1: Bereiche des Rechnungswesens im SAP-System (aus: SAP AG, Funktionen im Detail, 1996)

In diesem Kapitel werden alle relevanten Elemente, die mit dem Erlös- und Kosten-Controlling zusammenhängen und bei der Implementierung berücksichtigt werden müssen, behandelt. Abbildung 6-2 faßt diese Elemente im zugehörigen Unternehmensprozeßbereichs-Knowledge Map zusammen. Es stellt gleichzeitig die Inhaltsangabe des vorliegenden Kapitels dar. Es gilt jedoch zu beachten, daß in dieser Abbildung die einzelnen *Äste* nicht bis zum äußersten Detailierungsgrad ausgeprägt sind. Zu jedem dieser Äste gibt es deshalb im entsprechenden Kapitel eine eigene Knowledge Map, welche alle relevanten Bereiche, Fragen, Elemente etc. im Detail behandelt.

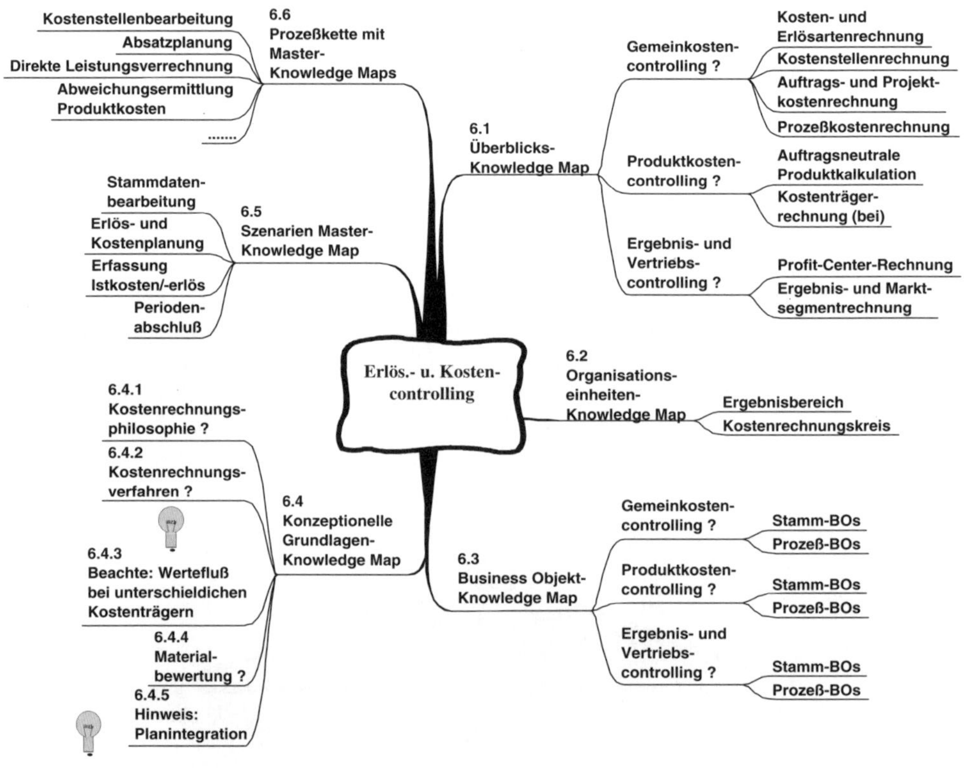

Abbildung 6-2: Unternehmensprozeßbereichs-Knowledge Map Erlös- und Kosten-Controlling

6.1 Überblick Erlös- und Kosten-Controlling

Die Anwendungskomponente *Controlling (CO)* ist unterteilt in Gemeinkosten-Controlling (CO-OM), Produktkosten-Controlling (CO-PC) und Ergebnis-Controlling (CO-PA, EC-PCA) (vgl. SAP Produktkosten-Controlling; vgl. SAP Gemeinkosten-Controlling; vgl. SAP Ergebnis- und Vertriebs-Controlling; vgl. SAP Prozeßkosten-Controlling).

Dabei ist das Erlös- und Kosten-Controlling vollständig in den logistischen Wertefluß integriert (siehe Abbildung 6.1-2 und Kapitel 6.4).

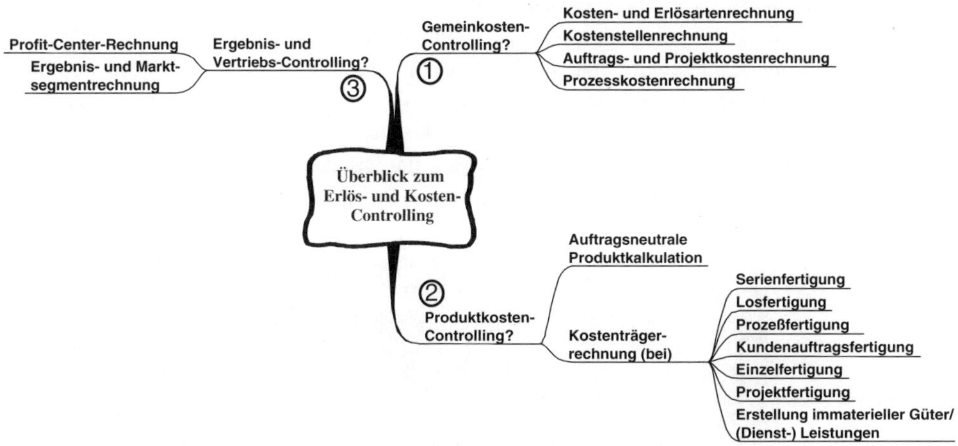

Abbildung 6.1-1: Überblicks-Knowledge Map zum Erlös- und Kosten-Controlling

① *Wollen Sie ein* ***Gemeinkosten-Controlling*** *(CO-OM) durchführen?*

Alle Kosten, die nicht direkt den betrieblichen Kostenträgern zugeordnet werden können (echte Gemeinkosten) oder aus erfassungstechnischen Gründen nicht zugerechnet werden sollen (unechte Gemeinkosten), werden als Gemeinkosten bezeichnet (vgl. Olfert, S. 53; Falterbaum/Beckmann, S. 522). Das Gemeinkosten-Controlling umfaßt dabei die Erfassung, Planung, Steuerung und Kontrolle der Gemeinkosten. Es gliedert sich in die Bereiche:

- *Kosten- und Erlösartenrechnung (CO-CEL)*

Hierbei handelt es sich weniger um eine Rechnung als um eine geordnete Erfassung, Gliederung und Dokumentation aller im Unternehmen angefallenen Kosten und Erlöse (vgl. Kilger: Einführung in die Kostenrechnung, S. 14). Es wird die Frage gestellt: *Welche Kosten* sind angefallen? Da es sich beim SAP-System um ein integriertes System handelt, ist eine gesonderte Erfassung der Kosten i.d.R nicht notwendig. Einzige Ausnahme bildet hierbei die Behandlung von kalkulatorischen Anders- und Zusatzkosten. Weiterhin werden die erfaßten Kosten- und Erlösarten innerhalb der Kostenartenrechnung den Kontierungsobjekten zugeordnet, die innerhalb des SAP-Systems verwendet werden.

- *Kostenstellenrechnung (CO-CCA)*

Die durch die Kosten- und Erlösartenrechnung erfaßten Kosten müssen zur weiteren Behandlung im Kostenstellenbereich auf das entsprechende Kontierungsobjekt Kostenstelle erfaßt werden. Die Kostenstelle stellt dabei betriebliche Teilbereiche dar, die im idealtypischen Fall für die Verursachung der Kosten verantwortlich sind und das Unternehmen in eine Hierarchie von Kostenverantwortlichkeiten gliedern (vgl. Haberstock: Kostenrechnung 1, S.118; Kilger: Einführung in die Kostenrechnung, S. 15). Daraus ist erkenntlich, daß die Kostenstellenrechnung die Frage beantwortet, *wo* die Kosten angefallen sind. Damit wird eine detaillierte Kostenkontrolle verwirklicht. Eine weitere wichtige Aufgabe der Kostenstellenrechnung ist die Weiterverrechnung der Gemeinkosten innerhalb der Kostenstellenrechnung, z.B. von Hilfs-, allgemeinen oder Dienstleistungskostenstellen an die Endkostenstellen (vgl. Vikas/Beinhauer, S. 101 ff.). Darüber hinaus stellt sie für die Leistungsrechnung ein unverzichtbares Instrument dar, da sie die entsprechenden Leistungsarten und Tarife (Preise) zur Verfügung stellt. Betrachtet man die Leistungsverrechnung nicht nur innerhalb des Gemeinkosten-Controllings, so stellt sie auch die Brücke zu anderen Teilbereichen der Kostenrechnung, wie z.B. zur Kostenträgerrechnung und Produktkalkulation, dar.

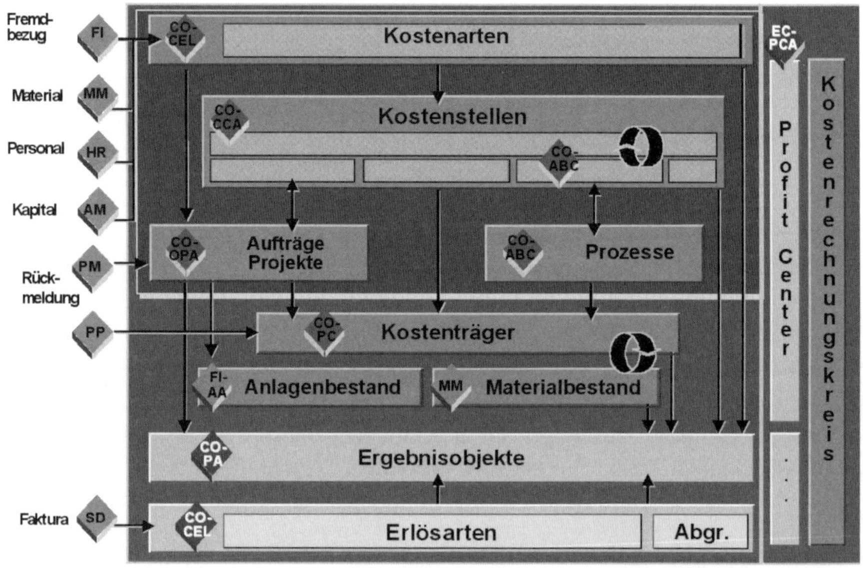

Abbildung 6.1-2: CO-Integrationsmodell (aus: SAP AG, Funktionen im Detail, 1996)

- *Auftrags- und Projektkostenrechnung (CO-OPA)*

Oftmals auch als innerbetriebliches Auftragswesen bezeichnet, stellt sie die feinste operative Ebene der Kosten- und Leistungsrechnung dar. Ein Auftrag oder Projekt definiert im allgemeinen eine konkrete Maßnahme oder Aufgabenstellung, weshalb im Zusammenhang damit auch oftmals von Maßnahmen-Controlling gesprochen wird. Diese Maßnahme oder Aufgabenstellung soll dabei als eigenes Kontierungsobjekt überwacht und controllt werden und zeichnet sich z.B. gegenüber den Kostenstellen durch seine Einmaligkeit aus (vgl. Raps/Reinhardt, S. 121). Um diese Aufgabenstellung zu realisieren, dient sie der Ist-Kostenerfassung und -verrechnung sowie der Planung und dem detaillierten Berichtswesen. Speziell im Fall der Projekte läßt sich konstatieren, daß es sich hierbei auch um eine größere Anzahl von Einzelprojekten/-aufträgen handeln kann, die über eine Hierarchie zu einem Großprojekt/-auftrag zusammengefaßt werden. Dabei müssen die Aufträge jedoch in ihrer Zielsetzung (Kostenkontrolle, Entscheidungshilfen, Leistungsverrechnung und Abrechnung an Zielobjekte) und Funktion (logistische Aufträge, z.B. Fertigung, Vertrieb, Instandhaltung oder CO-Aufträge für reine Belange der Kostenrechnung) unterschieden werden.

■ *Prozeßkostenrechnung (CO-ABC)*

In den letzten Jahren stieg die Kritik an den traditionellen Methoden zur Planung, Kontrolle und Verrechnung der Gemeinkosten (vgl. Franz, S. 114), auch wenn es sich um solch elaborierte Kostenrechnungssysteme wie die flexible Plankostenrechnung oder die Grenzplankostenrechnung handelt (vgl. Horvath, o.S.). Darüber hinaus wuchs die Erkenntnis, daß auch Prozesse und nicht nur Funktionen oder Produkte zu steuern und zu überwachen sind. Zu diesem Zweck können Sie die Prozeßkostenrechnung des SAP-Systems im Rahmen einer operativen Rechnung nutzen. Neben den genannten Objekten wie Kostenstellen, Innenaufträgen und Projekten können auch Prozesse als Kontierungsobjekte zu Kontroll- und Verrechnungszwecken genutzt werden.

② *Wollen Sie ein* ***Produktkosten-Controlling*** *(CO-PC) durchführen?*

Innerhalb des Produktkosten-Controllings werden die Kosten geplant, ermittelt, überwacht und gesteuert, die im Rahmen der Herstellung eines Produkts oder der Durchführung einer (Dienst-)Leistung anfallen, d.h., es wird damit die Frage beantwortet, *wofür* sind die Kosten angefallen (vgl. Nuppeney/Raps, S. 110). Damit liefert das Produktkosten-Controlling wichtige Basisinformationen für die herstellkostenbezogene Preisbildung und Preispolitik, die Bestandsbewertung (steuerlich, handelsrechtlich, innerbetrieblich etc.), das Herstellkosten-Controlling und die Ergebnisrechnung. Innerhalb des Oberbegriffs Produktkosten-Controlling werden die zwei folgenden Hauptbereiche unterschieden:

■ *Auftragsneutrale Produktkalkulation*

Im Rahmen der auftragsneutralen Produktkalkulation, man spricht in diesem Zusammenhang auch oft von einer Plankalkulation (vgl. Kilger: Flexible Plankosten und Deckungsbeitragsrechnung, S. 677), wird die Höhe der Herstell- und Selbstkosten der Produkte auf Basis der vorhandenen oder angesetzten Mengengerüste und Wertansätze ermittelt. Weiterhin können durch Vergleichskalkulationen alternative Herstellkosten zur Optimierung derselben berechnet werden. Sie bildet auch die Grundlage für Preisuntergrenzen und stellt Basisinformationen für nachgelagerte Funktionen (Bestandsbewertung, Abweichungsermittlung und Deckungsbeitragsrechnung) bereit.

■ *Kostenträgerrechnung*

Auf einen Kostenträger, der die Leistungseinheiten des innerbetrieblichen Wertschöpfungsprozesses darstellt, können die Kosten verursachungsgerecht zugerechnet und gesammelt werden, die bei seiner Produktion anfallen. In diesem Fall sind damit die Absatzleistungen, d.h. die Kunden- und Lageraufträge gemeint (vgl. Haberstock: Kostenrechnung II, Grenzplankostenrechnung, S. 106). Bei den Kosten kann es sich um Einzelkosten oder aber auch um über Zuschläge oder Leistungsverrechnung verrechnete Gemeinkosten handeln. Diese können noch in fixe oder variable Bestandteile, z.B. Fertigungsstoffe, Fertigungsgrenzkosten bzw. Arbeitskosten je Arbeitsgang (vgl. Plaut, S. 26), aufgeteilt werden. Der Kostenträger stellt dabei das zentrale Objekt der Vorkalkulation, der mitlaufenden Kalkulation und der Nachkalkulation dar. Er dient speziell dazu, die tatsächliche Höhe der Herstellkosten eines Produktes zu ermitteln und diese im Rahmen einer detaillierten Abweichungsermittlung der auftragsneutralen Produktkalkulation gegenüberzustellen, eine Bewertung des

Bestands der Ware in Arbeit (= der in Produktion befindlichen Wertschöpfung) bereitzustellen und letztendlich auch dazu, die Erlöse des Kostenträgers den Kosten gegenüberzustellen.

Da sich das gesamte Produktkosten-Controlling an den produktionstechnischen und auch logistischen Abläufen orientiert, ist es hierbei besonders wichtig, die unterschiedlichen Fertigungsverfahren mit ihren jeweils individuellen Kostenträgertypen zu unterscheiden, auch wenn sich für die kostenseitige Behandlung daraus keine allzu großen Unterschiede ergeben. Im SAP-System werden folgende Unternehmenstypen und deren Kostenträger unterstützt: Prozeßfertigung, Serienfertigung, Werkstatt-(Los-)Fertigung, Kundenauftragsfertigung, Einzelfertigung (Großprojekte mit Kundenaufträgen und Projektsystem), Erstellung immaterieller Güter und Leistungen, Dienstleistungen.

③ *Wollen Sie ein **Ergebnis- und Vertriebs-Controlling** durchführen?*

Zur Beurteilung des Erfolgs des Unternehmens am Markt oder von betrieblichen Teilbereichen hat man innerhalb des SAP-Systems zwei wesentliche Alternativen zum Ergebnis- und Vertriebs-Controlling zur Auswahl, die einzeln oder parallel eingesetzt werden können:

- *Ergebnis- und Marktsegmentrechnung (CO-PA)*

Eine aussagefähige Ergebnisrechnung in Form einer Deckungsbeitragsrechnung nach dem stufenweisen Fixkostendeckungsverfahren in dem Umfeld des Umsatzkostenverfahrens ist eine wesentliche Voraussetzung für ein aussagekräftiges und zeitnahes Ergebnis- und Vertriebs-Controlling (vgl. Herzog/Jurasek, S. 131). Dabei sind die Marktsegmente, innerhalb derer sich das Unternehmen bewegt, die nach Produkten, Kunden, Aufträgen, Unternehmensbereichen etc. gegliedert sein können, zentrales Auswertungsobjekt. Diese Zielsetzungen können mit dem CO-PA erreicht werden, dessen zentrale Organisationselemente diese Marktsegmente darstellen. Durch diese Untergliederung des Marktes können die einzelnen Marktsegmente im Hinblick auf wichtige Kennzahlen wie Umsatz, Ergebnis- oder Deckungsbeitrag etc. ausgewertet werden. Somit können die Bereiche Vertrieb, Marketing, Produktmanagement und Unternehmensplanung mit den benötigten Informationen versorgt werden und als Grundlage für weiterführende Entscheidungen und ggfs. einzuleitende Maßnahmen herangezogen werden (z.B. für Preisfindung, Marketing, Konditionierung, Absatzwegewahl, Mengensteuerung etc.). Die Ergebnisermittlung erfolgt innerhalb der Ergebnis- und Marktsegmentrechnung nach dem Umsatzkostenverfahren, d.h., von dem Erlös werden die zugehörigen Kosten des Umsatzes abgezogen. Dabei ist es möglich, sowohl eine offene Rechnung (= Umsatzergebnis wird auf Basis von Standardkosten dargestellt) als auch eine geschlossene Rechnung (= Vervollständigung des Standardergebnisses mit Produktions- und Kostenstellenabweichungen und sonstigen Ist-Werten wie z.B. Ist-Skonti, -Bonus etc.) durchzuführen. Die Standardkosten können dabei sowohl auf der Basis von Voll- als auch Grenzkosten bewertet werden, womit eine Deckungsbeitragsrechnung ermöglicht wird. Diese kann durch die Zuordnung der Fixkosten zu den verschiedenen Stufen der Marktsegmenthierarchie zu einer stufenweisen Deckungsbeitragsrechnung ausgebaut werden. Damit die oben aufgeführten Ziele im Rahmen von (Plan-/Soll- Ist-)Analysen überhaupt durchgeführt werden können, müssen die auszuwertenden Daten zuerst geplant und im Ist erfaßt werden. Dazu übernimmt die Ergebnis- und Marktsegmentrechnung Daten aus verschiedenen Bereichen des Systems, wie beispielsweise Erlöse und Erlösschmälerungen aus dem Vertrieb (SD), Herstellkosten aus der Erzeugniskalkulation, Kostenstellenfixkosten und Kostenstellenabweichungen aus der Kostenstellenrechnung, Sondereinzelkosten aus der Finanzbuchhaltung (FI) und auftrags- und projektspezifische Kosten aus der Auftrags- und Projektabrechnung.

- *Profit-Center-Rechnung (EC-PCA)*

Ziel der Profit-Center-Rechnung ist es, nicht die Erfolge am Markt detailliert zu überwachen, sondern den Erfolg der verschiedenen dezentralen Unternehmenseinheiten oder Zuständigkeitsbereiche innerhalb des Unternehmens zu ermitteln. Zur Ausprägung dieses internen Ergebnis-Controllings kann das Unternehmen produktbezogen (Sparten, Produktgruppen), regional (Standorte) oder funktional (Produktion, Vertrieb, Verwaltung etc.) in Verantwortungsbereiche gegliedert werden (vgl. Wöhe, S. 192). Dadurch wird es möglich, für die einzelnen Profit Center, welche die Organisationseinheiten darstellen, ein internes Betriebsergebnis zu ermitteln. Im Rahmen der Profit-Center-Rechnung kann der Erfolg nach dem Gesamtkostenverfahren oder dem Umsatzkostenverfahren (dann werden aber zusätzlich noch Funktionsbereiche benötigt) ermittelt werden. Bei dem EC-PCA bewegt man sich systemimmanent innerhalb einer geschlossenen Rechnung der Ergebnisermittlung, da immer alle relevanten Vorgänge automatisch aus den Vorsystemen übernommen werden und keine weitere Bewertung zu Standards (z. B. Skonto oder Herstellkostenkalkulation) möglich ist.

6.2 Organisationseinheiten Erlös- und Kosten-Controlling

Jedem Unternehmensprozeßbereich können 1 bis n Organisationseinheiten zugeordnet werden. Im allgemeinen können diese in strategische und operative Organisationseinheiten unterschieden werden. Als strategische Organisationseinheiten des Erlös- und Kosten-Controllings werden bezeichnet:

- Kostenrechnungskreis
- Ergebnisbereich

Die operativen Organisationseinheiten des Erlös- und Kosten-Controllings sind:

- Kostenstelle
- Profit Center
- Marktsegmente (werden jedoch dynamisch gebildet)

Im Rahmen dieses Kapitels werden die dem Erlös- und Kosten-Controlling zuordenbaren, *strategischen* Organisationseinheiten und deren Beziehung bzw. Einfluß auf die einzelnen Bereiche des Controllings, wie Gemeinkosten-, Produktkosten- und Ergebnis-Controlling, behandelt. Dabei sind die strategischen Organisationseinheiten wesentlich und ausschlaggebend für den unternehmensweiten Wertefluß sowie die Informationsgewinnung und -bereitstellung, um den Anforderungen des internen Management-Berichtswesens gerecht zu werden. Darüber hinaus haben sie zusätzlich Einfluß auf die Definition der logistischen

Organisationseinheiten. Bitte beachten Sie, daß an dieser Stelle das Zusammenspiel der Teilbereiche des Controllings mit den Organisationseinheiten behandelt wird. Darüber hinaus werden alle strategischen Fragen, aber auch die spezifischen Detailfragen zu jeder dieser beiden strategischen Organisationseinheiten durch eigene Knowledge Maps in Kapitel 4 behandelt. Während der Durchführung des in der Prozeßbibliothek, SAP-Prozesse mit Knowledge Maps analysieren und verstehen, Kapitel 5.3.2 beschriebenen Organisations-Workshops wird sowohl die in diesem Kapitel dargestellte Knowledge Map zum Erlös- und Kosten-Controlling als auch die einzelnen Knowledge Maps zum Kostenrechnungskreis und Ergebnisbereich (siehe Kapitel 4) genutzt. Dabei werden diese Organisationseinheiten und deren Abhängigkeiten analysiert und auf Ihre individuellen Unternehmensanforderungen adaptiert. Die operativen Organisationseinheiten hingegen werden im Rahmen der dem Organisations-Workshop nachfolgenden Prozeßanalyse-Workshops (siehe Prozeßbibliothek, SAP-Prozesse mit Knowledge Maps analysieren und verstehen, Kapitel 5.3.3) ausgearbeitet und festgelegt. Aus diesen Gründen sind die operativen Organisationseinheiten als Prozeßbausteine modelliert und dargestellt und werden innerhalb dieses Buches im Rahmen der Prozeßkette behandelt.

Beachte:
Zur Beantwortung der untenstehenden Fragen liegt das *Hauptkriterium* darin, wie Sie Ihr *Berichtswesen (Reporting)* in einem Umfeld von mehreren, rechtlich selbständigen Einheiten (Buchungskreisen), die aber zu einem Mutterunternehmen gehören, aufbauen wollen, d.h. *zentral, dezentral oder beides*. Zusätzlich wird durch die Definition der Abhängigkeiten der strategischen Organisationseinheiten untereinander der unternehmensweite Wertefluß beeinflußt. Dabei sind die hier gestellten Fragen keineswegs nur für Konzerne relevant, speziell viele mittelständische Unternehmen sind lokal oder, aus Gründen des Global Sourcing bzw. der lokalen Repräsentanz, global organisiert. Auch hier sind die aufgeführten Fragen zu klären. Gibt es in Ihren Unternehmen nur eine Einheit, die Sie mit den Mitteln des Erlös- und Kosten-Controllings überwachen und steuern wollen, so treffen die Erklärungen zu den zentralen Ästen des Knowledge Maps mit der Abweichung zu, daß eine 1:1-Beziehung zwischen den Einheiten besteht.

① *Wie wollen Sie Ihr* ***Gemeinkosten-Controlling*** *durchführen, zentral oder dezentral?*

Das Gemeinkosten-Controlling wird durch die Organisationseinheit *Kostenrechnungskreis* repräsentiert. Jedoch wird nicht nur das Gemeinkosten-Controlling, sondern die gesamte Kostenrechnung, also auch die Produktkostenrechnung und die Profit-Center-Rechnung, davon beeinflußt (siehe Querverweis-Pfeile in Abbildung 6.2-1). Sie können Ihr Gemeinkosten-Controlling im SAP-System in einem Umfeld mehrerer, rechtlich unabhängiger Unternehmen, die zu einem Mutterunternehmen gehören, zentral oder dezentral durchführen. Diese Anforderungen werden durch die Zuordnung Buchungskreis, der die rechtlich selbständigen Einheiten bezüglich des externen Rechnungswesens repräsentiert, zum Kostenrechnungskreis abgebildet und beeinflußt.

Wollen Sie pro rechtlich selbständiger Einheit (Buchungskreis) eigene Kostenrechnungen (Kostenrechnungskreis) abbilden, die unabhängig voneinander sind, so können Sie pro Buchungskreis einen eigenen Kostenrechnungskreis definieren und zuordnen. Die Entscheidung, wie Sie Ihr Gemeinkosten-Controlling abbilden wollen, hat aber auch Einfluß auf die Produktkostenrechnung, deswegen müssen bei der Definition der Organisationseinheiten und deren Abhängigkeiten auch die Anforderungen der Produktkostenrechnung berücksichtigt werden.

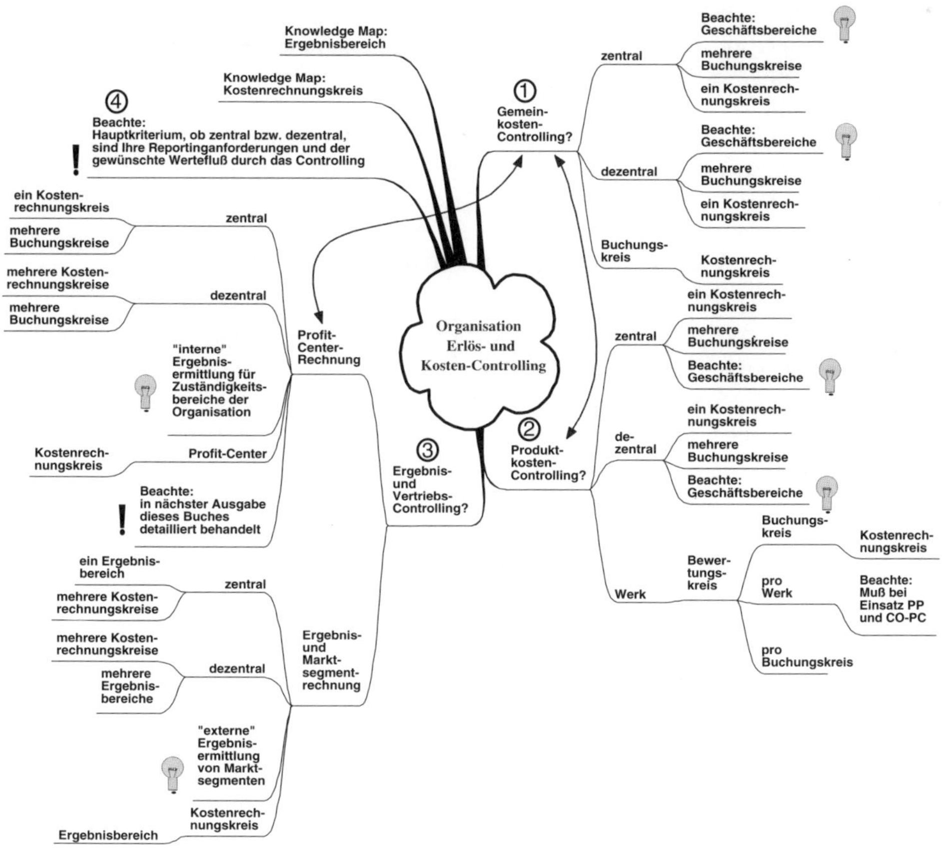

Abbildung 6.2-1: Organisations-Knowledge Map zum Erlös- und Kosten-Controlling

Beachte:
Falls Sie im externen Rechnungswesen Geschäftsbereiche zur weiteren Detaillierung Ihres Rechnungswesens einsetzen, so müssen Sie dies auch im internen Rechnungswesen (Controlling) tun. Erreicht wird diese Anforderung dadurch, daß die einzelnen Kontierungsobjekte des Controllings, z.B. Fertigungsauftrag, Kostenstelle, Innenauftrag etc., einem Geschäftsbereich zugeordnet werden.

② *Wie wollen Sie Ihr* ***Produktkosten-Controlling*** *durchführen?*

Auch für das Produktkosten-Controlling ist der Kostenrechnungskreis die zentrale Organisationseinheit und wird durch dessen Kombination mit einem/mehreren Buchungskreis/en beeinflußt. Darüber hinaus wird die Organisationseinheit Bewertungskreis relevant, da die

Materialbewertung (siehe Kapitel 6.4.4) der beschafften oder eigenerzeugten Materialien in Abhängigkeit davon definiert werden kann. Der Bewertungskreis ist dem Buchungskreis zugeordnet, wobei jedoch entschieden werden kann, ob die Materialbewertung auf der Ebene Buchungskreis oder Werk durchgeführt werden soll. Dadurch wird es möglich, dasselbe Material innerhalb eines Buchungskreises unterschiedlich zu bewerten. Setzen Sie das Produktkosten-Controlling in Verbindung mit der Komponente Produktionsplanung ein, muß die Bewertung der Materialien auf der Ebene Werk erfolgen. Das ist notwendig, da sowohl die auftragsneutrale Erzeugniskalkulation als auch die Kostenträgerrechnung im auftragsbezogenen Controlling pro Werk erfolgt. Bei der Entscheidung, ob die Produktkostenrechnung zentral oder dezentral durchgeführt wird, müssen die Anforderungen des Gemeinkosten-Controllings berücksichtigt werden.

③ *Wie wollen Sie Ihr **Ergebnis- und Vertriebs-Controlling** durchführen?*

Zu ③: Ergebnis- und Marktsegmentrechnung:
Die Ergebnis- und Marktsegmentrechnung (CO-PA) und die damit mögliche Analyse Ihrer Marktsegmente kann in einem Umfeld mehrerer, rechtlich unabhängiger Unternehmen, die zu einem Mutterunternehmen gehören, zentral oder dezentral im SAP-System durchgeführt werden. Es spielt dabei keine Rolle, ob Sie Ihre Kostenrechnung zentral oder dezentral durchführen, da die Organisationseinheit des CO-PA der Ergebnisbereich ist, mit dem eine einheitliche Segmentierung des Absatzmarktes vorgenommen wird. Dem Ergebnisbereich wird der Kostenrechnungskreis in einer 1:n-Beziehung zugeordnet. Arbeiten Sie mit dezentralen Kostenrechnungen, dann können Sie trotzdem eine zentrale Ergebnis- bzw. Deckungsbeitragsrechnung durchführen, indem Sie mehrere Kostenrechnungskreise einem Ergebnisbereich zuordnen. Arbeiten Sie mit einer zentralen Kostenrechnung, so genügt es, den möglicherweise einzigen Kostenrechnungskreis dem Ergebnisbereich zuzuordnen. Implizit ist der Ergebnisbereich noch weiteren Organisationseinheiten des Rechnungswesens oder der Logistik zugeordnet. So wird der richtige Ergebnisbereich zu einem Geschäftsvorfall im Vertrieb, z.B. der Erstellung einer Faktur und der damit verbundenen Übergabe von Erlösen in das CO-PA, durch die Zuordnung der Verkaufsorganisation zum Buchungskreis, des Buchungskreises zum Kostenrechnungskreis und des Kostenrechnungskreises zum Ergebnisbereich gefunden.

Zu ③: Profit-Center-Rechnung:
Die Profit-Center-Rechnung, mit der ein Ergebnis-Controlling von unternehmensinternen Verantwortlichkeitsbereichen, z.B. untergliedert nach funktionalen, regionalen oder branchenbezogenen Gesichtspunkten, erfolgt, wird durch die Organisationseinheit *Profit Center* ermöglicht. Ein Profit Center steht damit stellvertretend für einen abgrenzbaren Bereich im Unternehmen, für den gegenüber den Kostenstellen nicht nur Kostenverantwortung, sondern auch Ergebnisverantwortung besteht. Da das Profit Center eine operative Organisationseinheit darstellt, wird es nicht an dieser Stelle, sondern im Rahmen der Stammdatenbearbeitung zur Prozeßkette des Erlös- und Kosten-Controllings behandelt. Bitte beachten Sie jedoch, daß die Profit-Center-Rechnung erst in einer nachfolgenden Ausgabe dieses Buches behandelt wird. Wie die Kostenstellen sind auch die Profit Center der strategischen Organisationseinheit *Kostenrechnungskreis* zugeordnet. Daraus wird ersichtlich, daß Sie, falls Sie die Profit-Center-Rechnung einsetzen wollen, bei der Entscheidung, ob dies zentral oder dezentral erfolgen soll, auch die Anforderungen des Gemeinkosten-Controllings und der

Produktkostenrechnung berücksichtigen müssen. Die Entscheidung, eine dezentrale Kostenrechnung mit mehreren Kostenrechnungskreisen durchzuführen, legt somit ebenfalls fest, daß die interne Ergebnisrechnung (Profit-Center-Rechnung) auch nur auf diesem Niveau und nicht z.B. zentral durchgeführt werden kann. Einer solchen Anforderung könnte nur durch den Einsatz der SAP-Komponente Managementkonsolidierung (EC-CS) begegnet werden.

6.3 Business Objekte des Erlös- und Kosten-Controllings

Bitte beachten Sie bei der Bearbeitung der Business Objekte zum Erlös- und Kosten-Controlling, daß viele davon nicht eindeutig nur einem Bereich des Erlös- und Kosten-Controllings zugeordnet werden können. So wird z.B. der Kostenrechnungsbeleg in jedem Sub-Bereich des CO benötigt.

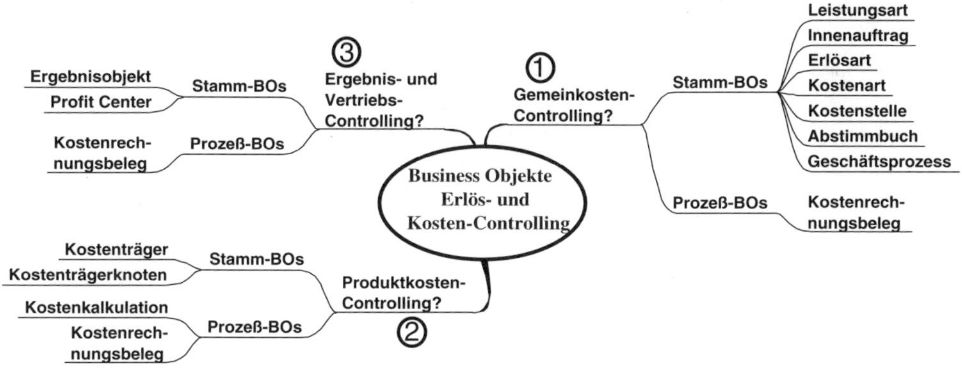

Abbildung 6.3-1: Business-Objekt-Knowledge Map zum Erlös- und Kosten-Controlling

① *Welche Business Objekte benötigen Sie für das* ***Gemeinkosten-Controlling****?*

Für das Gemeinkosten-Controlling sind vor allem die Stammdaten-Business-Objekte Leistungsart, Innenauftrag, Erlösart, Kostenart, Kostenstelle, Abstimmbuch und Geschäftsprozeß von Bedeutung. Das Abstimmbuch kommt nur zum Einsatz, wenn Sie das Abstimm-Ledger für das Controlling aktiv setzen. Als Prozeß-Business-Objekt gibt es den Kostenrechnungsbeleg, der bei aktiver Kostenrechnung immer automatisch durch das SAP-System erzeugt wird, wenn eine kostenrechnungsrelevante Buchung erfolgt.

② *Welche Business Objekte benötigen Sie für das* ***Produktkosten-Controlling****?*

Explizit können innerhalb des Produktkosten-Controllings die Stammdaten-Business-Objekte Kostenträger und Kostenträgerknoten ausgewählt werden. Obwohl in diesem Controllingbereich auch z.B. Leistungsarten etc. verwandt werden, sind diese nur dem Bereich zuzuordnen, innerhalb dessen sie angelegt und gepflegt werden (siehe Gemeinkosten-Controlling). Während der Arbeit mit dem Produktkosten-Controlling werden die Prozeß-Business-Objekte Kostenkalkulation und Kostenrechnungsbeleg benötigt.

③ *Welche Business Objekte benötigen Sie für das* ***Ergebnis- und Vertriebs-Controlling****?*

Im Bereich des Ergebnis- und Vertriebs-Controllings gibt es als Stammdaten-Business-Objekte das Ergebnisobjekt und das Profit Center. Bitte beachten Sie, daß das Ergebnisobjekt dabei dynamisch vom System gebildet wird. Bei der Durchführung von Buchungen (nur Profit-Center-Rechnung und buchhalterisches CO-PA) wird das Prozeß-Business-Objekt Kostenrechnungsbeleg benötigt.

6.4 Konzeptionelle Grundlagen zum Erlös- und Kosten-Controlling

Die Praxis hat gezeigt, daß bei der Bearbeitung des Unternehmensprozeßbereichs Erlös- und Kosten-Controlling nicht sofort nach der Definition der strategischen Organisationseinheiten im Rahmen des Organisations-Workshops mit dem eigentlichen Prozeßanalyse-Workshop begonnen werden kann. Vielmehr ist es für das gesamte Projektteam unabdingbar, zuerst die wichtigsten und wesentlichen konzeptionellen Grundlagen des Erlös- und Kosten-Controllings kennenzulernen und abzufragen. Speziell vor dem Hintergrund, um im Rahmen des Prozeßanalyse-Workshops die Fragen und Erklärungen zur Adaption der Unternehmensanforderungen an das unternehmensindividuelle Kostenrechnungssystem im SAP-System und der Soll-Konzeption zu verstehen und durchzuführen.

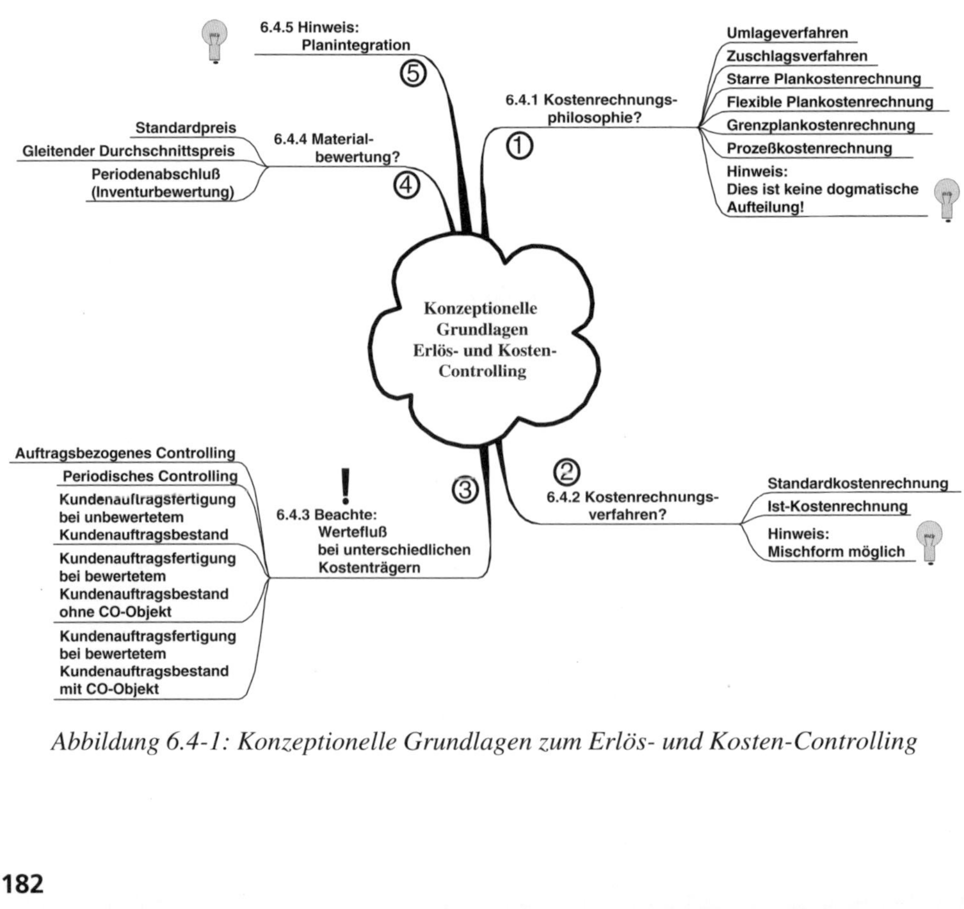

Abbildung 6.4-1: Konzeptionelle Grundlagen zum Erlös- und Kosten-Controlling

Bei den konzeptionellen Grundlagen handelt es sich um:

- die möglichen Kostenrechnungsphilosophien
- die Anwendung einer Ist- oder Standard-(Plan-)Kostenrechnung
- den Wertefluß bei Verwendung der vom SAP-System angebotenen unterschiedlichen Controllingobjekte für die Kostenträgerrechnung, abhängig vom Fertigungsverfahren
- die Bewertung der Materialien, d.h. die sogenannte Preissteuerung
- die Planintegration

Hinweis:
Bei der Vorgehensweise zur Prozeßanalyse unterscheidet sich das Erlös- und Kosten-Controlling in diesem Schritt von den anderen Prozeßbereichen.

6.4.1 Kostenrechnungsphilosophie

① *Welche **Kostenrechnungsphilosophie** verfolgen Sie in Ihrem Unternehmen?*

Generell ist es in der Praxis schwierig, ein Unternehmen ohne weiteres einem der untenstehenden, *akademischen* Kostenrechnungsverfahren zuzuordnen. Oftmals findet man dort eine Mischung von Eigenschaften (z.B. bei den Verrechnungsverfahren) vor, die *theoretisch* Charakteristika aus unterschiedlichen Verfahren sind, aber gemeinsam Anwendung finden. Beispielsweise wird *i.d.R.* eine reine Kostenumlage bei dem Verfahren der flexiblen (Grenz-)Plankostenrechnung wegen des durchgehenden, in fixe und variable Bestandteile aufgeteilten Mengen- und Werteflusses ausgeschlossen. In der Praxis wird aber für Teile der Kostenverrechnung auch die Umlage bei diesem Verfahren verwandt. Daraus wird ersichtlich, wie schwierig es ist, die unterschiedlichsten, in den Unternehmen gelebten Kostenrechnungsphilosophien klar oder *akademisch* zu trennen. Dies macht keinen Sinn! Deswegen ist es kein Ziel dieser Aufzählung, dogmatisch zu konstatieren, daß es *nur* diese Verfahren in der dargestellten Form gibt und keine weiteren daneben oder keine Mischformen! Vielmehr sollen die Ausführungen dazu dienen, einen kurzen Überblick über die Möglichkeiten innerhalb der Kostenrechnung und deren Abbildung im SAP-System zu geben.

Zur Erfüllung der vorher beschriebenen Anforderungen an das Controlling können verschiedene Kostenrechnungsverfahren eingesetzt werden, die auch in den unterschiedlichen Lehrbüchern ausführlich beschrieben werden. Bei einer kritischen Betrachtung läßt sich feststellen, daß je nach Verfahren mit jeweils mehr (Planungs-)Aufwand eine höhere Genauigkeit der gewonnenen Zahlen erreicht werden kann und damit einhergehend Entscheidungen zur Steuerung des Unternehmens auf fundierteren Grundlagen stehen. Jedoch ist es nicht immer empfehlenswert, das genaueste Verfahren anzuwenden, da abhängig von den Zielen des Unternehmens kritisch geprüft werden muß, ob der Mehrnutzen einer „höheren" Kostenrechnungsphilosophie auch den damit verbundenen höheren Aufwand lohnt. Generell kann konstatiert werden, daß das SAP-System alle gängigen Kostenrechnungsphilosophien mit den jeweiligen Besonderheiten abbilden kann. Wichtig für das Verständnis der im Rahmen des Kapitel 6.6 entlang der Prozeßkette pro Knowledge Map gestellten Fragen ist, daß zur Abbildung Ihrer unternehmenseigenen Anforderungen das SAP-System als reine Toolbox zu betrachten ist. Die Kostenrechnungsphilosophien unterscheiden sich aus SAP-Sicht weitestgehend nur durch die Form und den Umfang der Planung sowie bei bestimmten Verrechnungsläufen.

- *Umlageverfahren*

Bei diesem Verfahren ist eine Planung nicht unbedingt erforderlich. Die Ist-Daten der laufenden Periode werden dabei auf die Kostenverursacher (Kostenstellen, Innenaufträge) verbucht. Am Ende der Periode werden dann die Innenaufträge über eine Abrechnung und die Hilfs- sowie Nebenkostenstellen über eine Verteilung und Umlage auf diejenigen (Haupt-) Kostenstellen verrechnet, die ursächlich für die Kosten verantwortlich waren. Verbleibt nach der Verrechnung eine Über-/Unterdeckung auf der Kostenstelle, wird diese i.d.R in die Ergebnisrechnung übernommen.

- *Zuschlagsverfahren*

Dieses Verfahren arbeitet grundsätzlich gleich wie das Umlageverfahren, wird aber durch zwei Hauptaspekte erweitert. Erstens werden bei diesem Verfahren Zuschlagssätze aus dem Verhältnis Gemeinkosten/Einzelkosten gebildet, um über diese Zuschlagssätze Kosten aus dem Gemeinkostenbereich in den Kostenträgerbereich zu verrechnen. Zweitens werden auf den Kostenstellen die dort erbrachten Leistungen durch eine *Leistungsart* quantifiziert und mit einem Preis pro Leistungseinheit (= Tarif) bewertet. Damit können sowohl Mengen als auch Werte von im Gemeinkostenbereich erbrachten Leistungen verursachungsgerecht in den Kostenträgerbereich verrechnet werden. Dabei sind besonders die Leistungsarten für die Integration zum PP notwendig, da den einzelnen Arbeitsvorgängen in den Arbeitsplänen des PP Arbeitsplätze zugeordnet sind, die wiederum über Leistungsarten den Kostenstellen zugeordnet sind.

- *Starre Plankostenrechnung*

Bei diesem Verfahren wird für eine bestimmte Periode vor ihrem Beginn eine Planung auf Kostenstellenebene durchgeführt. Hierbei findet sowohl eine Kostenplanung als auch eine Mengenplanung statt, die unterjährig nicht an den Beschäftigungsgrad angepaßt wird. Dabei plant jeder Kostenstellenverantwortliche, wie viele Leistungseinheiten von welchen Senderkostenstellen er benötigt. Zur mengenmäßigen Abstimmung der bereitzustellenden Leistung mit dem Bedarf wird die Summe aller geplanten Leistungsaufnahmen von Kostenstellen auf der Erbringerkostenstelle als disponierte Leistung ausgewiesen. Dann kann die i.d.R. anschließende Kostenplanung, bereits unter Berücksichtigung der bereitzustellenden Leistungsmenge, erfolgen. Das Verhältnis der Kosten zu der bereitzustellenden Leistungsmenge ergibt den Preis einer Leistungseinheit, der entweder politisch vorgegeben oder vom System automatisch ermittelt werden kann. Nach dem Erfassen der Ist-Werte ist es möglich, den Beschäftigungsgrad zu ermitteln, nicht aber die Kosten an diesen anzupassen. Dazu müßten die Kosten in fix und variabel unterschieden werden, was bei diesem Verfahren nicht erfolgt, da alle Kosten als fix betrachtet/geplant werden. Daraus läßt sich schließen, daß bei diesem Verfahren aus Vereinfachungsgründen davon ausgegangen wird, daß sich der Kostenanfall auf der Kostenstelle nicht proportional zum Beschäftigungsgrad verhält.

Grenzplankostenrechnung und flexible Plankostenrechnung

Prinzipiell arbeiten beide Verfahren genauso wie die starre Plankostenrechnung. Darüber hinaus berücksichtigen sie aber den Beschäftigungsgrad einer Kostenstelle, wodurch sich unterjährig die Planung, die ausgehend von einem bestimmten Beschäftigungsgrad erstellt wurde, an den tatsächlichen Beschäftigungsgrad anpassen läßt. Dazu werden die Kosten, die ausschließlich für eine bestimmte Leistung anfallen, leistungsabhängig oder leistungsunabhängig fix und variabel geplant. Bei der späteren Tarifermittlung können somit ein variabler, fixer und gesamter Tarif für eine Leistung errechnet und getrennt verrechnet werden. Durch die Trennung von variablen und fixen Kostenanteilen besteht darüber hinaus die Möglichkeit, in Abhängigkeit von dem Beschäftigungsgrad einer Kostenstelle die Soll-Kosten ($Kosten_{fix}$ + ($Kosten_{var}$ * Beschäftigungsgrad)) zu errechnen. Dadurch lassen sich im Rahmen einer detaillierten Abweichungsanalyse der Input- und Output-Seite der Kostenstelle die Über- oder Unterdeckungen wesentlich genauer beurteilen.

Die Unterscheidung, ob mit einer Grenzplan- oder einer flexiblen Plankostenrechnung gearbeitet wird, liegt bei der Behandlung der variablen Kosten bei den Verrechnungen innerhalb der Kostenstellenrechnung und auf die Kostenträger (speziell auf die betrieblichen Leistungseinheiten = die Produkte). Die Grenzplankostenrechnung verrechnet systemimmanent nur variable Kosten und läßt die fixen Kosten auf den Kostenstellen stehen, um sie beim Periodenabschluß im Rahmen einer stufenweisen Fixkosten-Deckungsrechnung in die Ergebnis- und Deckungsbeitragsrechnung zu übernehmen. Innerhalb des DB1, und damit auf den einzelnen Produkten, findet man also nur rein variable Kosten = Grenzkosten. Bei der Abweichungsanalyse kann somit ebenfalls systemimmanent keine Beschäftigungsabweichung (Output-Seite) auftreten, da keine Proportionalisierung von fixen Kosten stattfindet.

Die flexible Plankostenrechnung dagegen verrechnet Vollkostensätze. Das heißt im DB1 und damit auf den einzelnen Produkten sind die den Produkten – zumindest einigermaßen – verursachungsgerecht zuordenbaren fixen Kosten (z.B. fixe Kosten der Fertigungsstellen) proportionalisiert enthalten. Auch sie ermittelt Soll-Kosten und stellt eine detaillierte Abweichungsanalyse zur Verfügung. Durch die Proportionalisierung von fixen Kosten ergibt sich bei der Abweichungsanalyse systemimmanent eine Beschäftigungsabweichung (Output-Seite), wenn der Beschäftigungsgrad von der geplanten Leistung abweicht.

Die Prozeßkostenrechnung

Bei der Betrachtung bestimmter Branchen (z.B. Banken, Versicherungen etc.) oder der allgemeinen Entwicklung der Kosten in den Unternehmen fallen große Teile der Kosten nicht als Einzelkosten, sondern als Gemeinkosten an. Da sie nicht direkt den eigentlichen Kostenverursachern zugerechnet werden können, wird durch verschiedene Arten von Verschlüsselungen (z.B. hohe Zuschlagssätze etc.) versucht, diese Gemeinkosten den vermeintlichen Verursachern zuzuordnen, was zu entsprechenden Verzerrungen im Kostenausweis führt. Die Definition von Prozessen ermöglicht eine prozeßorientierte Sicht auf die Kosten, wobei diese für den entsprechenden Prozeß erfaßt und damit von Kostenstellengemeinkosten in Prozeßeinzelkosten umgewandelt werden. Die Prozeßmengen werden quantifiziert, um so einen Preis pro Einheit zu errechnen. Über ein Prozeßschema werden die Prozeßkosten auf die Empfänger der Prozeßbezugsgrößen (Cost Drivers) verrechnet, welche dadurch Prozeßeinzelkosten statt Gemeinkosten ausweisen.

Beachte:
Die Prozeßkostenrechnung ist i.d.R. in vielen Branchen *kein* eigenes, selbständiges Verfahren, sondern wird zusätzlich zu vorhandenen Verrechnungen eingesetzt.

6.4.2 Kostenrechnungsverfahren

② *Welches **Kostenrechnungsverfahren** setzen Sie ein?*

Im allgemeinen werden in der Praxis die in Kapitel 6.4.1 dargestellten Kostenrechnungsphilosophien verwendet. Alle Verfahren können dabei als Ist-Kostenrechnung, Standard-(Plan-)Kostenrechnung oder einer Mischform, d.h. Ausbau einer Standardkostenrechnung zu einer Ist-Kostenrechnung, verwirklicht werden. Deshalb werden die Ist- und die Standardkostenrechnung und deren Ausprägung an dieser Stelle detailliert dargestellt.

- *Standardkostenrechnung*

Hierbei dient ein kalkulierter Standardpreis als fester Wertansatz für ein Produkt, i.d.R. über ein ganzes Jahr, womit saisonal bedingte Schwankungen sowie aperiodisch anfallende Kosten ausgeglichen werden und damit eine bessere Grundlage für das folgende Geschäftsjahr gewährleistet wird. Dazu werden u.a. feste Plantarife für die Leistungen der Kostenstellen und Zuschlagssätze verwandt. Weiterhin hat in diesen Fällen das Produkt die Abweichungen der Periode nicht zu tragen, d.h., die Abweichungen auf den Fertigungsaufträgen werden nicht dem Produkt belastet, sondern müssen von der Produktion verantwortet werden. Dadurch erfolgt keine Beeinflussung des Produktergebnisses (Vertriebsergebnis) mit zufälligen Mängeln oder Ineffizienzen der Produktion. Diese Produktionsabweichungen werden untergliedert in Abweichungskategorien (z.B. Losgrößen-, Mengen- oder Preisabweichung) und werden einer bestimmten Stufe des Unternehmensergebnisses im Rahmen einer stufenweisen Ergebnis-(Deckungsbeitrags-)Rechnung zugeordnet. Durch die Verwendung des S-Preises kann für die Bildung des Produkt- bzw. Vertriebsergebnisses die Kostenelementeschichtung aus der Produktkalkulation verwendet werden. Somit können die Kosten des Umsatzes sehr detailliert zu einer Deckungsbeitragsrechnung ausgebaut werden. Der Wertefluß in diesem Fall, der i.d.R. bei der anonymen Lagerfertigung über Fertigungs- bzw. Serienaufträge oder bei der kundenauftragsindividuellen Massenfertigung erfolgt, ist in der Abbildung 6.4.3-1 dargestellt.

- *Ist-Kostenrechnung*

Hierbei gilt der Ansatz, daß alle Kosten dem Kostenträger zugeordnet werden sollen und das Produkt bzw. der Vertrieb alle Kosten zu tragen hat. Dazu werden die monatlichen Ist-Tarife der Kostenstellen sowie deckende Zuschlagssätze für die Zuschlagsverrechnung von Gemeinkosten ermittelt. Wurde zuvor mit Plantarifen gearbeitet, wird die Differenz von Plan zu Ist nachverrechnet. Ebenfalls werden die eigengefertigten Produkte mit dem in Kapitel 6.4.4 beschrieben V-Preis bewertet, damit alle Kosten auf das Produkt verrechnet werden können und sich die Ist-Kosten von den untersten auf die höchsten Fertigungsstufen wälzen. Deshalb werden auch auf den Fertigungsaufträgen keine Produktionsabweichungen ausgewiesen und somit aus der Kostenstellenrechnung nur die Über- bzw. Unterdeckungen der Verwaltungs- bzw. Vertriebsstellen in die Ergebnisrechnung übergeleitet. Für die Bewertung der verkauften betrieblichen Leistungen wird mit den Kosten des Umsatzes ebenfalls der V-Preis, d.h. der GLD-Preis herangezogen.

6.4.3 Wertefluß bei unterschiedlichen Kostenträgern

③ *Beachte:* ***Wertefluß*** *bei unterschiedlichen Kostenträgern*

Abhängig vom Fertigungsverfahren richtet sich das Interesse eines Kostenrechners/Controllers bezüglich Auswertung und Überwachung von Kosten/Erlösen auf unterschiedliche Kostenträger bzw. Controllingobjekte (CO-Objekte). So ist beispielsweise im Rahmen der *reinen* Kundenauftragsfertigung (nicht zu verwechseln mit der *Kundenauftrags-Massenfertigung*) der einzelne Kundenauftrag relevant, während bei einer Serienfertigung die periodenbezogenen Auswertungen eines Serienauftrags eine Rolle spielen, da über Monate/Jahre hinweg dasselbe Produkt gefertigt wird. Um diesen Anforderungen gerecht zu werden, bietet das SAP-System unterschiedliche Controllingobjekte für die Kostenträgerrechnung an. Davon abhängig verändert sich jedoch der Wertefluß, der den Mengenfluß nach kostenrechnerischen Gesichtspunkten bewertet. Aus diesem Grund werden nachfolgend in einer kurzen, informativen Form die wesentlichen Werteflüsse innerhalb der Kostenrechnung, bei den unterschiedlichen Controllingobjekten, dargestellt.

- *Auftragsbezogenes Controlling*

Auftragsbezogenes Controlling wird eingesetzt, wenn Sie eine fertigungsauftragsbezogene, aber kundenauftragsanonyme Lagerfertigung (d.h., die gefertigten Produkte werden ans Lager geliefert und von dort verkauft) nutzen und das Kosten-Controlling für die einzelnen Fertigungsaufträge (-lose) durchführen. Dabei werden im Rahmen eines sehr flexiblen Fertigungsumfelds i.d.R. mehrere unterschiedliche Produkte auf den gleichen Anlagen bzw. Maschinen gefertigt. Um dabei den – meist hohen – Rüstkostenanteil so gering wie möglich zu halten, steht die Losgrößenoptimierung im Vordergrund. Der bei der Nutzung dieses Controllingobjekts und im Rahmen einer Standardkostenrechnung anfallende Wertefluß ist in Abbildung 6.4.3-1 dargestellt. Auf den Unterschied zwischen Standard- und Ist-Kostenrechner im Rahmen der Produktkostenrechnung wird an gegebener Stelle hingewiesen.

Hierbei wird zuerst im Rahmen der Periodenplanung eine auftragsneutrale Produktkalkulation, im SAP als Plankalkulation bezeichnet, erstellt. Diese wird i.d.R. einmal im Jahr, aber höchstens einmal im Monat durchgeführt (siehe ① in Abbildung 6.4.3-1). Mit ihrer Hilfe wird für die Lagerprodukte (Halbfabrikate oder Fertigfabrikate) ein Standardpreis ermittelt, der in den Materialstamm (Buchhaltungssegment) übernommen werden kann. Dieser Wert wird unterjährig zur Bewertung der Warenbewegungen und Bestände des Materials herangezogen und unterscheidet sich in den meisten Fällen von den zur steuerlichen/handelsrechtlichen Bewertung herangezogenen Wertansätzen. Deswegen wird dieser Preis auch in vielen Firmen als Verkaufskalkulation bezeichnet.

Wird dieses Fertigfabrikat bei der losbezogenen Fertigung hergestellt, so stellt der Fertigungsauftrag (siehe ② in Abbildung 6.4.3-1) den Kostenträger dar. Er durchläuft dabei während seines Lebenszyklus verschiedene Zustände. Direkt nach der Auftragseröffnung wird durch Heranziehen der *aktuellen* Stückliste und des Arbeitsplans automatisch eine Fertigungsauftragsvorkalkulation durchgeführt und auf dem Auftrag als Planwert, in Kostenelementegliederung der Plankalkulation, dargestellt.

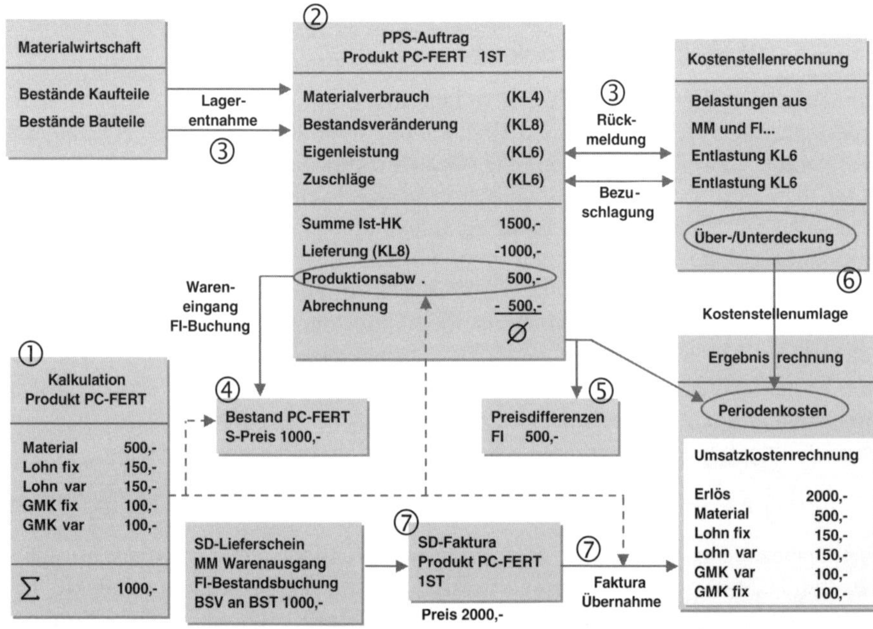

Abbildung 6.4.3-1: Wertefluß bei Lagerfertigung eines Standardkostenrechners

Während der Fertigung werden durch Warenentnahmen aus dem Lager oder durch Wareneingänge durch Bestellungen (zum Fertigungsauftrag) Materialkosten für Rohstoffe, Handelswaren, Halbfabrikate oder sonstige Materialien auf den Fertigungsauftrag gebucht. Darüber hinaus werden durch (Soll- oder Ist-)Rückmeldungen der Fertigungskostenstellen Leistungsverrechnungen von für die Fertigung des Produkts benötigten Leistungsmengen, bewertet mit den Tarifen der Fertigungsstellen, aus der Kostenstellenrechnung auf den Auftrag gebucht. Im Rahmen des Periodenabschlusses kann über die Gemeinkostenzuschlagsrechnung (z.B. Fertigungs-/Materialgemeinkosten) auf den Kostenträger gebucht werden (siehe ③ in Abbildung 6.4.3-1).

Ist die Fertigung des Produktes abgeschlossen, erfolgt die Ablieferung der gefertigten Menge an das Fertigwarenlager (*Achtung:* Auch bei Teillieferungen gleiche Behandlung). Dabei wird der Fertigungsauftrag mit dem Wareneingangswert entlastet (siehe ④ in Abbildung 6.4.3-1). Dieser ergibt sich aus der Multiplikation aus Menge und Standardpreis – der bei der auftragsneutralen Erzeugnis-(Plan-)Kalkulation ermittelt wurde –, und das Bestandskonto (Nebenbuch) des Materials wird erhöht.

Achtung:
Bei einem Ist-Kostenrechner würde der Auftrag auf Saldo null entlastet und alle Abweichungen würden in den Bestand gebucht werden, d.h., der nachfolgend beschriebene Schritt der Auftragsabrechnung entfällt hier.

Im Normalfall bleibt nun ein Saldo auf dem Auftrag stehen, der als Produktionsabweichung interpretiert wird und im Rahmen des Periodenabschlusses, gesplittet nach verschiedenen Abweichungskategorien, ermittelt und abgerechnet wird. Dieser Betrag, d.h. die Differenz zwischen Ist-Herstellkosten auf dem Fertigungsauftrag und der Entlastung durch den Wareneingang ans Lager zum Standardpreis, wird dann in die Finanzbuchhaltung auf ein Preisdifferenzenkonto gebucht. Ebenfalls kann sie an die Ergebnisrechnung (CO-PA) als Periodenkosten übergeben werden (siehe ⑤ in Abbildung 6.4.3-1).

Damit eine Leistungsverrechnung von der Kostenstellenrechnung in die Kostenträgerrechnung erfolgen kann, müssen Leistungsarten und Tarife in der Kostenstellenrechnung definiert werden. Durch diese Leistungsverrechnung findet eine Entlastung in Höhe des verrechneten Betrags auf den Kostenstellen statt. Bei Standardkostenrechnung bleiben auf den Kostenstellen i.d.R. am Periodenende nicht gedeckte oder überdeckte Kosten als Salden (Differenz zwischen Belastung/Entlastung der Kostenstelle) stehen und können als Periodenkosten in das CO-PA verrechnet werden (siehe ⑥ in Abbildung 6.4.3-1).

Beim Verkauf des am Lager befindlichen Materials an Kunden werden der Verkaufspreis sowie die Erlösschmälerungen aus der Preisfindung der Applikation Vertrieb (SD) des SAP-System an die Ergebnisrechnung (CO-PA) übergeben. Während dieser Übergabe kann die fakturierte Menge mit der Plankalkulation bewertet werden, und damit können alle in der Kalkulation verwendeten Kostenelemente in voller Schichtung an das CO-PA übergeleitet werden. Dadurch wird eine auf kalkulatorischen, d.h. Standardwerten basierende Deckungsbeitragsrechnung möglich (siehe ⑦ in Abbildung 6.4.3-1). Wie dargestellt, kann diese dann zu einer geschlossenen Rechnung durch die Übergabe der Abweichungen erweitert werden.

- *Periodisches Controlling*

Das periodische Controlling wird eingesetzt, wenn Sie eine kundenauftragsanonyme Lagerfertigung bei Massenproduktion einsetzen und es im Rahmen des Kosten-Controllings nicht notwendig ist, das einzelne Produkt bzw. einzelne Fertigungslos bei der Fertigung zu controllen. Vielmehr steht dabei die Überwachung der gesamten in der Periode angefallenen Kosten gegenüber den an das Lager abgelieferten Produkten im Vordergrund. Bezüglich des Fertigungsumfelds handelt es sich i.d.R. um Fertigungslinien, die immer dasselbe Produkt über einen längeren Zeitraum produzieren. Da die Serienfertigung bzw. das periodenbezogene Controlling nicht im Rahmen dieses Buches behandelt wird und darüber hinaus der Wertefluß dem des auftragsbezogenen Controllings bei Anwendung einer Standardkostenrechnung sehr ähnlich ist, wird auf eine detaillierte Darstellung des bei der Nutzung dieses Controllingobjekts anfallenden Werteflusses verzichtet. Es wird jedoch darauf hingewiesen, daß sämtliche im Rahmen des auftragsbezogenen Controllings anfallenden Schritte und Werteflüsse bei dem periodenbezogenen Controlling, bis auf den Punkt ② in Abbildung 6.4.3-1 (hier wird statt dessen ein Periodenkostensammler eingesetzt), dieselben sind.

- *Kundenauftrags-Controlling mit unbewertetem Kundenauftragsbestand*

Bei dieser Art des Erlös- und Kosten-Controllings stellt das zentrale Objekt zur Auswertung der Kosten und Erlöse der einzelne Kundenauftrag, genauer gesagt die einzelne Kundenauftragsposition, dar. Dieses Verfahren wird meistens dann genutzt, wenn das Produkt kundenindividuell im Rahmen einer komplexen Einzelfertigung (z.B. Sondermaschinenbau), bei der es kaum standardisierte Produkte gibt, gefertigt wird und die Bestände ebenfalls kundenindividuell behandelt werden sollen. Es ist zu beachten, daß bei dem Verfahren mit *unbewertetem Kundenauftragsbestand* keine Bewertung der am kundenauftragsspezifisch angelegten Lager liegenden Halbfabrikate etc. erfolgt. Vielmehr werden die dafür eingesetzten Kosten sofort als Aufwand verbucht und periodisch über die sogenannte *Ergebnisermittlung* der Wert des Kundenauftrags ermittelt. Sehr wichtig ist dabei, daß die Fertigung der einzelnen Halbfabrikate und des Endproduktes sowie die Fremdbeschaffung bestimmter Komponenten kundenauftragsbezogen erfolgen. Da die Kundenauftragsposition selbst keine Kosten bzw. Erlöse führen kann, wird zu jeder im Kundenauftrag angelegten Position ein eigenes Controllingobjekt (CO-Objekt) angelegt, auf welches die Buchung der Kosten bzw. der Erlöse erfolgt. Der bei der Nutzung dieses Controllingobjekts anfallende Wertefluß ist in Abbildung 6.4.3-2 dargestellt. Auf das CO-Objekt werden hierbei immer die tatsächlichen Ist-Kosten verrechnet, d.h., für das durch die Kundenauftragsposition gefertigte Produkt kann keine *Standardkostenrechnung* durchgeführt werden. Nicht zu verwechseln ist dieses Verfahren mit der reinen Projektfertigung, die durch die SAP-Applikation Projektsystem (PS) abgedeckt wird.

Wird ein Kundenauftrag angelegt und werden Positionen verwendet, die kundeneinzelfertigungsrelevant (Kennzeichen) sind, kann direkt auf dem Auftrag eine Auftragsvorkalkulation vorgenommen werden, wobei vorhandene Plankalkulationen beispielsweise von losgefertigten Halbfabrikaten verwendet oder aber auch reine Einzelkalkulationen durchgeführt werden können. Ebenfalls durch diese Kennzeichnung wird ein CO-Objekt, das aus Verständnisgründen an dieser Stelle mit einem Innenauftrag verglichen werden kann, der auch Erlöse führen kann, pro Auftragsposition angelegt (siehe ① in Abbildung 6.4.3-2). Wie in der Abbildung dargestellt, können durch diese Kundenauftragsposition Bestellungen und Fertigungs-/ Montageaufträge ausgelöst werden (siehe ② in Abbildung 6.4.3-2). Erfolgt nun der Wareneingang/Rechnungseingang einer Bestellung, werden die Kosten hierfür direkt auf das CO-Objekt unter der entsprechenden Kostenart gebucht (siehe ③ in Abbildung 6.4.3-2). Werden Rohstoffe direkt aus dem Lager auf die Kundenauftragsposition entnommen, erfolgt auch hier eine Belastung unter der entsprechenden Kostenart (nicht dargestellt).

Gleiches gilt für direkt auf die Kundenauftragsposition verrechnete Kostenstellenleistungen (nicht dargestellt). Wurde die Fertigung von Halbfabrikaten (siehe ②, HALB-KDE, in Abbildung 6.4.3-2) und des Fertigfabrikates (siehe ②, FERT-KDE, in Abbildung 6.4.3-2) pro Kundenauftragsposition angestoßen, so fungiert der Fertigungsauftrag als Kostenträger und sammelt alle Kosten, ähnlich der Lagerfertigung. Jedoch erfolgt bei Abschluß der Fertigung kein Wareneingang an das Lager oder eine Abweichungsermittlung auf dem Fertigungsauftrag. Statt dessen wird dieser an die Kundenauftragsposition abgerechnet. Damit werden auch diese Produktionskosten auf die Kundenauftragsposition gebucht (siehe ④ in Abbildung 6.4.3-2). Ebenfalls können Gemeinkostenzuschläge für das CO-Objekt der Kundenauftragsposition ermittelt werden (nicht dargestellt).

Da die Fertigung eines solchen Kundenauftrags i.d.R. nicht innerhalb eines Monats abläuft, jedoch bereits Aufwände und ggfs. Erlöse (z.B. durch Teilfakturen) gebucht wurden, müssen diese einander gegenübergestellt und in der Finanzbuchhaltung aktiviert werden. Dafür wird die Funktionalität der Ergebnisermittlung verwendet, wofür im SAP-System eine Vielzahl der gängigsten Ergebnisermittlungsverfahren zur Verfügung steht, z.B. Percentage-of-Completion-Methode oder die Erlös- bzw. Kostenproportionale-Methode. Sind z.B. nur Kosten angefallen, kann damit die Ware in Arbeit ermittelt werden, sind dagegen auch Erlöse (durch Teilfakturen) angefallen, können diese den dem Fertigungsgrad entsprechenden Kosten gegenübergestellt und abgegrenzt sowie in die Finanzbuchhaltung gebucht werden.

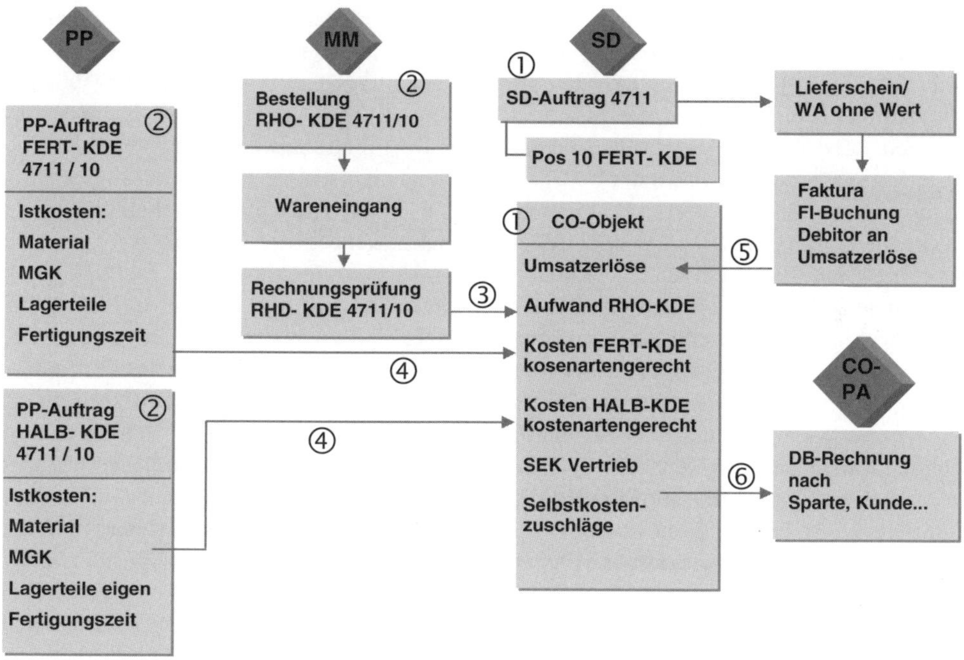

Abbildung 6.4.3-2: Wertefluß bei Kundenauftragsfertigung mit unbewertetem Kundenauftragsbestand

Ist das Material komplett gefertigt und wird es an den Kunden geliefert und fakturiert, so werden die Erlöse auf die entsprechende Kundenauftragsposition gebucht (siehe ⑤ in Abbildung 6.4.3-2). Danach sind alle relevanten Informationen für den Erfolg des Auftrags dort sichtbar. Dieser wird nun an die Ergebnisrechnung im Rahmen der Auftragsabrechnung abgerechnet (siehe ⑥ in Abbildung 6.4.3-2). Somit können dort die Ist-Erlöse und Ist-Kosten für das hergestellte Produkt (d.h. die Materialnummer der Auftragsposition) oder aber auch für den gesamten individuellen Kundenauftrag im Rahmen einer Ergebnisrechnung für das Gesamtunternehmen ausgewertet werden.

- *Kundenauftrags-Controlling bei bewertetem Kundenauftragsbestand ohne CO-Objekt*

Dieses seit dem Release 4.0B mögliche Verfahren wird meistens dann eingesetzt, wenn Sie zwar kundenauftragsbezogen fertigen, es sich aber immer um Produkte derselben Sorte, mit kleineren Abweichungen, in einem Massenproduktionsumfeld handelt, z.B. Automobilhersteller, Computerhersteller bzw. -handel etc. Dabei liegt der Fokus des Erlös- und Kosten-

Controllings nicht auf dem einzelnen Auftrag, sondern z. B. auf dem einzelnen Produkt und seinen Varianten oder der Produktgruppe, weshalb bei diesem Verfahren der Kundenauftrag nicht als Kostenträger fungiert, d. h., es gibt *keine kosten- und erlösführende Kundenauftragsposition*. Gegenüber dem Fall des Controllings pro Auftrag ist in diesen Fällen meist bekannt, welche Herstellkosten bzw. Selbstkosten den einzelnen Produktvarianten, mindestens aber den einzelnen Komponenten (Halbfabrikate, Zukaufteile etc.) zuzuordnen sind, was sich durch das Vorhandensein von Plankalkulationen äußert. Deshalb kann dieses Verfahren sehr mit dem der anonymen Lagerfertigung bei Durchführung einer Standardkostenrechnung verglichen werden, da mit Standardkosten gearbeitet werden soll, um z. B. eine Abweichungsermittlung auf den Fertigungsaufträgen zur Kundenauftragsposition durchzuführen und diese an die Ergebnisrechnung (CO-PA) abzurechnen. Es ist jedoch auch eine Betrachtung der Ist-Kosten möglich. Der Wertefluß entspricht hier dem der Lagerfertigung, da die Kosten der Fertigungsaufträge nicht auf die Kundenauftragsposition abgerechnet, sondern bewertet (z. B. mit Erzeugnis- oder Kundenauftragskalkulation) an das kundenauftragsspezifische Lager geliefert werden, siehe ④ in Abbildung 6.4.3-1. Dabei handelt es sich dann nicht um das reguläre Halb- oder Fertigfabrikatelager, sondern um ein pro Kundenauftrag angelegtes – *technisches* – Lager. Handelt es sich dabei um Halbfabrikate, die für einen weiteren der Kundenauftragsposition zugeordneten Fertigungsauftrag verwendet werden, kommt es zu einem Lagerausgang und einer Belastung des Fertigungsauftrags, wobei – im Gegensatz zum Verfahren des unbewerteten Kundenauftragsbestands – die Entnahmemenge mit dem Standardpreis bewertet wird und mit der Schichtung der Kalkulation in die einzelnen Kostenelemente übernommen werden kann. Daraus wird ersichtlich, daß bei diesem Verfahren eine Kostenelementewälzung möglich ist, d. h., Fertigungskosten im Fertigungsauftrag der Auflösungsstufe 2 werden auch als solche im Fertigungsauftrag der Auflösungsstufe 1 behandelt. Sie gehen nicht als *Gesamtkosten Halbfabrikat*, repräsentiert durch die Materialkosten, in die übergeordnete Auflösungsstufe ein. Ebenfalls werden bei dieser Vorgehensweise die Erlöse direkt in die Ergebnisrechnung gebucht, und die Absatzmenge kann mit der Standardkalkulation unter Verwendung der einzelnen Kostenelemente bewertet werden. Auch hier findet die Bewertung mit der Kalkulation der Kundenauftragsposition statt.

- *Kundenauftrags-Controlling bei bewertetem Kundenauftragsbestand mit CO-Objekt*

Einsatzbereich dieses Verfahrens siehe: *Kundenauftragsbezogenes Controlling bei bewertetem Kundenauftragsbestand ohne CO-Objekt*. Auch bei dem Verfahren mit CO-Objekt und bewertetem Kundenauftragsbestand wird mit dem oben beschriebenen kundenauftragsspezifischen – *technischen* – Lager gearbeitet, und es erfolgt eine Bewertung der Lagerzugänge mit der Erzeugnis- oder Kundenauftragskalkulation. Jedoch werden die Kosten und Erlöse bei diesem Verfahren pro Kundenauftragsposition gesammelt, d. h., bei diesem Verfahren werden die unfertigen Erzeugnisse mit der Ermittlung von WIP auf den Fertigungsaufträgen, und die produzierten, aber nicht gelieferten Materialien bei der Wareneingangsbuchung zum Fertigungsauftrag bewertet. Dies ergibt gegenüber dem Verfahren mit unbewertetem Kundenauftragsbestand den Vorteil, daß am Periodenende keine Ergebnisermittlung stattfinden muß, um die Bestände des Kundenauftrags in die Finanzbuchhaltung zu aktivieren. Wurde das produzierte Material bereits an den Kunden (teil-) geliefert, aber nicht fakturiert, muß die *Ergebnisermittlung* durchgeführt werden, um die gelieferte Ware in der Bilanz zu aktivieren.

6.4.4 Materialbewertung

④ *Welchen Wertansatz wollen Sie für Ihre* ***Materialbewertung*** *verwenden?*

Im SAP-System werden alle Materialbewegungen sofort zum Zeitpunkt der Durchführung – online – mit dem Preis, der im Materialstamm hinterlegt ist, bewertet und in der Finanzbuchhaltung (Bestandsbewertung) und dem Controlling (Kostenträgerrechnung) verbucht. Bei dem Verkauf eines Lagerteils wird dieser Wert als Kosten des Umsatzes angesetzt. Für die für diese Zwecke durchgeführte Bewertung Ihrer fremdbeschafften sowie eigengefertigten Materialien haben Sie mehrere Möglichkeiten. Darüber hinaus können Sie für die nach steuerrechtlichen bzw. handelsrechtlichen Gesichtspunkten durchgeführte Bewertung der Materialien im Rahmen des Perioden-/Jahresabschlusses ebenfalls auf unterschiedliche Verfahren zurückgreifen.

- *Standardpreis*

Generell muß bei der Bewertung von Materialien zwischen der Bewertung von eigengefertigten und fremdbeschafften Materialien unterschieden werden. Der Standardpreis (S-Preis) wird dabei durch eine auftragsneutrale Kalkulation ermittelt und sollte i.d.R. über ein Jahr, mindestens jedoch über einen Monat konstant bleiben, um die Vergleichbarkeit und Abweichungsanalyse effektiv durchführen zu können. Die Nutzung des S-Preises führt dazu, daß alle Bestandsbewegungen mit ihm bewertet, daß Abweichungen auf Preisdifferenzkonten in der Finanzbuchhaltung gebucht werden und daß Preisänderungen überwacht werden können. Speziell die Standardkostenrechnung basiert auf vorkalkulierten bzw. geplanten Kosten, sowohl für eigengefertigte als auch für fremdbeschaffte Materialien, für die entsprechende/n Periode(-n). Durch den Vergleich der Standardwerte (S-Preise) mit den tatsächlichen Werten können dann Soll-/Ist-/Plan-Vergleiche durchgeführt werden, speziell für Einkaufspreise von fremdbeschafften Teilen, Effizienz der Fertigung, Gemeinkostenverrechnung und Standarddeckungsbeiträge. Damit werden dann alle Bewegungen in der Logistik und der Finanzbuchhaltung über das gesamte Jahr mit denselben Wertansätzen bewertet. Dieser Wertansatz kann auch in der internen Ergebnisrechnung verwandt werden. Weitere Auswirkungen sind, daß die Abweichungen der Produktion nicht das Vertriebsergebnis der Produkte beeinflussen, daß es zu keiner unterschiedlichen Zuordnung von Kosten z.B. durch saisonale Schwankungen für denselben Sachverhalt kommt und die Analyse von Produktionsabweichungen, untergliedert in Abweichungskategorien, möglich wird. Von SAP wird aus den für den S-Preis beschriebenen Eigenschaften sowie den beim V-Preis genannten Auswirkungen empfohlen, den gleitenden Durchschnittspreis für Rohstoffe (falls diese nur relativ kleinen Schwankungen unterliegen und nicht in großen Mengen beschafft werden) und den Standardpreis für eigengefertigte Teile zu verwenden. Ansonsten muß das Produkt solche Preisänderungen tragen, die den Ursprung außerhalb des Unternehmens haben und nicht durch Unwirtschaftlichkeiten der Produktion entstehen.

- *Gleitender Durchschnittspreis*

Bei der Nutzung des gleitenden Durchschnittspreises (V-Preis oder GLD-Preis) werden alle Bestandsbewegungen damit bewertet. Bei fremdbeschafften Teilen bedeutet dies, daß sich, falls der Preis der neuen Güter höher liegt als der bereits am Lager liegenden, der Gesamt-GLD-Preis für alle sich nun am Lager befindlichen Teile ändert. Gleiches gilt bei den eigengefertigten Teilen, mit folgendem Unterschied: Erfolgt der Lagereingang, wird der Fertigungsauftrag mit dem aktuellen V-Preis entlastet, der V-Preis der am Lager befindlichen Materialien ändert sich nicht. Werden die Abweichungen des Fertigungsauftrags abgerechnet, erfolgt dies nicht an das Preisdifferenzenkonto, sondern voll an das Lager, wodurch sich nun der V-Preis ändert. Nur im Fall, daß der Lagerbestand kleiner ist als die Menge des abzurechnenden Auftrags, werden die Abweichungen anteilsmäßig an das Preisdifferenzenkonto abgerechnet. Dies tritt ein, wenn von der vorab an das Lager gelieferten Menge bereits Lagerabgänge erfolgten. Bei Neuteilen erfolgt die Festlegung des V-Preises manuell, z.B. durch manuelle Eingaben in den Materialstamm. Aus diesen Beschreibungen wird ersichtlich, daß Erfassungsfehler die Bestandsbewertung und die Kosten des Umsatzes in der Ergebnisrechnung beeinflussen und sich dies bei mehrstufiger Fertigung fortpflanzt. Gleiches gilt für die Auswertungsmöglichkeiten bezüglich der Produktionsunwirtschaftlichkeiten, die mit diesem Verfahren immer in die nächste Fertigungsstufe weiterverrechnet werden und zu Lasten der gefertigten Produkte gehen. Diese Produktionsabweichungen können auch nicht ausgewertet werden. Im Fall, daß der Abrechnungszeitpunkt des Fertigungsauftrags nicht gleich mit dem Zeitpunkt der Lagerentnahme ist, kann es vorkommen, daß alle Abweichungen auf das Preisdifferenzenkonto *verlorengehen* und sich nicht mehr im GLD-Preis widerspiegeln. Fehlen hingegen Kostenbestandteile zum Zeitpunkt der Fertigungsauftragsabrechnung, wird der neue GLD-Preis falsch gebildet. Bei den in Abbildung 6.4.4.-1 dargestellten Zeichen ①, ② und ③ handelt es sich um Fertigungsaufträge für ein Material, bei denen der Wareneingang (z. B. W③) erfolgt und der Saldo an das Lager abgerechnet wird (z. B. S③).

①= (Ist-Kosten: 16,- DM · 5 St. = 80,- DM) – (Lagerzugang = 55,- DM) = Saldo 25,- DM
Da sich zum Zeitpunkt der Auftragsabrechnung nur noch vier Stück des Teiles am Lager befinden, werden anteilsmäßig 20,- DM an den Bestand und 5,- DM an das Preisdifferenzenkonto abgerechnet.

②= (Ist-Kosten: 20,-DM · 5 St. = 100,-DM) – (Lagerzugang = 80,-DM) = Saldo 20,-DM

③= (Ist-Kosten: 20,-DM · 5 St. = 100,-DM) – (Lagerzugang = 80,-DM) = Saldo 20,-DM

		Bewegungen			**Bestand**		
	Stück	**à DM**	**Summe**	**Menge**	**Preis**	**Wert**	
02.06				1	11,00	11,00	
08.06	5	11,00	55,00	6	11,00	66,00	W①
09.06	-2	11,00	-22,00	4	11,00	44,00	
14.06			20,00	4	16,00	64,00	S①
18.06	5	16,00	80,00	9	16,00	144,00	W②
25.06	5	16,00	80,00	14	16,00	224,00	W③
26.06	-9	16,00	-144,00	5	16,00	80,00	
28.06			20,00	5	20,00	100,00	S②
30.06			20,00	5	24,00	120,00	S③

Abbildung 6.4.4-1: Entwicklung des Preises im Materialstamm bei V-Preis-Steuerung

■ *Periodischer Preis*

Die Bildung eines sogenannten periodischen Preises ist nur bei Einsatz der ab 4.0C zur Verfügung stehenden Funktionalität des Material-Ledgers möglich. Dieses Verfahren wird nicht in diesem Buch, auch nicht bei der Behandlung der Prozeßbausteine durch Knowledge Maps, berücksichtigt.

■ *Bestandsbewertung zum Periodenabschluß (Inventurbewertung)*

In dem hier ausgeführten Fall gehen wir davon aus, daß für eigengefertigte Produkte die Standardpreissteuerung verwendet wird. Die Erläuterungen sind jedoch auch bei Verwendung des V-Preises gültig. Der oben beschriebene Standardpreis stellt ein reines Controllinginstrument dar und ist nicht gedacht für die bilanzielle Bewertung im Rahmen des Perioden-/Jahresabschlusses, da er kalkulatorische Werte beinhaltet, die nicht aktivierbar sind. Findet eine Umbewertung der kalkulatorischen Bestandswerte zu in der Finanzbuchhaltung ansetzbaren bilanziellen Werten statt, erfolgt dies nur durch Sachkontenbuchungen, der S-Preis wird davon nicht beeinflußt. Für diese Umwertung haben Sie die Möglichkeiten der *Inventurkalkulation* oder der *Faktorenrechnung*, wobei beide Vorgehensweisen mit Ihrem Wirtschaftsprüfer abgestimmt sein müssen. Bei der *Inventurkalkulation* legen Sie über alternative Wertansätze steuerrechtliche Kostenstellentarife und Zuschläge fest, mit denen das aktuelle Planmengengerüst maschinell im Rahmen eines Kalkulationslaufes bewertet wird. Die Differenz zwischen den Standardpreisen und den Inventurpreisen wird durch eine Sachkontenbuchung der Finanzbuchhaltung ausgeglichen. Bei der *Faktorenrechnung* findet eine pauschale Umwertung der Bestandswerte in der Finanzbuchhaltung, mit Hilfe von Informationen aus der Gewinn- und Verlustrechnung, der Kostenstellenrechnung und der Kostenträgerrechnung statt.

6.4.5 Planintegration

⑤ Hinweis: **Planintegration** möglich

Sie werden bei der Bearbeitung der Knowledge Maps zu den einzelnen Prozeßbausteinen feststellen, daß dabei oft der Hinweis auf die Planintegration erfolgt. Diese Planintegration kann von einer konzeptionellen Seite und einer SAP-systemtechnischen Seite aus betrachtet werden. Die folgenden Erklärungen zur Planintegration beinhalten dabei die konzeptionellen Überlegungen und deren SAP-technische Unterstützung.

Im Rahmen des Vertriebsinformationssystems (SD-VIS) oder der Vertriebs- und Ergebnisrechnung (CO-PA) plant der Vertrieb die Absatzmengen der entsprechenden Perioden nach den dort erwarteten Zahlen bezüglich Absatzmengen. In vielen Fällen wird auch von der Unternehmensleitung ein zu erzielendes Umsatz- oder Deckungsbeitragsziel vorgegeben, welches dann vom Vertrieb in Absatzzahlen pro Produkt/-gruppe umgesetzt werden muß. Diese Planabsatzmengen können dann in die Absatz- und Produktionsgrobplanung (PP-SOP) pro Produkt-/gruppe übernommen werden. Anhand dort vorhandener Arbeitspläne oder Produktionsgrobplanungsprofile werden die dafür benötigten Kapazitäten durch den kapazitativen Abgleich der Planmengen mit den Produktionsressourcen vorgenommen. Ist der vorgegebene Absatzplan nicht realisierbar, muß entweder eine Erhöhung der Ressourcen oder eine Anpassung des Absatzplanes erfolgen.

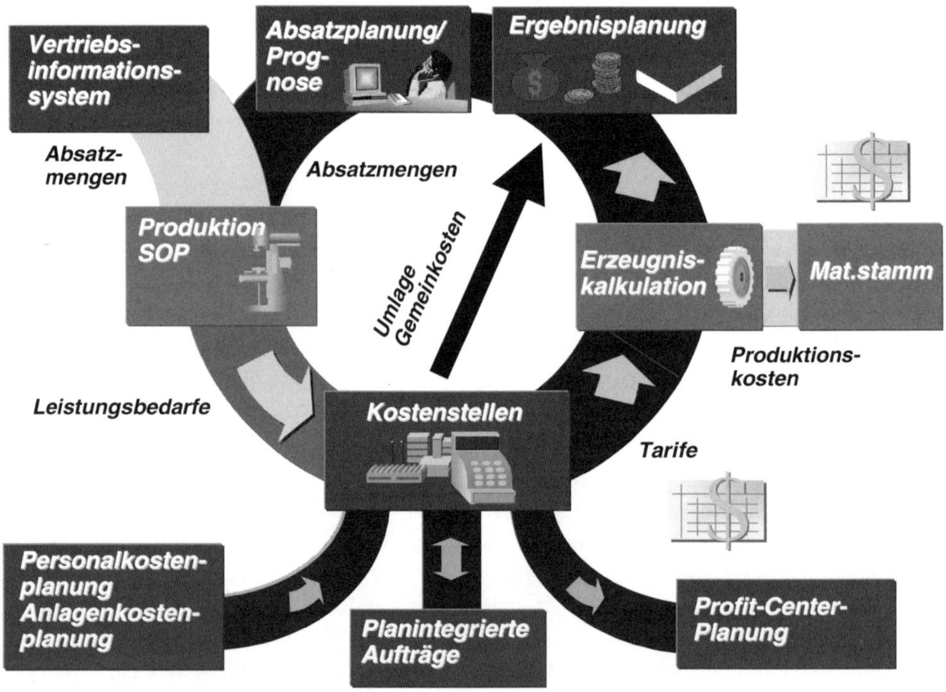

Abbildung 6.4.5-1: Planintegration im SAP-System
(aus: SAP AG: Schulungsunterlagen zum Kurs AC040, 1998)

Die durch die Produktionsgrobplanung ermittelten Leistungsbedarfe können an die leistungsbereitstellenden Kostenstellen übergeben werden. Sie werden dort im Rahmen der Kostenstellenplanung als disponierte Leistung ausgewiesen. Speziell bei Anwendung einer analytischen Planung können dann abhängig von der Kostenstelle zu erbringende Leistungen die dafür notwendigen Kosten (z.B. Abschreibungen, Löhne, Hilfslöhne etc.) geplant werden. Diese können integrativ von der Personalkostenplanung des Human Resources (HR) oder der Abschreibungs-/Zinsermittlung der Anlagenbuchhaltung (FI-AA) übernommen werden. Ebenfalls können dabei sogenannte planintegrierte Innenaufträge berücksichtigt werden. Durch die iterative Tarifermittlung können dann die Preise (d.h. die Tarife) der Leistungen festgelegt werden. Die Kostenstellenplanung kann ebenfalls in die Profit-Center-Rechnung übernommen werden. Bei der auftragsunabhängigen Erzeugniskalkulation, bei der auf Basis aktueller Stücklisten und Arbeitspläne, d.h. den aktuellen Mengengerüsten, die Herstellkosten der geplanten Produkte ermittelt werden, finden u.a. die vorherig ermittelten Plantarife Anwendung. Diese Herstellkosten können als S-Preis in den Materialstamm zur unterjährigen dispositiven Bewertung der Produkte übergeben werden. Als letzter Schritt der Planung kann nun eine Bewertung der am Anfang geplanten Absatzmengen mit diesen neuen für das Planjahr erwarteten Herstellkosten erfolgen und die Absatz- bzw. Umsatzplanung zur vollständigen Ergebnisplanung erweitert werden.

6.5 Szenarien zum Erlös- und Kosten-Controlling

Gegenüber dem Release 3.0 haben sich im Release 4.0 die Szenarien und damit auch die in Kapitel 6.6 beschriebene Prozeßkette bzw. Wertschöpfungskette grundsätzlich geändert. Gab es in 3.0 noch 16 Szenarioprozesse, z. B.

- Flexible Plankosten-/DB-Rechnung bei Serienfertigung
- Flexible Plankosten-/DB-Rechnung bei Kundenauftragsfertigung
- Starre Plankostenrechnung bei Serienfertigung
- Starre Plankostenrechnung bei Kundenauftragsfertigung

gibt es im Release 4.0 nur noch folgende vier Szenarioprozesse:

- Stammdatenbearbeitung
- Erlös- und Kostenplanung
- Erfassung Ist-Kosten-/Erlöse
- Periodenabschluß

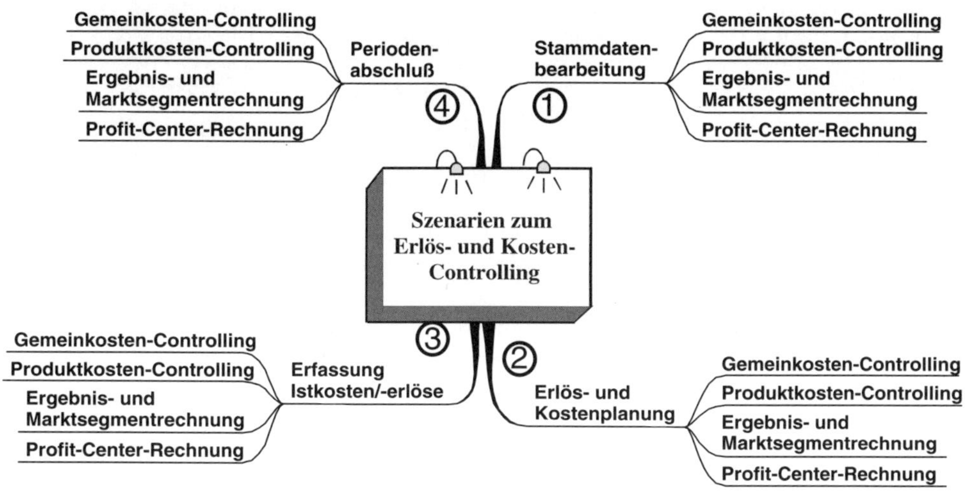

Abbildung 6.5-1: Szenarien-Knowledge Map zum Erlös- und Kosten-Controlling

Dabei wird nicht mehr pro Kostenrechnungsphilosophie pro Fertigungstyp eine eigene Szenariovariante gebildet, vielmehr wird nur mehr von vier Szenarien ausgegangen. Dies ist sinnvoll, da sich die gängigsten Kostenrechnungsphilosophien wie z. B. starre Plankostenrechnung, flexible Plankostenrechnung und Grenzplankostenrechnung nur im Umfang der Planung, bestimmter Verrechnungstechniken sowie der Behandlung der fixen und variablen Kosten unterscheiden. Bei der Anwendung der Kostenrechnungsphilosophien hinsichtlich der verschiedenen Fertigungsverfahren gibt es nur inkrementale Unterschiede, da sich die einzelnen Fertigungsverfahren nur bezüglich des auszuwertenden Kosten-/Erlösobjekts unterscheiden, z.B. ob ein periodischer Fertigungsauftrag, ein Fertigungsauftrag zum Los oder ein Kundenauftrag verwendet wird. Der *Hauptprozeß* bzw. die Grobwertschöpfungskette des Erlös- und Kosten-Controllings sieht bei allen Kostenrechnungsphilosophien und Fertigungsverfahren gleich aus und wird in Abbildung 6.5-2 dargestellt. Eine explizite Unterscheidung der Kostenrechnungsphilosophien findet nicht mehr statt, da der Kunde bei der Bearbeitung der Prozeßkette für sich selbst entscheiden muß, ob ein bestimmtes Verrechnungsverfahren (dargestellt durch einen Prozeßbaustein) eingesetzt wird, auch wenn es gemäß Theorie und Lehrbuch nicht bei dieser Philosophie zum Einsatz kommen dürfte. Der Unterscheidung der verschiedenen Fertigungsverfahren innerhalb der Prozeßkette wird durch eigene Prozeßbausteine oder sogenannte Prozeßbausteinvarianten Rechnung getragen.

Wir möchten darauf hinweisen, daß die Bestimmung der Szenarien im Prozeßbereich Erlös- und Kosten-Controlling sehr schwierig ist. Wir stimmen auch mit der Definition der Szenarien wie oben dargestellt nicht überein, da es sich bei den in Release 4.0 als Szenarien bezeichneten Bereichen eigentlich um Prozeßgruppen handelt. Vielmehr müßte von einer einzigen Maximalprozeßkette ausgegangen werden, ohne explizit unterschiedlich ausgeprägte Szenarioprozesse.

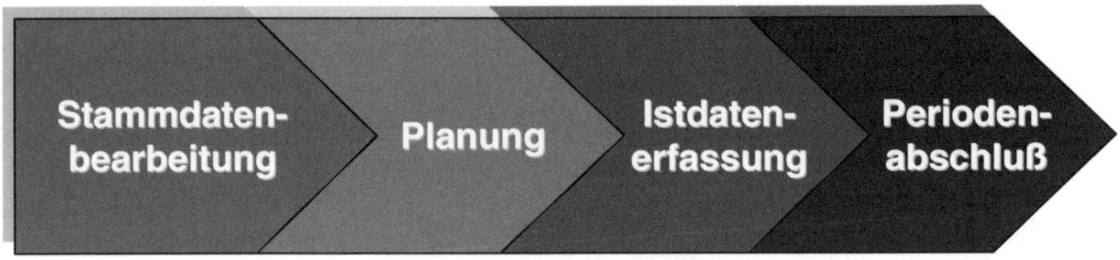

Abbildung 6.5-2: Szenarien des Erlös- und Kosten-Controllings in logischer Reihenfolge als Hauptprozeß bzw. Grobwertschöpfungskette dargestellt

Die Unterscheidung in Prozeßgruppen könnte dann pro *heutigen Szenarios* unter Berücksichtigung der Controllingbereiche (z.B. Gemeinkosten- oder Produktkosten-Controlling) durchgeführt werden. Unterschiede in den Kostenrechnungsphilosophien oder Fertigungsverfahren können dann, so wie es bereits heute teilweise erfolgt, im Rahmen der Prozeßkette pro Prozeßbaustein als Variante oder, aus Gründen der Übersichtlichkeit, explizit dargestellt werden.

6.6 Prozeßkette zum Erlös- und Kosten-Controlling

In Kapitel 6.5 wurde darauf hingewiesen, daß die heutigen *Szenarien* des Erlös- und Kosten-Controllings keine Szenarien im ursprünglichen Sinn darstellen. Dies wird bei deren genauer Betrachtung offensichtlich:

- Stammdatenbearbeitung
- Erlös- und Kostenplanung

- Ist-Datenerfassung Kosten/Erlöse
- Periodenabschluß

Es besteht keine Auswahlmöglichkeit für ein spezielles Szenario, da zur Durchführung eines Erlös- und Kosten-Controllings alle Szenarien benötigt werden. Deswegen bietet sich in diesem Kontext an, nur ein Szenario, in Form einer Maximalprozeß- bzw. Maximalwertschöpfungskette, zu verwenden. Um die Konsistenz mit dem Referenzmodell zu gewährleisten, orientiert sich die in diesem Kapitel dargestellte und erläuterte Prozeßkette (LEGO Kette) an den derzeit gültigen Szenarien. Durch das verwendet LEGO Prinzip, dem Verzicht auf die Ereignisse und die EPK-Darstellung wird die Visualisierung und das Verständnis der Prozeßabläufe stark vereinfacht. Gibt es Prozeßbausteine, die parallel ablaufen können, jedoch einem bestimmten zeitlichen Ablauf folgen müssen, wird dies durch die im Rahmen der LEGO Kette verwandten Pfeile dargestellt.

Bitte beachten Sie, daß in der beschriebenen Prozeßkette des Erlös- und Kosten-Controllings alle Prozeßbausteine zur *Prozeßkostenrechnung* und *Profit-Center-Rechnung* nicht behandelt werden, da sie im Umfang dieses Buches nicht enthalten sind.

Das Erlös- und Kosten-Controlling beginnt sowohl bei der Erstimplementierung als auch während der fortlaufenden Arbeit immer mit dem Szenario Stammdatenbearbeitung. Zuerst werden die in der Kostenrechnung benötigten Erlös- und Kostenarten bearbeitet. Speziell für die primären Kostenarten gilt, daß diese direkt abhängig von der Bearbeitung des Kontenplanes in der Finanzbuchhaltung sind. Parallel dazu kann das Unternehmen auf die benötigten Kostenstellen sowie deren hierarchische Abhängigkeiten untersucht werden. Sind die Kostenstellen definiert, können pro Kostenstelle für die Leistungsverrechnung benötigte Leistungsarten identifiziert werden. Ebenfalls kann mit der Bearbeitung der Innenaufträge begonnen werden, die das Kostenstellen-Controlling noch weiter detaillieren oder eine weitere Sicht zur Überwachung der Erlöse und Kosten zulassen. Gleichzeitig zur Leistungsarten- und Kostenstellenbearbeitung können die statistischen Kennzahlen definiert werden.

Die für die Ergebnisrechnung grundlegende Definition und Ausgestaltung des Ergebnisbereiches wird durch die Bearbeitung der Prozeßbausteine Definition Marktsegmente und Bewertungsstrategie durchgeführt. Dabei wird hauptsächlich den Anforderungen des Berichtswesens an ein Ergebnis- und Deckungsbeitrags-Controlling bezüglich auszuwertender Werte und Marktsegmente Rechnung getragen. Dies kann parallel zu den genannten, in Abbildung 6.6-1 dargestellten Prozeßbausteinen erfolgen. Da die Serienfertigung nicht explizit in diesem Buch berücksichtigt wird, ist der Prozeßbaustein Bearbeitung der Kostenträgerhierarchie nicht relevant. Für die Stammdaten Leistungsarten, statistische Kennzahlen, Kostenstellen, Kostenarten und Innenaufträge gilt, daß die jeweils in getrennte Prozeßbausteine aufgeteilte *Bearbeitung der Stammdaten* (z.B. Leistungsartenbearbeitung) und die *Bearbeitung der Stammdatengruppen* (z.B. Leistungsartengruppenbearbeitung) immer in einer Knowledge Map mit der *Bezeichnung des Stammdatentyps* (z.B. Leistungsartenbearbeitung) zusammengefaßt wurden. Im übrigen werden die Prozeßbausteine Merkmalsableitung, Merkmalswertbearbeitung und Stammdatenhierarchiebearbeitung in einer Knowledge Map behandelt.

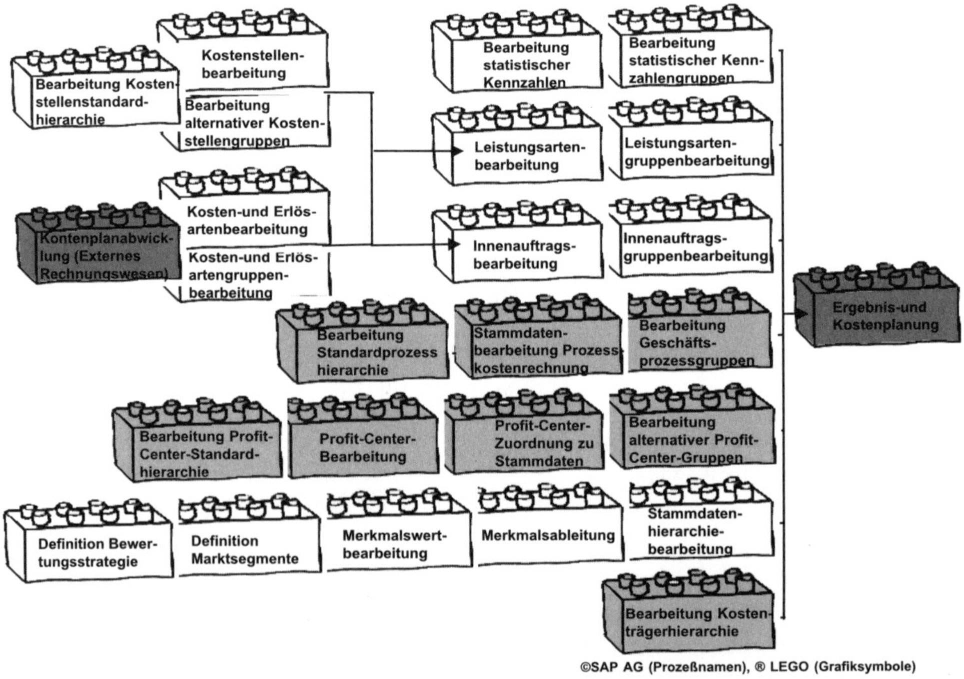

Abbildung 6.6-1: Szenario Stammdatenbearbeitung Erlös- und Kosten-Controlling

Nachdem die Stammdatenbearbeitung bzw. -überarbeitung abgeschlossen ist, erfolgt die Planung der Kosten und Erlöse, repräsentiert durch das Szenario Erlös- und Kostenplanung. Analog dem betriebswirtschaftlich sinnvollen Ablauf der Planung (Planungsprozeß) erfolgt die Darstellung und Bearbeitung der Prozeßkette zur Erlös- und Kostenplanung. Sie beginnt i.d.R. mit der Planung der Absatz- und/oder Umsatzzahlen, durch den Prozeßbaustein Absatzplanung dargestellt. Basiert Ihre Planung auf Vergangenheitswerten oder extrapolieren Sie bestehende Plan- bzw. Ist-Werte mit mathematischen Prognosemodellen in die Planperiode, können Sie die Absatz- und Ergebnisplanungsprognose bzw. -kopie verwenden. Über die Top-down-Verteilung können die auf einer hohen Hierarchiestufe geplanten Werte automatisch auf detailliertere Ebenen verteilt werden. Falls die Planwerte einer bestimmten Planstruktur folgen sollen oder müssen, kann die Planstrukturprüfung verwendet werden. Setzen Sie im Rahmen des Prozeßbereichs Vertrieb das Logistikinformationssystem (LIS) oder im Rahmen des Prozeßbereichs Produktion die Absatz- und Produktionsgrobplanung (SOP) ein, können die Planwerte integriert dorthin übergeben werden. Werden durch die Logistikplanung mit Vorplanung in der Produktion Leistungsmengen ermittelt, können diese Planwerte als disponierte Leistung von der Produktion an die Kostenstellenrechnung übergeben werden (siehe Prozeßbaustein Übernahme disponierte Leistung SOP → CO-OM).

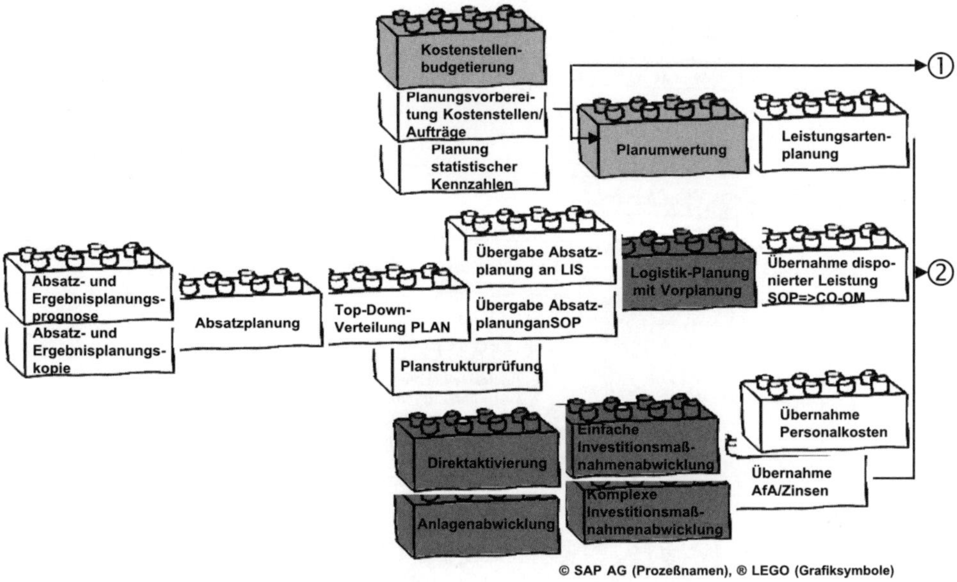

Abbildung 6.6-2: Szenario: Erlös- und Kostenplanung (Teil 1)

Parallel zu den bisher beschriebenen Prozeßbausteinen zur Erlös- und Kostenplanung kann die Planungsvorbereitung der Kostenstellen/Innenaufträge, die Planung der statistischen Kennzahlen und die Planumwertung erfolgen. Gleiches gilt für die Leistungsartenplanung, im Rahmen derer durch die Kostenstellenverantwortlichen die von der Kostenstelle zu erbringende Leistungsmenge, z.B. auf Basis der Kapazität, geplant wird. An dieser Stelle angelangt, können die Leistungsmengen, ermittelt durch die Produktionsgrobplanung (SOP) und unabhängig davon durch die Kostenstellenverantwortlichen, abgestimmt werden. Basierend darauf kann die Kostenarten- und Auftragsplanung parallel oder sequentiell durchgeführt werden. Kommt in Ihrem Unternehmen die SAP-Personalwirtschaft (HR) oder/und das Anlagenmanagement (FI-AA) zum Einsatz und werden dort Kosten, z.B. Personalkosten oder Abschreibungen, geplant, können diese Werte integriert in das CO-OM übernommen werden.

Für die (Innen-)Aufträge ist es möglich, auch in der Planung eine Gemeinkostenzuschlagsrechnung vorzunehmen. Arbeiten Sie mit kalkulatorischen Kosten, z.B. kalkulatorischem Unternehmerlohn, können Sie diese automatisch durch die Abgrenzung ermitteln lassen. Um einen genauen Plan-/Soll-/Ist-Vergleich sicherzustellen, können in der Planung dieselben Verrechnungen vorgenommen werden wie für die Ist-Werte. Deswegen folgen nach der Abgrenzung die Verrechnungen, Verteilung und Umlage. Wird mit der indirekten Leistungsverrechnung gearbeitet, kann diese parallel zu den genannten Verrechnungsverfahren oder danach erfolgen. Bei Einsatz von planintegrierten Aufträgen können die dort geplanten Kosten durch die Auftragsabrechnung auch im Plan auf die Kostenstellen abgerechnet werden. Danach ist die Kostenstellen-/Auftragsplanung bezüglich Kosten, Erlösen und Leistungsarten abgeschlossen. Werden die Tarife (Preise) der Leistungsarten nicht manuell vorgegeben, können sie auf Basis des Mengen- und Kostengerüstes maschinell durch die

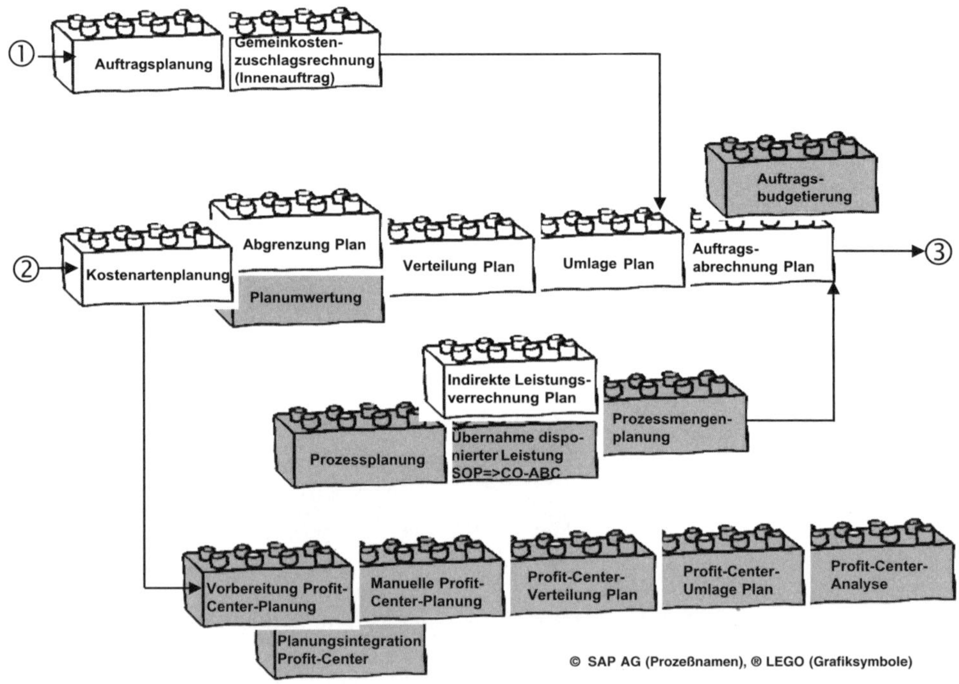

Abbildung 6.6-3: Szenario – Erlös- und Kostenplanung (Teil 2)

Tarifermittlung errechnet werden. Zu berücksichtigen ist, daß zuvor die leistungsmengenunabhängig geplanten Primär- und Sekundärkosten auf die von der Kostenstelle erbrachten Leistungsarten durch die Splittung aufgeteilt werden müssen. Die Kenntnis über die Höhe der Tarife ermöglicht die Vorbereitung und Durchführung der auftragsunabhängigen Erzeugnis- bzw. Produktkalkulation. Die dadurch ermittelten Preise können an den Materialstamm übergeleitet werden, was durch die Prozeßbausteine Preisvormerkung sowie Preisfortschreibung Plankalkulation erfolgt. Als Abschluß kann die Absatz- und Umsatzkostenplanung, unter Berücksichtigung der Gemeinkosten- und Produktkostenplanung, zu einer Ergebnisplanung erweitert werden. In diesem Szenario wurden die Prozeßbausteine Kostenstellen- und (Innen-)Auftragsbudgetierung, die Planumwertung, die Planabstimmung, die Fixkostenvorverteilung und die Übernahme Gemeinkosten ins Ergebnis nicht berücksichtigt.

Im Rahmen des Szenarios Ist-Kosten-/Erlösverrechnung erfolgt während der aktuellen Periode die Erfassung und Verrechnung von einzelnen Vorgängen. In diesem Zusammenhang wird von vorgangsbezogenen Verrechnungen gesprochen. Die Mehrzahl der einzelnen Übernahmevorgänge kann parallel ablaufen und unterliegt keiner sequentiellen Folge.

Für die Ergebnisrechnung erfolgt die Fakturaübernahme und Bewertung, wobei die den Kunden in Rechnung gestellten Erlöse und zugehörigen Kosten vom Vertrieb (SD) in das CO-PA übernommen werden. Da die Fragen zur Übernahme und Bewertung des Kundenauftragseingangs ähnlich der zur Fakturaübernahme sind, wird dieser Prozeßbaustein nicht explizit behandelt. Die Primärkostenübernahme auf Kostenstellen/Aufträge läuft ebenfalls integriert und abhängig von den eingesetzten Applikationen ab. So werden sämtliche Sachkontenbuchungen auf kostenrechnungsrelevante Konten durch die Finanzbuchhaltung (FI) in das CO-OM übernommen. Erfolgt im HR die Abrechnung der Personalkosten und Reisekosten, in der Materialwirtschaft eine Buchung auf eine Kostenstelle/Innenauftrag, z.B. Materialentnahme, oder die Abrechnung der Abschreibungen bzw. Zinsen der Anlagen (FI-AA), werden diese Werte integriert an das CO-OM übergeben.

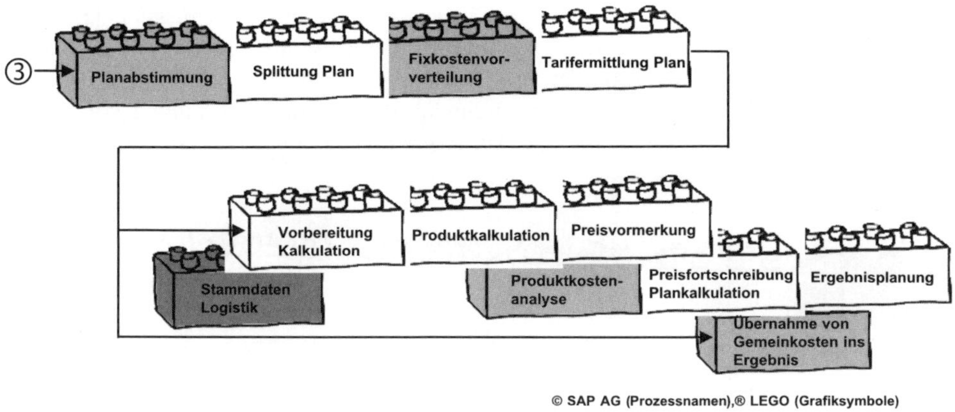

Abbildung 6.6-4: Szenario: Erlös- und Kostenplanung (Teil 3)

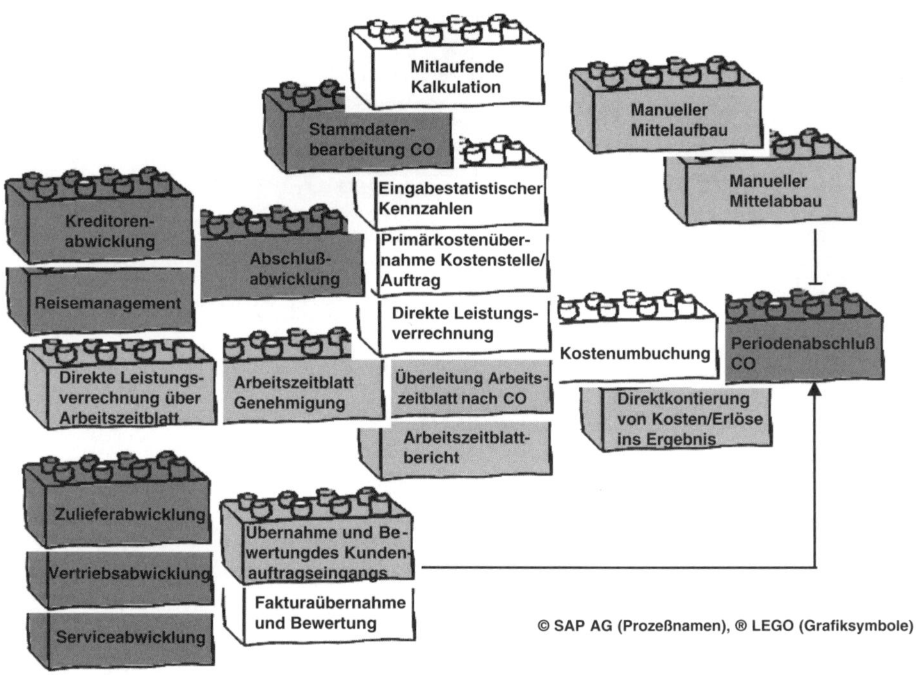

Abbildung 6.6-5: Szenario: Ist-Kosten-/Erlösverrechnung

Im Verlauf des Monats erfolgen außerdem ständige direkte Leistungsverrechnungen, Kostenumbuchungen oder Eingaben der statistischen Kennzahlen. Zur Unterstützung der direkten Leistungsverrechnung können für die Eingabe der Leistungsmengen Arbeitszeitblätter genutzt werden. Die dieser Abwicklung zuordenbaren Prozeßbausteine „Direkte Leistungsverrechnung über Arbeitszeitblatt“, Arbeitszeitblatt Genehmigung, Überleitung Arbeitszeitblatt und Arbeitszeitblattbericht werden nicht behandelt. Bei den Funktionalitäten zum manuellen Mittelaufbau und -abbau handelt es sich um sehr spezifische Abläufe, deswegen werden die entsprechenden Prozeßbausteine nicht in dieser Ausgabe des Buches behandelt. Gleiches gilt für die Direktkontierung von Kosten/Erlösen ins Ergebnis. Der Prozeßbaustein Mitlaufende Kalkulation spiegelt die ständige Veränderung eines Fertigungsauftrags wieder, z.B. durch Rückmeldungen der Leistungserbringung von Kostenstellen, Materialentnahmen. Der aktuelle Auftragsstatus kann jederzeit abgerufen und kalkuliert werden.

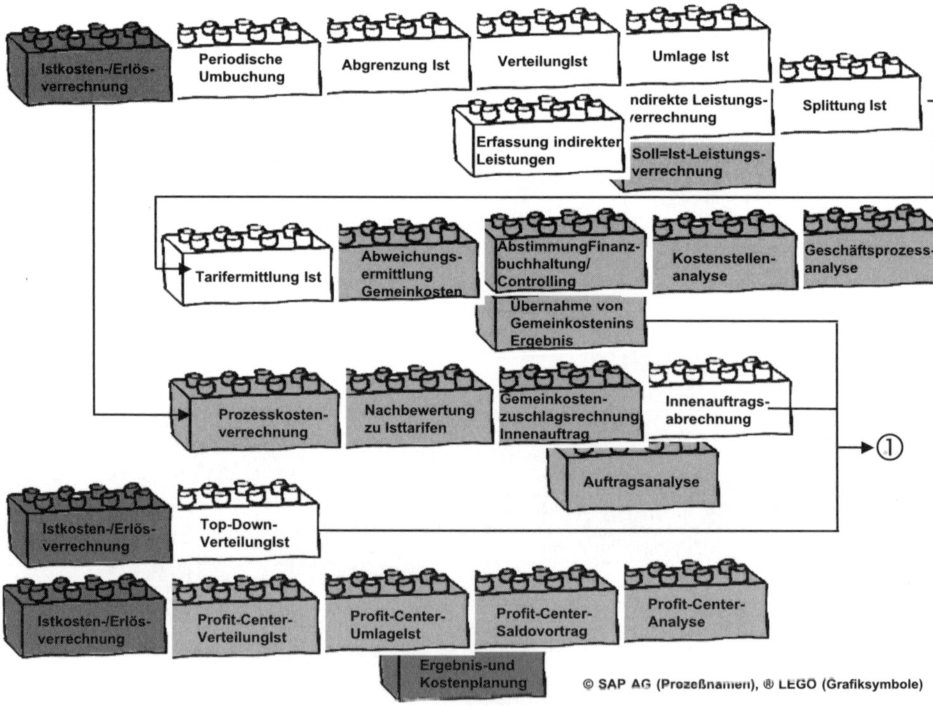

Abbildung 6.6-6: Szenario-Periodenabschluß Erlös- und Kosten-Controlling (Teil 1)

Bei dem am Ende einer Periode durchzuführenden Periodenabschluß werden, gegenüber der vorgangsbezogenen Ist-Kosten/-Erlösverrechnung, alle periodischen Ist-Kosten-/Erlös- und Leistungsverrechnungen durchgeführt. Erst danach sind die entsprechenden Berichtssysteme, bezüglich der Vollständigkeit der Auswertungen (Berichtswesen), aussagefähig. Speziell im Fall der periodischen Verrechnungen fällt auf, daß sehr viele der verwendeten Prozeßbausteine auch bei der Planung relevant sind. Im Sinne einer detaillierten und adäquaten Plankostenrechnung muß dies gewährleistet sein, damit bei der Erlös-/Kostenplanung die gleichen Mittel zur Verfügung stehen wie bei den Ist-Verrechnungen. Für Prozeßbausteine, auf die dieser Sachverhalt zutrifft, erfolgt die Behandlung der konzeptionellen Fragen und Erklärungen durch Knowledge Maps nur einmal. Falls es Abweichungen gibt, wird an der entsprechenden Stelle in der Knowledge Map darauf hingewiesen. Der Periodenabschluß beginnt i.d.R. mit den Abschlußarbeiten im Gemeinkosten-Controlling. Zuerst erfolgt die Durchführung der periodischen Umbuchung, gefolgt durch die Abgrenzung, Verteilung und Umlage. Abhängig davon, ob Sie die indirekte Leistungsverrechnung einsetzen, gilt zu entscheiden, zu welchem Zeitpunkt die Umlage und die indirekte Leistungsverrechnung durchgeführt wird. Arbeiten Sie bei der Leistungsverrechnung mit Leistungsmengen, die auf dem Sender erfaßbar sind, müssen diese zuerst in das SAP-System eingegeben werden, was durch den Prozeßbaustein Erfassung indirekter Leistungsmengen erfolgt. Bei der Soll = Ist-Leistungsverrechnung handelt es sich um eine spezielle Funktionalität der flexiblen bzw. Grenzplankostenrechnung. Sie wird nicht in dieser Ausgabe des Buches behandelt.

Parallel zu den genannten Prozeßbausteinen kann die Gemeinkostenzuschlagsrechnung für Innenaufträge und die Innenauftragsabrechnung erfolgen. Es ist jedoch sicherzustellen, daß durch die Innnenauftragsabrechnung keine Kostenstellen belastet werden, die bereits durch periodische Verrechnungen entlastet wurden. Zur Auftragsanalyse können Standardberichte oder in Eigenregie erstellte Berichte verwendet werden. Der zugehörige Prozeßbaustein wird aufgrund der Vielzahl an Auswertungsmöglichkeiten nicht behandelt. Sind alle Gemeinkosten verrechnet, kann, falls dies Ihrer Kostenrechnungsphilosophie entspricht, die Tarifermittlung Ist erfolgen. Davor muß, analog der Planung, die Splittung der Ist-Kosten auf die einzelnen Leistungsarten erfolgen. Die Splittung und Tarifermittlung wurde bereits bei der Planung behandelt. Danach haben Sie die Möglichkeit, eine detaillierte Abweichungsermittlung für die Kostenstellenabweichungen durchzuführen. Bei Einsatz einer buchungskreisübergreifenden Kostenrechnung muß die Abstimmung der Finanzbuchhaltung mit dem Controlling sichergestellt werden. Nun kann die Kostenstellenanalyse und die Übernahme der Gemeinkosten in das CO-PA erfolgen. Die Prozeßbausteine zur Abweichungsermittlung Gemeinkosten, Abstimmung Finanzbuchhaltung/Controlling, Kostenstellenanalyse und Übernahme der Gemeinkosten ins Ergebnis (CO-PA) sind nicht Inhalt des vorliegenden Buches. Ist das Gemeinkosten-Controlling abgeschlossen, kann innerhalb des CO-PA die Top-down-Verteilung von Erlösen, Erlösschmälerungen und (Gemein-) Kosten erfolgen.

Im Bereich der Produktkostenrechnung kann im Anschluß an die genannten Abläufe im Gemeinkosten-Controlling die Nachverrechnung der Ist-Tarife und Ist-Kostenverteilung erfolgen. Da die Ist-Kostenrechnung nicht Inhalt dieses Buches ist, wird der zugehörige Prozeßbaustein Nachbewertung zu Ist-Tarifen nicht behandelt. Die Ist-Kostenverteilung stellt eine spezielle Funktionalität der Serienfertigung bzw. Prozeßfertigung dar, auf deren Behandlung an dieser Stelle verzichtet wurde. Der Periodenabschluß für die auftragsbezogene und Kundenauftragsfertigung beginnt mit der Gemeinkostenzuschlagsrechnung (Fertigungsaufträge). Danach sind alle Kosten auf dem Auftrag erfaßt, und es kann die Ware in Arbeit (Work-in-Process), d.h. die in der Fertigung befindliche Wertschöpfung, ermittelt werden. Nachdem die Ware in Arbeit bekannt ist, kann eine detaillierte Abweichungsermittlung auf den Fertigungsaufträgen durchgeführt werden. Zum Abschluß erfolgt für noch nicht abgeschlossene Aufträge die Abrechnung der Ware in Arbeit oder/und, für abgeschlossene Aufträge, die Abrechnung der Abweichungen an das CO-PA. Die Abrechnung Auftragskopf an Auftragsposition stellt eine Sonderfunktion der Prozeßfertigung dar. Bei der Materialabrechnung und Preisfortschreibung bei Ist-Kalkulation handelt es sich um eine Sonderfunktion bei Verwendung des Material-Ledgers. Beide Sachverhalte sind nicht Fokus dieses Buches und werden nicht im Detail behandelt. Setzen Sie die Kundenauftragsfertigung bei unbewertetem Kundenauftragsbestand ein (vgl. Kapitel 6.4.3), so ist automatisch zu jeder Kundenauftragsposition ein CO-Objekt zugeordnet, auf das Kosten und Erlöse gebucht werden können. In diesem Fall werden die einer Kundenauftragsposition zugeordneten Fertigungsaufträge nicht an das Lager, sondern an den Kundenauftrag abgerechnet. Dies wird durch den Prozeßbaustein Abrechnung Produktkosten (an Kundenauftrag) erreicht. Nachdem alle Einzelkosten auf dem Kundenauftrag gebucht wurden, kann auch für den Kundenauftrag eine Gemeinkostenzuschlagsrechnung durchgeführt werden. Die anschließende Ergebnisermittlung wird, speziell bei der langfristigen Kundenauftragsfertigung, eingesetzt. Da diese Fertigungsart nicht der im Rahmen dieses Buches beschriebenen Beispielsfirma entspricht, wird auf eine detaillierte Darstellung verzichtet. Abgeschlossen wird die Kundenauftragsfertigung mit der Kundenauftragsabrechnung an das CO-PA, wodurch die auf den Kundenauftrag gebuchten Kosten und Erlöse an die Ergebnisrechnung übergeleitet werden. Sie wird nur notwendig, wenn es zu der Kundenauftragsposition ein CO-Objekt gibt.

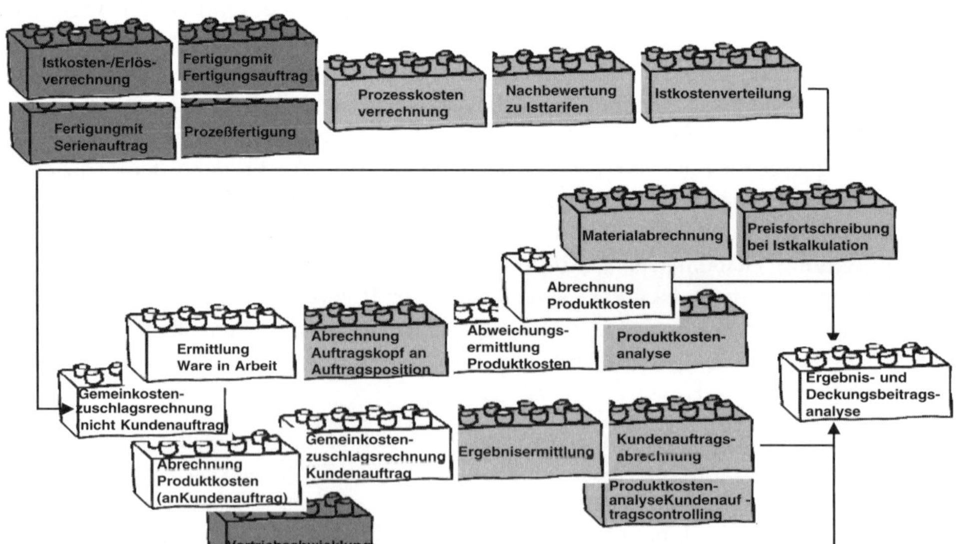

© SAP AG (Prozeßnamen), ® LEGO (Grafiksymbole)

Abbildung 6.6-7: Szenario Periodenabschluß Erlös- und Kosten-Controlling (Teil 2)

An diesem Punkt der Prozeßkette angelangt, wurden sowohl die Verrechnungen des Gemeinkosten-Controllings (CO-OM), des Produktkosten-Controllings (CO-PC) und der Ergebnisrechnung (CO-PA) abgeschlossen. Somit sind alle Kosten und Erlöse vollständig im CO-PA verbucht, und die Ergebnis- und Deckungsbeitragsanalyse kann erfolgen. Der gleichnamige Prozeßbaustein schließt die Prozeßkette zum Periodenabschluß ab.

Speziell für die Prozeßbausteine der Produktkostenrechnung wird explizit darauf hingewiesen, daß sich die in diesem Buch behandelten Prozeßbausteine auf die in Kapitel 3 beschriebene Beispielfirma beziehen. Dort herrscht i.d.R. kundenauftragsanonyme Lagerfertigung, durchgeführt durch Los- oder Serienfertigung, mit anschließendem Verkauf vom Lager vor. In vielen Fällen kommt es ebenfalls zu einer kundenauftragsbezogenen Montage der Endprodukte. Hier herrscht eine Massenfertigung im Kundenauftragsumfeld vor, bei der der Fokus nicht auf dem Controlling des einzelnen Kundenauftrags, sondern des einzelnen Produktes oder der Produktgruppen mit deren Varianten liegt. Zudem ist in diesem Produktionsumfeld für die verkauften Produkte bekannt, wie hoch deren Herstell- und Selbstkosten sind, weswegen eine auftragsneutrale Erzeugniskalkulation möglich wird. Wie in Kapitel 6.4.3 beschrieben, entspricht der Wertefluß in diesem Fall dem des Lagerverkaufs. Aus diesen Gründen werden die Prozeßbausteine zur Kundenauftragsfertigung nicht explizit behandelt. Falls Sie jedoch mit einem CO-Objekt bei bewertetem Kundenauftragsbestand arbeiten, benötigen Sie die entsprechenden Bausteine. Speziell für die Prozeßbausteine Abrechnung Produktkosten (an Kundenauftrag) und Gemeinkostenzuschlagsrechnung (Kundenauftrag) gilt, daß die hierzu gestellten Fragen zu 95 % denen ihrer Pendants der Fertigungsaufträge entsprechen. Einzige Ausnahme ist die Kundenauftragsabrechnung, der zugehörige Prozeßbaustein wird in der Folgeauflage dieses Buches enthalten sein.

6.6.1 Prozeß-Knowledge Map – Kostenartenbearbeitung

Im Rahmen der Kosten-/Erlösartenbearbeitung wird definiert, welche Kostenarten und Erlösarten in der Kostenrechnung genutzt werden sollen.

① *Welcher **Kontenplan** wird in der **Finanzbuchhaltung** genutzt, und welches sind die für die Kostenrechnung relevanten Kontenklassen?*

Der Kontenplan ist ein Verzeichnis aller in der Finanzbuchhaltung verwendeten Sachkonten (Hauptbuch) und der für die Kostenrechnung relevanten Kostenarten. Betrachtet man z.B. den Gemeinschaftskontenrahmen (GKR), so findet man folgende Klassen:

0 = Anlagevermögen und langfristiges Kapital
1 = Finanzumlaufvermögen und kurzfristige Verbindlichkeiten
2 = neutrale Aufwendungen und Erträge
3 = Bestände Stoffe
4 = Kostenarten
5 = frei für Kostenrechnung (Kostenstellenverrechnungen)
6 = frei für Kostenrechnung (Kostenträger)
7 = Bestände an fertigen und unfertigen Erzeugnissen
8 = Erträge
9 = Abschlußkonten

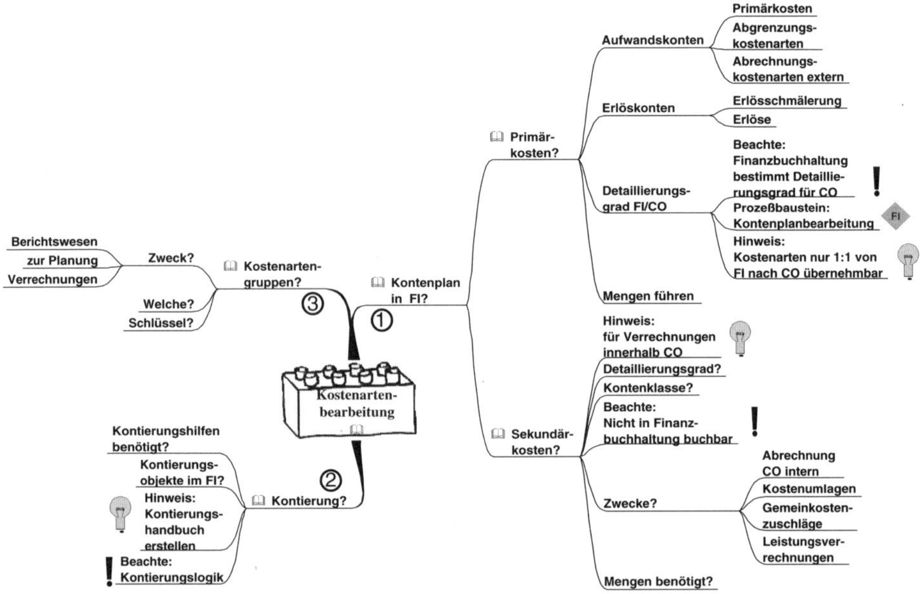

Abbildung 6.6.1-1: Prozeß-Knowledge Map – Kostenartenbearbeitung

Aus dem jeweils im Unternehmen zur Anwendung kommenden Kontenplan sind die Kontenklassen zu identifizieren, die für die Kostenrechnung relevant sind, differenziert in primäre Kostenarten und sekundäre Kostenarten.

Im SAP-System ist die Verbindung zwischen den Applikationen CO und FI über ein Einkreissystem realisiert. Das bedeutet, daß den Aufwands- und Erlöskonten im FI die primären Kostenarten und Erlösarten im CO entsprechen, d.h., eine Buchung auf ein Sachkonto des Aufwandsbereichs der Finanzbuchhaltung führt, sofern dieses kostenrechnungsrelevant ist, auch im CO unter demselben Konto (= Kostenart) zu einer Buchung.

Zu ①: *Welche Aufwands- und Erlöskonten der Finanzbuchhaltung sind in Ihrem Unternehmen kostenrechnungsrelevant* ***(= Primärkosten-/Erlösarten)****?*
Aus dem Kontenplan der Finanzbuchhaltung sind die Aufwandskonten und Erlöskonten/Erlösschmälerungskonten zu identifizieren, die für die Kostenrechnung relevant sind. Dabei sind unterschiedliche Kostenartentypen möglich, z.B. Primärkostenart (Löhne, Gehälter, Verbrauchsmaterial etc.), Abgrenzungskostenarten (Urlaubsgeld, Weihnachtsgeld) und Abrechnungskostenarten Extern (aktivierte Eigenleistung). Für die Erlöse ist zu entscheiden, ob es sich dabei um Erlöse (z.B. Erlöse Inland, Erlöse Ausland) oder Erlösschmälerungen (z.B. Rabatte) handelt.

Zwingende Voraussetzung für die Primärkostenbearbeitung ist, daß zu diesem Zeitpunkt bereits im Rahmen des Prozeßbausteins *Kontenplanbearbeitung* im FI die entsprechenden Aufwands-/Erlöskonten festgelegt wurden. Erst danach können die obengenannten Kostenarten im CO definiert werden. Aus dieser Tatsache heraus wird auch ersichtlich, daß der

Detaillierungsgrad der Primärkostenarten und Erlösarten, wie er im FI verwirklicht wird, den Detaillierungsgrad im CO vorgibt. Die Kostenarten sind nur 1:1 übernehmbar.

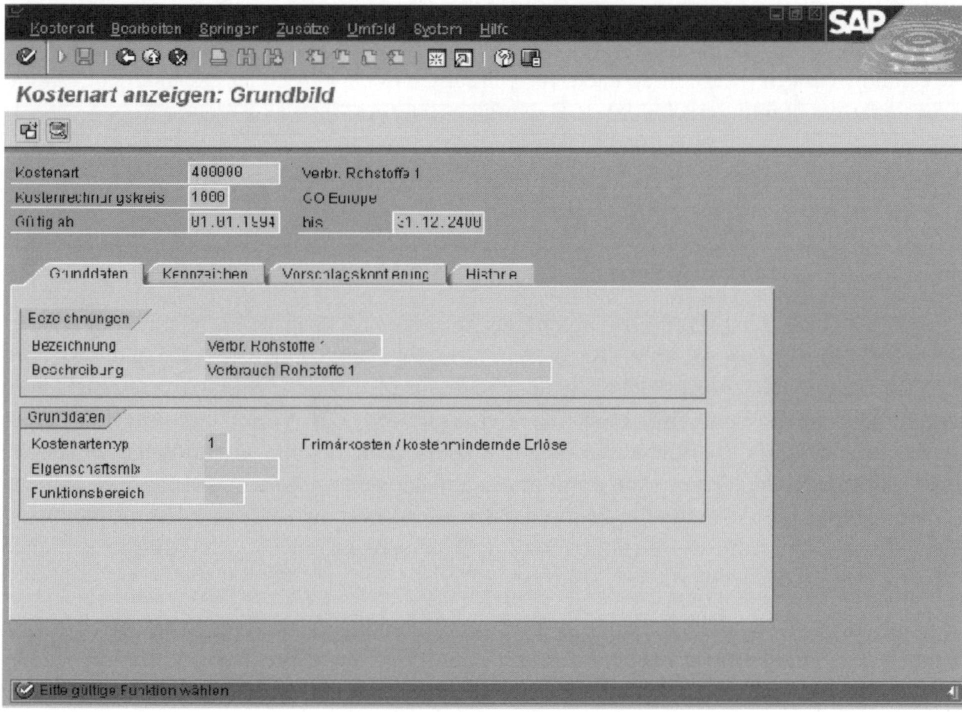

Abbildung 6.6.1-2: EnjoySAP Screen zur Kostenartenbearbeitung (© SAP AG)

Weiterhin ist an dieser Stelle zu klären, ob für eine Primärkostenart auch Mengen mit fortgeschrieben werden sollen, aus rein informativen Gründen oder aber zur Abweichungsermittlung.

Zu ①: *Welche* ***Sekundärkostenarten*** *benötigen Sie für Verrechnungen innerhalb Ihrer Kostenrechnung?*
Führen Sie Verrechnungen von Kosten zwischen den verschiedenen Kontierungsobjekten (z.B. Kostenstelle, Innenauftrag, Kostenträger) innerhalb der Kostenrechnung durch, werden dabei Kosten zwischen diesen Objekten verrechnet. Dazu sind Sekundärkostenarten notwendig. Unter diesen Sekundärkostenarten wird die Entlastung auf dem Senderobjekt und die Belastung auf dem Empfängerobjekt ausgewiesen. Im Gegensatz zu den primären Kostenarten gibt es für die sekundären Kostenarten kein Pendant in der Finanzbuchhaltung. Deshalb können diese auch nicht in der Finanzbuchhaltung verbucht werden.

Beim Anlegen der Sekundärkostenarten wird die Kostenartennummer vergeben. Da i.d.R. die erste Stelle der Kostenartennummer angibt, welcher Kontenklasse diese Sekundärkostenart zugeordnet ist, muß geklärt werden, innerhalb welcher Kontenklasse die im Unternehmen vorhandenen sekundären Kostenarten zugeordnet sind. Sehr wichtig ist beim Anlegen der Sekundärkostenarten, in welchem Detaillierungsgrad diese benötigt werden, was von dem Ausmaß der Verrechnungen abhängt. Oftmals wird erst beim Definieren der entsprechenden Verrechnungen (siehe z.B. Prozeßbaustein Umlage) offensichtlich, welche Art und in welchem Detaillierungsgrad eine Sekundärkostenart benötigt wird. Der Detaillierungsgrad beeinflußt ebenfalls, welche Informationen auf den Empfängern einer Kostenverrechnung benötigt werden. Je nach Verrechnungszweck werden unterschiedliche Sekundärkostenartentypen unterschieden, z.B. Umlage- oder Zuschlagskostenarten.

Auch bei den Sekundärkosten ist zu klären, ob für sie Mengen bei den Buchungen fortgeschrieben werden sollen.

② *Auf welche Kontierungsobjekte* ***kontiert*** *der Finanzbuchhalter, arbeiten Sie mit Kontierungshilfen (z.B. Verrechnungskostenstellen etc.)?*

Erfolgt eine Buchung auf ein kostenrechnungsrelevantes Konto im FI, so muß ein Kontierungsobjekt mitgegeben werden. Aus diesem Grund sollten Sie sich bereits bei der Kostenartenbearbeitung Gedanken machen, welche Kostenart auf welches Kontierungsobjekt kontiert werden kann/soll und ob Sie ggfs. Kontierungshilfen (z.B. Verrechnungskostenstellen) als Vereinfachung für die Belegerfassung durch den Finanzbuchhalter benötigen. Beispielsweise kann i.d.R. der Personalaufwand direkt auf die verursachende Kostenstelle gebucht werden, wohingegen oftmals für Telefonkosten oder Energiekosten eine Verrechnungskostenstelle als Kontierungshilfe genutzt wird, von der später die Kosten auf die tatsächlichen Verursacher verrechnet werden.

Es empfiehlt sich in allen Fällen, ein Kontierungshandbuch (welche Kostenart wird auf welches Kontierungsobjekt gebucht) für den Controller/Finanzbuchhalter zu erstellen. Darüber hinaus sollte hierbei auch die gesamte Kontierungslogik des CO beachtet werden.

③ *Welche gleichartigen* ***Kostenarten*** *sollen zu welchen* ***Gruppen*** *verdichtet werden und zu welchem Zweck?*

Die Kostenarten können über frei vom Anwender definierbare Gruppierungen zu logisch sinnvollen und hierarchischen Kostenartengruppen zusammengefaßt werden. Solche Kostenartengruppen, die auch ganze Hierarchien darstellen können, werden für das Berichtswesen, zur Vereinfachung der Planung oder für Verrechnungen genutzt. Bei der Behandlung der Kostenartengruppen ist ebenfalls zu definieren, welcher Schlüsselung diese folgen sollen. Bitte beachten Sie auch hierbei spätere Änderungen und die Möglichkeit, daß die einmal definierte Schlüsselung durchbrochen werden könnte.

6.6.2 Prozeß-Knowledge Map – Kostenstellenbearbeitung

Eine Kostenstelle wird im betriebswirtschaftlichen Sinn definiert als ein Verantwortungsbereich, der Kosten verursacht und beeinflussen kann. Um Gemeinkosten, die im Gegensatz zu den Einzelkosten nicht verursachungsgerecht auf die betrieblichen Leistungen (= Kostenträger) zuordenbar sind, zu erfassen und auf die Kostenträger verrechnen zu können, sind sie zwingende Voraussetzung.

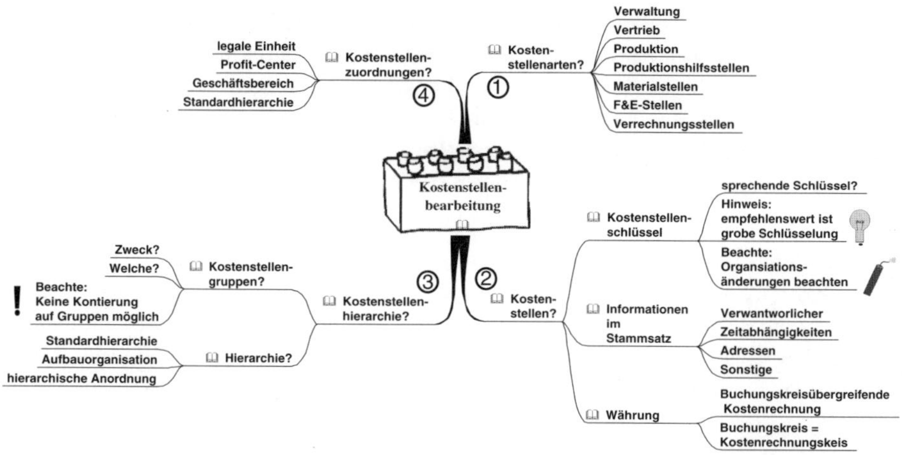

Abbildung 6.6.2-1: Prozeß-Knowledge Map – Kostenstellenbearbeitung

① *Welche* ***Kostenstellenarten*** *gibt es im Unternehmen?*

In den Unternehmen gibt es unterschiedliche Kostenstellenarten, z.B. Verwaltung, Vertrieb, Produktion etc. Diese Unterteilung kann bei der Definition der Kostenstellen als Orientierungshilfe und Ordnungsbegriff verwendet werden. Darüber hinaus gibt es die Möglichkeit, die Kostenstellenart unternehmensspezifisch zu definieren und den Kostenstellen zuzuordnen, um sie als klassifizierendes Merkmal (z.B. für Auswertungen) zu verwenden.

② *Welche organisatorischen Einheiten, die Kostenverantwortung tragen (=* ***Kostenstellen****), sind im Unternehmen vorhanden?*

Identifizieren Sie in Ihrem Unternehmen die organisatorischen Einheiten, die Verantwortung für Kosten tragen (z.B. anhand des bestehenden Kostenstellenplanes).

Zu ②: *Wie ist der* ***Kostenstellenschlüssel*** *aufgebaut?*
Bei der Definition der im Unternehmen vorhandenen Kostenstellen muß ein Kostenstellenschlüssel vergeben werden, der die Kostenstelle eindeutig im SAP-System pro Kostenrechnungskreis identifiziert. In vielen Unternehmen wird versucht, hierbei sprechende Schlüssel zu verwenden, was durchaus auch Sinn macht. Dabei ist allerdings zu beachten, daß ein zum Zeitpunkt der Einführung angemessener Kostenstellenschlüssel bei einer ersten Organisationsänderung durchbrochen werden kann, falls nicht genügend Spielraum für Schlüsselerweiterungen gelassen wird. Es ist zu empfehlen, sprechende Schlüssel nur für die ersten Stellen eines mehrstelligen Schlüssels zu verwenden.

Beispiel:

Kostenstelle:	10101111 Vertrieb Inland, Buchungskreis 1000
Stelle 1+2 (= 10):	legale Einheit (Buchungskreis 1000)
Stelle 3+4 (= 10):	Funktionsbereich im Unternehmen (Vertrieb Inland)
Stelle 5-8	Abteilungsbezeichnung

Zu ②: *Welche **Informationen** benötigen Sie im Stammsatz der Kostenstelle?*
Im Kostenstellenstamm haben Sie die Möglichkeit, verschiedene Informationen zu hinterlegen, die keinen steuernden, sondern rein informativen Charakter haben. Bitte legen Sie fest, welche Informationen Sie im Kostenstellenstamm benötigen, und verifizieren Sie, ob Sie diese auch in den Standardfeldern zum Kostenstellenstamm hinterlegen. Im Standard können die Informationen Verantwortlicher der Kostenstelle, Zuordnung der Kostenstelle zu einer Abteilung, komplette Adresse der Kostenstelle (bei Unternehmen, die über mehrere Standorte verteilt sind) hinterlegt werden.

Zu ②: *In welcher **Währung** soll die Kostenstelle geführt werden?*
Für jede Kostenstelle ist zu definieren, in welcher Währung diese geführt werden soll (Objektwährung). Dies ist deswegen notwendig, da es bei größeren Unternehmen der Fall sein kann, daß Kostenstellen über mehrere Länder hinweg verteilt sind. Eine Buchung von Bewegungsdaten auf die Kostenstelle führt zur Fortschreibung der folgenden drei Währungen:

- Kostenrechnungskreis Währung (= Währung des Kostenrechnungskreises, z.B. DEM)
- Transaktionswährung (= Währung der Transaktion, z.B. Rechnungseingang zu einer Bestellung in USD)
- Objektwährung (= Währung, mit der die Kostenstelle angelegt ist, z.B. DEM)

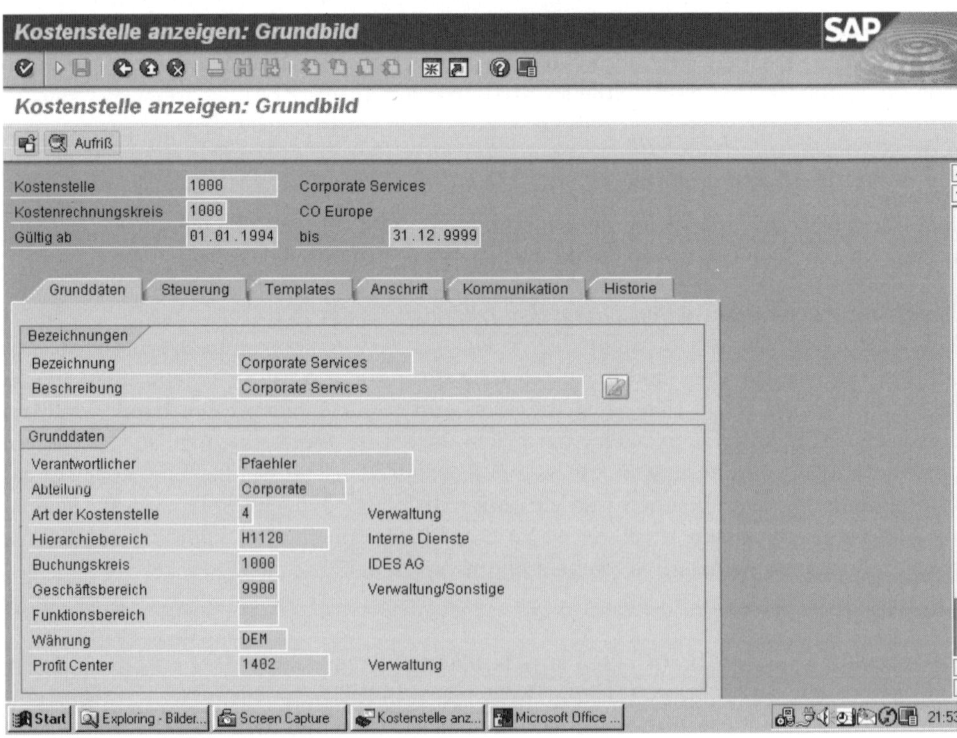

Abbildung 6.6.2-2: EnjoySAP Screen zur Kostenstellenbearbeitung (© SAP AG)

Beachte:
Bei buchungskreisübergreifender Kostenrechnung ist diese Objektwährung nicht mehr nutzbar. Statt dessen vererbt der Buchungskreis, der dieser Kostenstelle zugeordnet ist, die Buchungskreiswährung aus Abstimmungsgründen an diese Kostenstelle!

③ *Wie sind Ihre* ***Kostenstellen hierarchisch*** *in Ihrem Unternehmen aufgebaut?*

Um die Kostenstellenhierarchie und in den meisten Fällen damit die in einer Kostenstellenstruktur dargestellte Aufbauorganisation zu definieren, können sogenannte Kostenstellengruppen verwendet werden. Diese Gruppen können dabei ineinander geschachtelt werden, womit sich eine ganze Hierarchie abbilden läßt.

Zu ③: *Für welche Zwecke benötigen Sie die* ***Kostenstellengruppen*** *oder die Kostenstellenhierarchie(n), und welche Gruppen gibt es überhaupt in Ihrem Unternehmen?*
Kostenstellengruppen und dadurch auch Kostenstellenhierarchien können sowohl beim Reporting, aber auch aus Gründen der Vereinfachung der Dateneingabe bei der Planung oder der Definition von Verrechnungen verwendet werden. Aus diesem Grund ist es möglich, daß Sie Kostenstellen, je nach Verwendungszweck, zu mehreren Gruppen parallel in einem anderen logischen Zusammenhang zuordnen.

Beachte:
Auf diesen Kostenstellengruppen können keine Kosten erfaßt werden.

Zu ③: *Wie sollen die Kostenstellen und Kostenstellengruppen in einer* ***Hierarchie*** *zusammengefaßt werden?*
Im Normalfall sind die Kostenstellen und Kostenstellengruppen zu einer/mehreren Gesamthierarchie(n) zusammengefaßt, um das Unternehmen abzubilden. Bei dem Aufbau dieser Hierarchie(n) ist zu beachten, wie die Kostenstellen dabei hierarchisch angeordnet werden sollen und wie sich darin Ihre Aufbauorganisation aus kostenrechnerischen Gesichtspunkten abbildet. SAP-spezifisch ist hierbei zu beachten, daß es eine *Standardhierarchie* gibt. Dieser Standardhierarchie muß jede Kostenstelle in Ihrem Stammsatz zugeordnet sein. Mit dieser Maßnahme stellt das SAP-System sicher, daß keine Kostenstelle *verlorengehen* kann und in dieser bestimmten Hierarchie Berücksichtigung findet!

④ *Welchen Organisationseinheiten und welchem Knoten der Standardhierarchie ist die* ***Kostenstelle zuzuordnen****?*

Eine Kostenstelle ist im Stamm den organisatorischen Einheiten Buchungskreis, Profit Center und Geschäftsbereich und einem Knoten der Standardhierarchie zugeordnet.

Zu ④: *Welcher legalen Einheit (**Buchungskreis**) ist die Kostenstelle zugeordnet?*
Bei der Zuordnung der Kostenstelle zum Buchungskreis handelt es sich um eine Muß-Zuordnung, d.h., ohne diese Zuordnung kann keine Kostenstelle angelegt werden. Um einen eindeutigen und abstimmbaren Kostenfluß innerhalb eines Kostenrechnungskreises sicherzustellen, muß jede Kostenstelle einem Buchungskreis zugeordnet sein.

Zu ④: *Welchem* ***Geschäftsbereich*** *ist die Kostenstelle zugeordnet?*
Wird im FI mit Geschäftsbereichen gearbeitet, so muß die Kostenstelle aus den gleichen Gründen wie bei der Zuordnung zum Buchungskreis auch einem Geschäftsbereich zugeordnet sein.

Zu ④: *Welchem* ***Profit Center*** *ist die Kostenstelle zugeordnet?*
Arbeiten Sie mit einer aktiven Profit-Center-Rechnung, so sollten Sie die Kostenstelle auch einem Profit Center zuordnen. Dies bedeutet, daß eine Primärkostenbuchung (z.B. Lohnbuchung) auf eine Kostenstelle auch auf dem zugeordneten Profit Center fortgeschrieben wird.

Zu ④: *Welchem Knoten der* ***Standardhierarchie*** *ist die Kostenstelle zugeordnet?*
Jede Kostenstelle wird in Ihrem Stammsatz der Standardhierarchie zugeordnet.

6.6.3 Prozeß-Knowledge Map – Leistungsartenbearbeitung

Als Leistungsarten werden im SAP-System die in der allgemeinen Betriebswirtschaftslehre bekannten Bezugsgrößen bzw. Maßgrößen der Kostenverursachung bezeichnet. Dadurch, daß eine Kostenstelle Leistungen bereitstellt, werden die von dieser Leistungsart abhängigen (fixen und/oder variablen) Kosten verursacht. Weiterhin werden die Leistungsarten benötigt, um die von der Kostenstelle erbrachte Leistung an die Leistungsempfänger verursachungsgerecht weiterzuverrechnen. Dabei findet ein Mengenfluß statt, der mit dem Tarif pro Leistungsmengeneinheit bewertet wird, woraus ein Kostenfluß entsteht.

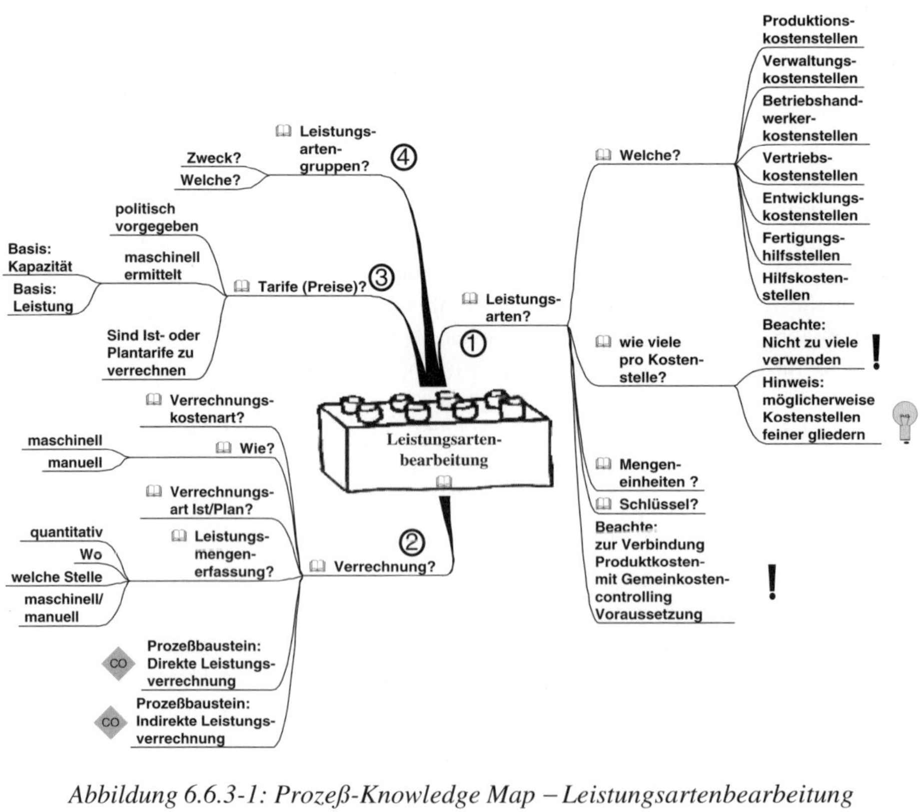

Abbildung 6.6.3-1: Prozeß-Knowledge Map – Leistungsartenbearbeitung

① *Arbeiten Sie in Ihrer Kostenrechnung mit* ***Leistungsarten*** *bzw. Bezugsgrößen, mit deren Hilfe Sie Aussagen zum Beschäftigungsgrad treffen können und Kosten zwischen den Kontierungsobjekten verrechnen?*

Beachte:
Falls Sie die Komponente *Produktkostenrechnung* (Kalkulation, Kostenträgerrechnung) einsetzen, benötigen Sie, um die Verbindung des Gemeinkosten-Controllings mit der Produktkostenrechnung herzustellen, immer Leistungsarten (z.B. Maschinenstunden, Fertigungsstunden, Rüstzeit etc.).

Zu ①: ***Welche Leistungsarten/Bezugsgrößen*** *gibt es derzeit/werden zukünftig benötigt für die in Ihrem Unternehmen vorhandenen Kostenstellen?*
In der Regel gibt es in jedem Unternehmen unterschiedlich viele Leistungsarten für die Produktions-, Betriebshandwerker-, Entwicklungs-, Produktionshilfs- und Verwaltungskostenstellen. Diese können sich in ihren Charakteristiken noch weiter unterscheiden:

- Als Schnittstelle zur Produktion zur Verrechnung der Fertigungsleistung der Produktionsstellen (Schnittstelle CO-OM mit CO-PC) für die Vor-, mitlaufende und Nachkalkulation. Zu beachten ist hierbei, daß die Leistungsarten der Produktionsstellen mit den Anforderungen der Produktionsplanung und -steuerung (PP) abgestimmt werden müssen. Die Leistungsarten sind dabei über die Zuordnung Kostenstelle => Leistungsart => Arbeitsplatz => Arbeitsvorgänge => Arbeitspläne mit dem SAP-PP verknüpft.
- Für die Verrechnung von Kostenstellen innerhalb des Gemeinkosten-Controllings, z.B. Haushandwerker (Schreiner, Elektriker etc.).
- Für die Verrechnung oder – in vielen Fällen – als reine Maßgröße zur Berechnung eines Beschäftigungsgrads auf Verwaltungsstellen, z.B. Anzahl Bestellungen.

Zu ①: ***Wie viele*** *Leistungsarten benötigen Sie* ***pro Kostenstelle****?*
In vielen Fällen erbringt eine Kostenstelle mehr als nur eine Leistungsart, weshalb definiert werden muß, wie viele Leistungsarten pro Kostenstelle benötigt werden, z.B. fallen für die Kostenstelle *Fertigung Drehen* die folgenden Leistungen an:

- Maschinenstunden (zur Verrechnung aller Kosten, die durch den Einsatz der Maschine anfallen, z.B. Abschreibungen, Schmierstoff, Energie etc.)
- Fertigungsstunden Personal (zur Verrechnung aller Kosten, die durch den Einsatz der Ressource menschliche Arbeitskraft anfallen, z.B. Löhne etc.)

Beachte:
Es wird empfohlen, nicht zu viele Leistungsarten für eine Kostenstelle zu definieren. Je mehr Leistungsarten verwendet werden, desto unübersichtlicher wird das Berichtswesen, und der Aufwand für die Kostenplanung wird umfangreicher. Falls jedoch aus Gründen eines detaillierten Controllings eine Vielzahl an Leistungsarten benötigt werden, ist zu empfehlen, aus einer Kostenstelle zwei bis mehrere eigenständige Kostenstellen zu bilden.

Zu ①: *Mit welcher* ***Mengeneinheit*** *werden die Leistungsmengen quantifiziert?*
Um Leistungsmengen zu erfassen und zu verrechnen, muß immer angegeben werden, wie viele Einheiten einer Leistungsart verrechnet werden. Deswegen muß pro Leistungsart festgelegt werden, mit welcher Mengeneinheit sie im SAP-System geführt wird, z.B. Stunden (h).

Zu ①: *Welcher **Schlüssel** wird zur Identifizierung der Leistungsarten verwendet?*
Nachdem die Leistungsarten identifiziert sind, müssen diese mit einem eindeutigen Schlüssel und einer Bezeichnung versehen werden. Bitte beachten Sie auch hier, daß sprechende Schlüssel die Gefahr bergen, bei späteren organisatorischen Änderungen nicht mehr konsistent aufrechterhalten werden zu können.

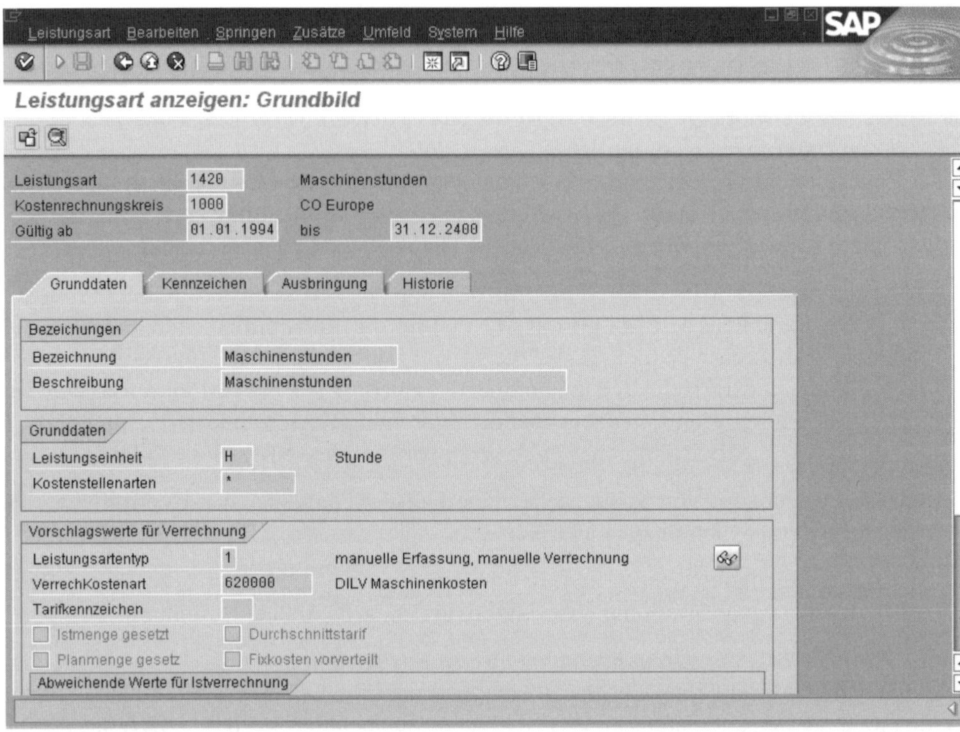

Abbildung 6.6.3-2: EnjoySAP Screen zur Leistungsartenbearbeitung (© SAP AG)

② *Wie erfolgt die **Verrechnung** der Leistungsarten?*

Um eine Verrechnung im Rahmen der Planung, Ist-Datenerfassung oder des Periodenabschlusses durchführen zu können, müssen bei der Stammdatenbearbeitung der Leistungsarten wichtige Steuerungsparameter diskutiert werden.

Zu ②: *Unter welcher **Verrechnungskostenart** soll eine Leistungsverrechnung durchgeführt werden?*
Um durch eine Leistungsverrechnung auf dem Sender eine Entlastung und den Empfängern eine Belastung von Kosten (= Menge der Leistung · Preis) ausweisen zu können, muß pro Leistungsart eine Verrechnungskostenart bestimmt werden. Dabei handelt es sich um eine sekundäre Verrechnungskostenart des Typs *innerbetriebliche Verrechnung.*

Zu ②: ***Wie** soll die **Verrechnung** einer Leistungsart erfolgen: maschinell oder manuell?*
Im SAP-CO haben Sie die Möglichkeit, Leistungsverrechnungen manuell oder maschinell

durchzuführen. Die manuelle Methode (siehe Prozeßbaustein *Direkte Leistungsverrechnung*) wird eingesetzt, wenn Leistungen einzeln pro Vorgang erfaßbar sind und verrechnet werden sollen (z.B. durch Leistungsaufschriebe der Elektriker, die für andere Kostenstellen Leistung erbringen, oder die Rückmeldung von Leistungen der Produktionskostenstellen via BDE/Leistungsaufschriebe). Die maschinellen Methoden werden eingesetzt (siehe Prozeßbaustein *indirekte innerbetriebliche Leistungsverrechnung*), wenn es keine detaillierten Einzelnachweise über Leistungsverrechnungen gibt, jedoch bekannt ist, welcher Sender eine bestimmte Leistungsmenge an ein bis mehrere Empfänger erbringt. Eine solche Verrechnung soll maschinell im Rahmen eines monatlichen Laufes durchgeführt werden (z.B. Kostenstelle Kantine soll über Leistungsverrechnung = Menge Essen · Preis an die Empfänger verrechnet werden).

Zu ②: *Soll eine Leistungsart bei Ist-Verrechnungen mit einer anderen* ***Methode (Verrechnungsart)*** *als bei den Planverrechnungen verrechnet werden?*
In bestimmten Fällen kann es notwendig werden, daß eine Leistungsverrechnung bei der Planung mit einer anderen Methode durchgeführt werden soll als später bei der tatsächlichen Ist-Datenerfassung.

Beispiel:

Im Fall der Soll = Ist-Leistungsverrechnung (siehe Prozeßbaustein *Soll = Ist-Leistungs-verrechnung*) wird im Ist eine Soll-Leistungsmenge (= an den Ist-Beschäftigungsgrad angepaßte geplante Leistungsaufnahmemenge) verrechnet. Da bei der Planung der Aufnahme einer Leistungsmenge von einer anderen Kostenstelle, abhängig von der eigenen zu erbringenden Leistung, der Ist-Beschäftigungsgrad nicht bekannt ist, muß z.B. über die direkte Leistungsverrechnung eine Planleistungsmenge aufgenommen werden. In diesem Fall weicht die Art der Leistungsverrechnung im Plan (direkte Leistungsverrechnung) von der im Ist (Soll = Ist-Leistungsverrechnung) ab.

Zu ②: *Können alle* ***Leistungsmengen*** *quantitativ* ***erfaßt*** *werden, und wo sowie von welcher Stelle erfolgt dies?*
Es ist zu prüfen, ob für alle identifizierten Leistungsarten auch Mengen erfaßbar sind. Es kann Fälle geben, bei denen zwar bekannt ist, daß eine Kostenstelle eine bestimmte Leistungsart erbringt, sich aber die Leistungsmenge nicht oder nur sehr schwierig quantifizieren läßt. Falls für eine Leistungsart eine Erfassung nicht möglich ist, mit ihr aber Leistungen erfaßt und verrechnet werden sollen, muß diese retrograd ermittelt und entsprechend gekennzeichnet werden. Ebenfalls ist zu untersuchen, ob eine Erfassung der Leistungsmenge automatisch (z.B. über BDE-System für Rückmeldungen der Leistungserbringung in der Produktion) oder manuell (z.B. Leistungserfassungsscheine für Handwerker etc.) erfolgen kann/muß. Dabei ist es hilfreich zu definieren, wo eine Leistungserfassung stattfindet und welche Stelle bei dieser Erfassung federführend ist.

③ *Mit welchem* ***Preis (Tarif)*** *werden die Leistungen bewertet?*

Wird eine Leistungsverrechnung durchgeführt, so wird eine Leistungsmenge verrechnet, d.h., es findet ein Mengenfluß statt. Um den korrespondierenden Wertefluß herzustellen, muß die verrechnete Menge mit einem Preis (Tarif) bewertet werden. Für die Bewertung ist zu klären, ob Plan- oder Ist-Tarife verwendet werden sollen:

- Plan-Tarife = Plankosten/Planmenge
- Ist-Tarife = Ist-Kosten/Istmenge

Daraus ist zu erkennen, daß für die Verrechnungen Ist-Tarife verwendet werden können, die im Rahmen der Planung festgelegt wurden. Genau diese Vorgehensweise definiert die Eigenschaften einer Standard-/Plankostenrechnung, bei der Plantarife verrechnet werden, die dann durch eine entsprechende Abweichungsanalyse, bei der die Differenz zum Ist analysiert wird, erweitert wird.

Sollen Ist-Tarife verwendet werden, läßt sich der Tarif nicht wesentlich beeinflussen, da die Berechnung wie oben dargestellt erfolgt.

Werden Plantarife verwendet (Regelfall), ist zu definieren, ob der Tarif (= Preis) für eine Leistungsart manuell (= politisch) vorgegeben wird oder ob er vom System maschinell unter Berücksichtigung von gegenseitigen Leistungsgeflechten ermittelt werden soll. Falls der Tarif maschinell ermittelt werden soll, ist zu klären, ob als Basis zu seiner Ermittlung (Nenner der Gleichung: Tarif = Kosten/Leistung bzw. Kapazität) die Leistungsmenge oder die Kapazität verwendet werden soll.

Beachte:
Die Möglichkeit der Kapazität kann nur für den fixen Anteil des Tarifes benutzt werden.

Beispiel:

Eine Energiekostenstelle muß auch für Spitzenzeiten der Leistungsinanspruchnahme gerüstet sein und immer die maximale Leistungsmenge bereithalten. Die Kosten der Leistungsbereithaltung sind immer gleich hoch, da sie auf der Kapazität basieren (vgl. SAP AG, Online-Dokumentation, Version 4.0B, 1998)

④ *Für welche Zwecke benötigen Sie* ***Leistungsartengruppen,*** *und welche Gruppen gibt es in Ihrem Unternehmen?*

Leistungsarten können zu Gruppen zusammengefaßt werden. Diese können sowohl beim Reporting, aber auch aus Gründen der Vereinfachung der Dateneingabe bei der Planung oder der Definition von Verrechnungen verwendet werden.

6.6.4 Prozeß-Knowledge Map – Bearbeitung statistischer Kennzahlen

Statistische Kennzahlen stellen einfache Kennzahlen dar, die für eine Kostenstelle aus verschiedenen Beweggründen heraus definiert werden können, z.B. Anzahl Mitarbeiter, Anzahl Essen, Anzahl Telefoneinheiten, verbrauchte Kilowattstunden.

① *Mit* ***welchen Kennzahlen*** *arbeiten Sie in Ihrem Unternehmen, und wofür werden diese eingesetzt?*

Statistische Kennzahlen werden i.d.R. genutzt:

- zur Information des Kostenstellenverantwortlichen (z.B. Anzahl Mitarbeiter)
- zur Berechnung weiterer Kennzahlen auf der Kostenstelle (z.B. Kosten der Kostenstelle pro Mitarbeiter) oder

- als Bezugsbasis für Verrechnungen von Kosten/Mengen im Rahmen von maschinellen Verrechnungsverfahren wie Umlagen, Verteilungen, indirekte Leistungsverrechnungen, z.B. können Mieten von einer Verrechnungskostenstelle auf die Empfängerkostenstellen auf Basis der Kennzahl Anzahl Quadratmeter Nutzfläche verrechnet werden

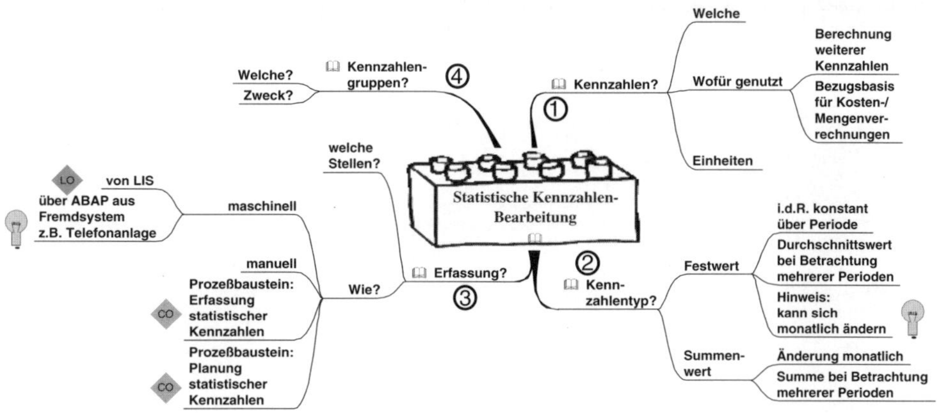

Abbildung 6.6.4-1: Prozeß-Knowledge Map – Bearbeitung statistischer Kennzahlen

Um die Kennzahlen Ist oder im Plan buchen zu können, ist es erforderlich, eine Kennzahleneinheit anzugeben, z.B. Stück (St), Köpfe (KO), Kilowattstunden (kwh).

② *Sollen die Werte der Kennzahl bei einer Summierung über mehrere Perioden hinweg als Summe oder Durchschnittswert ausgewiesen werden* ***(Kennzahlentyp)****?*

Generell gibt es die Möglichkeit, im SAP-System eine Kennzahl als Summenwert oder Festwert anzulegen. Der Hauptunterschied besteht darin, daß bei einer Summierung der gebuchten Werte einer Kennzahl über mehrere Perioden hinweg diese Werte beim Kennzahlentyp Summenwert als Gesamtsumme berechnet werden (z.B. Telefoneinheiten), wohingegen beim Kennzahlentyp Festwert der Durchschnittswert aus den betrachteten Perioden gebildet wird (z.B. Anzahl Quadratmeter oder Mitarbeiter). In der Regel ändern sich die Summenwerte jeden Monat. Die Festwerte bleiben relativ konstant über das Jahr hinweg.

③ *Wie erfolgt die* ***Erfassung*** *der statistischen Kennzahlen außerhalb und innerhalb des SAP-Systems, und welche Stellen führen die Erfassung durch?*

Da statistische Kennzahlen ihren Ursprung in den verschiedensten Bereichen eines Unternehmens haben können, ist zuerst zu klären, welche Stellen die Kennzahlen erfassen/aufzeichnen. Beispiele:

- Telefonanlage erfaßt Telefoneinheiten i.d.R. pro Kostenstelle (außerhalb des SAP-Systems)
- Hausverwaltung/Liegenschaften wissen i.d.R. über die Quadratmeter Fläche pro Kostenstelle Bescheid (außerhalb des SAP-Systems)

- die Anzahl der Mitarbeiter liefert normalerweise die Personalabteilung oder der Kostenstellenverantwortliche (außerhalb des SAP-Systems)
- die Anzahl bearbeiteter Bestellungen wird im SAP-LIS erfaßt

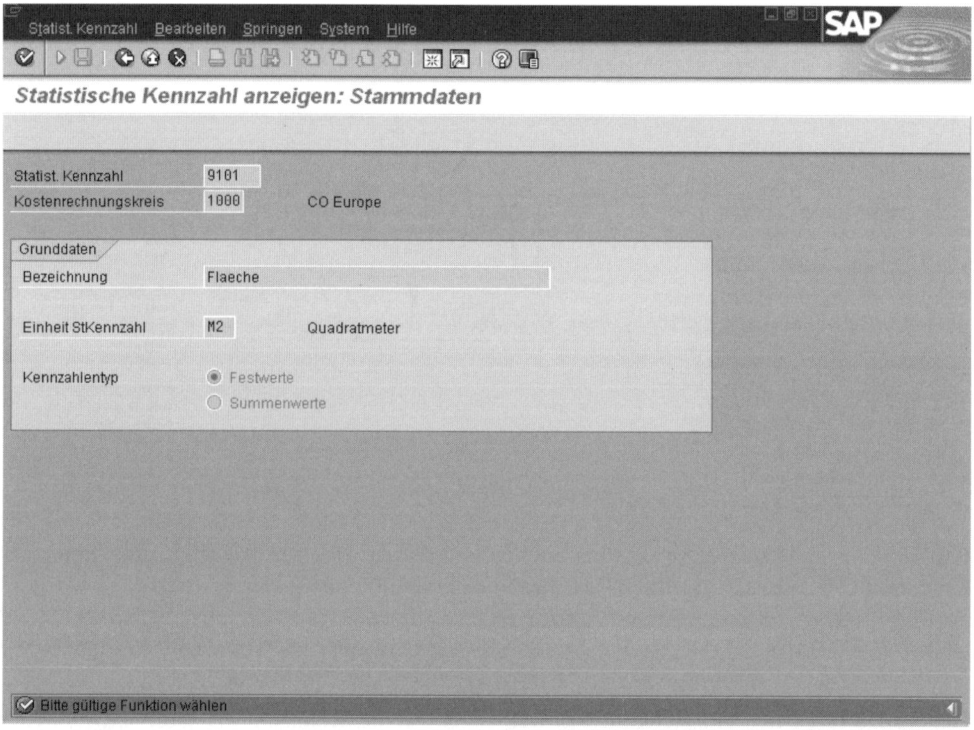

Abbildung 6.6.4-2: EnjoySAP Screen zur Bearbeitung statistischer Kennzahlen (© SAP AG)

Nachdem identifiziert ist, wer die Kennzahlen erfaßt, ist zu klären, wie diese ins SAP-CO gebucht werden. Dies kann manuell über die entsprechende Transaktion im CO-CCA oder maschinell über die Datenübernahme der Werte in einem File über einen Batch-Input erfolgen. Falls Sie im Logistikbereich mit dem Logistikinformationssystem arbeiten, können Sie die Daten auch von dort übernehmen, falls Sie im Rahmen der Systemeinstellungen zur statistischen Kennzahl eine Verbindung zum LIS herstellen.

④ *Für welche Zwecke benötigen Sie **Kennzahlengruppen**, und welche Gruppen gibt es in Ihrem Unternehmen?*

Statistische Kennzahlen können zu Gruppen zusammengefaßt werden. Diese können beim Reporting, aber auch aus Gründen der Vereinfachung der Dateneingabe bei der Planung oder der Definition von Verrechnungen verwendet werden.

6.6.5 Prozeß-Knowledge Map – Innenauftragsbearbeitung

Unter Innenaufträgen im SAP-System versteht man einfache Maßnahmen innerhalb eines Kostenrechnungskreises, die von einem kostenrechnerischen Gesichtspunkt aus betrachtet werden sollen. Sie dienen einer maßnahmen- oder aktivitätsorientierten Planung, Erfassung, Kontrolle und Verrechnung von (Gemein-)Kosten auf einem detaillierteren Level oder nach anderen Ordnungskriterien als den Kostenstellen.

① *Welche **Ziele** werden mit dem **Auftrags-Controlling** verfolgt?*

Ein Auftrags-Controlling kann aus den unterschiedlichsten Zielsetzungen heraus erfolgen. Die konzeptionelle Entscheidung darüber, welche Ziele mit dem Auftrags-Controlling verfolgt werden, hat Auswirkungen auf die Abbildung der Aufträge im SAP-System.

■ *Controlling von Einzelmaßnahmen*

Hierbei handelt es sich um einmalige, nicht wiederkehrende Aktivitäten. Auf dem Auftrag werden die Kosten (ggfs. auch Erlöse) gesammelt und nach dem Abschluß der Maßnahme – abhängig von der Auftragsart – an den/die entsprechenden Empfänger abgerechnet, z.B. Investitionsauftrag für eine selbstgenutzte Maschine, Auftrag für eine bestimmte Messe, Auftrag für Instandhaltungsmaßnahmen an einem Firmengebäude.

■ *Controlling von Dauermaßnahmen*

Hier handelt es sich um ständig wiederkehrende Maßnahmen, für die ein kontinuierliches Controlling gewünscht ist, u.a. auch, um mögliche Abweichungen im Detail zu analysieren. Dabei werden die Kosten (ggf. auch Erlöse) kontinuierlich auf dem Auftrag gesammelt und periodisch – abhängig von der Auftragsart – an den/die entsprechenden Empfänger abgerechnet, z.B. Instandhaltungsauftrag für Kleinarbeiten an Firmengebäuden.

■ Controlling für Dauer-/Einzelmaßnahmen, keine Weiterverrechnung der Kosten

Sollen Kosten maßnahmenbezogen überwacht, aber nicht abhängig davon weiterverrechnet werden, so spricht man von statistischen Aufträgen. Dabei werden die Kosten oder Erlöse bei ihrer Erfassung auf dem eigentlichen kostentragenden Objekt zur Weiterverrechnung gebucht (z.B. Kostenstelle Marketing), zusätzlich aber auch noch auf den statistischen Auftrag (z.B. Messe CeBIT 99) zu einer Detailanalyse. Von diesem statistischen Auftrag können die Kosten nicht weiterverrechnet werden.

② *Für welche Zwecke verwenden Sie Innenaufträge, und welche **Auftragsarten** gibt es?*

Innenaufträge können für verschiedenste Zwecke in einem Unternehmen zur Anwendung kommen. Abhängig davon hat die Entscheidung, für welche Zwecke ein Innenauftrag eingesetzt werden soll, essentielle Folgen auf die Steuerungsparameter. Die wichtigsten Auftragsarten sollen im Rahmen ihres betriebswirtschaftlichen Sinnes nachfolgend beschrieben werden:

■ *Abgrenzungsaufträge*

Sie werden dann benötigt, wenn auf Kostenstellen Zusatz- oder Anderskosten (siehe Prozeßbaustein *Abgrenzung*) kalkulatorisch erfaßt werden, denen keine Buchung in der

Finanzbuchhaltung gegenübersteht. Diese Aufträge nehmen dann die Entlastungsbuchung bei der periodischen Durchführung der Abgrenzung und die tatsächliche Kostenbuchung – falls es sich dabei um Anderskosten handelt – aus dem FI auf.

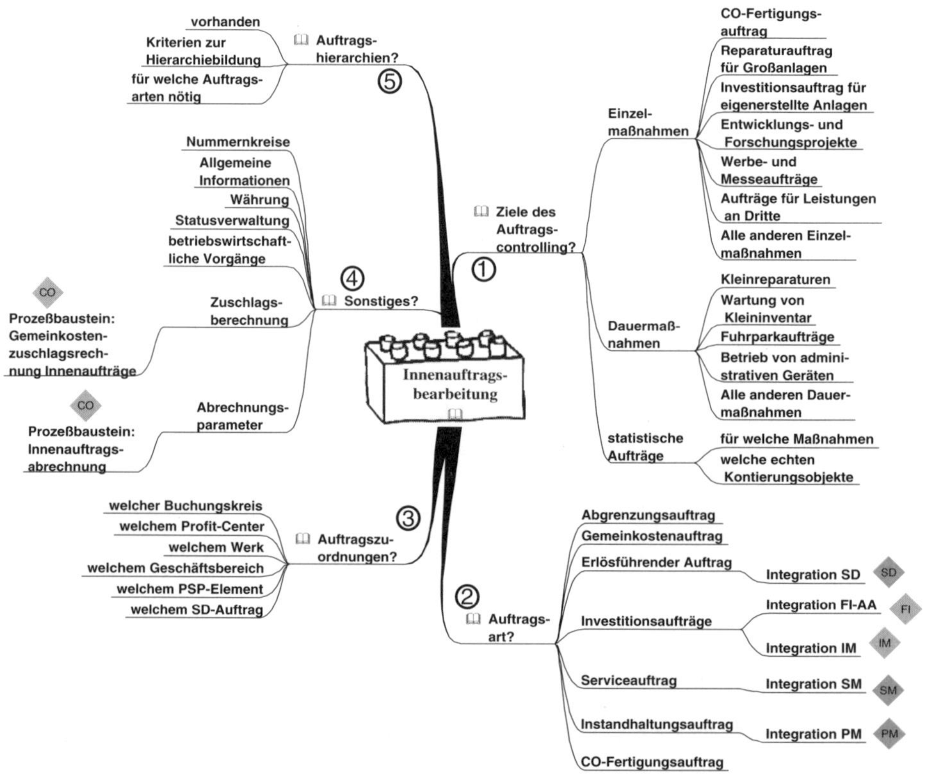

Abbildung 6.6.5-1: Prozeß-Knowledge Map – Innenauftragsbearbeitung

- *Gemeinkostenaufträge*

Hierbei handelt es sich um Aufträge, die zur detaillierten Kostenkontrolle unterhalb/parallel der Kostenstellenebene zum Gemeinkosten-Controlling (CO-OM) verwendet werden, z.B. Werbeaufträge, Fuhrparküberwachung, Überwachung Kleinstreparaturen.

- *Erlösführende Aufträge*

Sie werden i.d.R. benötigt, falls Erlöse überwacht werden sollen und diese nicht das Kerngeschäft (diese Erlöse werden über die Buchungen des Vertriebs (SD) erfaßt) betreffen. Darüber hinaus können sie den kostenrechnerischen Part für SD-Kundenaufträge übernehmen. Bei der Diskussion der erlösführenden Aufträge ist die mögliche Integration zum Vertriebssystem (SD) zu beachten.

- *Fertigungsaufträge*

In dem Fall, daß Kosten für die Herstellung der betrieblichen Leistungseinheiten (Kostenträger) auftragsbezogen überwacht werden sollen, aber die Komponente Produktionsplanung und -steuerung (PP) nicht im Einsatz ist, können Innenaufträge als Ersatz für diese echten *Kostenträger* (Fertigungsaufträge) benutzt werden.

- *Investitionsaufträge*

In vielen Unternehmen werden Anlagen oder Investitionsgüter zur Eigennutzung erstellt. Die Überwachung der dafür angefallenen Aufwände wird wie bei den betrieblichen Leistungseinheiten im Gemeinkosten-Controlling durchgeführt. Die dafür eingesetzten Ressourcen (Kosten) sind ganz oder teilweise an das Anlagevermögen zu aktivieren. Es ist zu prüfen, inwieweit es bei Einsatz der Komponenten Anlagenbuchhaltung (FI-AA) oder des Investitionsmanagements (IM) zu Integrationen kommt.

- *Instandhaltungsaufträge*

Diese Art von Aufträgen wird eingesetzt, wenn Instandhaltungsmaßnahmen kostenrechnerisch detailliert überwacht werden sollen. Dabei können diese Fälle mit einfachen Innenaufträgen des CO-OM oder aber auch mit Aufträgen der SAP-Komponente Instandhaltung (PM) abgebildet werden. Die zweitgenannte Auftragsart wird verwendet, wenn eine umfassende – logistische – Funktionalität zum Management von Instandhaltungen benötigt wird. Deshalb ist zu überprüfen, ob es in Ihrem Unternehmen zu Integrationen mit dem Anwendungsbereich PM kommt.

- *Serviceaufträge*

Werden vom Unternehmen umfassende Servicemaßnahmen erbracht, die sowohl kosten- als auch erlösseitig überwacht werden sollen, so müssen Serviceaufträge eingesetzt werden. Dabei kann es sich um einfache CO-Innenaufträge zur reinen Kosten- und Erlösüberwachung oder um Serviceaufträge der Komponente Servicemanagement (SM) handeln, falls ein umfassendes logistisches Servicemanagement notwendig ist.

③ *Welchen Organisationseinheiten wird der* ***Auftrag zugeordnet****?*

Ein CO-Auftrag kann bzw. muß im Rahmen der Stammdatenbearbeitung verschiedenen Organisationseinheiten, aus Gründen der Abstimmbarkeit und eines durchgehenden Kostenflusses, zugeordnet sein. Um welche Einheiten es sich dabei handeln kann, hängt von der Auftragsart und den eingesetzten SAP-Komponenten ab, zu denen Integrationen bestehen. In jedem Fall muß der Auftrag der legalen Einheit (= dem Buchungskreis) zugeordnet werden, womit er implizit auch dem entsprechenden Kostenrechnungskreis zugeordnet ist. Handelt es sich um einen (CO-)Fertigungsauftrag, muß er auch einem Werk (im SAP-Sinn) aus Gründen der Bestandsbewertung und Ablieferung ans Lager zugeordnet werden. Gegebenenfalls ist der Auftrag einem Profit Center, PSP-Element, Kundenauftragsposition etc. zuzuordnen.

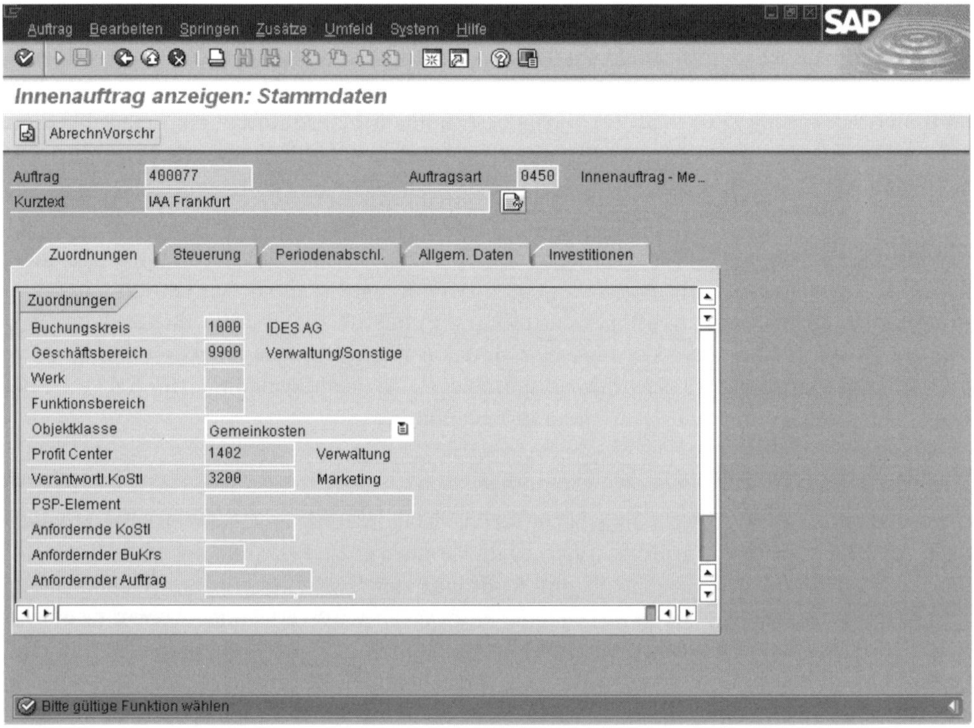

Abbildung 6.6.5-2: EnjoySAP Screen zur Innenauftragsbearbeitung – Zuordnungen (© SAP AG)

④ *Können bzw. müssen Aufträge zu* ***Auftragshierarchien*** *zusammengefaßt werden?*

In dem Fall, daß für bestimmte Auftragsarten, z.B. Instandhaltungsaufträge oder umfassende Projekte, Aufträge bearbeitet werden, die wiederum mit anderen Aufträgen eine Art Hierarchie ergeben, können zur Vereinfachung der Planung, der Abrechnung oder des Reportings Auftragshierarchien gebildet werden. Bitte klären Sie, ob es für die im Unternehmen existenten Innenaufträge notwendig oder gewünscht ist, diese zu Auftragshierarchien/Auftragsgruppen zusammenzufassen, und falls ja, welche Aufträge dabei zusammengefaßt werden und für welchen Zweck.

⑤ *Welche* ***sonstigen*** *Informationen oder Parameter sind für einen Auftrag relevant?*

An dieser Stelle sind folgende Punkte zu klären:

- In welcher Währung soll ein bestimmter Auftrag geführt werden.
- Welche weiteren Informationen sind im Auftragsstamm notwendig (z.B. beantragende Stelle, verantwortliche Stelle etc.).
- Ein Auftrag kann im Rahmen seines Lebenszyklus verschiedene Status durchlaufen, von denen abhängt, ob bestimmte betriebswirtschaftliche Vorgänge erlaubt oder verbo-

ten sind. Bitte überprüfen Sie, ob in Ihrem Unternehmen die grobe SAP-Statusverwaltung ausreicht oder ob eine detailliertere Statusverwaltungslogik, die detailliert steuert, ob Vorgänge erlaubt oder verboten sind, benötigt wird.

- Sollen Aufträge einer Auftragsart im Rahmen einer Gemeinkostenzuschlagsrechnung mit Gemeinkosten, z.B. Materialgemeinkosten, bezuschlagt werden (siehe Prozeßbaustein *Gemeinkostenzuschlagsrechnung Innenaufträge*).
- Da die auf einem Auftrag gesammelten Kosten i.d.R. an andere Empfänger, z.B. Kundenauftragsposition, Kostenstelle, anderer Auftrag, Ergebnisobjekt etc. abgerechnet werden sollen, ist in einem ersten Schritt zu definieren, ob die Aufträge der entsprechenden Auftragsart überhaupt abgerechnet werden sollen/müssen. Falls eine Abrechnung notwendig ist, ist noch eine Vielzahl an Abrechnungsparametern zu besprechen (siehe Prozeßbaustein *Innenauftragsabrechnung*).

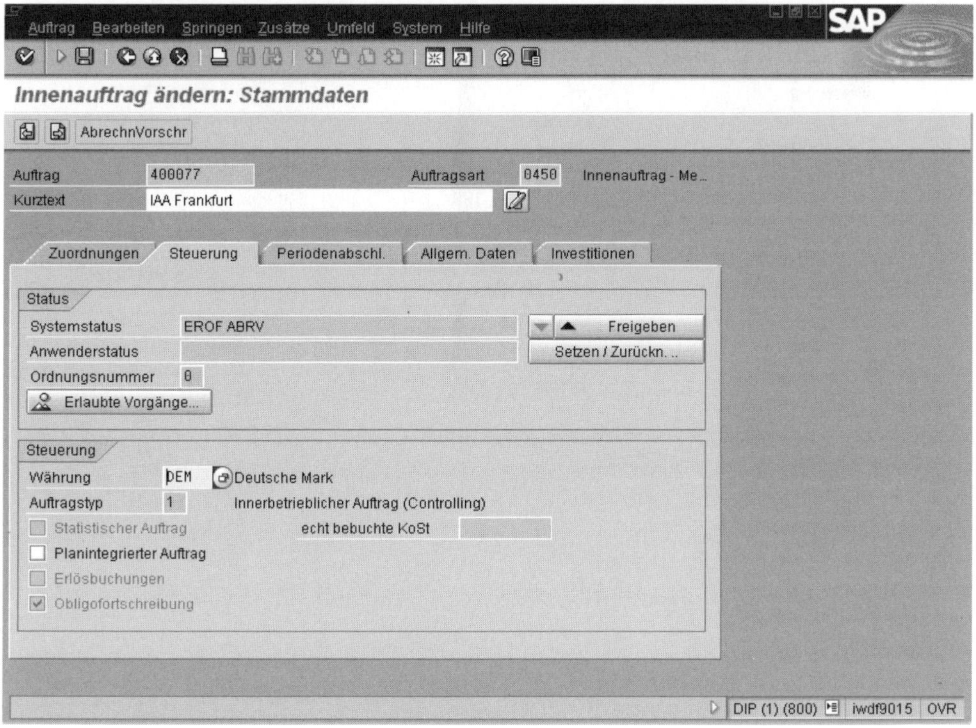

Abbildung 6.6.5-3: EnjoySAP Screen zur Innenauftragsbearbeitung – Steuerung (© SAP AG)

6.6.6 Prozeß-Knowledge Map – Definition Bewertungsstrategie

Im Rahmen der Definition der Bewertungsstrategie geht es darum, die Berichtszeilen der Ergebnisrechnung zu identifizieren und zu definieren sowie deren Versorgung mit Werten aus den angrenzenden Applikationen sicherzustellen.

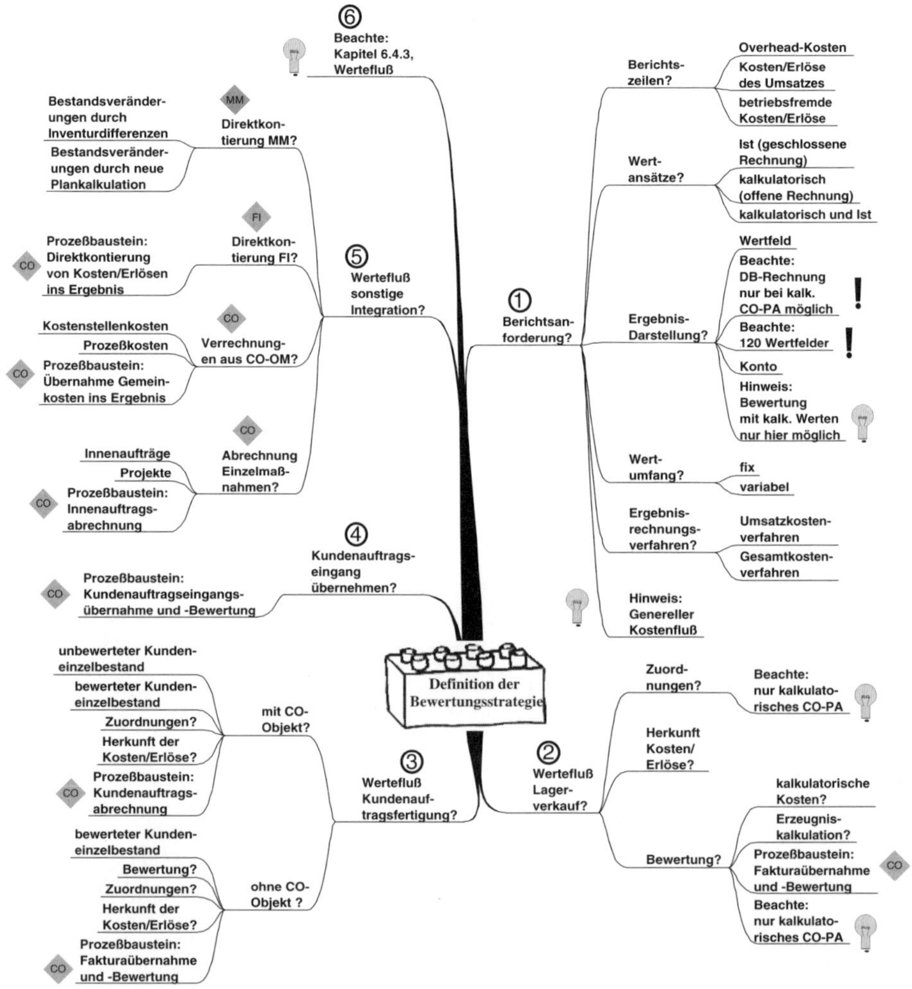

Abbildung 6.6.6-1: Prozeß-Knowledge Map – Definition Bewertungsstrategie

① *Welche **Berichtsanforderungen** stellen Sie an die Ergebnis- und Marktsegmentrechnung (CO-PA) zum Controlling Ihrer Produkte am Markt (Marktsegmente)?*

Jedes Unternehmen hat individuelle Anforderungen an die Ergebnis- und Marktsegmentrechnung. Die Detailfragen, die dabei geklärt werden müssen, beziehen sich vor allem auf die Berichtszeilen, Wertansätze, Art der Rechnung und die Auswertungsobjekte.

Hinweis:
Wesentlich bei der Beantwortung dieser Frage ist die Betrachtung des Gesamtwerteflusses über alle Teilkomponenten des CO hinweg, d.h., welche Kostenbestandteile sind direkt über das Produkt verrechnet, z.B. Fertigungseinzelkosten und -gemeinkosten, und welche Kosten sollen nicht im Rahmen der Kostenträgerrechnung auf das Produkt verrechnet wer-

den. Diese Verrechnung darf nicht mit den Kalkulationen verwechselt werden, bei denen alle Kosten bis zu den Selbstkosten/Verkaufspreis pro Produkt berechnet werden können, dabei aber kein Wertefluß abläuft.

Zu ①: *Welche* ***Berichtszeilen*** *wollen Sie in welchem Detaillierungsgrad im Berichtswesen der Ergebnis- und Marktsegmentrechnung ausweisen?*
Das CO-PA soll den Anwender mit Auswertungen über die Ergebnisse/Deckungsbeiträge der für das Unternehmen relevanten Marktsegmente informieren. Im Rahmen dieses Prozesses müssen Sie die konkreten Berichtsanforderungen definieren. Wie die Ergebnisse/Deckungsbeiträge dargestellt werden, ist sehr unternehmensspezifisch. Generell könnte ein Ergebnisschema/Deckungsbeitragsschema wie folgt aussehen:

Erlöse (unterteilt in unterschiedliche Kategorien)

./. Erlösschmälerungen (in Schichtung durch z.B. Rabattarten etc.)

= Nettoerlös

./. Herstellkosten variabel (in Schichtung)

= DB1

./. Herstellkosten fix – produktbezogen – (in Schichtung)

= DB2

./. Herstellkosten fix – unternehmensweit – (in Schichtung)

= DB3

./. Vertriebskosten und Verwaltungskosten (in Schichtung)

= Ergebnis der gewöhnlichen Geschäftstätigkeit

Um diese Frage beantworten zu können, hat es sich bewährt, die Reporting-Anforderungen der unterschiedlichen Bereiche wie Controlling (Sparten-, Vertriebs-Controlling), Vertrieb, Management etc. heranzuziehen und zu hinterfragen, welche Werte dort zur Auswertung kommen (z.B. Ergebnisrechnungsschema, Deckungsbeitragsschema) und von Interesse sind. Die Gesamtheit der auf diese Weise identifizierten Berichtszeilen müssen Sie entweder über die Kosten-/Erlösarten oder Wertfelder im Ergebnisbereich des CO-PA abbilden.

Zu ①: *Mit welchen* ***Wertansätzen*** *wollen Sie im Rahmen der Ergebnis- und Marktsegmentrechnung arbeiten?*
Bezüglich der Werte, die Sie innerhalb der Ergebnis- und Marktsegmentrechnung ausweisen wollen, ist zu definieren, ob Sie mit kalkulatorischen Ansätzen arbeiten oder ob Sie nur reine Ist-Werte analysieren wollen (geschlossene Rechnung).

- *Offene Rechnung (Standards, kalkulatorische Ansätze)*

Bitte beachten Sie, daß diese Art der Ergebnisrechnung nur unter Nutzung des kalkulatorischen CO-PA möglich ist. Sie wird eingesetzt, wenn zum Zeitpunkt Ihrer Auswertungen noch nicht alle Werte zur Verfügung stehen, Sie aber einen vollständigen Ergebnisausweis der getätigten Geschäftstransaktion benötigen. Dabei steht ein zeitnaher Ergebnisausweis im Vordergrund, bei dem mit kalkulatorischen Ansätzen auf Basis von Erfahrungswerten gearbeitet wird, bei dem das tatsächliche Ist von untergeordneter Bedeutung ist und Abweichungen vom Ist in bestimmtem Rahmen in Kauf genommen werden. Die kalkulatorischen Ansätze lassen sich durch die Nutzung der Bewertung im CO-PA verwirklichen.

Beispiel:

Sie stellen Ihrem Kunden eine Rechnung. Die Erlöse und die gewährten direkten Rechnungsrabatte sowie die dafür angefallenen Herstellkosten können Sie direkt als Ist-Werte buchen. Darüber hinaus haben Sie aber eine Bonusvereinbarung mit diesem Kunden, die besagt, daß er, falls er im Jahr X Produkte im Wert von 1.000.000 DM abnimmt, zusätzlich nochmals 5 % Nachlaß erhält. Dabei wissen Sie erst am Ende des Jahres das tatsächliche Ist, was natürlich für ein zeitnahes Ergebnis-Controlling indiskutabel ist. Für diesen Fall setzen Sie einen kalkulatorischen Bonus von 5 % an, der bei jeder Transaktion gezogen wird. Auch wissen Sie zum Zeitpunkt der Faktur noch nicht, wieviel Skonto sich der Kunde ziehen wird. Da er aber i.d.R. immer sofort bezahlt und damit immer 3 % in Anspruch nimmt, können Sie auch dies als kalkulatorischen Wert ansetzen.

- *Geschlossene Rechnung*

Bei dieser Art der Ergebnisrechnung sind Sie am Ausweis der reinen Ist-Werte eines Geschäftsvorfalles oder einer Periode interessiert. Das heißt, es wird in Kauf genommen, daß bestimmte Werte in der in Frage kommenden Periode nicht zur Verfügung stehen, da sie im Ist noch nicht verbucht wurden. Der Ergebnisausweis spiegelt dabei reine Ist-Werte wider. Dies kann jedoch deswegen in Kauf genommen werden, da sich über die Perioden hinweg solche Schwankungen ausgleichen werden. Bei dieser Art der Rechnung werden i.d.R. auch alle Kostenstellenabweichungen, Preisdifferenzen aus Umbewertung von Materialien etc. in die Ergebnisrechnung übergeben.

Jedoch ist auch eine Kombination beider Arten des Ergebnisausweises möglich. Dabei werden dann sofort bei Ablauf des Geschäftsvorfalles kalkulatorische Standardwerte gezogen (z.B. Bonus, Skonto). Fällt dann später der tatsächliche Ist-Wert an, so wird auch dieser in das CO-PA gebucht, womit die offene Rechnung in eine geschlossene überführt werden kann. In diesem Fall wird es jedoch notwendig, pro Ergebniszeile zwei Wertfelder, für den kalkulatorischen und den Ist-Wert, zu definieren.

Zu ①: *Sollen die in der Ergebnis- und Marktsegmentrechnung ausgewiesenen Berichtszeilen in Kontenform oder verdichteter Form (Wertfelder)* ***dargestellt*** *werden?*
Durch das CO-PA werden zwei verschiedene Ansätze des Wertausweises angeboten, der buchhalterische über Konten und der kalkulatorische mit Wertfeldern. Die Entscheidung, welches der beiden Verfahren genutzt werden soll, hat aber nicht nur Auswirkungen auf den Ausweis von Berichtszeilen, sondern auch auf den Wertefluß und die Planung.

- *Buchhalterisches CO-PA*

Hier erfolgt der Ausweis des Ergebnisses in Kontenform. Dabei werden die gebuchten Werte aller Sachkonten angezeigt, die als primäre Kostenarten oder Erlös-/Erlösschmälerungsart angelegt wurden. Auch sekundäre Kostenarten werden angezeigt.

- *Kalkulatorisches CO-PA*

Hier erfolgt der Ausweis des Ergebnisses durch sogenannte Wertfelder. Ein Wertfeld definiert dabei einen *Container*, der mehrere Kosten-/Erlösarten zusammenfaßt, diese aber auch 1:1 abbilden kann.

Hinweis:
Eine Bewertung mit kalkulatorischen Ansätzen ist nur bei dem kalkulatorischen CO-PA möglich!

Beachte:
Bis zu 120 Wertfelder sind möglich.

Beachte:
Eine Deckungsbeitragsrechnung mit einer Trennung der Werte in fixe und variable Bestandteile im Bereich der Herstellkosten läßt sich nur durch den Einsatz der kalkulatorischen Ergebnisrechnung verwirklichen, da nur hier eine Bewertung mit der Schichtung der Herstellkostenelemente (fix/variablel) aus dem CO-PC möglich ist.

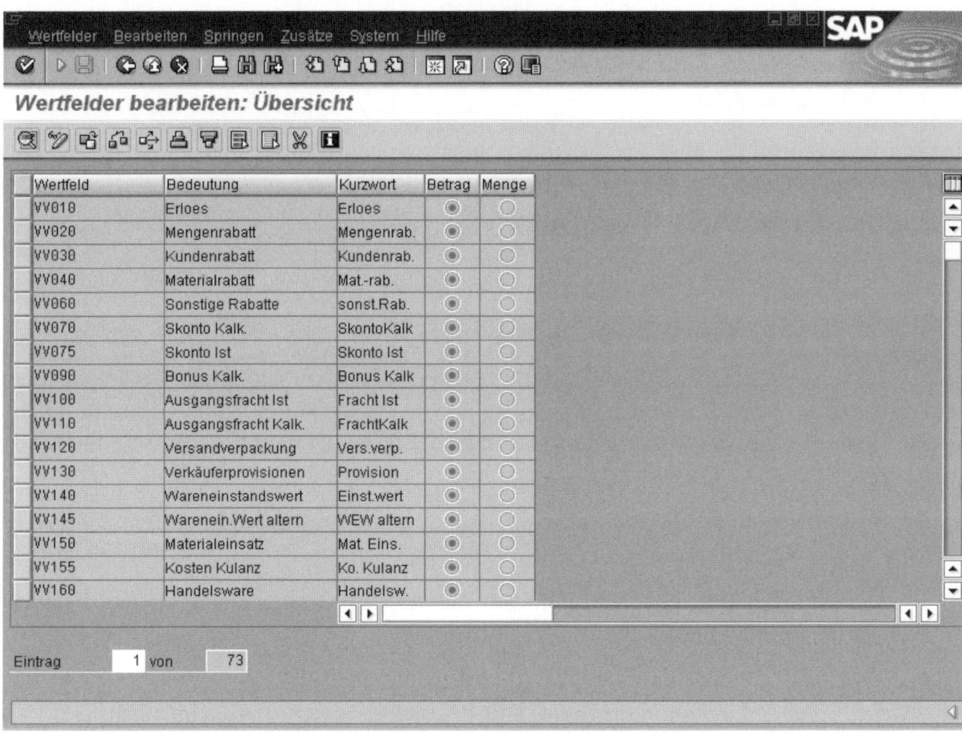

Abbildung 6.6.6-2: EnjoySAP Screen zur Definition Bewertungsstrategie – Bearbeitung Wertfelder (© SAP AG)

Zu ①: *Welchen **Wertumfang** sollen die in der Ergebnis- und Marktsegmentrechnung darzustellenden Kosten haben?*
Je nachdem, welche Kostenrechnungsphilosophie im Einsatz ist, muß entschieden werden, ob und in welchem Umfang die Kosten als fixe und variable Bestandteile ausgewiesen werden. Sollen Kosten in fixe und variable Bestandteile aufgelöst werden, so ist bei der Definition der Wertfelder dieser Anforderung durch jeweils ein Wertfeld pro Objekt zur Aufnahme der fixen und variablen Werte Rechnung zu tragen.

Zu ①: *Welches **Ergebnisrechnungsverfahren** wollen Sie realisieren: das Gesamtkostenverfahren oder das Umsatzkostenverfahren?*
Das Vertriebs- und Ergebnis-Controlling im CO-PA wird als Umsatzkostenverfahren abgebildet. Der Vollständigkeit halber soll an dieser Stelle kurz auf den Verfahrensunterschied eingegangen werden.

- *Umsatzkostenverfahren*

Dieses Verfahren stellt den Erlösen die zugehörigen Kosten des Umsatzes gegenüber. Dabei werden nur die Kosten berücksichtigt, die in der entsprechenden Periode dem Umsatz entsprechen, was i.d.R. durch die Herstellkosten der verkauften Produkte sowie den Vertriebs- und Verwaltungsgemeinkosten der in Frage kommenden Periode definiert ist.

- *Gesamtkostenverfahren*

Hierbei werden den Leistungen einer Unternehmenseinheit (Profit Center) oder des gesamten Unternehmens alle Kosten (= Gesamtkosten) der Periode gegenübergestellt. Dabei müssen dann natürlich auch die aktivierten Eigenleistungen, Bestandsveränderungen an fertigen/unfertigen Erzeugnissen sowie die Ware in Arbeit etc. Berücksichtigung finden. Dieses Verfahren wird im SAP-System durch die Profit-Center-Rechnung (EC-PCA) abgebildet.

② *Arbeiten Sie im Vertrieb (SD) mit **Lagerverkauf** (bei anonymer Fertigung auf Lager)?*

Unter Verkauf vom Lager wird ein Prozeß verstanden, bei dem der Kunde bei Ihnen einen Artikel (Produkt) bestellt und Sie diesen direkt vom Lager an den Kunden liefern. Dabei wird folgende Prozeßkette durchlaufen: Auftrag => Lieferung/Warenausgang => Faktura.

Beachte:
Das buchhalterische und kalkulatorische CO-PA verhalten sich dabei bezüglich der Datenübernahme unterschiedlich:

- *Anlegen Auftrag:* Bei aktivem Kundenauftragseingang werden die Werte laut Konditionsschema ins kalkulatorische CO-PA übernommen. Im buchhalterischen CO-PA passiert zu diesem Zeitpunkt noch nichts.
- *Warenausgang:* Für kalkulatorisches CO-PA nicht relevant. Im buchhalterischen CO-PA wird dabei der Wert des Warenausgangs fortgeschrieben, der dabei die Herstellkosten als Gesamtwert repräsentiert. Dies ist deswegen notwendig, da beim buchhalterischen CO-PA keine Bewertung mit der Erzeugniskalkulation erfolgen kann.
- *Faktura:* Bei beiden Verfahren werden die entsprechenden Werte aus den Konditionen (Erlöse, Mengenrabatt, Bonus, Skonto etc.) des SD-Kalkulationsschemas übernom-

men. Im Fall des kalkulatorischen CO-PA können diese noch über die Bewertung erweitert werden. Beim buchhalterischen CO-PA werden nur die Werte übernommen, die auch in die Finanzbuchhaltung gebucht werden.

Zu ②: *Welche* ***SD-Konditionen*** *(z. B. Erlös, Rabatte etc.) des Kundenauftrags/der Faktur sollen in welcher Verdichtung (z. B. 1:1-Zuordnung oder n:1-Zuordnung) den entsprechenden* ***Wertfeldern*** *(Erlöse, Rabatte etc.) des CO-PA* ***zugeordnet*** *werden?*

Beachte:
Gilt nur für kalkulatorisches CO-PA.

Hierbei wird empfohlen, in enger Abstimmung mit den Mitarbeitern im Bereich SD das dort verwandte Konditionsschema durchzuarbeiten und pro Konditionsart zu definieren, ob sie für das CO-PA relevant ist und in welchem Wertfeld sie ausgewiesen werden soll. Dabei ist es durchaus möglich, daß die Konditionsarten im SD detaillierter sind als im CO-PA benötigt.

Beachte:
Es wird empfohlen, auch den Verrechnungspreis (= Kondition VPRS aus Materialstamm), der den Gesamtpreis laut Materialstamm eines Produktes widerspiegelt, in das kalkulatorische CO-PA zu übernehmen.

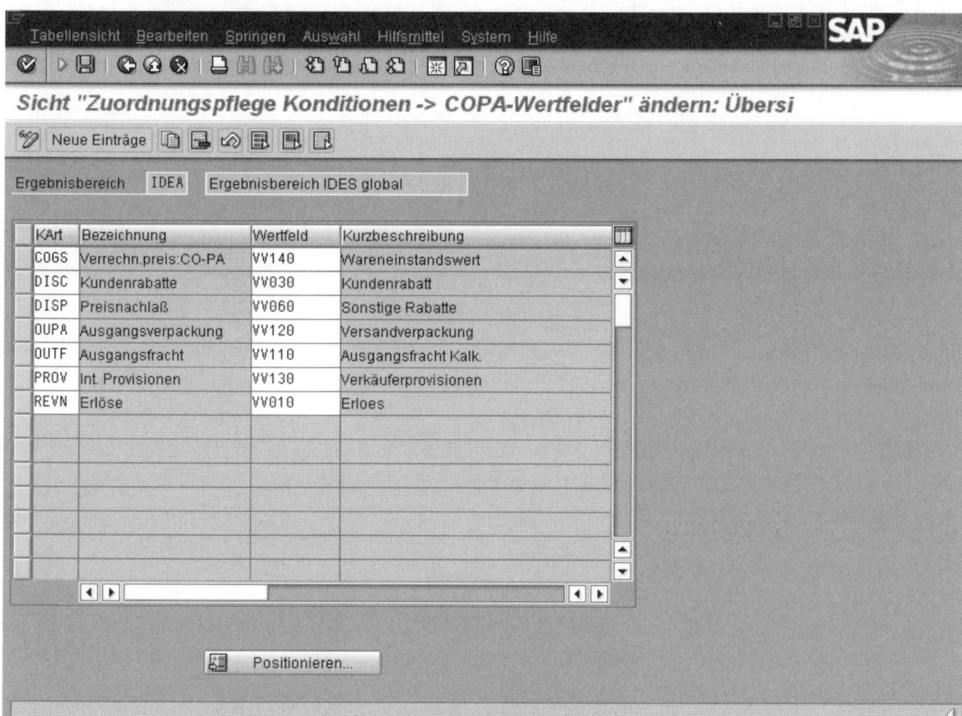

Abbildung 6.6.6-3: EnjoySAP Screen zur Definition Bewertungsstrategie – Zuordnung SD-Konditionen zu Wertfelder CO-PA (© SAP AG)

Zu ②: *Wie gelangen (**Herkunft**) die Werte für die im Rahmen der Berichtsanforderungen definierten Berichtszeilen der entsprechenden Kosten-/Erlösebestandteile im Lagerverkaufsumfeld in das CO-PA?*
Um die bei der Bearbeitung der Berichtsanforderungen definierten Berichtszeilen auch mit Werten zu versorgen und somit alle Kosten vollständig in der Ergebnisrechnung ausweisen zu können, ist hier für jede Zeile (Wertfeld) zu definieren, wo ihr Ursprung liegt und wie sie in die Ergebnisrechnung transferiert wird. Dabei werden in der Regel die Kosten-/Erlösbestandteile Erlöse, Erlösschmälerungen, Herstellkosten, kalkulatorische Kosten, Produktionsabweichungen (Fertigungsaufträge), Produktionsabweichungen (Salden der Produktionskostenstellen), sonstige Kostenstellenabweichungen, Kostenstellensalden (z.B. Vertriebs- oder Verwaltungsstellen) etc. betrachtet.

Zu ②: *Wollen Sie eine **Bewertung** eines Verkaufsvorganges durchführen, um zum Zeitpunkt der Faktura noch nicht bekannte/gebuchte Werte oder zusätzliche Werte zu ermitteln und zu buchen?*
Siehe dazu die Erläuterungen zum Ast Berichtsanforderungen/Wertansätze, offene Rechnung. Die Bewertung können Sie mit kalkulatorischen Kosten, die Sie innerhalb des CO-PA ermitteln können, oder unter Einsatz der Bewertung mit Erzeugniskalkulation durchführen. Siehe dazu: Prozeßbaustein *Fakturaübernahme und -bewertung.*

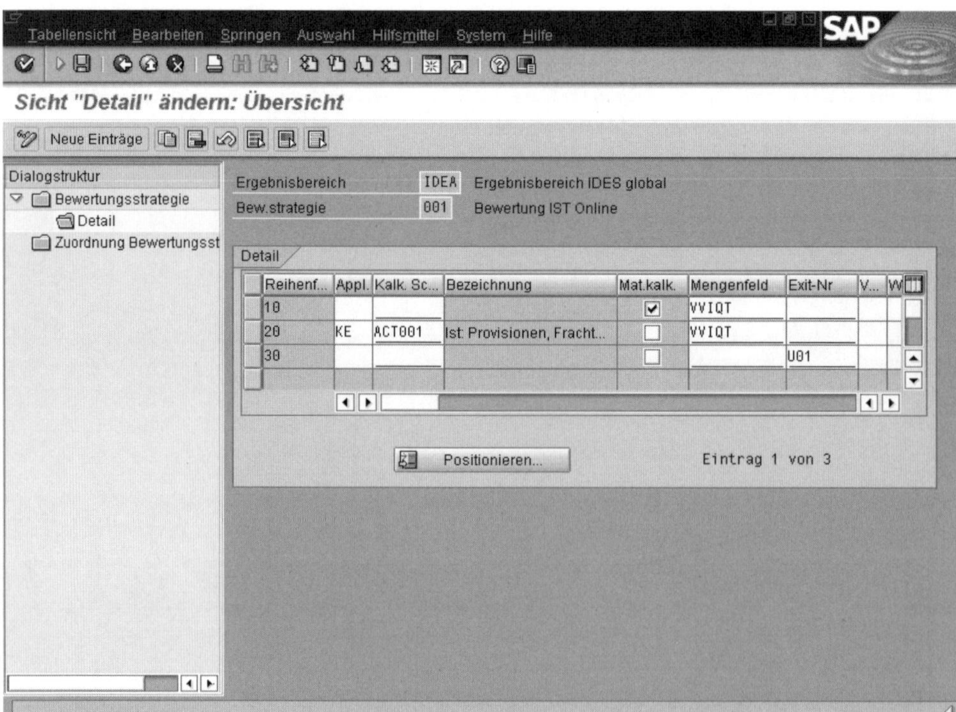

Abbildung 6.6.6-4: EnjoySAP Screen zur Definition Bewertungsstrategie – Bearbeitung Bewertungsstrategie (© SAP AG)

③ *Arbeiten Sie im Vertrieb (SD) und in der Produktkostenrechnung (CO-PC) mit* ***Kundenauftragsfertigung****?*

Unter Kundenauftragsfertigung können verschiedene Abläufe verstanden werden, z.B.

- *Kundenauftragsfertigung im Massenfertigungs-(Serien-/Losfertigungs-)Umfeld*
  Dabei werden Halbfabrikate bzw. Endprodukte in größeren Mengen gefertigt und am Lager gehalten, aber kundenindividuell zusammengestellt und geliefert. Der Fokus des Controllings liegt mehr auf den Produkten als auf einzelnen Kundenaufträgen. Die Fertigung der zur Erstellung des Enderzeugnisses benötigten Halbfabrikate wird i.d.R nicht durch den Kundenauftrag angestoßen, sondern nur die Produktion des Endproduktes

- *Reine Kundenauftragsfertigung*
  Hier sind oftmals nur einzelne Kleinteile oder bestimmte Halbfabrikate, die in mehreren Produkten eingesetzt werden, auf Lager gefertigt. Die meisten Halbfabrikate/Kaufteile, die zur Erstellung des Endproduktes zum Einsatz kommen, werden kundenauftragsbezogen (d.h. Impulsgeber ist der Kundenauftragseingang) gefertigt bzw. beschafft.

- *Projektfertigung*
  Auch sie basiert auf der Kundenauftragsfertigung. Da es sich aber i.d.R. um sehr lang laufende Projekte (z.B. Schiffsbau, Hoch-/Tiefbau etc.) handelt, wird diese Fertigungsart mit Projekten des Projektsystems durchgeführt.

Die Fragen dieser Knowledge Map beziehen sich auf die zwei erstgenannten Fälle.

Zu ③: *Arbeiten Sie mit einem* ***CO-Objekt pro Kundenauftragsposition****, das alle zur Herstellung einer Kundenauftragsposition angefallenen Kosten sammelt und sie dann an die Ergebnisrechnung abrechnet?*
Der Wertefluß zu diesem Fall ist detailliert in Kapitel 6.4.3, Konzeptionelle Grundlagen – Wertefluß bei unterschiedlichen Kostenträgern – erläutert. Da hierbei alle Kosten- bzw. Erlösbuchungen auf der Kundenauftragsposition gesammelt und kontiert werden, muß der Auftrag mit der Auftragsabrechnung an die Ergebnisrechnung abgerechnet werden, damit die Werte überhaupt im CO-PA ausgewertet werden können. In diesem Fall ist zu klären:

- Welche auf den Kundenauftrag gebuchten Kostenarten/Kostenartengruppen sind welchen Wertfeldern des kalkulatorischen CO-PA zuzuordnen?

- Welche auf den Kundenauftrag gebuchten Erlösarten/Erlösschmälerungen sind welchen Wertfeldern des kalkulatorischen CO-PA zuzuordnen?

Dies wird beim kalkulatorischen CO-PA notwendig, da hier mit Wertfelden gearbeitet wird, die Kosten bzw. Erlöse aber als Kosten-/Erlösart (Konten) auf dem Auftrag gebucht sind. Diese Zuordnung entfällt beim buchhalterischen CO-PA, da hierbei die Auftragsabrechnung mit den entsprechenden Originalkosten-/Originalerlösearten oder mit Abrechnungskostenarten erfolgt.

Zu ③: *Arbeiten Sie mit dem bewerteten Kundeneinzelbestand* ***ohne CO-Objekt****, und wie sieht der konkrete Wertefluß in die Ergebnisrechnung dabei aus?*
Bei der Abwicklung eines Kundenauftrags mit bewertetem Kundenbestand können alle Bestandteile des Kundenauftrags genau kalkuliert werden. Da die einzelnen Positionen über die auftragsneutrale Erzeugniskalkulation (Plankalkulation) oder eine individuelle Kundenauftragspositions-Kalkulation bewertet werden können, sind damit die *Standardkosten* für die Erzeugnisse bekannt. Aus diesen Gründen verhält sich die Abwicklung dieses Sachverhalts bezüglich des Werteflusses genau gleich dem des Lagerverkaufs. Die Kosten werden damit nicht auf einem CO-Objekt zum Kundenauftrag gesammelt und abgerechnet. Auch die Erlöse werden durch die Faktur nicht auf das CO-Objekt gebucht und danach an das CO-PA abgerechnet. Statt dessen werden bei der Fakturierung die Erlöse dieser Kundenaufträge direkt in das CO-PA gebucht und die verkaufte Menge mit den *Standardkosten* des individuellen Kundenauftrags bewertet. Da es sich wie gesagt um denselben Wertefluß wie bei der Lagerfertigung handelt, sind hier dieselben Fragen (siehe Ast ②: *Wertefluß Lagerverkauf*) zu verwenden.

④ *Soll der* ***Kundenauftragseingang*** *in das CO-PA* ***übernommen*** *werden?*

In der Ergebnisrechnung haben Sie die Möglichkeit, bereits den Kundenauftragseingang, d.h. die zu erwartenden Erlöse und Kosten, in die Ergebnisrechnung zu übernehmen. Dadurch wird eine frühzeitige Ergebnisvorhersage ermöglicht. Siehe dazu Prozeßbaustein *Kundenauftragsübernahme und -bewertung* (Hinweis: nicht in diesem Buch behandelt, siehe Kapitel 6.6, Prozeßkette zum Erlös- und Kosten-Controlling).

⑤ *Welche weiteren* ***Werteflüsse*** *aus angrenzenden Prozeßbereichen oder dem Erlös- und Kosten-Controlling gibt es zusätzlich noch in Ihrer Ergebnis- und Marktsegmentrechnung, die* ***weitere Integrationen*** *darstellen?*

Neben der hauptsächlichen Integration des CO-PA mit der Komponente SD (Vertrieb) werden zur Versorgung der Berichtszeilen noch weitere Integrationen benötigt.

Zu ⑤: *Wird es* ***Direktkontierungen von der Finanzbuchhaltung*** *in das CO-PA geben?*
Falls Sie direkt im Rahmen von Sachkontenbuchungen ein Ergebnisobjekt als Kontierungsobjekt in der Finanzbuchhaltung benötigen, so ist zu definieren, um welche Kosten-/ Erlösarten (Konten) es sich dabei handelt. Dieser Fall wird z.B. dann eingesetzt, wenn Sonderkosten des Vertriebs zu verrechnen sind oder Ist-Kosten, die zum Zeitpunkt der Faktura noch nicht bekannt waren, z.B. Kundenskonti, später ins CO-PA nachgebucht werden sollen. Siehe dazu den Prozeßbaustein *Direktkontierung von Kosten/Erlösen ins Ergebnis* (Hinweis: nicht in diesem Buch behandelt, siehe Kapitel 6.6).

Zu ⑤: *Wollen Sie* ***Gemeinkosten****, die als Kostenstellensalden oder Prozeßkosten im CO-OM gebucht sind, in das CO-PA* ***verrechnen****?*
Um ein vollständiges Kostengefüge oder eine mehrstufige Deckungsbeitragsrechnung in der Ergebnisrechnung zu gewährleisten, müssen alle nicht über die Produktkostenrechnung verrechneten Gemeinkosten in das CO-PA gebracht werden. Dies erfolgt über die Verrechnung der Kostenstellen- oder Prozeßkosten. Siehe Prozeßbaustein *Übernahme Gemeinkosten ins Ergebnis* (Hinweis: nicht in diesem Buch behandelt, siehe Kapitel 6.6, Prozeßkette zum Erlös- und Kosten-Controlling).

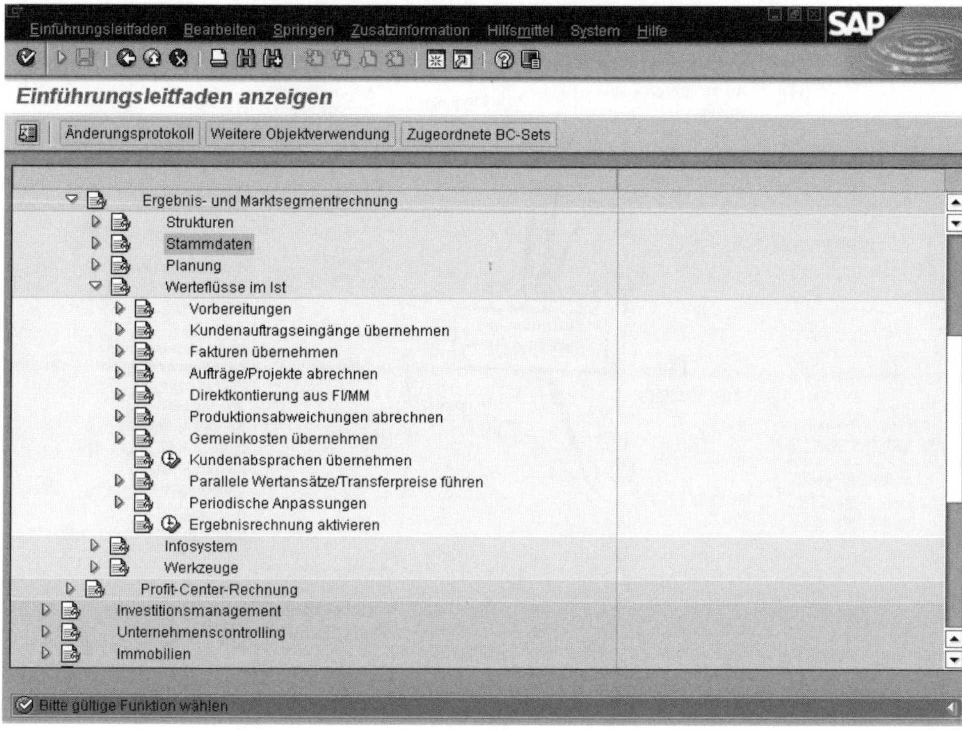

Abbildung 6.6.6-5: EnjoySAP Screen zur Definition Bewertungsstrategie – Einstellungsmöglichkeiten zum Wertefluß CO-PA (© SAP AG)

Zu ⑤: *Wollen Sie* ***Einzelmaßnahmen*** *aus CO-OM bzw. PS in das CO-PA übernehmen?*
Rechnen Sie Einzelmaßnahmen, die Sie über Innenaufträge oder Projekte abbilden, nicht in die Produktkosten oder auf die Kostenstellen ab, so können auch diese direkt in das CO-PA übernommen werden. Siehe Prozeßbaustein *Innenauftragsabrechnung*.

Zu ⑤: *Wird es* ***Direktkontierungen*** *aus der* ***Materialwirtschaft*** *in das CO-PA geben?*
In bestimmten Fällen ist es erwünscht, Buchungen in der Materialwirtschaft direkt in das CO-PA auf ein bestimmtes Ergebnisobjekt zu übernehmen, z.B. falls Sie Bestandsänderungen, die sich am Lager durch die Buchung von Inventurdifferenzen oder der Freigabe neuer Plankalkulationen etc. ergeben, im CO-PA, d.h. dem Ergebnisausweis, berücksichtigen wollen. Siehe Prozeßbaustein *Direktkontierung von Kosten/Erlösen ins Ergebnis* (Hinweis: nicht in diesem Buch behandelt, siehe Kapitel 6.6, Prozeßkette zum Erlös- und Kosten-Controlling).

6.6.7 Prozeß-Knowledge Map – Definition der Marktsegmente

Jedes Unternehmen, abhängig von Fertigungstyp, Branche und Marktsituation, hat unterschiedliche Ansprüche an die Auswertungsmöglichkeiten des Absatzmarktes. Dabei liegt der Schwerpunkt bei der detaillierten Analyse der Marktsegmente, die den Absatzmarkt in

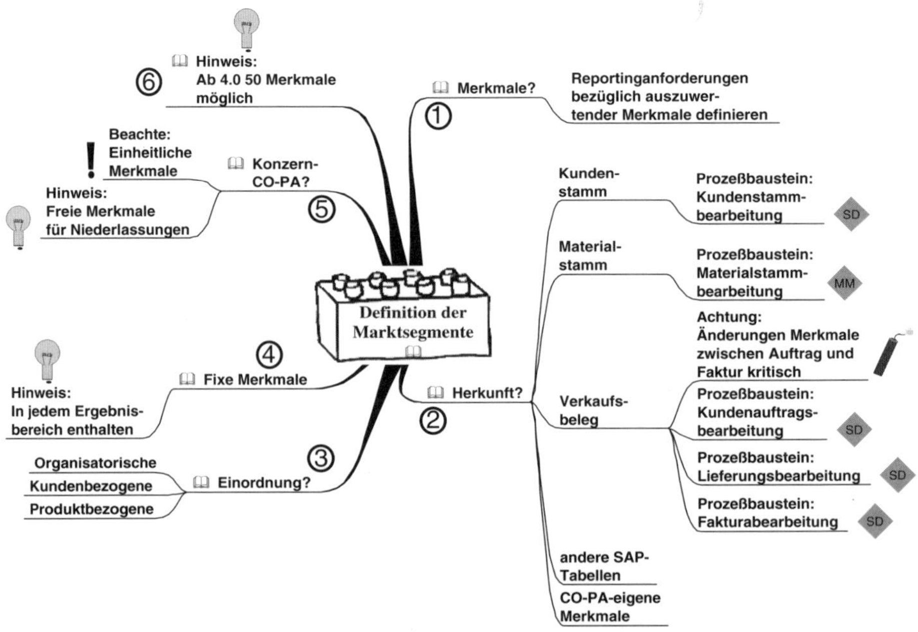

Abbildung 6.6.7-1: Prozeß-Knowledge Map – Definition der Marktsegmente

einzelne, auswertbare Einheiten gliedern und beschreiben. Ein Beispiel für ein spezifisches Marktsegment ist: Sparte: Süßwaren, Produktgruppe: Schokolade, Produkt: 100-g-Tafel Vollmilch XYZ. Zur Bildung eines Marktsegmentes werden somit Kriterien herangezogen, die im CO-PA als Merkmale bezeichnet werden. Die Definition der Marktsegmente und damit der Merkmale ist Teil der Definition des Ergebnisbereichs (siehe Kapitel 4.3, Organisation Ergebnisbereich).

① *Welche* ***Merkmale*** *benötigen Sie zur Bildung der Marktsegmente und müssen für Auswertungen zur Verfügung stehen?*

Um die für das Unternehmen ausschlaggebenden Marktsegmente definieren zu können, ist es notwendig, die Merkmale zu identifizieren, die zu ihrer Bildung herangezogen werden können. Ein Marktsegment wird entweder durch einen einzelnen Merkmalswert oder durch die Kombination mehrerer Merkmalswerte gebildet. Als Merkmalswert bezeichnet man dabei die einzelnen Ausprägungen der Merkmale, z.B. Merkmal Region beinhaltet die Merkmalswerte Nord, Ost, Süd, West. Um diese Frage beantworten zu können, hat es sich bewährt, die Reportinganforderungen der unterschiedlichen Bereiche wie Controlling (z.B. Sparten-, Vertriebs-Controlling), Vertrieb, Management etc. heranzuziehen und zu hinterfragen, nach welchen Kriterien dort jeweils der Markt analysiert wird. Die hierbei identifizierten Merkmale müssen im Ergebnisbereich des CO-PA enthalten sein.

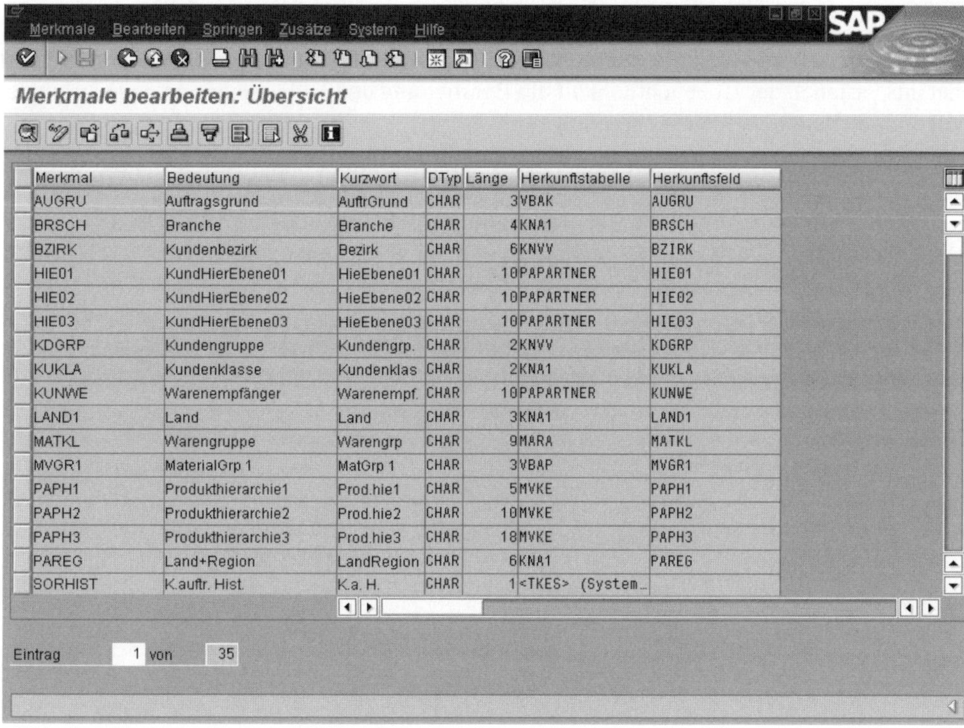

Merkmal	Bedeutung	Kurzwort	DTyp	Länge	Herkunftstabelle	Herkunftsfeld
AUGRU	Auftragsgrund	AuftrGrund	CHAR	3	VBAK	AUGRU
BRSCH	Branche	Branche	CHAR	4	KNA1	BRSCH
BZIRK	Kundenbezirk	Bezirk	CHAR	6	KNVV	BZIRK
HIE01	KundHierEbene01	HieEbene01	CHAR	10	PAPARTNER	HIE01
HIE02	KundHierEbene02	HieEbene02	CHAR	10	PAPARTNER	HIE02
HIE03	KundHierEbene03	HieEbene03	CHAR	10	PAPARTNER	HIE03
KDGRP	Kundengruppe	Kundengrp.	CHAR	2	KNVV	KDGRP
KUKLA	Kundenklasse	Kundenklas	CHAR	2	KNA1	KUKLA
KUNWE	Warenempfänger	Warenempf.	CHAR	10	PAPARTNER	KUNWE
LAND1	Land	Land	CHAR	3	KNA1	LAND1
MATKL	Warengruppe	Warengrp	CHAR	9	MARA	MATKL
MVGR1	MaterialGrp 1	MatGrp 1	CHAR	3	VBAP	MVGR1
PAPH1	Produkthierarchie1	Prod.hie1	CHAR	5	MVKE	PAPH1
PAPH2	Produkthierarchie2	Prod.hie2	CHAR	10	MVKE	PAPH2
PAPH3	Produkthierarchie3	Prod.hie3	CHAR	18	MVKE	PAPH3
PAREG	Land+Region	LandRegion	CHAR	6	KNA1	PAREG
SORHIST	K.auftr. Hist.	K.a. H.	CHAR	1	<TKES> (System...	

Abbildung 6.6.7-2: EnjoySAP Screen zur Definition der Marktsegmente – Bearbeitung Merkmale (© SAP AG)

② *Was ist die **Herkunft** der Merkmale, d.h., woher können sie ermittelt werden?*

Es genügt nicht, bei der Definition der Merkmale und des Ergebnisbereiches nur die Merkmale zu benennen. Darüber hinaus muß noch deren Herkunft geklärt werden, d.h., woher aus dem SAP-System können diese Merkmale gewonnen werden. Dafür kommen unterschiedliche Herkünfte in Frage:

- Kundenstamm für z.B. Land des Kunden, Kundenhierarchie, Branche
- Materialstamm für z.B. Materialgruppe, Produkthierarchie
- Verkaufsbeleg
- Partnertabelle, falls es im Zusammenhang mit diesem Kunden bestimmte andere Partnerrollen wie z.B. Warenempfänger, Regulierer, Rechnungsempfänger gibt
- andere SAP-Tabellen, falls Merkmale nicht aus den vorgenannten Herkünften gewonnen werden können, aber im SAP-System vorhanden sind, z.B. Land des Buchungskreises
- CO-PA-Merkmale bei Auswertungskriterien, die nirgendwo im SAP-System zu finden sind, z.B. Marke, Intercompany-Kennzeichen, Inlands-/Auslandsumsatz, Wirtschaftszone

③ *Wie sind die benötigten Merkmale **einordenbar** (optional)?*

Diese Frage ist optional, da sie keine Auswirkungen auf die Marktsegmente hat, erleichtert aber aus Gründen der Übersichtlichkeit die Bearbeitung und Dokumentation der Merkmale. Folgende Kriterien werden vorgeschlagen:

- organisationsbezogene Merkmale, z.B. Buchungskreis, Verkaufsorganisation, Werk
- kundenbezogene Merkmale wie z.B. Kunde, Land des Kunden, Partnerrollen
- produktbezogene Merkmale wie z.B. Material, Produkthierarchie etc.

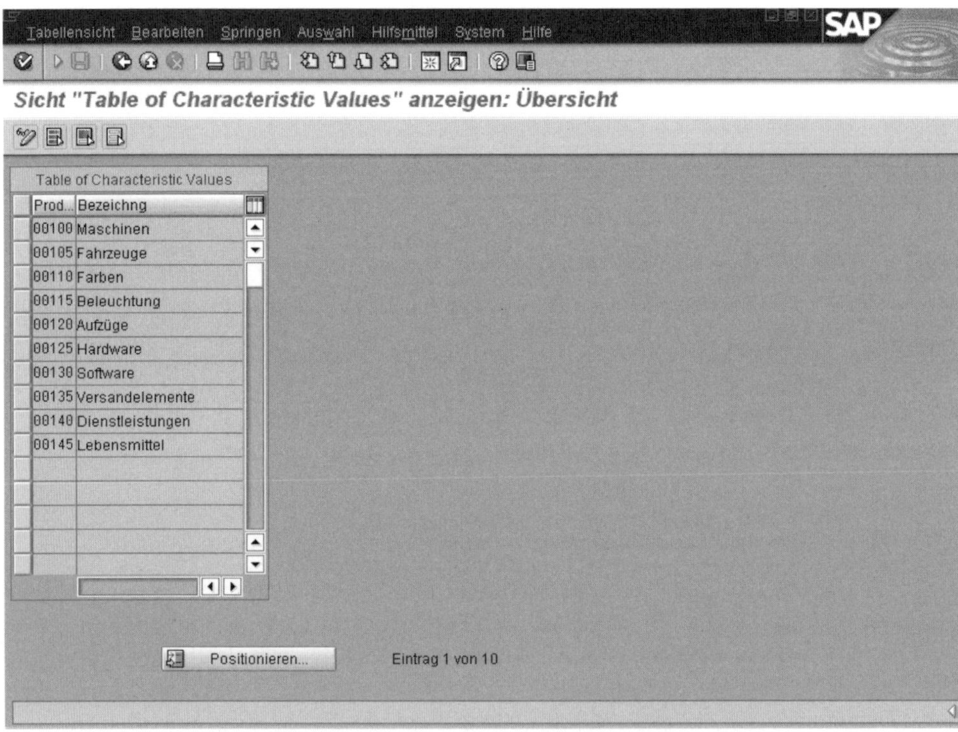

Abbildung 6.6.7-3: EnjoySAP Screen zur Definition der Marktsegmente – Bearbeitung Merkmalswerte (© SAP AG)

④ *Wie sind die Merkmale bei einer **Konzernergebnisrechnung** zu gliedern?*

Wird das CO-PA in einem Konzernumfeld eingesetzt, so findet man i.d.R. die Situation vor, daß alle Umsätze und Ergebnisse der am Konzern beteiligten Unternehmen auch in der Zentrale ausgewertet werden sollen. Oftmals laufen aber die Berichtsanforderungen der Konzernmutter und der einzelnen Unternehmen auseinander. Deswegen bietet sich an, bestimmte Merkmale zu definieren, die sowohl bei der Mutter als auch bei den Niederlassungen vorkommen (einheitliche Merkmale). Darüber hinaus können dann in den Niederlassungen eigene Merkmale verwendet werden, die nur dort zur Auswertung kommen und von der einen zur anderen Niederlassung differieren können (freie Merkmale).

Hinweis:
Wenn Sie einen Ergebnisbereich anlegen, so sind in jedem Fall die von SAP als fix definierten Merkmale darin enthalten. Dies hat technische Gründe und ist nicht änderbar. Fixe Merkmale sind z.B. Artikel, Kunde, Buchungskreis, Verkaufsorganisation etc.

Hinweis:
Ab dem Release 4.0 stehen bis zu 50 unternehmensindividuell definierbare Merkmale zur Verfügung!

6.6.8 Prozeß-Knowledge Map – Merkmalswertbearbeitung, Merkmalsableitung und Stammdatenhierarchiebearbeitung

Innerhalb dieser Knowledge Map werden die drei Prozeßbausteine Merkmalswertbearbeitung, Stammdatenhierarchiebearbeitung und Merkmalsableitung bearbeitet.

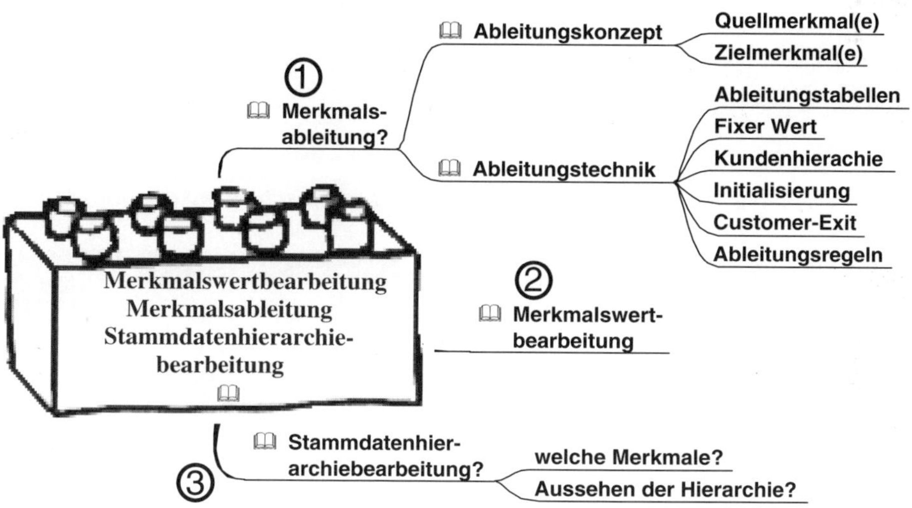

Abbildung 6.6.8-1: Prozeß-Knowledge Map – Merkmalswertbearbeitung, Merkmalsableitung, Stammdatenhierarchiebearbeitung

① *Muß die* ***Merkmalsableitung*** *genutzt werden?*

Im CO-PA werden alle integriert übernommenen Merkmale automatisch mit einem entsprechenden Wert gefüllt, z.B. wird an Kunde 4711 fakturiert, der im Kundenstamm der Kundengruppe 01 zugeordnet ist; bei der Überleitung der Faktur an das CO-PA wird dieses Merkmal integriert aus dem Kundenstamm gezogen. Bei CO-PA-eigenen Merkmalen muß eine Logik eingebaut werden, die dem System mitteilt, wie welches Merkmal und ein konkreter Merkmalswert gefunden werden sollen. Dazu wird die Ableitungstechnik genutzt, wofür verschiedene Verfahren zur Verfügung stehen (Kundenhierarchie, Ableitungstabellen/-regeln etc.). Es ist zu klären, von welchem Quellmerkmal und dessen Ausprägungen welches Zielmerkmal und dessen Ausprägungen abgeleitet werden.

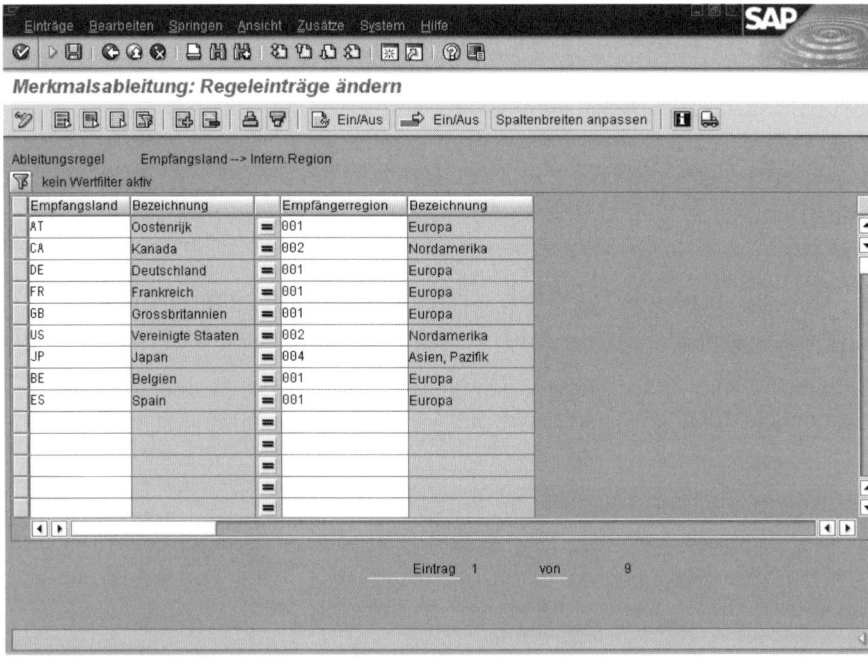

Abbildung 6.6.8-2: EnjoySAP Screen zur Merkmalsableitung (© SAP AG)

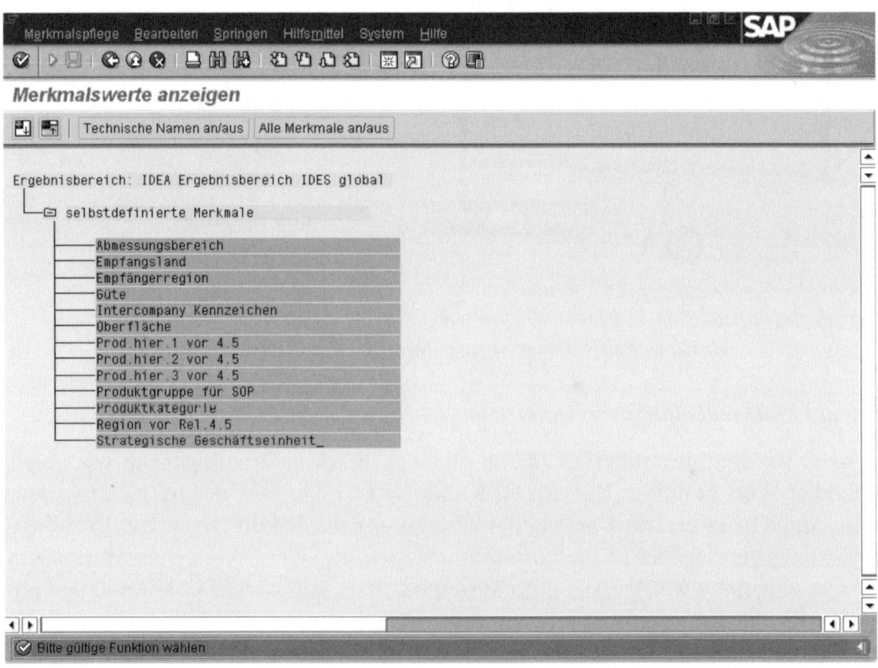

Abbildung 6.6.8-3: EnjoySAP Screen zur Merkmalswertpflege – Eigene Merkmalswerte pflegen (© SAP AG)

② *Welche **Merkmalswerte** können die identifizierten Merkmale annehmen?*

Für den Fall, daß Sie bei der Definition der Marktsegmente *eigene CO-PA-Merkmale* verwendet haben, genügt es nicht, dem System nur mitzuteilen, welche Merkmale verwendet werden sollen, z.B. Wirtschaftszone. Das SAP-System benötigt ebenfalls die Information, welche Werte diese Merkmale annehmen können, z.B. Asia-Pacific, Amerika, Europa, da diese nirgendwo sonst im System zur Verfügung stehen.

③ *Gibt es für bestimmte Merkmale merkmalsimmanente **Hierarchien**?*

Viele Merkmale können bzw. sollen innerhalb des Merkmals in Hierarchien gebracht werden, z.B. Merkmal: Umsatzland (USA, Mexiko etc.); mehrere Umsatzländer ergeben eine Umsatzregion (Amerika). Dafür können diese Hierarchien genutzt werden.

6.6.9 Prozeß-Knowledge Map – Absatz- und Ergebnisplanungskopie

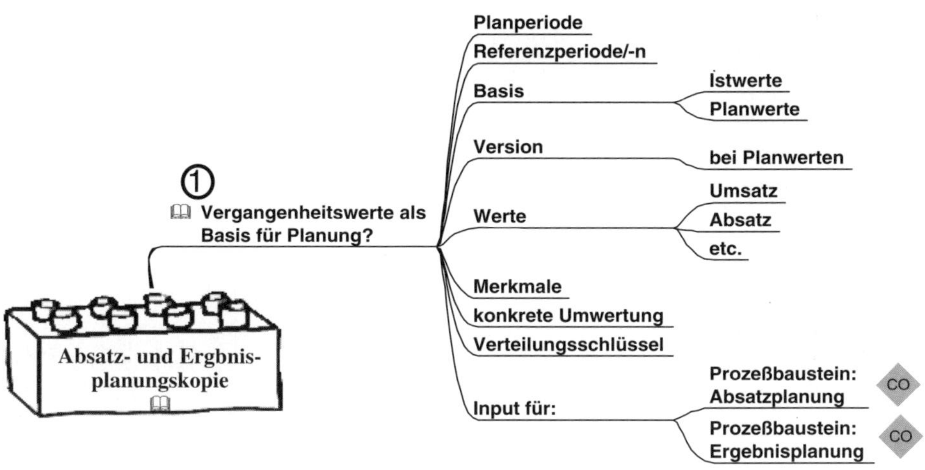

Abbildung 6.6.9-1: Prozeß-Knowledge Map – Absatz- und Ergebnisplanungskopie

Die Absatz- und Ergebnisplanungskopie ist ein periodisch durchzuführender Prozeß im Rahmen der Planungssitzungen. Wie oft sie durchgeführt wird, hängt von der allgemeinen Planungsphilosophie ab.

① *Verwenden Sie **Vergangenheitswerte als Basis der Absatz- und Ergebnisplanung**?*

Falls Sie in Ihrem Unternehmen als Basis der Planung auf Vergangenheitswerte zurückgreifen, um diese an die erwartete Geschäftsentwicklung anzupassen, kann die Absatz- und Ergebnisplanungskopie als Input für die Prozeßbausteine der *Absatz- und Ergebnisplanung* genutzt werden. Zum einen kann damit wertvolle Zeit gespart werden, darüber hinaus können Sie dann bei der Planungssitzung bereits auf konkrete Referenzdaten zurückgreifen. Führen Sie diese Kopie durch, müssen Sie folgende Punkte klären:

- Welche Periode/-n werden geplant?
- Welche Periode/-n werden als Referenz genutzt?
- Sollen Ist- oder Planwerte als Datenbasis genutzt werden?
- Falls Planwerte als Basis genutzt werden und Sie mit mehreren Planversionen arbeiten, welche davon soll als Referenz verwendet werden?
- Welche Werte sollen kopiert werden, alle oder nur bestimmte, z.B. nur Absatzzahlen, da Sie diese anpassen wollen und sie dann mit neuen Preisen/Kosten bewerten?
- Für welche Merkmale (z.B. Land, Kunde) wollen Sie diese Kopie durchführen?
- Soll bereits im Kopiervorgang eine prozentuale Anpassung der Werte erfolgen (= Umwertung)?
- Wie sollen Werte, die für z.B. ein Geschäftsjahr oder für sechs Monate als Gesamtes geplant wurden, auf die einzelnen Perioden (Monate oder Wochen) verteilt werden?

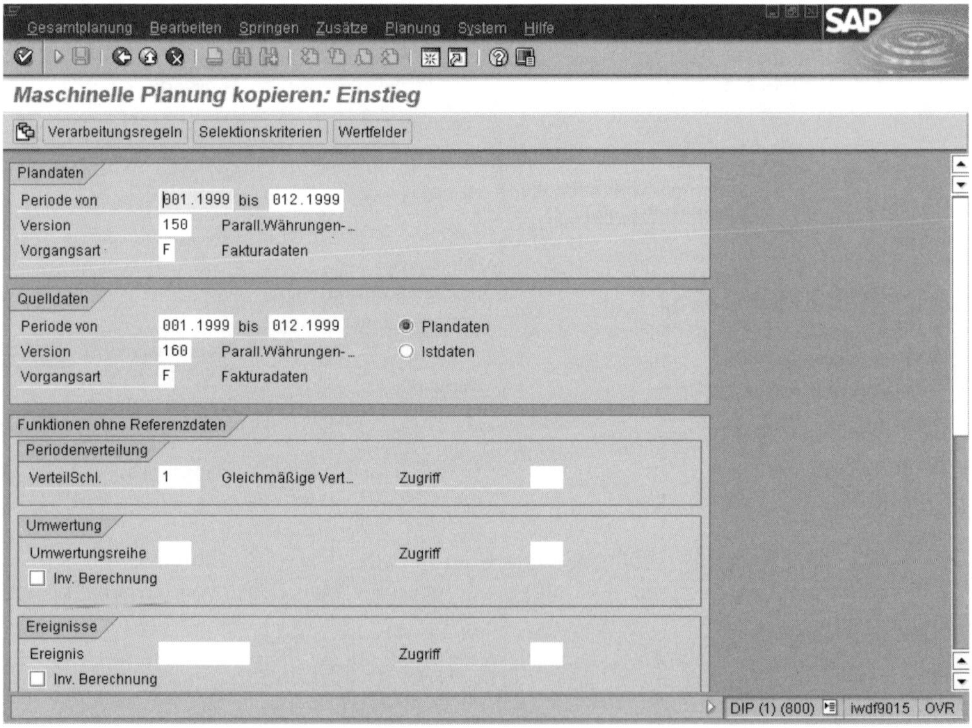

Abbildung 6.6.9-2: EnjoySAP Screen zur Absatz- und Ergebnisplanungskopie – Ausführen (© SAP AG)

6.6.10 Prozeß-Knowledge Map – Absatz- und Ergebnisplanungsprognose

Die Absatz- und Ergebnisplanungsprognose ist ein periodisch durchzuführender Prozeß im Rahmen der Planungssitzungen.

① *Verwenden Sie zur* ***Absatz- und Ergebnisplanung mathematische Prognosemodelle****, um auf Basis von Vergangenheitswerten die Zukunftsentwicklung zu prognostizieren?*

Falls Sie in Ihrem Unternehmen mathematische Prognosemodelle verwenden, um auf Basis von Vergangenheitswerten die Zukunftsentwicklung prognostizieren zu lassen, können Sie auf diese Funktionalität zurückgreifen. Die Ergebnisse der Prognose können zusätzlich um Ihre individuellen Änderungen angepaßt werden und dienen wie die Absatz- und Ergebnisplanungskopie als Input für die Prozesse der Absatz- und Ergebnisplanung. Es werden viele verschiedene mathematische Prognosemodelle unterstützt, z. B. Konstantmodelle, saisonale Modelle, mit exponentieller Glättung 1. Ordnung, mit/ohne Alpha-Glättung etc. Für detaillierte Beschreibungen siehe Online-Dokumentation.

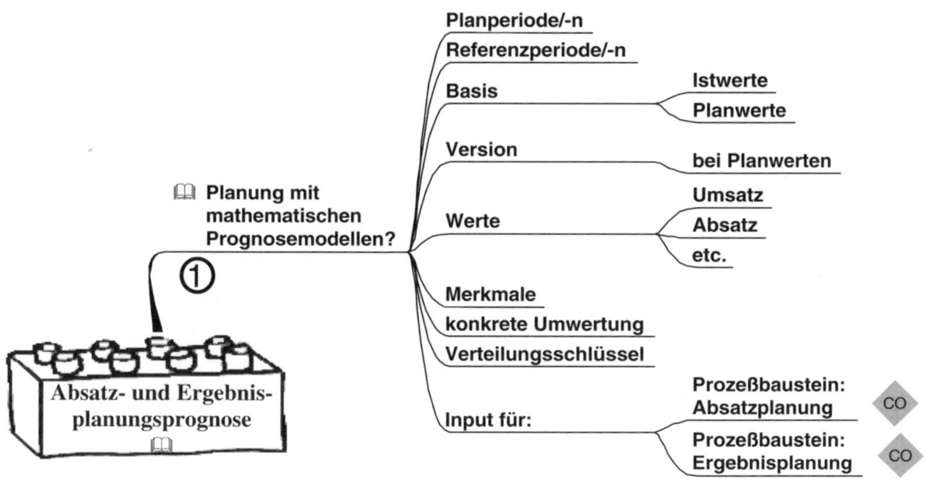

Abbildung 6.6.10-1: Prozeß-Knowledge Map – Absatz- und Ergebnisplanungsprognose

Führen Sie die Prognose durch, müssen Sie folgende Punkte klären:

- Welche Periode/-n werden geplant?
- Welche Periode/-n werden als Referenz genutzt?
- Sollen Ist- oder Planwerte als Datenbasis genutzt werden?
- Falls Planwerte als Basis genutzt werden und Sie mit mehreren Planversionen arbeiten, welche davon soll als Referenz verwendet werden?

- Welche Werte wollen Sie prognostizieren, sollen z. B. nur die Absatzzahlen prognostiziert und dann mit neuen Preisen und Kosten bewertet werden?
- Für welche Merkmale (z. B. Land, Kunde) wollen Sie diese Prognose durchführen?
- Wie sollen die Summenwerte, die z. B. für ein Geschäftsjahr als Gesamtes zur Verfügung stehen, auf die einzelnen Perioden (Monate oder Wochen) verteilt werden?

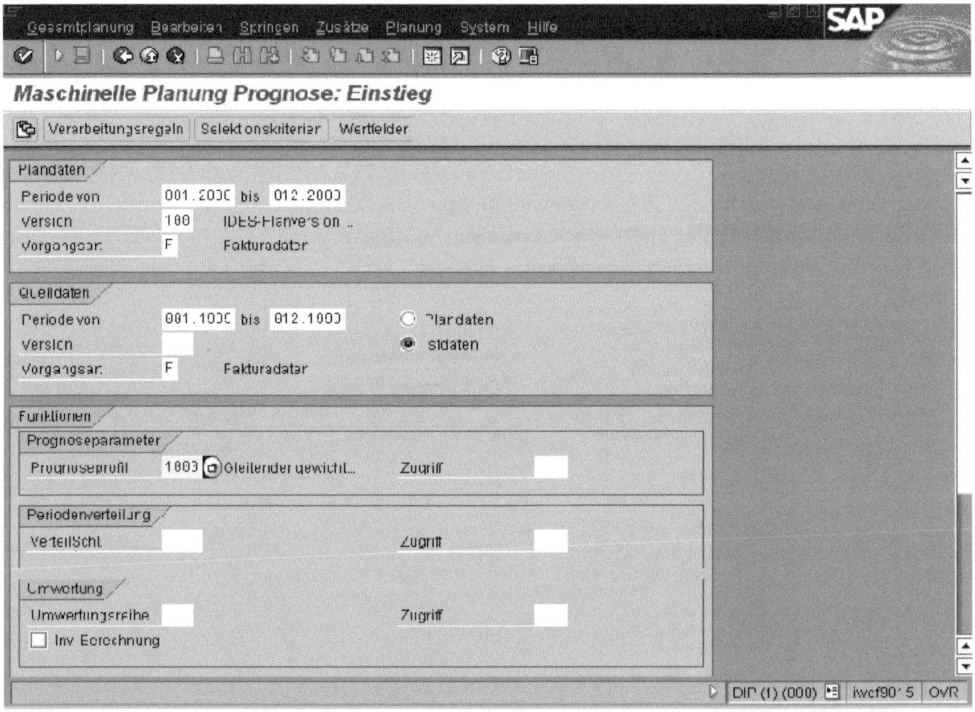

Abbildung 6.6.10-2: EnjoySAP Screen zur Absatz- und Ergbnisplanungsprognose – Ausführen (© SAP AG)

6.6.11 Prozeß-Knowledge Map – Absatzplanung

Bei der Absatzplanung handelt es sich um die Planung Ihrer in einer bestimmten Periode am Markt abzusetzenden Menge an betrieblicher Leistung (Produkte, Dienstleistungen etc.). Dies geschieht unter Berücksichtigung der Produktionskapazitäten und der Nachfrage auf dem Absatzmarkt. Obwohl in dem Namen dieses Prozesses nicht enthalten, gehört zu diesem Prozeß auch die Planung des Umsatzes, d. h., welcher Umsatz (= Absatzmenge · Preis) ist in der oben beschriebenen Periode am Markt erzielbar. Je nach Planungsphilosophie wird diese Planung einmal im Jahr bis einmal pro Woche durchgeführt und ist auch im zeitlichen Horizont unterschiedlich.

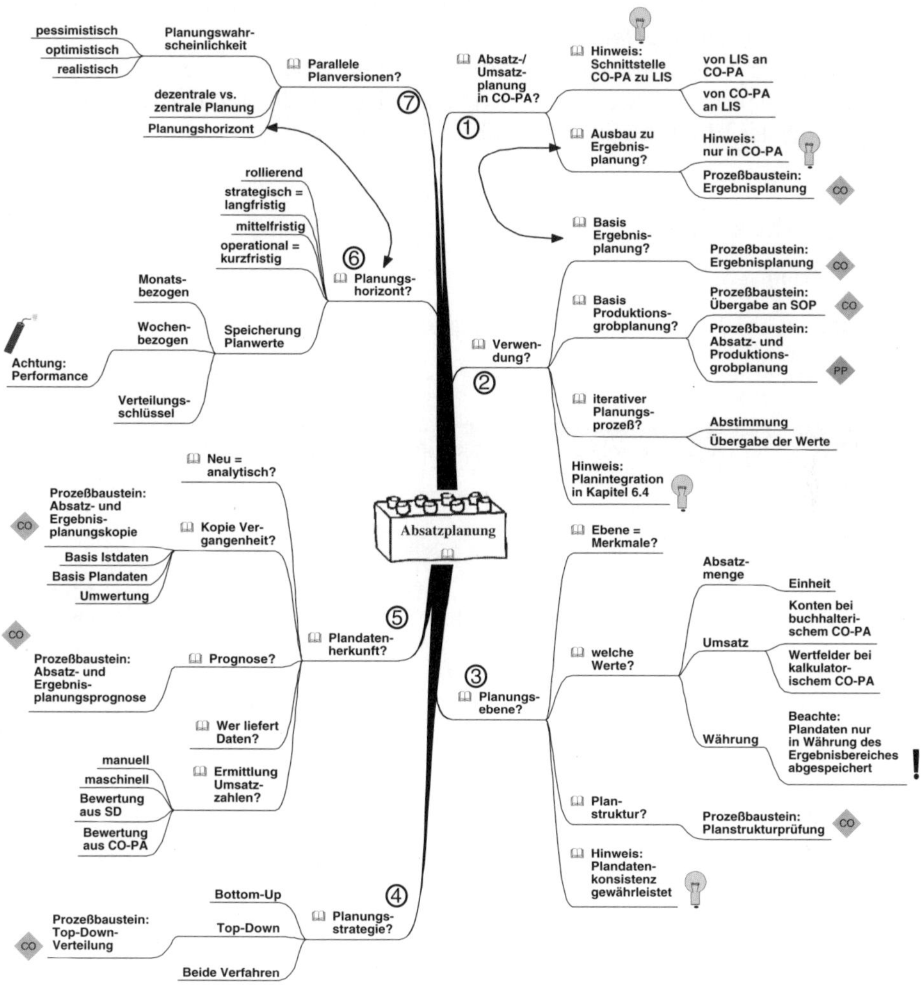

Abbildung 6.6.11-1: Prozeß-Knowledge Map – Absatzplanung

① *Führen Sie die **Planung** Ihrer **Absatzzahlen** und des **Umsatzes** in der Ergebnisrechnung (CO-PA) durch?*

Im SAP-System können Sie die Absatzplanung LIS (Logistikinformationssystem) des Unternehmensprozeßbereiches Vertrieb oder im CO-PA durchführen.

Hinweis:
Falls Sie in der Logistik mit dem LIS arbeiten, haben Sie die Möglichkeit, sämtliche geplanten Zahlen zwischen LIS und CO-PA auszutauschen. Dabei können Sie sowohl Daten vom LIS an das CO-PA als auch umgekehrt übergeben.

Zu ①: *Wollen Sie die einmal durchgeführte Absatz- und Umsatzplanung zu einer* ***Ergebnisplanung*** *erweitern bzw.* ***ausbauen****?*
Falls Sie in Ihrem Unternehmen die Absatz- und Umsatzplanung zu einer Ergebnis- oder Deckungsbeitragsplanung erweitern wollen, kann dies nur sinnvoll mit Hilfe des CO-PA und nicht durch das LIS durchgeführt werden. Dies hat folgende Gründe:

- Integration in Gesamtwertefluß und Prozesse des Kosten- und Erlös-Controlling
- Bestimmte Daten stehen im LIS einfach nicht zur Verfügung
- Detaillierungsgrad im CO-PA höher
- Planung im CO-PA ist flexibler als die Planung im LIS

Detaillierte Erklärungen zur Ergebnisplanung siehe Prozeßbaustein *Ergebnisplanung*.

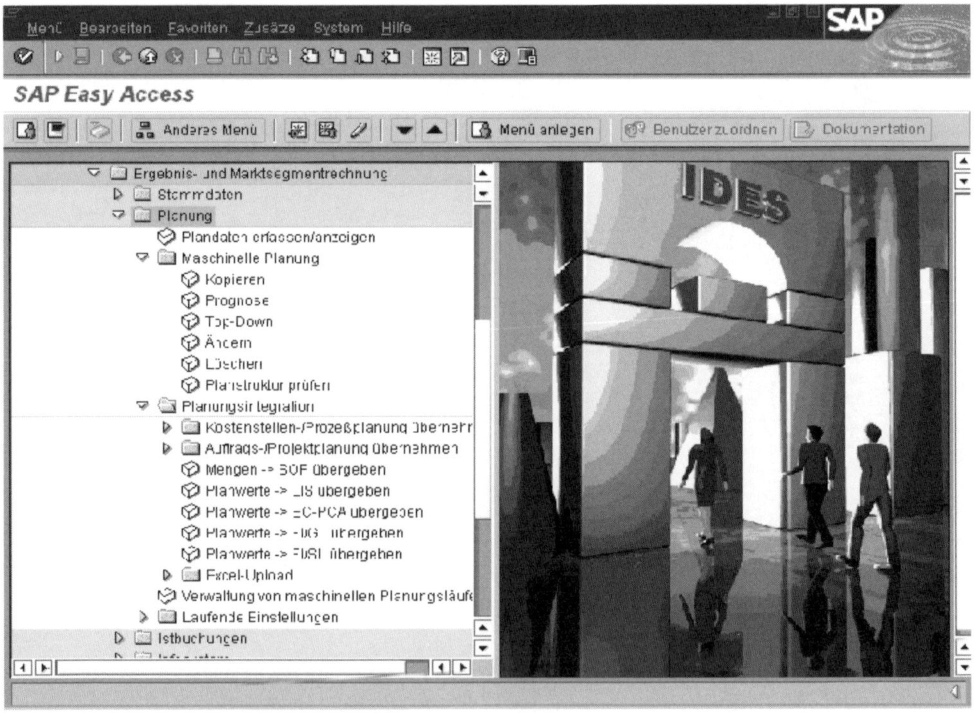

Abbildung 6.6.11-2: EnjoySAP Screen zur Absatzplanung – Möglichkeiten der Absatzplanung (© SAP AG)

② *Erfolgt eine weiterführende* ***Verwendung*** *des von Ihnen erstellten Absatz- und Umsatzplanes in anderen Funktionsbereichen, z.B. Produktion?*

Der betriebliche Gesamtplanungsprozeß setzt sich aus mehreren Teilplänen (Absatz-, Umsatz-, Produktionsprogramm-, Kosten-, Finanz-, Ergebnisplan etc.) zusammen. Zu unterscheiden sind dabei strategische und operative Planung, die Planung hinsichtlich der Planungshorizonte und nach dem Umfang der Pläne (Gesamt- und Teilpläne). Unabhängig von den technischen Möglichkeiten im SAP-System gibt es im allgemeinen im Rahmen des Planungsprozesses mehrere iterative Schleifen zwischen den einzelnen Teilplänen, bis alle Pläne aufeinander abgestimmt sind. Bitte spezifizieren Sie, ob und, falls ja, wo und wie eine Weiterverwendung des Absatz- und Umsatzplanes in Ihrem Unternehmen erfolgt.

Hinweis:
Die Planungsintegration, die im Rahmen des SAP-Systems möglich ist, wurde in Kapitel 6.4.5, Planintegration, dargestellt. Zu beachten ist, daß es sich dabei um die Beschreibung der rein technisch möglichen Integration handelt.

Zu ②: *Erfolgt eine Erweiterung des Absatz- und Umsatzplanes zur* ***Ergebnisplanung****?*
Wollen Sie den Absatz-/Umsatzplan zu einem Ergebnis- oder Deckungsbeitragsplan erweitern, umfaßt dieser neben den Absatz- und Umsatzzahlen auch noch die Kosten der Herstellung, der allgemeinen Verwaltung und des Vetriebes. Diese Erweiterung kann maschinell oder manuell erfolgen (siehe Prozeßbaustein *Ergebnisplanung).*

Zu ②: *Soll der Absatzplan die* ***Basis für die Produktionsgrobplanung*** *sein?*
Bei dem ersten Entwurf der Absatzplanung handelt es sich i.d.R. um die z.B. durch die Marktforschung oder Prognose festgestellte und wünschenswerte, am Absatzmarkt absetzbare Menge an betrieblicher Leistung. Darauf aufbauend kann eine Produktionsgrobplanung (PP-SOP) durchgeführt werden. Die Erstellung des Produktionsgrobplanes erfolgt normalerweise ohne Auflösung von Stücklisten oder Arbeitsplänen und dient dazu, die groben Plandaten für die Produktion zu erhalten und die Abstimmung des vertriebsbezogenen Absatzplanes und der fertigungsbezogenen Produktionsprogrammplanung (Produktionsplan) herzustellen. Dabei wird überprüft, ob die Produktionskapazität ausreicht oder zuviel/zuwenig Produktionskapazität vorherrscht.

Hinweis:
Falls Sie die Absatzplandaten automatisch an die Produktionsgrobplanung übergeben wollen, siehe Prozeßbaustein *Übergabe Absatzmengen an SOP.*

Zu ②: *Gibt es in Ihrem Unternehmen einen* ***iterativen Planungsprozeß*** *und spezifizieren Sie diesen?*
Werden in Ihrem Unternehmen konkrete Planungszyklen im Rahmen eines iterativen Planungsprozesses durchlaufen (manuell oder maschinell), so ist zu diskutieren, wie die Absatzplanung mit den anderen Teilplänen kommuniziert und abgestimmt wird.

③ *Auf welcher* ***Ebene planen*** *Sie welche Werte für die Absatz- und Umsatzplanung?*

Die zu planenden Werte können auf den unterschiedlichsten Ebenen und Abhängigkeiten zwischen diesen Ebenen erfaßt werden. Es ist von Unternehmen zu Unternehmen unterschiedlich, welche Werte konkret geplant werden.

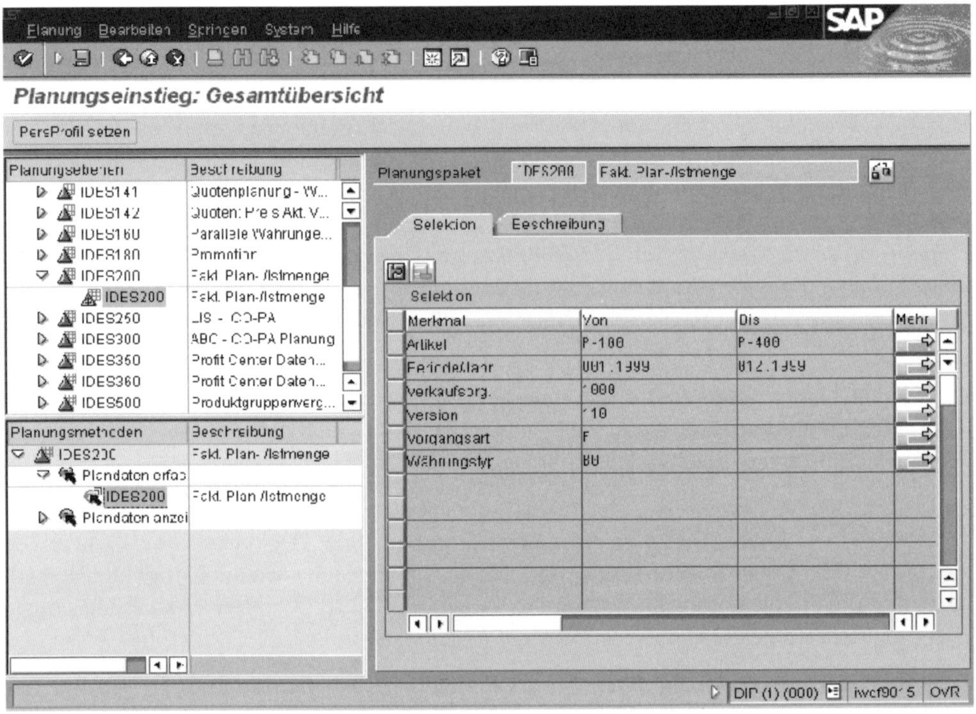

Abbildung 6.6.11-3: EnjoySAP Screen zur Absatzplanung – Manuelle Erfassung Absatzplanungsdaten Einstieg (© SAP AG)

Zu ③: *Auf welcher* ***Ebene****, d. h. für welche Merkmale, wollen Sie Plandaten erfassen?*
Im CO-PA können Sie auf frei durch Sie definierbaren Ebenen und Abhängigkeiten die Plandaten erfassen, z.B. produktbezogen, produktgruppenbezogen, produktgruppen- und kundengruppenbezogen, produktgruppen- und länderbezogen etc.

Zu ③: ***Welche Werte*** *planen Sie?*
Sie können frei definieren, in welchem Detaillierungsgrad Ihre Absatz- und Umsatzzahlen geplant werden sollen, z.B. kann der Absatz detailliert werden in Brutto- und Nettoabsatz. Zusätzlich muß die Mengeneinheit spezifiziert werden. Auch für den Umsatz gilt es, den Detaillierungsgrad zu definieren, da es hier ebenfalls unterschiedliche Größen gibt, speziell im Bereich der Erlösminderungen. Darüber hinaus müssen Sie festlegen, in welcher Währung Sie planen wollen. Bitte beachten Sie, daß Sie bei der buchhalterischen Ergebnisrechnung nur auf Kontenebene Umsatzzahlen planen können.

Beachte:
Plandaten werden nur in der/den Währung/en des Ergebnisbereiches gespeichert (kalkulatorisches CO-PA).

Zu ③: *Sollen die Planungsebenen einer bestimmten, von Ihnen zu definierenden* ***Struktur*** *folgen und gegen diese prüfbar sein?*
Es kommt häufig vor, daß nicht alle für Auswertungen zur Verfügung stehenden Merkmale bei der Planung als Planungsebene verwendet werden sollen/dürfen. Ebenfalls besteht des öfteren die Forderung, daß die Planungsebenen einer bestimmten Struktur folgen sollen. Dafür ist es möglich, eine Struktur individuell zu definieren und die geplanten Werte dagegen zu prüfen (siehe Prozeßbaustein *Planstrukturprüfung).*

Hinweis:
Obwohl Sie im CO-PA die Planungsebenen frei wählen können, ist eine durchgängige Planungsebene nicht notwendig. Durch die systemimmanente Bottom-up-Aufsummierung ist eine Konsistenz der erfaßten Planwerte für die Ergebnisobjekte auf den unterschiedlichen Ebenen immer gegeben. Planen Sie z.B. eine Kunden-Artikel-Kombination und in einer weiteren Planungssitzung eine Kunden-Länder-Kombination, so wird der vorherig geplante Wert berücksichtigt und angezeigt.

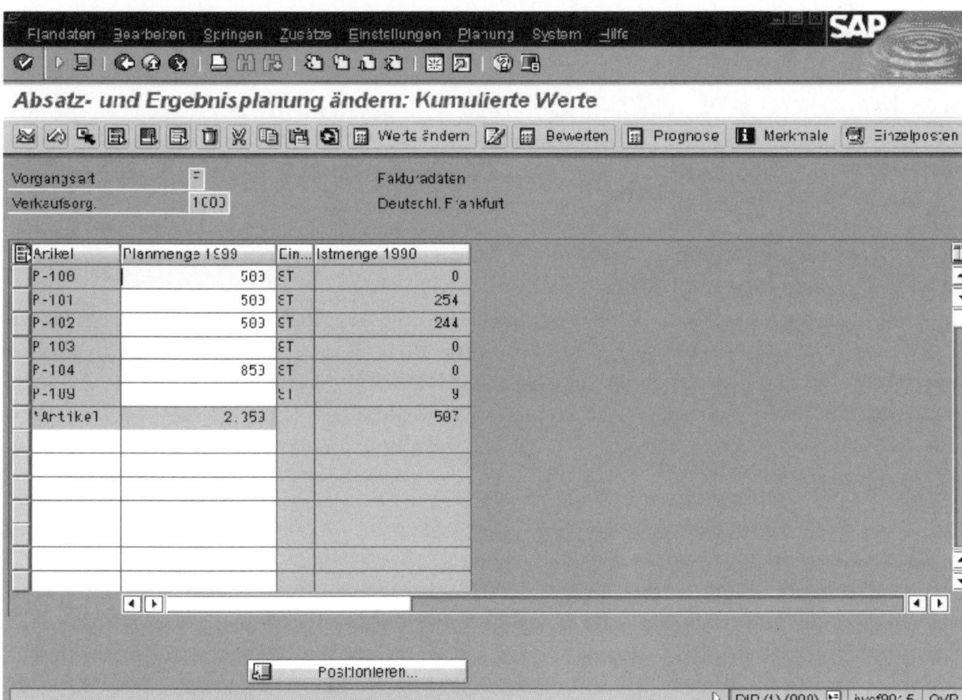

Abbildung 6.6.11-4: EnjoySAP Screen zur Absatzplanung – Manuelle Erfassung Absatzplanungsdaten/Kumulierte Werte (© SAP AG)

④ *Verfolgen Sie bei Ihrer Absatz- und Umsatzplanung eine Top-down- oder Bottom-up-* ***Strategie****?*

Zur Durchführung der Planung ist es notwendig zu spezifizieren, ob sie eine Top-down- oder Bottom-up-Strategie oder beide Strategien kombiniert für Ihre Planungen wählen. Dabei können Sie im CO-PA alle genannten Möglichkeiten realisieren. Die Bottom-up-Summierung ist systemimmanent immer gegeben, d.h., Sie können auf detaillierter Ebene Planwerte erfassen, die dann auf höherer Ebene mit aggregiert werden. Auch eine Top-Down-Verteilung ist möglich, d.h., Sie planen die Daten auf hoher Ebene und lassen sie automatisch durch das System, nach von Ihnen definierbaren Regeln, auf darunterliegende detailliertere Ebenen verteilen (siehe Prozeßbaustein *Top-down-Verteilung*). Beide Verfahren können auch kombiniert eingesetzt werden. Dadurch ist es möglich, die Planung dezentral, zentral oder beides kombiniert durchzuführen.

⑤ *Woher stammen Ihre Plandatenwerte (****Plandatenherkunft****), d.h., wie planen Sie, analytisch, mit Vergangenheitswerten oder mit mathematischen Prognosemodellen?*

Im allgemeinen gibt es viele Wege, die Planung durchzuführen. Deshalb muß die Herkunft der Planwerte geklärt werden.

Zu ⑤: *Führen Sie jede Planung für jede Periode* ***neu, d.h. analytisch*** *durch?*
In diesem Fall werden nicht Vergangenheitswerte als Basis für die Planzahlen verwandt, sondern es werden die Zahlen für jede Periode (Jahr, Monat, Woche) erneut durch z.B. die Ergebnisse der Marktforschung, den Angaben der Vertriebsleute etc. angesetzt.

Zu ⑤: *Dienen als Basis für die aktuellen Planwerte* ***Vergangenheitszahlen****, die hierfür in die zu beplanende Periode/-n* ***kopiert*** *und angepaßt werden?*
Falls Sie nach dieser Methode verfahren, haben Sie die Möglichkeit, Vergangenheitswerte gemäß von Ihnen frei definierbarer Regeln in die Planperiode zu kopieren und danach an die erwartete Marktentwicklung anzupassen. Als Basis können Ist- oder vorhandene Plandaten verwendet werden. Diese Werte können dann automatisch (Funktionalität *Umwertung*) oder manuell, durch direktes Ändern, angepaßt werden (siehe Prozeßbaustein *Absatz- und Ergebnisplanungskopie*).

Zu ⑤: *Dienen als Basis für die aktuellen Planwerte Vergangenheitszahlen, die hierfür in die Planperiode/-n nach mathematischen Modellen* ***prognositiziert*** *werden?*
Viele Unternehmen führen eine Planung unter Zuhilfenahme mathematischer Wahrscheinlichkeitsmodelle, z.B. exponentielle Glättung erster Ordnung, durch. Dabei werden Vergangenheitswerte unter Berücksichtigung dieser Modelle in die Zukunft extrapoliert und als Prognosewerte in die Planung übernommen (siehe Prozeßbaustein *Absatz- und Ergebnisplanungsprognose*).

Zu ⑤: *Woher bekommen Sie die relevanten Daten, d.h.,* ***welche Stelle liefert die Daten****?*
Für die Beschaffung der planungsrelevanten Daten gibt es viele denkbare Szenarien, je nachdem, wie Ihr Unternehmen organisiert ist. Als erstes ist zu klären, ob der Controller die Daten vorliegen hat oder relativ einfach selbständig recherchieren und weiter verwenden kann. Oder aber er ist auf den Input anderer Abteilungen, z.B. des Direktvertriebes, in Ihrem Unternehmen angewiesen.

Zu ⑤: *Wie soll die **Ermittlung** des **Umsatzwertes** erfolgen?*
Im Gegensatz zu der Planung der Absatzmenge gibt es für die Planung des Umsatzes mehrere Möglichkeiten. Gehen wir z.B. davon aus, daß völlig neu geplant wird, so wird am Anfang immer die Absatzmenge geplant. Zur Planung des Umsatzes, der in direktem Zusammenhang zur Absatzmenge steht, kann man nun:

- den Umsatzwert gemeinsam mit der Absatzmenge in derselben Planungssitzung planen
- den Umsatzwert automatisch ermitteln lassen, da es i.d.R. zu den meisten Artikeln eine Preisliste im Vertrieb gibt, mit der man die Absatzmenge bewerten kann. Die Bewertung erfolgt dabei durch das Konditionsschema des Vertriebs!
- den Umsatzwert automatisch ermitteln lassen, mit Hilfe von CO-PA-internen Regeln

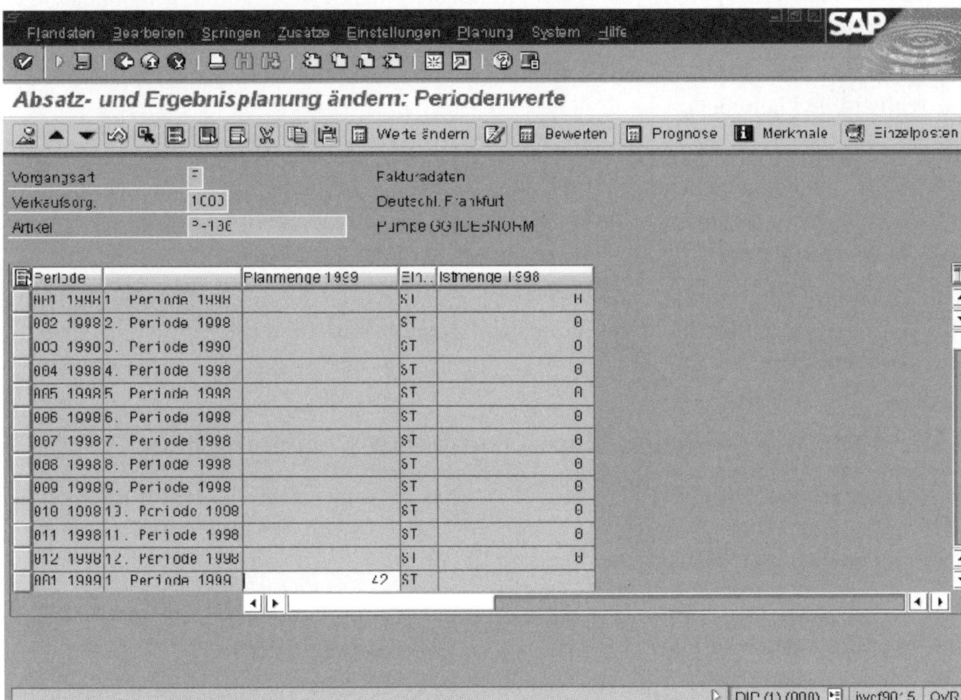

Abbildung 6.6.11-5: EnjoySAP Screen zur Absatzplanung – Manuelle Erfassung Absatzplanungsdaten/Periodenwerte (© SAP AG)

⑥ *Für welche/n **Planungshorizont/e** planen Sie Ihre Absatz- und Umsatzzahlen?*

Sie können im CO-PA die Planungsperioden völlig frei definieren, wobei es sich um Wochen, Monate oder Jahre handelt. Auch eine jahresübergreifende Planung ist möglich, womit eine rollierende Planung möglich wird. Die Planwerte werden dabei immer pro Monat oder pro Woche (falls im Ergebnisbereich festgelegt) abgespeichert.

Achtung:
Bei Wochenspeicherung kann sich die Performance aufgrund einer großen Datenmenge verschlechtern.

In Fällen, in denen Sie bestimmte Perioden (z.B. Monate) nicht direkt planen wollen, sondern das gesamte Geschäftsjahr, können diese Jahreswerte automatisch auf die Monate verteilt werden. Hierzu haben Sie die Möglichkeit, sogenannte Verteilungsschlüssel anzulegen oder bestehende zu verwenden.

⑦ *Müssen Sie mehrere* ***Plandatenbestände parallel*** *für ein und dasselbe Planobjekt (Ergebnisobjekt) führen?*

Wird es notwendig, für ein und dasselbe Ergebnisobjekt (z.B. Artikel X und Kundengruppe 1) mehrere Planwerte parallel zu speichern, ist dies durch das Führen von sogenannten Planversionen jederzeit möglich. Mögliche Gründe dafür sind:

- Planungswahrscheinlichkeit: Sie führen immer eine optimistische, pessimistische und realistische Planung durch.
- Planungshorizont: Sie unterscheiden zwischen strategischer Planung, bei der Sie im voraus für mehrere Jahre die Planwerte festlegen, womit die Planungssicherheit abnimmt, und operativer Planung, bei der Sie z.B. ein konkretes Geschäftsjahr planen und die Planungssicherheit höher ist.
- dezentrale Planung und zentrale Planung: Es wird eine dezentrale Planung durch die Vertriebsmitarbeiter direkt vorgenommen, deren Werte Sie mit Ihrer eigenen Planung vergleichen wollen.

6.6.12 Prozeß-Knowledge Map – Top-Down-Verteilung Plan

Bei der Top-down-Verteilung Plan handelt es sich um eine Funktion, die im Rahmen der Absatz- und Ergebnisplanung eingesetzt werden kann. Dabei werden Planwerte von einer höheren Planebene auf eine darunterliegende Ebene maschinell verteilt.

① *Verfolgen Sie bei der Absatz- und Ergebnisplanung eine* ***Top-down-****Strategie und* ***verteilen Plandaten*** *von einer höheren Planungsebene auf darunterliegende?*

Im Rahmen des Prozeßbausteins *Absatzplanung* definieren Sie, ob Sie mit einer Top-down-Verteilung von Plandaten arbeiten. Dabei erfassen Sie Ihre Plandaten auf einer bestimmten aggregierten Planebene und lassen diese Daten automatisch durch das System, nach von Ihnen vorgegebenen Regeln, auf darunterliegende detailliertere Ebenen verteilen.

Beispiel:

Sie benötigen Plandaten auf Artikelebene. In vielen Fällen müßten dabei sehr viele Einzelpanungsrunden für die einzelnen Artikel manuell durchgeführt werden. Um den gesamten Prozeß zu erleichtern, werden z.B. die Absatzmengen auf Artikelgruppenebene geplant und danach automatisch anhand bestehender Referenzdaten auf die Artikelebene verteilt.

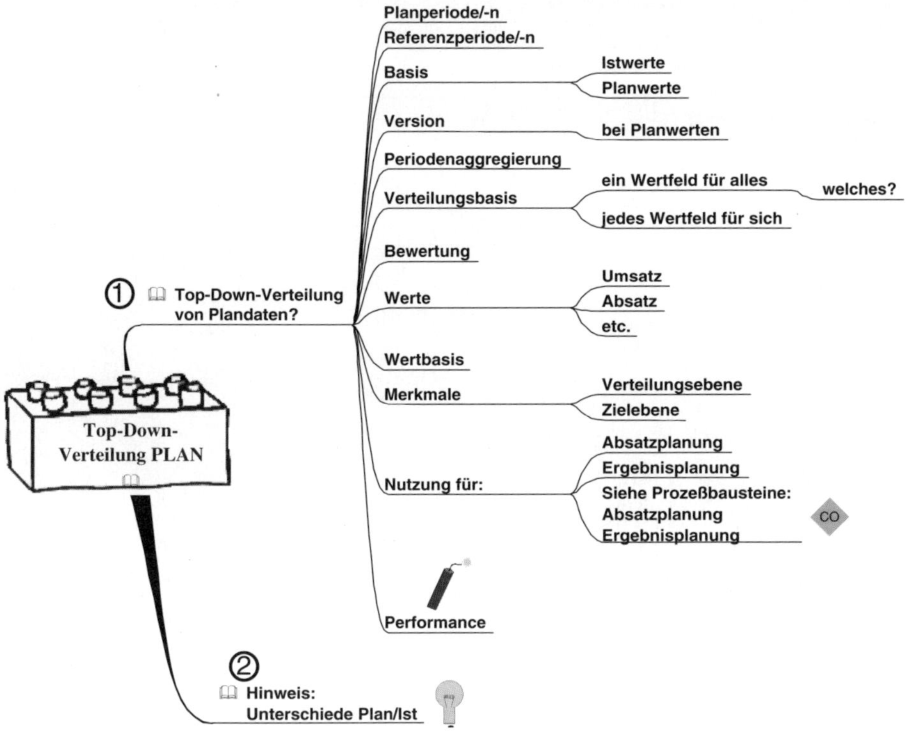

Abbildung 6.6.12-1: Prozeß-Knowledge Map – Top-Down-Verteilung Plan

Beachte:
Bitte beachten Sie hinsichtlich der Performance, daß dabei für jedes Ergebnisobjekt und jede Periode ein eigener Datensatz erzeugt wird. Folgende Punkte sind zu klären:

- Für welche Periode/n soll die Planung durchgeführt werden?
- Welche Planversion soll verteilt werden?
- Sollen die Referenzperioden aggregiert werden, um Periodenschwankungen auszugleichen (ansonsten werden die Perioden 1:1 zu den Referenzwerten verteilt)?
- Welches Wertfeld/ bzw. welche Wertfelder sollen als Verteilungsbasis genutzt werden, z.B. können auf Basis der Absatzmenge alle anderen Wertfelder (Umsatz, Kosten etc.) verteilt werden, oder soll jedes Wertfeld selbst wiederum als Verteilungsbasis genutzt werden, z.B. Erlöse als Basis für die Verteilung des Erlöses, Absatz als Basis für den Absatz etc.?
- Soll bei der Durchführung der Top-down-Verteilung simultan eine Bewertung mit der Erzeugniskalkulation bzw. des Kalkulationsschemas im CO-PA erfolgen (siehe Prozeßbaustein *Fakturaübernahme und Bewertung*)?
- Welche geplanten Werte sollen verteilt werden: Absatz, Umsatz, Kosten etc.?

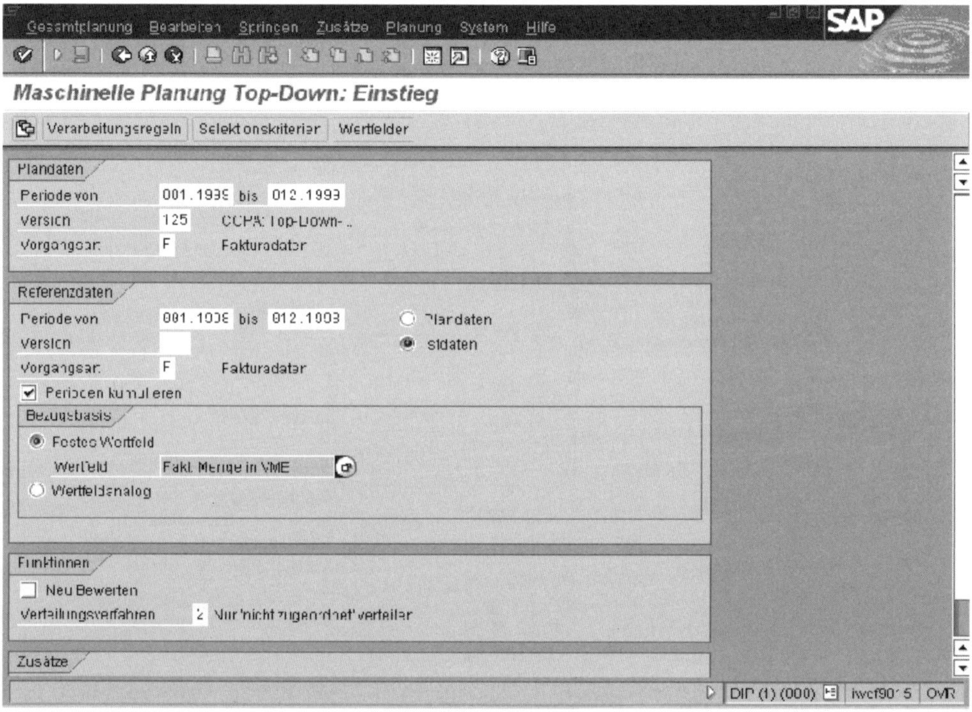

Abbildung 6.6.12-2: EnjoySAP Screen zur Top-Down-Verteilung Plan (© SAP AG)

- Soll der gesamte geplante Wert verteilt werden oder nur die Werte, die auf unterster Ebene nicht zugeordnet sind, z.B. haben Sie auf Artikelebene für Artikel 1 100 Stück und Artikel 2 200 Stück geplant. Für die dazugehörige Artikelgruppe haben Sie nochmals 100 Stück geplant. Auf Artikelgruppenebene sind nun 400 Stück geplant. Sie können entscheiden, ob Sie nur die 100 oder die 400 Stück auf Basis der Referenzdaten verteilen wollen, d.h., die bereits auf Artikelebene geplanten Werte könnten erneut verteilt werden.
- Von welcher Ebene aus soll verteilt werden?
- Auf welche Ebene soll verteilt werden?

② *Hinweis: Unterschiede Plan/Ist*

Die gesamten konzeptionellen Fragen wurden hier anhand des Prozeßbausteines *Top-down-Verteilung Plan* dargestellt. Der Ablauf und die Fragen sind für die Bearbeitung der Top-down-Verteilung im Ist ähnlich.

Der einzige Unterschied dabei ist in der Notwendigkeit der Top-down-Verteilung im Ist zu suchen. Spricht man im Plan von einem Top-down- oder Bottom-up-Ansatz, so kann im Ist nicht unbedingt ausgewählt werden, ob eine Top-down-Verteilung notwendig ist.

Beispiel:

In der Regel werden im Rahmen der Ergebnis- und Marktsegmentrechnung Erlöse, Erlösschmälerungen und Herstellkosten auf Kunden- und Artikelebene gespeichert. Zahlreiche Geschäftsvorfälle, wie z.B. Frachtrechnungen, Versicherungen oder Werbeausgaben, können jedoch nicht ohne weiteres einer detaillierten Ebene in der Ergebnisrechnung zugeordnet werden und sind deshalb auf einer verdichteten Ebene zu erfassen (z.B. Sparte, Verkaufsorganisation). Falls Sie bei der Gegenüberstellung von Ist- und Planwerten oder einer detaillierten Deckungsbeitrags- bzw. Ergebnisrechnung solche Werte auf einer detaillierten Ebene betrachten wollen, können Sie dazu die Top-down-Verteilung nutzen.

6.6.13 Prozeß-Knowledge Map – Planstrukturprüfung

Die Planstrukturprüfung ist ein Verfahren zur Unterstützung der Absatz- und Ergebnisplanung. Im Rahmen der Planungssitzungen handelt es sich dabei um eine optionale Möglichkeit, Plandaten gegen eine vordefinierte Struktur zu prüfen.

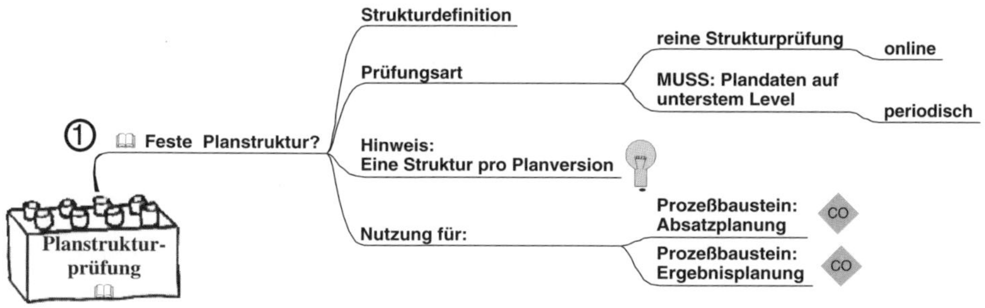

Abbildung 6.6.13-1: Prozeß-Knowledge Map – Planstrukturprüfung

① *Sollen die Plandaten gegen eine von Ihnen frei definierbare **feste Planstruktur** geprüft werden?*

Es kommt häufig vor, daß nicht alle für Auswertungen zur Verfügung stehenden Merkmale bei der Planung als Planungsebene verwendet werden sollen oder die Planungsebenen einer bestimmten Struktur folgen müssen. In diesen Fällen ist es möglich, eine Struktur individuell zu definieren und die auf den unterschiedlichen Ebenen geplanten Werte dagegen zu prüfen. Falls dies in Ihrem Unternehmen notwendig ist, können Sie im Rahmen dieses Prozesses eine Struktur mit visueller Hilfe definieren. Dazu müssen Sie diese Struktur (Hierarchie) aus den in Ihrem Ergebnisbereich genutzten Merkmalen definieren, z.B. Level 1: Konzern = Kostenrechnungskreis, Level 2: Unternehmen = Buchungskreise, Level 3: Artikelgruppen pro Unternehmen, Level 4: Kunden oder/und Artikel pro Artikelgruppen.

Hinweis:
Damit Sie mit der Planstruktur arbeiten können, muß diese einer Version zugeordnet werden. Dabei kann nur eine Struktur pro Planversion verwandt werden.

Sie können auswählen, wie streng die Prüfung sein soll. Sollen Ihre Plandaten *nur* daraufhin überprüft werden, ob sie sich innerhalb der definierten Struktur befinden, was automatisch immer bei der Online-Planung durchgeführt wird, z. B. planen Sie die Absatzmenge für eine Artikel-Kunden-Kombination, das Merkmal Kunde oder ein bestimmter Kunde ist aber nicht in der Struktur enthalten → Fehlermeldung, da diese Kombination nicht möglich ist. Oder wollen Sie eine *strenge* Prüfung nutzen und überprüfen, ob sich die Plandaten auch auf dem untersten Knoten der Planstruktur befinden. Dazu können Sie die periodische Planstrukturprüfung verwenden. Haben Sie z. B. innerhalb der oben genannten Struktur (4 Level) die Planung auf Level 3 durchgeführt, so müssen zuerst noch die Planwerte über die Top-down-Verteilung auf dem untersten Level verteilt werden, damit die Planstrukturprüfung fehlerfrei durchläuft.

Die Planstrukturprüfung kann im Rahmen der Prozesse der Absatz- und Ergebnisplanung genutzt werden.

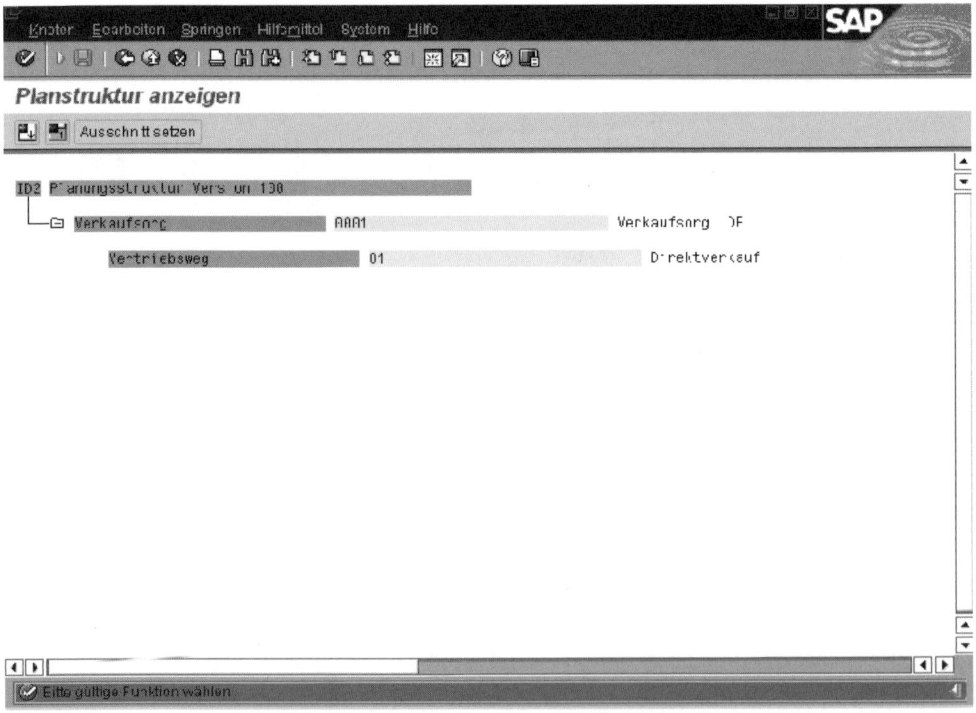

Abbildung 6.6.13-2: EnjoySAP Screen zur Planstrukturprüfung – Definition (© SAP AG)

6.6.14 Prozeß-Knowledge Map – Übergabe Absatzplanung an LIS

Im Rahmen des Prozeßbausteins *Übergabe der Absatzplanung an das Logistikinformationssystem (LIS)* können die im CO-PA geplanten Werte an das LIS übergeben werden und vice versa. Dies ist immer dann denkbar, wenn in Ihrem Unternehmen mit beiden Funktionalitäten gearbeitet wird. In der Regel findet diese Übergabe immer nach Abschluß der Planungssitzungen statt. Denkbar dabei ist eine iterative Vorgehensweise, je nach Planungsstrategie, bei der Werte vom CO-PA an das LIS übergeben werden und zurück, bis das gewünschte Ergebnis erreicht bzw. abgestimmt ist.

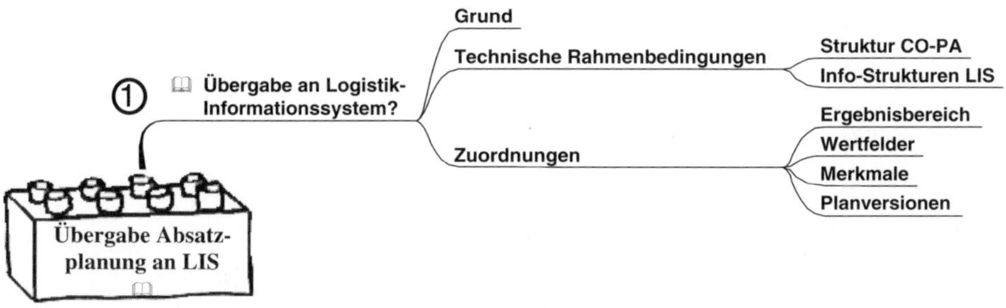

Abbildung 6.6.14-1: Prozeß-Knowledge Map – Übergabe Absatzplanung an LIS

① *Sollen die im CO-PA geplanten Werte an das* ***Logistikinformationssystem (LIS) übergeben*** *werden?*

Soll eine solche Übergabe der Planwerte von CO-PA an das LIS stattfinden, müssen bestimmte Voraussetzungen und technische Rahmenbedingungen bezüglich der Struktur der Daten im CO-PA und der Info-Strukturen des LIS gegeben sein.

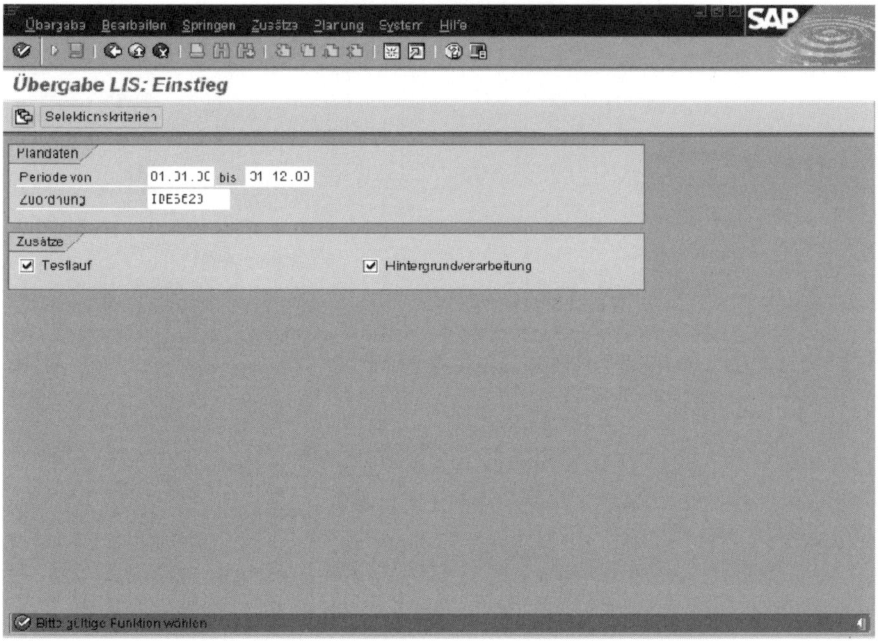

Abbildung 6.6.14-2: EnjoySAP Screen zur Übergabe Absatzplanung an LIS – Ausführen (© SAP AG)

Zuerst ist jedoch zu spezifizieren, *warum* eine solche Übergabe stattfindet. Wird in beiden Systemen die Absatzplanung durchgeführt? Oder soll im LIS die Absatz- und Umsatzplanung durchgeführt werden, im CO-PA die Absatzplanung zu einer Ergebnisplanung erweitert werden? Oder muß für die Vertriebsorganisation eine eigene Informationsbasis geschaffen werden, da man aus technischen Gründen bezüglich der Berechtigungen die Vertriebsmitarbeiter nicht auf das CO-PA zugreifen lassen will?

Darüber hinaus müssen Sie bei der Realisierung folgende Zuordnungen treffen:

- Infostruktur des LIS muß dem Ergebnisbereich zugeordnet werden
- Planversion LIS und Planversion CO-PA
- Zuordnung der CO-PA-Merkmale zu den Feldern der Infostruktur
- Zuordnung der CO-PA-Wertfelder zu den Feldern der Infostruktur

6.6.15 Prozeß-Knowledge Map – Übergabe Absatzplan an SOP

Im Rahmen des Prozeßbausteins *Übergabe Absatzplanung an die Produktionsgrobplanung (SOP)* können die im CO-PA geplanten Absatzmengen an die SOP übergeben werden und vice versa. In der Regel findet diese Übergabe immer nach Abschluß der Planungssitzungen statt. Denkbar dabei ist eine iterative Vorgehensweise, je nach Planungsstrategie, bei der Werte vom CO-PA an die SOP übergeben werden und zurück, bis das gewünschte Ergebnis erreicht bzw. abgestimmt ist.

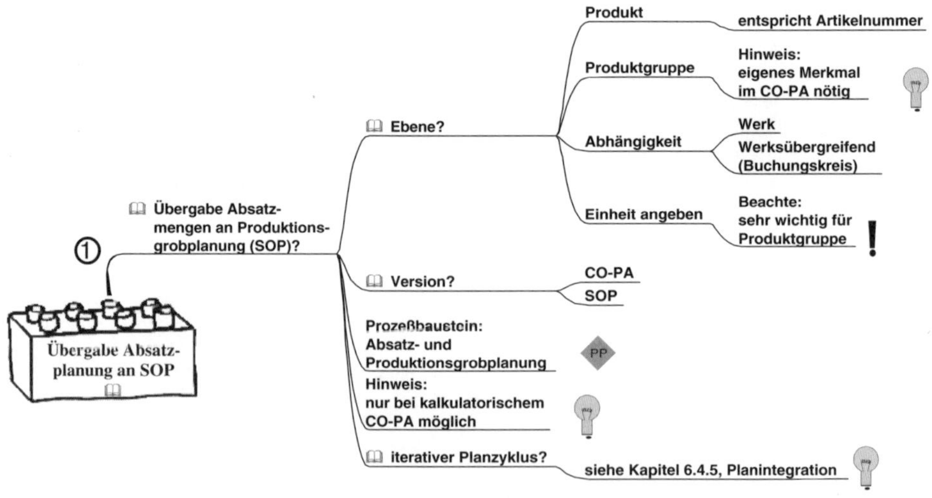

Abbildung 6.6.15-1: Prozeß-Knowledge Map – Übergabe Absatzplanung an SOP

① *Sollen die im CO-PA geplanten* ***Absatzmengen*** *als Basis für eine* ***Produktionsgrobplanung (SOP)*** *genutzt und dafür vom CO-PA an die SOP* ***übergeben*** *werden?*

Im Rahmen der Absatzplanung wird i.d.R. absatzmarktbezogen die Menge und, bei Mehrproduktunternehmen, das Produktionsprogramm an betrieblicher Leistung geplant, das in der Planungsperiode bestmöglich abgesetzt werden kann und den höchsten Deckungsbeitrag für das Unternehmen erwirtschaftet. Da diese Planung oftmals mit den Produktionskapazitäten auseinanderläuft, muß sie mit der Produktions-(programm-)planung abgestimmt werden. Bei der Produktionsplanung werden zwei Hauptplanungsmethoden unterschieden, die im Prozeßbaustein *Absatz- und Produktionsgrobplanung (SOP)* im Bereich PP erläutert werden.

Um erste Aussagen über die auf Basis der Absatzplanung von der Produktion zur Verfügung zu stellenden Kapazität zu treffen, kann der Absatzplan vom CO-PA an die SOP übergeben werden. Dort wird dann die Absatzmenge mit den Möglichkeiten der SOP produktionsplanerisch aufbereitet und überprüft, ob diese Absatzplanung überhaupt im Rahmen der Produktion umsetzbar ist.

Hinweis:
Diese Übergabe ist nur bei der kalkulatorischen Ergebnisrechnung (CO-PA) möglich.

Zu ①: *Sollen die Absatzmengen auf der* ***Ebene*** *Produkt oder Produktgruppe werksbezogen (SAP-Werksdefinition) oder werksübergreifend übergeben werden?*
Die Absatzmengen können entweder pro Produkt (Artikelnummer) oder pro Produktgruppe vom CO-PA an das SOP übergeben werden. Falls Sie in Ihrem Unternehmen mit mehreren Produktionswerken arbeiten, können Sie entscheiden, ob Sie die Gesamtabsatzmenge in Abhängigkeit von den Werken oder für alle Werke gemeinsam transferieren wollen.

Hinweis:
Falls Sie die Mengen auf der Ebene Produktgruppe an die SOP übergeben wollen, ist es notwendig, im CO-PA ein eigenes Merkmal *Produktgruppe* (18stellig) anzulegen, da die Produktgruppe der SOP nicht im CO-PA integriert verwendet werden kann.

Zu ①: *Welche* ***Version(-en)*** *des CO-PA sollen an welche Version(en) der SOP übergeben werden?*
In der SOP wird wie im CO-PA mit Planversionen gearbeitet. Deswegen ist zu definieren, welche Versionen hierbei miteinander kommunizieren.

Zu ①: W*ie paßt diese Übergabe in Ihren gesamten* ***(iterativen) Planzyklus****?*
Falls notwendig, können Sie entscheiden, daß im Rahmen Ihres gesamten Planzyklus die geplanten Absatzmengen nach der Übergabe an die SOP, und nach einer weiteren Verarbeitung dort, die an die Produktionsmöglichkeiten angepaßten Absatzmengen wieder an das CO-PA zurück übergeben werden können. Dort können die angepaßten Mengen zur Umsatz- und Ergebnisplanung erweitert werden.

Hinweis:
Die Möglichkeiten der Planintegration sind in Kapitel 6.4.5 beschrieben.

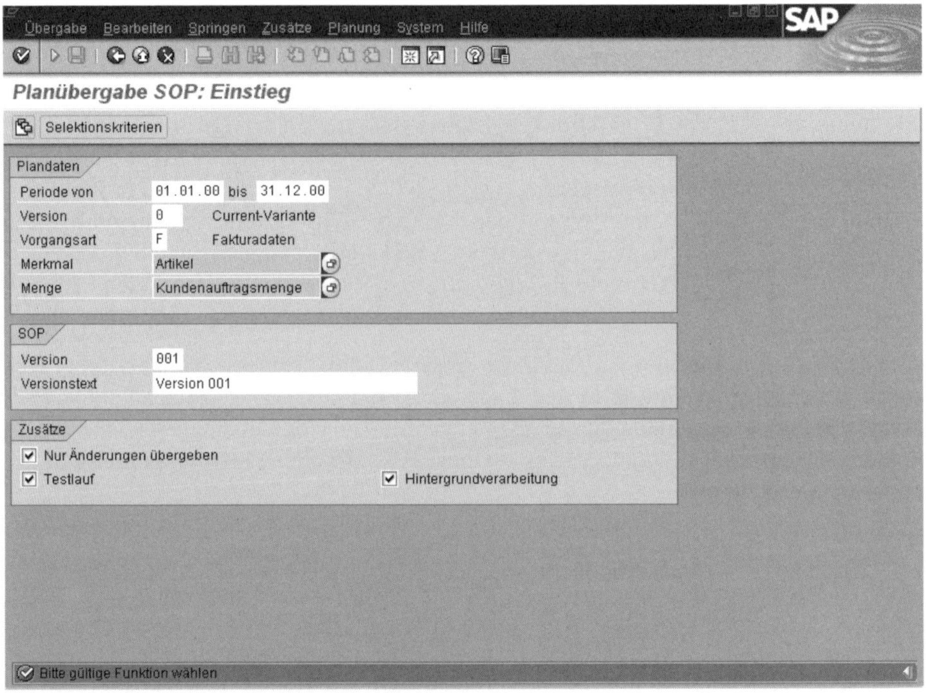

Abbildung 6.6.15-2: EnjoySAP Screen zur Übergabe Absatzplanung an SOP – Ausführen (© SAP AG)

6.6.16 Prozeß-Knowledge Map – Übernahme disponierter Leistung SOP nach CO-OM

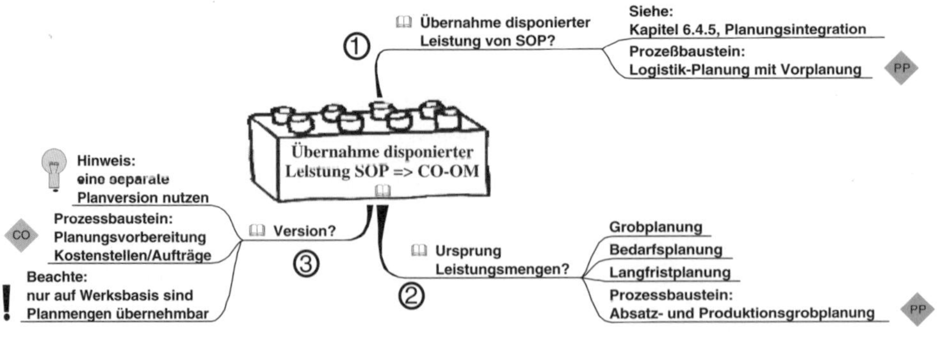

Abbildung 6.6.16-1: Prozeß-Knowledge Map – Übernahme disponierter Leistung SOP nach CO-OM

Die in der Absatz- und Produktionsplanung (SOP) ermittelten Werte zum Leistungsbedarf können Sie als Planzahlen in das Gemeinkosten-Controlling (CO-OM) übernehmen.

① *Setzen Sie die Funktionalität der* ***Absatz- und Produktionsgrobplanung*** *ein, und soll die ermittelte Leistung als* ***disponierte Leistung*** *nach CO-OM* ***übernommen*** *werden?*

Durch die SOP werden die von den Kostenstellen benötigten Planleistungsmengen (Leistungsarten) berechnet, um die geplante Output-Menge an betrieblicher Leistung (Produkte) für die Planperiode herzustellen (siehe Prozeßbaustein *Logistikplanung mit Vorplanung)*. Nachdem dort festgelegt und berechnet wurde, wieviel betriebliche Leistung in der Periode erzeugt werden soll, kann über die Verbindung von Grobplanungsprofilen oder Arbeitsplänen mit den Kostenstellen/Leistungsarten berechnet werden, wie hoch die benötigte Leistungsmenge ist. Diese Leistungsmenge kann an die Kostenstellen übergeben werden, um zu prüfen, ob genügend Kapazität in den Kostenstellen zur Verfügung steht. Die Leistungsmenge wird auf der Kostenstelle als disponierte Leistung ausgewiesen.

Beachte:
Erläuterungen in Kapitel 6.4.5, Planintegration.

② *Auf Basis welcher Methode (**Ursprung**) ermitteln Sie die **Leistungsmengen**?*

Im allgemeinen kann die Leistungsmenge in der SOP über die Grobplanung, Bedarfsplanung oder Langfristplanung ermittelt werden. In Abstimmung mit der Absatz- und Produktionsplanung ist festzulegen, welche dieser Methoden genutzt werden.

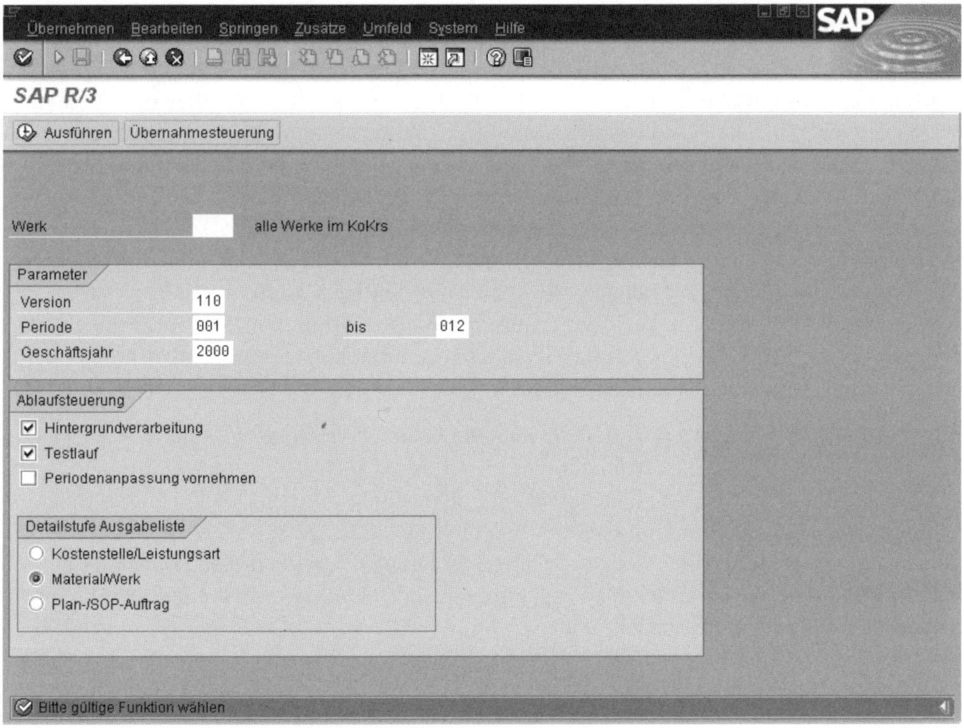

Abbildung 6.6.16-2: EnjoySAP Screen zur Übernahme disponierte Leistung SOP nach CO-OM – Ausführen (© SAP AG)

③ *Von welcher Planversion der SOP und in welche* ***Planversion*** *des CO-OM wollen Sie die Planleistungsmengen übernehmen?*

Bitte spezifizieren Sie, in welche Planversion(en) des CO-OM und von welcher Planversion der SOP die ermittelten Leistungsmengen übernommen werden sollen.

Hinweis:
Für Übernahmen sollten Sie eine separate Planversion nutzen, bis Sie die endgültige Planleistungsmenge festgelegt und verabschiedet haben. Dann kann diese Version in eine andere Planversion kopiert werden, die alle Plandaten umfaßt.

6.6.17 Prozeß-Knowledge Map – Planungsvorbereitung CO-OM

Bei diesem Prozeß handelt es sich, systemtechnisch betrachtet, um vorbereitende Maßnahmen für die Planung. Da er jedoch Voraussetzung für alle weiteren Prozesse der Kostenstellen- und Innenauftragsplanung ist, sollen zusätzlich die wichtigen allgemeinen und betriebswirtschaftlichen Fragen beleuchtet und beantwortet werden.

Hinweis:
Wird nachfolgend von *Werten* gesprochen, so geschieht dies aus Vereinfachungsgründen. Gemeint sind damit Kosten, Leistungsarten und statistische Kennzahlen.

① *Führen Sie in Ihrem Unternehmen eine* ***Kostenstellen-/Auftragsplanung*** *durch?*

Im Rahmen der Planung ist zu definieren, ob es in Ihrem Unternehmen eine Planung der Kosten, Leistungsarten oder statistischen Kennzahlen auf den Kostenstellen oder Innenaufträgen geben soll. Die Kostenstellenplanung ist Voraussetzung zur Durchführung einer Plankostenrechnung. Ob man dabei von einer starren, flexiblen oder Grenzplankostenrechnung spricht, hängt von der von Ihnen verfolgten Kostenrechnungsphilosophie ab (vgl. Kapitel 6.4). Die Kostenstellen-/Innenauftragsplanung ist dabei Teil der Gesamtunternehmensplanung und ist darin entsprechend zu integrieren. Sie dient dazu, planerisch Ziele für das Kostenmanagement festzulegen, die später mit den Ist-Kosten verglichen werden, um Abweichungen zu ermitteln. Weichen bestimmte Werte zu stark von den Vorgaben ab, werden die Abweichungen als Steuerungssignal dazu genutzt, korrigierend und dispositiv in die betrieblichen Abläufe einzugreifen.

Zu ①: *Auf welchen* ***Objekten*** *wollen Sie planen: Kostenstellen und/oder Innenaufträge?*
Sie haben die Möglichkeit, sowohl auf Kostenstellen als auch auf den Innenaufträgen Werte zu planen. Alle folgenden Ausführungen und Fragen sind für beide Objekte gültig. Bei Ausnahmen wird explizit darauf hingewiesen. Da die Innenaufträge entweder als weitere Untergliederung der Kostenstellen oder als weitere Sicht auf die Kosten dienen, handelt es sich bei einer Planung dieser Objekte bereits um eine sehr detaillierte Planung, die u.U. nur in bestimmten Fällen zum Einsatz kommt.

Hinweis:
Eine Kostenplanung auf Aufträgen findet i.d.R. nur bei einem längeren Zeithorizont statt, nicht jedoch für solche, die nur für einen kurzen Zeitraum bestehen, z.B. für unvorhergesehene Kleinreparaturen.

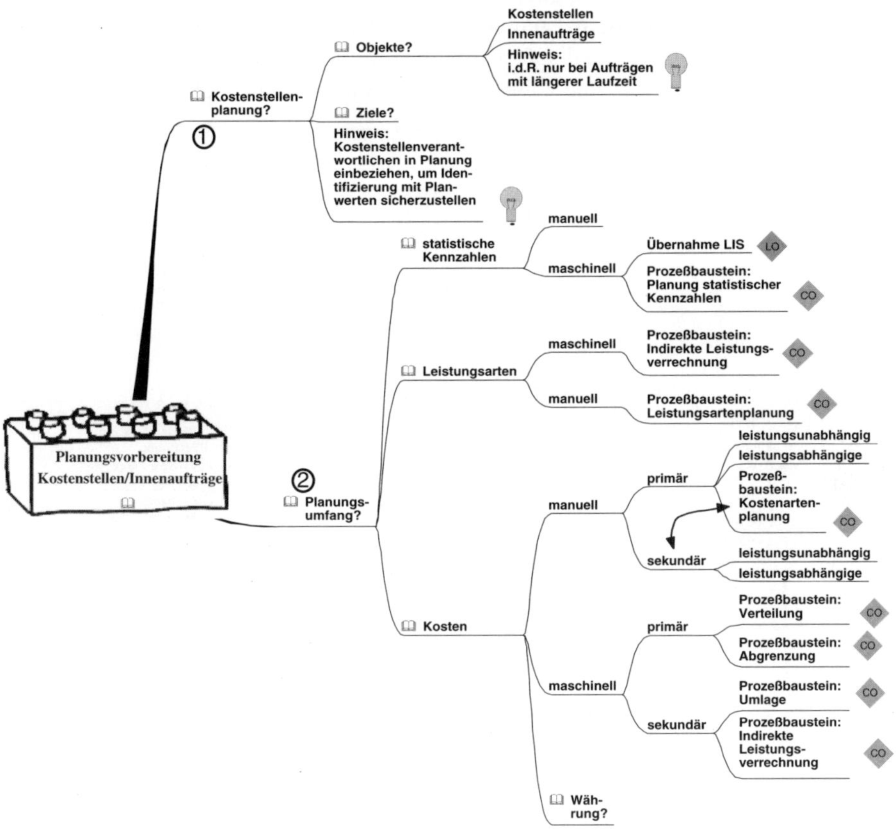

Abbildung 6.6.17-1: Prozeß-Knowledge Map – Teil 1 – Planungsvorbereitung CO-OM (Kostenstellen/Innenaufträge)

Zu ①: *Welche **Ziele** verfolgen Sie mit der Kostenstellen-/Innenauftragsplanung?*
Im allgemeinen gibt es unternehmensindividuell unterschiedliche Ziele:

- planerische Gestaltung der betrieblichen Zukunft für einen bestimmten Zeitraum
- Maßstab für die Steuerung des Geschäftsgebahrens
- Wirtschaftlichkeitskontrolle der leistungserbringenden betrieblichen Einheiten
- Grundlage für die Bewertung der innerbetrieblichen Leistungseinheiten

② *Welchen **Planungsumfang** haben Sie in Ihrem Unternehmen, d.h., planen Sie Kosten, Leistungsarten und statistische Kennzahlen?*

Bitte spezifizieren Sie welche. Falls zum jetzigen Zeitpunkt bereits bekannt, ist es sehr hilfreich zu identifizieren, ob diese Werte maschinell (d.h. automatisch über Systemfunktionalitäten) ermittelt werden können oder manuell, d.h. durch direkte Eingabe über eine Bildschirmmaske, eingegeben werden müssen. Bei der Kostenplanung ist zusätzlich noch zu spezifizieren, in welcher Währung geplant werden soll (siehe Kapitel 4.2 zum Kostenrechnungskreis), der Transaktions-, Kostenrechnungskreis- oder Objektwährung. Falls Sie in Transaktionswährung planen, wird sofort zum derzeit in der Planversion hinterlegten Kurs in die Kostenrechnungskreis- und Objektwährung umgerechnet. Die Planwerte werden immer in allen Währungen abgespeichert.

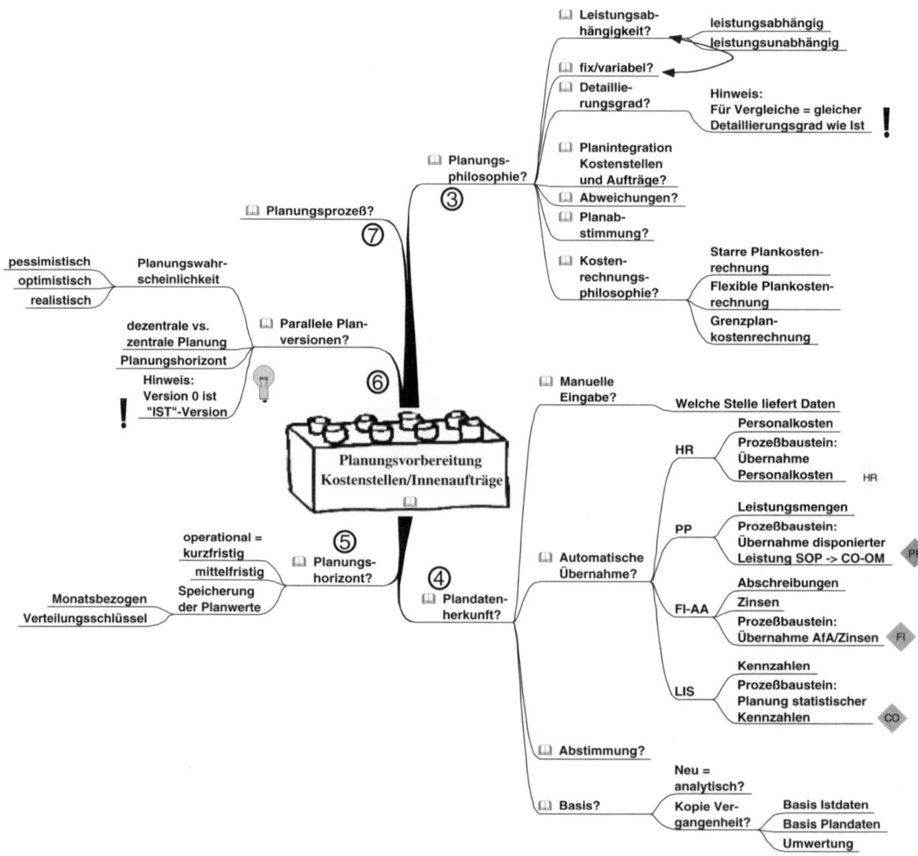

Abbildung 6.6.17-2: Prozeß-Knowledge Map – Teil 2 – Planungsvorbereitung CO-OM (Kostenstellen/Innenaufträge)

③ *Wie sieht Ihre* ***Planungsphilosophie*** *für die Kostenstellen-/Auftragsplanung aus?*

Abhängig von dem in Ihrem Unternehmen vorherrschenden Kostenrechnungsverfahren ist festzulegen, wie Ihre Planungsphilosophie hinsichtlich der Kostenstellen-/Innenauftragsplanung aussieht.

Zu ③: *Planen Sie Ihre Werte* ***leistungsabhängig*** *oder* ***leistungsunabhängig****?*
Kosten, Leistungsarten oder statistische Kennzahlen können entweder leistungsabhängig oder leistungsunabhängig von der leistungserbringenden Kostenstelle geplant werden.

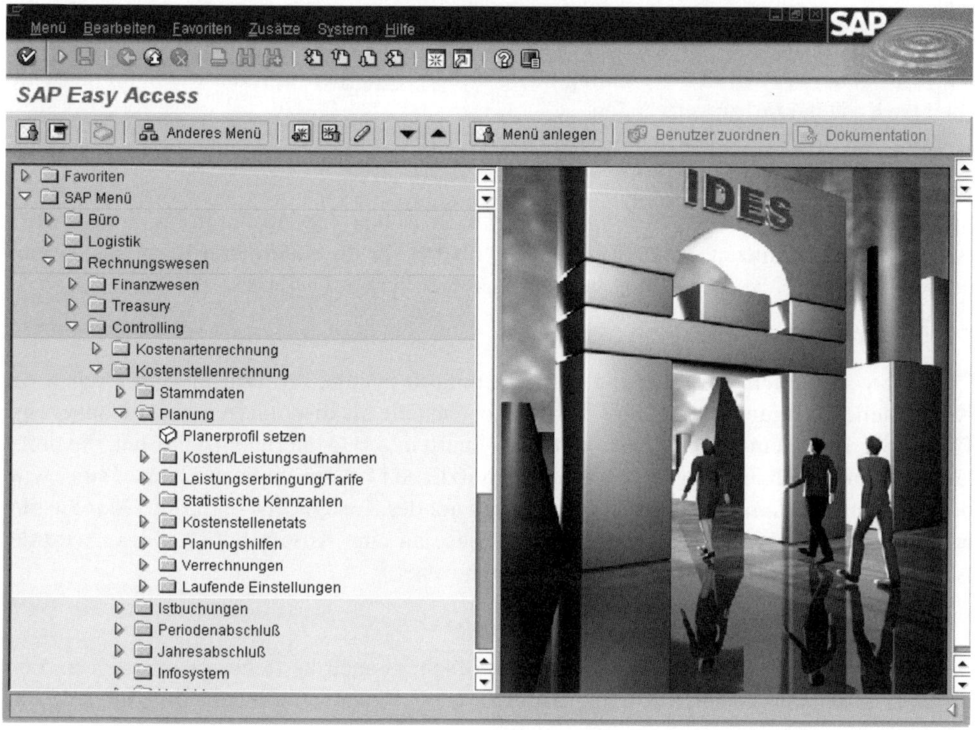

Abbildung 6.6.17-3: EnjoySAP Screen zur Planungsvorbereitung CO-OM – Möglichkeiten zur Planung von Kostenstellen/Leistungsarten (© SAP AG)

Beispiel:

Die Kostenstelle *Fertigung 1* erbringt die Leistungsart *Drehen in h*. Sie plant in der Periode X 1000 h Leistung zu erbringen. Um diese Leistung zu erbringen, verbraucht die Kostenstelle selbst Leistungen oder Kosten, die abhängig oder unabhängig von der selbsterbrachten Leistung sein können.

Zu ③: *Unterscheiden Sie bei Ihrer Planung in* ***fixe*** *und* ***variable*** *Kostenbestandteile?*
Trennen Sie bereits Ihre Kosten in fixe und variable Bestandteile, oder planen Sie, dies in Zukunft zu tun, steht dies in engem Zusammenhang mit der Frage der Leistungsabhängigkeit, da es dann nur Sinn macht, leistungsabhängig und leistungsunabhängig zu planen, wenn auch in fixe und variable Bestandteile unterschieden wird. Diese Entscheidung hat Auswirkungen auf die Tarifermittlung, da hierbei nun unterschieden wird, welche Teile eines Tarifes fix und welche variabel sind.

Zu ③: *Welchen* ***Detaillierungsgrad*** *hat Ihre Kostenstellen- und Innenauftragsplanung?*
In vielen Unternehmen sollen Kosten geplant werden. Aus Aufwandsgründen soll die Planung aber nicht im gleichen Detaillierungsgrad erfolgen, wie die Kosten im Ist anfallen und detailliert in Kostenarten (Sachkonten) gebucht werden. Dies kann i.d.R. über Hilfskonstrukte, z.B. spezielle *Plankostenarten,* erreicht werden, was jedoch nicht durch das System automatisch unterstützt ist und was Sie auf organisatorischem Wege sicherstellen müssen.

Hinweis:
Um Vergleiche und Abweichungsanalysen zur Steuerung Ihres Unternehmens durchzuführen, wird geraten, auch in der Planung den gleichen Detaillierungsgrad wie beim tatsächlichen Ist-Kostenanfall zu verwenden.

Zu ③: *Falls Sie auch auf Innenaufträgen Werte planen, soll dies* ***integriert*** *mit der* ***Kostenstellenplanung*** *ablaufen?*
Sie haben die Möglichkeit, die *Planintegration* zwischen der Innenauftrags- und Kostenstellenplanung zu nutzen. Bitte legen Sie fest, ob dies für Ihr Unternehmen in Frage kommt oder unpraktikabel ist. Die Konsequenzen seien hier kurz aufgezeigt:

- *Mit Planintegration:*

Planen Sie auf einem Innenauftrag eine Leistungsaufnahme der Leistungsart Drehen der Kostenstelle Fertigung 1, wird dies auf der Kostenstelle als disponierte Leistung angezeigt. Planen Sie auf einem Auftrag bestimmte Kostenarten, z.B. Materialeinzelkosten, die durch eine Gemeinkostenzuschlagsrechnung mit zusätzlichen Kosten zu bezuschlagen sind, wird der Zuschlag auf dem Innenauftrag belastet und auf der Kostenstelle entlastet. Oder Sie planen auf einem Auftrag Kosten und rechnen diese an eine Kostenstelle ab, dann wird der Auftrag entlastet und die Kostenstelle im Plan belastet.

- *Ohne Planintegration:*

In keinem Fall der unter der Planintegration beschriebenen betriebswirtschaftlichen Vorgänge (z.B. Gemeinkostenbezuschlagung) würde bei Einsatz von Innenaufträgen ohne Planintegration, integriert auf Kostenstellen oder Innenaufträgen, gebucht. Wollen Sie trotzdem ähnliche Geschäftsvorfälle planen, können Sie z.B. die Leistungsverrechnung an eine *Dummy*-Kostenstelle durchführen, die Zuschlagskostenart oder die Abrechnungskostenart direkt manuell auf der Kostenstelle planen.

Zu ③: *Ermitteln Sie* ***Abweichungen*** *und, falls ja, wie und für welche Zwecke?*
Siehe hierzu Fragen und Erläuterungen zum Prozeßbaustein *Abweichungsermittlung Gemeinkosten*

Zu ③: *Wie führen Sie eine* ***Planabstimmung*** *durch?*
Hierbei ist die Abstimmung der Planwerte innerhalb Ihrer Kostenstellen-/Innenauftragsplanung gemeint. Dafür ist zu spezifizieren, wie die Leistungsbedarfe und Kosten aufeinander abgestimmt werden.

Hinweis:
Im SAP-System gibt es hierzu auch eine Funktion, die diese Planabstimmung innerhalb des CO-OM automatisch vornimmt.

Beispiel:

Auf Kostenstelle 4711 wurde variabel eine Leistungsabgabe von 1000 h geplant. Um diese Leistung zu erbringen, wurden Abschreibungen voll variabel von 5000 DM und Personalkosten fix von 10.000 DM geplant. Kostenstelle 4811 plant eine Aufnahme von 1500 h der Leistung von Kostenstelle 4711 → die automatische Abstimmung würde nun die 1500 h als

Ausgangspunkt annehmen, d.h., die Leistung von Kostenstelle 4711 würde auf 1500 h erhöht. Die Personalkosten würden fix bei 10.000 DM bleiben, die Abschreibungen würden variabel um 2.500 DM auf insgesamt 7.500 DM steigen.

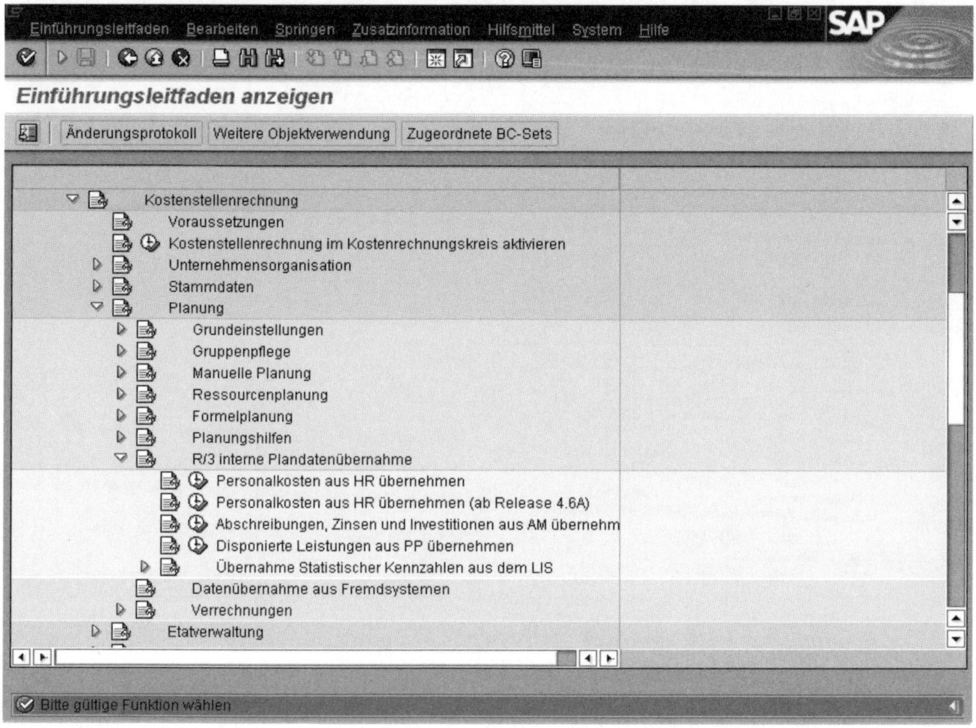

Abbildung 6.6.17-4: EnjoySAP Screen zur Planungsvorbereitung CO-OM – Mögliche Einstellungen zur Primärkostenplanung für Kostenstellen/Innenaufträge. (© SAP AG)

Zu ③: *In welche Kategorie der **Kostenrechnungssysteme** ordnen Sie sich ein?*
Obwohl die Frage nach dem im Unternehmen zum Einsatz kommenden Kostenrechnungssystem immer zu einer akademischen Grundsatzdiskussion führt (vgl. Kapitel 6.4.1), ist es trotzdem klug, Ihre eigenen Gegebenheiten grob in diese Kategorien einzuordnen, auch wenn es sich in verschiedenen Fällen um Mischformen handelt.

④ *Wie und von wo erhalten Sie Ihre Plandaten (**Plandatenherkunft**)?*

Bitte identifizieren Sie die Quellen, woher Sie Ihre Plandaten erhalten, und ob es möglich ist, diese maschinell oder manuell in die Kostenstellen-/Auftragsplanung zu übernehmen.

Zu ④: *Welche Werte müssen Sie **manuell** eingeben und welche Stelle liefert die Daten?*
In den meisten Fällen ist es notwendig, Kosten, Leistungsarten und statistische Kennzahlen zumindest teilweise manuell zu planen. Bitte klären Sie, um welche Werte es sich dabei handelt und woher Sie diese Planwerte erhalten.

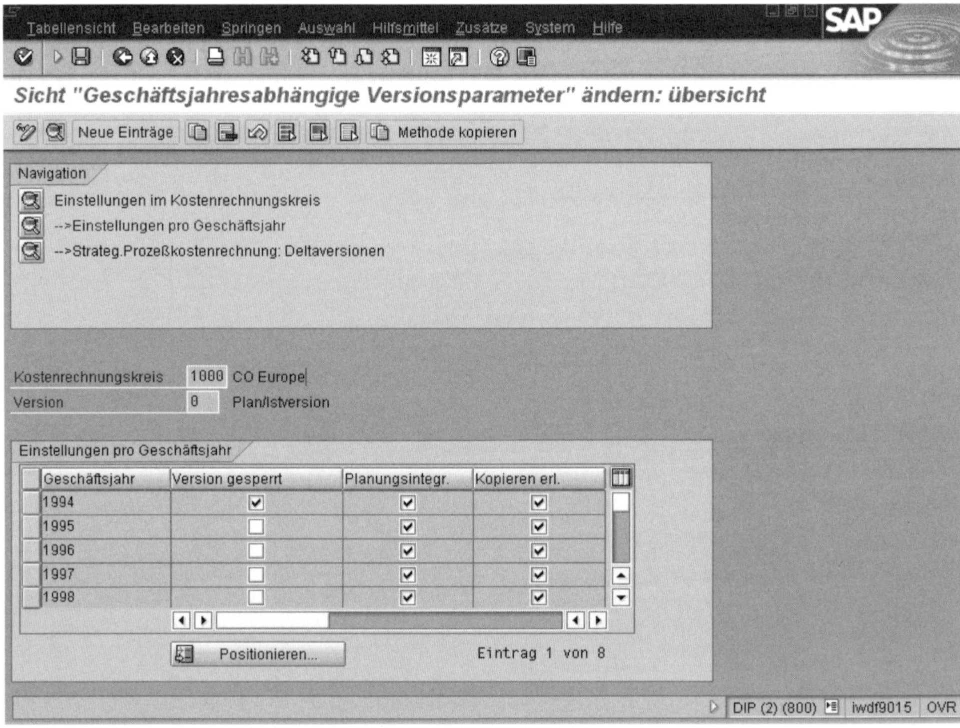

Abbildung 6.6.17-5: EnjoySAP Screen zur Planungsvorbereitung CO-OM – Einstellungen zur Planversion (© SAP AG)

Zu ④: *Für welche Werte ist in Ihrem Unternehmen eine* ***automatische, integrative Übernahme*** *von Planwerten aus anderen Komponenten möglich?*
Durch die Integration des SAP-Systems ist es möglich, aus anderen Komponenten Planwerte in die Kostenstellen-/Innenauftragsplanung zu übernehmen, falls die Daten dort zum entsprechenden Zeitpunkt zur Verfügung stehen und bestimmte technische Voraussetzungen gewährleistet sind. Möglich ist dies für:

- Personalwirtschaft (HR): Personalkosten (Prozeßbaustein *Übernahme Personalkosten*)
- Produktionsplanung (PP): Leistungsmengen, die auf Basis der Leistungsbedarfe ermittelt wurden (Prozeßbaustein *Übernahme disponierter Leistung SOP -> CO-OM*)
- Anlagenwirtschaft (FI-AA): Abschreibungen und Zinsen (siehe Prozeßbaustein *Übernahme AfA/Zinsen*)
- Logistikinformationssystem (LIS): Kennzahlen (siehe Prozeßbaustein *Planung statistischer Kennzahlen*)

Zu ④: *Wie erfolgt die* ***Abstimmung*** *der manuell oder automatisch übernommenen Werte mit den liefernden Organisationen/SAP-Komponenten?*
Eine Abstimmung der Planwerte ist im Rahmen der Gesamtplanung mit allen Bereichen notwendig, oftmals auch in iterativen Zyklen. Insbesondere ist diese Abstimmung wichtig

für Werte, die nicht automatisch übernommen werden können, wie z.B. Planung der Leistungsmengen und Kapazitäten mit der Produktionsplanung, Materialkosten mit dem MM, Abgrenzung in der Finanzbuchhaltung und Instandhaltungskosten mit dem PM.

Zu ④: *Auf welcher **Basis** erstellen Sie Ihre Planwerte, d.h., planen Sie analytisch oder verwenden Sie Vergangenheitswerte?*
Erstellen Sie Ihre Planwerte jedesmal aufs neue, ohne Rücksicht auf Vergangenheitswerte, rein in bezug auf die zukünftig erwartete Kostenentwicklung, analytisch. Oder verwenden Sie als Basis Ihrer Planung Vergangenheitswerte, kopieren diese in die Planperiode und passen dann diese Werte gemäß erwarteter Kosten- und Geschäftsentwicklung an.

⑤ *Für welchen **Planungshorizont** planen Sie Ihre Werte?*

Im Rahmen der Kostenstellen-/Innenauftragsplanung haben Sie die Möglichkeit, die zu planenden Perioden völlig frei zu definieren. Es kann sich dabei um Monate oder Jahre handeln. Dabei sind Sie an keine Grenzen gebunden, da die Planwerte auch jahresübergreifend geplant werden können, womit eine rollierende Planung möglich wird. Da es sich jedoch bei dieser Art der Planung um einen Teil der kurzfristigen Unternehmensplanung handelt, wird die Planperiode i.d.R. das Geschäftsjahr sein. In Fällen, in denen Sie z.B. Monate nicht direkt planen wollen, sondern das gesamte Geschäftsjahr, können diese Jahreswerte automatisch durch Verteilungsschlüssel auf die Monate verteilt werden.

⑥ *Wollen Sie mehrere **Plandatenbestände parallel** für dasselbe Planobjekt führen?*

Wird es notwendig, für ein und dasselbe Objekt, z.B. Kostenstelle 4711, mehrere Planwerte parallel zu speichern, ist dies durch das Führen von sogenannten Planversionen jederzeit möglich. Mögliche Gründe dafür sind:

- *Planungswahrscheinlichkeit:* Sie führen immer eine optimistische, pessimistische und realistische Planung durch
- *Planungshorizont:* Sie unterscheiden zwischen strategischer Planung, bei der Sie im voraus für mehrere Jahre die Planwerte festlegen, womit die Planungssicherheit abnimmt, und operativer Planung, bei der Sie z.B. ein konkretes Geschäftsjahr planen und die Planungssicherheit höher ist
- *dezentrale Planung und zentrale Planung:* Es wird eine dezentrale Planung durch z.B. die Kostenstellenverantwortlichen direkt vorgenommen, der Sie Ihre eigene Planung entgegenstellen wollen

Hinweis:
Die Planversion 0 (Null) hat in der Kostenstellen-/Innenauftragsplanung eine Sonderstellung, da sie als Bewertungsansatz zur Bewertung der Verrechnungen im Rahmen der innerbetrieblichen Leistungen verwendet wird.

Beispiel:

Sie haben für eine Leistungsart Drehen als manuell bestimmten Tarif in der Planversion 0 50 DM/h festgelegt. Im Ist verrechnen Sie nun 10 h dieser Leistung. Dabei wird die leistungsabgebende Kostenstelle um 500 DM entlastet und die leistungsempfangende mit 500 DM belastet.

⑦ *Wie wird der* ***Planungsprozeß*** *in Ihrem Unternehmen im CO-OM aussehen?*

In jedem Unternehmen sieht der Planungsprozeß unterschiedlich aus. Bitte definieren Sie in groben Zügen, wie der Planungsprozeß in Ihrem Unternehmen aussehen wird. Als Anhaltspunkt schlägt SAP die folgende Vorgehensweise vor:

(1) Planung statistischer Kennzahlen
(2) Leistungsartenplanung
(3) Primärkostenplanung
(4) Sekundärkostenplanung
(5) Tarifermittlung
(6) Budgetierung

6.6.18 Prozeß-Knowledge Map – Planung statistischer Kennzahlen

Welche statistischen Kennzahlen es im Unternehmen gibt, wurde im Prozeßbaustein *Bearbeitung statistischer Kennzahlen* festgelegt. Die Planung der statistischen Kennzahlen ist Teil des Gesamtplanungszyklus und findet in der Regel am Anfang der Planungssitzungen statt.

① *Wollen Sie eine* ***Planung statistischer Kennzahlen*** *durchführen?*

Bitte definieren Sie, ob die in Ihrem Unternehmen vorhandenen statistischen Kennzahlen neben der Erfassung von Ist-Werten auch im Rahmen der Planung beplant werden.

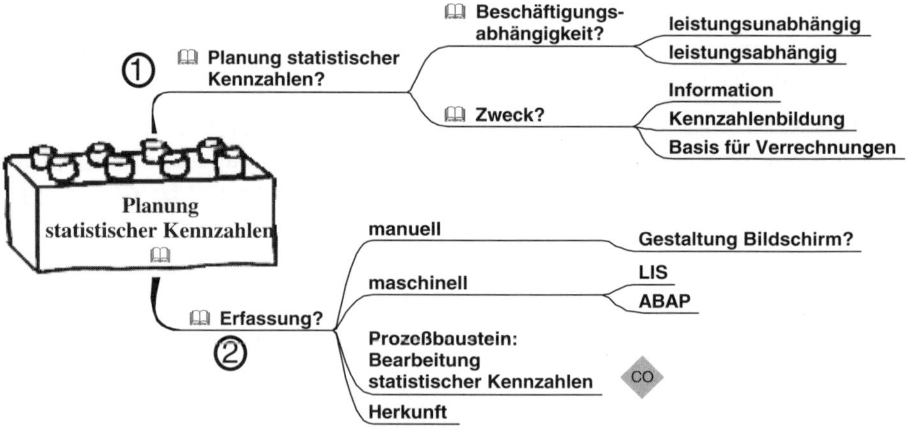

Abbildung 6.6.18-1: Prozeß-Knowledge Map – Planung statistischer Kennzahlen

Zu ①: *Planen Sie die statistischen Kennzahlen* ***abhängig von der Beschäftigung****?*
Sie können die statistischen Kennzahlen leistungsabhängig, z.B. gefahrene Kilometer, Kilowattstunden Energie, und/oder leistungsunabhängig, z.B. Anzahl Quadratmeter beheizter Fläche, planen.

Zu ①: *Zu welchem **Zweck** planen Sie statistische Kennzahlen?*
Zur weiteren Behandlung ist es sinnvoll zu definieren, ob Sie die statistischen Kennzahlen zur reinen Information, zu Plan-Ist-Vergleichen, zur Kennzahlenbildung, z.B. Kosten pro Mitarbeiter, oder als Basis für Verrechnungen (z.B. Anzahl Mitarbeiter zur Verteilung der Kantinenkosten) planen.

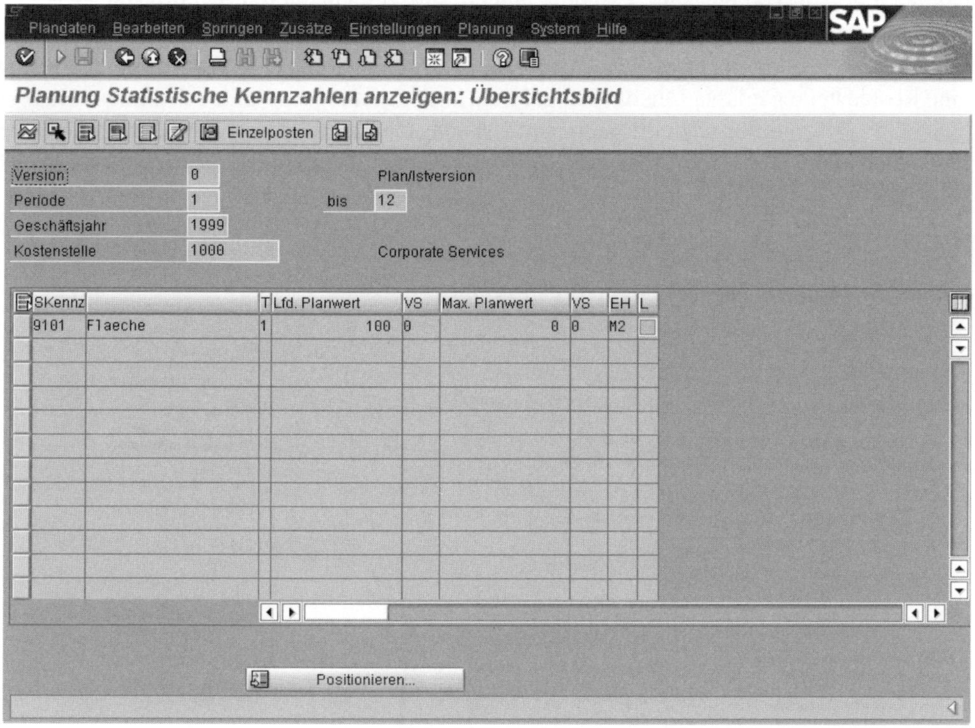

Abbildung 6.6.18-2: EnjoySAP Screen zur Planung statistischer Kennzahlen – Ausführen (© SAP AG)

② *Wie **erfassen** Sie, und woher stammen die Planwerte?*

Abhängig davon, wo in Ihrem Unternehmen statistische Kennzahlen aufgezeichnet werden, ist zu spezifizieren, wie Sie die Kennzahlen im SAP-System erfassen wollen (maschinell, manuell), und woher Sie Ihre Planwerte für die Planung der statistischen Kennzahlen bekommen (siehe Prozeßbaustein *Bearbeitung statistischer Kennzahlen).*

6.6.19 Prozeß-Knowledge Map – Leistungsartenplanung

Bei der Leistungsartenplanung handelt es sich um einen periodisch wiederkehrenden Prozeß, der je nach Kostenrechnungsphilosophie und Unternehmensumfeld monatlich, quartalsweise, halbjährlich oder jährlich durchgeführt werden kann.

① *Führen Sie im Rahmen der Kostenplanung auch eine* ***Leistungsartenplanung*** *durch?*

Falls Sie in Ihrer Kostenrechnung mit Leistungsarten zur Verrechnung von Kostenstellenleistungen arbeiten, so ist zu klären, ob Sie diese planen. Während des Planungsprozesses sollte die Leistungsartenplanung am Anfang stehen, da erst aufbauend auf der Leistung, die eine Kostenstelle zu erbringen hat, die genauen Kosten geplant werden können. Die Bearbeitung dieses Prozeßbausteines steht in engem Zusammenhang mit den Prozeßbausteinen *Leistungsartenbearbeitung* und *Planungsvorbereitung*, in deren Rahmen wesentliche Grundvoraussetzungen getroffen werden. Durch diesen Prozeßbaustein wird sowohl die für eine Kostenstelle geplante Leistungsabgabe als auch Leistungsaufnahme diskutiert. Hierbei handelt es sich um die manuell geplanten Leistungsaufnahmen/-abgaben, die maschinelle Leistungsartenplanung wird durch den Prozeßbaustein „Indirekte Leistungsverrechnung" abgedeckt.

Hinweis:

Siehe Erläuterungen zur Planintegration im Kapitel 6.4.5.

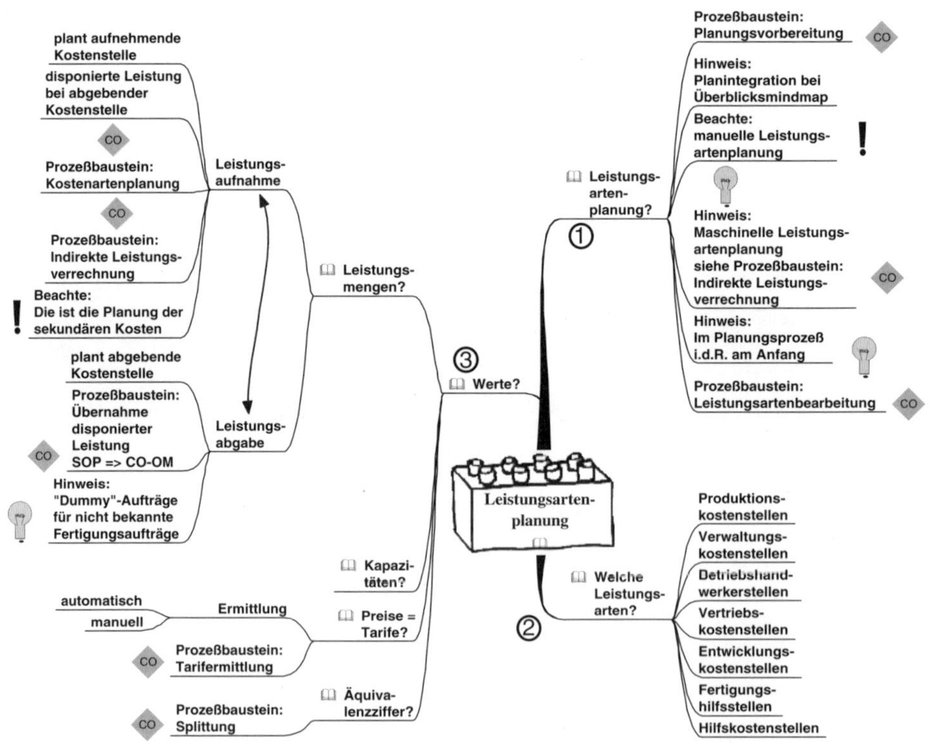

Abbildung 6.6.19-1: Prozeß-Knowledge Map – Leistungsartenplanung

② ***Welche Leistungsarten*** *sind im Rahmen dieses Prozeßbausteines zu planen?*

In den meisten Fällen können bzw. sollen nicht alle Leistungsarten manuell geplant werden. Deswegen ist zu identifizieren, welche Leistungsarten welcher Kostenstellen, wie den Produktions-, Verwaltungs-, Vertriebs-, Entwicklungs-, Betriebshandwerker-, Fertigungshilfsstellen etc., manuell geplant werden sollen oder müssen.

Beispiel:

- *Produktionskostenstellen:* Falls Sie mit SOP arbeiten, können Sie die dort ermittelten Leistungsbedarfe in das CO-OM übernehmen. Falls dies nicht möglich ist, können Sie die von den Kostenstellen abzugebende Leistung manuell planen.
- *Verwaltungkostenstellen:* Meist werden nur im Rahmen eines elaborierten Kostenrechnungssystems, z.B. flexible Plankostenrechnung, hierfür Leistungsmengen erfaßt und geplant. Je nachdem, wie detailliert Sie hier vorgehen wollen, können Sie die Planwerte manuell oder aber maschinell erfassen.

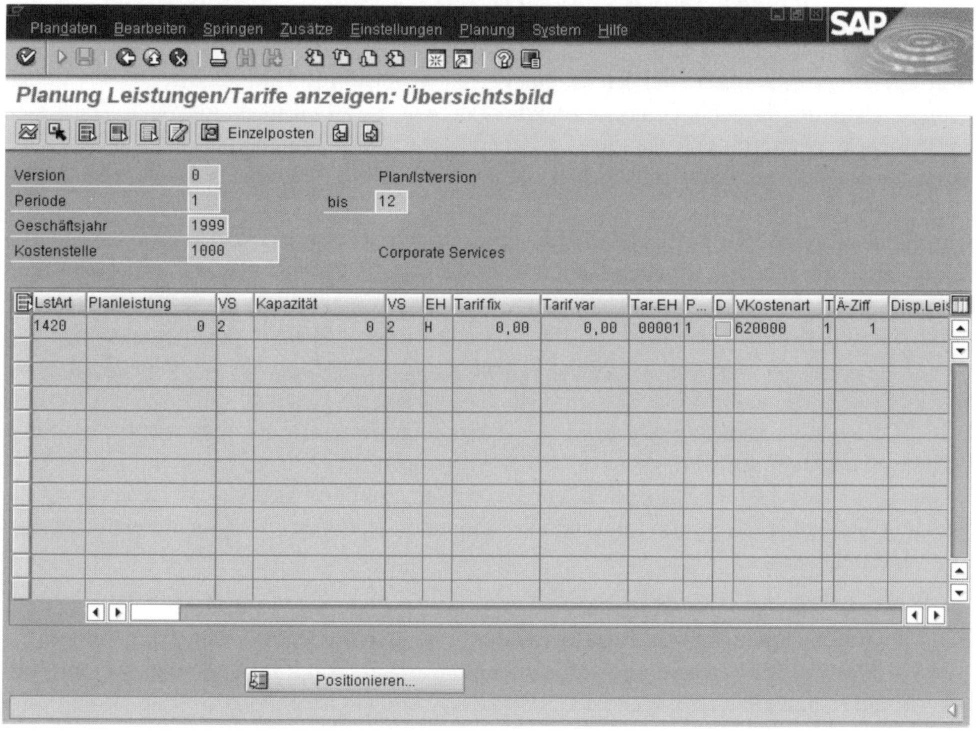

Abbildung 6.6.19-2: EnjoySAP Screen zur Leistungsartenplanung – Ausführen (© SAP AG)

③ *Welche* ***Werte*** *sollen pro Kostenstelle geplant werden?*

Nachdem identifiziert wurde, welche Leistungsarten im Rahmen der manuellen Leistungsartenplanung geplant werden, ist zu spezifizieren, welche Werte für die benannten Leistungsarten pro Kostenstelle geplant werden sollen.

Zu ③: *Sprechen Sie bei der manuellen Leistungsartenplanung über die* ***Leistungsaufnahme*** *oder* ***Leistungsabgabe*** *einer Kostenstelle?*
Bei der Leistungsartenplanung muß unterschieden werden, ob man über die Leistungsaufnahme einer Kostenstelle, die diese von einer anderen Kostenstelle in Anspruch nimmt, oder über die geplante Abgabe der eigenen Leistung an andere Kostenstellen spricht.

Per Definition wird durch diesen Prozeßbaustein nur die Leistungsabgabe einer Kostenstelle geplant. Dabei wird unabhängig davon, wieviel Leistung andere Kostenstellen/Innenaufträge von dieser Kostenstelle aufzunehmen planen, die Leistungsabgabe geplant, welche die Kostenstelle unter Berücksichtigung sämtlicher Restriktionen (Auslastung, Nutzungsgrad, Beschäftigung, Kapazität) bestmöglichst erbringen kann.

Beispiel:

Die Kostenstelle *Fertigung 1* erbringt die Leistungsart *Drehen*. Sie soll in der Planperiode 10.000 h dieser Leistung erbringen. Dieser Betrag wird dann für diese Kostenstelle/Leistungsart geplant. Darüber hinaus kann noch (siehe folgende Äste) eine Kapazität von 12.000 h, ein politischer Tarif von z. B. 30 DM fix und 50 DM variabel sowie die Äquivalenzziffer 2 geplant werden.

Die Leistungsaufnahmen werden nicht von den leistungserbringenden Kostenstellen geplant, sondern von den leistungsaufnehmenden Kostenstellen/Innenaufträgen. Da es sich dabei nicht nur rein um die Planung der Leistungsaufnahmemengen handelt, sondern auch um einen Kostenfluß, handelt es sich dabei um die Planung sekundärer Kosten. Dies wird im Prozeßbaustein *Kostenartenplanung* oder *indirekte Leistungsverrechnung* behandelt. Haben die aufnehmenden Mengen die Leistungsaufnahme geplant, wird dies als *disponierte Leistung* bei der leistungserbringenden Kostenstelle angezeigt. Für Produktionskostenstellen gilt, daß, falls sie mit der Absatz- und Produktionsgrobplanung (SOP) arbeiten, die durch die SOP ermittelten Grobkapazitäten als Leistungsbedarfe an die Kostenstellenrechnung übergeben werden können (siehe Prozeßbaustein *Übernahme disponierter Leistung SOP -> CO-OM*) und auf der Kostenstelle als disponierte Leistung ausgewiesen werden. Falls SOP nicht im Einsatz ist, aber als Basis einer Leistungsartenplanung die für die Planperiode erwarteten Leistungsbedarfe der Fertigungsaufträge trotzdem benötigt werden, können *Dummy*-Aufträge (Innenaufträge) verwendet werden. Auf diesen werden dann die Leistungsmengen geplant, die innerhalb der Planperiode für die erwarteten Fertigungsaufträge anfallen werden.

Zu ③: *Wollen Sie auch die* ***Kapazität*** *einer Kostenstelle/Leistungsart planen?*
Falls gewünscht, kann pro Kostenstelle/Leistungsart auch die Kapazität geplant werden. Sie ist i.d.R. höher als die geplante Leistungsmenge, was z. B. durch Ausfallzeiten wegen Wartung, Krankheit, Defekt bedingt sein kann. Die Kapazität kann genutzt werden, um im Rahmen der Tarifermittlung als Basis für den fixen Teil des Tarifs einer Leistungsart zu dienen. Diese Vorgehensweise wird für solche Kostenstellen gewählt, die durch ihre Eigenschaft oftmals mehr Leistung zur Verfügung stellen müssen, als tatsächlich abgenommen wird (z. B. Elektrizitätsstelle, Dampfstelle etc.).

Zu ③: *Planen Sie den **Tarif** einer Leistungsart manuell, oder wollen Sie diesen durch die maschinelle Tarifermittlung ermitteln lassen?*
Bei der Kostenplanung haben Sie die Möglichkeit, mit automatisch vom System ermittelten Preisen = Tarifen (siehe Prozeßbaustein *Tarifermittlung*) oder mit manuellen, d.h. politisch vorgegebenen Preisen zu arbeiten. Wollen Sie mit manuellen Preisen arbeiten, so können Sie diese bei der Leistungsartenplanung pro Kostenstelle/Leistungsart planen.

Zu ③: *Wollen Sie mit **Äquivalenzziffern** pro Kostenstelle/Leistungsart arbeiten?*
Pro Kostenstelle/Leistungsart können Sie eine Äquivalenzziffer angeben. Sie wird vor allem dann verwendet, wenn es pro Kostenstelle mehrere Leistungsarten gibt. Deren Verwendung wird im Rahmen des Prozeßbausteines *Splittung Plan* erläutert.

Hinweis:

Falls in Ihrem Unternehmen mehr als eine Leistungsart pro Kostenstelle vorhanden ist, siehe Prozeßbaustein *Splittung*.

6.6.20 Prozeß-Knowledge Map – Übernahme AfA/Zinsen

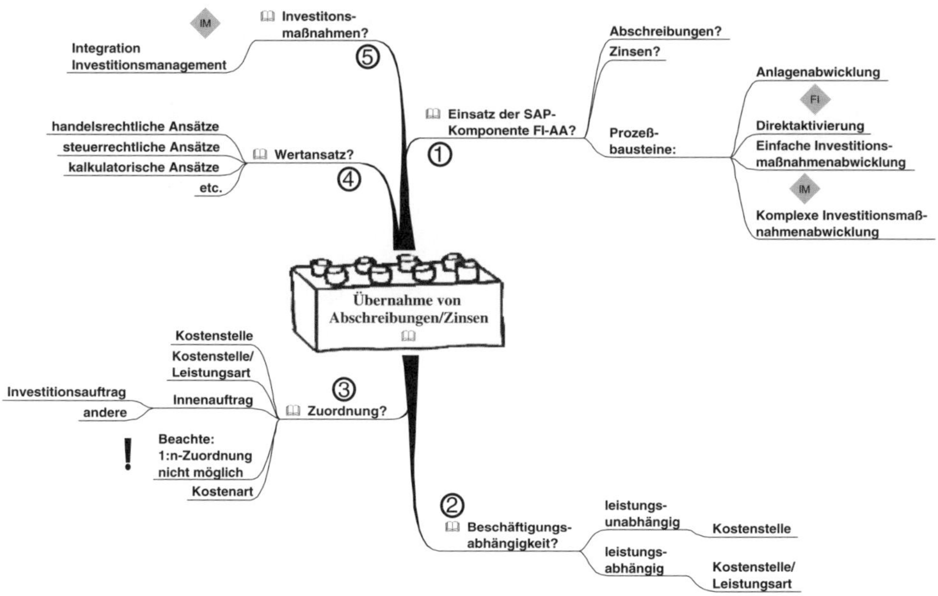

Abbildung 6.6.20-1: Prozeß-Knowledge Map – Übernahme AfA/Zinsen

Die Planungsintegration zwischen Gemeinkosten-Controlling (CO-OM) und der Anlagenbuchhaltung der SAP-Komponente FI (FI-AA) ermöglicht es, dort ermittelte Zinsen und Abschreibungen auf Anlagen in die Gemeinkostenplanung zu übernehmen.

① ***Setzen** Sie die **Applikation** der Anlagenbuchhaltung **(FI-AA)** in Ihrem Unternehmen **ein** und ermitteln damit die Abschreibungen und/oder Zinsen auf Ihre Anlagen?*

Falls die Applikation Anlagenbuchhaltung (FI-AA) in Ihrem Unternehmen nicht zum Einsatz kommt, so können Sie die Bearbeitung dieses Bausteines überspringen. In diesem Fall werden dann i.d.R. die Abschreibungen und Zinsen auf Anlagen entweder direkt im Rahmen der Kostenartenplanung (siehe Prozeßbaustein *Kostenartenplanung*) im Dialog geplant oder über eine Fremddatenschnittstelle ins SAP-System eingespielt.

Generell können Sie durch die Anlagenbuchhaltung sowohl die Abschreibungen als auch die Zinsen für Ihre Anlagen wie z.B. Grundstücke, Maschinen, Großanlagen ermitteln. Die dazu notwendigen Einstellungen, der Berechnungsmodus (Algorithmus), die Berechnungszeiträume, gesetzliche Bestimmungen etc. werden innerhalb des SAP-Systems direkt bei der Anlagenbuchhaltung vorgenommen. Hier besteht ein sehr enger Abstimmungsbedarf!

② *Können bzw. sollen die Abschreibungen/Zinsen bezüglich deren **Beschäftigungsabhängigkeit** leistungsabhängig oder leistungsunabhängig übernommen werden?*

Sie haben die Möglichkeit, die Abschreibungen und/oder die Zinsen für Ihre betrieblichen Anlagen leistungsabhängig oder leistungsunabhängig vom Output einer Kostenstelle zu übernehmen. Im ersten Fall muß die Anlage sowohl einer Kostenstelle als auch der von dieser Kostenstelle zu erbringenden Leistungsart zugeordnet werden. Im zweiten Fall muß die Anlage nur der Kostenstelle zugeordnet werden.

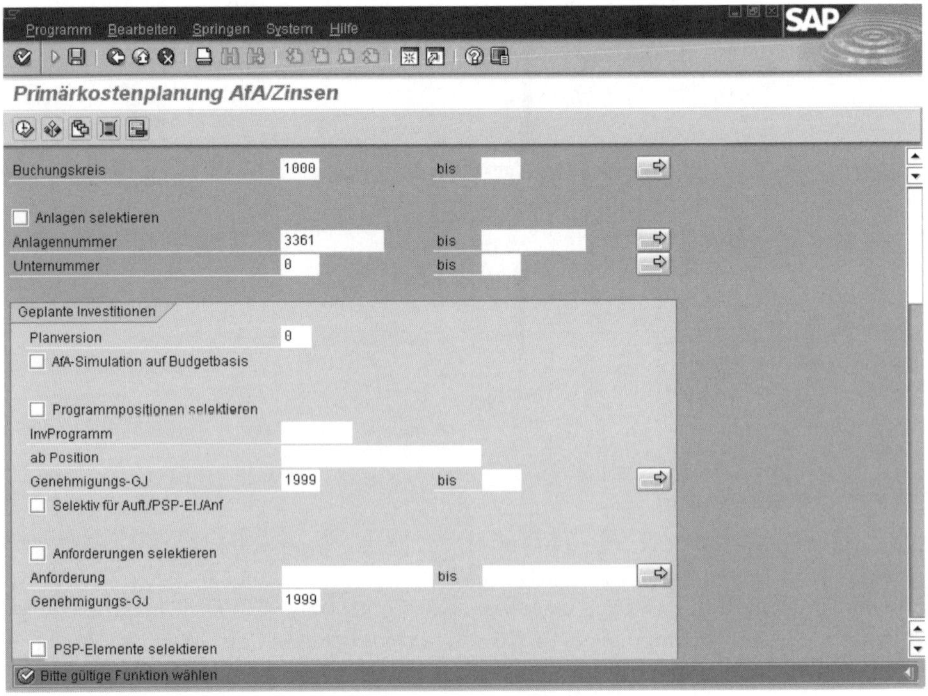

Abbildung 6.6.20-2: EnjoySAP Screen zur Übernahme AfA/Zinsen – Ausführen (© SAP AG)

③ *Welchen Kontierungsobjekten (z. B. Kostenstelle, Innenauftrag) ist eine Anlage* ***zugeordnet****, und unter welcher Kostenart sollen die Abschreibungen/Zinsen gebucht werden?*

Eine Anlage kann in der Anlagenbuchhaltung den Kontierungsobjekten Kostenstelle (siehe Ast ② *leistungsunabhängige Übernahme*), Kostenstelle/Leistungsart (siehe Ast ② *leistungsabhängige Übernahme*) und Innenauftrag zugeordnet werden. Ein Innenauftrag kann dabei in unterschiedlichen Ausprägungen auftreten (siehe Prozeßbaustein *Innenauftragsbearbeitung*), z. B. als Investitions- oder Gemeinkostenauftrag.

Beachte:
Alle Zuordnungen können immer nur im Verhältnis 1:1 zugeordnet werden, d.h., eine Anlage kann immer nur einem Kontierungsobjekt (z. B. Kostenstelle oder aber Kostenstellen-Leistungsart-Kombination) zugeordnet sein.

Darüber hinaus ist zu definieren, unter welchen Kostenarten diese Abschreibungen und Zinsen im SAP-System gebucht werden sollen. Diese Zuordnungen werden während der Realisierungsphase im Customizing der Anlagenbuchhaltung vorgenommen.

④ *Welchen der in der Anlagenbuchhaltung verwendeten* ***Wertansatz*** *(z. B. steuerrechtliche oder kalkulatorische Bewertung der Abschreibungen) wollen Sie in die Kostenrechnung übernehmen?*

Die Abstimmung mit der Anlagenbuchhaltung, mit welchen Abschreibungsansätzen dort gearbeitet wird und welche Sie in das Gemeinkosten-Controlling übernehmen wollen, ist von sehr großer Bedeutung. Im FI-AA können, um den verschiedensten Berichts- bzw. Gesetzesanforderungen gerecht zu werden, mehrere Wertansätze verwendet werden, z. B.:

- nach handelsrechtlichen Gesichtspunkten
- nach steuerrechtlichen Gesichtspunkten
- nach kalkulatorischen Gesichtspunkten etc.

In die Kostenrechnung können dabei alle Bewertungsansätze übernommen werden, wobei es i.d.R. nur Sinn macht, den kalkulatorischen Bewertungsbereich in die Kostenrechnung zu übernehmen, es sei denn, Sie leben den pagatorischen Kostenbegriff.

⑤ *Wie wollen Sie mit der Übernahme von* ***Investitionsmaßnahmen****, z. B. im Bau befindliche Gebäude oder maschinelle Anlagen, in die Kostenrechnung verfahren?*

Jede Investitionsmaßnahme, in deren Rahmen z. B. ein Gebäude oder eine maschinelle Anlage erstellt wird, muß periodisch auf eine Anlage im Bau abgerechnet werden. Ebenfalls fallen nach ihrer unterjährigen Fertigstellung Abschreibungen und Zinsen an. Falls Sie bereits bei Ihrer Planung diesen Sachverhalt berücksichtigen wollen, können Sie auch die Werte der Investitionsmaßnahmen kalkulieren und in die Kostenrechnung übernehmen.

6.6.21 Prozeß-Knowledge Map – Übernahme Personalkosten

Die Planungsintegration zwischen dem Gemeinkosten-Controlling (CO-OM) und der Personalplanung und -entwicklung (HR-PD) der SAP-Komponente HR ermöglicht es, dort geplante Personalkosten in die Primärkostenplanung der Kostenstellenrechnung im Rahmen der periodischen Kostenstellenplanung zu übernehmen.

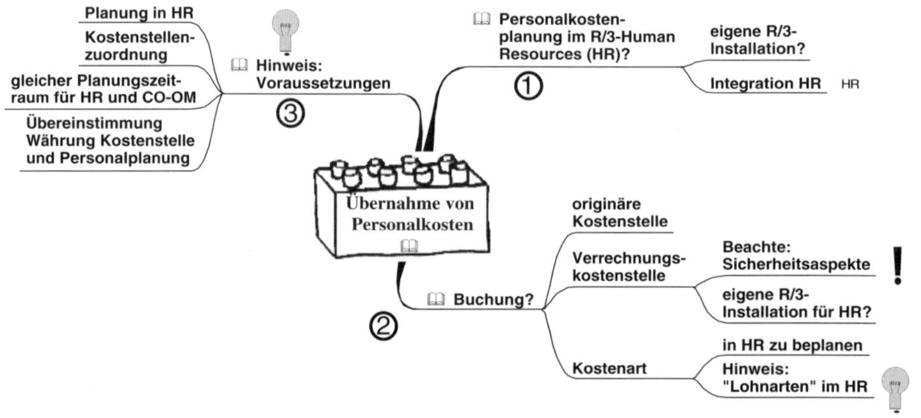

Abbildung 6.6.21-1: Prozeß-Knowledge Map – Übernahme Personalkosten

① *Kommt die **SAP-**Komponente Personalplanung und -entwicklung des **Human Resources (HR-PD)** in Ihrem Unternehmen zum **Einsatz**, und planen Sie dort Personalkosten?*

Falls die Komponente Personalplanung und -entwicklung des HR in Ihrem Unternehmen nicht zum Einsatz kommt, so können Sie die Bearbeitung dieses Bausteines überspringen. In diesem Fall werden dann i.d.R. die Personalkosten entweder direkt im Rahmen der Kostenartenplanung (siehe Prozeßbaustein *Kostenartenplanung*) im Dialog geplant oder über eine Fremddatenschnittstelle ins SAP-System eingespielt.

Darüber hinaus ist zu klären, ob in Ihrem Unternehmen abhängig vom organisatorischen Umfeld bei der periodischen Kostenplanung direkt von der Personalabteilung Personalkosten geplant werden. Dann können die dort geplanten Kosten bei der Kostenartenplanung für die Kostenstellen berücksichtigt und direkt auf die dem Personalstamm zugeordneten Kostenstellen übernommen werden.

Zu berücksichtigen ist dabei, ob das HR in Ihrem Unternehmen auf einem eigenen Rechner installiert ist, da dies die gesamte Abwicklung einer integrierten Plandatenübernahme beeinflußt.

② *Unter welcher Kostenart und wohin, d.h. auf welche Kostenstelle(n), soll die endgültige **Buchung** der Personalplankosten erfolgen?*

Bitte legen Sie fest, unter welcher Kostenart die zu übernehmenden Personalkosten in der Kostenstellenrechnung bzw. im gesamten SAP-System weiterverarbeitet werden. Dabei ist zu beachten, daß im HR mit sogenannten *Lohnarten* gearbeitet wird. Diese werden im Rahmen des in der Realisierungsphase durchgeführten Customizings den Kostenarten zugeordnet. Die Lohnarten können geplant und an das CO-OM übergeben werden.

Darüber hinaus müssen Sie entscheiden, ob Sie bei der Übernahme von Personalkosten vom HR an das CO-OM *direkt* auf die verursachenden Kostenstellen oder über das Hilfsmittel einer Verrechnungskostenstelle buchen wollen. Im ersten Fall werden die Kosten direkt auf die Kostenstellen gebucht. Im zweiten Fall erfolgt eine Sammelbuchung auf eine Verrechnungskostenstelle. Von dort werden die Personalkosten über die periodische Umbuchung auf die verursachenden Kostenstellen gebucht. Dies geschieht automatisch, d.h., Sie müssen die Regeln für die Umbuchung nicht explizit anlegen. Diese Verfahrensweise wird i.d.R. für die Übernahmen während den Ist-Kostenverrechnungen aus Sicherheitsgründen gewählt. Damit kann speziell im Bereich der Finanzbuchhaltung nicht jeder sehen, welche Kosten in welcher Höhe und auf welcher Kostenstelle gebucht werden. Deswegen kann diese Vorgehensweise auch bei der Planung verwendet werden. Bitte beachten Sie auch hier die Frage, ob in Ihrem Unternehmen das Modul HR auf einem eigenen SAP-System installiert ist.

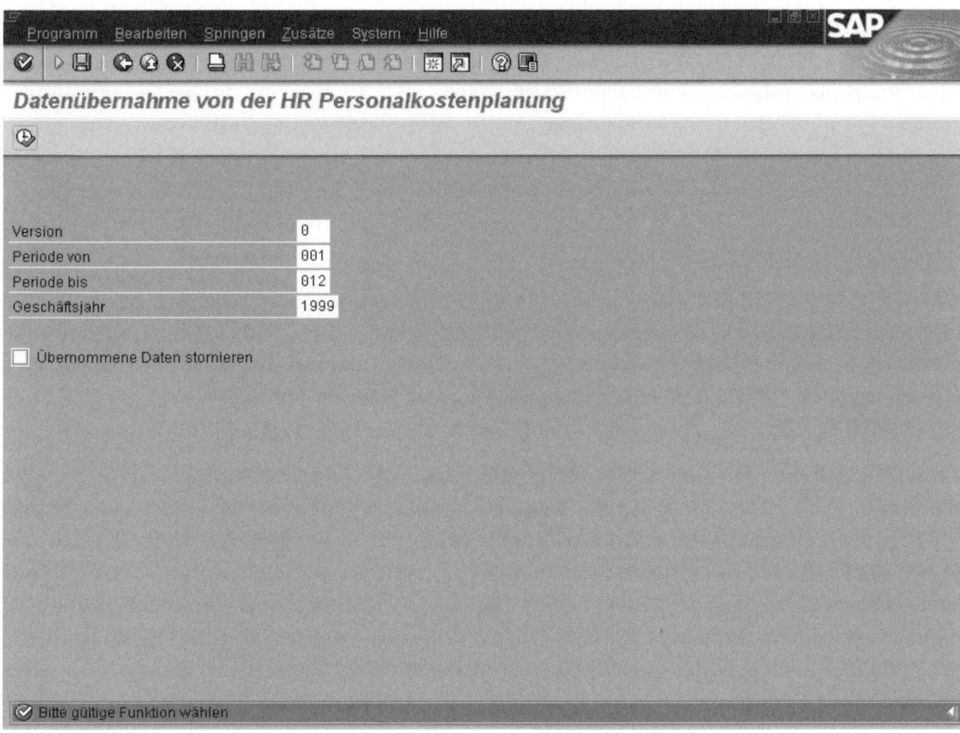

Abbildung 6.6.21-2: EnjoySAP Screen zur Übernahme Personalkosten – Ausführen (© SAP AG)

③ *Hinweis:*

Damit überhaupt geplante Kosten vom HR in das CO-OM übernommen werden können, müssen Sie sicherstellen, daß folgende Voraussetzungen gegeben sind:

- Es muß eine Kostenplanung im Personalbereich, d.h. im HR, durchgeführt werden.
- Jeder Mitarbeiter muß in seinem Personalstammsatz einer Kostenstelle zugeordnet sein.
- Die Plandaten im HR und im CO-OM müssen für dieselbe Periode erfaßt werden können.
- Die Währungen im HR und dem CO-OM müssen übereinstimmen.

6.6.22 Prozeß-Knowledge Map – Kostenartenplanung

Innerhalb des Prozeßbausteins *Kostenartenplanung* wird die leistungsabhängige oder leistungsunabhängige Planung einzelner Kostenarten pro Kostenstelle oder Kostenstelle/Leistungsart durchgeführt. Sie wird periodisch maschinell oder manuell durchgeführt.

① *Wie führen Sie Ihre* ***Primärkostenplanung*** *durch?*

Die Primärkostenplanung kann leistungsabhängig oder leistungsunabhängig durchgeführt werden. Dabei wird der Planwert direkt ins System pro Kostenart oder Kostenstelle/Leistungsart eingegeben. Die durch die Primärkostenplanung geplanten Kosten entstehen durch den Verbrauch von Gütern und Leistungen, die ihren Ursprung außerhalb des eigenen Unternehmens haben, wie z.B. Materialkosten, Fremdleistungen, Hilfs- und Betriebsstoffe, aber auch kalkulatorische Kosten.

Hinweis:
Im Rahmen der Planintegration können zwei Hauptkategorien von Primärkostenarten integriert von anderen Funktionsbereichen ins Controlling übernommen werden. Es handelt sich um die Übernahme der Personalkosten aus dem Bereich Human Resources (HR) und der Abschreibungen und Zinsen aus dem Bereich Anlagenmanagement (FI-AA).

Die leistungsabhängige Primärkostenplanung können Sie manuell und maschinell durchführen. Sie kann i.d.R. erst erfolgen, wenn die von einer Kostenstelle zu erbringende Leistung geplant wurde. Die maschinelle Durchführung wird durch den Prozeßbaustein *Abgrenzung* repräsentiert. Die zu beplanenden Kostenarten sind dabei direkt abhängig von der Leistungserbringung der Kostenstelle. Deshalb werden diese Kosten nicht nur auf der Ebene Kostenstelle, sondern ebenfalls in Abhängigkeit von den von der Kostenstelle zu erbringenden Leistungsarten geplant, d.h. pro Kostenstelle/Leistungsart. Bei der manuellen Planung werden diese manuell vom Planer oder Controller in das SAP-System eingegeben. Obwohl die Planung leistungsabhängig durchgeführt wird, kann es dabei in Abhängigkeit der erbrachten Leistungsmenge fixe und variable Kostenbestandteile geben.

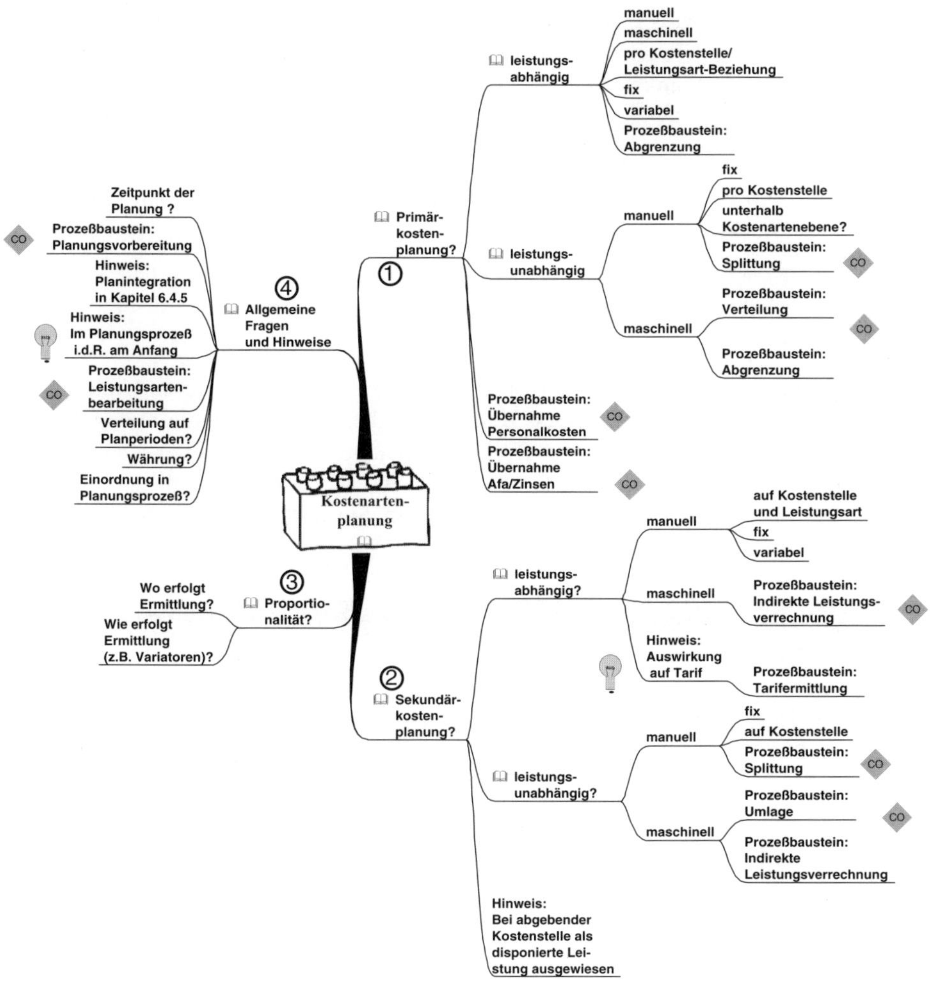

Abbildung 6.6.22-1: Prozeß-Knowledge Map – Kostenartenplanung

Beispiel:
Kostenstelle *Fertigung 1* erbringt die Leistungsart *Drehen*. Als abzugebende Leistungsmenge wurden 10.000 h geplant. Abhängig davon wird für die Leistungsart Drehen leistungsabhängig die Kostenart *400.000 Materialverbrauch* geplant, wovon 10.000 DM fix und 40.000 DM variabel sein sollen, d.h. unabhängig davon, ob die Kostenstelle Null oder die vollen 10.000 h Leistung erbringt, fallen 10.000 DM Materialverbrauch an.

Die leistungsunabhängige Primärkostenplanung können Sie manuell und maschinell durchführen. Sie kann vor oder nach der Leistungsartenplanung durchgeführt werden, wird aber i.d.R. ebenfalls erst nach der Leistungsartenplanung durchgeführt. Die maschinelle Durchführung wird durch die Prozeßbausteine *Verteilung* und *Abgrenzung* repräsentiert. Die

Kostenarten werden hierbei für die gesamte Kostenstelle, nicht aber in Abhängigkeit von den von der Kostenstelle zu erbringenden Leistungsarten geplant, d.h. pro Kostenstelle. Bei der manuellen Planung werden diese manuell vom Planer oder Controller in das SAP-System eingegeben. Die Plankosten haben dabei nur fixen Charakter.

Beispiel:
Kostenstelle *Fertigung 1* erbringt die Leistungsart *Drehen*. Als abzugebende Leistungsmenge wurden 10.000 h geplant. Völlig unabhängig davon wird nun für die Kostenstelle die Kostenart *420.000 Löhne* fix mit 50.000 DM geplant.

In bestimmten Fällen ist es gewünscht, eine Kostenart noch weiter zu detaillieren, d.h., die Planung soll unterhalb der Kostenartenebene durchgeführt werden.

Beispiel:
Sie planen die Kostenart Löhne, wollen aber unterscheiden in die in Ihrem Unternehmen vorkommenden Mitarbeiterkategorien A, B und C. In diesem Fall könnten Sie im Rahmen der Detailplanung verschiedene Werte differenziert planen, z.B. Mitarbeiter-Kategorie A = 10.000 DM und Mitarbeiter-Kategorie B = 20.000 DM. Das Ergebnis würde dann unter der Kostenart 420.000 ausgewiesen werden. Bitte klären Sie, ob ein solcher Sachverhalt in Ihrem Unternehmen vorkommt.

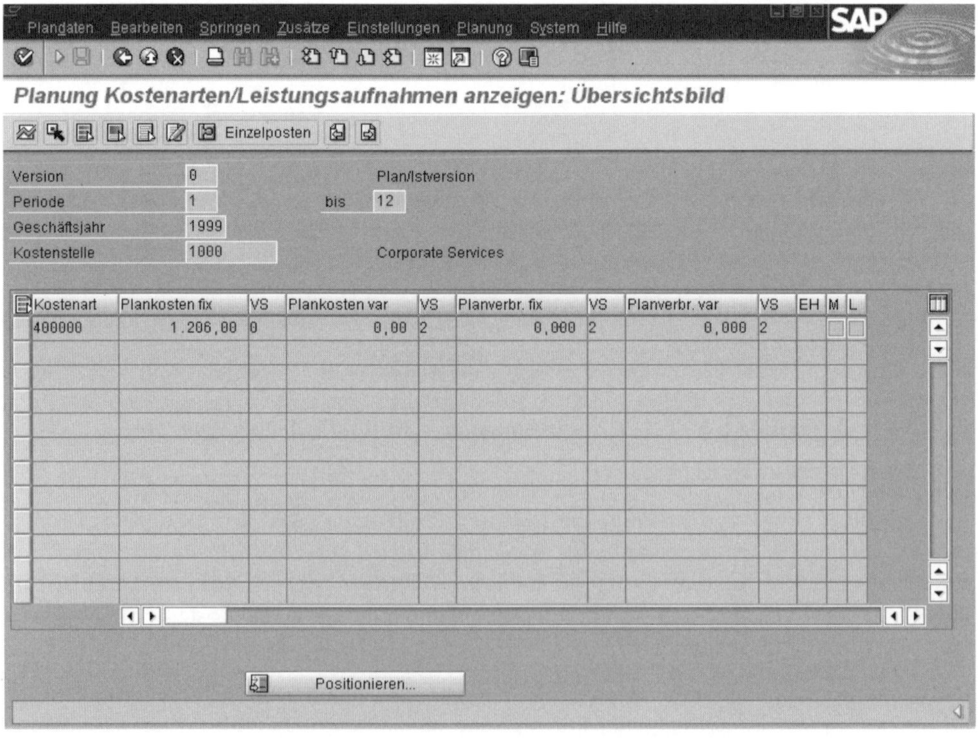

Abbildung 6.6.22-2: EnjoySAP Screen zur Kostenartenplanung – Ausführen (© SAP AG)

Hinweis:
Durch die leistungsunabhängige Planung auf Kostenstellenebene wird später die Splittung der Kosten notwendig, da ein Tarif nur pro Kostenstelle/Leistungsart ermittelt werden kann (siehe Prozeßbaustein *Splittung*).

② *Wie führen Sie Ihre* ***Sekundärkostenplanung*** *durch?*

Sekundärkosten entstehen durch unterschiedliche Verrechnungen in der Kostenrechnung, wie z.B. der innerbetrieblichen Leistungsverrechnung, Gemeinkostenzuschlagsrechnung, Innenauftragsabrechnung etc. Auch bei der Sekundärkostenplanung können die Kostenarten bzw. Leistungsaufnahmen leistungsabhängig oder -unabhängig geplant werden.

Bitte spezifizieren Sie, ob Sie die Planung dieser Kosten maschinell oder manuell durchführen wollen. Generell können Sie alle Sekundärkostenarten im Gemeinkosten-Controlling direkt auf dem entsprechenden Gemeinkostenobjekt planen. Oder Sie nutzen der Möglichkeit der maschinellen Planung.

Bitte beachten Sie jedoch, daß speziell für die Sekundärkosten aus Zuschlagsrechnung oder Innenauftragsabrechnung nur maschinell gearbeitet werden kann, falls die Innenaufträge planintegriert genutzt werden (siehe Prozeßbausteine *Auftragsplanung*, *Planungsvorbereitung Kostenstellen/Aufträge*, *Gemeinkostenzuschlagsrechnung* und *Auftragsabrechnung*). Falls Sie diese Möglichkeit nicht nutzen, kann die Planung nur direkt durch Erfassung der Planwerte zum Gemeinkostenobjekt und der Sekundärkostenart erfolgen.

Auch die Sekundärkosten, die stellvertretend für Leistungsverrechnungen stehen, können direkt in Höhe der Kosten geplant werden. Im Normalfall werden diese jedoch über die direkte oder indirekte Leistungsverrechnung geplant, bei der eine Verrechnung von Mengen erfolgt. Dazu wird die Leistungsaufnahme an Leistungsmengen auf der empfangenden Kostenstelle geplant, die dann automatisch mit dem Tarif multipliziert wird, um den entsprechenden Kostenbetrag zu berechnen. Bei der manuellen Planung wird der anzusetzende Betrag/Menge direkt ins System pro Kostenart und Kostenstelle oder Kostenstelle/Leistungsart eingegeben. Die nachfolgenden Erläuterungen beziehen sich auf die Sekundärkostenplanung durch Leistungsverrechnung.

Bei der leistungsabhängigen Sekundärkostenplanung wird die Leistungsaufnahme auf der aufnehmenden Kostenstelle leistungsabhängig geplant. Dies ist dann der Fall, wenn die Leistungsaufnahme in direkter Abhängigkeit zu der Erstellung der eigenen Leistung steht. Sie kann manuell und maschinell durchgeführt werden. Die maschinelle Durchführung wird durch den Prozeßbaustein *Indirekte Leistungsverrechnung* repräsentiert. Bei der manuellen Planung werden die Mengen manuell vom Planer oder Controller in das SAP-System eingegeben. Trotz der Leistungsabhängigkeit kann die Leistungsaufnahmemenge fix oder variabel geplant werden. Zu beachten sind hierbei die Auswirkungen auf die Tarife (siehe Prozeßbaustein *Tarifermittlung*).

Beispiel:
Kostenstelle *Fertigung 1* erbringt die Leistungsart *Drehen*. Als abzugebende Leistungsmenge wurden 10.000 h geplant. Abhängig davon wird nun für die Leistungsart Drehen leistungsabhängig die Aufnahme von 10 h der Leistungsart *Instandhaltungsstunden* der Kostenstelle *Betriebshandwerker* geplant. Die Gesamtaufnahme hierbei sind 10 h, wovon

jedoch fix nur 3 h aufgenommen werden. Das heißt, alleine dadurch, daß die Kostenstelle Fertigung 1 die Leistungsart Drehen anbietet, auch wenn sie in einer Periode nicht von anderen Kostenstellen in Anspruch genommen wird, fallen 3 h der Leistungsart Instandhaltung an.

Nimmt eine Kostenstelle die Leistung einer anderen Kostenstelle auf, steht dies aber in keinem kausalen Zusammenhang mit der Erbringung der eigenen Leistung, wird die Leistungsaufnahme leistungsunabhängig geplant. Die leistungsunabhängige Sekundärkostenplanung kann manuell und maschinell durchgeführt werden, wobei die maschinelle Durchführung durch die Prozeßbausteine *Umlage* und *Indirekte Leistungsverrechnung* repräsentiert wird. Bei der manuellen Planung werden die Leistungsaufnahmen manuell vom Planer oder Controller in das SAP-System eingegeben. Die Leistungsaufnahme kann hierbei nur fix erfolgen, d.h. auch die damit zusammenhängenden Plankosten haben rein fixen Charakter.

Beispiel:
Kostenstelle *Fertigung 1* erbringt die Leistungsart *Drehen*. Als abzugebende Leistungsmenge wurden 10.000 h geplant. Völlig unabhängig davon wird nun für die Kostenstelle die Leistungsaufnahme von 10 h der Leistungsart *Instandhaltungsstunden* der Kostenstelle *Betriebshandwerker* geplant. Die Gesamtaufnahme hierbei sind 10 h, die vollständig fixen Charakter haben.

Hinweis:
Durch die Planung auf Kostenstellenebene wird später die Splittung der Leistungsaufnahmen/Kosten notwendig, da ein Tarif nur pro Kostenstelle/Leistungsart ermittelt werden kann (siehe Prozeßbaustein *Splittung*).

③ *Wie und wo ermitteln Sie die* ***Proportionalität*** *Ihrer Kosten?*

Es gibt Kostenarten, die rein variablen Charakter haben, und Kostenarten, die rein fixen Charakter haben. Jedoch gilt für die meisten Kostenarten, daß sich deren Kostenanfall teilweise aus fixen und variablen Bestandteilen zusammensetzt. Aus der betrieblichen Erfahrung heraus ist in den meisten Unternehmen bekannt, wie dabei das Verhältnis aussieht. Es ist jedoch auch für die Prozeßanalyse wichtig, wie Sie diese Zusammensetzung ermitteln, d.h. welches Verfahren, z.B. Variatoren, setzen Sie ein und wo, d.h., innerhalb oder außerhalb des SAP-Systems ermitteln Sie dieses Verhältnis.

④ ***Allgemeine Fragen und Hinweise***

Zu ④: *Wie ordnen Sie die Kostenartenplanung in den gesamten* ***Planungsprozeßes*** *ein?*

Im Rahmen des Planungsprozesses der Kostenplanung sollte die Kostenartenplanung nach der Leistungsartenplanung erfolgen, da – speziell für die leistungsabhängigen Kosten – erst bekannt sein sollte, wie hoch die von der Kostenstelle zu erbringende Leistung ist.

Zu ④: *In welcher/n* ***Währung/en*** *sollen die Kosten geplant werden?*
Siehe Prozeßbaustein *Planungsvorbereitung Kostenstellen/Aufträge*.

Zu ④: *Falls Sie für mehrere Perioden einen gesamten* ***Planwert*** *erfassen, wie soll dieser auf die einzelnen Perioden* ***verteilt*** *werden?*
Werte, die Sie für mehrere Perioden als Gesamtbetrag eingeben, können über Verteilungsschlüssel auf die einzelnen Detailperioden verteilt werden (siehe Prozeßbaustein *Planungsvorbereitung Kostenstellen/Aufträge).*

Beachte:
Alle maschinellen Verrechnungen, die im Ist (Periodenabschluß) erfolgen, können auch in der Planung durchgeführt werden (siehe in dieser Knowledge Map die Hinweise auf die entsprechenden Planprozeßbausteine). Da deren Durchführung während der Planung nicht wesentlich von der im Ist abweicht, wird auf die entsprechenden Stellen bei den Szenarien Ist-Kosten- und Erlösverrechnung und Periodenabschluß eingegangen. Darauf, wo es zwischen Ist und Plan Unterschiede gibt, wird explizit hingewiesen.

6.6.23 Prozeß-Knowledge Map – Auftragsplanung

Bei der Auftragsplanung handelt es sich um die Erfassung von Planwerten für Kosten und Leistungen, die während des Lebenszyklus eines Auftrags voraussichtlich auf diesem anfallen werden. Dabei kann eine Gegenüberstellung von Plan- und Ist-Kosten sowie eine differenzierte Abweichungsanalyse erfolgen. Im Rahmen des Prozeßbausteines *Planungsvorbereitung Kostenstellen/Innenaufträge* wurden bereits sämtliche vorbereitende Fragen zur Innenauftragsplanung abgehandelt. Darüber hinaus gelten die im Zuge der Prozeßbausteine *Kostenartenplanung, Leistungsartenplanung* und *Planung statistischer Kennzahlen* gestellten Fragen auch für die Innenaufträge. Deshalb werden an dieser Stelle nur die Fragen gestellt, die sich von den bereits ausgeführten unterscheiden.

① *Führen Sie eine* ***Planung*** *auf Ihren* ***Innenaufträgen*** *durch, falls ja, welche Auftragsarten werden voraussichtlich geplant?*

Falls Sie in Ihrem Unternehmen das Innenauftrags-Controlling (CO-OM-OPA) anwenden, müssen Sie festlegen, ob Sie für diese Aufträge auch eine Planung durchführen. Da es verschiedene Auftragsarten gibt (siehe Prozeßbaustein *Innenauftragsbearbeitung),* ist zuerst zu identifizieren, für welche Auftragsarten eine Planung durchgeführt werden soll.

Hinweis:
Aus Gründen der Durchführbarkeit macht dies i.d.R. nur für längerfristige Aufträge Sinn, nicht jedoch für Aufträge, die nur einen sehr kurzen Lebenszyklus haben, z.B. Aufträge für unvorhergesehene Kleinreparaturen.

Ebenfalls ist zu klären, ob Sie mit der Planintegration von Innenaufträgen und Kostenstellen arbeiten. Siehe dazu die Erläuterungen zum Prozeßbaustein *Planungsvorbereitung Kostenstellen/Innenaufträge.*

② *Welche Werte sollen auf den Innenaufträgen geplant werden (***Planungsumfang***)?*

Auf den Innenaufträgen können Sie sowohl eine Planung von Kostenarten und Leistungsarten als auch von statistischen Kennzahlen vornehmen. Siehe Prozeßbausteine *Planung Leistungsarten, Planung Kostenarten* und *Planung statistischer Kennzahlen.*

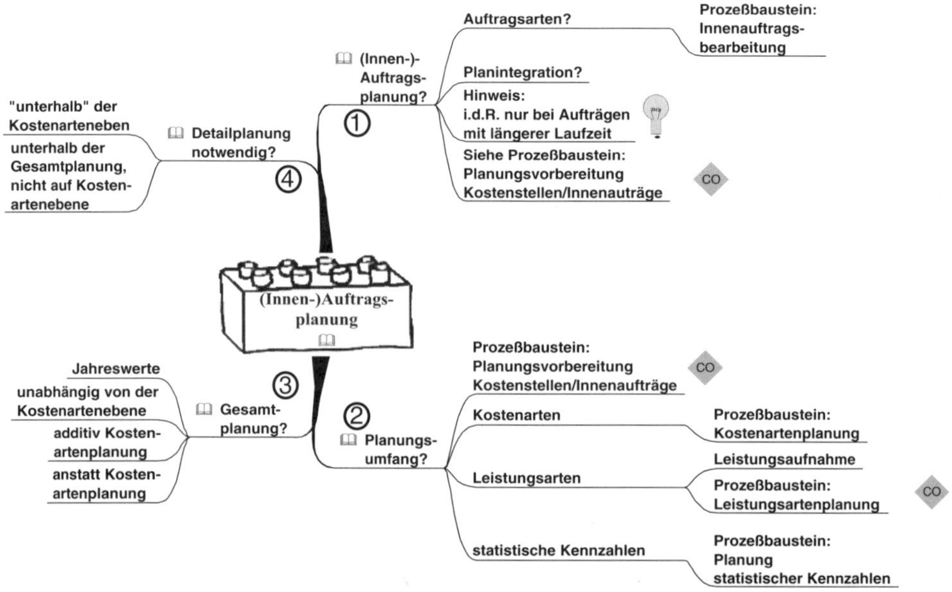

Abbildung 6.6.23-1: Prozeß-Knowledge Map – Auftragsplanung

③ *Wollen Sie eine **Gesamtplanung** von Kosten und/oder Erlösen kostenartenunabhängig auf den Innenaufträgen durchführen?*

Neben der kostenartenabhängigen Planung haben Sie zusätzlich die Möglichkeit, Gesamtplanwerte im Rahmen einer sogenannten Gesamtplanung zu erfassen. Diese werden nur pro Geschäftsjahr und unabhängig von Kostenarten, d.h. nicht im Detaillierungsgrad der einzelnen Kostenarten, geplant. Die auf diese Art und Weise erfaßten Werte können entweder additiv zur detaillierten Planung auf Kostenartenebene oder aber statt dieser erfaßt werden. Der erstgenannte Fall kann eintreten, wenn Sie bestimmte Werte für den Auftrag auf Ebene der Kostenarten planen, damit aber nicht alle erwarteten Kosten abdecken. Der letztgenannte Fall kann eintreten, wenn Sie überhaupt keine detaillierte Planung auf Kostenartenebene durchführen, jedoch grobe Planwerte erfassen möchten.

④ *Gibt es in Ihrem Unternehmen den Fall, daß Plandaten detaillierter als auf der Kosten artenebene erfaßt werden sollen (**Detailplanung**)?*

Während der Innenauftragsplanung haben Sie die Möglichkeit, Kosten und/oder Erlöse sowohl über die Gesamtplanung als auch die Kostenartenplanung zu erfassen. Falls Ihnen der Detaillierungsgrad der Kostenartenplanung nicht ausreicht, können Sie Werte auch unterhalb der Kostenartenebene mit Hilfe der Detailplanung in weitere Kategorien aufsplitten. Dieses Verfahren kann jedoch nicht nur für die Planung unterhalb der Kostenartenebene, sondern auch für die Gesamtplanung angewandt werden.

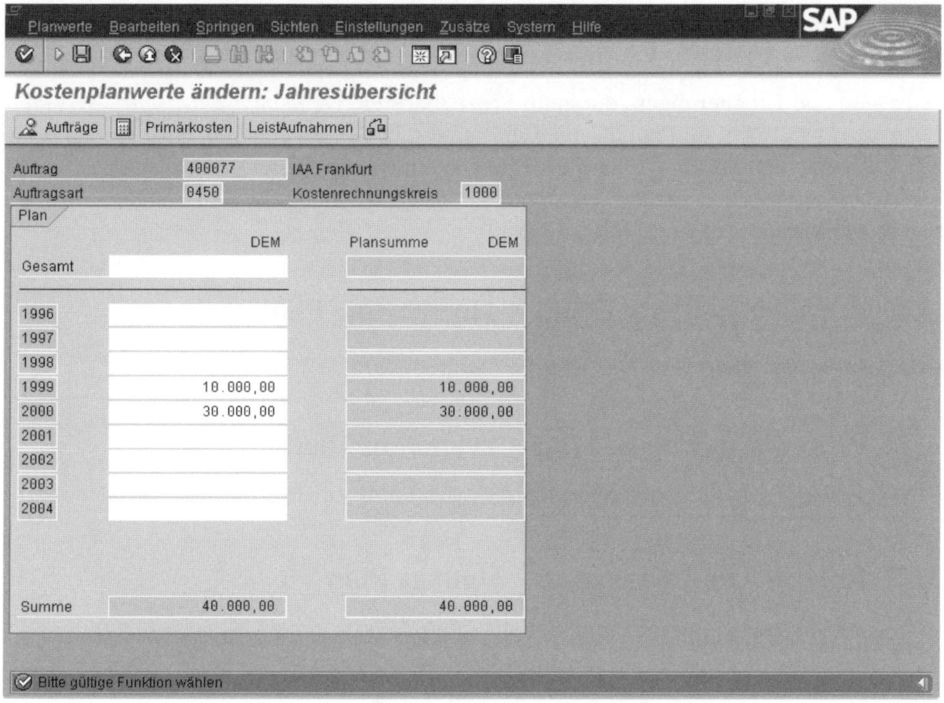

Abbildung 6.6.23-2: EnjoySAP Screen zur Auftragsplanung – Ausführen (© SAP AG)

Beispiel:
Die Lohnkosten werden unter der Kostenart 420000 erfaßt. Laut Plan sind dafür 368.700 DM vorgesehen. Allerdings lassen sich die Lohnkosten nach Mitarbeiterkategorie und Periode differenzieren:

So sind für die drei Mitarbeiter der Kategorie A pro Periode je 1.000 DM geplant, d.h. 36.000 DM für die Mitarbeiter der Kategorie A. Für die Mitarbeiter der Kategorie B sind dagegen nur in den Perioden 1 bis 3 und 10 bis 12 Kosten in Höhe von je 1.000 DM geplant (d.h. 6.000 DM für die Mitarbeiter der Kategorie B), da es sich hierbei um saisonal eingestellte, externe Kräfte handelt. Für die Mitarbeiter der Kategorie C sind in den Perioden 6 bis 8 Kosten in Höhe von je 900 DM geplant (d.h. 2.700 DM für die Mitarbeiter der Kategorie C), da es sich hier um Urlaubsaushilfen handelt. Dieser Detaillierungsgrad kann nicht im Rahmen der „normalen“ Primärkostenplanung auf Summenebene (je Kostenart) erzielt werden, sondern nur im Rahmen der Einzelkalkulation (vgl. Online-Dokumentation, Version 4.0B, SAP AG).

6.6.24 Prozeß-Knowledge Map – Gemeinkostenzuschlagsrechnung (Innenauftrag) Plan

Die Fragen und Erläuterungen, die beim Prozeßbaustein *Gemeinkostenzuschlagsrechnung (Innenauftrag)* sowohl im Plan als auch im Ist gestellt werden müssen, entsprechen bis auf wenige Ausnahmen denen, die zum Prozeßbaustein *Gemeinkostenzuschlagsrechnung Fertigungsauftrag* gestellt werden. Deswegen sei an dieser Stelle auf den genannten Prozeßbaustein verwiesen.

6.6.25 Prozeß-Knowledge Map – Abgrenzung Plan

Siehe Knowledge Map Prozeßkapitel 6.6.44, *Abgrenzung Ist.*

6.6.26 Prozeß-Knowledge Map – Verteilung Plan

Siehe Knowledge Map Prozeßkapitel 6.6.45, *Verteilung Ist.*

6.6.27 Prozeß-Knowledge Map – Umlage Plan

Siehe Knowledge Map Prozeßkapitel 6.6.46, *Umlage Ist.*

6.6.28 Prozeß-Knowledge Map – (Innen-)Auftragsabrechnung Plan

Die Fragen und Erläuterungen, die beim Prozeßbaustein *Auftragsabrechnung (Innenauftrag)* im Plan oder Ist gestellt werden müssen, entsprechen bis auf wenige Ausnahmen denen, die zum Prozeßbaustein *Abrechnung Produktkosten* gestellt werden. Dabei sind jedoch die Äste 1 und 2 nicht relevant. Darüber hinaus muß bei der Innenauftragsabrechnung des Gemeinkostenauftrages nicht unterschieden werden, ob nur für die Abrechnung die Ware in Arbeit oder die Abweichungen relevant sind. Vielmehr handelt es sich grundsätzlich bei der Abrechnung des Innenauftrags um die Abrechnung des gesamten Saldos, der zu dem Abrechnungszeitpunkt noch auf dem Auftrag vorhanden ist. Hervorgehoben werden soll an dieser Stelle die Frage nach dem Abrechnungszeitpunkt, den Abrechnungsempfängern (generell sind bei den Innenaufträgen alle Empfänger, die im Controlling vorhanden sind, möglich) und der Entlastungskostenart.

6.6.29 Prozeß-Knowledge Map – Indirekte Leistungsverrechnung Plan

Siehe Knowledge Map Prozeßkapitel 6.6.48, *Indirekte Leistungsverrechnung.*

6.6.30 Prozeß-Knowledge Map – Splittung Plan

In dem Prozeßbaustein *Kostenartenplanung* wird die Planung der Primär- und Sekundärkosten behandelt. Dabei wird auch abgefragt, ob Sie Kostenarten leistungsabhängig oder leistungsunabhängig planen. Durch die Plankostensplittung werden leistungsunabhängig geplante Kosten einer Kostenstelle auf die von dieser Kostenstelle zu erbringenden 1 bis n Leistungsarten gesplittet. Sie ist Voraussetzung für folgende Vorgänge:

- *Tarifermittlung (Plan und Ist)*

Das SAP-System ermittelt die Plantarife aus dem Quotienten von Plankosten und Planleistung. Die Tarife bestehen dabei aus einem fixen und variablen Anteil. Um die Vollständigkeit der Tarife sicherzustellen, müssen die leistungsunabhängig geplanten Kosten auf die Leistungsarten der Kostenstelle aufgeteilt werden. Sie gehen dann in den fixen Tarifanteil des Gesamttarifs ein. Diese Aufteilung wird durch die Splittung durchgeführt.

- *Plan-/Ist-/Soll-Vergleich*

Um das Ziel zu erreichen, alle Kosten auf der Ebene Kostenstelle/Leistungsart durch einen Plan-/Ist-/Soll-Vergleich gegenüberzustellen, müssen die leistungsunabhängigen Kosten, die auf der Ebene der Kostenstelle erfaßt sind, sowohl im Ist als auch im Plan auf die Leistungsarten gesplittet werden. Dabei werden im Ist und im Plan die gleichen Verfahren angewendet.

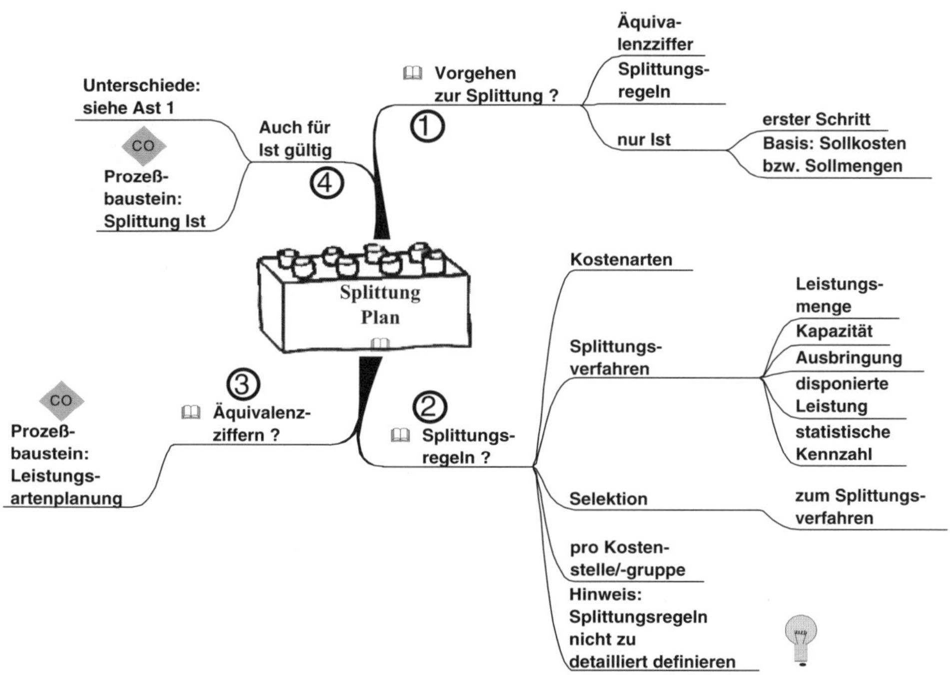

Abbildung 6.6.30-1: Prozeß-Knowledge Map – Splittung Plan

① *Wie wollen Sie bei der* ***Splittung*** *der leistungsunabhängigen Kosten* ***vorgehen****?*

Zur Splittung der leistungsunabhängigen Kosten haben Sie mehrere Möglichkeiten:

- Nutzung von Äquivalenzziffern, die pro Kostenstellen-Leistungsarten-Beziehung geplant werden können
- Nutzung von Splittungsregeln, bei denen explizit angegeben werden kann, wie bestimmte Kostenarten gesplittet werden sollen, und
- im Ist über die Soll-Kosten oder Soll-Mengen. Bitte beachten Sie, daß dies keine Option darstellt, da bei der Splittung im Ist immer zuerst vom System versucht wird, über diese Sollmengen/-kosten zu splitten. Es sei darauf verwiesen, daß Ist-Kosten immer nur auf Ebene der Kostenstelle und nie auf Ebene Kostenstelle/Leistungsart erfaßt werden können. Deswegen muß, um die Kosten auf die Ebene Kostenstelle/Leistungsart zu bringen, die Ist-Kostensplittung genutzt werden.

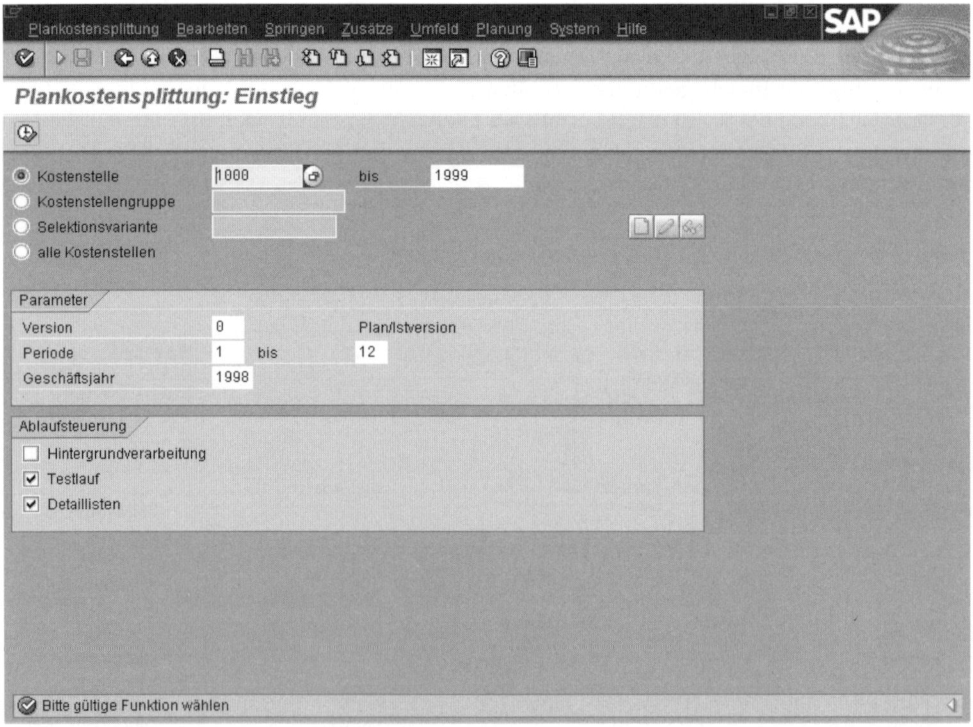

Abbildung 6.6.30-2: EnjoySAP Screen zur Splittung Plan – Ausführen (© SAP AG)

② *Falls Sie mit* ***Splittungsregeln*** *arbeiten, wie sollen diese dann aussehen?*

Bei den Splittungsregeln können Sie pro Kostenart oder Kostenartengruppe definieren, welches Splittungsverfahren dafür verwendet werden soll. Die Splittungsverfahren sind dabei von SAP fest vorgegeben und umfassen die Splittung auf der Basis (jeweils für Ist- oder

Planwerte) von Leistungsmengen, der Ausbringung, der Kapazität, der disponierten Leistung oder der statistischen Kennzahlen. Darüber hinaus können Sie noch angeben, welches Selektionskriterium pro Verfahren, z.B. welche statistische Kennzahl oder Leistungsart genutzt werden soll. Die Splittungsregeln sind dabei pro Kostenstelle oder Kostenstellengruppe zuordenbar.

③ *Falls Sie **Äquivalenzziffern** pro Leistungsart zur Splittung benutzen wollen, wie hoch sind diese dann für die einzelnen Leistungsarten?*

Wie bereits genannt, kann bei der Leistungsartenplanung angegeben werden, wie hoch die Äquivalenzziffer für eine Leistungsart ist. Bitte spezifizieren Sie hier deren Höhe.

④ *Hinweis:* Die im Rahmen der Behandlung dieses Prozeß-Knowledge Maps gestellten Fragen und erläuterten Grundlagen sind auch gültig für die Splittung Ist, siehe Prozeßbaustein *Splittung Ist*. Die möglichen marginalen Unterschiede sind in dieser Knowledge Map unter Ast ① erläutert.

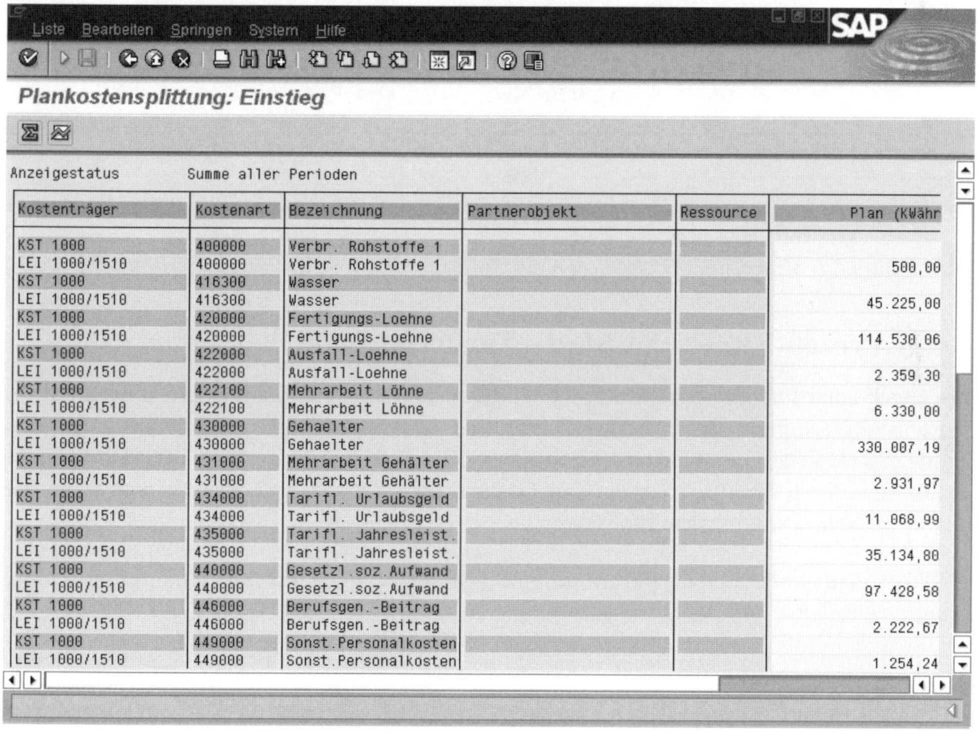

Anzeigestatus Summe aller Perioden

Kostenträger	Kostenart	Bezeichnung	Partnerobjekt	Ressource	Plan (KWähr
KST 1000	400000	Verbr. Rohstoffe 1			
LEI 1000/1510	400000	Verbr. Rohstoffe 1			500,00
KST 1000	416300	Wasser			
LEI 1000/1510	416300	Wasser			45.225,00
KST 1000	420000	Fertigungs-Loehne			
LEI 1000/1510	420000	Fertigungs-Loehne			114.530,06
KST 1000	422000	Ausfall-Loehne			
LEI 1000/1510	422000	Ausfall-Loehne			2.359,30
KST 1000	422100	Mehrarbeit Löhne			
LEI 1000/1510	422100	Mehrarbeit Löhne			6.330,00
KST 1000	430000	Gehaelter			
LEI 1000/1510	430000	Gehaelter			330.007,19
KST 1000	431000	Mehrarbeit Gehälter			
LEI 1000/1510	431000	Mehrarbeit Gehälter			2.931,97
KST 1000	434000	Tarifl. Urlaubsgeld			
LEI 1000/1510	434000	Tarifl. Urlaubsgeld			11.068,99
KST 1000	435000	Tarifl. Jahresleist.			
LEI 1000/1510	435000	Tarifl. Jahresleist.			35.134,80
KST 1000	440000	Gesetzl.soz.Aufwand			
LEI 1000/1510	440000	Gesetzl.soz.Aufwand			97.428,58
KST 1000	446000	Berufsgen.-Beitrag			
LEI 1000/1510	446000	Berufsgen.-Beitrag			2.222,67
KST 1000	449000	Sonst.Personalkosten			
LEI 1000/1510	449000	Sonst.Personalkosten			1.254,24

Abbildung 6.6.30-3: EnjoySAP Screen zur Splittung Plan – Ergebnis (© SAP AG)

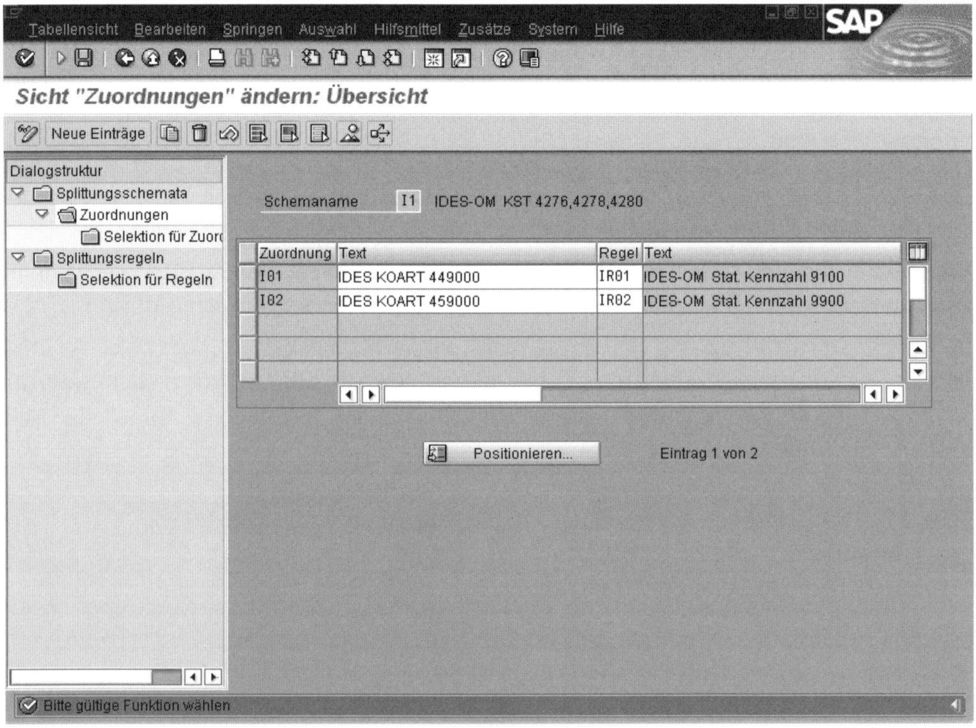

Abbildung 6.6.30-4: EnjoySAP Screen zur Splittung Plan – Splittungsregeln (© SAP AG)

6.6.31 Prozeß-Knowledge Map – Tarifermittlung Plan

Mit der Plantarifermittlung werden die Tarife = Preise der geplanten Leistungsarten pro Kostenstelle ermittelt. Dabei berücksichtigt das SAP-System alle geplanten Leistungsbeziehungen zwischen den Kostenstellen und errechnet die Tarife iterativ durch Division der Plankosten durch die Planleistung. Der Gesamttarif setzt sich später aus einem fixen und einem variablen Anteil zusammen.

① *Wie wollen Sie bei der Tarifermittlung* ***vorgehen****, soll der Tarif manuell oder maschinell ermittelt werden?*

Generell können Sie den Tarif einer Leistungsart manuell (= politisch) vorgeben oder aber maschinell vom SAP-System ermitteln lassen (siehe Prozeßbaustein *Leistungsartenbearbeitung*). Falls Sie Tarife manuell vorgeben, entfällt die Bearbeitung dieses Prozeßbausteines, es sei denn, Sie wollen die maschinellen Tarife trotz Verwendung manueller Tarife für die eigentlichen Leistungsverrechnungen als Vergleichswerte verwenden. Dabei ist zu beachten, daß die gegenseitigen Leistungsgeflechte von Kostenstellen nur bei der maschinellen Ermittlung berücksichtigt werden können.

Beispiel:
Kostenstelle *A* nimmt von der Leistungsart *Montagestunden* der Kostenstelle *B* 10 h in Anspruch. Kostenstelle B nimmt hingegen 50 h der Leistungsart Reparaturstunden der Kostenstelle A in Anspruch. Die Formeln, die durch ein iteratives Leistungsgeflecht aufgebaut und berechnet werden müssen, lauten:

Tarif Kostenstelle A =
(Primärkosten A + 10 h · Tarif Leistungsart Montagestunden der Kostenstelle B)
Planleistung Leistungsart Reparaturstunden

Tarif Kostenstelle B =
(Primärkosten B + 50 h · Tarif Leistungsart Reparaturstunden der Kostenstelle B)
Planleistung Leistungsart Montagestunden

Der Gesamttarif setzt sich dabei aus einem fixen und einem variablen Anteil zusammen. Dazu folgendes Beispiel:

Kostenstelle Fertigung 1
zu erbringende Planleistung 1000 h der Leistungsart Drehen 1
Geplante fixe Kosten:
Kostenart Löhne 42000010.000 DM
Kostenart Abschreibungen 410000 20.000 DM
Geplante variable Kosten:
Kostenart Löhne 42000020.000 DM
Leistungsaufnahme Leistungsart Reparaturstunden Kostenstelle Elektriker: 100 h à 100 DM (von diesem Tarif sind dabei 50 DM fix und 50 DM variabel).

Dies ergibt folgende Berechnung:
Tarif fix = (30.000 DM fix geplante Kostenarten + fixer Tarifanteil Leistungsaufnahme 100 h = 5.000 DM) / 1000 h = 35 DM
Tarif variabel = (20.000 DM variabel geplante Kostenarten + variabler Tarifanteil Leistungsaufnahme 100 h = 5.000 DM) / 1000 h = 25 DM
Tarif gesamt = 60 DM (siehe Abbildung 6.6.31-1)

② *Auf **Basis** welcher Menge soll der fixe Anteil am Tarif der Kostenstelle berechnet werden: Planleistung oder Kapazität?*

Diese Frage wurde bereits bei der Bearbeitung des Prozeßbausteins *Leistungsartenbearbeitung* behandelt.

③ *Nach welchem **Verfahren** soll der Tarif berechnet werden?*

Für die Tarifermittlung stehen Ihnen drei unterschiedliche Verfahren zur Verfügung:

- *Periodisch differenzierte Tarifermittlung*

Um den Tarif zu berechnen, werden die Kosten jeder einzelnen Periode durch die entsprechenden Leistungsmengen dividiert. Dies kann darin resultieren, daß es periodisch unterschiedliche Tarife gibt.

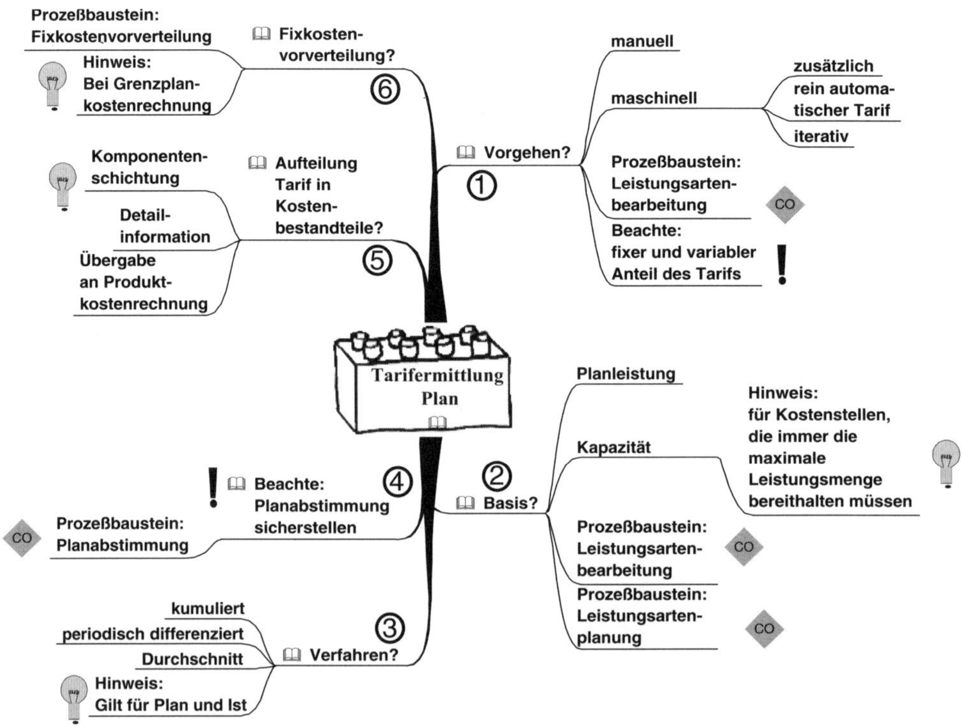

Abbildung 6.6.31-1: Prozeß-Knowledge Map – Tarifermittlung Plan

Beachte:
Dieses Vorgehen kann zu ungerechtfertigter Betrachtung und Bewertung der Leistungen in den unterschiedlichen Perioden führen, da bei gleichen fixen Kosten, aber bei periodisch unterschiedlichen Leistungsmengen immer ein anderer Tarif errechnet wird (speziell bei periodischen Schwankungen kritisch). Dann wird zur Bewertung von Leistungsaufnahmen in Perioden mit geringer Leistungsmenge ein relativ hoher Tarif herangezogen, wohingegen eine Leistungsaufnahme in einer Periode mit hoher Leistungsmenge mit einem relativ niedrigen Tarif bewertet wird.

- *Kumulierte Tarifermittlung*

Der Tarif einer Periode ergibt sich jeweils aus der Summe der Kosten und Leistungen aller Perioden bis zur Betrachtungsperiode. Damit werden Kostenschwankungen in den einzelnen Perioden geglättet. Dabei ist zu berücksichtigen, daß nachfolgend alle Leistungsbezüge aller Perioden mit diesem neuen Tarif bewertet werden. Es wird deshalb notwendig, daß in der laufenden Periode Ausgleichsbuchungen erfolgen, die diese Gleichbewertung sicherstellen.

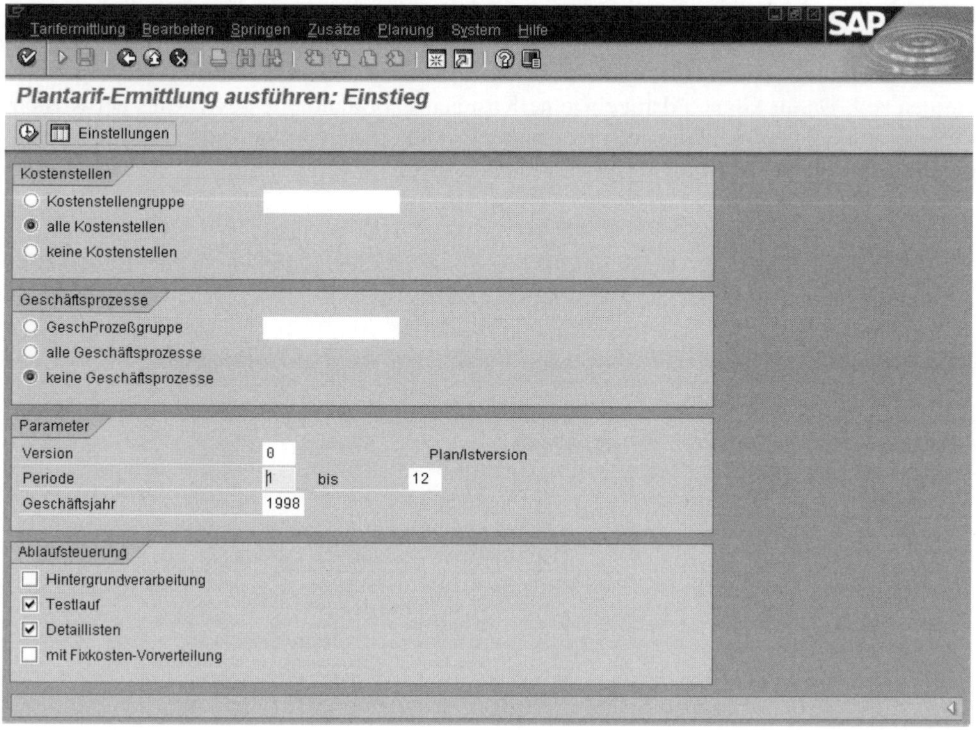

Abbildung 6.6.31-2: EnjoySAP Screen zur Tarifermittlung Plan – Einstieg (© SAP AG)

- *Durchschnittstarifermittlung*

Bei diesem Vorgehen werden die Kosten aller Perioden durch die Summe der Leistungsmenge einer Leistungsart *über alle Perioden* dividiert. Gegenüber dem periodischen Tarif wird dadurch gewährleistet, daß unabhängig von der Periode die Leistungsaufnahmen aller Empfänger mit dem gleichen Tarif bewertet werden. Es ist jedoch zu beachten, daß sich hierbei in den einzelnen Perioden keine vollständige Entlastung ergibt. Die vollständige Entlastung einer Kostenstelle kann nur in der Summe aller Perioden erreicht werden.

④ *Achtung:*

Um richtige Tarife zu erhalten, müssen Sie darauf achten, daß Ihre Planung abgestimmt ist (siehe Prozeßbaustein *Planabstimmung*). Das bedeutet, daß die auf den abgebenden Kostenstellen disponierte Leistungsmenge (= Leistungsaufnahme, die andere Kostenstellen geplant haben) nicht größer als die von dieser Senderkostenstelle geplante Leistungsabgabemenge ist.

⑤ *Ist es in Ihrem Unternehmen notwendig, den Tarif in einzelne Kostenartenbestandteile mit Hilfe einer* ***Komponentenschichtung*** *zu gliedern?*

Mit Hilfe der Komponentenschichtung ist es im SAP-System möglich, die Zusammensetzung eines Tarifs transparent zu machen. Damit können Sie erkennen, aus welchen

Bestandteilen ein Tarif besteht. Dies ist entweder aus Gründen einer Detailinformation gewünscht oder weil diese Schichtung an die Produktkostenrechnung und deren Komponentenschichtung (siehe Prozeßbaustein *Vorbereitung Plankalkulation*) weitergereicht werden soll. Damit können dann einzelne Kostenartenbestandteile des Tarifes der Kostenstellenrechnung gezielt in die entsprechenden Produktkostenkomponenten der Produktkalkulation, in vollem Detaillierungsgrad, gesteuert werden.

Beispiel:

Sie wollen den Tarif der Leistungsart Fertigungsstunden aufteilen in die Bestandteile Abschreibungen, Personalkosten, Hilfsstoffe und Energie.

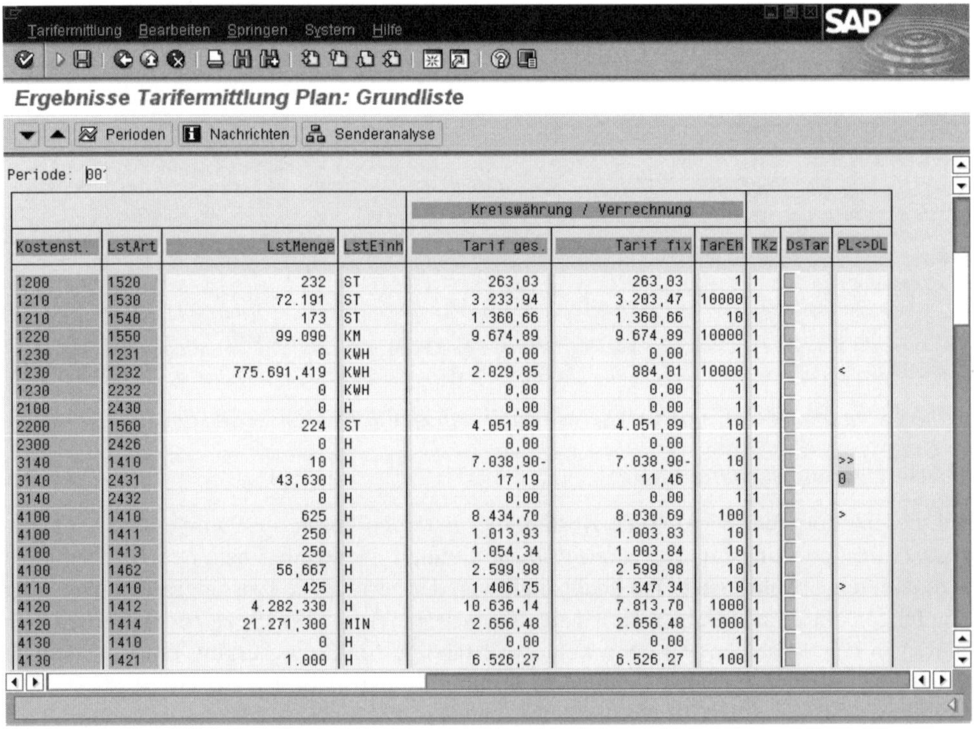

Kostenst.	LstArt	LstMenge	LstEinh	Tarif ges.	Tarif fix	TarEh	TKz	DsTar	PL<>DL
1200	1520	232	ST	263,03	263,03	1	1		
1210	1530	72.191	ST	3.233,94	3.203,47	10000	1		
1210	1540	173	ST	1.360,66	1.360,66	10	1		
1220	1550	99.090	KM	9.674,89	9.674,89	10000	1		
1230	1231	0	KWH	0,00	0,00	1	1		
1230	1232	775.691,419	KWH	2.029,85	884,01	10000	1		<
1230	2232	0	KWH	0,00	0,00	1	1		
2100	2430	0	H	0,00	0,00	1	1		
2200	1560	224	ST	4.051,89	4.051,89	10	1		
2300	2426	0	H	0,00	0,00	1	1		
3140	1410	10	H	7.038,90-	7.038,90-	10	1		>>
3140	2431	43,630	H	17,19	11,46	1	1		0
3140	2432	0	H	0,00	0,00	1	1		
4100	1410	625	H	8.434,70	8.030,69	100	1		>
4100	1411	250	H	1.013,93	1.003,83	10	1		
4100	1413	250	H	1.054,34	1.003,84	10	1		
4100	1462	56,667	H	2.599,98	2.599,98	10	1		
4110	1410	425	H	1.406,75	1.347,34	10	1		>
4120	1412	4.282,330	H	10.636,14	7.813,70	1000	1		
4120	1414	21.271,300	MIN	2.656,48	2.656,48	1000	1		
4130	1410	0	H	0,00	0,00	1	1		
4130	1421	1.000	H	6.526,27	6.526,27	100	1		

Abbildung 6.6.31-3: EnjoySAP Screen zur Tarifermittlung Plan – Ergebnis (© SAP AG)

⑥ *Arbeiten Sie im Rahmen einer Grenzplankostenrechnung mit auf Vollkosten basierenden Verrechnungssätzen und wollen eine* ***Fixkostenvorverteilung*** *durchführen?*

Falls Sie als Kostenrechnungsphilosophie die Grenzplankostenrechnung verfolgen, d.h., nur die variablen Anteile der Tarife weiter auf die betrieblichen Leistungseinheiten verrechnen wollen, aber trotzdem auf Vollkosten basierende Verrechnungssätze zum Einsatz kommen sollen, ist zu empfehlen, mit der Fixkostenvorverteilung zu arbeiten (siehe *Prozeßbaustein Fixkostenvorverteilung*).

6.6.32 Prozeß-Knowledge Map – Vorbereitung Kalkulation

Die Vorbereitung der Produktkalkulation ist der wichtigste Schritt zur Durchführung der Kalkulationen, da hier alle wesentlichen Grundlagenentscheidungen getroffen werden. Im Rahmen des Prozeßbausteins *Produktkalkulation* erfolgt die eigentliche Durchführung der Produktkalkulation. Diese ermittelt, basierend auf der Kostenarten- und Kostenstellenrechnung sowie den Mengengerüsten der Produktionsplanung (Stückliste, Arbeitspläne), die Herstell- oder Selbstkosten der betrieblichen – standardisierten – Leistungseinheiten (Produkte). Zur Bewertung des Mengengerüsts werden die geplanten Kostensätze sowie die Preise aus der Materialbewertung genutzt. Die Kalkulation erfolgt, bevor das Produkt mit einem konkreten Auftrag gefertigt wird. Sie ist Grundlage der Preisbildung und der kurzfristigen Erfolgsrechnung.

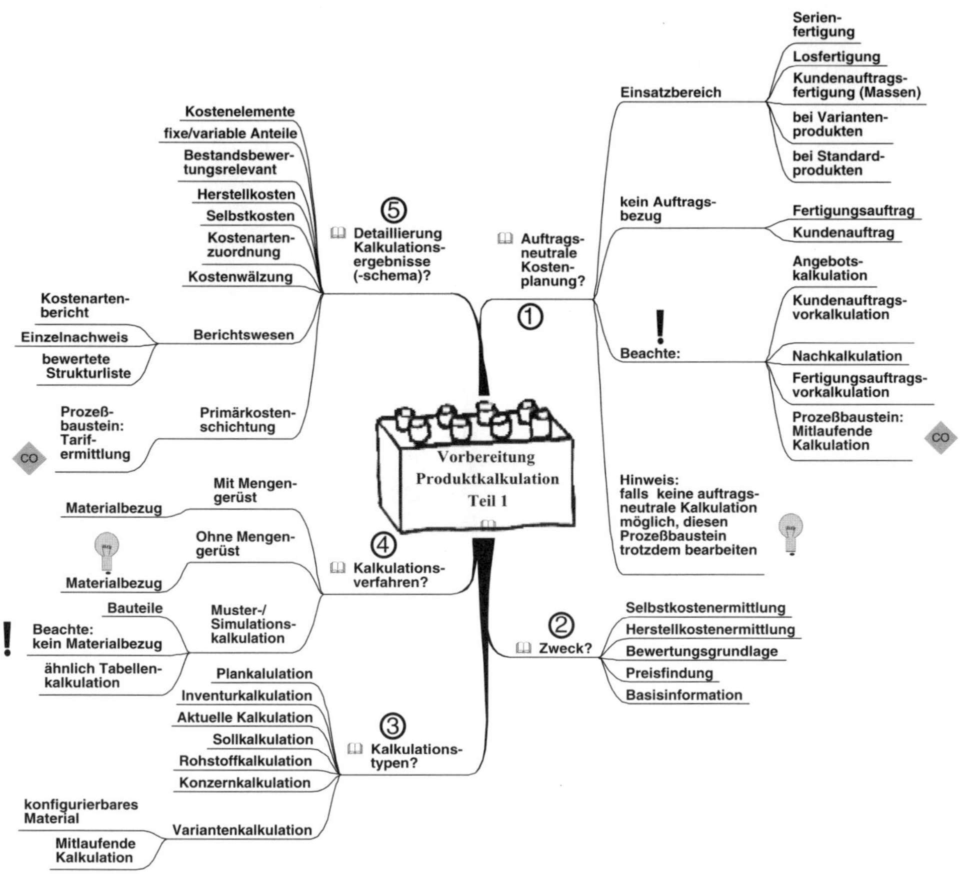

Abbildung 6.6.32-1: Prozeß-Knowledge Map – Vorbereitung Kalkulation (Teil 1)

Hinweis:

Auch wenn Sie in Ihrem Unternehmen keine auftragsneutrale Kalkulation durchführen (können), muß dieser Prozeßbaustein bearbeitet werden. Speziell die Fragen und Erläuterungen zum Mengengerüst (Ast ⑥) und zur Bewertung des Mengengerüsts (Ast ⑦) sind auch für andere Kalkulationstypen, wie z.B. Aktuelle, Soll- oder Kundenauftragskalkulation, aber auch Kundenauftrags- oder Fertigungsauftragsvorkalkulation, relevant.

① *Führen Sie in Ihrem Unternehmen eine* ***auftragsneutrale Kostenplanung*** *durch?*

Eine auftragsneutrale Kalkulation, gleich welchen Typs, kann nur für standardisierte Erzeugnisse oder für variantenreiche, aber auf Standardhalbfabrikaten basierende Erzeugnisse durchgeführt werden. Diese Produkte kennzeichnen speziell die Serienfertigung (periodisches Controlling), die Losfertigung (auftragsbezogenes Controlling) oder die Kundenauftragsfertigung, speziell die kundenauftragsbezogene Massenfertigung (Kundenauftrags-Controlling mit bewertetem Kundenauftragsbestand). Das bedeutet, daß es sich bei dieser Kalkulationsart nicht um eine Vorkalkulation eines konkreten Fertigungs- oder Kundenauftrags handelt. Jedoch soll noch einmal darauf hingewiesen werden, daß viele der hier gestellten Fragen bzw. gegebenen Erläuterungen auch für diese Kalkulationen relevant sind, speziell bezüglich der Bewertung des Mengengerüsts (siehe Hinweis oben).

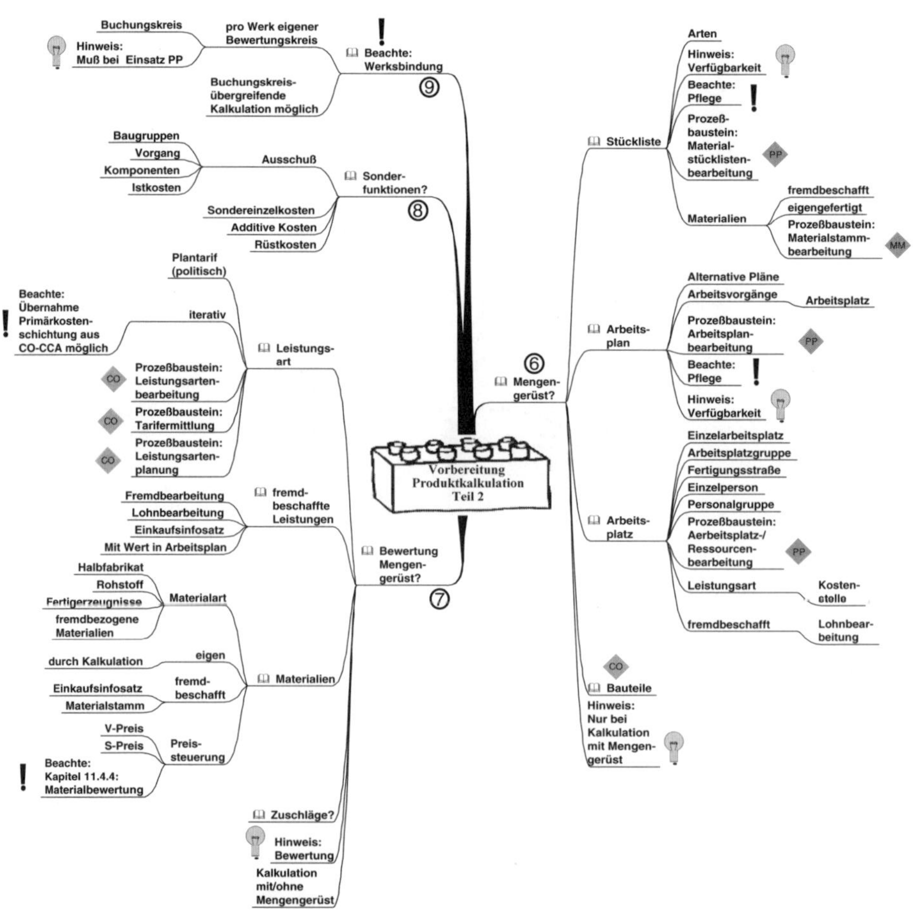

Abbildung 6.6.32-2: Prozeß-Knowledge Map – Vorbereitung Kalkulation (Teil 2)

② *Aus welchem Grund und für welchen* ***Zweck*** *erstellen Sie eine Produktkalkulation?*

Es gibt unterschiedliche Beweggründe, eine auftragsneutrale Produktkostenplanung durchzuführen. Generell dient sie:

- der Ermittlung der auftragsneutralen Herstell- und Selbstkosten pro betrieblicher Leistungseinheit
- durch Vergleichskalkulationen die Herstellkosten eines Produkts zu optimieren
- pro Produkt die Preisuntergrenze zu ermitteln
- Basisinformationen für die Kostenträgerrechnung, Ergebnisrechnung sowie Vertrieb und Materialwirtschaft zu liefern. Die Ergebnisse können dann in den verschiedenen Bereichen genutzt werden.
- der Kostenträgerrechnung, zur Ermittlung der Materialeinsatzkosten, der Lagerzugangsbewertung, der Ermittlung der Ware in Arbeit (WIP), der Bewertung des Ausschusses, der Abweichungsermittlung und der Ergebnisermittlung
- der Ergebnisrechnung und Deckungsbeitragsrechnung
- dem Vertrieb zur Preisfindung
- der Materialwirtschaft, zur Materialbewertung, Bestandsbewertung und der Ermittlung der Herstellkosten

③ *Welche* ***Kalkulationstypen*** *kommen in Ihrem Unternehmen zum Einsatz?*

Im allgemeinen reicht in einem Unternehmen die Erstellung von nur einer Kalkulation nicht aus, um den Anforderungen aller Bereiche des Rechnungswesens zu genügen, z.B. dem unterjährigen Controlling der Produktkosten, einer Deckungsbeitragsrechnung, der Bewertung der Bestände nach handelsrechtlichen oder steuerrechtlichen Ansätzen.

So wird eine *Plankalkulation* i.d.R. dazu genutzt, einen Standardpreis für Materialien in diesem Zeitraum zu ermitteln, um damit die interne Materialbewertung (für Lagerzu- und -abgänge) oder Vergleichskalkulation (Plan-Ist-Vergleiche) durchzuführen. Dazu wird die Plankalkulation in den meisten Fällen einmal pro Jahr, allerhöchstens aber einmal pro Monat durchgeführt (*Beachte:* Vergleichbarkeit der Werte).

Im Gegensatz dazu stellt die steuerrechtliche und handelsrechtliche Bestandsbewertung für Halb- und Fertigfabrikate andere Anforderungen an die Kalkulation. Um diesen Anforderungen gerecht zu werden, können Sie eine *Inventurkalkulation* vor der Bilanzerstellung durchführen, um die Materialien im Bestand für die Handels- und Steuerbilanz zu bewerten. Bitte beachten Sie dazu Kapitel 6.4., Konzeptionelle Grundlagen zum Erlös- und Kosten-Controlling, speziell zur Faktorenrechnung. Die Inventurkalkulation nutzt dabei z.B. Materialpreise, die nach dem Niederstwertprinzip bewertet sind, und Tarife für Eigenleistungen, die nach dem Imparitätsprinzip in der Kostenstellenrechnung (CO-CCA) geplant bzw. ermittelt wurden.

Eine *aktuelle Kalkulation* wird verwendet, um die Herstellkosten eines Materials im Laufe des Geschäftsjahres zu ermitteln und eine sofortige Aussage über die Höhe der Materialkosten im Ist zu ermöglichen. Die aktuelle Kalkulation bewertet das aktuelle Mengengerüst mit den aktuell gültigen Preisen. Diese kann genutzt werden, um z.B. Entscheidungen über Eigenfertigung oder Fremdbezug zu treffen

Weiterhin haben Sie die Möglichkeit, mit einer *Soll-Kalkulation* die Herstellkosten eines Materials im Laufe des Geschäftsjahres zu ermitteln, um Veränderungen gegenüber der Plankalkulation festzustellen. Sie kann auch in der Kostenträgerrechnung zur Berechnung der Produktionsabweichung verwendet werden. Sie können eine Soll-Kalkulation erstellen, wenn sich aufgrund technischer Veränderungen (z.B. an der Stückliste) innerhalb der Planungsperiode die Basisdaten für die Kalkulation geändert haben.

Denkbar und in verschiedenen Unternehmen gewünscht sind sogenannte *Rohstoffkalkulationen*. Damit soll für Rohstoffe, die i.d.R. nicht kalkuliert werden und sofort als Einzelkosten in die betrieblichen Produkte eingehen, ein Standardpreis ermittelt werden. Meistens geschieht dies deshalb, um Abweichungen der Rohstoffpreise explizit zu ermitteln und abrechnen zu können. In vielen Fällen sollen damit die Beschaffungskosten für Rohstoffe, z.B. Versicherungs-, Lager-, Transportkosten, berücksichtigt werden.

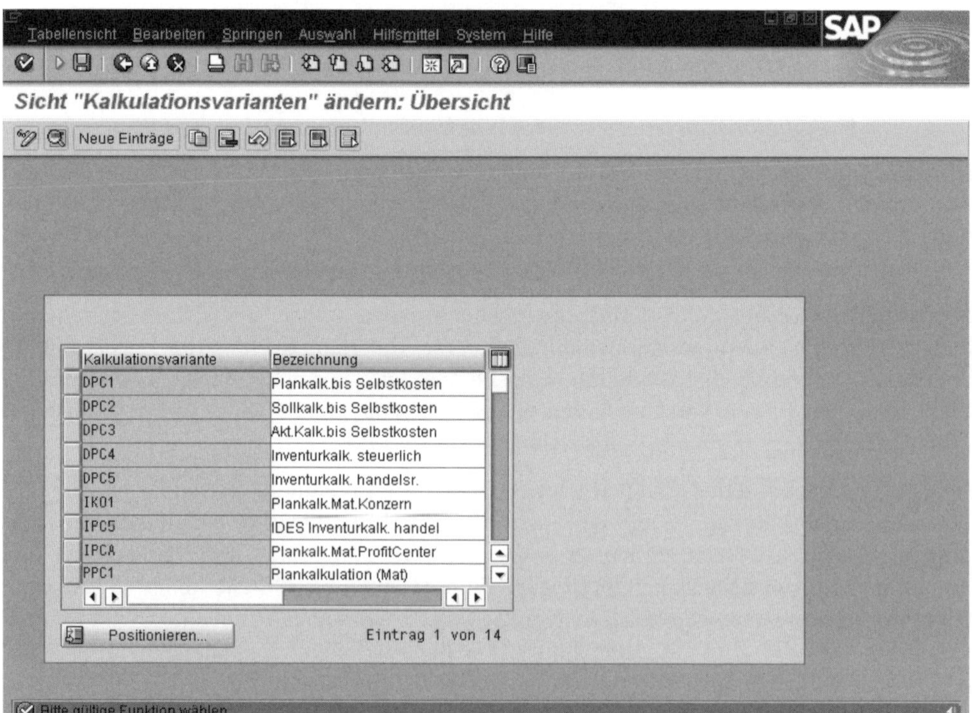

Abbildung 6.6.32-3: EnjoySAP Screen zur Vorbereitung Kalkulation – Kalkulationsvarianten (© SAP AG)

Darüber hinaus gibt es in Konzernen den Anspruch, eine Konzernkalkulation durchzuführen. Damit werden die Produkte unter Konzernsicht kalkuliert, die i.d.R. immer von den Kalkulationen in den einzelnen rechtlich selbständigen Unternehmen, z.B. durch andere Wertansätze, oder der Eliminierung von Zwischengewinnen abweichen können.

Falls Sie im Rahmen der Kundenauftragsfertigung für häufig verkaufte *Varianten* eines Produkts einen Materialstammsatz anlegen können, der ein *konfigurierbares Material* darstellt, kann auch in diesem Fall eine Plankalkulation durchgeführt werden. Dazu werden zwischen den verschiedenen Materialkomponenten Abhängigkeiten (Beziehungswissen) definiert, auf denen die Plankalkulation basiert. Durch diese Abhängigkeiten kann die Kalkulation feststellen, welche Komponenten und Leistungen zur Fertigung der Variante benötigt werden. Ein variantenreiches Produkt wird im System als konfigurierbares Material abgelegt. In der Produktionsplanung werden dafür Stückliste und Arbeitsplan angelegt. Dabei enthält die Maximalstückliste alle Materialkomponenten und der Maximalarbeitsplan alle Vorgänge, die für die Fertigung des Produktes notwendig sind. Durch die für das konfigurierbare Material definierten Merkmale und Merkmalswerte kann das Material konfiguriert werden. Die Konfiguration wird i.d.R. im Kundenauftrag vorgenommen und kundenauftragsbezogen gefertigt. In dem hier beschriebenen Fall wird die Variante auf Lager gefertigt und, da sie als Materialstammsatz angelegt und konfiguriert werden kann, auch im Rahmen der auftragsneutralen Kalkulation kalkuliert.

④ *Welches* ***Kalkulationsverfahren*** *kommt in Ihrem Unternehmen zur Anwendung?*

Sie haben grundsätzlich zwei Möglichkeiten, die Kalkulation durchzuführen. Die *Kalkulation mit Mengengerüst*, die jedoch voraussetzt, daß eine Stückliste und ein Arbeitsplan für das zu kalkulierende Material existieren (siehe Ast ⑥). Zur Bewertung des Mengengerüsts greift die Kalkulation mit Mengengerüst auf Daten aus den Prozeßbereichen Produktion, Beschaffung und dem eigenen Prozeßbereich zurück.

Die *Kalkulation ohne Mengengerüst* wird eingesetzt, wenn sie z.B. keine Standardprodukte kalkulieren können (Kundeneinzelfertigung), verschiedene Unternehmensprozeßbereiche nicht im SAP-System eingesetzt werden etc. Sie ermöglicht Ihnen die Planung der Kosten für Rohstoffe, Eigenleistungen und Fremdleistungen, für eine betriebliche Leistungseinheit in Form einer Einzelkalkulation (vergleichbar mit einem Tabellenkalkulationsprogramm). Auch hier können jedoch Gemeinkosten vom Fertigungsbereich über Zuschlagssätze oder Leistungsverrechnungen verrechnet werden. Auch die Anzeige der Herstellkosten, gegliedert nach Kostenelementen (siehe Ast ⑤), ist möglich. Zur Bewertung der eingesetzten Mengen wird hier auf Daten aus den Prozeßbereichen Beschaffung und Erlös- und Kosten-Controlling zurückgegriffen.

Hinweis:
Grundlage beider Kalkulationsverfahren ist immer das Material, d.h., es muß ein Materialstammsatz angelegt sein.

Als letztes gibt es noch die Möglichkeit, Muster- und Simulationskalkulationen durchzuführen, die ebenfalls als Grundlage zur Kostenplanung und Preisbildung dienen. Die Kalkulation erfolgt dabei nach dem gleichen Verfahren wie bei der Kalkulation ohne Mengengerüst (Tabellenkalkulation).

Beachte:
Gegenüber den beiden anderen Verfahren erfolgt die Kalkulation hierbei nicht zu einem Material, d.h., es muß kein Materialstammsatz vorhanden sein. Statt dessen kann ein sogenanntes Bauteil verwendet werden. Mit den Bauteilen können ganze Hierarchien abgebildet werden. Auch hier kann zur Bewertung der eingesetzten Mengen auf die Daten aus den Prozeßbereichen Beschaffung und Erlös- und Kosten-Controlling zurückgegriffen werden.

⑤ *Welchen* ***Detaillierungsgrad*** *soll Ihr* ***Kalkulationsschema*** *aufweisen, um damit die Zusammensetzung der Herstell- bzw. Selbstkosten zu analysieren und zu steuern?*

Eine Kalkulation der Herstell-/Selbstkosten sieht in jedem Unternehmen anders aus, z.B.:

Materialeinzelkosten
+ Materialgemeinkosten
+ Fertigungseinzelkosten
+ Fertigungsgemeinkosten
+ Fremdleistungen
+ Sonstige Kosten
= Herstellkosten
+ Gemeinkostenzuschläge Verwaltung
+ Gemeinkostenzuschläge Vertrieb
= Selbstkosten

Diese Struktur wird im SAP-System über sogenannte Kostenelemente, die in einem Elementeschema zusammengefaßt werden, abgebildet. Um den unterschiedlichen Anforderungen an die Kalkulation gerecht zu werden, bestimmen die Kostenelemente

- welche Kosten überhaupt berücksichtigt werden
- ob die variablen oder die gesamten Kosten berücksichtigt werden
- ob nur bis zu den Herstellkosten oder, unter Berücksichtigung der Vertriebs- und Verwaltungskosten, bis zu den Selbstkosten kalkuliert wird
- ob die Kosten in der Bestandsbewertung, der steuerrechtlichen Inventurbewertung und der handelsrechtlichen Inventurbewertung berücksichtigt werden

Für das Elementeschema können Sie bestimmen, ob eine Primärkostenschichtung genutzt werden soll. Dann werden die Kostenschichtungen der kalkulationsrelevanten Positionen in die Primärkostenschichtung des Erzeugnisses aufgenommen, was sich auf Materialien und Eigenleistungen beziehen kann (siehe Prozeßbaustein *Tarifermittlung*). Pro Kostenelement werden eine bis mehrere Kostenarten zugeordnet. Speziell bezüglich des Berichtswesens müssen Sie festlegen, ob Sie einen Kostenartenbericht, pro Kalkulationsposition einen Einzelnachweis und eine bewertete Strukturliste benötigen.

⑥ *Falls Sie mit der Kalkulation mit* ***Mengengerüst*** *arbeiten, woher erhalten Sie dann die benötigten Daten?*

Durch Bearbeitung des Kalkulationsverfahrens (Ast ④) haben Sie sich für ein oder mehrere Kalkulationsverfahren entschieden. Falls die Kalkulation mit Mengengerüst genutzt wird, spezifizieren Sie bitte, woher Sie die benötigten Daten erhalten.

Zu ⑥: *Stehen Ihnen **Stücklisten** zur Verfügung?*
Die Materialeinsatzmenge pro Erzeugnis oder Komponente des Erzeugnisses wird aus der Stückliste des Materials ermittelt. Diese wird im Rahmen des Prozeßbausteins *Materialstücklistenbearbeitung* behandelt. Falls Sie in Ihrem Unternehmen unterschiedliche Stücklistenarten pro Material verwenden, spezifizieren Sie bitte, welche für die Kalkulation verwendet werden. Ebenfalls ist festzulegen, ob Sie für bestimmte Stücklistenpositionen Materialien fremdbeschaffen oder eigenfertigen.

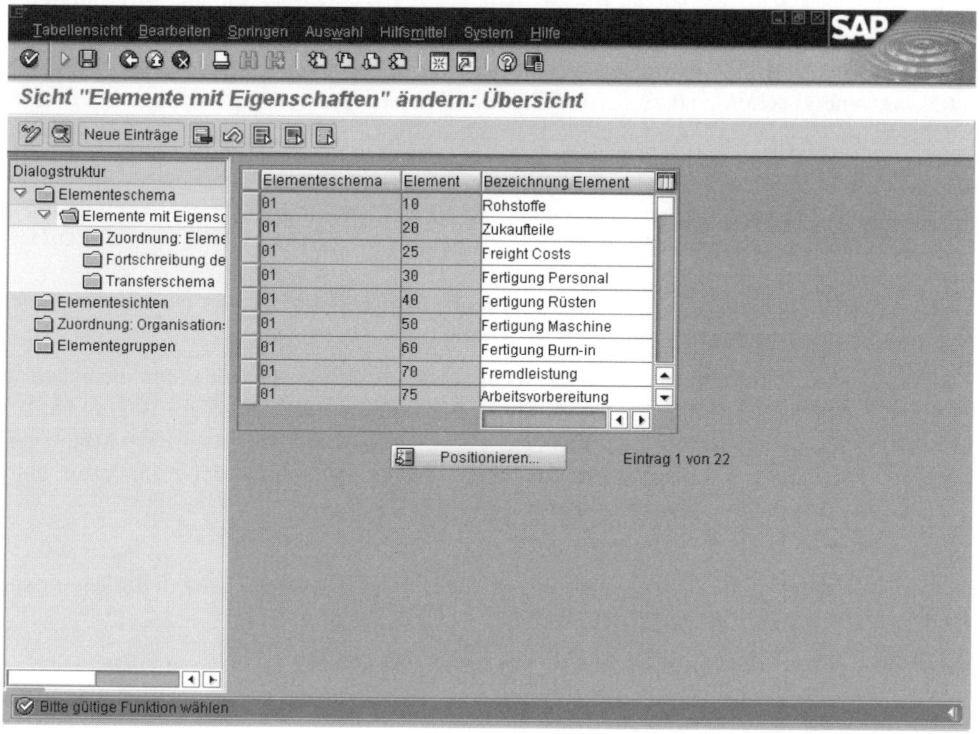

Abbildung 6.6.32-4: EnjoySAP Screen zur Vorbereitung Kalkulation – Elementeschema (© SAP AG)

Beachte:
Damit eine richtige Kalkulation durchgeführt werden kann, ist sicherzustellen, daß die Stückliste sauber gepflegt und rechtzeitig verfügbar ist.

Zu ⑥: *Stehen Ihnen **Arbeitspläne** zur Verfügung?*
Die Vorgabezeiten für die Fertigung der Produkte wird bei der Kalkulation mit Mengengerüst aus dem Arbeitsplan des entsprechenden Materials und den darin enthaltenen Arbeitsvorgängen, denen wiederum Arbeitsplätze zugeordnet sind, ermittelt (siehe Prozeßbaustein *Arbeitsplanbearbeitung*). Da Sie mehrere alternative Arbeitspläne pro Material verwenden können, muß entschieden werden, welche für die Kalkulation benötigt werden.

Beachte:
Damit eine saubere Kalkulation durchgeführt werden kann, ist sicherzustellen, daß die Arbeitspläne sauber gepflegt und rechtzeitig verfügbar sind.

Zu ⑥: *Welche **Arbeitsplätze** gibt es in Ihrem Unternehmen, und welche Arbeitsvorgänge können darin ausgeführt werden?*
Bitte identifizieren Sie, welche Arbeitsplätze es in Ihrem Unternehmen gibt (siehe Prozeßbaustein *Arbeitsplatz-/Ressourcenbearbeitung*). Zusätzlich sollte festgelegt werden, ob es sich bei diesen Arbeitsplätzen um Einzelarbeitsplätze, Arbeitsplatzgruppen, Fertigungsstraßen, Einzelpersonen oder Personalgruppen handelt. Pro Arbeitsplatz können mehrere Leistungsarten (in Verbindung mit der Angabe der Kostenstelle) zugeordnet werden. Ebenfalls ist es notwendig, schon jetzt zu definieren, ob die Leistungen selbsterbracht oder fremdbeschafft (dann spricht man von Lohnbearbeitung) werden.

Hinweis:
Das integrative Mengengerüst kann noch erweitert werden durch die Bauteilkalkulationen, siehe Kalkulationsverfahren (Ast ④).

⑦ *Mit welchen Werten soll die **Bewertung** des **Mengengerüstes** bei der Durchführung der Kalkulation mit oder ohne Mengengerüst erfolgen?*

Die für die Kalkulation verwendeten Mengengerüste müssen bewertet werden. Dabei spielt es keine Rolle, ob das Mengengerüst durch die Kalkulation mit Mengengerüst automatisch ermittelt wird, z.B. Leistungsarten über die Verbindung des Arbeitsplanes => Arbeitsvorgang => Arbeitsplatz = Leistungsart, oder ob das Mengengerüst bei der Kalkulation ohne Mengengerüst manuell eingegeben wird.

Beachte:
Sowohl das Material als auch die Leistungen können fremdbeschafft oder durch das eigene Unternehmen zur Verfügung gestellt werden.

Zu ⑦: *Wie soll die **Leistungsart** aus der Kostenstellenrechnung bewertet werden?*
Für die Bewertung der Leistungsarten können unterschiedliche Verfahren genutzt werden (siehe Prozeßbausteine *Leistungsartenbearbeitung*, *Leistungsartenplanung*, *Tarifermittlung*). Speziell die Entscheidung in der Kostenstellenrechnung, ob Sie mit iterativen oder politisch, d.h. manuell, gesetzten Tarifen arbeiten, ist essentiell.

Beachte:
Nur beim iterativen Tarif ist eine Übernahme der Primärkostenschichtung möglich.

Zu ⑦: *Wie wollen Sie die **fremdbeschafften Leistungen** bewerten?*
Im Rahmen der Fremdbearbeitung können Sie bestimmte Tätigkeiten oder Arbeitsvorgänge auch fremdbearbeiten lassen. Dabei kann es sich nur um eine Fremdbearbeitung (d.h. Ihr Unternehmen liefert das Material) oder um eine Lohnbearbeitung (der/die Vorgänge werden fremdbearbeitet und das Material wird ebenfalls vom liefernden Unternehmen zur Verfügung gestellt) handeln. Solche Vorgänge können Sie entweder aus dem Einkaufsinfosatz, der Bestellung des Prozeßbereichs Beschaffung oder direkt aus dem Arbeitsplan des Prozeßbereichs Produktion übernehmen.

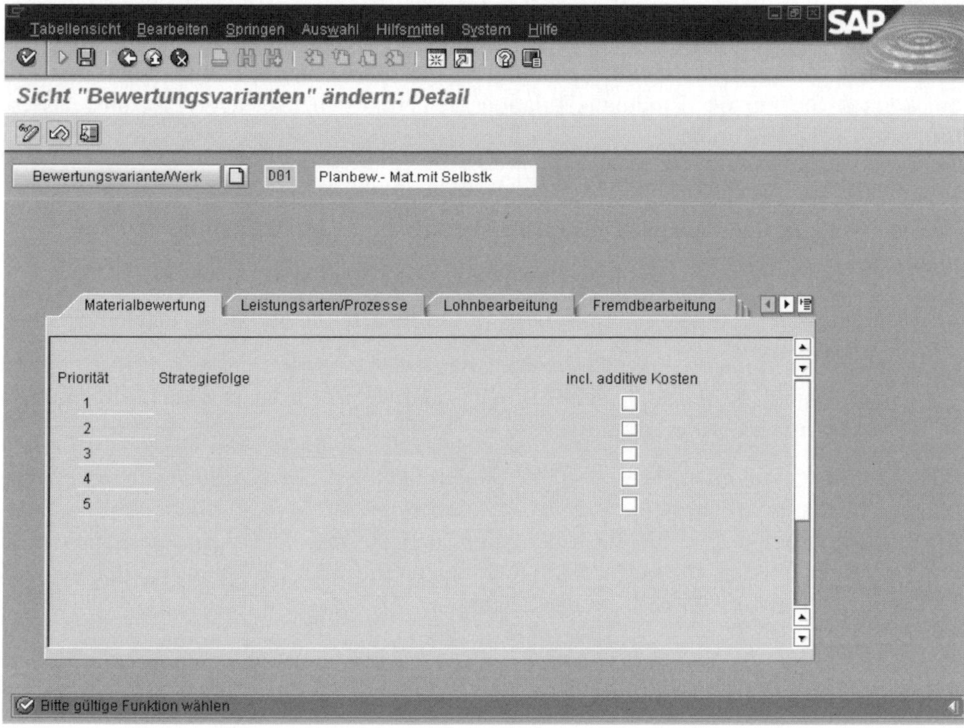

Abbildung 6.6.32-5: EnjoySAP Screen zur Vorbereitung Kalkulation – Bewertungsvarianten (© SAP AG)

Zu ⑦: *Wie sind die **Materialien**, die zur Erzeugung eines Produktes und damit auch zur Durchführung der Kalkulationen benötigt werden, bezüglich deren Bewertung zu behandeln?*

Bei der Beantwortung dieser Frage müssen Sie beachten, daß Sie im Materialstamm verschiedene Materialarten (Halbfabrikate, Rohstoffe, Fertigerzeugnisse, fremdbezogene Materialien) unterscheiden und diese auch unterschiedlich behandeln können. Eigenerzeugte Materialien (Halbfabrikate) können durch die Ergebnisse der für sie durchgeführten Kalkulationen bewertet werden. Es ist auch eine Kostenelementewälzung möglich, d.h., Fertigungskosten des Halbfabrikates bleiben Fertigungskosten des kalkulierten Materials und gehen nicht in deren Gesamtheit als Materialeinsatzkosten in die nächsthöhere Kalkulationsstufe ein. Die Kosten der fremdbeschafften Materialien werden durch den Preis aus dem Materialstamm oder des Arbeitsinfosatzes bewertet.

Beachte:

Es ist hierbei von Bedeutung, für welche Materialbewertungsart Sie sich entschieden haben (siehe Kapitel 6.4.4, Materialbewertung).

Zu ⑦: *Wie wollen Sie die* ***Zuschläge*** *für Zuschlagskalkulationen berechnen?*
Um Gemeinkosten, die nicht direkt über die Leistungsverrechnung auf das zu kalkulierende Produkt bzw. den zu kalkulierenden Auftrag verrechnet werden können, zu berücksichtigen, können Sie bei der Produktkalkulation Gemeinkostenzuschläge berechnen lassen. Dazu müssen Sie bestimmen:

- welche Einzelkosten bezuschlagt werden (Berechnungsbasis)
- unter welchen Bedingungen ein Zuschlag berechnet wird (Abhängigkeit)
- ob es ein prozentualer oder ein mengenbezogener Zuschlag ist
- wie hoch der prozentuale Zuschlag ist bzw. welcher Betrag pro Mengeneinheit erhoben wird (Zuschlag)
- welches Objekt (Kostenstelle oder Auftrag) unter welcher Kostenart bei Ist-Buchungen entlastet wird (Entlastungsschlüssel)

Falls Sie noch detailliertere Fragen oder Erläuterungen zur Zuschlagsberechnung benötigen, sei auf den Prozeßbaustein *Gemeinkostenzuschlagsrechnung* (Fertigungsauftrag) verwiesen. Bitte beachten Sie für die Kalkulation, daß Sie möglicherweise zusätzlich noch berücksichtigen müssen, für welchen Kalkulationstyp Sie die Kalkulation erstellen und daß Sie unterschiedlich hohe Zuschlagssätze benötigen.

⑧ *Wie wollen Sie die* ***Sonderfunktionen*** *zu den Themen Ausschuß, Sondereinzelkosten, additive Kosten und Rüstkosten nutzen?*

Bitte definieren Sie, ob Sie Ausschuß bereits in Ihren Kalkulationen berücksichtigen wollen. So haben Sie die Möglichkeit, im Materialstamm, der Stücklistenposition oder im Vorgang des Arbeitsplans prozentualen Ausschuß für ein Material anzugeben. Dies ist für den Baugruppen-, Komponenten- oder Vorgangsausschuß möglich.

Additive Kosten, d.h. Kosten für Materialien, für die noch keine Stückliste definiert wurde, oder für Arbeitsfolgen, für die noch kein Arbeitsplan definiert wurde und die nicht maschinell abgeleitet werden können, sowie für Sondereinzelkosten der Fertigung können Sie durch die Einzelkalkulationen (ähnlich Bauteile) kalkulieren.

Weiterhin ist zu klären, wie Sie Rüstkosten in der Kalkulation berücksichtigen wollen.

⑨ *Beachte:* Alle Kalkulationsdaten werden mit Bezug auf Werk gespeichert. Um die Materialkontenfindung sicherzustellen, ist dabei einem Werk ein eigener Bewertungskreis zuzuordnen. Das Werk ist wiederum einem Buchungskreis zugeordnet. Die Bewertung pro Werk ist dabei zwingende Voraussetzung, wenn Sie die Integration von dem Prozeßbereich Produktion und dem Produktkosten-Controlling nutzen wollen. Jedoch sind auch buchungskreisübergreifende Kalkulationen möglich.

6.6.33 Prozeß-Knowledge Map – Produktkalkulation

Bei der Produktkalkulation handelt es sich um die konkrete Durchführung der Kalkulation. Dabei ist dieser Prozeß vor allem durch die im Rahmen des Prozeßbausteins *Vorbereitung Produktkalkulation* getroffenen Entscheidungen beeinflußt und abhängig. Es gibt hierzu keine weiteren Fragen.

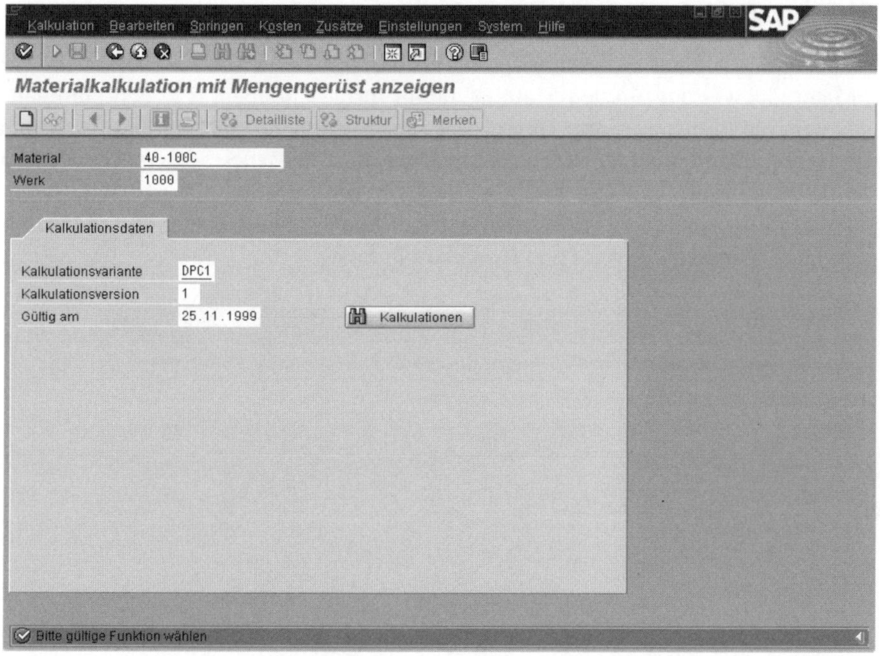

Abbildung 6.6.33-1: EnjoySAP Screen zur Produktkalkulation – Einstiegsbild (© SAP AG)

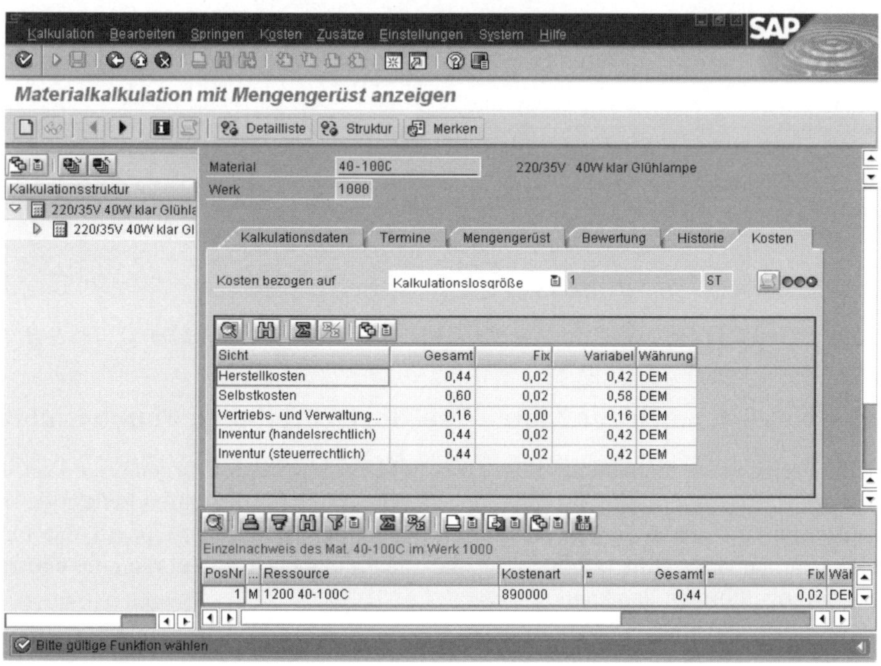

Abbildung 6.6.33-2: EnjoySAP Screen zur Produktkalkulation – Ergebnis (© SAP AG)

6.6.34 Prozeß-Knowledge Map – Preisvormerkung

Die Plankalkulation kann als Standardpreis (nur bei Preissteuerung: S-Preis, siehe Kapitel 6.4.4, Materialbewertung) in den Materialstamm fortgeschrieben, d.h. übernommen werden. Vor der Durchführung dieser Übernahme muß zuerst eine Vormerkung vorgenommen werden. Bevor jedoch diese Vormerkung erfolgen kann, muß dieses zuerst für den entsprechenden Buchungskreis und die Periode erlaubt werden. Dadurch wird das Ergebnis der Plankalkulation zu einem Material als zukünftiger Standardpreis in den Materialstammsatz übernommen (Buchhaltungssicht und Kalkulationssicht).

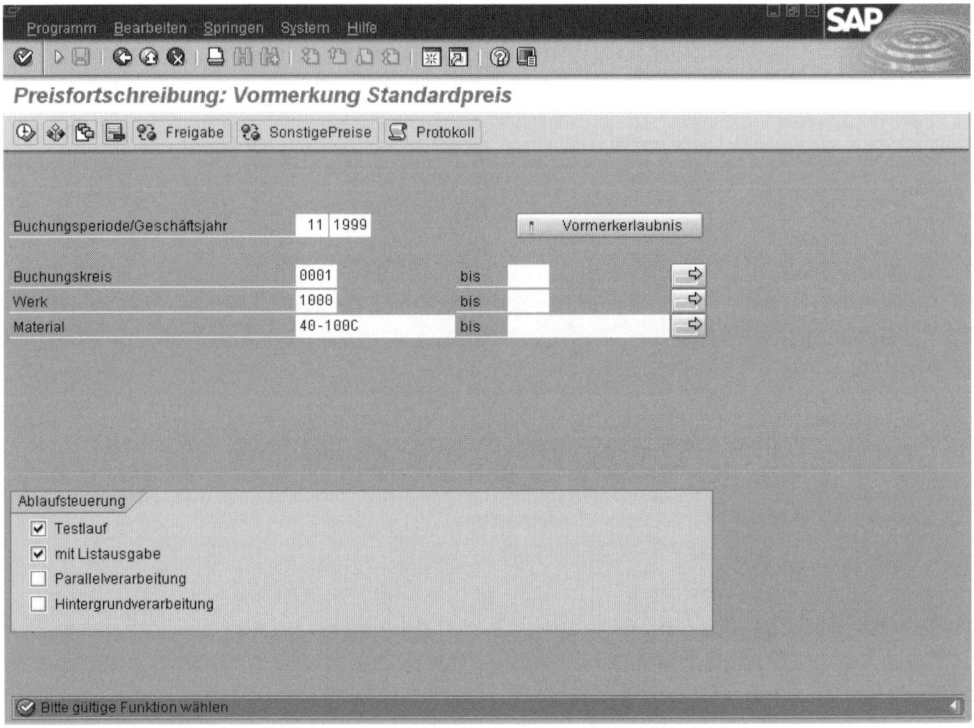

Abbildung 6.6.34-1: EnjoySAP Screen zur Preisvormerkung – Ausführen (© (© SAP AG))

6.6.35 Prozeß-Knowledge Map – Preisfortschreibung, Plankalkulation

Durch die Freigabe der Plankalkulation zu einem Material wird der vorgemerkte Preis (Prozeßbaustein *Preisvormerkung*) als laufender Standardpreis für die laufende Periode in den Materialstammsatz übernommen. Ab diesem Zeitpunkt ist dieser Preis für das externe Rechnungswesen aktiv. Bitte beachten Sie, daß die Freigabe der Kalkulation nur einmal pro Periode durchgeführt werden kann.

Beachte:
Die Ergebnisse der Soll-Kalkulation und der aktuellen Kalkulation können als sonstige Planpreise 1, 2 und 3 im Materialstamm fortgeschrieben werden.

Die Ergebnisse der Inventurkalkulation können als handels- oder steuerrechtliche Preise 1, 2 und 3 in den Materialstamm übernommen werden. Dabei gilt für beide Preisarten, daß keine Vormerkung erfolgen muß, bevor die Übernahme vorgenommen werden kann.

6.6.36 Prozeß-Knowledge Map – Ergebnisplanung

Die Ergebnisplanung ist im Rahmen des Planzyklus eines Unternehmens der letzte durchzuführende Schritt. Sie baut auf der Absatz- und Umsatzplanung auf und erweitert sie um die zugehörigen Kosten, z.B. Produktkosten, Vertriebskosten, Verwaltungskosten, in einem beliebigen Detaillierungsgrad. Je nach der in Ihrem Unternehmen vorherrschenden Kostenrechnungsphilosophie kann es sich dabei um eine Ergebnisrechnung oder Deckungsbeitragsrechnung handeln. Darüber hinaus kann sie als Kunden-, Artikel- oder Unternehmensergebnis- bzw. Deckungsbeitragsrechnung ausgeprägt werden.

① *Soll im Rahmen der Ergebnisrechnung (CO-PA) eine **Ergebnisplanung** erfolgen?*

In vielen Unternehmen ist es erwünscht oder notwendig, die Absatz- und Umsatzplanung, in deren Rahmen die Absatzmenge und die Umsatzwerte geplant werden, zu einer Ergebnis- und/oder Deckungsbeitragsplanung zu erweitern. Dies geschieht durch die zusätzliche Betrachtung der dieser geplanten Umsatzmenge bzw. Erlösen oder der Gesamtplanperiode zuordenbaren Kosten der Herstellung, der allgemeinen Verwaltung und des Vetriebes, in unternehmensindividuellem Detaillierungsgrad.

Beachte:
Die Ergebnisplanung steht in untrennbarem Zusammenhang mit der Absatz- und Umsatzplanung. Sehr viele Punkte, die bereits bei der Bearbeitung des Prozeßbausteines *Absatzplanung* behandelt wurden, haben auch direkte Auswirkung auf den Prozeßbaustein *Ergebnisplanung*. Deswegen wird an dieser Stelle nicht noch einmal auf die entsprechenden Fragestellungen eingegangen, sondern auf den Prozeßbaustein *Absatzplanung* verwiesen. Speziell folgende Fragen werden dort ausführlich erläutert:

- Für welche/n Planungshorizont/e planen Sie Ihr Ergebnis?
- Müssen Sie aus bestimmten Gründen mehrere Plandatenbestände parallel für ein und dasselbe Planobjekt = Ergebnisobjekt führen?
- Verfolgen Sie bei Ihrer Ergebnisplanung eine Top-down- oder Bottom-up-Strategie?

Beachte:
Der Gesamtzusammenhang des technisch im SAP-System möglichen Planungsprozesses wird in Kapitel 6.4.5, Planintegration, ausgeführt.

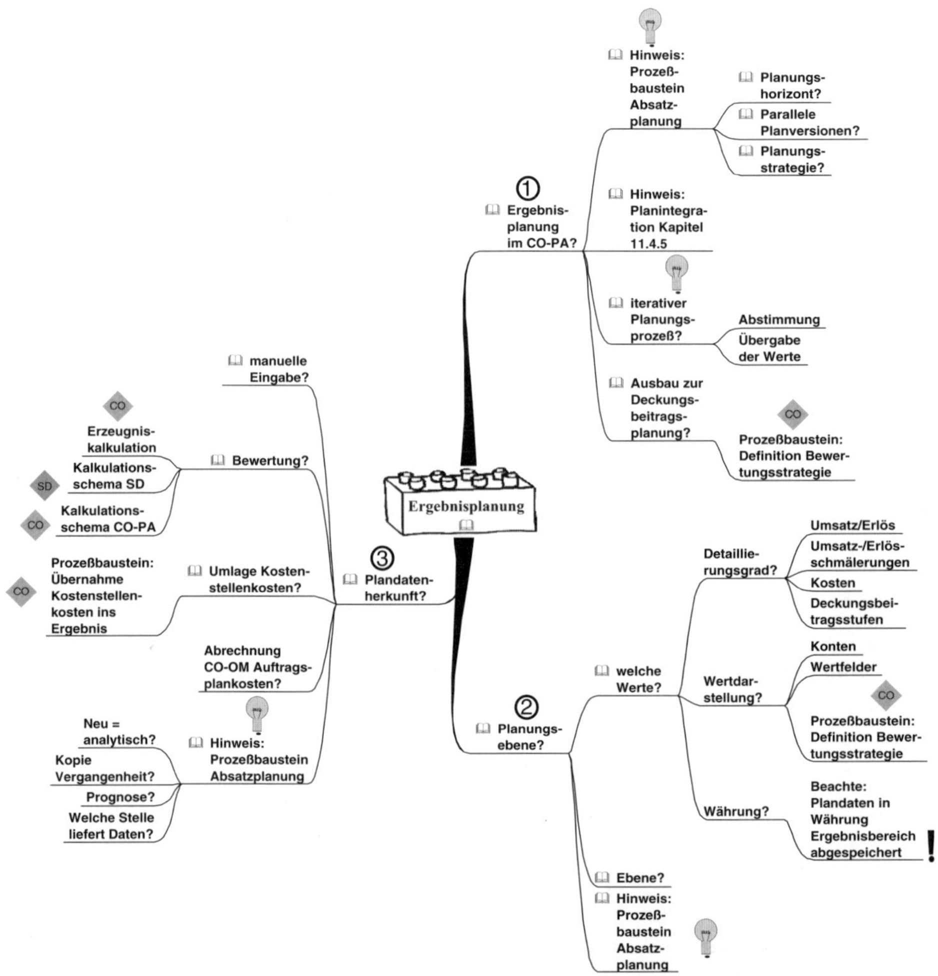

Abbidlung 6.6.36-1: Prozeß-Knowledge Map – Ergebnisplanung

Zu ①: *Gibt es in Ihrem Unternehmen einen* ***iterativen Planungsprozeß,*** *und wie sieht dieser aus?*
Falls in Ihrem Unternehmen konkrete Planungszyklen im Rahmen iterativer Planungsprozesse durchlaufen werden, so sollten dabei die Punkte der Ergebnisplanung und deren Kommunikation mit anderen Teilplänen besprochen werden, speziell hinsichtlich der Fragen zur Abstimmung und Übergabe der Werte (automatisch oder manuell).

Zu ①: *Soll die Ergebnisplanung zu einer* ***Deckungsbeitragsplanung*** *erweitert werden?*
Sie können die Ergebnisplanung zu einer Deckungsbeitragsplanung erweitern. Dies hängt jedoch davon ab, ob Sie mit dem kalkulatorischen CO-PA arbeiten und in Ihrem Unternehmen die Werte in fix/variabel bereits in der Kalkulation trennen.

② *Auf welcher **Ebene** planen Sie welche Werte für die Ergebnisplanung?*

Die zu planenden Werte können auf den unterschiedlichsten Ebenen und Abhängigkeiten zwischen diesen Ebenen erfaßt werden. Darüber hinaus ist es ebenfalls sehr unternehmensspezifisch, welche Werte konkret geplant werden und im Rahmen welcher Struktur diese Planung erfolgt.

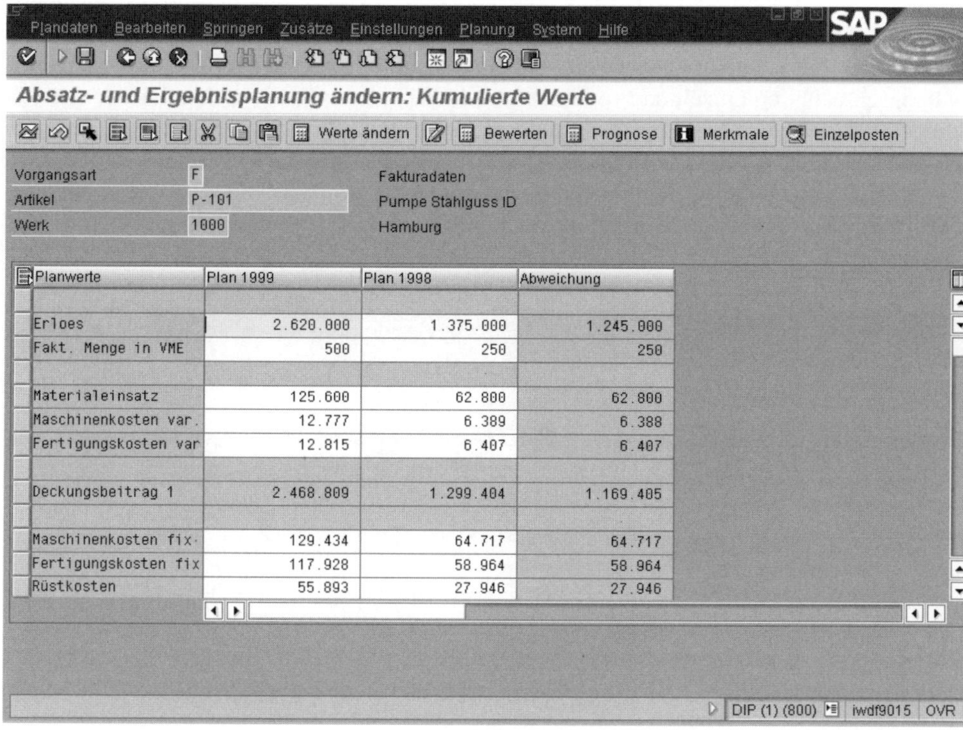

Abbildung 6.6.36-2: EnjoySAP Screen zur Ergebnisplanung – Ausführen (Teil 1) (© SAP AG)

Zu ②: *Welche **Werte** planen Sie?*
Bitte definieren Sie, welche Werte und in welchem Detaillierungsgrad geplant werden sollen. Darüber hinaus ist zu entscheiden, in welcher Währung geplant wird.

Beachte:
Falls Sie mit der buchhalterischen Ergebnisrechnung arbeiten, können Sie nur auf Kontenebene Erlöse, Erlösschmälerungen und Kosten planen.

Hinweis:
Bei dem kalkulatorischen CO-PA werden die Plandaten nur in der/den Währung/en des Ergebnisbereiches gespeichert. Bei dem buchhalterischen CO-PA werden die drei Währungen Kostenrechnungskreis-, Objekt- und Transaktionswährung gespeichert. Die eigentliche Planung kann zwar in anderen Währungen erfolgen, beim Speichern werden diese Werte dann jedoch in die Währungen des Ergebnisbereiches umgerechnet und abgespeichert.

Zu ②: *Auf welcher **Ebene**, d.h. für welche **Merkmale** im CO-PA, wollen Sie Plandaten erfassen?*
Bitte spezifizieren Sie, auf welcher/n Ebene/n und in welchen Abhängigkeiten untereinander die Plandaten in Ihrem Unternehmen erfaßt werden, z.B. produktbezogen, produktgruppenbezogen, produktgruppen- und kundengruppenbezogen, produktgruppen- und länderbezogen etc. Speziell im Fall einer stufenweisen Deckungsbeitragsrechnung ist diese Frage von ungeheurer Wichtigkeit, da es bei Anwendung dieses Verfahrens immer Kostenanteile gibt, die aufgrund der Beachtung des Verursachungsprinzips nur bestimmten Stufen eines Deckungsbeitragsschemas zuordenbar sind. So können z.B. die Herstellkosten i.d.R. verursachungsgerecht den einzelnen Produkten (Artikelnr.) zugeordnet werden. Die Gemeinkosten des Vertriebs sind meistens nicht mehr den einzelnen Produkten zuordenbar und werden einer anderen Deckungsbeitragsebene, z.B. Verkaufsorganisation, Land, Vertriebsweg, Sparte, zugeordnet. Die Gemeinkosten der Verwaltung können, soll das Verursachungsprinzip nicht durchbrochen werden, nur noch einer sehr hohen Ebene, wie z.B. dem Unternehmen als Gesamtes (= Buchungskreis), zugeordnet werden.

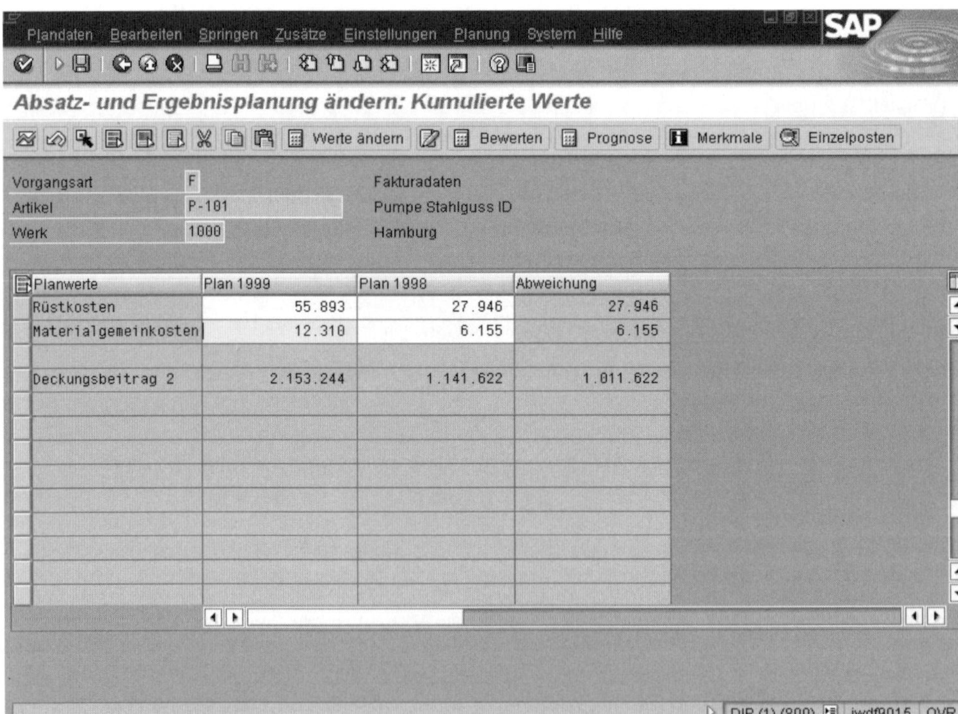

Abbildung 6.6.36-3: EnjoySAP Screen zur Ergebnisplanung – Ausführen (Teil 2)
(© SAP AG)

③ *Woher stammen die Plandaten für die Ergebnisplanung (**Plandatenherkunft**)?*

Ähnlich der Bearbeitung des Prozeßbausteins *Absatzplanung* muß auch bei der Ergebnisplanung die Herkunft der Plandaten (Kopie, Prognose etc.) geklärt werden. Da bei der Ergebnisplanung gegenüber der Absatzplanung noch viele zusätzliche Plandaten (gesamtes Kostengerüst) benötigt werden, muß ebenfalls nach der Herkunft gefragt werden.

Zu ③: *Gibt es bei der Ergebnisplanung bestimmte Werte, die Sie **manuell eingeben** müssen, da sie automatisch nicht ermittelbar sind?*
Im Normalfall können Sie die Absatz- und Umsatzplanung mit diversen Automatismen zu einer Ergebnisplanung erweitern, z.B. der Bewertung der Absatzzahlen mit den Kalkulationen der Produkte, falls vorhanden. Sollte dies aus bestimmten Gründen nicht möglich sein, können Sie diese Werte manuell eingeben.

Zu ③: *Ist es möglich, daß Sie bestehende Planwerte automatisch durch die Funktionalität der **Bewertung**, z.B. mit der Plankalkulation für Ihre Produkte, erweitern können?*
Sie haben im CO-PA die Möglichkeit, bestehende Planwerte mit Hilfe der Funktionalität *Bewertung* automatisch zu bewerten und damit um zusätzliche Planwerte zu erweitern. Falls dies zutrifft, ist zu spezifizieren, welche zusätzlichen Werte Sie auf diese Art und Weise in Ihre Ergebnisplanung einfließen lassen können. Für die Bewertung haben Sie generell folgende Möglichkeiten:

- *Erzeugniskalkulation (Plankalkulation)*

Hiermit können Sie die geplanten Absatzmengen und Umsatzzahlen um die Herstellkosten der Produkte, sofern sie in kalkulierter Form vorliegen, erweitern. Wurde z.B. für ein Produkt X eine Plankalkulation durchgeführt und wird dieses Produkt im Rahmen der Ergebnisplanung geplant, können dafür automatisch die Planherstellkosten in das CO-PA übernommen werden.

- *Kalkulationsschema aus dem Vertriebssystem (SD)*

Im Rahmen der Preisfindung für Kundenaufträge verwendet man im Unternehmensprozeßbereich Vertrieb ein Kalkulationsschema. Es handelt sich dabei um ein Rechenschema, mit dem man sämtliche bei einem Verkaufsvorgang anfallenden Werte (Mengen, Erlöse, Erlösschmälerungen, Rückstellungen etc.), in Abhängigkeit von verschiedensten Kriterien (z.B. Kunde, Verkaufsorganisation), berechnen kann. Wurde nun im Vertriebssystem für einen Kunden z.B. eine bestimmte Bonusvereinbarung angelegt und wird dieser Kunde im Rahmen der Ergebnisplanung geplant, so können Sie z.B. auf Basis der Absatzmenge automatisch den geplanten Bonus aus dem Vertriebssystem ermitteln.

- *Kalkulationsschema aus dem CO-PA*

Haben Sie keine Möglichkeit, auf das Kalkulationsschema des SD zuzugreifen, benötigen Sie aber trotzdem für bestimmte Produkte oder Kunden weitere Werte, die nicht über die Plankalkulation gewonnen werden können, z.B. Vertriebsprovisionen, haben Sie die Möglichkeit, ein CO-PA-eigenes Kalkulationsschema zu verwenden.

Zu ③: *Falls Sie eine durchgängige Kostenstellenplanung durchgeführt haben, wollen Sie diese bei der Ergebnisplanung verwenden?*
Damit bei einer Ergebnisplanung das gesamte Kostenvolumen Ihres Unternehmens berücksichtigt werden kann, müssen auch die nicht über die Produkte (Herstellkosten) verrechneten Kosten, z.B. allgemeine Vertriebs- und Verwaltungsstellen, bei der Ergebnisplanung berücksichtigt werden. Da diese Kosten bereits im Rahmen der Kostenstellenplanung geplant worden sind, können sie über die Umlagetechnik in das CO-PA übernommen werden.

Zu ③: *Falls Sie eine Planung auf* ***Innenaufträgen (CO-OM)*** *durchführen, sollen auch diese Werte als Plankosten in das CO-PA übernommen,* ***d.h. abgerechnet****, werden?*
Im CO-OM können Sie nicht nur Kostenstellenkosten, sondern auch Kosten und Erlöse auf Innenaufträge planen. Auch diese Plankosten können über die Funktionalität der Auftragsabrechnung (im Plan) an die Ergebnisrechnung abgerechnet, d.h. übernommen werden.

Zu ③: *Hinweis*: Bitte beachten Sie die Fragen und Erläuterungen zum Prozeßbaustein *Absatzplanung*, zum Hauptast *Plandatenherkunft* (z.B. Kopie der Vergangenheit, Prognose etc.). Diese sind in ihrer Gesamtheit auch auf den Prozeß Ergebnisplanung anwendbar.

6.6.37 Prozeß-Knowledge Map – Fakturaübernahme und Bewertung

Bei der durch den Prozeßbaustein *Fakturaübernahme und Bewertung* zur Verfügung gestellten Funktionalität handelt es sich um die vorgangsbezogene Übernahme der in der Faktura enthaltenen Werte. Die Faktura ist dabei Teil des Gesamtprozesses der Kundenauftragsabwicklung im Unternehmensprozeßbereich Vertrieb. Wurden die entsprechenden konzeptionellen Entscheidungen getroffen und Einstellungen vorgenommen, erfolgt diese Übernahme der Werte automatisch. Für jede Position des Fakturabelegs, d.h. ursprünglich des Kundenauftrags, wird ein Einzelposten in der Ergebnisrechnung erzeugt. Bei den übernommenen Werten handelt es sich sowohl um die durch den Preisfindungsmechanismus des Vertriebs (SD) ermittelten Erlöse und Erlösschmälerungen als auch um die zugehörigen und zuordenbaren Merkmale.

① *Welche* ***Werte*** *und* ***Merkmale*** *wollen Sie von der* ***Faktura*** *in die Ergebnis- und Marktsegmentrechnung (CO-PA)* ***übernehmen****?*

Da diese Frage bereits ausführlich bei der Bearbeitung des Prozeßbausteines *Definition Bewertungsstrategie und Definition Marktsegmente* behandelt wurde, wird an dieser Stelle verzichtet, detailliert darauf einzugehen. Bitte beachten Sie, daß die Fakturaübernahme automatisch durch die Erstellung der Faktura im Rahmen des Prozeßbausteins *Fakturabearbeitung* des Prozeßbereichs *Vertrieb* angestoßen wird und nicht manuell erfolgen muß.

Zu ①: *Beachte*: Falls Sie sich entscheiden, die Ergebnisrechnung zu nutzen, so werden bei der Erstellung der Faktura sowohl die Finanzbuchhaltungsbelege als auch die Ergebnisrechnungsbelege erstellt. Kommt es bei der Übergabe an das CO-PA zu Fehlern und kann der Beleg nicht übergeben werden, kann auch kein Finanzbuchhaltungsbeleg erzeugt werden, da eine direkte Abhängigkeit dieser beiden Belege vorherrscht. Selbstverständlich können Sie trotzdem den Vertriebsbeleg, d.h. die Faktura, erzeugen und an Ihre Kunden versenden. Die Belege für das FI und das CO-PA müssen aber später noch einmal, dann manuell, nachgebucht werden.

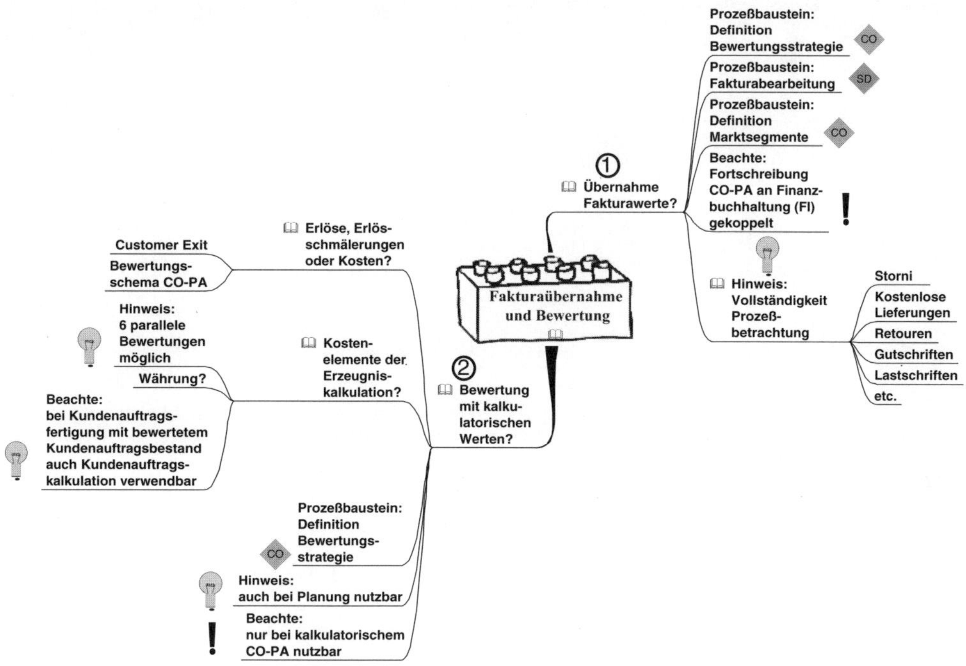

Abbildung 6.6.37-1: Prozeß-Knowledge Map – Fakturaübernahme und Bewertung

Zu ①: *Haben Sie alle* ***relevanten Prozesse****, mit denen das Ergebnis (Kosten/Erlöse) beeinflußt werden kann,* ***vollständig*** *betrachtet?*
Außer dem *regulären* Verkaufsprozeß, der Abwicklung eines Standardauftrags, gibt es noch eine Vielzahl von weiteren Prozessen des Prozeßbereichs Vertrieb, die Auswirkungen auf das Ergebnis, d.h. auf die in der Ergebnisrechnung auszuweisenden Kosten und Erlöse, hat. Deswegen müssen Sie sicherstellen, daß alle Prozesse, die im Prozeßbereich Vertrieb zum Einsatz kommen, auch auf deren kostenrechnerische Relevanz geprüft werden. In den meisten Fällen hat jede im Vertrieb abgewickelte Auftragsart kostenrechnerische Relevanz, wobei deren Behandlung durchaus unterschiedlich ablaufen kann, z.B. werden in vielen Unternehmen bei der Retourenbearbeitung die gebuchten Erlöse und Erlösschmälerungen zurückgenommen, nicht jedoch die dem originären Vorgang zurechenbaren Kosten, da diese in jedem Fall angefallen sind, auch wenn der Kunde das Material zurückgeschickt hat. Beispiele für die an dieser Stelle näher zu betrachtenden Prozesse sind: Gutschriftsanforderungen, Lastschriftsanforderungen, Retouren, kostenlose Lieferungen, Storni etc.

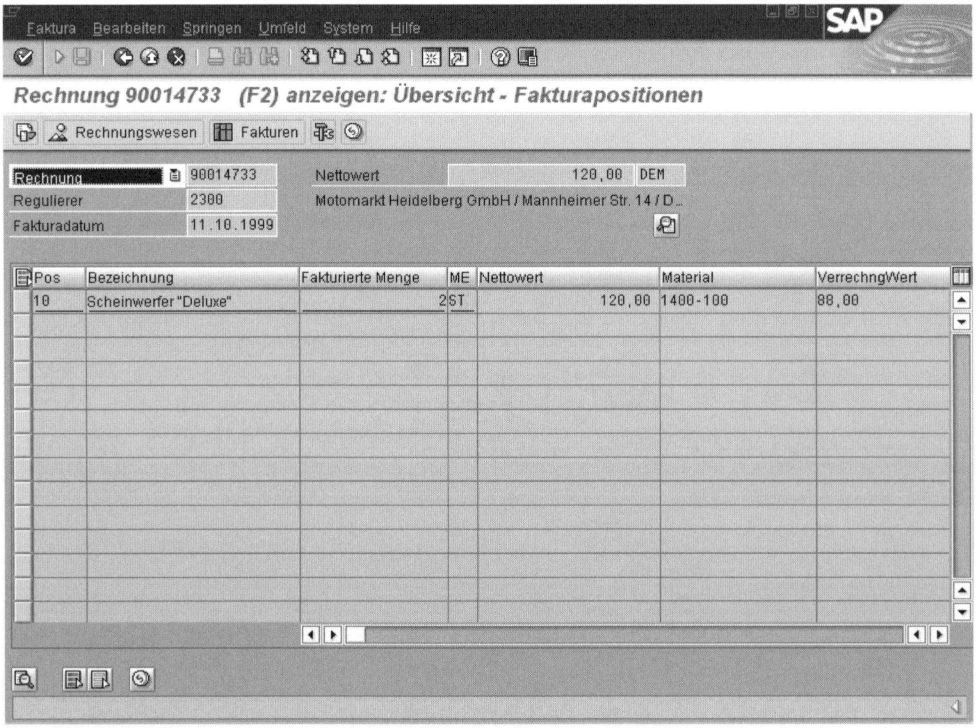

Abbildung 6.6.37-2: EnjoySAP Screen zur Fakturaübernahme und Bewertung – Faktura anzeigen in SD (© SAP AG)

② *Wollen Sie zum Zeitpunkt der Fakturaübernahme noch nicht zur Verfügung stehende Werte oder zusätzlich benötigte Werte automatisch durch die* ***Bewertung*** *des CO-PA, auf Basis der von Ihnen definierten Regeln, ermitteln (bewerten) lassen?*

Falls bestimmte Erlös-, Erlösschmälerungs- oder Kostenarten zum Zeitpunkt der Fakturaübernahme noch nicht zur Verfügung stehen, jedoch für zeitnahe Ergebnis- bzw. Dekkungsbeitragsauswertungen benötigt werden, können Sie dies automatisch durch das SAP-System ermitteln lassen. Dazu wird die Bewertungstechnik des CO-PA genutzt. Siehe dazu ebenfalls Kap. 6.6.6 Prozeßbaustein *Definition Bewertungsstrategie*, Ast ② Wertefluß: Wertansätze: Offene Rechnung. Für die Bewertung stehen Ihnen unterschiedliche Methoden zur Verfügung.

Beachte:
Die Bewertung kann nur in der kalkulatorischen Ergebnisrechnung durchgeführt werden, da die buchhalterische Ergebnisrechnung durch die Verwendung von Konten mit der Finanzbuchhaltung abgestimmt sein muß und somit systemimmanent kalkulatorische Wertansätze vorkommen können.

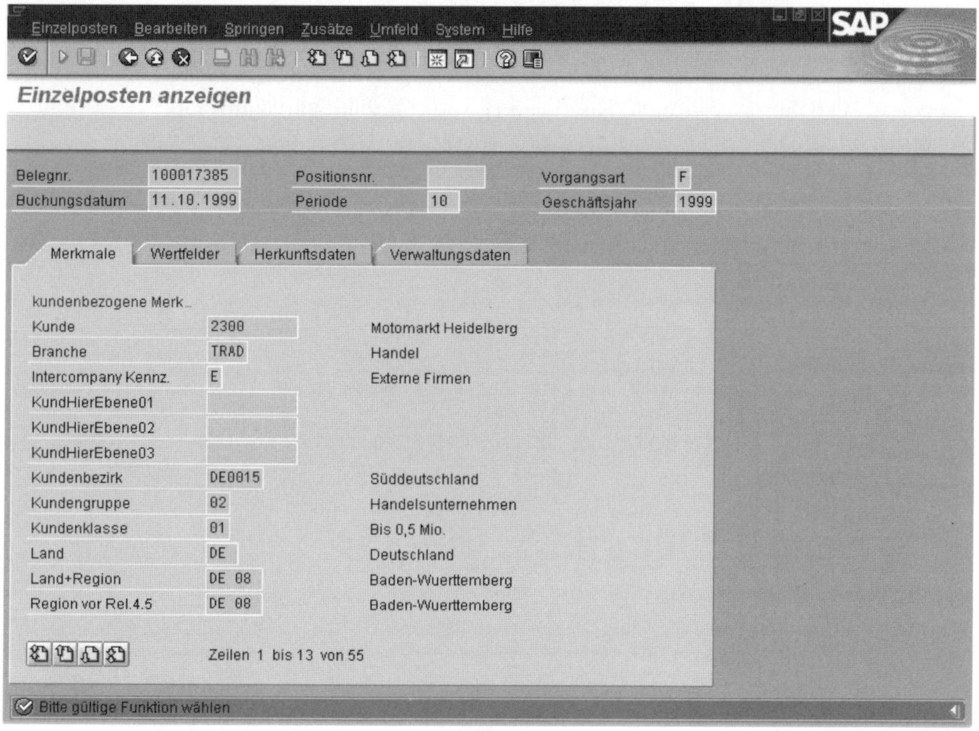

Abbildung 6.6.37-3: EnjoySAP Screen zur Fakturaübernahme und Bewertung – Einzelposten im CO-PA – Merkmalssicht (Auszug) (© SAP AG)

Zu ②: *Um welche Arten von* ***Erlösbestandteilen, Erlösschmälerungen oder sonstigen Kosten*** *handelt es sich, die Sie kalkulatorisch ansetzen und durch die Bewertung ermitteln lassen wollen?*

Bitte spezifizieren Sie, welche Erlösbestandteile, Erlösschmälerungen oder sonstige Kosten Sie mit Hilfe der Bewertung ermitteln lassen wollen. Falls Sie die Wertfelder bereits in entsprechendem Detaillierungsgrad festgelegt haben, können Sie darüber hinaus sofort identifizieren, welche Wertfelder durch die Bewertung angesprochen werden. Ein Wertfeld kann bei der Bewertung als Berechnungsbasis verwendet werden, oder es stellt den zu berechnenden Wert selbst dar. Dadurch können die zur Auswertung eines Verkaufsvorgangs benötigten, aber zum Zeitpunkt der Fakturierung noch nicht bekannten Werte, wie z. B. Provisionen, Skonti, Rabatte, Frachten, kalkulatorisch ermittelt werden.

Beispiel:

Sie stellen Ihrem Kunden eine Rechnung, die Erlöse und die gewährten direkten Rechnungsrabatte können Sie direkt als Ist-Werte buchen. Darüber hinaus haben Sie aber eine Bonusvereinbarung mit diesem Kunden getroffen, daß er, falls er im Jahr 1999 Produkte im Wert von 1.000.000 DM abnimmt, zusätzlich 5 % Nachlaß erhält. Ob er dieses Ziel erreicht hat, wissen Sie erst am Ende des Jahres. Für ein zeitnahes Ergebnis-Controlling wollen Sie jedoch diese Kosten bzw. Erlösschmälerung berücksichtigen, weshalb Sie einen kalkulatorischen Bonus von 5 % definieren, der bei jeder Buchung automatisch ermittelt und gebucht wird. Ebenfalls wissen Sie zum Zeitpunkt der Faktur noch nicht, wieviel Skonto der Kunde tatsächlich bei Bezahlung der Rechnung ziehen wird. Da Sie jedoch aus der Erfahrung heraus wissen, daß dieser bestimmte Kunde i.d.R. sofort bezahlt und damit z.B. 3 % Skonto in Anspruch nimmt, so können Sie auch dies als kalkulatorischen Wert ansetzen.

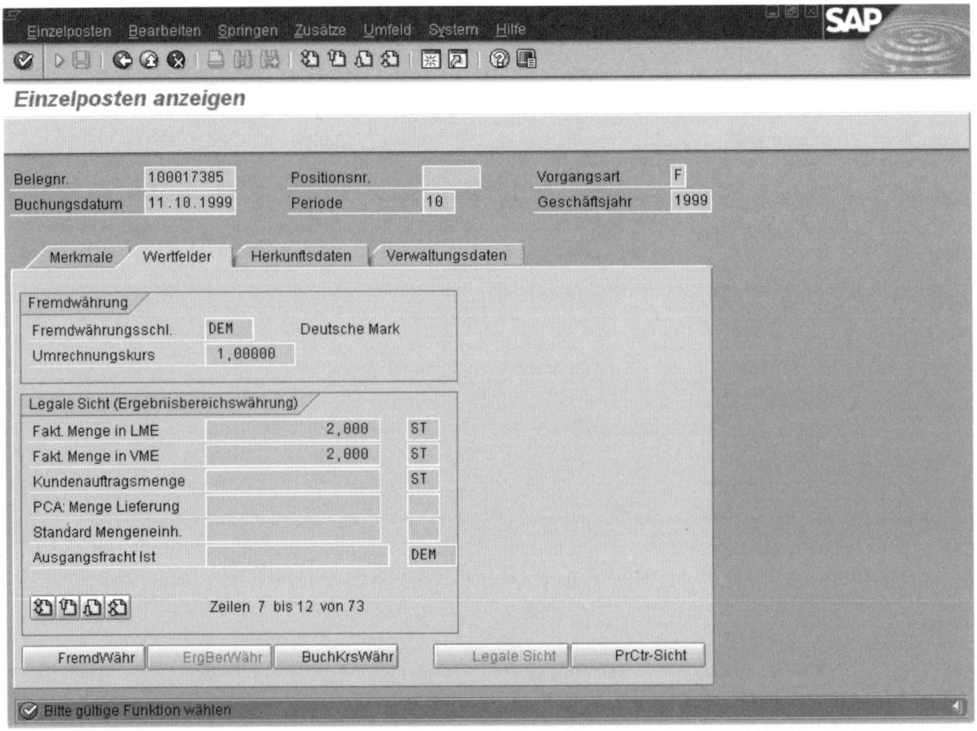

Abbildung 6.6.37-4: EnjoySAP Screen zur Fakturaübernahme und Bewertung – Einzelposten im CO-PA – Wertfeldsicht (Auszug) (© SAP AG)

Für die Ermittlung dieser Werte stehen Ihnen im SAP-System hauptsächlich zwei Verfahren zur Verfügung:

- *Konditionstechnik mit Hilfe eine Kalkulationsschemas*

Eine Kondition kann stellvertretend für einen Wert dienen, der als Basis für die Berechnung eines anderen Wertes dient, oder aber es kann sich dabei um den eigentlich zu berechnenden Wert selbst handeln. Im Kalkulationsschema legen Sie fest, welche dieser Konditionen zur Ermittlung kalkulatorischer Kosten verwendet werden sollen, in welcher Reihenfolge diese Berechnung durchgeführt werden soll und unter Berücksichtigung welcher Abhängigkeiten dies erfolgt (z.B. Frachtsatz ist bei unterschiedlichen Zielländern – definiert als Merkmal – jeweils verschieden).

■ *Customer Exit*

In bestimmten Fällen kann es vorkommen, daß die Standardbewertungsfunktionalität des CO-PA nicht ausreicht. Dann werden vordefinierte User Exits angeboten, womit Sie im Bedarfsfall eine individuelle Bewertungslogik implementieren können. Da es sich dabei um standardisierte Schnittstellen zur Standardablauflogik des CO-PA handelt, sind die User Exits auch upgrade-fähig, d.h., Sie können eigene ABAP/4-Programme erstellen und anbinden, ohne daß eine Modifikation vorgenomen werden muß. Im Rahmen Ihres Realisierungsprojektes werden Sie im Detail festlegen, ob Sie davon Gebrauch machen müssen.

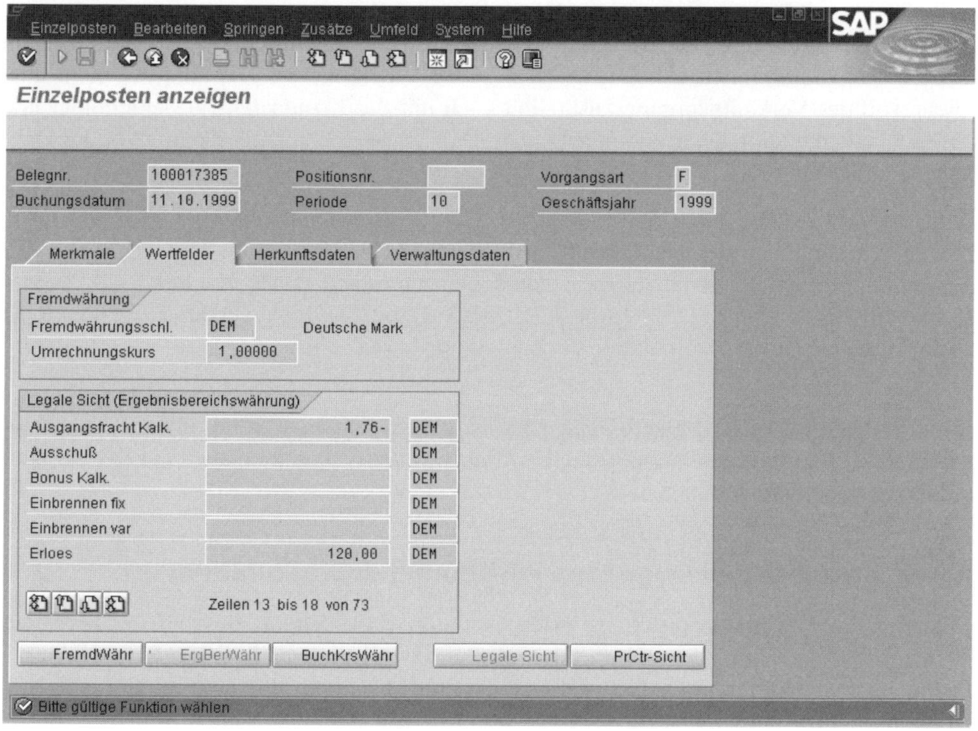

Abbildung 6.6.37-5: EnjoySAP Screen Einzelposten im CO-PA –Wertfeldsicht (Auszug) – zur Faktura (© SAP AG)

Zu ②: *Wollen Sie, um die Herstellkosten Ihrer Produkte in einer detaillierten Ergebnis- bzw. Deckungsbeitragsrechnung analysieren zu können, die einzelnen Herstellkostenelemente aus der Elementeschichtung des CO-PC in das CO-PA übernehmen?*
Um eine detaillierte Produktergebnisrechnung oder eine Deckungsbeitragsrechnung im CO-PA abbilden zu können, müssen Sie in der Lage sein, von den Erlösen die variablen Kostenbestandteile zu subtrahieren, die i.d.R. nur in der Erzeugniskalkulation der Herstellkosten enthalten sind. Dies können Sie durch den Einsatz der Bewertung mit Erzeugniskalkulation sicherstellen.

Beispiel:
In der Plankalkulation haben Sie folgende Schichtung je Stück des Artikels XYZ ermittelt:

Materialkosten (variabel):	100 DM
Fertigungskosten (variabel)	150 DM
Fertigungskosten (fix):	50 DM
Herstellkosten =	300 DM/Stück

Setzen wir voraus, daß Sie diese 300 DM Herstellkosten als Bewertungspreis (bei S-Preissteuerung) zum Zeitpunkt der Kalkulation in den Materialstamm übernommen haben, würde dieser *Gesamtpreis* bei der Fakturaübernahme (falls gewünscht) als Herstellkosten in das CO-PA übernommen werden. Da dies zu einer detaillierten DB-Analyse nicht ausreicht, soll der Verkaufsvorgang zusätzlich noch mit der Kostenelementeschichtung, laut obiger Plankalkulation, übernommen werden. Danach ist eine detaillierte Analyse des Deckungsbeitrags möglich.

Beachte:
Falls Sie im Rahmen der Kundenauftragsfertigung (siehe Prozeßbaustein *Definition der Bewertungsstrategie*) mit bewertetem Kundeneinzelbestand (siehe Kapitel 6.4.3, Werteflüsse) arbeiten, wobei es keine Rolle spielt, ob Sie ein CO-Objekt verwenden, können Sie auch die Kundenauftragskalkulation zur Bewertung heranziehen.

Hinweis:
Es können bis zu sechs Bewertungen parallel vorgenommen werden, um z.B. im Konzernumfeld zusätzlich zu der individuellen Unternehmenskalkulation auch die Konzernkalkulation zu übernehmen.

6.6.38 Prozeß-Knowledge Map – Mitlaufende Kalkulation

Während des Produktionsprozesses erfolgen durch verschiedene Geschäftsprozesse Ist-Kostenbelastungen auf dem Fertigungsauftrag bzw. Kundenauftrag (mit CO-Objekt). Dadurch ist es möglich, im auftragsbezogenen Produkt-Controlling eine mitlaufende Kalkulation durchzuführen. Die auf diese Weise ermittelten aktuellen Ist-Kosten können Sie jederzeit zur Anzeige bringen und mit Planwerten vergleichen.

① *Führen Sie in Ihrem Unternehmen eine **mitlaufende Kalkulation** auf Fertigungsaufträgen oder Kundenaufträgen durch?*

Während der Produktion Ihrer Produkte entstehen durch die folgenden, integrierten Prozeßabläufe des SAP-Systems Belastungen von Ist-Kosten auf dem Fertigungsauftrag (auftragsbezogenes Controlling) oder Ihrem CO-Objekt der Kundenauftragsposition (bei Kundenauftragsfertigung mit Kostensammler):

- Warenbewegungen in der Materialwirtschaft (MM)
- Rechnungseingänge in der Finanzbuchhaltung (FI)
- Rückmeldungen der Produktionsplanung (PP)
- Umbuchungen bzw. Verrechnungen von Gemeinkosten

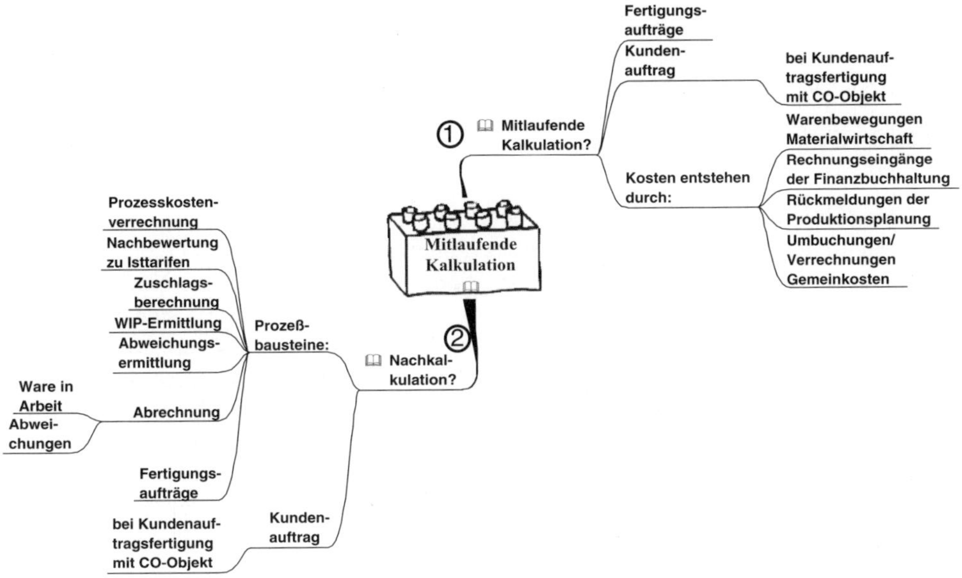

Abbildung 6.6.38-1: Prozeß-Knowledge Map – Mitlaufende Kalkulation

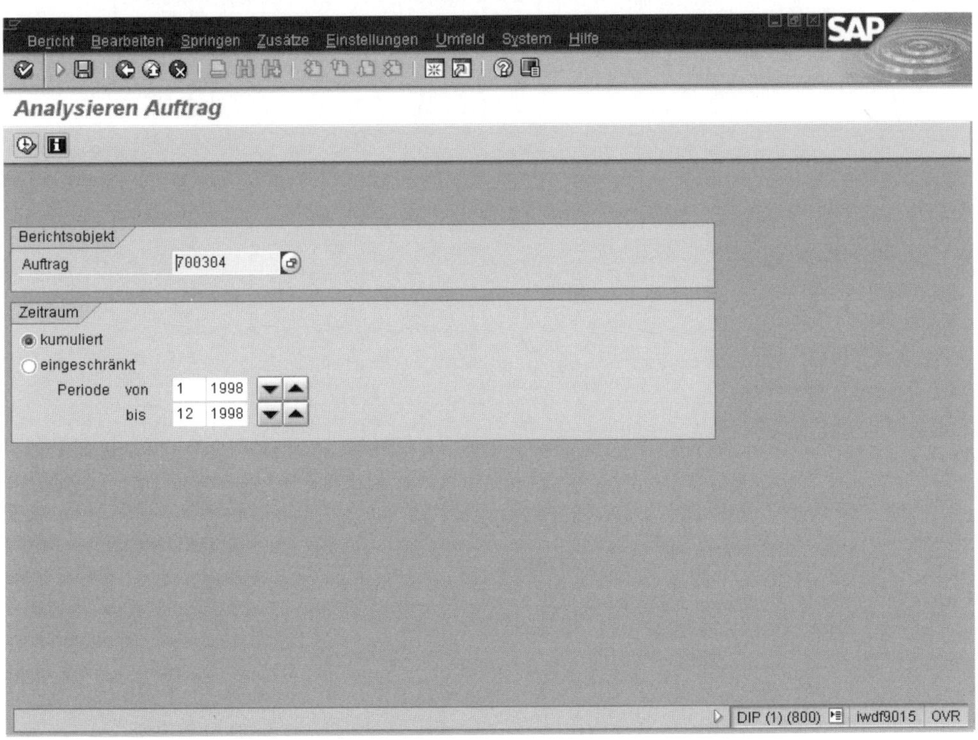

Abbildung 6.6.38-2: EnjoySAP Screen zur Mitlaufenden Kalkulation – Einstieg (© SAP AG)

Da es sich hierbei um vorgangsbezogene Buchungen handelt, kann jederzeit eine mitlaufende Kalkulation auf dem Fertigungsauftrag bzw. der Kundenauftragsposition erfolgen, indem die bis zum Zeitpunkt der Erstellung der mitlaufenden Kalkulation angefallenen Kosten bezogen auf die Ist-Menge berechnet werden.

② *Führen Sie in Ihrem Unternehmen eine* ***Nachkalkulation*** *auf Fertigungsaufträgen oder Kundenaufträgen durch?*

Nach Abschluß der Produktion Ihrer Produkte und deren Lieferung an das Lager kann auf den Fertigungsaufträgen (auftragsbezogenes Controlling) oder dem CO-Objekt der Kundenauftragsposition (bei Kundenauftragsfertigung mit CO-Objekt) eine Nachkalkulation durchgeführt werden. Dabei werden alle zur Produktion benötigten Aufwände, bezogen auf die tatsächlich ans Lager abgelieferte oder disponierte Menge, berücksichtigt. Das Ergebnis dieser Nachkalkulation kann mit der Vorkalkulation des Fertigungsauftrags oder der Kundenauftragsposition sowie, bei Standardmaterialien, mit der auftragsneutralen Produktkalkulation (z.B. Plankalkulation) verglichen werden. Die Durchführung der Nachkalkulation ist jedoch erst dann aussagekräftig, wenn alle tatsächlich benötigten Kosten angefallen sind. Dafür müssen auch die im Rahmen des Periodenabschlusses durchgeführten Kostenverrechnungen berücksichtigt werden. Es handelt sich dabei um die Prozeßbausteine zu folgenden Themen, die jeweils an entsprechender Stelle behandelt werden:

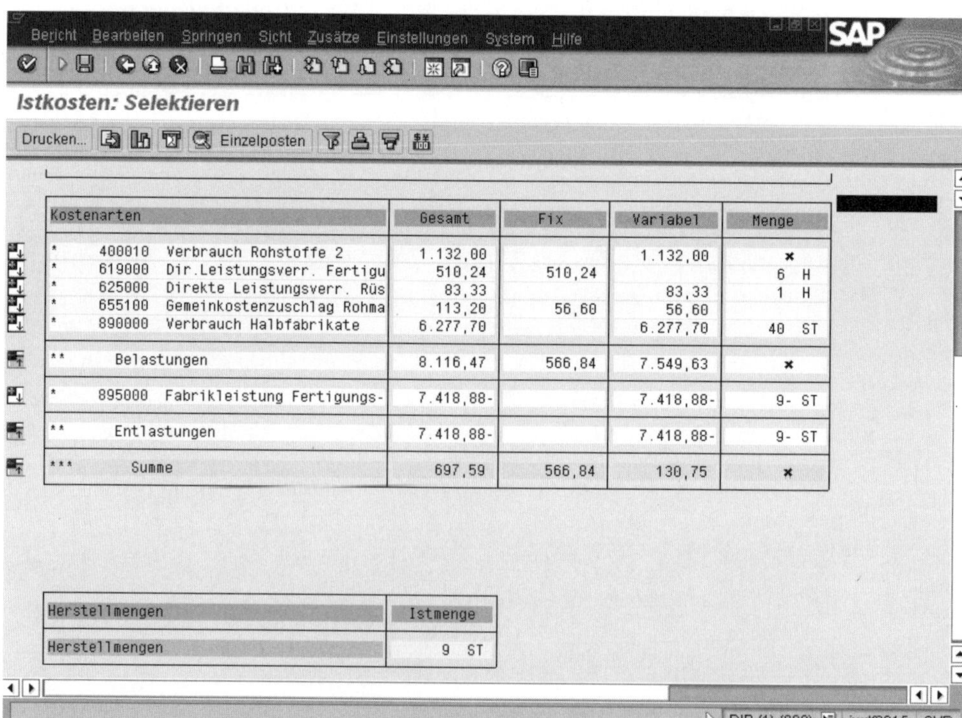

Kostenarten	Gesamt	Fix	Variabel	Menge
* 400010 Verbrauch Rohstoffe 2	1.132,00		1.132,00	×
* 619000 Dir.Leistungsverr. Fertigu	510,24	510,24		6 H
* 625000 Direkte Leistungsverr. Rüs	83,33		83,33	1 H
* 655100 Gemeinkostenzuschlag Rohma	113,20	56,60	56,60	
* 890000 Verbrauch Halbfabrikate	6.277,70		6.277,70	40 ST
** Belastungen	8.116,47	566,84	7.549,63	×
* 895000 Fabrikleistung Fertigungs-	7.418,88-		7.418,88-	9- ST
** Entlastungen	7.418,88-		7.418,88-	9- ST
*** Summe	697,59	566,84	130,75	×

Herstellmengen	Istmenge
Herstellmengen	9 ST

Abbildung 6.6.38-3: EnjoySAP Screen zur Mitlaufenden Kalkulation – Ergebnis (© SAP AG)

- Prozeßkostenverrechnung
- Nachbewertung zu Ist-Tarifen
- Zuschlagsberechnung
- WIP-Ermittlung
- Abweichungsermittlung
- Abrechnung der Abweichungen bzw. der Ware in Arbeit

6.6.39 Prozeß-Knowledge Map – Eingabe statistischer Kennzahlen

Dieser Prozeßbaustein behandelt die vorgangsbezogene Erfassung der im Unternehmen vorhandenen und im Rahmen des Prozeßbausteins *Bearbeitung statistischer Kennzahlen* definierten statistischen Kennzahlen.

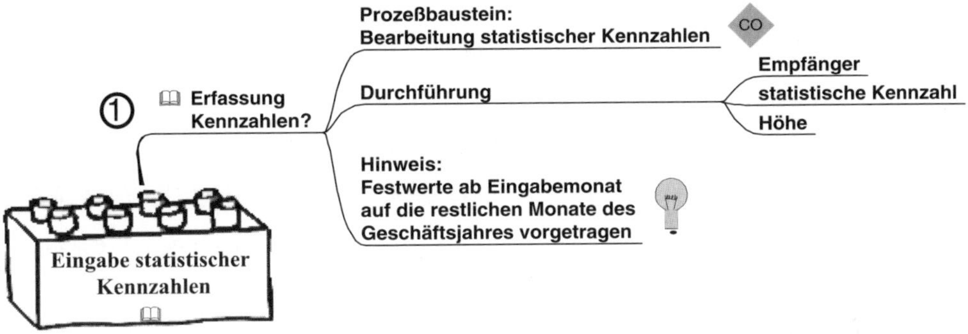

Abbildung 6.6.39-1: Prozeß-Knowledge Map – Eingabe statistischer Kennzahlen

① *Wie erfolgt die* ***Erfassung*** *der* ***statistischen Kennzahlen*** *im SAP-System und wann?*

Bei der Bearbeitung des Prozeßbausteins *Bearbeitung statistischer Kennzahlen* wurde festgelegt, welche Leistungsarten es überhaupt in Ihrem Unternehmen gibt, ob es sich um Fest- oder Summenwerte handelt, ob die Erfassung manuell oder maschinell erfolgt etc. Im Rahmen dieses Prozeßbausteins wird die konkrete Erfassung durchgeführt. Deswegen muß an dieser Stelle nur geklärt werden, auf welches Empfängerobjekt welche statistische Kennzahl gebucht wird und wann diese Buchung erfolgt (monatlich oder jährlich).

Hinweis:
Die Eingabe eines Wertes für den Kennzahlentyp Festwert wird ab dem Eingabemonat auf die restlichen Monate des Geschäftsjahres vorgetragen.

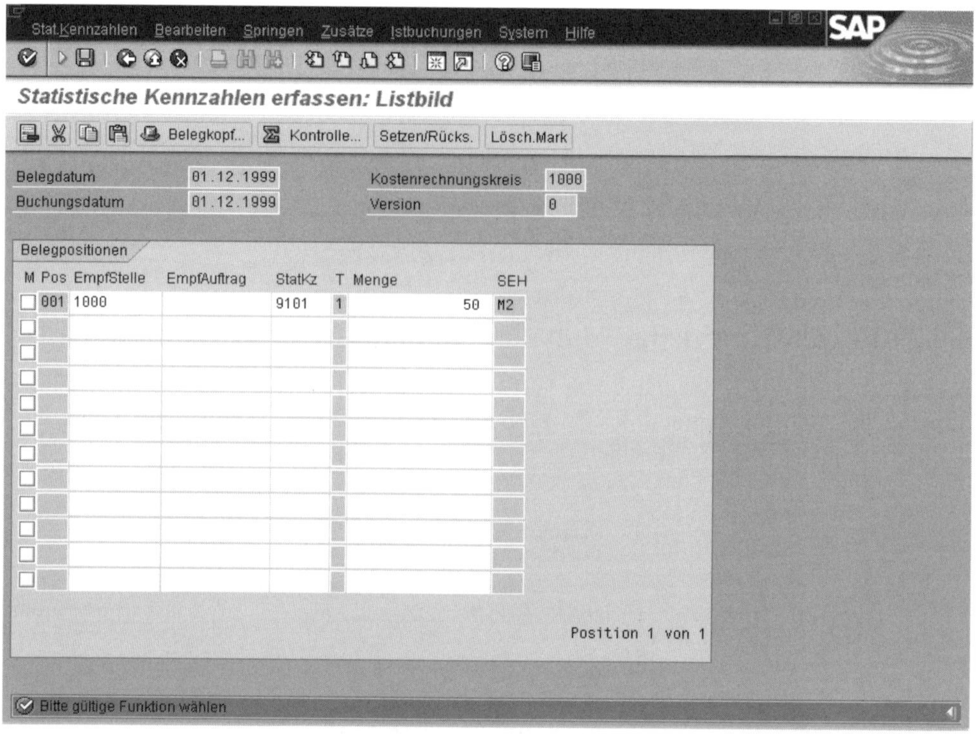

Abbildung 6.6.39-2: EnjoySAP Screen zur Eingabe statistischer Kennzahlen – Ausführen (© SAP AG)

6.6.40 Prozeß-Knowledge Map – Primärkostenübernahme Kostenstellen/Innenaufträge

Durch die Primärkostenübernahme werden die in den Applikationen des SAP-Systems gebuchten primären Kosten in die Kostenrechnung (CO) übernommen. Bei diesen Applikationen des SAP-Systems handelt es sich um die Finanzbuchhaltung (FI), Anlagenbuchhaltung (FI-AA), Materialwirtschaft (MM) und Personalwirtschaft (HR). Setzen Sie die entsprechenden Applikationen ein, erfolgt die Übernahme der Kosten vollständig integrativ.

Da in vielen Fällen in der ersten Implementierungsphase nicht immer alle SAP-Applikationen zum Einsatz kommen, sind auch diese Fälle zu berücksichtigen. In jedem Fall gilt, daß für jede Buchung (Transaktion) ein eigener Beleg erzeugt wird. Am Beispiel der Integration bedeutet dies, daß in jeder beteiligten Applikation ein Beleg gebucht wird, z.B. Materialentnahmebeleg in der Materialwirtschaft (MM), im externen Rechnungswesen (FI) der Beleg zur Bestandsänderungsbuchung und im Controlling (CO) der Kostenrechnungsbeleg. Die Verbindung zur Kostenrechnung wird dabei dadurch geschaffen, daß ein Sachkonto des externen Rechnungswesens als primäre Kostenart im Controlling angelegt ist. Ist dies der Fall, muß schon bei der Ursprungsbuchung (in unserem Beispiel der Materialentnahme) ein Kontierungsobjekt, z.B. Kostenstelle 4711, angegeben werden.

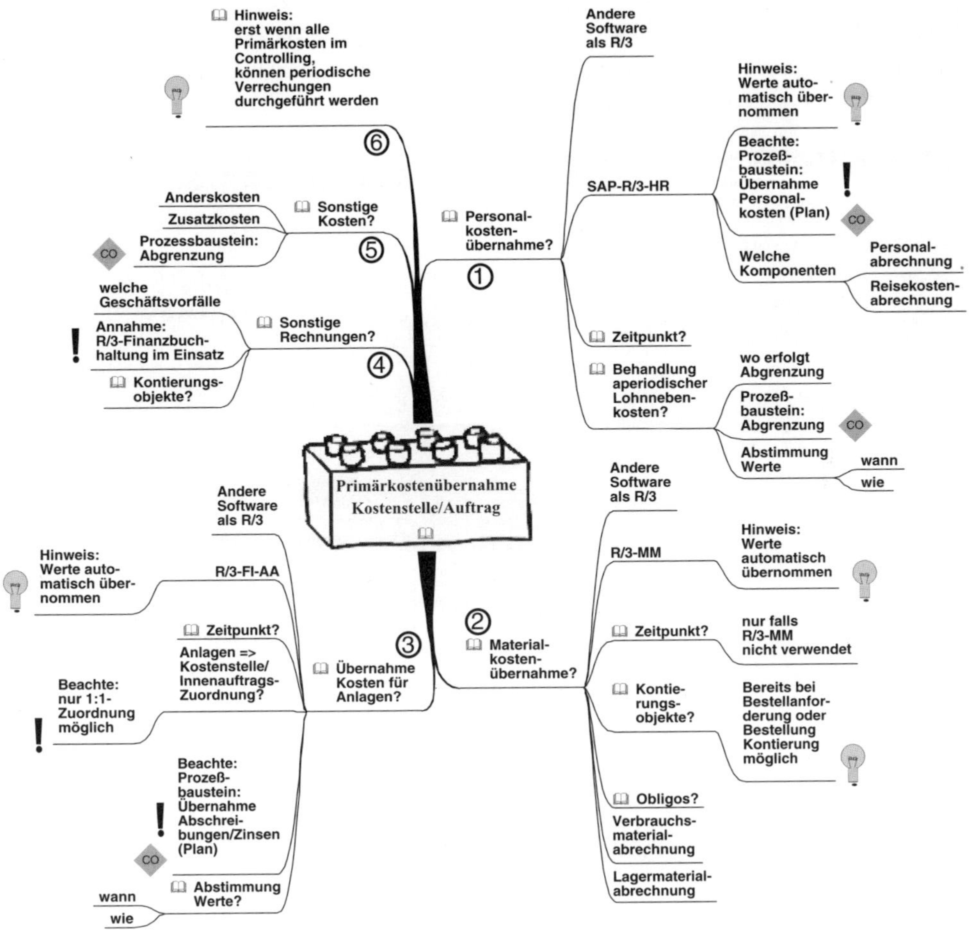

Abbildung 6.6.40-1: Prozeß-Knowledge Map – Primärkostenübernahme Kostenstellen/Innenaufträge

① *Wie **übernehmen** Sie die **Personalkosten** in das Controlling, und um welche Bestandteile (Personalabrechnung, Reisekosten etc.) handelt es sich dabei?*

Falls Sie die SAP-Applikation Human Resources mit den Teilfunktionalitäten Personalabrechnung und/oder Reisekostenabrechnung im Einsatz haben, können Sie die Personalkosten der Mitarbeiter, durch deren Zuordnung zu einer Kostenstelle, direkt in das Controlling übernehmen. Speziell bei der integrativen Übernahme aus dem HR sind jedoch einige Überlegungen zu berücksichtigen, z. B.:

- Läuft das HR innerhalb derselben Installation bzw. auf demselben Rechner wie Ihr *restliches* SAP-System?
- Arbeiten Sie mit einer Verrechnungskostenstelle?

Beachte:
Siehe Prozeßbaustein *Übernahme Personalkosten Plan.* Falls Sie das SAP-HR nicht einsetzen, ist festzulegen, wie Sie die Personalkosten in die Kostenrechnung verbuchen, z. B. über die Erstellung eines ABAP/4-Programmes etc.

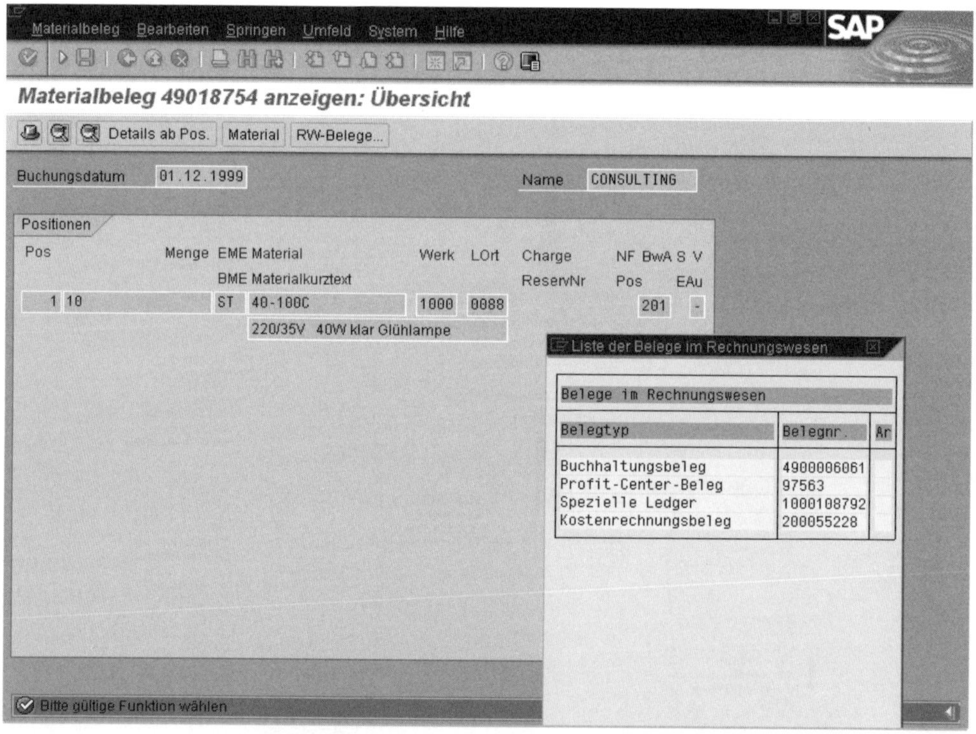

Abbildung 6.6.40-2: EnjoySAP Screen zur Primärkostenübernahme Kostenstellen/Innenaufträge Buchung Materialentnahme in MM Originalbeleg (© SAP AG)

Zu ①: *Zu welchem* ***Zeitpunkt*** *stehen die Personalkosten zur Übernahme zur Verfügung?*

Um die Konsistenz mit den Abschlüssen in der Finanzbuchhaltung und der Kostenrechnung zu gewährleisten, ist zu klären, wann die Personalkosten und ggfs. die Reisekosten zur Übernahme in die Kostenrechnung zur Verfügung stehen.

Beachte:
Diese Frage muß nur berücksichtigt werden, wenn in Ihrem Unternehmen nicht das SAP-HR zum Einsatz kommt.

Zu ①: *Wie* ***behandeln*** *Sie im Rahmen der Personalkosten die* ***aperiodisch*** *anfallenden* ***Lohnnebenkosten*** *wie z. B. Urlaubsgeld, Weihnachtsgeld etc.?*
Siehe Fragen und Erläuterungen zum Prozeßbaustein *Abgrenzung*.

② *Wie erfolgt die* ***Übernahme*** *der* ***Materialkosten*** *von der Bestandsführung (Lagermaterial) bzw. dem Einkauf (Verbrauchsmaterial) in die Kostenrechnung (CO)?*

Falls Sie die SAP-Materialwirtschaft (MM) einsetzen, wird sowohl bei der Verbrauchsmaterialabrechnung als auch der Lagermaterialabrechnung der Materialaufwand an die Kostenrechnung integrativ durch die frühzeitige Angabe eines Kontierungsobjekts übergeben. Die Bewertung des Aufwands erfolgt bei Verbrauchsmaterial durch die Angabe eines Preises in der Bestellung und bei Lagermaterial abhängig von der eingestellten Preissteuerung durch den im Materialstamm hinterlegten Preis. Auch hier wird die Verbindung von Materialwirtschaft, externem Rechnungswesen sowie Kostenrechnung durch das als Kostenart angelegte Sachkonto hergestellt. Dabei können entsprechende Konten, abhängig von einem filigranen Kontenfindungsmechanismus des MM, automatisch gefunden werden. Falls Sie das SAP-MM nicht einsetzen, ist festzulegen, wie Sie die Materialaufwände in die Kostenrechnung verbuchen, z.B. über die Erstellung eines ABAP/4-Programmes.

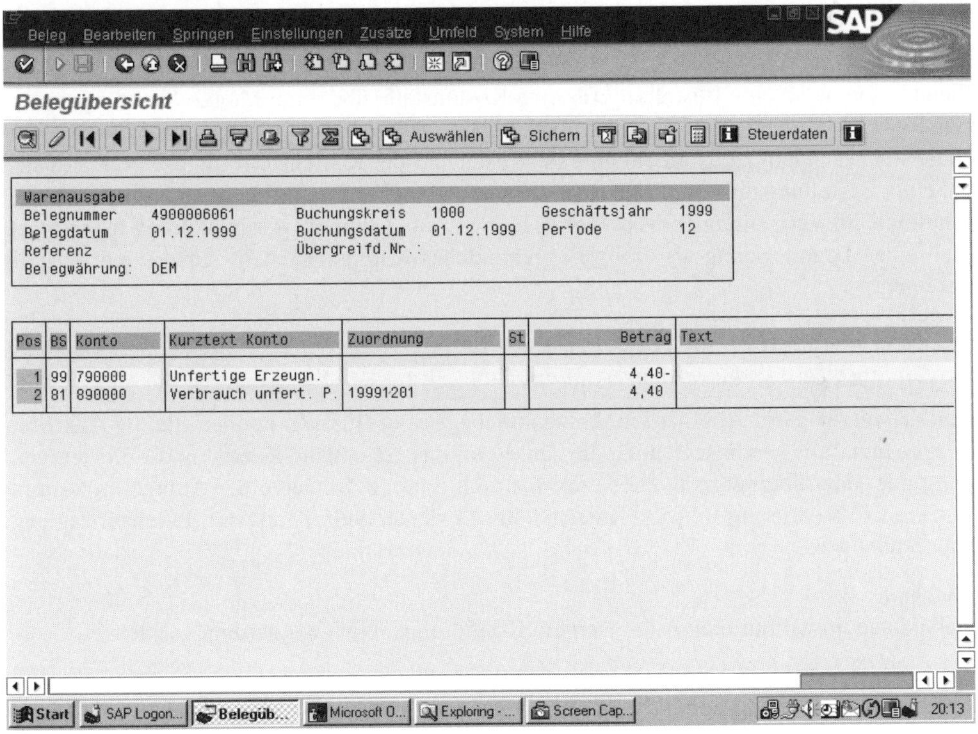

Abbildung 6.6.40-3: EnjoySAP Screen zur Primärkostenübernahme Kostenstellen/ Innenaufträge Buchung Materialentnahme in MM – Buchhaltungsbeleg in FI (© SAP AG)

Zu ②: *Zu welchem* ***Zeitpunkt*** *stehen die Materialkosten zur Übernahme in die Kostenrechnung zur Verfügung (nur falls SAP-MM nicht im Einsatz ist)?*
Um die Konsistenz mit den Abschlüssen in der Finanzbuchhaltung und der Kostenrechnung zu gewährleisten, ist zu klären, wann die Materialkosten zur Übernahme in die Kostenrechnung zur Verfügung stehen.

Beachte:
Diese Frage muß nur berücksichtigt werden, wenn in Ihrem Unternehmen nicht das SAP-MM zum Einsatz kommt.

Zu ②: *Auf welche* ***Kontierungsobjekte*** *im Gemeinkosten-Controlling erfassen Sie Materialkosten (z. B. Kostenstellen, Innenaufträge etc.)?*
Bitte spezifizieren Sie, welche Objekte des Gemeinkosten-Controllings mit Materialkosten, d.h. Verbrauchs- und Lagermaterialaufwendungen, belastet werden können.

Hinweis:
Bei dem Einsatz des SAP-MM kann bereits bei der Bestellanforderung und der Bestellung ein Kontierungsobjekt eingegeben werden.

Zu ②: *Wollen Sie auf den Kontierungsobjekten des Gemeinkosten-Controllings mit* ***Obligos****, d. h. zukünftig erwarteten Kosten, arbeiten?*
Ein Obligo stellt einen mit relativer Sicherheit, in der Zukunft erwarteten Kostenanfall dar. Bitte legen Sie fest, ob Sie in Ihrer Kostenrechnung mit diesen Obligos arbeiten wollen.

Beispiel:
Sie erfassen heute eine Bestellung für eine Kostenstelle über eine Menge X an Lagermaterial. Der Gesamtbetrag dafür beträgt 500 DM. Da noch kein Lagerausgang auf Ihre Kostenstelle stattgefunden hat, werden keine Ist-Kosten auf der Kostenstelle angezeigt. Da es sich bei einer Bestellung um einen sicheren Kostenanfall in der Zukunft handelt, können Sie diesen durch die Verwendung eines Obligos bereits zum Zeitpunkt der Bestellung bis zum tatsächlichen Lagerausgang als Obligo = gebundenes Kapital (Kosten) auf der Kostenstelle anzeigen.

③ *Wie erfolgt die* ***Übernahme*** *der* ***Kosten für*** *Ihre Anlagen (z. B. Maschinen, Gebäude, Großanlagen etc.) in die Kostenrechnung (CO)*?

Bei Verwendung der Applikation Anlagenmanagement (FI-AA) können Sie die Abschreibungen und, falls gewünscht, auch die Zinsen für das gebundene Kapital in die Kostenrechnung integrativ übernehmen. Dies wird dadurch ermöglicht, daß einer Anlage im Stammsatz ein CO-Kontierungsobjekt (Kostenstelle, Kostenstelle/Leistungsart, Innenauftrag etc.) zugeordnet wird.

Beachte:
Dabei kann immer nur eine Anlage einem Kontierungsobjekt zugeordnet werden.

Auch hier wird die Verbindung von Anlagenbuchhaltung (= externes Rechnungswesen) sowie Kostenrechnung durch das als Kostenart angelegte Sachkonto und einem im FI-AA eingestellten Kontenfindungsmechanismus hergestellt. Da viele Fragen bereits im Rahmen der Behandlung des Prozeßbausteins *Übernahme von Abschreibungen/Zinsen Plan* behandelt wurden, sei darauf verwiesen.

Zu ③: *Zu welchem* ***Zeitpunkt*** *stehen die Abschreibungen/Zinsen zur Übernahme in die Kostenrechnung zur Verfügung?*
Um die Konsistenz mit den Abschlüssen in der Finanzbuchhaltung und der Kostenrechnung zu gewährleisten, ist zu klären, wann die kalkulatorischen Aufwände für Abschreibungen und Zinsen auf Anlagevermögen zur Übernahme in die Kostenrechnung zur Verfügung stehen.

Beachte:
Diese Frage muß nur berücksichtigt werden, wenn in Ihrem Unternehmen nicht das SAP-FI-AA zum Einsatz kommt.

Zu ③: *Wie und wann erfolgt die* ***Abstimmung*** *der in der Kostenrechnung verrechneten kalkulatorischen* ***Wertansätze*** *für Abschreibungen und Zinsen mit den für die steuerrechtliche bzw. handelsrechtliche Bewertung verwendeten?*
Diese Abstimmung wird i.d.R. durch die Buchung, bei Einsatz des Gemeinschaftskontenrahmens (GKR), der Klasse 4- an Klasse 2-Konten durchgeführt. Dabei erfolgt bei der Buchung der kalkulatorischen Kosten die Belastung auf ein Kostenkonto (Klasse 4 bei GKR), das Habenkonto ist dabei ein Konto der Klasse 2 (Wertberichtigungen Anlagevermögen). Die tatsächliche Abschreibungsbuchung nach den steuerrechtlichen bzw. handelsrechtlichen Grundsätzen erfolgt dann von dem Wertberichtigungskonto der Klasse 2 an das Anlagenkonto.

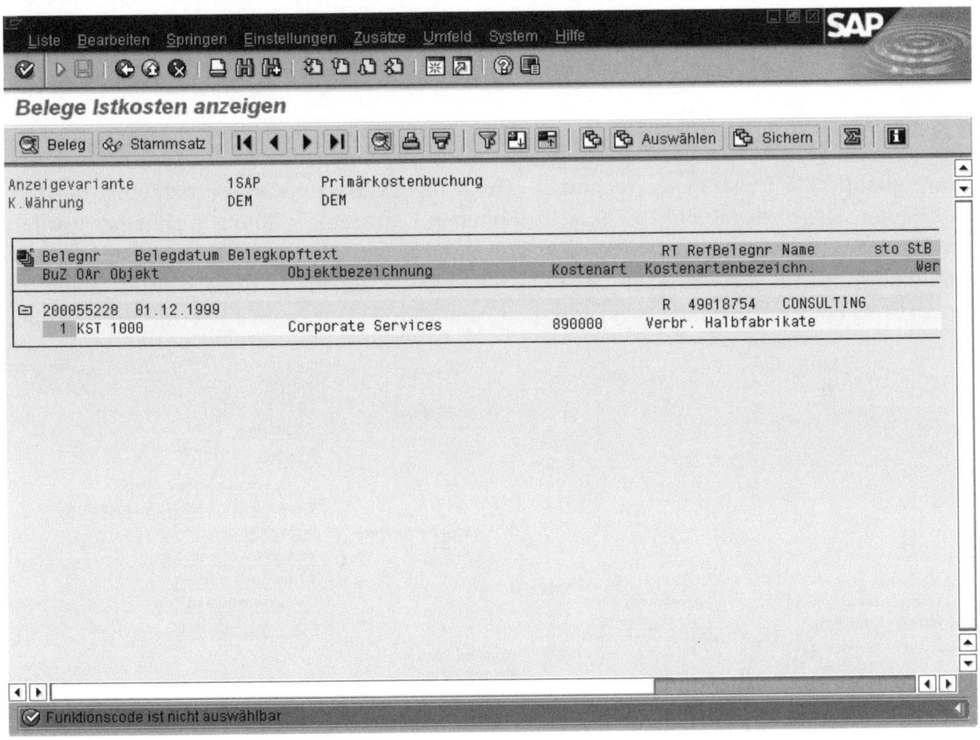

Abbildung 6.6.40-4: EnjoySAP Screen zur Primärkostenübernahme Kostenstellen/ Innenaufträge Buchung Materialentnahme in MM – Kostenrechnungsbeleg in CO (© SAP AG)

④ *Wie verfahren Sie mit der Übernahme von* ***sonstigen Rechnungen****, die von der Finanzbuchhaltung bearbeitet und gebucht werden, in die Kostenrechnung?*

Annahme: Sie setzen die Finanzbuchhaltung des SAP-Systems ein.

Bitte spezifizieren Sie, im Rahmen welcher Geschäftsvorfälle, neben den bereits genannten Kostenübernahmen, noch weitere Kosten anfallen, z.B. Rechnungen für Versicherungen, und wie Sie diese in die Kostenrechnung übernehmen wollen.

Zu ④: *Auf welche* ***Kontierungsobjekte*** *im Gemeinkosten-Controlling erfassen Sie diese sonstigen Rechnungen (z.B. Kostenstellen, Innenaufträge etc.)?*
Bitte spezifizieren Sie, welche Objekte des Gemeinkosten-Controllings mit diesen sonstigen Kosten belastet werden können.

⑤ *Wie erfolgt die Erfassung der* ***sonstigen Kosten****?*

Bei den sonstigen Kosten handelt es sich um die Buchung der Anders- und Zusatzkosten. Die dafür benötigten Fragen und Erläuterungen finden Sie zu dem Prozeßbaustein *Abgrenzung*.

⑥ *Hinweis:* Erst wenn Sie alle Primärkosten in die Kostenrechnung übernommen und alle vorgangsbezogenen Buchungen durchgeführt haben, können Sie mit der Durchführung der periodischen Arbeiten beginnen.

6.6.41 Prozeß-Knowledge Map – Direkte Leistungsverrechnung

Durch die direkte Leistungsverrechnung erfolgt die Erfassung und Verrechnung der Leistungsarten, die im Rahmen der innerbetrieblichen Leistungsrechnung verrechnet werden. Die Verrechnung wird hierbei vorgangsbezogen, nicht periodisch, pro Geschäftstransaktion durchgeführt. Die verrechneten Leistungsmengen (= Bezugsgrößen) werden dazu mit einem Preis bewertet, woraus sich zusätzlich zum Mengenfluß auch ein Kostenfluß ergibt.

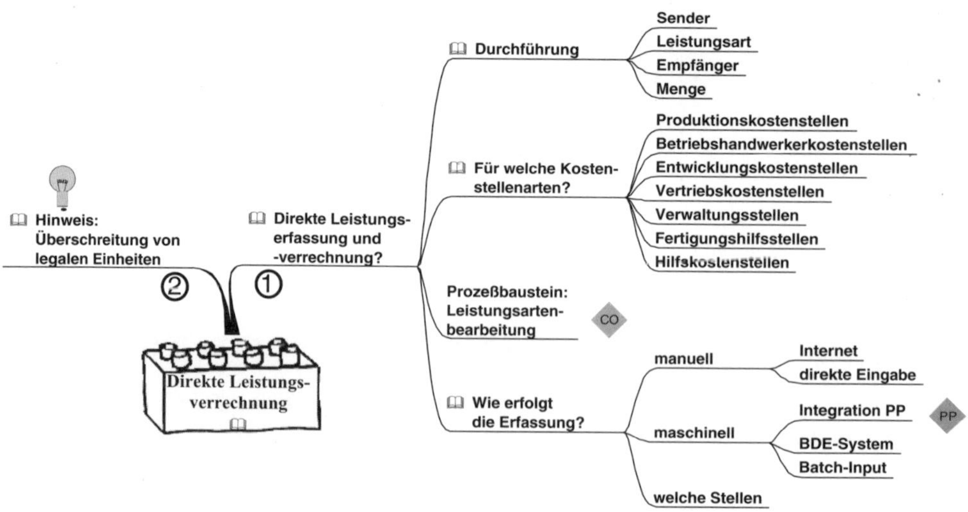

Abbildung 6.6.41-1: Prozeß-Knowledge Map – Direkte Leistungsverrechnung

① *Führen Sie in Ihrem Unternehmen eine* ***direkte*** *Messung,* ***Erfassung*** *und* ***Verrechnung*** *der betrieblichen* ***Leistung*** *durch?*

Bei der direkten Leistungsverrechnung erfolgt die Erfassung und Verrechnung der Leistungsmengen vorgangsbezogen, d.h. jedesmal, wenn eine Leistungsverrechnung von einer Kostenstelle an ein anderes Objekt erfolgt, sind die Verrechnungen sofort auf den Sendern und Empfängern zu sehen. Die sendende Kostenstelle wird dabei entlastet, und die Empfänger werden in entsprechender Höhe belastet.

Beispiel:

Am 13. Mai erfaßt die Werksschreiberin eine Leistungsverrechnung der Elektrikerkostenstelle an die Kostenstelle Vertrieb Inland in Höhe von 1 h, bei einem Preis von 100 DM/h. Nach dem Speichern dieser Transaktion ist die Kostenstelle Elektriker um 100 DM Kosten entlastet und die Vertriebskostenstelle um 100 DM belastet.

Zu ①: *Für welche* ***Kostenstellenarten*** *wird die direkte Leistungsverrechnung genutzt?*
Anhand der Kostenstellenstruktur und der einzelnen Leistungsarten pro Kostenstelle ist zu analysieren, für welche Kostenstellenarten und deren Leistungsarten die zu verrechnende Leistung direkt verrechnet wird, z.B. Produktions-, Fertigungshilfs-, Vertriebs-, Verwaltungs-, Hilfs-, Entwicklungskostenstellen. Bitte beachten Sie dabei die bereits getroffenen Entscheidungen bei der Bearbeitung des Prozeßbausteins *Leistungsartenbearbeitung*.

Zu ①: *Erfolgt die* ***Leistungsmengenerfassung*** *manuell oder maschinell, und von welcher Stelle wird sie durchgeführt?*
Im allgemeinen gibt es mehrere Möglichkeiten, eine direkte Leistungserfassung durchzuführen:

- manuell am SAP-System durch z.B. einen Werkstattschreiber oder die leistungserbringende Person selbst
- maschinell z.B. durch Anbindung an ein Betriebsdatenerfassungssystem. In diesem Fall wird dann zum Zeitpunkt der Rückmeldung am BDE-System diese Information an das SAP-System weitergegeben und gebucht. Auch wenn diese Tätigkeit möglicherweise nur einmal am Periodenende durchgeführt wird, spricht man trotzdem von der direkten Leistungserfassung
- manuell durch das Internet
- maschinell durch ein Batch-Input-Programm, wenn solche Informationen in anderen Systemen zur Verfügung stehen und in das SAP-System überführt werden können

Darüber hinaus ist zu klären, welche Stellen diese Erfassung vornehmen dürfen/können.

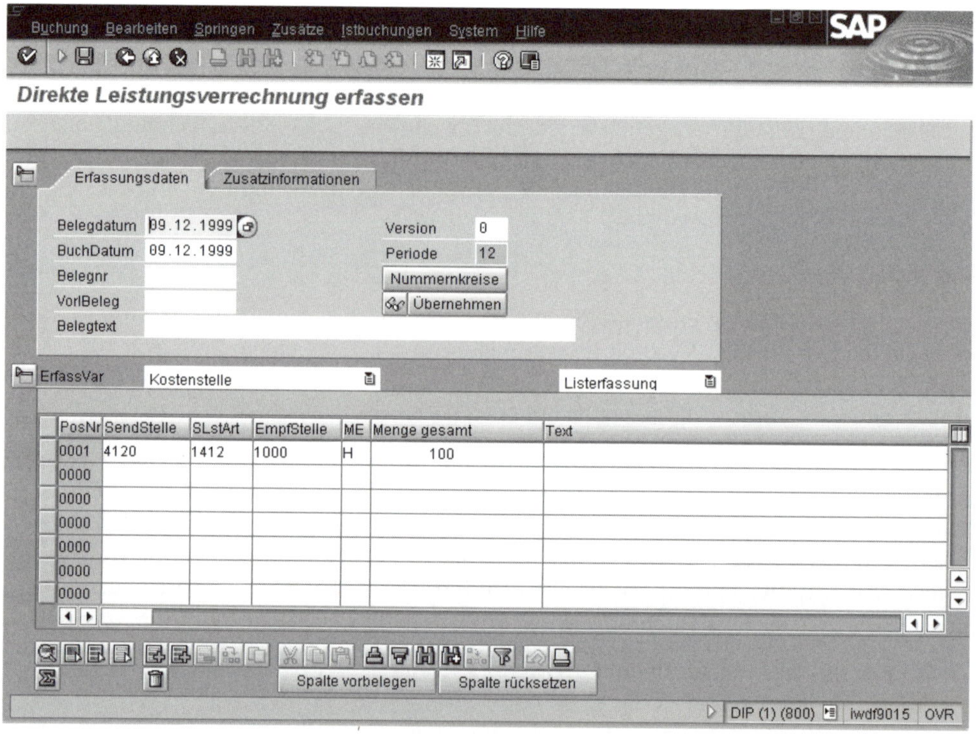

Abbildung 6.6.41-2: EnjoySAP Screen zur Direkten Leistungsverrechnung – Ausführen (© SAP AG)

② *Hinweis: Verrechnungen an Kontierungsobjekten in anderen legalen Organisationseinheiten.*

Jedes Kontierungsobjekt ist im Stammsatz einer legalen Einheit (Buchungskreis/Geschäftsbereich) zugeordnet. Bewegt man sich im Rahmen einer buchungskreisübergreifenden Kostenrechnung (siehe Kapitel 4, Organisationseinheit Kostenrechnungskreis) und werden Kosten verrechnet, ist zu beachten, ob bei der Verrechnung diese Grenzen überschritten werden. Gibt es solche Fälle in Ihrem Unternehmen, sind bestimmte Vorgehensweisen, z.B. die Nutzung des Abstimm-Ledgers etc., zu berücksichtigen.

6.6.42 Prozeß-Knowledge Map – Vorgangsbezogene Kostenumbuchung

Bei der Kostenumbuchung handelt es sich um die vorgangsbezogene Umbuchung von Kosten von einem kostentragenden Objekt an ein anderes, bei der das sendende Objekt entlastet und das empfangende Objekt belastet wird. Dabei bleibt die Originalkostenart erhalten, d.h., auf Sender und Empfänger werden die Beträge unter derselben Kostenart ausgewiesen.

① *Gibt es in Ihrem Unternehmen Fälle, bei denen* ***Kosten*** *innerhalb der Kostenrechnung von einem Objekt auf ein anderes Objekt* ***umgebucht*** *werden?*

Diese Art der Umbuchung wird i.d.R. immer dann verwendet, wenn in der Finanzbuchhaltung aus Vereinfachungsgründen auf eine Sammelkostenstelle als Kontierungsobjekt gebucht wurde und diese Kosten später auf die eigentlichen Empfänger, durch die Controller, umgebucht werden sollen. Bei diesem Verfahren geht der Bezug zum originären Beleg auf den Empfängerobjekten verloren. Aus diesem Grund sollte dieses Verfahren bewußt angewandt werden. Es sollte nicht dazu verwendet werden, um Fehlkontierungen in den integrierten Anwendungen, z.B. Finanzbuchhaltung, Materialwirtschaft, zu berichtigen. In solchen Fällen ist aus Gründen der lückenlosen Aufzeichnung der Kosten anzuraten, die Korrektur direkt im verursachenden System, durch das Storno des Originalpostens und erneutes Buchen auf das richtige Empfängerobjekt, durchzuführen.

Darüber hinaus kann dieses Verfahren nur für primäre Kostenarten angewendet werden, d.h., es können keine sekundären Kostenarten auf diese Weise verrechnet werden. Durch diesen Prozeßbaustein wird die konkrete Durchführung der Kostenumbuchung beschrieben. Es ist zu klären, wer der Sender ist, welche primäre Kostenart verrechnet wird, welches das Empfängerobjekt ist und wie hoch der zu verrechnende Betrag ist.

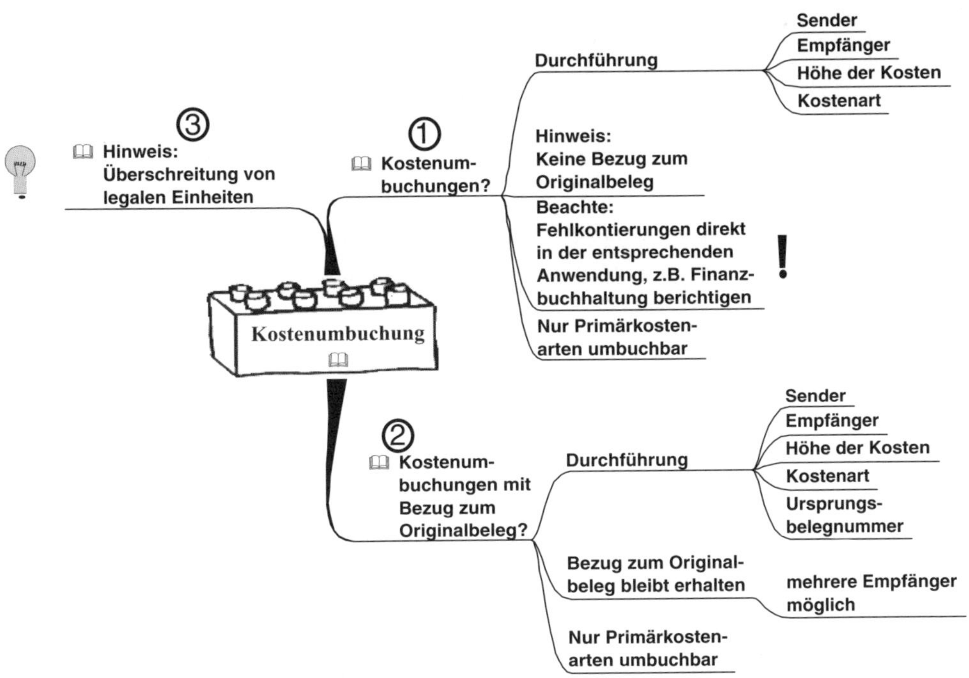

Abbildung 6.6.42-1: Prozeß-Knowledge Map – Vorgangsbezogene Kostenumbuchung

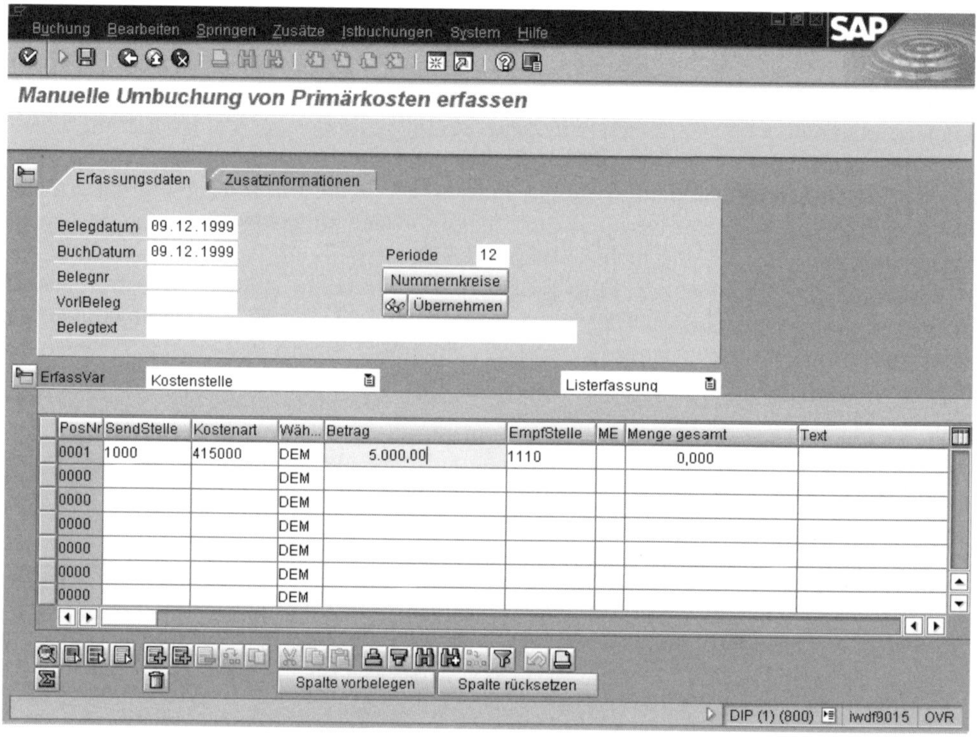

Abbildung 6.6.42-2: EnjoySAP Screen zur Umbuchung Primärkosten – Ausführen (© SAP AG)

② *Gibt es in Ihrem Unternehmen Fälle, bei denen* ***Kosten*** *innerhalb der Kostenrechnung von einem Objekt auf ein anderes Objekt* ***umgebucht*** *werden, der* ***Bezug*** *zum* ***Originalbeleg*** *jedoch erhalten bleiben muß/soll?*

Diese Art der Umbuchung wird i.d.R. immer dann verwendet, wenn Kosten innerhalb des Controllings von einem Sender auf einen/mehrere Empfänger durch die Controller umgebucht werden sollen, der Bezug zum originären Beleg aber erhalten bleiben soll/muß. Dies wird meistens dann notwendig, wenn durch die Buchung von einer integrierten Anwendung, z.B. Finanzbuchhaltung, Materialwirtschaft, auf ein kostentragendes Objekt im Controlling eine Fehlkontierung erfolgt, z.B. bucht ein Finanzbuchhalter eine Rechnung auf eine andere Kostenstelle als vorgesehen. Obwohl bei diesem Verfahren der Bezug zu dem originären Beleg erhalten bleibt, ist es trotzdem anzuraten, die Fehlerkorrektur in der verursachenden Anwendung durch Storno des Originalpostens und erneutes Buchen auf das richtige Empfängerobjekt durchzuführen. Durch diesen Prozeßbaustein wird die konkrete Durchführung der Kostenumbuchung beschrieben. Es ist zu klären, wer der Sender ist, welche primäre Kostenart verrechnet wird, welches das Empfängerobjekt ist und wie hoch der zu verrechnende Betrag ist. Darüber hinaus muß bei dieser Art der Umbuchung die Ursprungsbelegnummer angegeben werden, damit die Verbindung hergestellt werden kann.

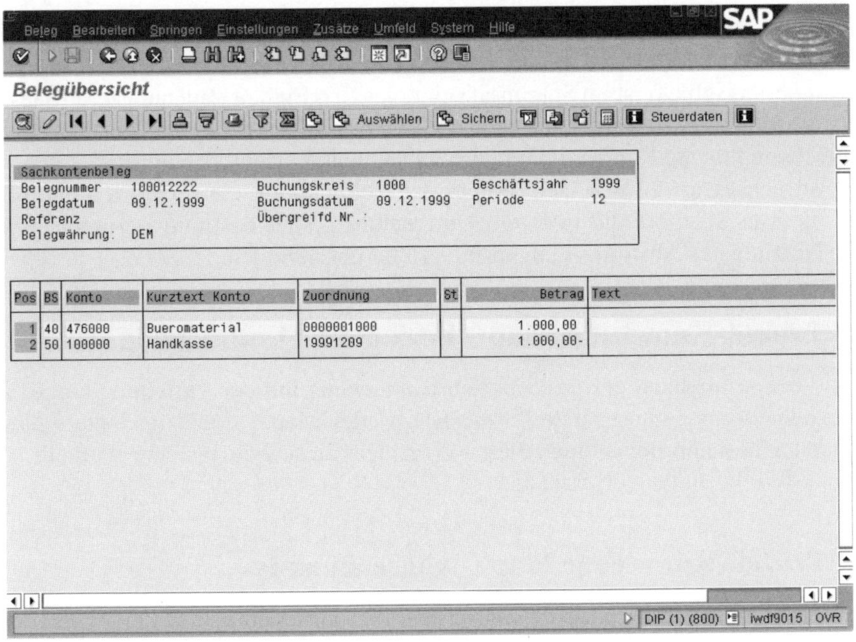

Abbildung 6.6.42-3: EnjoySAP Screen zur Umbuchung Einzelposten mit Bezug zum Originalbeleg – Buchung Sachkonto (© SAP AG)

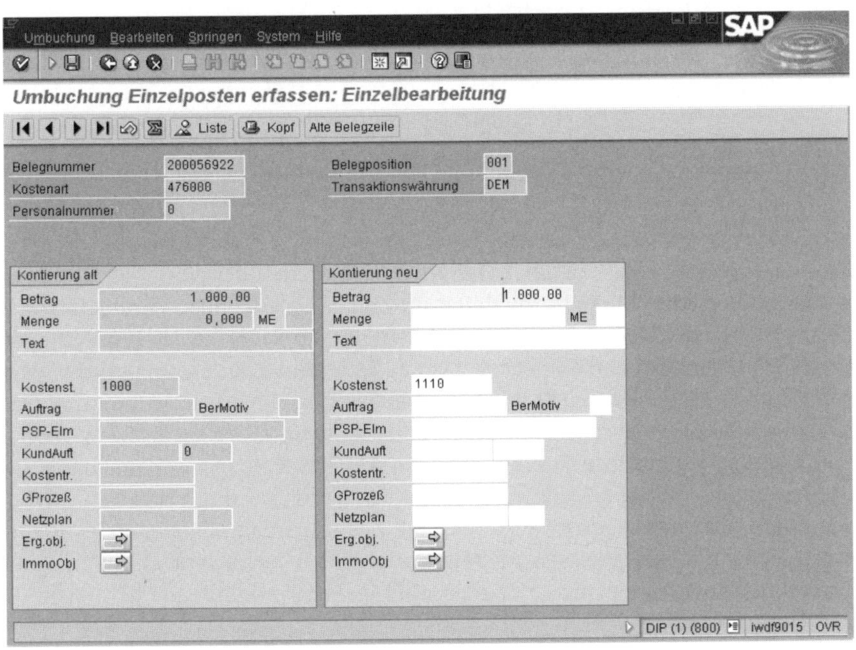

Abbildung 6.6.42-4: EnjoySAP Screen zur Umbuchung Primärkosten mit Bezug zum Originalbeleg – Ausführen (© SAP AG)

② *Hinweis: Verrechnungen an Kontierungsobjekte in anderen legalen Organisationseinheiten*

Jedes Kontierungsobjekt ist im Stammsatz einer legalen Einheit (Buchungskreis/Geschäftsbereich) zugeordnet. Bewegt man sich im Rahmen einer buchungskreisübergreifenden Kostenrechnung (siehe Kapitel 4, Organisationseinheit Kostenrechnungskreis) und werden Kosten verrechnet, ist zu beachten, ob bei der Verrechnung diese Grenzen überschritten werden. Gibt es solche Fälle in Ihrem Unternehmen, sind bestimmte Vorgehensweisen, z.B. die Nutzung des Abstimm-Ledgers etc., zu berücksichtigen.

6.6.43 Prozeß-Knowledge Map – Periodische Umbuchung

Aufgrund der Ähnlichkeit der periodischen Umbuchung mit der Verteilung gibt es zu diesem Prozeßbaustein keine separate Prozeß-Knowledge Map. Der einzige Unterschied ist in der systemtechnischen Behandlung dieses Vorganges zu suchen, welcher ebenfalls bei dem Prozeßbaustein *Verteilung* erklärt ist.

6.6.44 Prozeß-Knowledge Map – Abgrenzung Ist

In der Kostenrechnung ist es oftmals aus dispositiven Gründen notwendig, Kosten anzusetzen, die entweder eine andere oder aber überhaupt keine Entsprechung in der Finanzbuchhaltung haben. In diesem Zusammenhang spricht man von kalkulatorischen Kosten. Sie werden in Anders- und in Zusatzkosten unterschieden. Um beide Fälle maschinell abzubilden, kann im SAP-System die Abgrenzung genutzt werden.

① *Arbeiten Sie in Ihrer Kostenrechnung mit* ***kalkulatorischen Kostenarten****, und welche nutzen Sie: Anders- oder Zusatzkosten?*

Falls Sie in der Kostenrechnung nicht mit kalkulatorischen Kosten arbeiten, ist dieser Prozeßbaustein irrelevant. Generell wird in folgende kalkulatorische Kosten unterschieden:

- *Anderskosten*

Bei den Anderskosten wird bezüglich der Kostenhöhe ein anderer Betrag in der Kostenrechnung gegenüber der Finanzbuchhaltung für den entsprechenden Geschäftsvorfall verbucht. So wird z.B. bei Buchung der Abschreibungen ihre Höhe in der Finanzbuchhaltung nach steuer- und handelsrechtlichen Gesichtspunkten, gemäß der Bilanzpolitik, festgesetzt. Um gerechte und richtige Kosten für die betrieblichen Leistungen zu ermitteln, sind aber für die Kostenrechnung die Abschreibungen in einer anderen Höhe anzusetzen, man spricht dann von kalkulatorischen Abschreibungen. Ein weiterer Fall von Anderskosten stellt die *Periodisierung* von Aufwand/Kosten dar. Dabei fallen zur Buchung in der Finanzbuchhaltung bestimmte Aufwendungen unregelmäßg an, z.B. Versicherungsbeiträge, Urlaubsgeld; sie werden i.d.R. ein- bis zweimal im Jahr gebucht. Um auch hier eine aussagekräftige Kostenrechnung zu gewährleisten, muß dieser unregelmäßig anfallende Kostenanfall in der Kostenrechnung auf alle Perioden gleichmäßig verteilt werden.

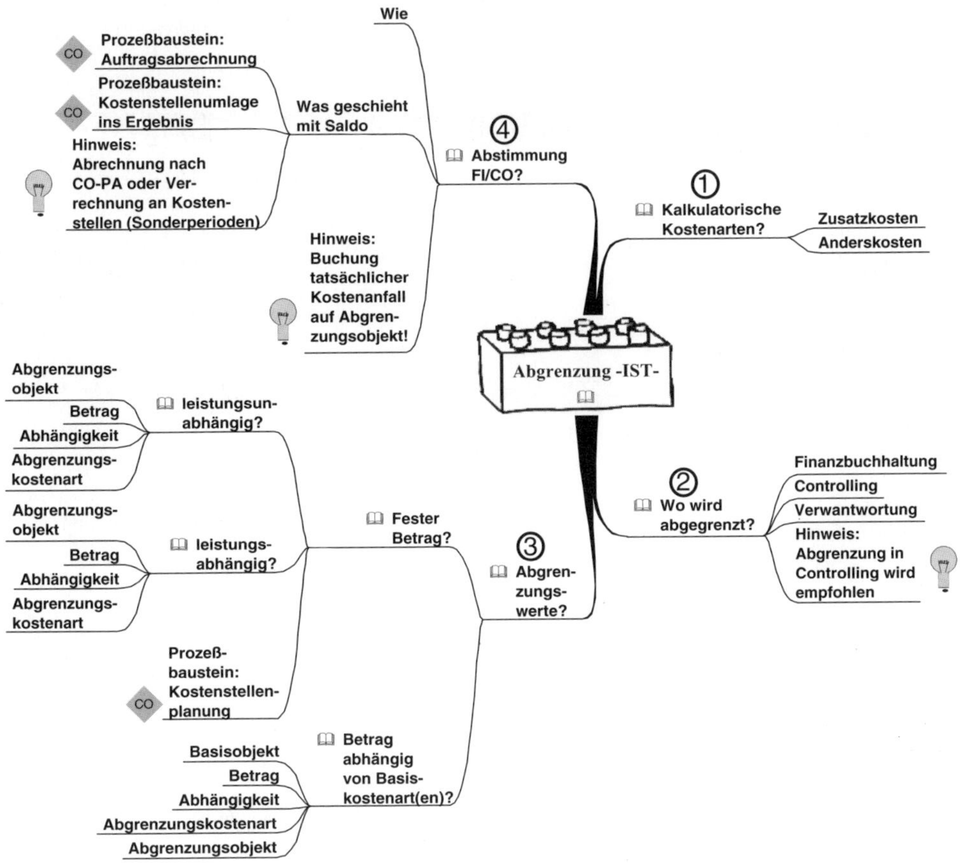

Abbildung 6.6.44-1: Prozeß-Knowledge Map – Abgrenzung Ist

- *Zusatzkosten*

Werden Zusatzkosten verwendet, gibt es für die in der Kostenrechnung verbuchten Kosten überhaupt keine Entsprechung in der Finanzbuchhaltung. Sie werden rein aus dispositiven Gründen angesetzt, darunter fallen u.a.: kalkulatorischer Unternehmenlohn, kalkulatorische Wagnisse, z.B. Forderungsausfälle, oder kalkulatorische Zinsen, z.B. im Materiallager gebundenes Kapital.

② ***Wo** führen Sie die **Abgrenzung** durch, in der Finanzbuchhaltung oder im Controlling, und wer trägt die Verantwortung?*

Im SAP-System haben Sie zwei Möglichkeiten, Kosten abzugrenzen:

- *Finanzbuchhaltung*

Bei diesem Vorgehen wird der abzugrenzende Betrag über eine manuelle Sachkontenbuchung in der Finanzbuchhaltung gebucht und über eine zu bestimmende Abgrenzungskostenart an die Kostenrechnung übergeleitet. In diesem Fall würde bei der Abgrenzungsbuchung und bei Anwendung des GKR die Buchung Konto Klasse 4 an Klasse 2 lauten und auf die entsprechende Kostenstelle gebucht werden. Der tatsächliche Kostenanfall wird dann in Klasse 2 gebucht und nicht mehr in die Kostenrechnung übergeleitet.

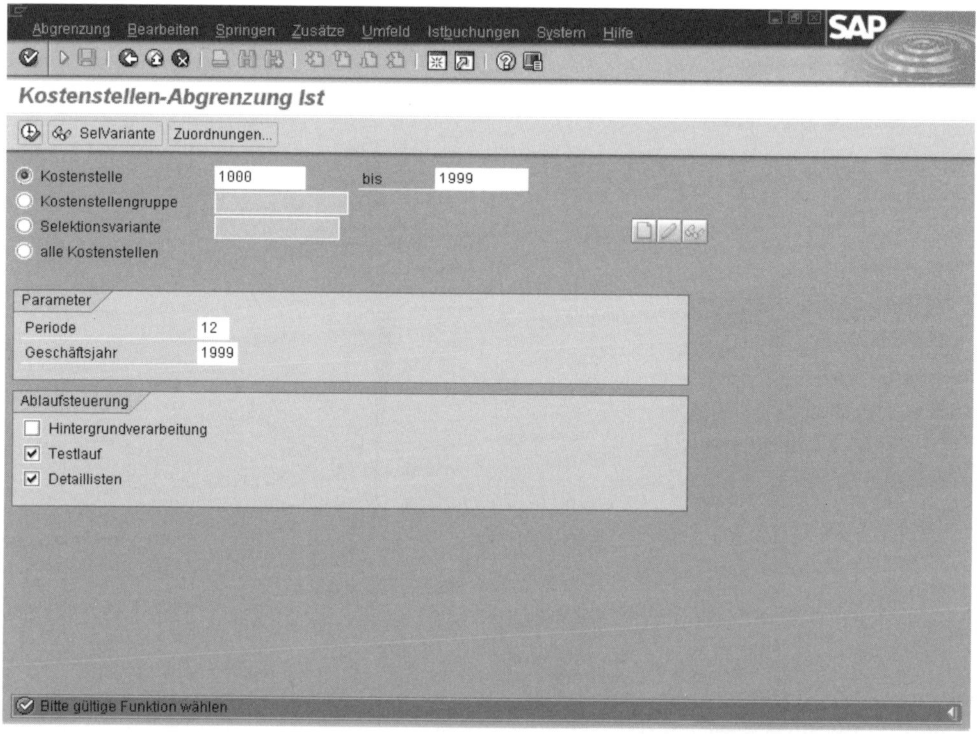

Abbildung 6.6.44-2: EnjoySAP Screen zur Abgrenzung Ist – Ausführen (© SAP AG)

- *Abgrenzung in der Kostenrechnung*

Hier wird die Abgrenzungsbuchung in der Applikation Gemeinkosten-Controlling (CO-OM) mit Hilfe einer Abgrenzungskostenart durchgeführt. Dabei werden die Abgrenzungsbuchungen durch einen periodischen Abgrenzungslauf innerhalb des CO erzeugt und nicht an die Finanzbuchhaltung übergeben, z. B. könnte monatlich für alle Kostenstellen der Aufwand für das im August auszubezahlende Urlaubsgeld abgegrenzt werden.

Wichtig bei dieser Vorgehensweise zur Abgrenzung ist, daß immer als Gegenbuchung der Abgrenzungsbelastung auf den Kostenstellen auch ein kostentragendes Objekt entlastet werden muß, um einen abgestimmten Kostenfluß in der Kostenrechnung sicherzustellen. Der tatsächliche Kostenaufwand wird bei seinem Anfall unter derselben Kostenart auf das Abgrenzungsobjekt, nicht auf die verursachende Kostenstelle gebucht. Sie können entweder feste Beträge (Soll = Ist-Verfahren, Plan = Ist-Verfahren) oder prozentuale Beträge, abhängig von einer Basiskostenart/-engruppe, abgrenzen.

Darüber hinaus ist ebenfalls festzulegen, welche Stelle die Verantwortung dafür trägt, daß die Abgrenzung zur richtigen Zeit und in der richtigen Höhe durchgeführt wird sowie die Überwachung des Abgrenzungsobjektes sicherstellt ist. Dies kann entweder vom Controlling, von der Finanzbuchhaltung oder im Rahmen einer engen Zusammenarbeit von beiden Stellen wahrgenommen werden.

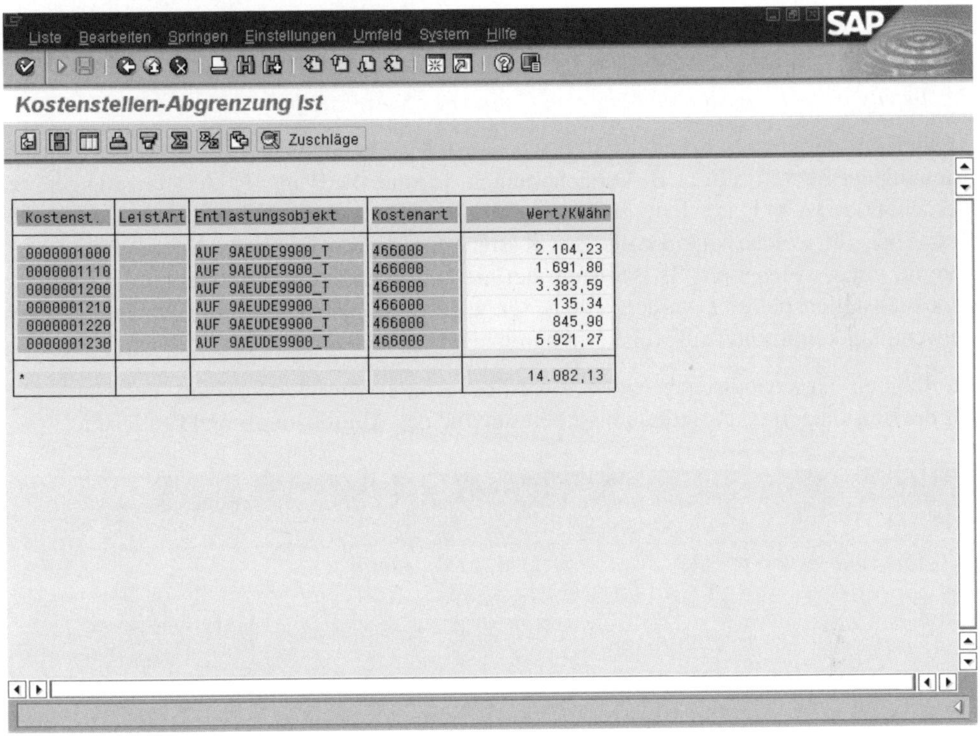

Abbildung 6.6.44-3: EnjoySAP Screen zur Abgrenzung Ist – Ergebnis (© SAP AG)

③ *Wie werden die **Abgrenzungswerte** (= Höhe der kalkulatorischen Kosten) ermittelt?*

Die Höhe der kalkulatorischen Kosten wird, nach unterschiedlichsten Kriterien und abhängig von den damit verbundenen Zielen, unternehmensindividuell festgelegt. Bitte spezifizieren Sie, nach welchen betriebswirtschaftlichen Grundsätzen und Abhängigkeiten diese angesetzt werden:

- feste Beträge, die sowohl leistungsabhängig als auch leistungsunabhängig festgelegt werden können
- prozentuale Werte, die abhängig von der/den zugrundeliegenden Basiskostenart(en) definiert werden

Zu ③: *Definieren Sie die abzugrenzenden kalkulatorischen Kosten als* ***festen Betrag****?*
In diesem Szenario können die monatlich abzugrenzenden Kosten als fester Betrag definiert und immer in derselben Höhe auf die zu belastenden Kostenstellen gebucht werden. Im SAP-System wird der anzusetzende Betrag im Rahmen der Planung (Planversion 0) auf die entsprechenden Kostenstellen, ggfs. in Verbindung mit der entsprechenden Leistungsart und dem Zeitraum, geplant, z.B. Versicherungen, Beiträge zur Berufsgenossenschaft, Abschreibungen. Bitte spezifizieren Sie, ob je nach betriebswirtschaftlicher Voraussetzung der abzugrenzende Betrag abhängig vom Output, d.h. der Leistung, der Kostenstelle ist.

- *Betrag ist leistungsunabhängig vom Output der Kostenstelle*

Ist die Höhe der abzugrenzenden kalkulatorischen Kosten unabhängig von der Leistungserbringung der Kostenstelle, z.B. Versicherungen, so kann die Plan = Ist-Abgrenzung genutzt werden. Dazu ist zu klären bzw. zu berücksichtigen, wie hoch der monatlich abzugrenzende Betrag ist, für welche kalkulatorischen Kostenarten diese Abgrenzungsmethode in Frage kommt, unter welchen im SAP-System definierten Abgrenzungskostenarten die Empfängerkostenstellen belastet werden sollen, für welche Kostenstellen diese Abgrenzung zur Anwendung kommt und auf welches Abgrenzungsobjekt die Entlastung gebucht wird.

Im Rahmen der periodischen Arbeiten wird die Abgrenzung durchgeführt, der Planbetrag auf die Empfängerkostenstellen im Ist belastet und das Abgrenzungsobjekt entlastet.

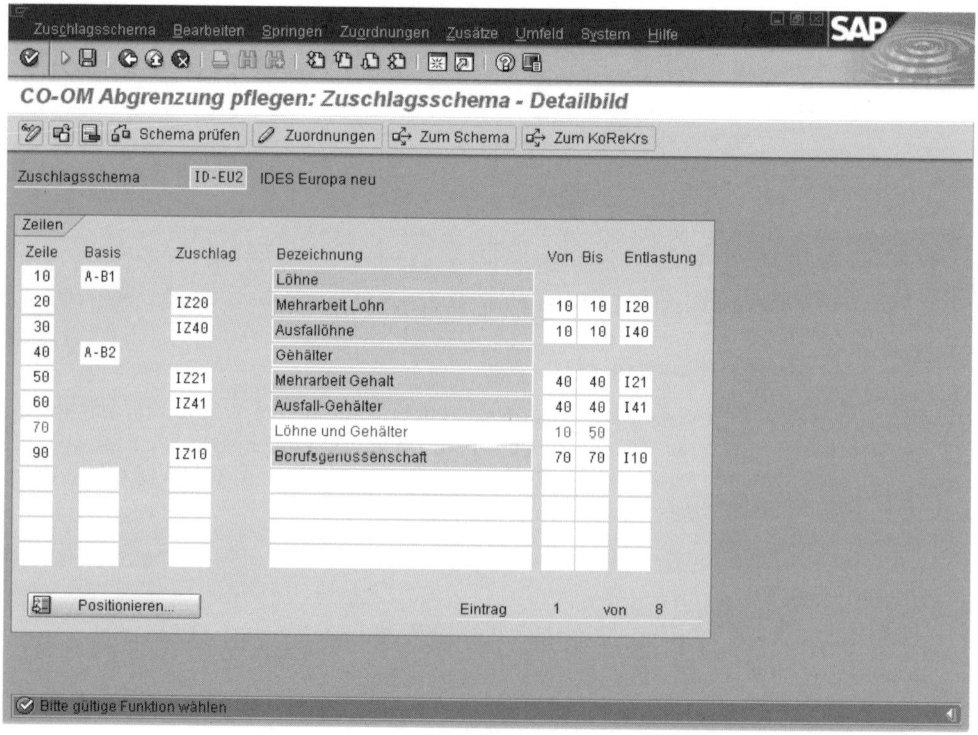

Abbildung 6.6.44-4: EnjoySAP Screen zur Abgrenzung Ist – Zuschlagsschema (© SAP AG)

- *Betrag ist abhängig vom Output der Kostenstelle*

Ist die Höhe der abzugrenzenden kalkulatorischen Kosten abhängig von der eigenen Leistungserbringung der Kostenstelle, z.B. Abschreibungen für Anlagen, Maschinen, Fahrzeuge, so kann die Soll = Ist-Abgrenzung genutzt werden.

Für die zu klärenden bzw. zu berücksichtigenden Punkte siehe leistungsunabhängige Abgrenzung oben.

Im Rahmen der periodischen Arbeiten erfolgt die Durchführung der Abgrenzung, dazu wird der leistungsabhängig auf den entsprechenden Kostenstellen geplante Abgrenzungsbetrag an die Ist-Beschäftigung angepaßt (Soll-Kosten). Danach werden diese Soll-Kosten auf die Empfängerkostenstellen im Ist belastet und das Abgrenzungsobjekt entlastet.

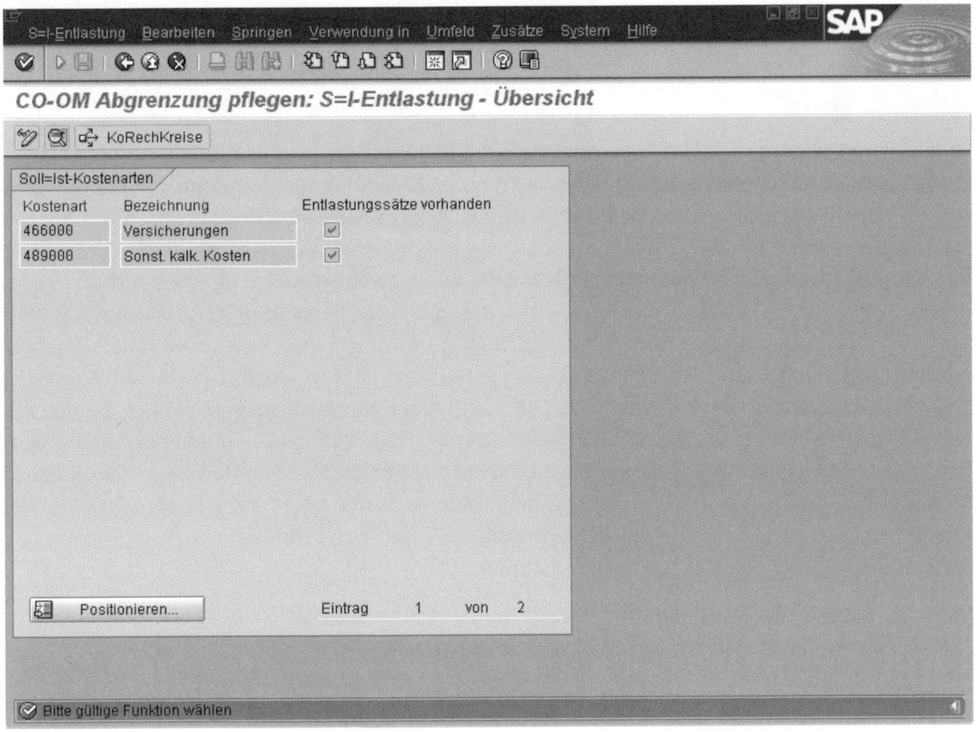

Abbildung 6.6.44-5: EnjoySAP Screen zur Abgrenzung Ist – Soll=Ist-Kostenarten (© SAP AG)

Zu ③: *Definieren Sie die Höhe der abzugrenzenden kalkulatorischen Kostenarten als prozentualen **Betrag, abhängig** von zugrundeliegender/n **Basiskostenart(en)**?*
Bei diesem meist verwandten Vorgehen soll die Höhe der abzugrenzenden Kostenarten abhängig von einer/mehreren Basiskostenart/en definiert werden, es wird z.B. zur Abgrenzung des Urlaubsgelds oder des Weihnachtsgelds verwendet. Der Vorteil liegt dabei darin, daß die Abgrenzungsbeträge immer auf Basis von der tatsächlichen Höhe der Basiskostenar-

ten ermittelt werden. Dazu ist zu klären bzw. zu berücksichtigen, wie hoch der prozentual monatlich abzugrenzende Betrag ist, z. B. Urlaubsgeld = 10 % des Monatsgehalts, für welche kalkulatorischen Kostenarten diese Abgrenzungsmethode in Frage kommt, unter welchen Abgrenzungskostenarten die Empfängerkostenstellen belastet werden sollen, für welche Kostenstellen diese Abgrenzungsmethode in Frage kommt, auf welches Abgrenzungsobjekt die Entlastung erfolgt und von welchen Charakteristika die Höhe des Prozentsatzes abhängig ist, z. B. sollen für alle Kostenstellen unterschiedliche Prozentsätze oder nur für alle Kostenstellen desselben Buchungskreises gleiche Prozentsätze verwandt werden.

Im Rahmen der periodischen Arbeiten wird die Abgrenzung durchgeführt und die Höhe der gebuchten Werte basierend auf den Basiskostenarten gemäß dem definierten Prozentsatz ermittelt. Die Empfängerkostenstellen werden im Ist belastet und das Abgrenzungsobjekt entlastet.

④ *Wie werden die in der **Kostenrechnung (CO)** und in der **Finanzbuchhaltung (FI)** gebuchten Werte **abgestimmt**, und was geschieht mit dem auf dem Abgrenzungsobjekt verbleibenden Saldo?*

In den vorangegangenen Fragen wurde mehrmals darauf hingewiesen, daß zur Gewährleistung eines durchgängigen Kostenflusses zu einer Belastungsbuchung auf die Empfängerstellen immer eine Entlastungsbuchung auf das Abgrenzungsobjekt gehört. Fallen die tatsächlichen Kosten in der Finanzbuchhaltung an, im Fall der Anderskosten darf diese Buchung nicht auf die verursachende Kostenstelle gebucht werden, sie muß auf das zugehörige Abgrenzungsobjekt gebucht werden. Bitte klären Sie, wie diese Abstimmung zwischen Finanzbuchhaltung und Kostenrechnung durchgeführt wird und auf welchem Abgrenzungsobjekt die Abstimmung der gebuchten Werte erfolgt, z.B. Kostenstelle, Abgrenzungsauftrag. Bleibt ein Saldo auf dem Abgrenzungsobjekt stehen, z.B. die Ist-Belastung ist höher als die verrechneten Kosten auf der Kostenstelle, muß entschieden werden, was mit diesem Saldo geschieht. Er kann auf dem Objekt stehenbleiben, in den Sonder-/Abchlußperioden an andere Kostenstellen, Innenaufträge etc. verrechnet oder von der Ergebnisrechnung (COPA) abgerechnet werden. Eine Verrechnung wird empfohlen, um den durchgängigen Kostenfluß sicherzustellen.

6.6.45 Prozeß-Knowledge Map – Verteilung Ist

Die Verteilung ist eine im Rahmen des Periodenabschlusses des Gemeinkosten-Controllings (CO-OM) periodisch durchzuführende Arbeit, bei der primäre Gemeinkosten von einem/mehreren Senderobjekt/en auf ein/mehrere Empfängerobjekt/e verteilt werden.

① *Gibt es in Ihrem Unternehmen Fälle, in denen **Primärkosten** von Sender-(Verrechnungs-) Kostenstellen auf mehrere **Empfängerkostenstellen** verrechnet werden?*

Im Rahmen der Tagesarbeiten werden z.B. vom Finanzbuchhalter oder Rechnungsprüfer viele Belege bearbeitet, die kostenrechnungsrelevant sind und Gemeinkostencharakter haben. Handelt es sich dabei um Kosten, die eindeutig einem Kontierungsobjekt zurechenbar sind, z.B. Bestellung eines Schreibtisches für Kostenstelle 4711, so ist es relativ einfach, sie dem Verursacher bzw. dem Empfänger zuzuordnen. In vielen Fällen ist es aber entweder überhaupt nicht oder nur unter unzumutbarem Aufwand für die erfassende Person möglich, eine solche Kontierung, wenn mehrere Empfänger betroffen sind, manuell aufzuteilen. Deswegen wird in vielen solchen Fällen mit sogenannten Verrechnungskostenstellen oder Innenaufträgen gearbeitet, z.B. zur Erfassung der Strom- oder Telefonkosten.

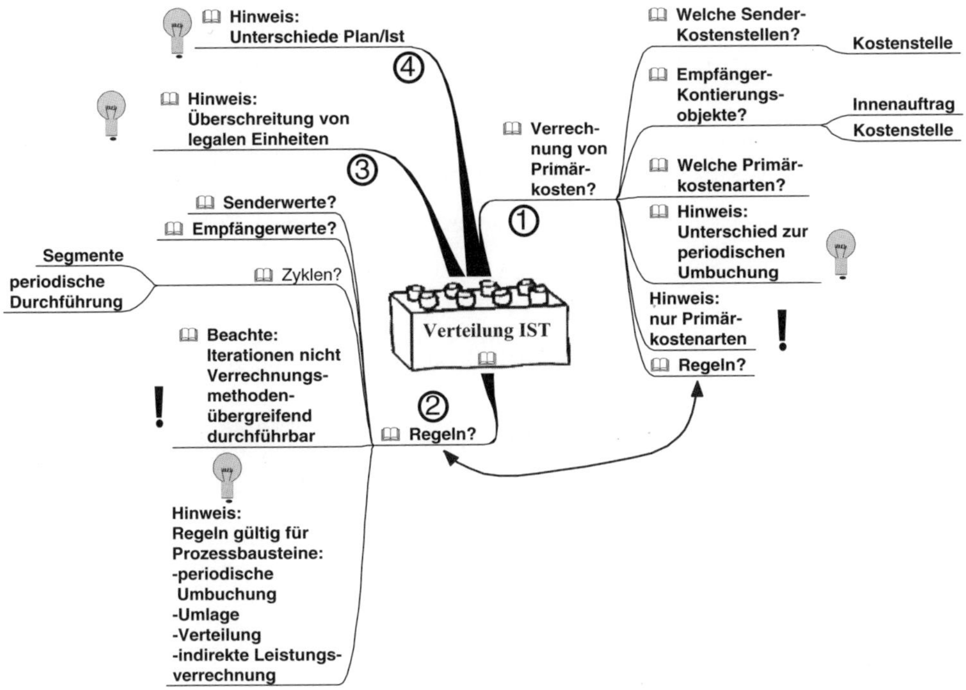

Abbildung 6.6.45-1: Prozeß-Knowledge Map – Verteilung Ist

Im Rahmen der Verteilung werden diese Kosten, nach von Ihnen völlig frei definierbaren Regeln, auf die eigentlichen Empfänger verrechnet = verteilt. Verteilen bedeutet dabei, daß unter der Primärkostenart, mit der die sendende Kostenstelle originär belastet wurde, auch die Entlastung gebucht und auf der empfangenden Kostenstelle die Belastung unter derselben Kostenart vorgenommen wird, d.h., die Originalkostenart bleibt erhalten.

Beispiel:

Zu ①: *Von* ***welchen Senderkostenstellen*** *sollen die Kosten verteilt werden?*
Bitte legen Sie fest, für welche Ihrer (Verrechnungs-)Kostenstellen die Verteilung in Frage kommt.

Zu ①: *Welche kostentragenden Objekte sind die* ***Empfänger*** *der Kosten?*
Empfänger der verteilten Kosten sind i.d.R. die originären Kostenverursacher und können entweder Kostenstellen oder Innenaufträge sein. Bitte spezifizieren Sie, welche Kostenstellen/Innenaufträge für die Verursachung der zu verteilenden Kosten verantwortlich sind.

Beispiel:

Die Verrechnungskostenstelle Telefon gibt es nicht um ihrer selbst willen, sondern weil fast jede Kostenstelle im Unternehmen Telefonapparate besitzt, mit denen telefoniert wird. Es wäre aber müßig für den Finanzbuchhalter, die Kosten manuell auf alle empfangenden Kostenstellen aufzuteilen, weswegen in diesem Fall die Verteilung genutzt werden kann.

Zu ①: ***Welche** auf der Senderkostenstelle gebuchten **Primärkostenarten** sollen verteilt werden, und welche Informationen werden beim Empfänger benötigt?*
Eine Kostenstelle kann folgendermaßen mit Primärkosten belastet werden:

- Es wird immer nur genau eine Primärkostenart auf einer (Verrechnungs-)Kostenstelle gebucht, z.B. Kostenstelle 4711 Verrechnungskostenstelle Telefon.
- Es wird mehr als eine Primärkostenart auf einer (Verrechnungs-)Kostenstelle gebucht.

Deswegen ist zu entscheiden, welche Primärkostenarten von dem Sender aus verrechnet werden sollen. Falls es in Ihrem Unternehmen Fälle gibt, in denen mehrere, auf einer Kostenstelle gebuchten Primärkosten in eine sekundäre Kostenart umgewandelt werden sollen, kann dafür die Umlagetechnik (siehe Prozeßbaustein *Umlage*) genutzt werden.

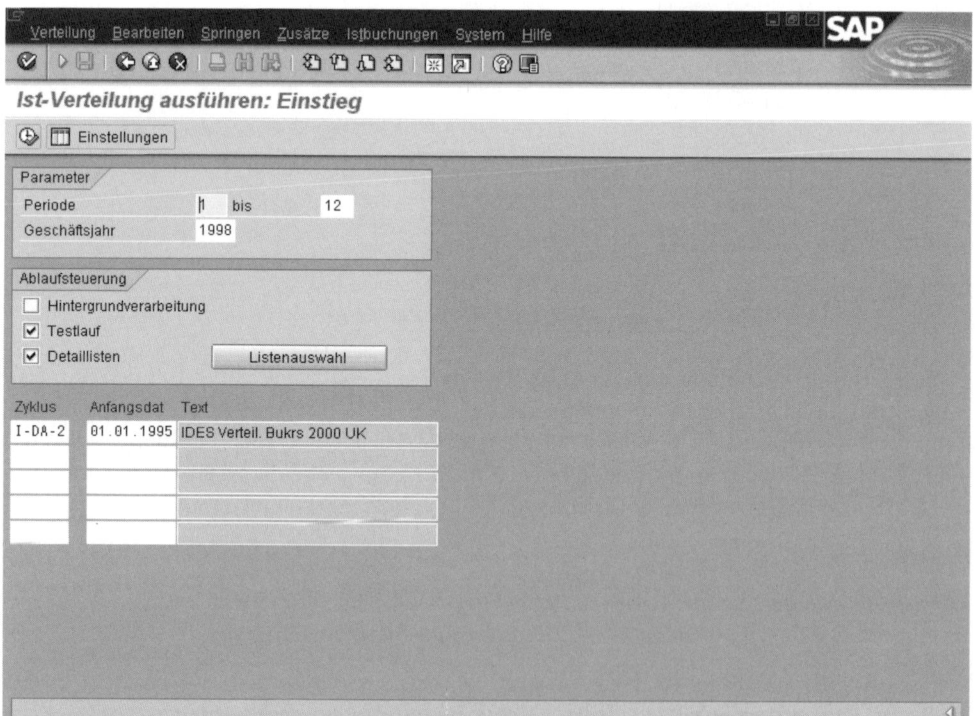

Abbildung 6.6.45-2: EnjoySAP Screen zur Verteilung – Ausführen (© SAP AG)

Zu ①: *Hinweis: Unterschied zur periodischen Umbuchung*
Der Unterschied der Verteilung zu der periodischen Umbuchung liegt in den Möglichkeiten des Berichtswesens, durch die technische Behandlung der beiden Kostenverrechnungsverfahren, begründet. Dies soll hier nur aus Gründen der Vollständigkeit dargestellt werden.

Bei jeder Buchung auf eine Kostenstelle wird sowohl ein Einzelpostensatz als auch ein Summensatz fortgeschrieben. Der Summensatz wird beim Reporting mit den Standardberichten (eigen- oder selbsterstellt) benutzt. Von dort aus kann dann auf die Einzelposten abgesprungen werden, oder man führt direkt das Einzelposten-Reporting durch. Bei der Analyse der Kostenstellen mit Standardberichten kann entschieden werden, ob die angezeigten Werte mit oder ohne Partner ausgewiesen werden. Partner bedeutet, daß z.B. bei der Verrechnung der Kostenstelle Energie auf die Kostenstelle Drehen im Bericht die Kostenart, z.B. 400000 Energie, und die Partnerkostenstelle, Energie oder Drehen, je nach Berichtsausführung angezeigt wird.

Bei der Verteilung wird die Partnerinformation im Summensatz fortgeschrieben, bei der periodischen Umbuchung nicht. Das bedeutet, daß die Partnerinformation bei der periodischen Umbuchung nur aus dem Einzelposten heraus, bei der Verteilung jedoch direkt im eigentlichen Bericht angezeigt werden kann. Aus Berichtsgründen ist die Verteilung, aus Performancegründen die periodische Umbuchung vorzuziehen.

Zu ①: *Nach welchen* ***Regeln*** *sollen die Sender-Empfänger-Beziehungen für die Verrechnung aufgestellt werden?*
Die gesamten Möglichkeiten für die Definition von Regeln zum Aufbau der Sender-Empfänger-Beziehungen sind, mit wenigen Ausnahmen, für alle Verrechnungsverfahren gültig. Deswegen werden die Fragen und Erläuterungen in diesem Kapitel auf einem eigenen Hauptast zusammengefaßt.

② *Nach welchen frei definierbaren* ***Regeln*** *sollen die Kosten verrechnet werden?*

Zu ②: *Hinweis*: Diese Erläuterungen sind in der dargestellten Form auch für die Prozeßbausteine *periodische Umbuchung, Umlage* und *indirekte Leistungsverrechnung* gültig.
Nachdem definiert wurde, welche Senderobjekte und welche Kostenarten auf welche Empfängerobjekte zu verrechnen sind, ist festzulegen, nach welchen Regeln die Beträge zu verrechnen sind. Um dabei eine größtmögliche Flexibilität zu gewährleisten, wird unterschieden in Sender- und Empfängerregeln.

Zu ②: *Welche Werte sollen nach welchen Regeln* ***von dem Sender*** *verrechnet werden?*
Die Senderregeln definieren, welche Beträge von den Senderkostenstellen zu verrechnen sind, wofür Sie folgende Möglichkeiten haben:

- gebuchte Beträge = Beträge, die so auf den Sender gebucht wurden;
  welcher Prozentsatz dieser gebuchten Beträge zu verrechnen ist, z.B. 30 % der Kostenstelle Energie, soll anhand der Empfängerregel (siehe nächsten Abschnitt) Gasverbrauch laut Zählerstand auf die Kostenstellen der Fertigung verrechnet werden, die restlichen 70 % sollen anhand der m^2-Fläche auf die Empfänger der Verwaltung verrechnet werden

- feste Beträge, z.B. 10.000 DM.
  Bitte beachten Sie jedoch, daß hierbei auf der Senderkostenstelle ein Saldo verbleiben kann.
- feste Tarife.
  Bitte beachten Sie jedoch, daß dies nichts mit den Tarifen der Leistungsverrechnung zu tun hat, sondern daß diese Tarife im Rahmen der Verteilung festgelegt werden können.

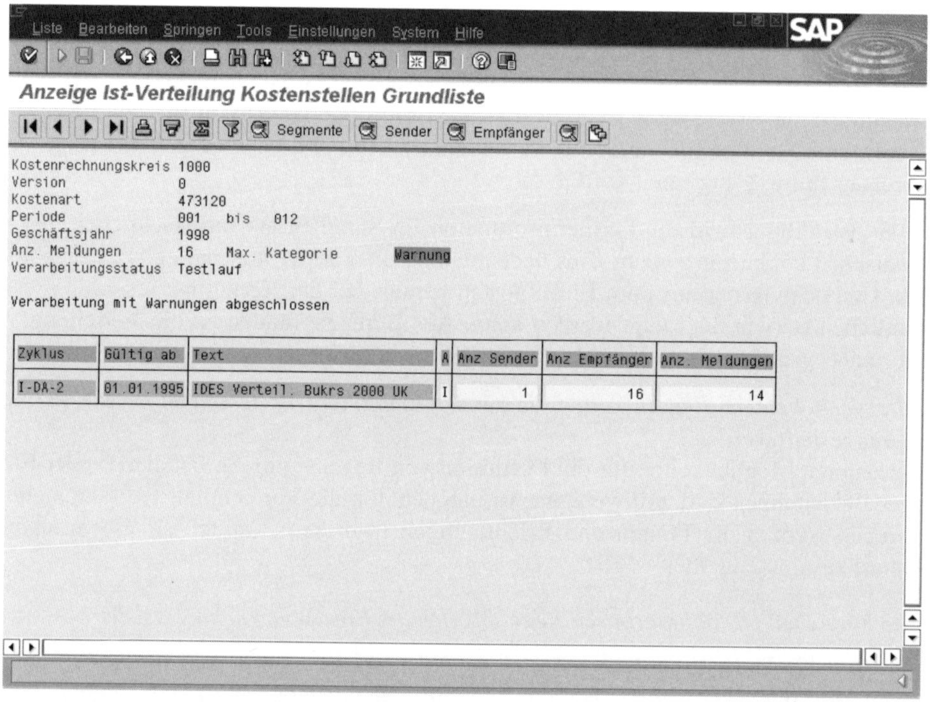

Abbildung 6.6.45-3: EnjoySAP Screen zur Verteilung – Ergebnis (© SAP AG)

Zu ②: *Nach welchen **Bezugsbasen** auf den empfangenden Objekten sollen die Senderwerte auf die **Empfänger** der Verteilung verrechnet werden?*
Die Empfängerregeln definieren bei mehreren Empfängerobjekten, aufgrund welcher Basis die Verrechnung der durch die Senderregeln spezifizierten Beträge stattfindet. Dafür gibt es folgende Möglichkeiten:

- feste Prozentsätze, z.B. 30 %, 30 % und 30 %
- feste Beträge, z.B. 100.000 DM und 150.000 DM
- feste Anteile, z.B. 10 zu 20 zu 30, die Anteilswerte sind dimensionslos
- variabel zu ermittelnde Bezugsbasen
  Um diese Möglichkeit zu nutzen, muß festgelegt werden, welche auf dem Empfänger gebuchte Verrechnungsbasis, z.B. statistische Kennzahl, Kostenart, Leistungsart, genutzt werden soll. In diesem Fall ermittelt das System dann automatisch die referenzierten Werte aus der Datenbank und nutzt sie als Verrechnungsbasen.

Zu ②: *Wie sollen die Regeln (= Sender-Empfänger-Beziehungen) in sogenannten* ***Zyklen*** *bzw. Segemente zusammengefaßt werden?*
Die erläuterten Möglichkeiten zur Verrechnung der Kosten werden im SAP-System über eine Technik abgebildet, die mit sogenannten Zyklen und Segmenten arbeitet. Die Segmente fassen dabei die Sender-Empfänger-Beziehungen zusammen, bei denen die zu verrechnenden Werte (Sender) sowie die (Empfänger-)Bezugsbasen nach den gleichen Regeln ermittelt werden. Der Zyklus wiederum faßt ein bis mehrere Segmente zusammen und wird im Rahmen der periodischen Arbeiten gestartet. Dabei kann es ein oder mehrere Zyklen pro Kostenrechnunsgkreis geben. Wie viele Zyklen pro Kostenrechnungskreis definiert werden, hängt speziell von Verrechnungsgesichtspunkten ab. Umfaßt ein Zyklus z.B. alle zu verrechnenden Kostenobjekte und gibt es einen Fehler bei der Durchführung, so muß der gesamte Zyklus storniert und wieder durchgeführt werden. Dies führt zu einer hohen Systembelastung und zu einer Vielzahl an Einzelposten, die das gesamte Datenvolumen auf Dauer belasten könnten. Deswegen wird empfohlen, einen Zyklus pro logisch zusammengehöriger Verrechnungsobjekte zu definieren, z.B. Zyklus 1: alle Verwaltungsstellen, Zyklus 2: alle allgemeinen Hilfsstellen, Zyklus 3: alle Produktionshilfsstellen und Zyklus 4: alle Vetriebsstellen.

Zu ②: *Beachte:* Iterationen können nur jeweils innerhalb eines Zyklus und ebenfalls nicht verrechnungsmethoden-übergreifend durchgeführt werden. Pro Verrechnungsmethode (periodische Umbuchung, Verteilung, Umlage, indirekte Leistungsverrechnung) ist es innerhalb der Zyklen möglich, iterative Beziehungen abzubilden.

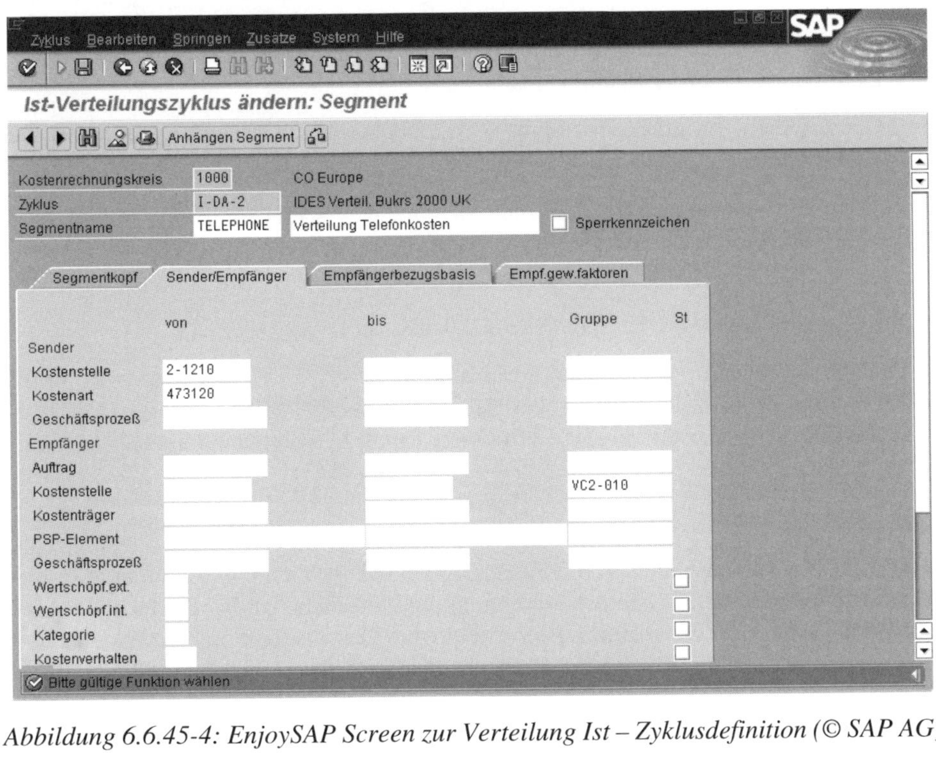

Abbildung 6.6.45-4: EnjoySAP Screen zur Verteilung Ist – Zyklusdefinition (© SAP AG)

Beispiel:
Bei einem Zyklus mit drei Segmenten wird eine Kostenstelle zuerst durch eine Verrechnung im Rahmen des Segmentes 1 entlastet, durch Segment 2 jedoch wieder belastet. Um eine vollständige und richtige Verrechnung zu gewährleisten, soll die zu verrechnende Kostenstelle jedoch auf Saldo null gebracht werden. Dies ist nur innerhalb eines Zyklus der entsprechenden Verrechnungsmethode möglich.

③ *Hinweis: Verrechnungen an Kontierungsobjekte in anderen legalen Organisationseinheiten*

Jedes Kontierungsobjekt ist im Stammsatz einer legalen Einheit (Buchungskreis/Geschäftsbereich) zugeordnet. Bewegt man sich im Rahmen einer buchungskreisübergreifenden Kostenrechnung (siehe Kapitel 4, Organisationseinheit Kostenrechnungskreis) und werden Kosten verrechnet, ist zu beachten, ob bei der Verrechnung diese Grenzen überschritten werden. Gibt es solche Fälle in Ihrem Unternehmen, sind bestimmte Vorgehensweisen, z.B. die Nutzung des Abstimm-Ledgers etc., zu berücksichtigen.

④ *Hinweis: Unterschiede Plan/Ist*

Die Verteilung kann sowohl in der Planung als auch bei der Ist-Verrechnung eingesetzt werden. Die gesamten konzeptionellen Fragen wurden anhand des Prozeßbausteines *Verteilung Ist* dargestellt. Sie sind in gleichen Maßen auf die Planung anzuwenden, mit dem hauptsächlichen Unterschied, daß bei der Planung nicht über tatsächlich angefallene Ist-Kosten, sondern im Rahmen einer detaillierten Kostenplanung über die Verrechnung der Plankosten gesprochen wird. Um eine vollständige und richtige Planung durchzuführen sowie einen aussagekräftigen Plan-/Soll-/Ist-Vergleich zu gewährleisten, sollte die im Ist abgebildete Welt auch in der Planung gelebt werden.

Gibt es Unterschiede für die Verrechnungen im Plan und Ist, werden diese an dieser Stelle explizit aufgeführt:

- Wurden auf dem Senderobjekt Kosten leistungsmengenabhängig geplant, so werden diese bei der Verteilung nicht berücksichtigt.

6.6.46 Prozeß-Knowledge Map – Umlage Ist

Die Umlage ist eine im Rahmen des Periodenabschlusses im Gemeinkosten-Controlling durchzuführende periodische Arbeit, bei der primäre und sekundäre Gemeinkosten von einem/mehreren Senderobjekt/en auf ein/mehrere Empfängerobjekt/e umgelegt werden.

① *Gibt es in Ihrem Unternehmen Fälle, in denen **Primär- und Sekundärkosten** von Senderobjekten (Kostenstellen) auf mehrere Empfängerobjekte **verrechnet** werden?*

Im Rahmen der Tagesarbeiten, z.B. Eingangsrechnung für Gemeinkostenmaterial, Lohn-/Gehaltsbuchung, direkte Leistungsverrechnung von internen Handwerkerleistungen, oder durch periodische Verrechnungen, z.B. Verteilung von Energiekosten, indirekte Leistungsverrechnung der Kantine, werden die Kostenstellen mit Primär- und/oder Sekundärkosten belastet. Handelt es sich dabei um solche Kostenstellen, z.B. Hilfskostenstelle Meisterbüro, Dienstleistungskostenstelle Kantine, die:

- ihre Leistung anderen Kostenstellen zur Verfügung stellen,
- benötigt werden, um die Kostenzuordnung zu vereinfachen (Kontierungshilfen) oder
- keine mit vertretbarem Aufwand zu erfassenden Leistungsmengen besitzen,

können die darauf angefallenen Primär- und Sekundärkosten umgelegt werden. Dies dient dazu, eine verursachungsgerechte Verrechnung der Gesamtkosten zu gewährleisten.

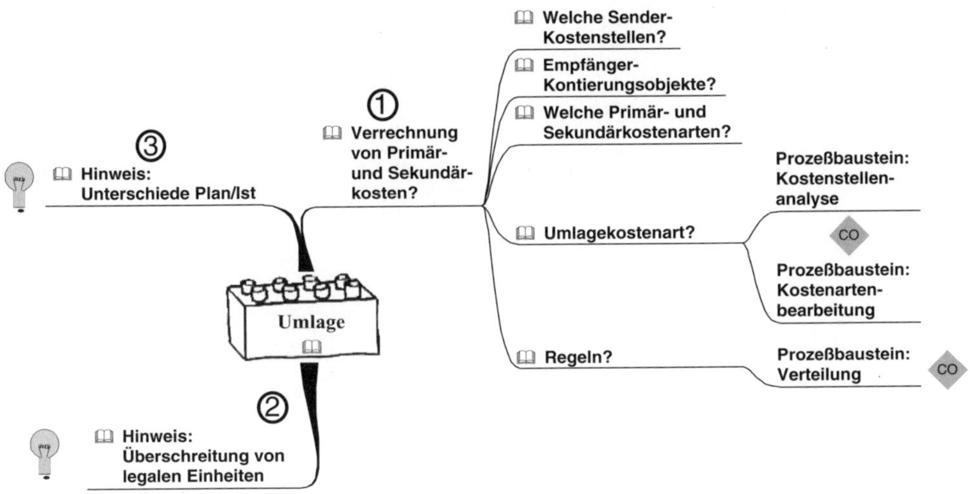

Abbildung 6.6.46-1: Prozeß-Knowledge Map – Umlage Ist

Umlage bedeutet dabei, daß unter einer frei definierbaren, sekundären Kostenart die sendende Kostenstelle entlastet und die empfangenden Kostenstellen belastet werden. Die Originalkostenarten, durch die die Senderkostenstelle belastet wurde, gehen verloren und werden statt dessen in eine/mehrere Umlagekostenart/en, d.h. sekundäre Kostenarten, umgewandelt.

Zu ①: *Von* ***welchen Senderkostenstellen*** *sollen die Kosten umgelegt werden?*
Bitte identifizieren Sie, welche Ihrer Kostenstellen durch die Umlage verrechnet werden. In den meisten Fällen handelt es sich bei diesen nicht um Verrechnungskostenstellen (vgl. Kapitel 6.6.45, Prozeß-Knowledge Map – Verteilung), sondern um interne Dienstleistungskostenstellen, z.B. Kantine, Handwerker, Meisterbüro. Die Kosten, die sich auf diesen Kostenstellen während der Periode sammeln, müssen, um eine verursachungsgerechte Kostenrechnung zu gewährleisten, auf die eigentlichen Empfänger verrechnet werden.

Zu ①: *Welche Kostenstellen sind die* ***Empfänger*** *der Kosten?*
Definieren Sie, welche Kostenstellen die Empfänger der Umlage sind und somit originär für die Verursachung der umzulegenden Kosten verantwortlich zeichnen.

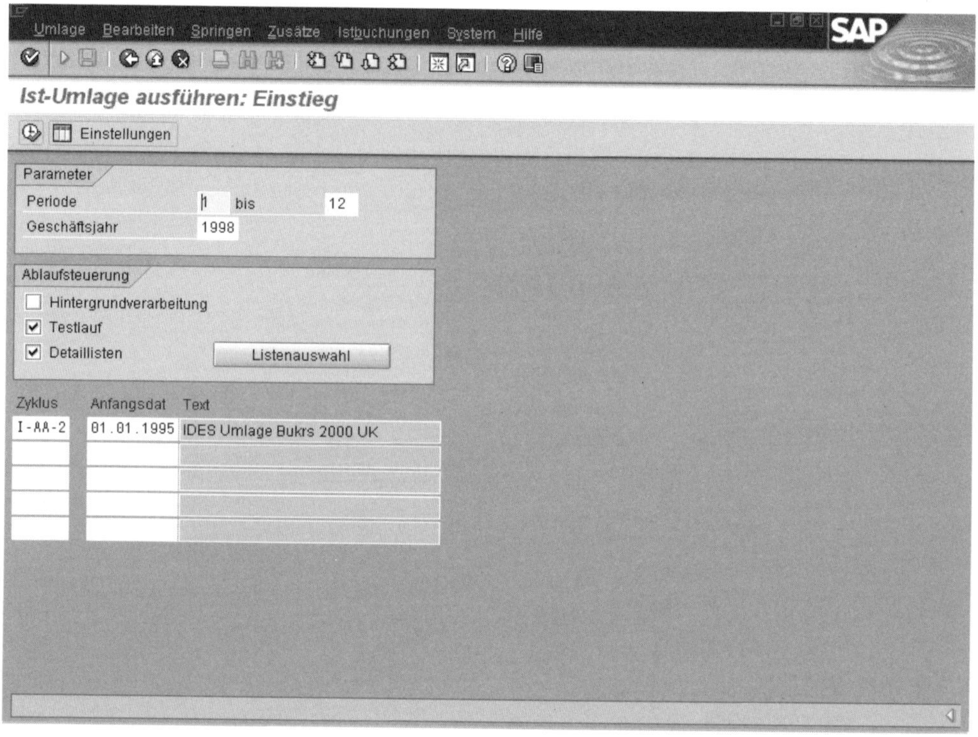

Abbildung 6.6.46-2: EnjoySAP Screen zur Umlage Ist – Ausführen (© SAP AG)

Beispiel:
Die Dienstleistungskostenstelle Kantine gibt es nicht um ihrer selbst willen. Statt dessen nimmt beinahe jeder Arbeitnehmer des Unternehmens ihre Leistung in Anspruch, indem dort zu Mittag gegessen wird. Jeder Mitarbeiter ist wiederum einer Kostenstelle zugeordnet. Die Kosten, die sich auf der Kantine während der Periode sammeln, müssen also, um eine verursachungsgerechte Kostenrechnung zu gewährleisten, auf die eigentlichen Empfänger verrechnet werden. Sie können dies u.a. durch die Umlage durchführen.

Zu ①: ***Welche** auf der Senderkostenstelle gebuchten **Primär- und Sekundärkostenarten** sollen umgelegt werden?*
Im Gegensatz zu den periodischen Verrechnungsverfahren periodische Umbuchung und Verteilung können bei der Umlage sowohl Primärkosten als auch Sekundärkosten verrechnet werden.

Beispiel:
Für die Verrechnung der auf der Kostenstelle Kantine angefallenen Kosten wird die Umlage deswegen genutzt, da neben den Primärkosten, z.B. Löhne, Energie, Gehälter, Abschreibungen, auch Sekundärkosten, z.B. Inanspruchnahme interner Handwerkerleistung oder der eigenerzeugten Energie, anfallen.

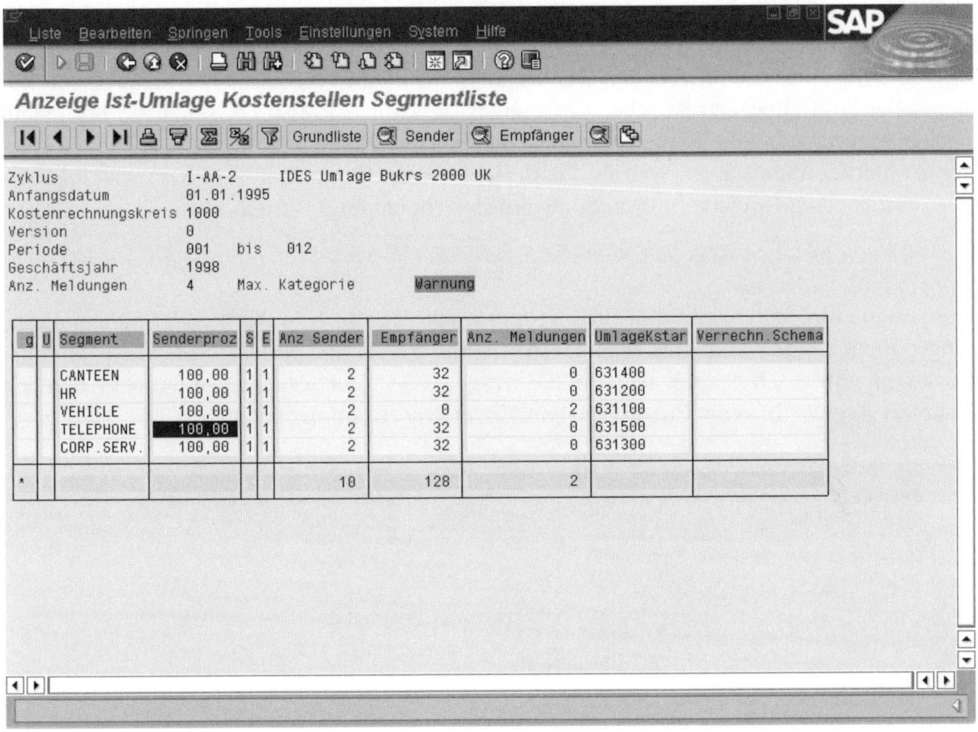

Abbildung 6.6.46-3: EnjoySAP Screen zur Umlage Ist – Ergebnis (© SAP AG)

Da bei der Umlage die unterschiedlichen Belastungskostenarten in eine oder mehrere Umlagekostenarten überführt werden, ist festzulegen, welche Primär- und/oder Sekundärkostenarten von dem Sender aus verrechnet werden.

Zu ①: *Welche **Umlagekostenart** soll für die Verrechnung verwendet werden, um die Belastung beim Empfänger auszuweisen?*
Wie bereits erläutert, werden bei der Umlage sogenannte Umlagekostenarten verwendet, um die Entlastung auf der sendenden und die Belastung auf der empfangenden Kostenstelle auszuweisen. Deswegen müssen Sie entscheiden, welche Umlagekostenarten verwendet werden sollen, d.h., welche Kostenarten der Belastungsseite der Senderkostenstelle sollen mit welchen Umlagekostenarten verrechnet werden. Diese Entscheidung wird vor allem dadurch beeinflußt, welche Informationen in welchem Detaillierungsgrad auf der Empfängerkostenstelle erwünscht werden. *Beispiel:*

Sie wollen die Kosten der Kostenstellen Kantine und Meisterbüro (Produktionshilfsstelle) auf entsprechende Empfänger verrechnen. Für die Verrechnungen können Sie nun folgendes verwenden:

- eine Sekundärkostenart: 600000 Umlage oder
- pro Senderobjekt eine eigene Sekundärkostenart: 600000 Umlage Kantine und 610000 Umlage Meisterbüro

Auf dem Empfänger Kostenstelle Drehen 1 würden, bei Verwendung von nur einer Umlagekostenart, die Beträge beider Verrechnungen als Summe ausgewiesen werden. Nur bei Verwendung eines entsprechenden Standardberichts können die Partner, d.h. die Senderkostenstellen, mit angezeigt werden. Verwenden sie zwei Kostenarten, sehen sie bei jedem Bericht sofort, woher die Kosten stammen, haben jedoch auch mehr Berichtszeilen. Deswegen ist hierbei zu beachten, wie Sie Ihr Berichtswesen (Prozeßbaustein *Kostenstellenanalyse*) aufbauen und welche Informationen im Bericht benötigt werden.

Zu ①: *Nach welchen **Regeln** sollen die Sender-Empfänger-Beziehungen für die Verrechnung aufgebaut werden?*
Die gesamten Möglichkeiten für die Definition von Regeln zum Aufbau der Sender-Empfänger-Beziehungen sind – mit wenigen Ausnahmen – für alle periodischen Verrechnungsverfahren gültig. Deswegen werden die Fragen und Erläuterungen auf einem eigenen Hauptast *Regeln?* bei dem Prozeßbaustein *Verteilung* zusammengefaßt.

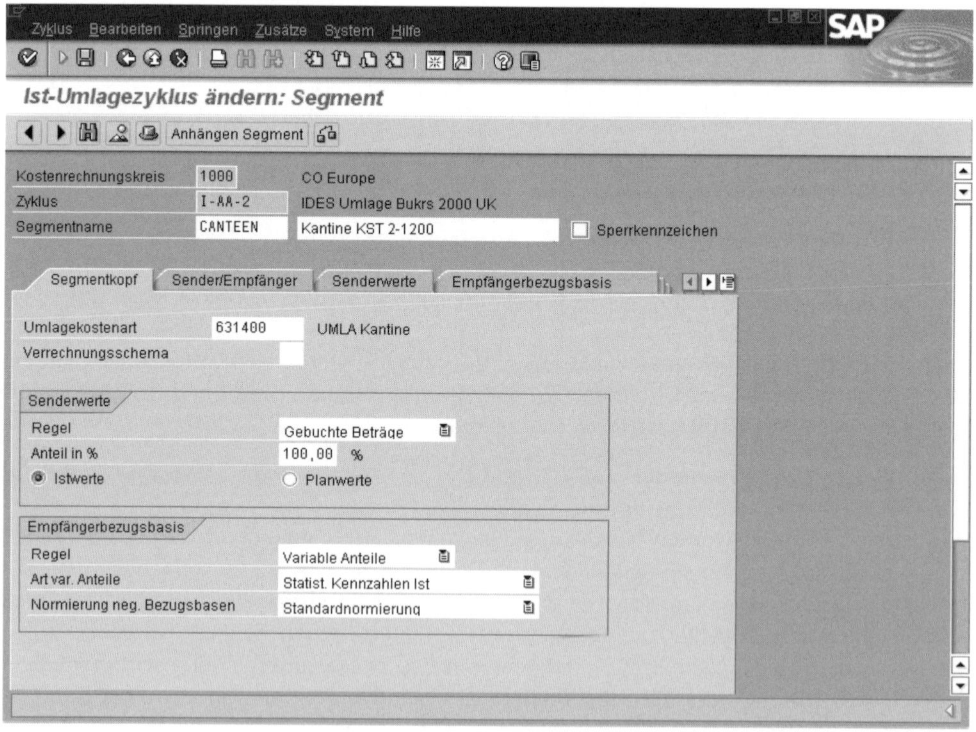

Abbildung 6.6.46-4: EnjoySAP Screen zur Umlage Ist – Zyklusdefinition (© SAP AG)

② *Hinweis: Verrechnungen an Kontierungsobjekte in anderen legalen Organisationseinheiten*

Jedes Kontierungsobjekt ist im Stammsatz einer legalen Einheit (Buchungskreis/Geschäftsbereich) zugeordnet. Bewegt man sich im Rahmen einer buchungskreisübergreifenden Kostenrechnung (siehe Kapitel 4, Organisationseinheit Kostenrechnungskreis) und werden

Kosten verrechnet, ist zu beachten, ob bei der Verrechnung diese Grenzen überschritten werden. Gibt es solche Fälle in Ihrem Unternehmen, sind bestimmte Vorgehensweisen, z.B. die Nutzung des Abstimm-Ledgers etc., zu berücksichtigen.

③ *Hinweis: Unterschiede Plan/Ist*

Die Umlage kann sowohl in der Planung als auch der Ist-Verrechnung eingesetzt werden. Die gesamten konzeptionellen Fragen wurden anhand des Prozeßbausteines *Umlage Ist* dargestellt. Sie sind in gleichen Maßen auf die Planung anzuwenden, mit dem hauptsächlichem Unterschied, daß bei der Planung nicht über tatsächlich angefallene Ist-Kosten, sondern im Rahmen einer detaillierten Kostenplanung über die Verrechnung der Plankosten gesprochen wird. Um eine vollständige und richtige Planung durchzuführen sowie einen aussagekräftigen Plan-/Soll-/Ist-Vergleich zu gewährleisten, sollte die im Ist abgebildete Welt auch in der Planung gelebt werden.

Gibt es Unterschiede für die Verrechnungen im Plan und Ist, werden diese an dieser Stelle explizit aufgeführt:

- Werden bei der Planung auf Senderobjekten Kosten leistungsmengenabhängig geplant und führt man die Umlage im Plan aus, so werden diese Kosten auf dem Empfängerobjekt als Fixkosten behandelt, da hierbei reine Kosten, die nicht auf Leistungsmengen basieren, verrechnet werden.

6.6.47 Prozeß-Knowledge Map – Erfassung indirekter Leistungen

Dieser Prozeßbaustein behandelt die Erfassung der Leistungsmengen für die im Unternehmen vorhandenen und im Rahmen des Prozeßbausteins *Leistungsartenbearbeitung* definierten Leistungsarten. Dabei steht die Leistungsmenge nicht zur direkten Leistungsverrechnung, sondern zur indirekten Verrechnung durch Ausführung des Prozeßbausteins *Indirekte Leistungsverrechnung* zur Verfügung.

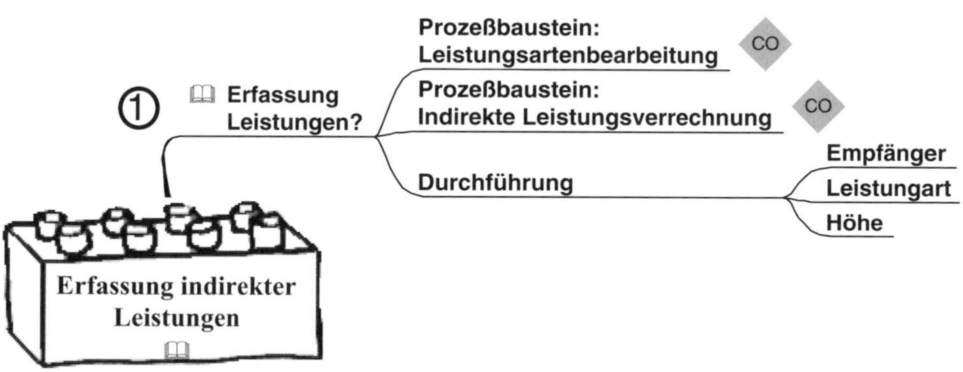

Abbildung 6.6.47-1: Prozeß-Knowledge Map – Erfassung indirekter Leistungen

① *Wie erfolgt die **Erfassung** der Leistungsarten zur indirekten Leistungsverrechnung?*

Bei der Bearbeitung des *Prozeßbausteins Leistungsartenbearbeitung* wurde festgelegt, welche Leistungsarten es überhaupt in Ihrem Unternehmen gibt und welche davon direkt oder indirekt verrechnet werden sollen. Durch diesen Prozeßbaustein wird die Erfassung für die durch die indirekt zu verrechnenden Leistungsarten konkret durchgeführt. Deswegen muß an dieser Stelle festgelegt werden, auf welches Empfängerobjekt welche indirekte Leistungsart gebucht wird.

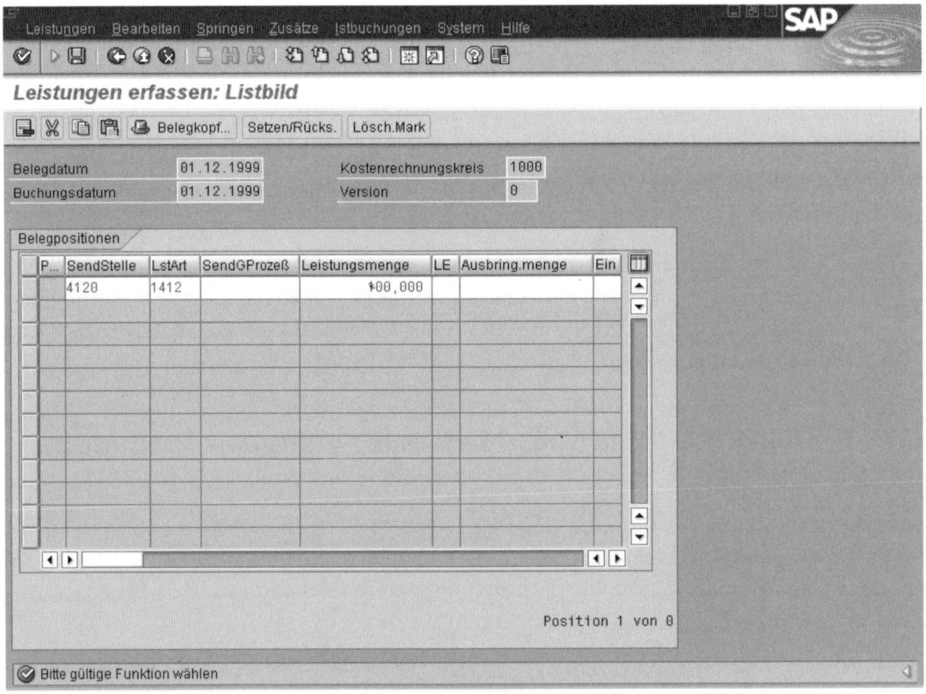

Abbildung 6.6.47-2: EnjoySAP Screen zur Erfassung indirekter Leistungen – Ausführen (© SAP AG)

6.6.48 Prozeß-Knowledge Map – Indirekte Leistungsverrechnung

Im Gegensatz zur direkten Leistungsverrechnung, die vorgangsbezogen durchgeführt wird, stellt die indirekte Leistungsverrechnung eine Methode zur maschinellen Verrechnung von Leistungen im Ist und Plan dar, die im Rahmen des Periodenabschlusses durchgeführt wird.

① *Wollen Sie in Ihrem Unternehmen eine maschinelle Ermittlung von Leistungsmengen pro Leistungsart **(Indirekte Leistungsverrechnung)** nach von Ihnen frei zu definierenden Schlüsseln vornehmen?*

Gegenüber der direkten Leistungsverrechnung erfolgt bei der indirekten Leistungsverrechnung keine vorgangsbezogene Erfassung der Leistungsmengen. Statt dessen können Sie hierbei mit Schlüsseln, die Sie selbst festlegen, Leistungen verrechnen. Die Vorgehensweise entspricht dabei der, die bei den anderen Verrechnungsverfahren im Gemeinkosten-Controlling wie Umlage oder Verteilung (siehe Prozeßbausteine *Umlage* und *Verteilung*) zur Anwendung kommt. Wichtigstes Differenzierungsmerkmal, verglichen mit diesen periodischen Verrechnungsmethoden, ist die Verrechnung von Leistungsmengen, und nicht nur durch die Verrechnung von Wertgrößen = Kosten.

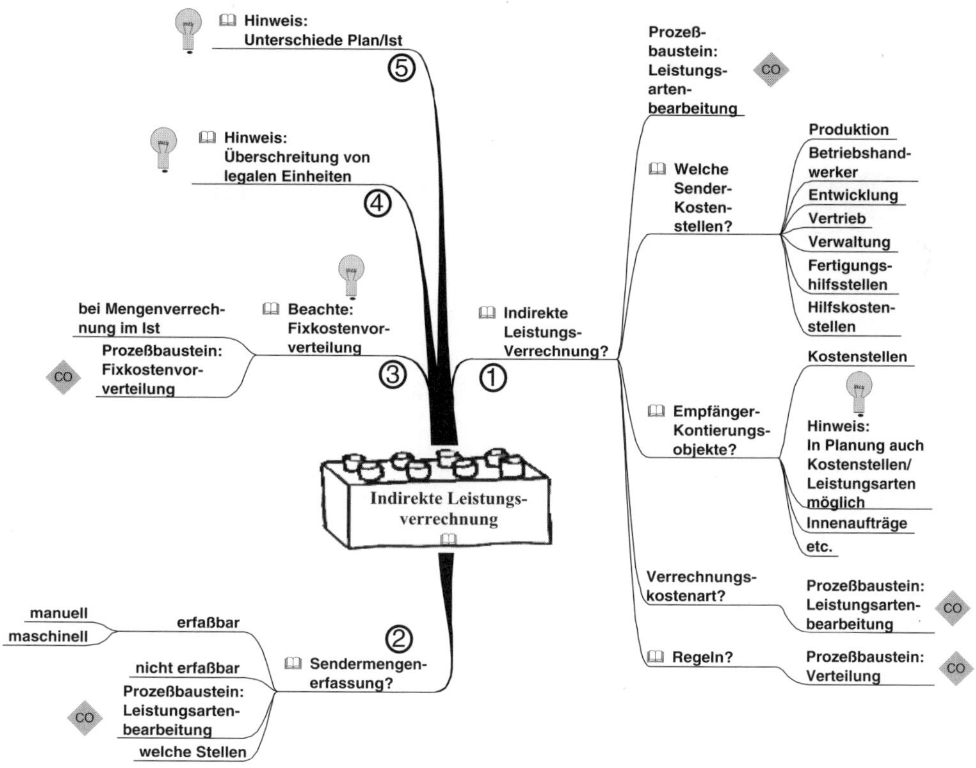

Abbildung 6.6.48-1: Prozeß-Knowledge Map – Indirekte Leistungsverrechnung

In der Regel wird diese Methode eingesetzt, wenn in Ihrem Unternehmen ein elaboriertes Kostenrechnungssystem, z. B. flexible Plankostenrechnung, zum Einsatz kommt. In diesem Fall ersetzt die indirekte Leistungsverrechnung die Verteilung und Umlage, da mit ihr eine Mengenverrechnung, mit Bewertung durch den Tarif der Leistungsarten, aufgeteilt in fixe und variable Bestandteile, erfolgen kann. Dadurch wird eine konsequent durchgängige Verrechnung von fixen und variablen Kosten gewährleistet. Bitte beachten Sie, daß die Bearbeitung dieses Prozeßbausteins eng mit der Bearbeitung des Prozeßbausteins *Leistungsartenbearbeitung* zusammenhängt, speziell bezüglich der dort getroffenen Entscheidungen, z. B. der Verrechnungsart oder der Verrechnungskostenart einer Leistungsart.

Nicht nur die automatische und periodische Verrechnung von Leistungsmengen zeichnet diese Methode aus. Sie bietet sich auch speziell für solche Senderkostenstellen an, deren Leistungen nicht oder nur mit sehr hohem Aufwand meßbar sind, aber trotzdem über die innerbetriebliche Leistungsverrechnung verrechnet werden sollen. Dafür kann die Leistungsmenge retrograd aus den Leistungen der Empfänger bestimmt werden.

Zu ①: *Für* ***welche Senderkostenstellen(-arten)*** *sollen die Leistungsmengen indirekt verrechnet werden?*
Bitte definieren Sie, von welchen Senderkostenstellen(-arten) die Leistungsmengen durch die indirekte Leistungsverrechnung verrechnet werden sollen, wie z.B. Produktions-, Betriebshandwerker-, Entwicklungs-, Fertigungshilfs-, Vertriebs- und Verwaltungskostenstellen.

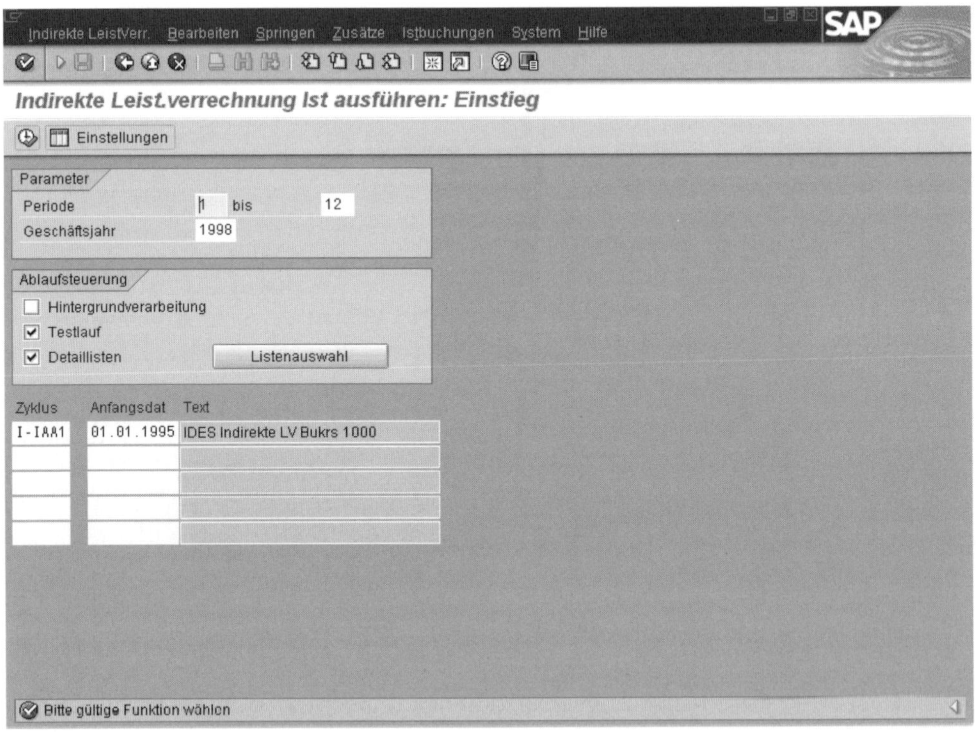

Abbildung 6.6.48-2: EnjoySAP Screen zur Indirekten Leistungsverrechnung – Ausführen (© SAP AG)

Zu ①: *Welche Kostenstellen sind die* ***Empfängerkontierungsobjekte*** *der zu verrechnenden Leistungsmengen?*
Ähnlich wie bei der Umlage bzw. Verteilung ist auch hier festzulegen, welche Kostenstellen die Leistungen aufnehmen, d.h., diese Kostenstellen sind originär für die Verursachung der zu verrechnenden Leistungen verantwortlich, da die erbringende Kostenstelle die Leistungen nicht zum Selbstzweck, sondern für ihre Kunden, d.h. die empfangenden Kostenstellen, Innenaufträge etc., bereitstellt.

Beispiel:

Die Dienstleistungskostenstelle Energie gibt es nicht um ihrer selbst willen. Statt dessen nimmt jede Kostenstelle ihre Leistung in Anspruch. Diese Aufnahme kann fix sein, z.B. die Energie für die Beleuchtung der Werkshallen wird nahezu immer benötigt. Oder Sie kann variabel sein, wenn z.B. die Leistung einer Drehmaschine eine konkrete Leistungsart *Drehen* darstellt. Abhängig von der Inanspruchnahme der Leistungsart wird viel oder wenig Energie benötigt, setzt man einen linearen Energieverbrauch voraus.

Zu ①: *Nach welchen **Regeln** sollen die Sender-Empfänger-Beziehungen für die Verrechnung aufgestellt werden?*
Die gesamten Möglichkeiten für die Definition von Regeln zum Aufbau der Sender-Empfänger-Beziehungen sind, mit wenigen Ausnahmen, für alle periodischen Verrechnungsverfahren gültig. Deswegen werden die Fragen und Erläuterungen auf einem eigenen Hauptast *Regeln* bei dem Prozeßbaustein *Verteilung* zusammengefaßt.

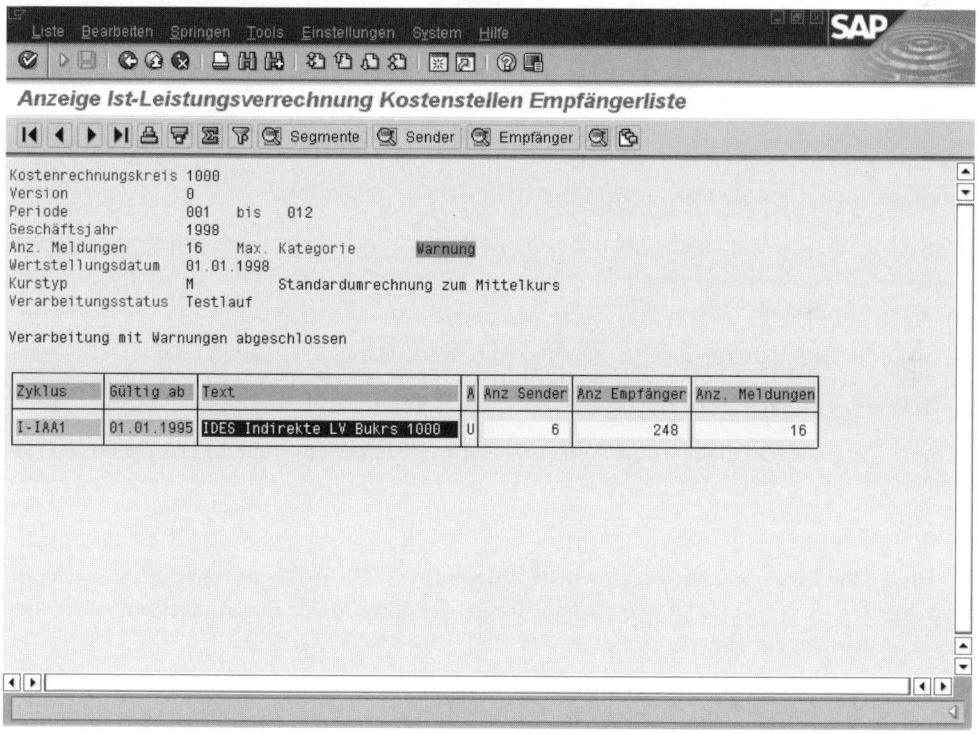

Abbildung 6.6.48-3: EnjoySAP Screen zur Indirekten Leistungsverrechnung – Ergebnis (© SAP AG)

② *Ist die von dem **Sender** zu verrechnende **Leistungsmenge erfaßbar**, oder ist sie nicht erfaßbar und muß vom System (retrograd) ermittelt werden?*

Bei verschiedenen Leistungsarten ist es möglich, die geleisteten Mengen pro Sender summarisch zu ermitteln. Die Mengen dieser Leistungsarten werden dann am System im Dialog erfaßt, was entweder manuell durch direkte Eingabe der Mengeninformation oder aber maschinell durch z.B. einen Batch-Input erfolgen kann. Die auf diese Art und Weise erfaßten indirekten Leistungsmengen werden jedoch nicht direkt, vorgangsbezogen, sondern am Periodenende indirekt durch spezifizierte Empfängerregeln und die Durchführung der indirekten Leistungsverrechnung verrechnet. Das bedeutet, daß durch die indirekte Leistungsverrechnung die gebuchte Leistungsmenge vom Sender auf die definierten Empfänger gemäß der festgelegten Bezugsgrößen verrechnet wird. Bei diesem Verfahren muß darüber hinaus geklärt werden, welche Stellen die Erfassung vornehmen dürfen/können. Beispiel (vgl. SAP AG, Online Dokumentation, Version 4.0B, 1998):

Die Kostenstelle Qualitätskontrolle erbringt 1000 Stunden der Leistungsart Prüfen. Sie gibt an die Kostenstellen Wareneingang und Fertigprodukte Leistung ab. Die Verrechnung erfolgt auf der Bezugsbasis Anzahl Prüfpositionen. Auf der Stelle Wareneingang sind dies 4000 Positionen, auf der Stelle Fertigprodukte 6000 Positionen. Dies entspricht einer Leistungsaufnahme von 400 Stunden durch die Kostenstelle Wareneingang und 600 Stunden durch die Kostenstelle Fertigprodukte. Der Preis pro Leistungseinheit auf der Kostenstelle Qualitätskontrolle beträgt 50 DM/h. Daraus resultieren Kosten der Leistungserstellung auf der Stelle Qualitätskontrolle in Höhe von 50.000 DM. Den Empfängerstellen werden gemäß ihrer Bezugsgröße Prüfpositionen folgende Kosten belastet:

Wareneingang: (50.000 DM · 4000 PP) / 10.000 PP = 20.000 DM

Fertigprodukte: (50.000 DM · 6000 PP) / 10.000 PP = 30.000 DM

In vielen Fällen ist es jedoch entweder überhaupt nicht oder nur mit sehr hohem Aufwand möglich, die geleisteten Mengen der Sender zu ermitteln. In diesen Fällen können die Sendermengen entweder:

- über die Bezugsbasen der Empfänger pro Sender retrograd ermittelt oder
- fest vorgegeben

werden. Die Sendermengen dieser Leistungsarten werden somit indirekt erfaßt und indirekt verrechnet.

Beispiel:

Es werden dieselben Kostenstellen wie im obigen Beispiel verwendet. Die Leistungsermittlung auf dem Sender erfolgt über Bezugsbasen der Empfänger mit Gewichtungsfaktoren. Die Bezugsbasen der Empfänger sind:

Wareneingang: 4000 Prüfpositionen

Fertigprodukte: 6000 Prüfpositionen

Für das Prüfen einer Position durch die Kostenstelle Qualitätskontrolle werden 0,4 Stunden benötigt. Hierzu wird auf dem Sender für die Leistungsart Prüfen der Gewichtungsfaktor 0,4 definiert. Daraus resultiert ein Leistungsbezug der Kostenstelle Wareneingang von 1600 Stunden und der Kostenstelle Fertigprodukte von 2400 Stunden. Die Leistung Prüfen wird mit einem Tarif von 5 DM/h bewertet. Daraus resultiert eine Entlastung des Senders um 20.000 DM, eine Belastung der Kostenstelle Wareneingang von 8000 DM und der Kostenstelle Fertigprodukte von 12.000 DM.

③ *Beachte:* Bei den Überlegungen zu der indirekten Leistungsverrechnung muß vor allem für die Trennung in fixe und variable Kosten und deren getrennter weiterer Verrechnung die Funktionalität der Fixkostenvorverteilung (siehe Prozeßbaustein *Fixkostenvorverteilung*) beachtet werden.

④ *Hinweis: Verrechnungen an Kontierungsobjekte in anderen legalen Organisationseinheiten*

Jedes Kontierungsobjekt ist im Stammsatz einer legalen Einheit (Buchungskreis/Geschäftsbereich) zugeordnet. Bewegt man sich im Rahmen einer buchungskreisübergreifenden Kostenrechnung (siehe Kapitel 4, Organisationseinheit Kostenrechnungskreis) und werden Kosten verrechnet, ist zu beachten, ob bei der Verrechnung diese Grenzen überschritten werden. Gibt es solche Fälle in Ihrem Unternehmen, sind bestimmte Vorgehensweisen, z.B. die Nutzung des Abstimm-Ledgers etc., zu berücksichtigen.

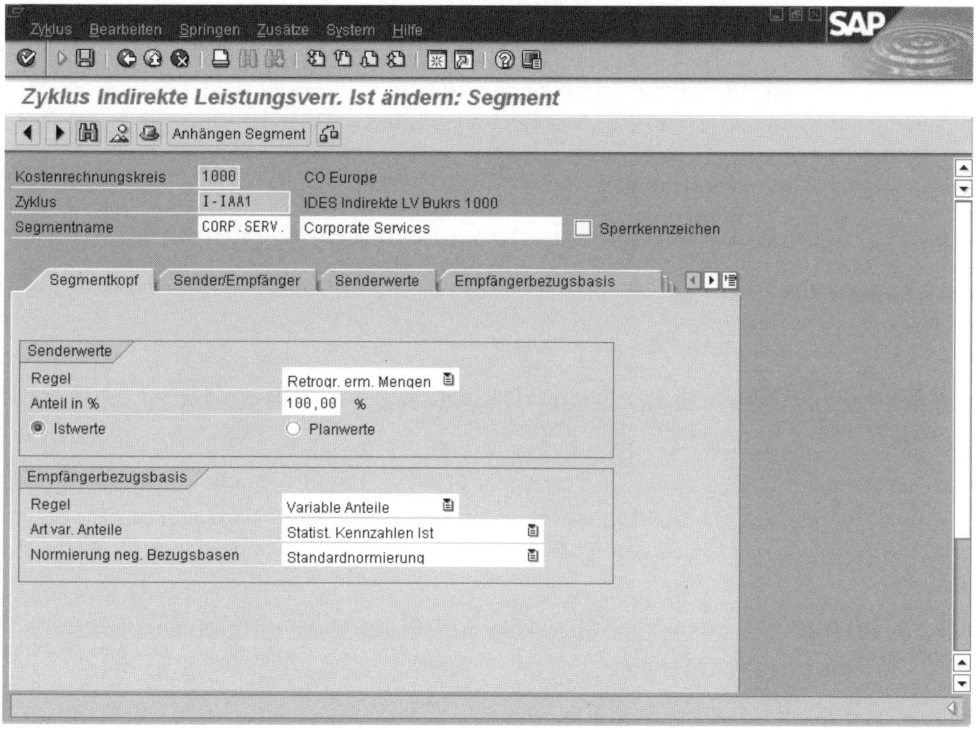

Abbildung 6.6.48-4: EnjoySAP Screen zur Indirekten Leistungsverrechnung Ist – Zyklusdefinition (© SAP AG)

⑤ *Hinweis: Unterschiede Plan/Ist*

Die indirekte Leistungsverrechnung kann sowohl in der Planung als auch der Ist-Verrechnung eingesetzt werden. Die gesamten konzeptionellen Fragen wurden anhand des Prozeßbausteines *Indirekte Leistungsverrechnung Ist* dargestellt. Sie sind in gleichen Maßen auf die Planung anzuwenden, mit dem hauptsächlichem Unterschied, daß bei der Planung nicht über tatsächlich angefallene Ist-Kosten, sondern im Rahmen einer detaillierten Kostenplanung über die Verrechnung der Plankosten gesprochen wird. Um eine vollständige und richtige Planung durchzuführen sowie einen aussagekräftigen Plan-/Soll-/Ist-Vergleich zu gewährleisten, sollte die im Ist abgebildete Welt auch in der Planung gelebt werden.

Gibt es Unterschiede für die Verrechnungen im Plan und Ist, werden diese an dieser Stelle explizit aufgeführt:

- Bei der Planung müssen, bei Verwendung der erfaßbaren Leistungsmengen, die vom Sender abzugebenden Leistungsmengen geplant werden.
- Als Empfänger kann nur bei der Planung die Kombination Kostenstelle/Leistungsart verwendet werden.
- Im Ist werden alle Mengen als gesamte Mengen gebucht. Die Aufteilung in fixe und variable Mengenanteile erfolgt durch die Ist-Kostensplittung (siehe Prozeßbaustein *Ist-Kostensplittung*). Dabei ist jedoch die Fixkostenvorverteilung zu beachten.
- Bei der indirekten Leistungsverrechnung während der Planung richtet sich die Bestimmung der fixen und variablen Mengenanteile nach dem Typ der Empfänger und deren Bezugsbasis.

6.6.49 Prozeß-Knowledge Map – Innenauftragsabrechnung Ist

Siehe Fragen und Erläuterungen in Kapitel 6.6.28, Prozeßbaustein*: (Innen-)Auftragsabrechnung Plan.*

6.6.50 Prozeß-Knowledge Map – Top-down-Verteilung Ist

Da dieser Prozeßbaustein bereits innerhalb der Durchführung der Erlös- und Kostenplanung in Kapitel 6.6.12, Top-down-Verteilung Plan, im Detail erläutert und konzeptionell behandelt wurde, erfolgt hier keine weiterführende Bearbeitung. Bitte beachten Sie speziell für die Anwendung der Top-down-Verteilung im Ist den Ast ②: Unterschiede Plan/Ist.

6.6.51 Prozeß-Knowledge Map -Gemeinkostenzuschlagsrechnung (Fertigungsauftrag)

Neben den Einzelkosten, die direkt den Bezugsobjekten zurechenbar sind, sollen in vielen Fällen auch die Gemeinkosten, also jene Kosten, die nicht eindeutig den Bezugsobjekten zuordenbar sind und über Gemeinkostenobjekte gesammelt werden, den Bezugsobjekten zugerechnet werden. Dafür gibt es die Möglichkeiten der Prozeßkostenrechnung, die mit Hilfe von Kostentreibern (Cost Driver) Prozeßkosten auf die Kostenträger verrechnet.

Oder die klassische Zuschlagsberechnung, die über prozentuale oder mengenmäßige Zuschläge auf die definierten Berechnungs- bzw. Bezugsbasen (z.B. Materialeinzelkosten, Fertigungseinzelkosten etc.) die Gemeinkosten auf die *Endkostenträger* verrechnet.

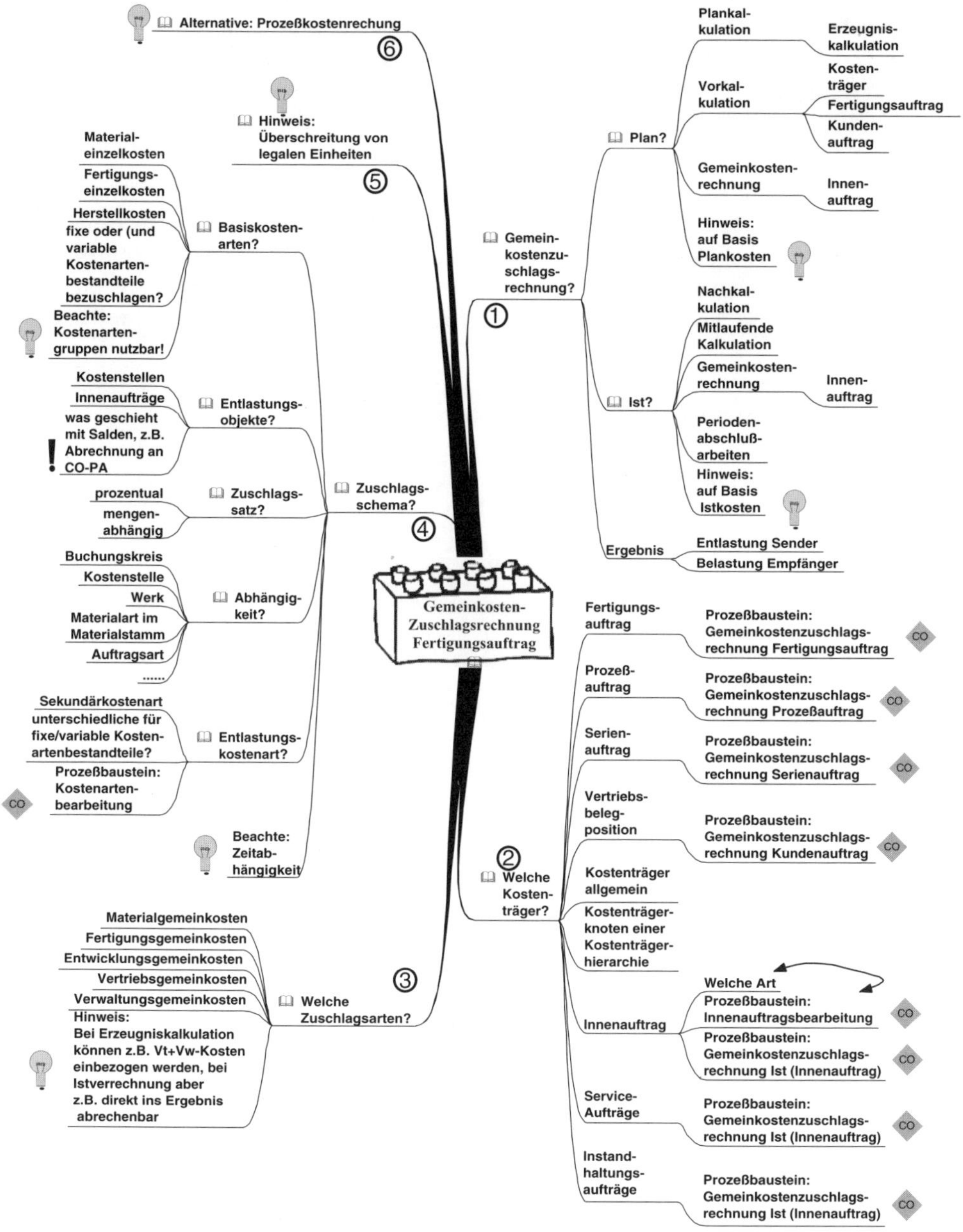

Abbildung 6.6.51-1: Prozeß-Knowledge Map – Gemeinkostenzuschlagsrechnung (Fertigungsauftrag)

Im Rahmen dieses Prozeßbausteines werden alle für die Gemeinkostenzuschlagsrechnung relevanten Fragen und Erklärungen behandelt. Dabei gelten diese für die Zuschlagsrechnung im Ist (während der Periodenabschlußarbeiten) und im Plan (bei der Plankalkulation oder Vorkalkulation).

① *Setzen Sie die Verrechnung von **Gemeinkosten** über die **Zuschlagsverrechnung** ein?*

Bei der Zuschlagsrechnung werden Gemeinkosten von Kostenstellen auf andere Kontierungsobjekte wie z.B. Innenaufträge, Projekte, Fertigungsaufträge, Kundenaufträge etc. über prozentuale Zuschläge verrechnet. Dabei findet gemäß der Höhe des Zuschlagssatzes eine Entlastung der Senderkostenstelle und eine Belastung des Empfängerobjektes statt. Festgelegt wird diese Vorgehensweise durch ein Zuschlagsschema, wie es im folgenden dargestellt ist:

Materialeinzelkosten	
+ Materialgemeinkosten	= Materialkosten
Lohneinzelkosten	+
+ Fertigungsgemeinkosten	= Fertigungskosten
	= Herstellkosten
	+ Verwaltungskosten
	+ Vertriebskosten
	= Selbstkosten

Zu ①: *Wollen Sie die Gemeinkostenzuschlagsrechnung in der **Planung** einsetzen?*
Falls Sie eine Gemeinkostenbezuschlagung bereits in der Planung durchführen wollen, erfolgt dies auf Basis der Plankosten im Rahmen der:

- *Plankalkulation*, bei der für die betrieblichen Leistungen (Produkte) im Rahmen der Erzeugniskalkulation eine Bezuschlagung erfolgt
- *Vorkalkulation*, bei der ein Kostenträger, wenn dieser im System angelegt wird, vorkalkuliert werden kann und eine Bezuschlagung erfolgen kann
- *Gemeinkostenrechnung*, bei der ein Innenauftrag (z.B. Gemeinkostenauftrag, Investitionsauftrag etc.) bezuschlagt werden kann

Zu ①: *Setzen Sie die Gemeinkostenzuschlagsrechnung bei der **Ist-Verrechnung** ein?*
Falls Sie eine Gemeinkostenbezuschlagung während des Periodenabschlusses bei der Ist-Verrechnung durchführen wollen, erfolgt dies auf Basis der Ist-Kosten im Rahmen der:

- *Mitlaufenden Kalkulation*, jeweils am Periodenende bei noch in Arbeit befindlichen Fertigungsaufträgen
- *Nachkalkulation*, nach Abschluß des Auftrages am Periodenende
- *Gemeinkostenrechnung*, bei der am Periodenende für einen Innenauftrag (z.B. Gemeinkostenauftrag, Investitionsauftrag etc.) bezuschlagt werden kann

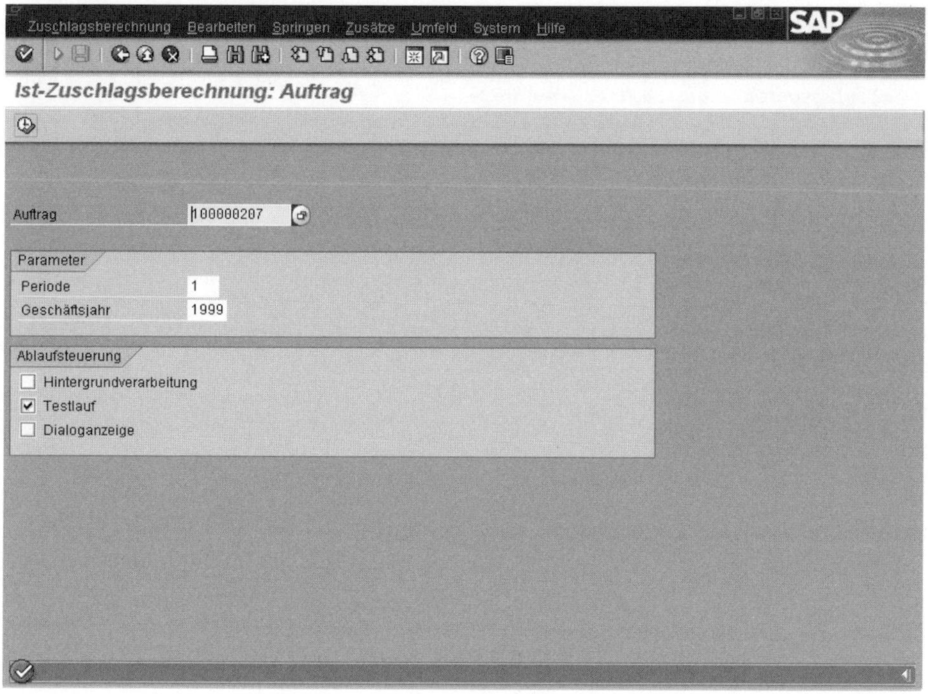

Abbildung 6.6.51-2: EnjoySAP Screen zur Gemeinkostenzuschlagsrechnung – Ausführen (© SAP AG)

② *Für* ***welche Kostenträger*** *führen Sie eine Gemeinkostenzuschlagsrechnung durch?*

Bitte spezifizieren Sie, auf welchen Kostenträgern Sie eine Gemeinkostenzuschlagsrechnung durchführen wollen. Im SAP-System ist dies auf folgenden Kostenträgern möglich:

- Fertigungsauftrag (dieser Prozeßbaustein)
- Prozeßauftrag (Prozeßbaustein *Gemeinkostenzuschlagsrechnung Prozeßauftrag*)
- Serienauftrag (Prozeßbaustein *Gemeinkostenzuschlagsrechnung Serienauftrag*)
- Vertriebsbelegsposition (Prozeßbaustein *Gemeinkostenzuschlagsrechnung Kundenauftrag*)
- Kostenträger allgemein
- Kostenträgerknoten einer Kostenträgerhierarchie
- Innenauftrag (Prozeßbaustein *Gemeinkostenzuschlagsrechnung Innenauftrag*), hier ist zusätzlich noch zu definieren, für welche Art von Innenauftrag Sie eine Bezuschlagung wünschen (siehe Prozeßbaustein *Innenauftragsbearbeitung*)
- Serviceaufträge (Prozeßbaustein *Gemeinkostenzuschlagsrechnung Innenauftrag)*
- Instandhaltungsaufträge (Prozeßbaustein *Gemeinkostenzuschlagsrechnung Innenauftrag)*

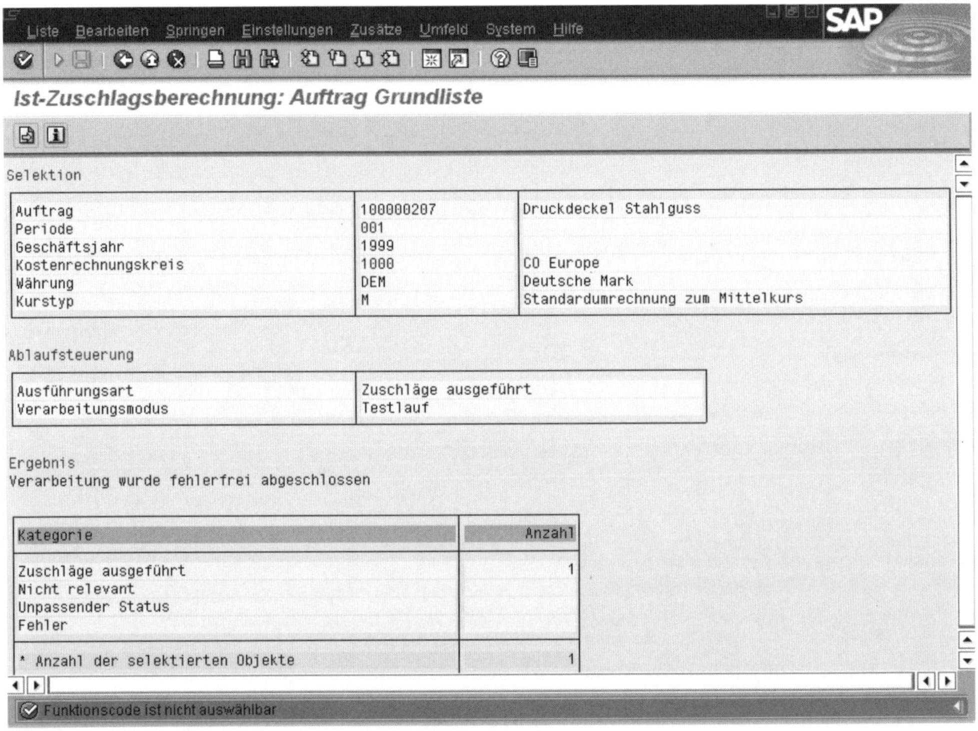

Abbildung 6.6.51-3: EnjoySAP Screen zur Gemeinkostenzuschlagsrechnung – Ergebnis (© SAP AG)

③ ***Welche Zuschlagsarten*** *gibt es in Ihrem Unternehmen, d.h., für welche Kostenbestandteile sollen die nicht direkt den Kostenträgern zurechenbaren Kosten über die Zuschlagsrechnung verrechnet werden?*

Abhängig von den Anforderungen Ihres Unternehmens an die Kostenrechnung oder von dem bisherigen Einsatz einer Gemeinkostenzuschlagsverrechnung ist zu identifizieren, welche Kostenbestandteile der Produktkosten und damit welche Gemeinkostenarten Sie über die Zuschlagsrechnung berechnen bzw. verrechnen. Typischerweise werden mit Hilfe der Gemeinkostenbezuschlagung folgende Kostenbestandteile auf die Kostenträger verrechnet:

- *Materialgemeinkosten*, z.B. Kosten des Rohmaterial- oder Fertigfabrikatelagers
- *Fertigungsgemeinkosten*, z.B. Kosten der Meisterstelle oder von Fertigungshilfsstellen, wobei i.d.R. die Fertigungsgemeinkosten über die Tarife der Produktionskostenstellen verursachungsgerechter auf die Produkte verrechnet werden
- *Entwicklungsgemeinkosten*, z.B. Kosten der Konstruktions-/Forschungskostenstellen
- *Vertriebsgemeinkosten*, z.B. Kosten der Vertriebs- oder Marketing-Kostenstellen
- *Verwaltungskosten*, z.B. Kosten der Finanzbuchhaltung-, Controlling-Kostenstelle

Hinweis:
Sie haben jederzeit die Möglichkeit, bei der Herstellkostenplanung durch die Erzeugniskalkulation oder einer Fertigungs- bzw. Kundenauftragsvorkalkulation bestimmte Kostenbestandteile, z.B. Verwaltungs- und Vertriebskosten, aus Gründen der Bestimmung des Endverkaufspreises oder der Selbstkostenkalkulation mit einzubeziehen. Bei der tatsächlichen Ist-Verrechnung müssen die Kostenbestandteile nicht über die Zuschlagsrechnung auf die Kostenträger, z.B. Fertigungs- oder Kundenauftrag, verrechnet werden, sondern können beispielsweise direkt in die Ergebnisrechnung auf ein entsprechendes Ergebnisobjekt übernommen werden.

Beispiel 1:
Sie haben zur Selbstkosten- und Preisbestimmung bei der Erzeugniskalkulation Verwaltungs- und Vertriebskosten mit einbezogen. Aus Gründen der Bestandsbewertung oder um eine verursachungsgerechte Verrechnung von Gemeinkosten sicherzustellen, was über die Zuschlagsrechnung i.d.R. schwer gelingt, wollen Sie aber die Kosten dieser Kostenstellen nicht über den Auftrag verrechnen, sondern direkt z.B. über die Kostenstellenumlage in das CO-PA übernehmen.

Beispiel 2:
Sie haben bei Kundenauftragsfertigung bei der Vorkalkulation des Kundenauftrags Verwaltungs- und Vertriebskosten über Zuschläge berechnet, um auch hier die Selbstkosten- und Verkaufspreisbestimmung durchzuführen. Gegenüber Beispiel 1 wollen Sie jedoch hier die Gemeinkosten auf den Kundenauftrag verrechnen und nicht direkt in die Ergebnisrechnung übernehmen.

④ *Wie setzt sich Ihr **Zuschlagsschema** bezüglich der einzelnen Zuschlagszeilen und der Abhängigkeiten zur Berechnung der einzelnen Zeilen zusammen?*

Ein Zuschlagsschema im betriebswirtschaftlichen wie auch im SAP-programmtechnischen Sinn setzt sich immer aus mehreren Teilen zusammen. In diesem Schritt sind die Details dieses Schemas, aber auch das gesamte Zusammenspiel aller Teile des Zuschlagsschemas zu beschreiben und festzulegen.

Zu ④: *Welche **Kostenarten** oder Kostenartengruppen wollen Sie als zu bezuschlagende **Basis** verwenden?*
Hier legen Sie fest, welche Einzelkosten bezuschlagt werden und somit als Basis der Bezuschlagung dienen. Dabei kann es sich um einzelne Kostenarten oder aber auch um Kostenartengruppen, die gemeinsam bezuschlagt werden, handeln. Darüber hinaus können Sie bestimmen, ob nur die variabel oder fix gebuchten Kostenartenbestandteile zu bezuschlagen sind. Beispiele für zu bezuschlagende Basiskostenarten:

- Materialeinzelkosten
- Fertigungseinzelkosten (z.B. Fertigungslöhne etc.)
- Herstellkosten

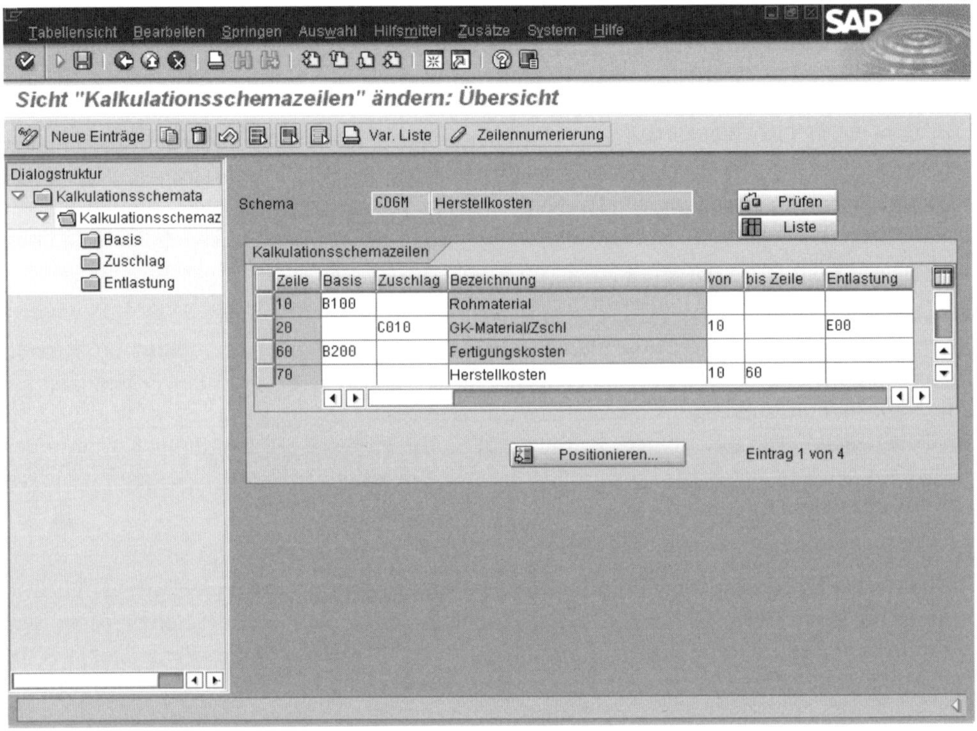

Abbildung 6.6.51-4: EnjoySAP Screen zur Gemeinkostenzuschlagsrechnung – Gemeinkostenzuschlagsschema definieren (© SAP AG)

Zu ④: *Wenn Sie eine Gemeinkostenzuchlagsrechnung im Ist oder bei der Planung von Gemeinkosten (z.B. auf Innenaufträgen) vornehmen, welches* ***Kontierungsobjekt*** *soll dabei* ***entlastet*** *werden?*

Wie bei den Verrechnungen jeglicher Art, z.B. Umlage, direkte Leistungsverrechnung, wird auch bei der Buchung eines Gemeinkostenzuschlags der Empfänger der Verrechnung, d.h. das zu bezuschlagende Objekt, belastet und der Sender entlastet. Dies ist notwendig, um einen durchgängigen Kostenfluß zu gewährleisten. Deshalb müssen pro Verrechnungszeile, d.h pro Zuschlagsart, auch die Entlastungsobjekte spezifiziert werden.

Beispiel:

Die Kosten des Fertigwarenlagers werden über den Materialgemeinkostenzuschlag auf die Endprodukte verrechnet, da diese Kostenstelle eine Dienstleistung, nämlich die Bereitstellung von Lagerraum, erbringt. Deswegen soll bei der Gemeinkostenverrechnung über die Zuschlagsrechnung für diese Zuschlagsart auch die Fertigwarenlagerkostenstelle entlastet werden.

Beachte:

Für das Entlastungsobjekt muß festgelegt werden, was mit dem Saldo geschieht. Dieser kann z.B. auf dem Objekt gelassen oder aber, dies wird empfohlen, an die Ergebnisrechnung (CO-PA) abgerechnet werden.

Zu ④: *Sollen die **Zuschlagssätze** prozentual oder/und mengenabhängig berechnet werden, und wie hoch sind die Zuschlagssätze?*
Sie haben die Möglichkeit, Zuschlagssätze prozentual auf Basiskostenarten, z.B. 25 % Materialgemeinkostenzuschlag auf Materialeinzelkosten, oder mengenabhängig, z.B. 10 DM pro Stück der Verbrauchsmenge des Einsatzmaterials, zu definieren.

Beachte:
Bei der mengenabhängigen Buchung von Zuschlägen handelt es sich um die Menge der Verbrauchsbuchung, z.B. des Halbfabrikats oder des Rohstoffes, und nicht um die Menge des zu kalkulierenden Halb- oder Fertigfabrikates. Um diese Möglichkeit zu nutzen, muß die Kostenart mit dem Kennzeichen *Menge führen* im Kostenartenstamm angelegt sein. Dann müssen bei jeder Buchung mit dieser Kostenart auch Mengen angegeben werden.

Zu ④: ***Abhängig** von welchen im SAP-System vorhandenen Kriterien, z.B. Buchungskreis, Werk, Kostenstelle, sollen sowohl die Zuschlagssätze als auch die Entlastungsobjekte bzw. Entlastungskostenarten ermittelt werden?*
Um größtmögliche Flexibilität zu gewährleisten, können sowohl für die Ermittlung der Zuschlagssätze als auch der Entlastungsobjekte und Entlastungskostenarten sogenannte Abhängigkeiten verwendet werden. Dabei können einzelne Kriterien, die im SAP-System enthalten sind, oder auch Kombinationen daraus als Abhängigkeiten verwendet werden, z.B. Buchungskreis, Kostenrechnungskreis, Werk, Materialart im Materialstamm, Auftragsart, Kostenstelle etc.

Beispielsweise sind Sie damit in der Lage, einen differenzierten Gemeinkostenzuschlagssatz für die Materialgemeinkostenverrechnungen der Läger in den verschiedenen Werken festzulegen, z.B. 10 % Materialgemeinkostenzuschlag für das Lager im Werk 1 und 15 % für das Lager im Werk 2.

Zu ④: *Unter welcher sekundären Kostenart soll bei einer Zuschlagsverrechnung der Sender entlastet und der Empfänger belastet werden (**Entlastungskostenart**)?*
Wie beschrieben, wird bei einer Zuschlagsverrechnung der Sender entlastet und der Empfänger belastet. Wie bei jeder Buchung im Controlling muß dafür eine Sekundärkostenart verwendet werden. Wird z.B. ein Zuschlag von 500 DM verrechnet und wurde als Kostenart die Zuschlagskostenart 510000 verwendet, wird auf der entlasteten Kostenstelle unter dieser Kostenart die Entlastung und auf der belasteten Kostenstelle die Belastung angezeigt.

⑤ *Hinweis: Verrechnungen an Kontierungsobjekte in anderen legalen Organisationseinheiten*

Jedes Kontierungsobjekt ist im Stammsatz einer legalen Einheit (Buchungskreis/Geschäftsbereich) zugeordnet. Bewegt man sich im Rahmen einer buchungskreisübergreifenden Kostenrechnung (siehe Kapitel 4.3, Organisationseinheit Kostenrechnungskreis) und werden Kosten verrechnet, ist zu beachten, ob bei der Verrechnung diese Grenzen überschritten werden. Gibt es solche Fälle in Ihrem Unternehmen, sind bestimmte Vorgehensweisen, z.B. die Nutzung des Abstimm-Ledgers etc., zu berücksichtigen.

⑥ *Hinweis*: Als Alternative zur Gemeinkostenzuschlagsrechnung kann die i.d.R. verursachungsgerechtere Verrechnung der Gemeinkosten über die Prozeßkostenrechnung erfolgen.

6.6.52 Prozeß-Knowledge Map – Ermittlung Ware in Arbeit

Durch die Ermittlung der Ware in Arbeit, nachfolgend auch Work-in-Process (WIP) genannt, erhalten Sie den Wert der unfertigen Erzeugnisse. Dabei handelt es sich um den Wert der Wertschöpfung, der sich zum Stichtag des Perioden- bzw. Jahresabschlusses in der Produktion befindet und noch nicht an das Lager (Halbfabrikate- bzw. Fertigfabrikate-Lager) abgerechnet wurde. Bei der Ermittlung wird der aktuelle Bearbeitungsgrad der Fabrikate berücksichtigt. Daraus ist ersichtlich, daß speziell bei Anwendung des Gesamtkostenverfahrens in Ihrem/r Controlling/Buchhaltung die Ermittlung der Ware in Arbeit von unerläßlicher Bedeutung ist, da damit die Bestandsveränderungen für die in der Produktion befindlichen Produkte ermittelt werden. Diese Vorgehensweise wird notwendig, weil das SAP-System alle Materialentnahmen oder Leistungsverrechnungen sofort als Verbräuche und damit auch Kosten verbucht, obwohl sie noch nicht verkauft wurden.

① ***Ermitteln** Sie in Ihrer Kostenrechnung die Ware in Arbeit (**WIP** = Work-in-Process)?*

Falls Sie in Ihrem Unternehmen überhaupt die Ware in Arbeit ermitteln, beantworten Sie bitte die folgenden Fragen.

Zu ①: *Ermitteln Sie WIP **manuell**?*
Bei der manuellen WIP-Ermittlung wird meist so verfahren, daß vom Produktionsleiter oder dem Meister der Anarbeitungsgrad der in Arbeit befindlichen betrieblichen Leistungen (Produkte) als Abschlag pro Periode (Monat/Jahr) geschätzt wird. Dieser Betrag wird danach manuell im Rahmen einer Sachkontenbuchung in der Finanzbuchhaltung gebucht. Dieses Vorgehen muß mit den Wirtschaftsprüfern so abgestimmt sein. Soll diese Verfahrensweise genutzt werden, dann ist dieser Prozeßbaustein nicht relevant.

Zu ①: *Wollen Sie WIP **maschinell**, d. h. durch das System, ermitteln lassen?*
In diesem Fall sind alle nachfolgenden Fragen zu bearbeiten. Mit dieser Vorgehensweise erhalten Sie sehr genaue Aussagen über die in Arbeit befindliche betriebliche Leistung.

Zu ①: *Unter welcher sekundären **Kostenart** soll WIP auf dem Fertigungsauftrag ausgewiesen werden?*
Nach der Ermittlung der Ware in Arbeit muß diese zu Berichtszwecken auf dem Fertigungsauftrag ausgewiesen werden. Aus diesem Grund ist eine sekundäre Kostenart anzulegen, unter der die Ware in Arbeit auf dem Auftrag ausgewiesen wird.

Zu ①: *Wie wollen Sie die WIP-Ermittlung **steuern**, d. h., soll WIP pro einzelnem Auftrag oder pro Objektklasse ermittelt werden?*
Bitte legen Sie fest, ob Sie WIP für jeden Auftrag einzeln oder aber für alle Aufträge der *Objektklasse Produktion* in Summe berechnen wollen. Die Objektklasse ist dabei ein Kriterium, welches in jedem Fertigungsauftrag automatisch durch das SAP-System eingestellt wird. Es ist aber auch möglich, eine Objektklasse manuell einem Auftrag zuzuordnen. Darauf werden Sie in der Realisierungsphase noch detaillierter eingehen.

Beachte:
Falls Sie WIP pro Auftrag berechnen, wird für jeden Auftrag, auf dem WIP vorhanden ist und über die Funktionalität der Abrechnung in die Finanzbuchhaltung abgerechnet wird, ein Einzelposten erzeugt. Dies ist oftmals nicht gewünscht und auch aus Performance-Gründen nicht anzuraten.

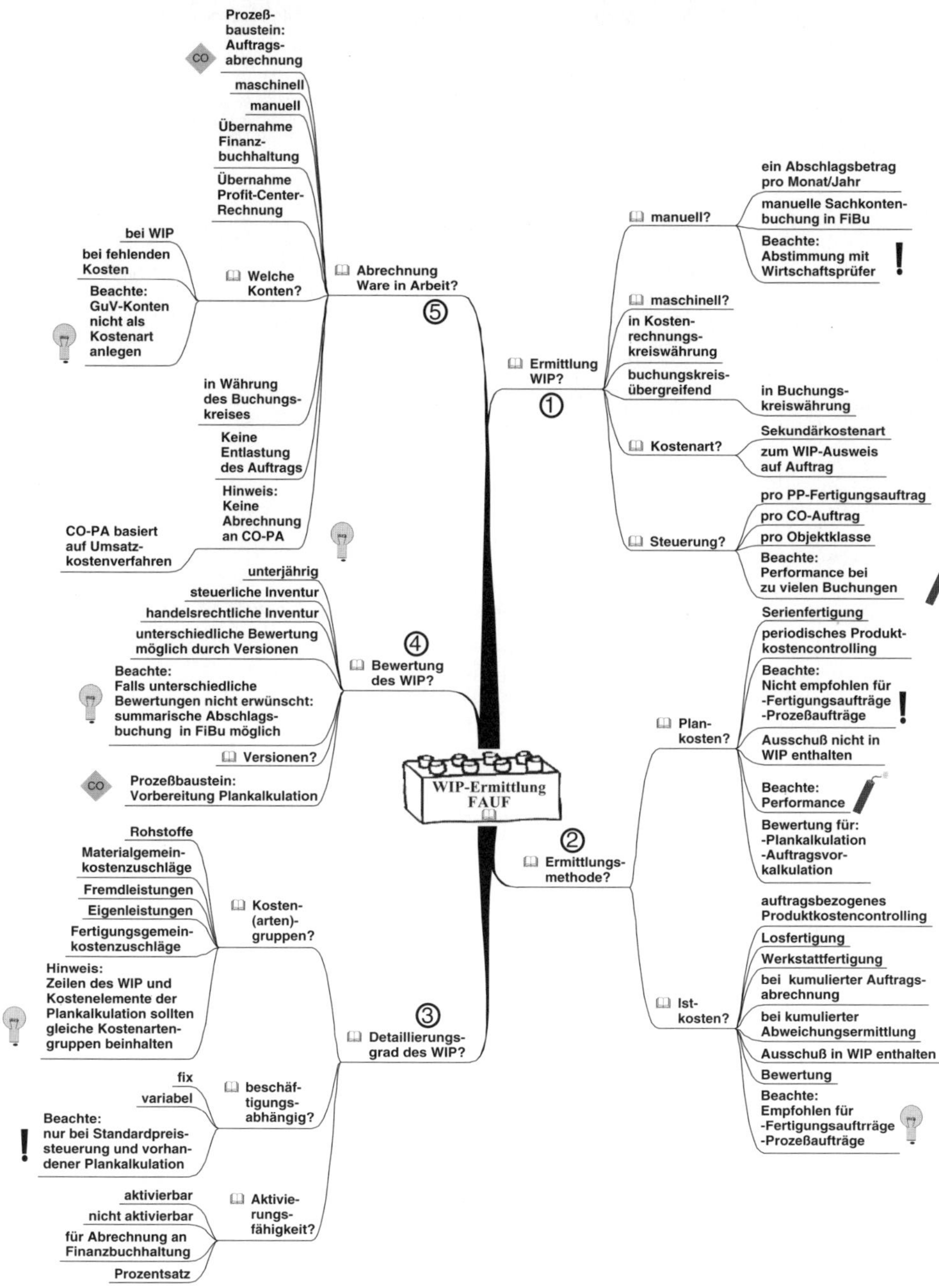

Abbildung 6.6.52-1: Prozeß-Knowledge Map – Ermittlung Ware in Arbeit (WIP)

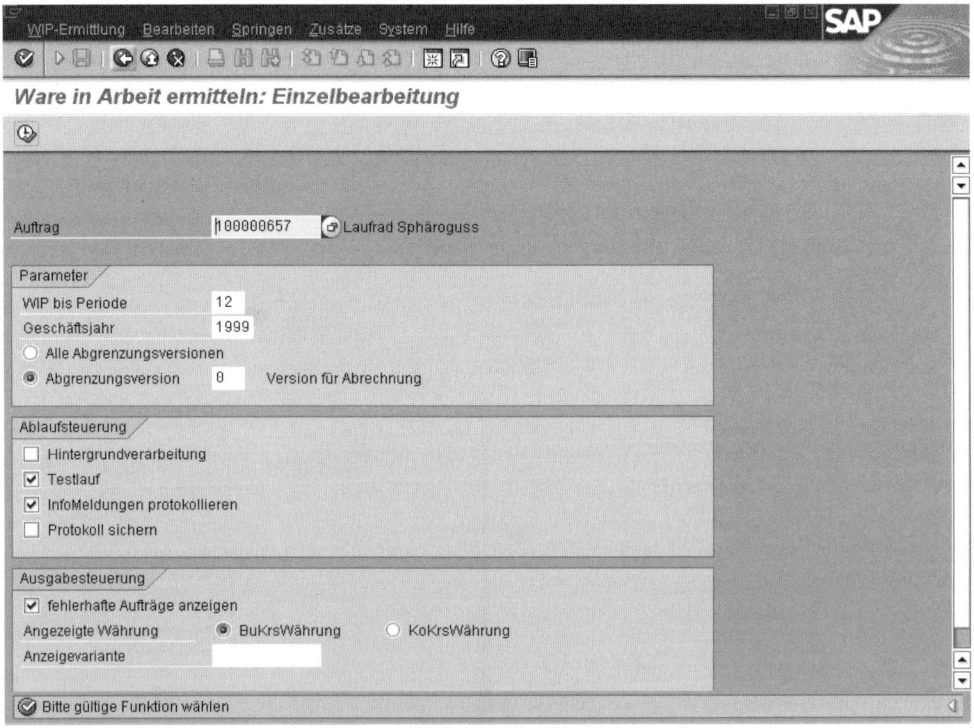

Abbildung 6.6.52-2: EnjoySAP Screen zur Ermittlung Ware in Arbeit – Ausführen (© SAP AG)

Die Ermittlung von WIP erfolgt immer in Kostenrechnungskreiswährung und wird bei Abrechnung, d.h. Überleitung von WIP an die Finanzbuchhaltung, in die Buchungskreiswährung umgerechnet. Bei buchungskreisübergreifender Kostenrechnung wird WIP zusätzlich in der Buchungskreiswährung ermittelt.

② *Nach welcher **Methode** wollen Sie **WIP** ermitteln: Nach Plan- oder Ist-Kosten?*

Zur Ermittlung von WIP stehen Ihnen im SAP-System zwei unterschiedliche Verfahren zur Verfügung: die Ermittlung auf Basis der angefallenen Ist-Kosten oder auf Basis der Plankosten. Die Plankosten werden gemäß der Vorkalkulation (abhängig von der Plankalkulation) und des Anarbeitungsgrades angesetzt.

Zu ②: *Ermitteln Sie WIP auf Basis der **Plankosten**?*
Bei der Ermittlung des WIP auf Basis der Plankosten wird die bis zum Zeitpunkt der WIP-Ermittlung rückgemeldete Menge mit den zugehörigen Sollkosten bewertet. Zur Ermittlung der Sollkosten kann dabei die Plankalkulation oder die Fertigungsauftragsvorkalkulation verwendet werden. Falls auch Ausschuß rückgemeldet wird, ist dieser nicht in der Ware in Arbeit enthalten. Diese Methode wird i.d.R. nur beim periodischen ProduktkostenControlling, d.h. speziell bei der Serienfertigung, verwendet.

Beachte:

- Die Ermittlung von WIP auf Basis von Plankosten wird von SAP nicht empfohlen für Fertigungs- und Prozeßaufträge.
- Soll WIP auf Basis einer Vorkalkulation zum Fertigungsauftrag bewertet werden, wird vom SAP-System technisch betrachtet ein sogenannter Einzelnachweis dynamisch erzeugt. Dies bedeutet enormes Mengenvolumen und hat somit erhebliche Auswirkungen auf die Performance.

Zu ②: *Ermitteln Sie WIP auf Basis der **Ist-Kosten**?*
Bei der Ermittlung von WIP auf Basis der Ist-Kosten wird pro Fertigungsauftrag die bis zum Zeitpunkt der WIP-Ermittlung vorhandene Differenz zwischen den angefallenen Ist-Kosten und den abgerechneten Ist-Kosten berechnet. Es handelt sich somit um die Differenz zwischen den Belastungen für Materialentnahmen, innerbetriebliche Leistungsverrechnungen, Fremdleistungen und Gemeinkosten einerseits und den Entlastungen für Wareneingänge andererseits. Diese Vorgehensweise wird bei einem auftrags- bzw. losbezogenen Produkt-Controlling, d.h. bei Werkstatt- oder Losfertigung, angewendet und von SAP empfohlen. Dabei sollte eine kumulierte Abweichungsermittlung und Auftragsabrechnung genutzt werden. Der bis zum Zeitpunkt der WIP-Ermittlung angefallene Ausschuß ist in WIP enthalten.

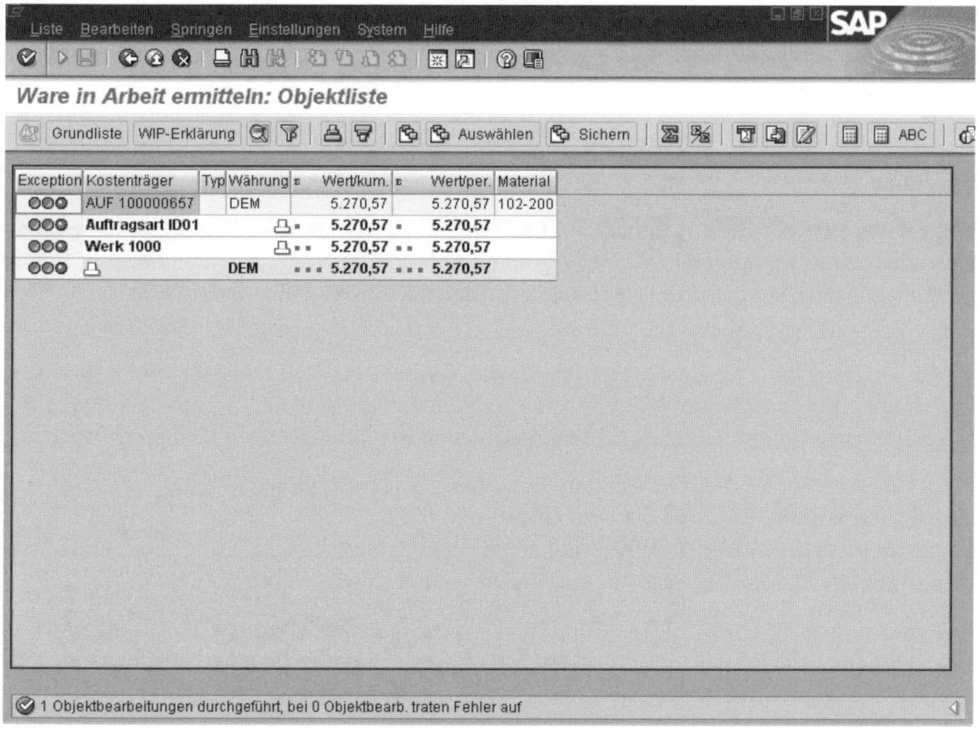

Abbildung 6.6.52-3: EnjoySAP Screen zur Ermittlung Ware in Arbeit – Ergebnis (© SAP AG)

Zu ②: *Hinweis:* Nach Endlieferung (= letzter Teil des Auftragsloses) an das Lager muß die restliche Ware in Arbeit aufgelöst werden, um die Auftragskosten ordnungsgemäß an den Bestand abzurechnen.

Zu ②*: Hinweis:* Läuft dabei ein Auftrag über mehrere Perioden (Monate) und verändert sich dabei, wird jeweils bei der nächsten WIP-Ermittlung diese Differenz berechnet, auf dem Auftrag ausgewiesen und an die Finanzbuchhaltung über die Abrechnung (siehe Prozeßbaustein *Abrechnung Produktkosten*) weitergegeben.

③ *Wie **detailliert** wollen Sie **WIP** berechnen, d.h., aufgeteilt in welche Kostenbestandteile wollen Sie WIP auf dem Auftrag berechnen und berichten?*

In vielen Fällen wird WIP nur als ein Betrag berechnet. Abhängig von der in Ihrem Unternehmen vorherrschenden Philosophie, den Berichtsanforderungen oder den Aktivierungspflichten/-rechten kann WIP jedoch detailliert berechnet und ausgewiesen werden.

Zu ③: *Wie viele **Kostengruppen** soll WIP enthalten, bzw. aufgeteilt nach welchen Kostengruppen soll er berechnet werden?*
Bitte legen Sie fest, welchen Detaillierungsgrad Sie zum Ausweis und der Analyse der Ware in Arbeit benötigen, d.h., welche Kostengruppen bzw. Kostenartengruppen sollen getrennt behandelt werden. Im folgenden ist ein Beispiel für den Detaillierungsgrad eines WIP dargestellt:

Rohstoffe
+ Materialgemeinkostenzuschläge
+ Fremdleistungen
+ Eigenleistungen
+ Fertigungsgemeinkostenzuschläge
= Gesamt-WIP

Gemäß den auf dem Auftrag gebuchten/kalkulierten Kostenarten werden diese in die obengenannten Gruppen aufgeteilt. Dabei wurden im obigen Beispiel die Gemeinkosten immer getrennt ausgewiesen, da diese i.d.R. nicht im gesamten Betrag aktivierbar sind.

Hinweis:
Es hat sich bewährt, die Kostengruppen (= die Zeilen) zur Ermittlung der Ware in Arbeit und die bei der Erzeugniskalkulation verwendeten Kostenelemente im gleichen Detaillierungsgrad zu definieren, d.h., es sollten dieselben Kostenartengruppen verwendet werden.

Zu ③: *Wollen Sie bei der WIP-Ermittlung, **abhängig** von der **Beschäftigung**, die fixen und variablen Kostenanteile unterschiedlich behandeln?*
Sie können bei der WIP-Ermittlung, abhängig von der Beschäftigung, die fixen und variablen Bestandteile von WIP getrennt und dadurch unterschiedlich behandeln.

Beachte:
Nur möglich, wenn für das Material die Standardpreissteuerung aktiv ist und wenn eine gültige Plankalkulation vorhanden ist.

Zu ③: *Welche Teile von WIP sind pro Kosten(arten)gruppe **aktivierbar** oder nicht aktivierungsfähig?*
Pro Kostenartengruppe können Sie definieren, welcher Prozentsatz davon aktivierungsfähig ist und welcher nicht.

Beispiel:

Bei der Ermittlung von WIP wurde festgestellt, daß auf dem Auftrag bis dato Materialeinzel- und Materialgemeinkosten gebucht wurden. Es ergibt sich folgendes WIP:

Materialkosten zu 100 % aktivierbar: gebuchter Betrag: 1000 DM

Materialgemeinkosten zu 80 % aktivierbar; 20 % nicht aktivierbar: gebuchter Betrag: 500 DM

→ an Finanzbuchhaltung würde der Betrag 1000 +400 DM übergeleitet werden.

④ *Ist eine unterschiedliche **Bewertung von WIP** bezüglich der unterjährigen Lagerbestandsbewertung und der steuerlichen/handelsrechtlichen Inventur notwendig?*

Alle auf dem Auftrag gebuchten Kosten (Belastungen und Entlastungen) werden bei ihrer Buchung bewertet. Dies sind:

- *Eigenleistungen* (Leistungsverrechnung), mit den Tarifen des CO-OM-CCA
- *Materialkosten*, gemäß der Preissteuerung
- *Fremdleistungen*, laut Preissteuerung oder in Infosätzen hinterlegten Preisen
- *Zuschläge*, nach in Kostenstellenrechnung definierten Zuschlagssätzen

Abhängig von der Zielsetzung der Bewertung müssen dabei unterschiedliche Wertansätze, z.B. andere Standardpreise für Materialien, andere Tarife für Kostenstellenleistungen, verwendet werden. Dies wird notwendig, da bei der steuerlichen und handelsrechtlichen Bewertung andere Wertansätze verwendet werden müssen als für die unterjährige Bestandsbewertung, z.B. sind kalkulatorische Kosten, wie der kalkulatorische Unternehmerlohn etc., im Steuer-/Handelsrecht nicht erlaubt.

Ist Ihnen das Verfahren, pro Bewertungsart andere Bewertungsgrundsätze zu benutzen, zu umständlich, gibt es auch die Möglichkeit, in Abstimmung mit den Wirtschaftsprüfern, WIP mit den unterjährigen Bewertungsansätzen auch in die Finanzbuchhaltung zu buchen und dort einen manuellen summarischen Abschlag vorzunehmen. Dieser muß selbstverständlich dann auch wieder manuell zurückgenommen werden.

Zu ④: *Wie viele **Versionen** eines WIP benötigen Sie gleichzeitig pro Objekt (Auftrag)?*
Aus den oben aufgeführten Gründen kann es notwendig werden, mehrere Versionen einer WIP-Berechnung gleichzeitig für ein Objekt, d.h. einen Auftrag, zu speichern. Stellen Sie fest, ob es solche Fälle in Ihrem Unternehmen gibt, und wenn ja, wie viele Versionen notwendig sind. Durch das Versionskonzept im SAP-System ist diese Behandlung möglich

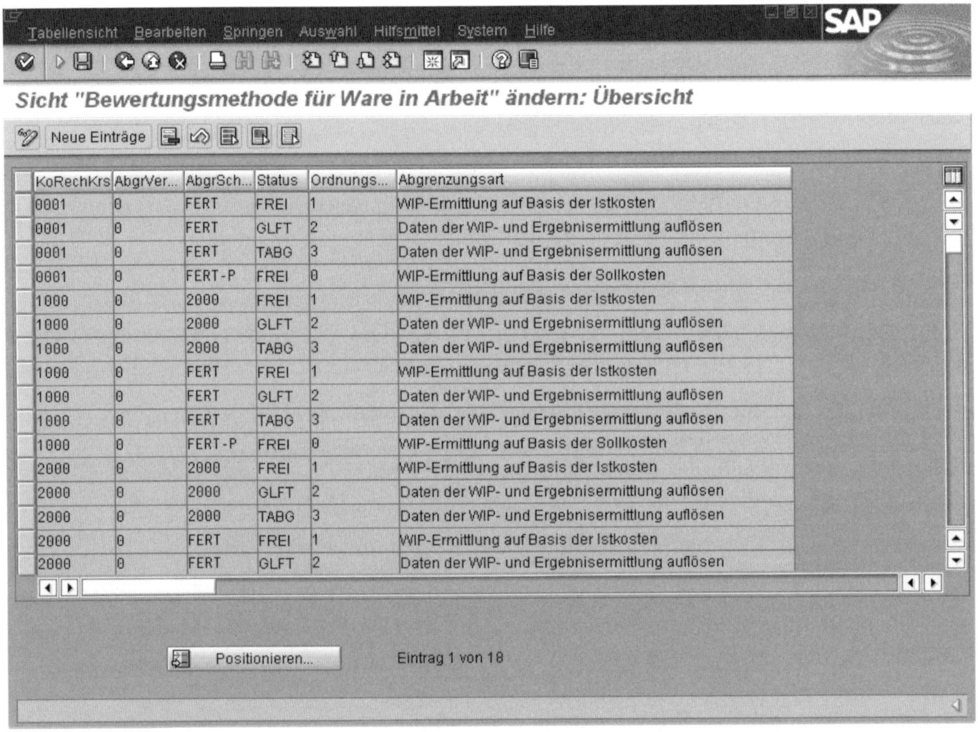

KoRechKrs	AbgrVer...	AbgrSch...	Status	Ordnungs...	Abgrenzungsart
0001	0	FERT	FREI	1	WIP-Ermittlung auf Basis der Istkosten
0001	0	FERT	GLFT	2	Daten der WIP- und Ergebnisermittlung auflösen
0001	0	FERT	TABG	3	Daten der WIP- und Ergebnisermittlung auflösen
0001	0	FERT-P	FREI	0	WIP-Ermittlung auf Basis der Sollkosten
1000	0	2000	FREI	1	WIP-Ermittlung auf Basis der Istkosten
1000	0	2000	GLFT	2	Daten der WIP- und Ergebnisermittlung auflösen
1000	0	2000	TABG	3	Daten der WIP- und Ergebnisermittlung auflösen
1000	0	FERT	FREI	1	WIP-Ermittlung auf Basis der Istkosten
1000	0	FERT	GLFT	2	Daten der WIP- und Ergebnisermittlung auflösen
1000	0	FERT	TABG	3	Daten der WIP- und Ergebnisermittlung auflösen
1000	0	FERT-P	FREI	0	WIP-Ermittlung auf Basis der Sollkosten
2000	0	2000	FREI	1	WIP-Ermittlung auf Basis der Istkosten
2000	0	2000	GLFT	2	Daten der WIP- und Ergebnisermittlung auflösen
2000	0	2000	TABG	3	Daten der WIP- und Ergebnisermittlung auflösen
2000	0	FERT	FREI	1	WIP-Ermittlung auf Basis der Istkosten
2000	0	FERT	GLFT	2	Daten der WIP- und Ergebnisermittlung auflösen

Abbildung 6.6.52-4: EnjoySAP Screen zur Ermittlung Ware in Arbeit – Bewertungsmethoden Ermittlung Ware in Arbeit (© SAP AG)

⑤ Wie erfolgt eine **Abrechnung von WIP**, maschinell oder manuell, und wohin?

WIP kann nach der Berechnung an die Finanzbuchhaltung und die Profit-Center-Rechnung abgerechnet werden. Im Rahmen dieses Prozeßbausteines erfolgt die Ermittlung, die Abrechnung findet im Anschluß durch den Prozeßbaustein *Abrechnung Fertigungsauftrag* statt. Da es sich bei der Profit-Center-Rechnung um ein buchhalterisches Verfahren nach dem Gesamtkostenprinzip handelt, kann WIP auch dorthin abgerechnet werden, allerdings nur, wenn es aktiv ist. Bitte entscheiden Sie, ob WIP maschinell durch das SAP-System abgerechnet werden soll oder ob Sie die Beträge maschinell ermitteln lassen, jedoch die Buchung über eine manuelle Sachkontenbuchung in der Finanzbuchhaltung vornehmen. Für den letztgenannten Fall gilt dann, daß WIP auch manuell zurückgenommen werden muß. Bei der maschinellen und empfohlenen Vorgehensweise erfolgt die Abrechnung in der Währung des Buchungskreises. Weichen Kostenrechnungskreiswährung und Buchungskreiswährung ab, wird der Betrag in die Buchungskreiswährung umgerechnet. Bei der Abrechnung des WIP an die Finanzbuchhaltung findet keine Entlastung des Auftrags statt. Entlastet wird der Fertigungsauftrag erst, wenn der Status des Auftrags gesteuert durch die Statusverwaltung auf endgeliefert steht.

Beachte: An die Finanzbuchhaltung können nur die Beträge aus der Version 0 abgerechnet werden.

Zu ⑤: ***Welche Bilanz- und GuV-Konten** sollen bei der Abrechnung der Ware in Arbeit des Auftrags genutzt werden?*
Für die Abrechnung der Ware in Arbeit an die Finanzbuchhaltung müssen Sie festlegen, welche Bilanz- und GuV-Konten dafür verwendet werden sollen. Dabei können zu einem Fertigungsauftrag je nach seinem Lebenszyklus unterschiedliche Status- und Kostensituationen vorgefunden werden, z.B.:

- Keine Teillieferung, Kosten bereits angefallen
- Teillieferung, Kosten bereits angefallen
- Teillieferung, noch keine oder nur teilweise Kosten angefallen
- Endlieferung, nur Teile der Kosten angefallen
- Endlieferung, alle Kosten angefallen

Um diese unterschiedlichen Kostensituationen im SAP-System abzubilden, werden i.d.R. zwei, die jeweilige Kostensituation berücksichtigende Buchungssätze gebildet:

- *Bei Ware in Arbeit*

Bestand an unfertigen Erzeugnissen (Bilanz) an Bestandsveränderungen (GuV). Ware in Arbeit bedeutet dabei, daß mehr Kosten angefallen sind, als daß der Fertigungsauftrag durch Wareneingänge ins Lager entlastet wurde.

- *Bei fehlenden Kosten*

Rückstellungen für fehlende Kosten (Bilanz) an Aufwand Rückstellungen (GuV). Fehlende Kosten bedeutet dabei, daß auf dem Auftrag weniger Kosten verbucht wurden, als der Auftrag bereits durch Wareneingänge (Teillieferungen bzw. Endlieferungen) entlastet wurde, d.h., es entsteht eine Überdeckung der Kosten. Da diese Kosten aber noch anfallen werden, muß eine Rückstellung (Prinzip des vorsichtigen Kaufmanns) gebildet werden.

Beachte:
Die GuV-Konten dürfen in beiden Fällen nicht als Kostenart angelegt werden.

Zu ⑤: *Hinweis:* Maschinell unterstützt kann die Ware in Arbeit nicht an die Ergebnisrechnung (CO-PA) abgerechnet werden. Dies liegt darin begründet, daß durch das CO-PA die Ergebnisermittlung nach dem Umsatzkostenverfahren berechnet wird. Dabei werden keine Bestände und somit auch keine Bestandsveränderungen durch in Arbeit befindliche Ware berücksichtigt.

6.6.53 Prozeß-Knowledge Map – Abweichungsermittlung Produktkosten

Im Rahmen dieses Prozeßbausteines wird die Abweichungsermittlung für das auftragsbezogene Produktkosten-Controlling (Kostenträgerrechnung) behandelt. Es dient dazu:

- die Abweichungen der zu kontrollierenden Kosten (z.B. Ist-Kosten) von den Soll-Kosten pro Auftrag (Fertigungsauftrag) sowie je Kostenart zu ermitteln

- die Ursachen der Abweichungen zu ermitteln, was durch die Gliederung der Abweichungen in verschiedene Abweichungskategorien festgestellt werden kann
- die Ausschußmengen zu bewerten

Aus den daraus gewonnenen Erkenntnissen können Sie konkrete Gegenmaßnahmen zur Verbesserung Ihrer Kostensituation einleiten.

① *Führen Sie in Ihrem auftragsbezogenen Produktkosten-Controlling eine* ***Abweichungsermittlung*** *auf den Aufträgen durch, und welche Werte vergleichen Sie miteinander?*

Zwischen den Soll-Kosten (Bewertung des Lagerzuganges) und den tatsächlich auf dem Auftrag angefallenen Kosten kann es aus verschiedenen Gründen, z.B. Änderungen im Preisgefüge, Ausschuß etc., zu Differenzen kommen. Um diese im Rahmen eines detaillierten Auftrags-Controllings zu analysieren, kann die Abweichungsermittlung eingesetzt werden. Dabei können die folgenden Abweichungsversionen berechnet werden:

- *Dispositionsabweichung*

Hier wird die auftragsneutrale Erzeugniskalkulation auf Basis der Planmenge mit der Fertigungsauftragsvorkalkulation auf Basis der Planmenge verglichen. Dabei wird festgestellt, ob in der Zeit zwischen der Erstellung der Plankalkulation und der tatsächlichen Auftragseröffnung am Mengen- oder Wertgerüst Änderungen vorgenommen wurden.

- *Produktionsabweichung*

Es wird die Auftragsvorkalkulation, angepaßt auf die Auftrags-Ist-Menge (d.h. die Auftrags-Soll-Kosten) verglichen mit den Ist-Kosten, ebenfalls basierend auf der Auftrags-Ist-Menge. Damit können Unwirtschaftlichkeiten in der Produktion festgestellt werden. Um jedoch nicht Äpfel mit Birnen zu vergleichen, müssen die Plankosten laut Auftragsvorkalkulation angepaßt werden auf die Ist-Menge.

- *Gesamtabweichung*

Zur Berechnung der Gesamtabweichung werden die Plankosten der Erzeugniskalkulation angepaßt auf die Plankosten, die sich laut Ist-Menge ergeben, d.h. den Soll-Kosten, basierend auf der Plankalkulation. Dieser Betrag wird dann mit den Ist-Kosten, bei der gegebenen Ist-Menge, des Auftrags verglichen. Die Ergebnisse dieser Version 0 (Null) können an die Finanzbuchhaltung und an die Ergebnisrechnung CO-PA abgerechnet werden.

② *In welchem* ***Detaillierungsgrad****, d.h. aufgeteilt in welche* ***Abweichungskategorien****, wollen Sie die Abweichungen berechnen und ausweisen?*

Der Gesamtbetrag der Abweichung kann in verschiedene Abweichungskategorien, gemäß des von Ihnen gewünschten Detaillierungsgrads, aufgeteilt werden. Dies wird möglich, da jede Buchung auf dem Auftrag als Einzelposten fortgeschrieben wird. Die detaillierte Abweichungsermittlung, aufgeteilt in Abweichungskategorien, kann pro *Kostenart* durchgeführt werden. Ebenfalls können die Abweichungen bezüglich der Beschäftigungsabhängigkeit in fixe und variable Bestandteile untergliedert werden.

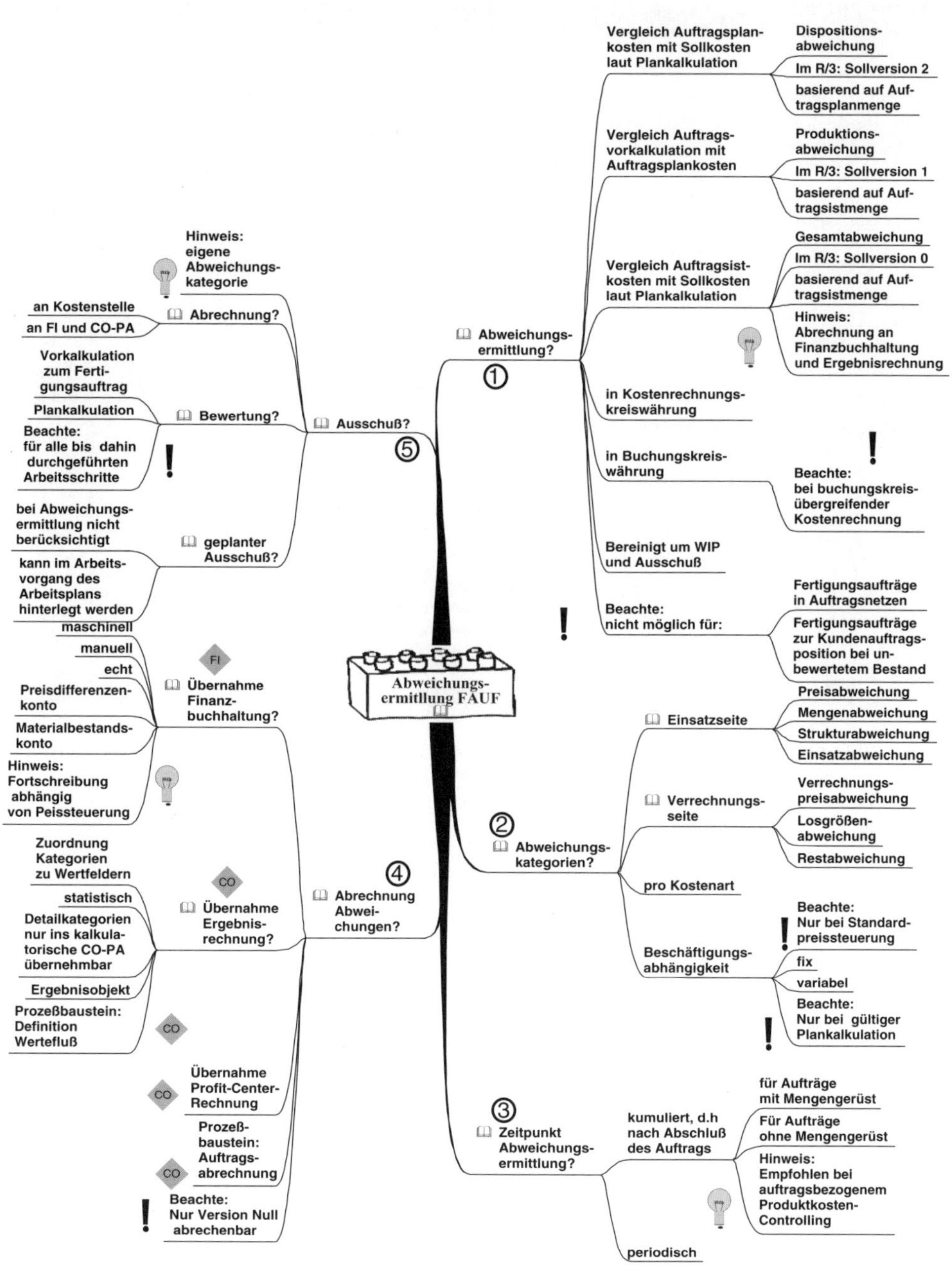

Abbildung 6.6.53-1: Prozeß-Knowledge Map – Abweichungsermittlung Produktkosten

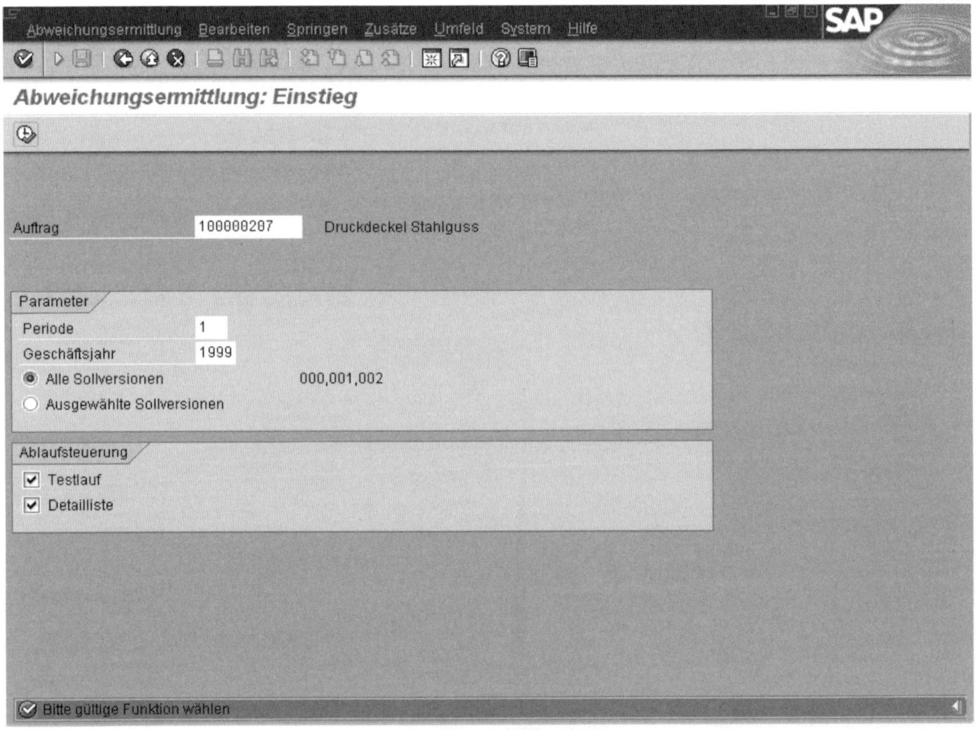

Abbildung 6.6.53-2: EnjoySAP Screen zur Abweichungsermittlung Produktkosten – Ausführen (© SAP AG)

Beachte:
Dies ist nur möglich, wenn das Material im Materialstammsatz S-Preis (Standardpreis) gesteuert ist und darüber hinaus noch eine gültige Plankalkulation vorliegt.

Zu ②: *Welche Abweichungskategorien der **Einsatzseite** wollen Sie nutzen?*
Abweichungen, die aufgrund von Materialverbräuchen, Leistungsverrechnungen, Gemeinkostenzuschlägen oder Sachkontenbuchungen entstanden sind, werden als Abweichungen der Einsatzseite bezeichnet. Darunter fallen:

- *Preisabweichung:* Differenz zwischen geplanten und tatsächlichen Preisen
- *Mengenabweichung:* Differenz zwischen geplanter und tatsächlicher Einsatzmenge
- *Strukturabweichung:* Differenzen zwischen Verwendung unterschiedlicher Ressourcen im Plan und im Ist, z.B. Durchführung der Leistung Drehen im Ist an Arbeitsplatz 10 gegenüber der in der Plankalkulation verwendeten Ressource Arbeitsplatz 20
- *Einsatzabweichung:* Differenzen, die nicht den obigen Abweichungen zugeordnet werden können, z.B. bei Verwendung eines anderen Zuschlags im Ist gegenüber den im Plan verwendeten

Zu ②: *Welche Abweichungskategorien der **Verrechnungsseite** wollen Sie nutzen?*
Abweichungen, die aufgrund einer Über-/Unterlieferung der Auftragsmenge oder einer unterschiedlichen Bewertung der Auftragsmenge entstehen, werden als Abweichungen der Verrechnungsseite bezeichnet. Dies sind:

- *Verrechnungspreisabweichung:* Es wird zu einem anderen Preis ans Lager geliefert, als in der Preissteuerung im Materialstamm festgelegt
- *Losgrößenabweichung:* Falls eine andere Losgröße gefertigt wird, als in der Plankalkulation angesetzt. Diese Kategorie ist speziell abhängig von den losfixen Kosten
- *Restabweichung:* Abweichungen, die in keine der obengenannten Kategorien fallen

③ *Zu welchem **Zeitpunkt** wollen Sie die **Abweichungen ermitteln** und **abrechnen**?*

Sie haben zur Ermittlung und Abrechnung der Abweichungen generell zwei Möglichkeiten. Entweder Sie berechnen die Abweichungen bei länger laufenden Aufträgen pro Periode, dann gilt die Voraussetzung, daß am Ende der Periode immer ein Wareneingang vom Auftrag ans Lager stattfinden muß. Oder Sie berechnen die Abweichungen erst, wenn der Auftrag vollständig gefertigt und endgeliefert ist. Diese sogenannte *kumulierte* Abweichungsermittlung und -abrechnung kann für Fertigungsaufträge mit und ohne Mengengerüst durchgeführt werden.

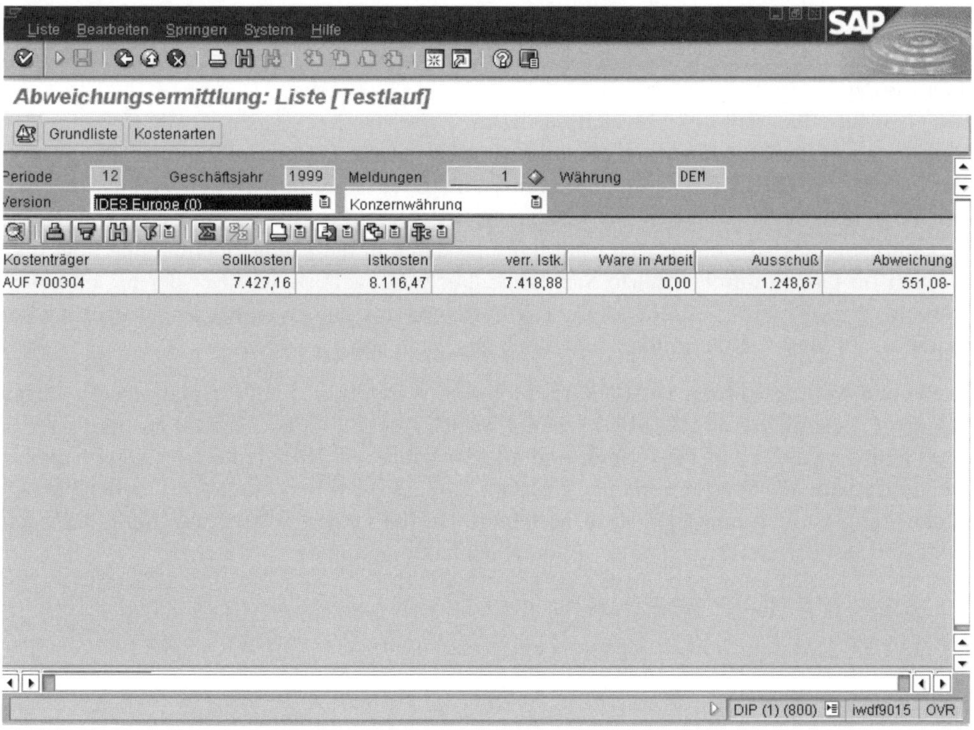

Abbildung 6.6.53-3: EnjoySAP Screen zur Abweichungsermittlung Produktkosten – Ergebnis Gesamtliste (© SAP AG)

Beachte:
Diese Methode der kumulierten Abweichungsermittlung wird von SAP empfohlen.

④ *Wollen Sie die* ***Abweichungen abrechnen****, und welches sind die Empfänger?*

Um ein auftragsbezogenes Detail-Controlling durchzuführen, reicht es aus, die Abweichungen auf dem Auftrag zu berechnen. Die Abweichungsermittlung dient jedoch nicht nur der Detailanalyse, sondern auch dazu, die Differenzen zwischen tatsächlich angefallenen und ans Lager abgelieferten Kosten abzurechnen. Diese Differenzen können dabei an die:

- Finanzbuchhaltung (FI)
- Ergebnisrechnung (CO-PA)
- Profit-Center-Rechnung (EC-PCA)

übergeben, d.h. abgerechnet, werden. Diese Vorgehensweise zur Übernahme wird durch die Auftragsabrechnung (siehe: Prozeßbaustein *Auftragsabrechnung*) durchgeführt. Die wesentlichen konzeptionellen Fragen sollen jedoch an dieser Stelle geklärt werden. Die Abrechnung des Ausschusses wird an gesonderter Stelle (siehe Ast ⑤: Ausschuß) behandelt.

Beachte:
Es sind nur die in der Abweichungsversion 0 errechneten Abweichungen abrechenbar.

Zu ④: *Sollen die Differenzen zwischen tatsächlich angefallenen und ans Lager abgelieferten Kosten manuell, maschinell oder überhaupt nicht in die* ***Finanzbuchhaltung übernommen*** *werden?*
Bitte beachten Sie, daß die Abweichungen, um einen durchgehenden Kostenfluß und eine abgestimmte Finanzbuchhaltung zu gewährleisten, an die Finanzbuchhaltung übergeleitet werden müssen. Dies kann manuell oder maschinell durchgeführt werden. Bei der manuellen Vorgehensweise könnten Sie beispielsweise über die Abweichungsermittlung den Gesamtbetrag der Abweichungen ermitteln und dann an die Finanzbuchhaltung über eine manuell im Dialog durchgeführte Sachkontenbuchung weiterleiten. Bei der maschinellen Vorgehensweise sieht die Behandlung der Differenz abhängig von der Preissteuerung des Materials im Materialstamm unterschiedlich aus. Beispiel:

Auf einem Auftrag wurden 10 Stück des Materials A gefertigt. Laut Plankalkulation dürfen bei einer Losgröße von 10 Stück 2000 DM Kosten anfallen. Angefallen sind jedoch 2300 DM. Es gab keinen Ausschuß, und alle 10 Stück werden ans Lager geliefert, wobei der Auftrag um den Wert der Plankalkulation, d.h. 2000 DM, entlastet wird. In der Finanzbuchhaltung würden nun aber 300 DM fehlen. Deshalb darf diese Abweichung nicht nur analysiert, sondern muß auch an die Finanzbuchhaltung abgerechnet werden.

- *Behandlung bei Standardpreissteuerung:*

Da die 2000 DM dem Bewertungspreis entsprechen, werden diese ans Lager geliefert. Die 300 DM Abweichung werden bei einer Standardkostenrechnung nicht in den Lagerbestand verrechnet:

Bestand an fertigen/unfertigen Erzeugnissen an Fabrikleistungskonto 2000 DM

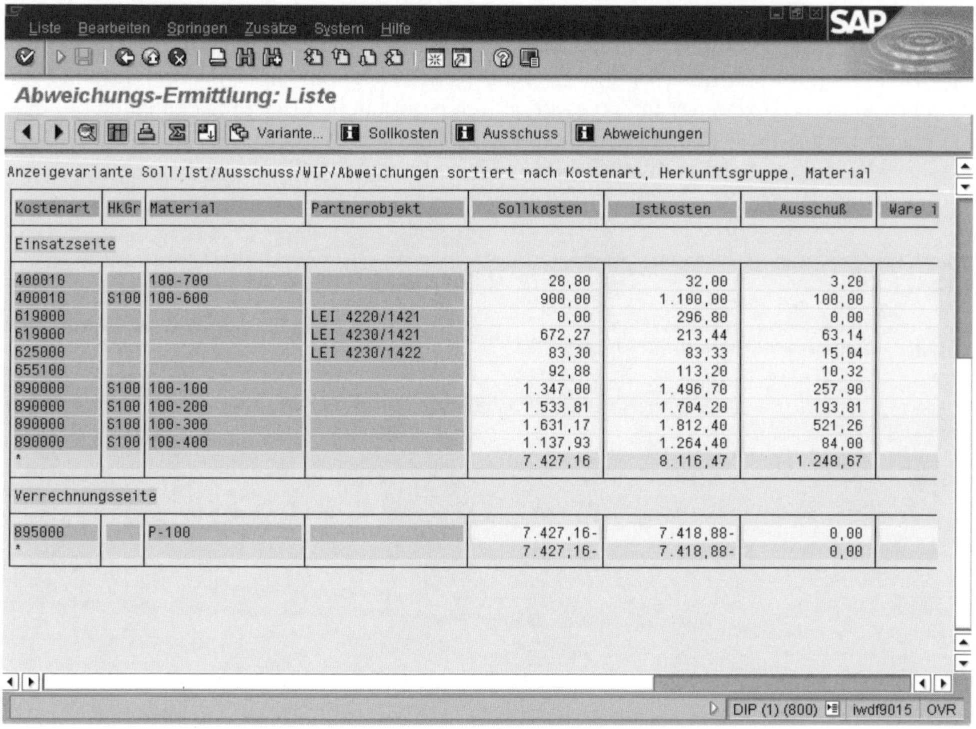

Kostenart	HkGr	Material	Partnerobjekt	Sollkosten	Istkosten	Ausschuß	Ware i
Einsatzseite							
400010		100-700		28,80	32,00	3,20	
400010	S100	100-600		900,00	1.100,00	100,00	
619000			LEI 4220/1421	0,00	296,80	0,00	
619000			LEI 4230/1421	672,27	213,44	63,14	
625000			LEI 4230/1422	83,30	83,33	15,04	
655100				92,88	113,20	10,32	
890000	S100	100-100		1.347,00	1.496,70	257,90	
890000	S100	100-200		1.533,81	1.704,20	193,81	
890000	S100	100-300		1.631,17	1.812,40	521,26	
890000	S100	100-400		1.137,93	1.264,40	84,00	
*				7.427,16	8.116,47	1.248,67	
Verrechnungsseite							
895000		P-100		7.427,16-	7.418,88-	0,00	
*				7.427,16-	7.418,88-	0,00	

Abbildung 6.6.53-4: EnjoySAP Screen zur Abweichungsermittlung Produktkosten – Ergebnis Detailliste (© SAP AG)

Preisdifferenzenkonto (eigengefertigte Erzeugnisse) an Fabrikleistungskonto 300 DM

- *Preissteuerung bei gleitendem Durchschnitt:*

Hier möchte man den gesamten Wert des Auftragbestandes in das Lager verrechnen, womit sich die Abweichungen voll auf den Lagerbestand niederschlagen:

Bestand an fertigen/unfertigen Erzeugnissen an Fabrikleistungskonto 2300 DM

Falls Sie sowohl an die Finanzbuchhaltung als auch an die Ergebnisrechnung abrechnen, handelt es sich bei der Abrechnung an die Finanzbuchhaltung um die *echte* Verbuchung der Abweichungen und bei der Übergabe und der Buchung ins CO-PA um die statistische Buchung, auch wenn das buchhalterische Verfahren im Einsatz ist.

Zu ④: *Sollen die Differenzen zwischen tatsächlich angefallenen und ans Lager abgelieferten Kosten zusätzlich zur Übernahme in die Finanzbuchhaltung auch in die* ***Ergebnisrechnung (CO-PA) übernommen*** *werden, und sollen dabei die einzelnen Abweichungskategorien detailliert übergeben werden?*
Zusätzlich zur *echten* Buchung der Abweichungen in die Finanzbuchhaltung ist es, bedingt durch eine entsprechende Kostenrechnungsphilosophie, oftmals erwünscht, diese ebenfalls *statistisch* entweder als Gesamtbetrag oder aufgeteilt in unterschiedliche Kategorien an die

Ergebnis- bzw. Deckungsbeitragsrechnung (CO-PA) zu übernehmen. Durch diese Behandlung kann im CO-PA eine weitere Deckungsbeitragsstufe errechnet und dargestellt werden. Ebenfalls ist es ein Schritt in Richtung geschlossene Rechnung (siehe Prozeßbaustein *Definition Bewertungsstrategie*), falls die verkauften betrieblichen Leistungseinheiten mit dem Standardpreis bewertet sind, da in diesem Fall mit der Verrechnung der Abweichungen die Standardergebnisrechnung teilweise zu einer geschlossenen oder/und Ist-Ergebnisrechnung ausgebaut werden kann.

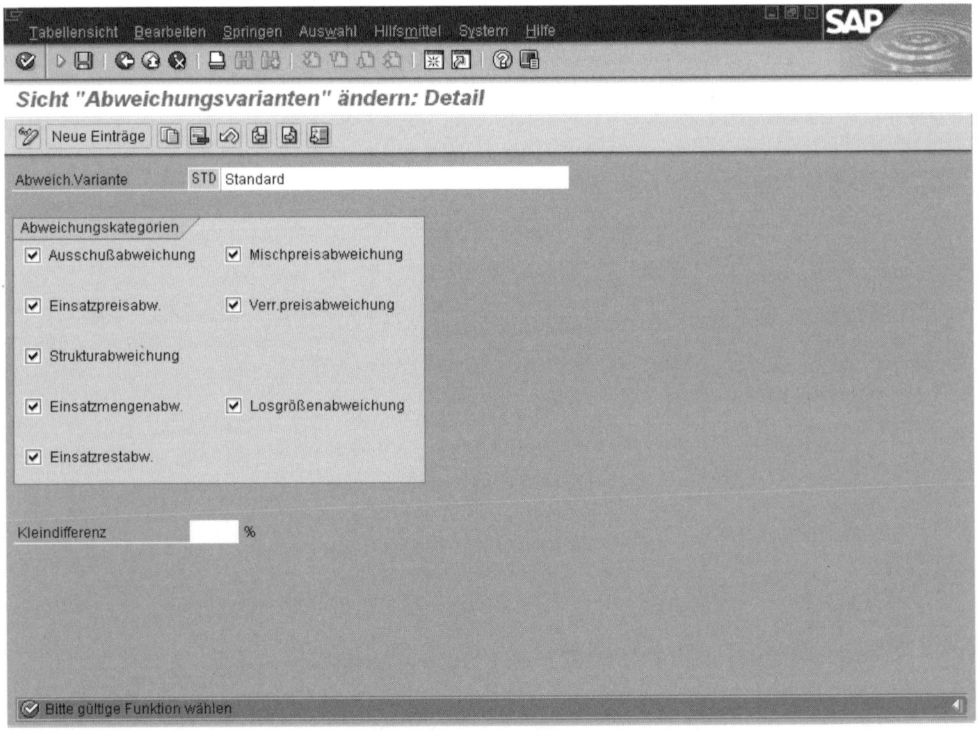

Abbildung 6.6.53-5: EnjoySAP Screen zur Abweichungsermittlung Produktkosten – Abweichungsvarianten (© SAP AG)

⑤ *Soll **Ausschuß** separat ermittelt und abgerechnet werden, und wie soll er im Gesamtkontext der Abweichungsermittlung behandelt werden?*

Durch die Abweichungsermittlung haben Sie die Möglichkeit, den Wert des Ausschusses zu ermitteln. Dabei wird der rückgemeldete Ausschuß als Abweichungskategorie fortgeschrieben und zur weiteren Behandlung von den Ist-Kosten abgezogen.

Zu ⑤: *Wie soll der ermittelte Ausschuß bezüglich seiner **Abrechnung** behandelt werden?*
Generell haben Sie zwei Möglichkeiten, den auf dem Auftrag ermittelten Ausschuß zu behandeln:

- *Abrechnung an Kostenstelle (Fall 1)*

Im Normalfall werden alle angefallenen Ist-Kosten zu 100 % an das Bestandskonto bzw. Preisdifferenzenkonto, abhängig von der Preissteuerung, des gefertigten Materials abgerechnet. Fällt bei der Fertigung Ausschuß an, so führt dies bei Verrechnungspreis-steuerung zu einer unrealistischen Erhöhung des gleitenden Durchschnittspreises oder bei Standardpreissteuerung zu einem hohen Betrag, der auf das Preisdifferenzenkonto gebucht wird. Dies kann dadurch verhindert werden, indem Sie den Auftrag prozentual der Gut- und Ausschußmenge an das Bestands-/Preisdifferenzenkonto für den Anteil der Gutmenge und an eine Kostenstelle, z.B. die verursachende Kostenstelle, gemäß des Anteils des Ausschusses, abrechnen. In diesem Fall würde der Ausschuß nicht direkt, sondern über den Weg der Kostenstellenrechnung in das CO-PA gelangen.

- *Abrechnung an Finanzbuchhaltung und Ergebnisrechnung (Fall 2)*

In diesem Fall würden Sie den Ausschuß als Abweichungskategorie statistisch in das CO-PA übernehmen und den vollen Betrag des Ausschusses in die Finanzbuchhaltung auf das Bestands-/Preisdifferenzenkonto übernehmen.

Beispiel (Fall 1):

Die Planmenge des Auftrages ist 10 Stück. Die Gutmenge ist 8 Stück und 2 Stück sind Ausschuß. Sie stellen die Auftragsparameter so ein, daß 80 % der Kosten an das Bestandskonto des Materials und die restlichen 20 % der Kosten an eine Kostenstelle abgerechnet werden. Die Ist-Kosten für den Auftrag betragen 2800 DM. Durch die Ablieferung der 8 Stück an das Lager wurde der Auftrag mit 2000 DM (d.h. Standardpreis = 250 DM) entlastet. 80 % der Gesamtkosten entsprechen 2240 DM. 20 % der Gesamtkosten entsprechen 560 DM. Der Auftrag wurde bereits durch die Ablieferung mit 2000 DM entlastet. Durch die Abrechnung werden folglich 240 DM an das Bestandskonto des Materials und 560 DM an die Kostenstelle abgerechnet.

Zu ⑤: *Mit welchen Werten soll der Ausschuß **bewertet** werden?*
Damit der Ausschuß gesondert behandelt werden kann, müssen die defekten Stückzahlen, d.h. die Ausschußmenge, ermittelt und bewertet werden. Im SAP-System haben Sie dazu mehrere Möglichkeiten:

Bewertung des Ausschusses mit der Vorkalkulation zum Fertigungsauftrag

- *Bewertung des Ausschusses mit der laufenden Plankalkulation*

Dabei werden laut Arbeitsfortschritt, der durch entsprechende Rückmeldungen zum Fertigungsauftrag festgestellt werden kann, die aus dem Arbeitsplan ersichtlichen durchgeführten Arbeitsschritte und verwendeten Stücklistenpositionen mit den obengenannten Kalkulationen bewertet.

Zu ⑤: *Arbeiten Sie in Ihrem Arbeitsplan mit **geplantem Ausschuß**?*
Sie haben in einem Arbeitsplan die Möglichkeit, *geplanten Ausschuß* zu hinterlegen. Bei der Rückmeldung des Ausschusses auf dem Fertigungsauftrag können Sie angeben, ob es sich um geplanten oder ungeplanten Ausschuß handelt. Der geplante Ausschuß wird i.d.R. bereits bei der Kalkulation eines Materials benutzt und berücksichtigt. Deswegen werden bei der Abweichungsanalyse nur die ungeplanten Ausschußmengen berücksichtigt.

6.6.54 Prozeß-Knowledge Map – Abrechnung Produktkosten

In diesem Prozeßbaustein wird die Abrechnung eines Fertigungsauftrages bei auftragsbezogenem Controlling beschrieben.

Zu berücksichtigen ist, daß die dargestellten Fragen sowohl für die Abrechnung der Produktkosten von Fertigungsaufträgen bei Losfertigung (anonymer Lagerfertigung) als auch für die Abrechnung des Fertigungsauftrages an die Kundenauftragsposition bei Kundenauftragsfertigung mit unbewertetem Kundenauftragsbestand gelten (siehe Prozeßbaustein *Abrechnung Produktkosten (Kundenauftrag)*). Die Auftragsabrechnung ist ein Bestandteil der Periodenabschlußarbeiten.

① *Wie erfolgt bei Losfertigung (anonymer Lagerfertigung) die* ***Wareneingangsbuchung*** *für Halbfertig- oder Fertigfabrikate?*

Diese Frage ist eigentlich nicht Bestandteil des Controllings, aber unmittelbar damit verbunden, da dieser Vorgang direkten Einfluß auf den Wertefluß im SAP-System hat. Liefern Sie die durch einen Fertigungsauftrag gefertigten Materialien an das Lager, so erfolgt eine Wareneingangsbuchung, wobei es sich um eine Gesamt- oder Teilmenge des Fertigungsauftrages handeln kann. Diese Warenbewegung findet in der Bestandsführung der Materialwirtschaft (MM) statt, kann aber direkt von der Produktionsplanung und -steuerung (PP) gestartet werden. Durch diesen Wareneingang findet eine vorläufige Bewertung der an den Bestand gelieferten Menge, abhängig von der Preissteuerung, statt, was zu einer Entlastung des Fertigungsauftrages führt. Entsprechen die tatsächlichen Ist-Kosten nicht den durch Lagerzugang verrechneten Kosten, müssen diese Abweichungen später mit der Auftragsabrechnung entweder an das Preisdifferenzenkonto oder ebenfalls an den Bestand abgerechnet werden. Die Wareneingangsbuchung kann dabei maschinell oder manuell erfolgen und ist im wesentlichen abhängig von den im Arbeitsplan oder im Fertigungsauftrag getroffenen Entscheidungen und Einstellungen. Siehe dazu Prozeßbaustein *Arbeitsplatz-/Ressourcenbearbeitung* (PP), *Wareneingangsbearbeitung* (MM), *Fertigungsauftragsrückmeldung* (PP).

② ***Rechnen*** *Sie die auf Ihrem* ***Fertigungsauftrag*** *gesammelten Kosten als Ware in Arbeit bzw. Abweichungen* ***ab****?*

Zu einem Fertigungsauftrag findet man je nach seinem Lebenszyklus unterschiedliche Status- und Kostensituationen vor, z.B.:

- Keine Teillieferung, Kosten bereits angefallen
- Teillieferung, Kosten bereits angefallen
- Teillieferung, noch keine oder nur teilweise Kosten angefallen
- Endlieferung, nur Teile der Kosten angefallen
- Endlieferung, alle Kosten angefallen

In den Prozeßbausteinen *Ermittlung Ware in Arbeit* und *Abweichungsermittlung* wurde beschrieben, welche Aktivitäten und warum sie in diesen Fällen durchzuführen sind, und wurden bereits konkret die wesentlichen Fragestellungen zum Thema Auftragsabrechnung geklärt. Im Rahmen dieses Prozeßbausteins erfolgt die konkrete Durchführung der Abrechnung. Sie kann dabei manuell oder maschinell durchgeführt werden.

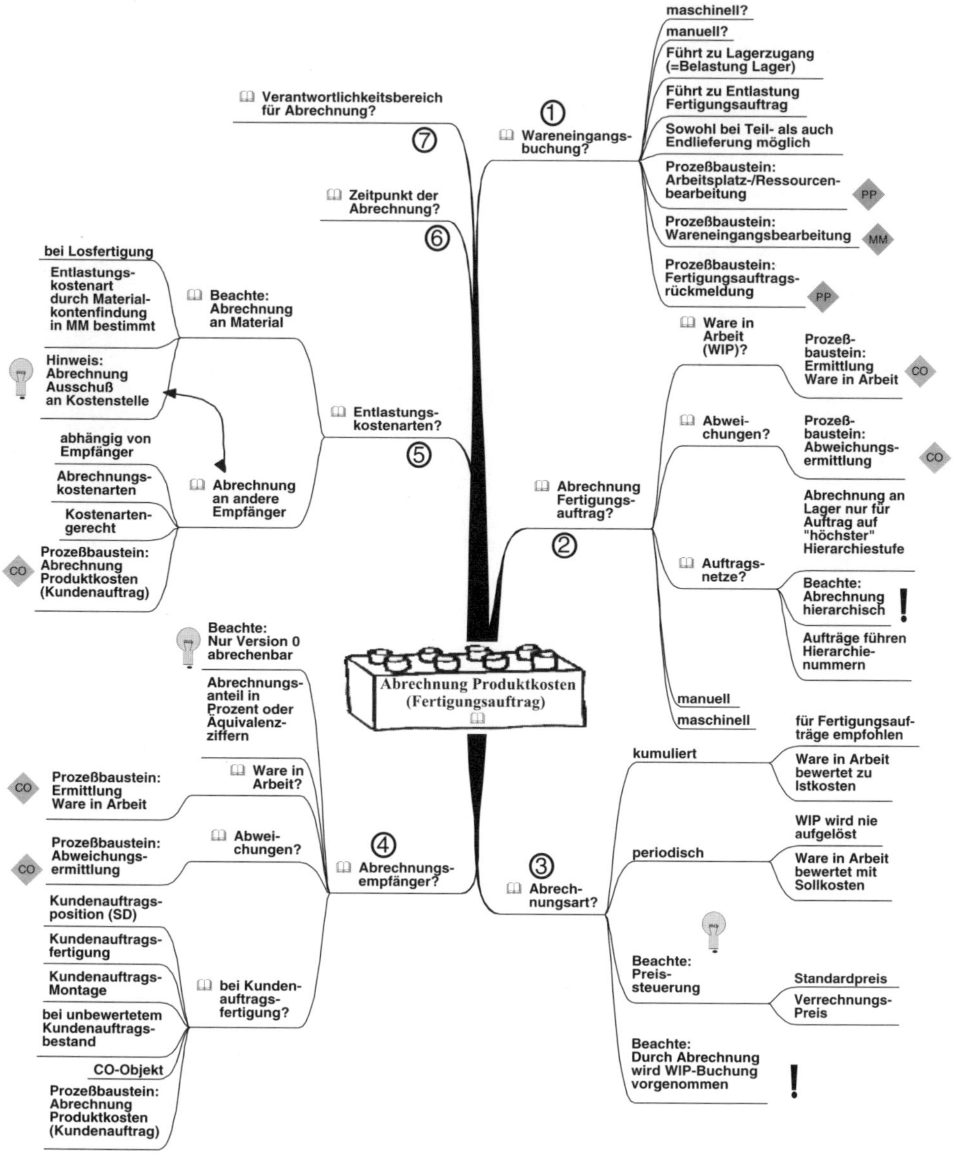

Abbildung 6.6.54-1: Prozeß-Knowledge Map – Abrechnung Produktkosten

Zu ②: *Rechnen Sie die* ***Ware in Arbeit*** *ab und, falls ja, nach welchen Regeln?*
Siehe: Prozeßbaustein *Ermittlung Ware in Arbeit*

Zu ②: *Rechnen Sie die auf dem Fertigungsauftrag angefallenen* ***Abweichungen*** *und Ausschuß ab und, falls ja, nach welchen Regeln?*
Siehe: Prozeßbaustein *Abweichungsermittlung Fertigungsauftrag*

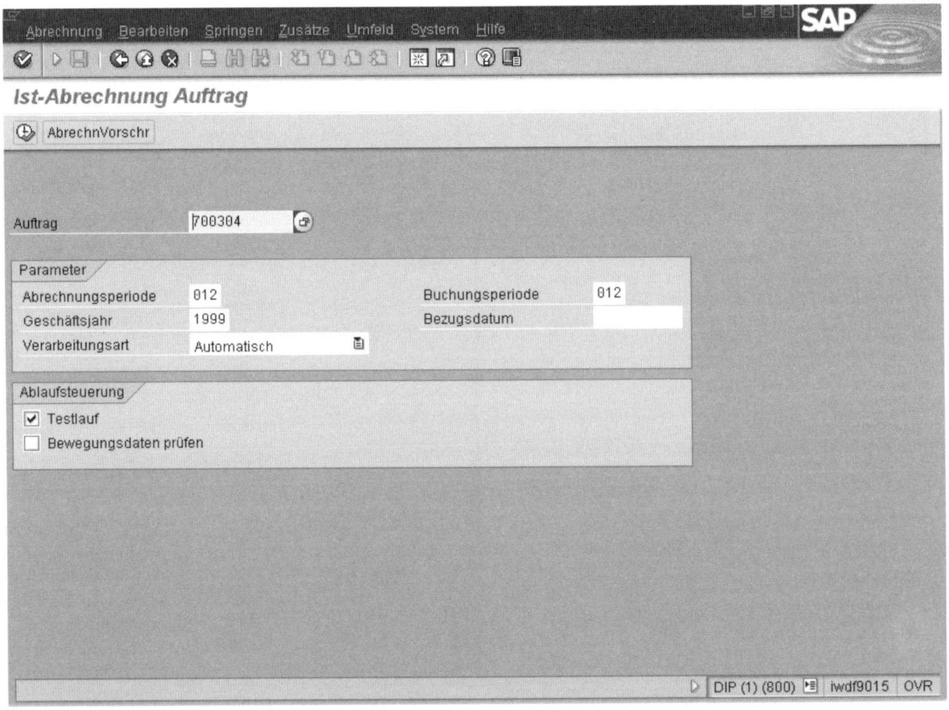

Abbildung 6.6.54-2: EnjoySAP Screen zur Abrechnung Produktkosten – Ausführen (© SAP AG)

Zu ②: *Wie verfahren Sie im Rahmen der Abrechnung mit sogenannten* ***Auftragsnetzen****?*
Auftragsnetze werden verwendet, wenn zur Herstellung eines Produktes mehrere Halbfabrikate genutzt werden, für die man aber im einzelnen keinen Lagerzugang buchen will, was beispielsweise oftmals bei Kundenauftragsfertigung genutzt wird. Darüber hinaus reicht es auch aus, deren Kosten auf dem Auftrag der höchsten Auftragsnetzebene zu sammeln. Von dort erfolgt die Buchung des Lagerzugangs. Die Kosten der einzelnen untergeordneten Aufträge werden dabei laut Auftragsvorkalkulation an die nächsthöhere Ebene, durch die Rückmeldung des Halbfabrikates, abgerechnet. Durch die Auftragsabrechnung werden die Abweichungen zwischen Vorkalkulation und tatsächlichen Ist-Kosten ebenfalls hierarchisch abgerechnet.

③ *Wollen Sie hinsichtlich der* ***Abrechnungsart*** *Ihre Aufträge kumuliert oder periodisch abrechnen?*

Arbeiten Sie mit kumulierter Abrechnung, wird der Fertigungsauftrag bei jedem Wareneingang entlastet. Dabei finden folgende Buchungen statt:

- Entlastung des Auftrags und somit des Fabrikleistungskontos, entspricht Habenbuchung auf Bestandsveränderungskonto, z.B. 895000
- Belastung des Bestandskontos des gefertigten Materials, entspricht Sollbuchung, z.B. 792000.

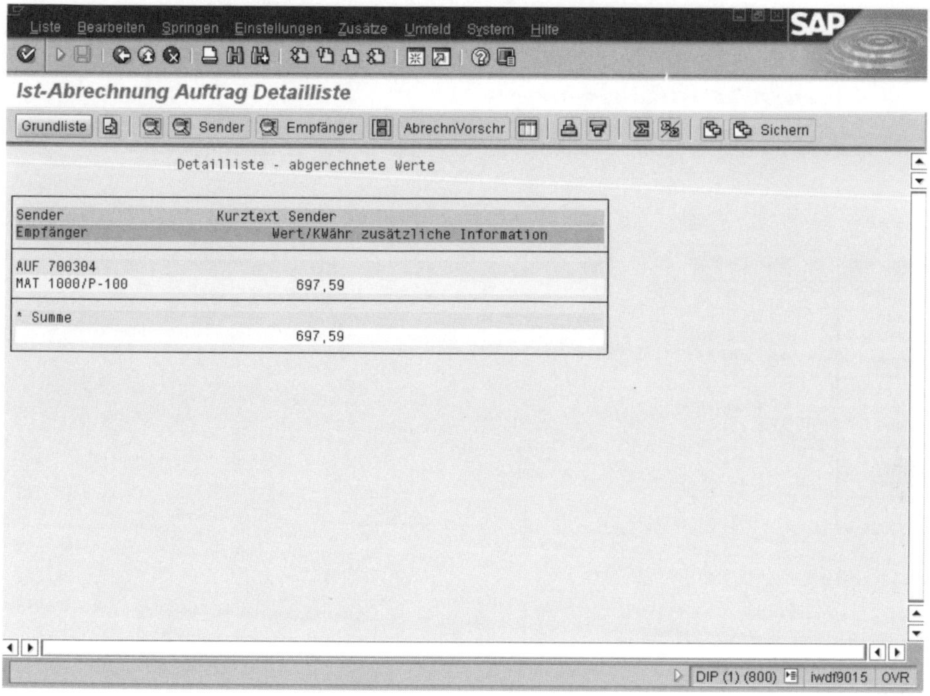

Abbildung 6.6.54-3: EnjoySAP Screen zur Abrechnung Produktkosten – Ergebnis (© SAP AG)

Nach dem letzten Wareneingang wird durch die Abweichungsermittlung (siehe Prozeßbaustein *Abweichungsermittlung*) im Rahmen des Periodenabschlusses die Differenz aus den für den Auftrag angefallenen Ist-Kosten und den durch die Ablieferung an das Lager ermittelten Kosten (Ist-Entlastung) errechnet. Abhängig von der gewählten Preissteuerung wird die Differenz folgendermaßen abgerechnet:

- bei Standardpreissteuerung an ein Preisdifferenzenkonto; Buchung in der Finanzbuchhaltung: Preisdifferenz an Fabrikleistung (Bestandsveränderung)
- bei Verrechnungspreissteuerung an das Bestandskonto; Buchung in der Finanzbuchhaltung: Bestand an Fabrikleistung (Bestandsveränderung)

Dabei ist bei Verrechnungspreissteuerung zu beachten, daß, falls die Bestandsmenge gleich oder größer der produzierten Menge ist, die komplette Abweichung an das Bestandskonto, wenn sie kleiner als die produzierte Menge ist, die Unterdeckung an das Preisdifferenzenkonto weitergeleitet wird.

Hinweis:
Bei unbewertetem Kundenauftragsbestand führen Warenbewegungen nicht zu entsprechenden Buchungen in der Finanzbuchhaltung, da die gesamten Auftragskosten mit der Abrechnung an die Kundenauftragsposition abgerechnet werden. Abrechnungsempfänger ist dann nicht das Material, sondern die Kundenauftragsposition.

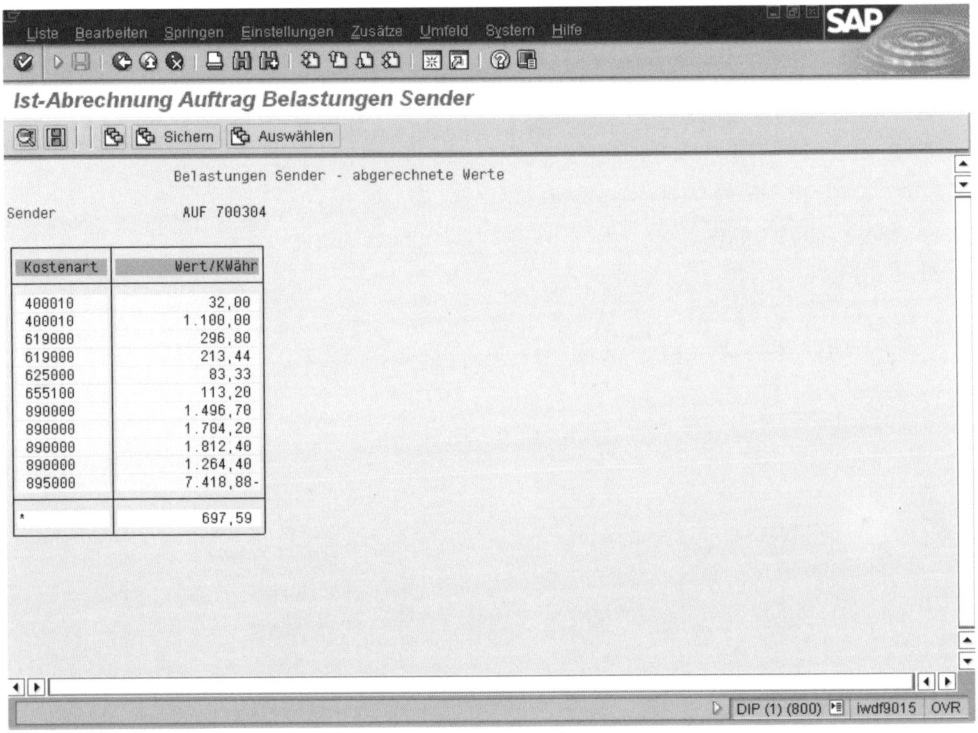

Abbildung 6.6.54-4: EnjoySAP Screen zur Abrechnung Produktkosten – Senderentlastung (© SAP AG)

④ *An welche* ***Abrechnungsempfänger*** *soll der Fertigungsauftrag abgerechnet werden?*

Bei der Abrechnung des Fertigungsauftrags muß zwischen der Abrechnung bei Kundenauftragsfertigung, der Abrechnung von WIP und der Abrechnung der Abweichungen, inklusive Ausschuß, unterschieden werden.

Beachte:
Die Abrechnung ist nur für Version 0 (Null) möglich.

Bei mehreren Empfängern kann im Fertigungsauftrag festgelegt werden, welcher Anteil der auf dem Auftrag gesammelten Kosten, z.B. Material, Kostenstelle und Ergebnisobjekt, auf welchen Empfänger verrechnet werden soll. Dies kann über Prozentsätze oder Äquivalenzziffern erfolgen.

Zu ④: *An welche Empfänger soll die* ***Ware in Arbeit*** *abgerechnet werden?*
Siehe Prozeßbaustein *Ermittlung Ware in Arbeit.*

Zu ④: *An welche Empfänger sollen die* ***Abweichungen*** *abgerechnet werden?*
Siehe Prozeßbaustein *Abweichungsermittlung.*

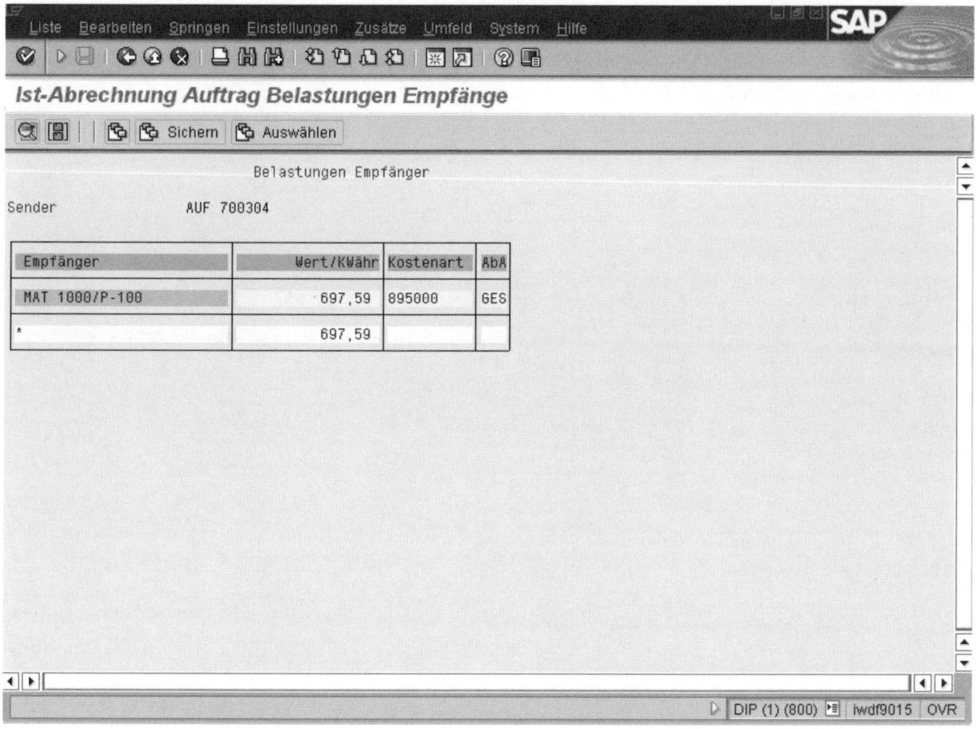

Abbildung 6.6.54-5: EnjoySAP Screen zur Abrechnung Produktkosten – Empfängerbelastung (© SAP AG)

Zu ④: *An welche Empfänger soll bei* ***Kundenauftragsfertigung*** *abgerechnet werden?*
Bei Kundenauftragsfertigung mit unbewertetem Einzelbestand ist jeder Kundenauftragsposition ein sogenanntes CO-Objekt zugeordnet, welches sowohl die Kosten als auch die Erlöse dieser Position aufnimmt. Stößt ein eingehender Kundenauftrag pro Kundenauftragsposition die Fertigung an, so ist davon abhängig jeder Fertigungsauftrag ebenfalls der Kundenauftragsposition zugeordnet. Die Kosten, die auf diesen Fertigungsaufträgen anfallen, werden nach Abschluß des Fertigungsauftrags wertmäßig nicht an das Lager, sondern an die Kundenauftragsposition abgerechnet. Dabei werden alle Kosten und nicht nur die Abweichungen an die Kundenauftragsposition verrechnet. Der Prozeß der Fertigungsauftragsabrechnung an die Kundenauftragsposition wird im Rahmen des Prozeßbausteins *Abrechnung Produktkosten (an Kundenauftrag)* behandelt. Die Fragen sind jedoch im wesentlichen dieselben wie die an dieser Stelle behandelten. Deshalb gelten die konzeptionellen Entscheidungen, die Sie hier treffen, auch für die Abrechnung an die Kundenauftragsposition. Das bedeutet, es gibt keine eigenen Fragen zum Prozeßbaustein *Abrechnung Produktkosten (an Kundenauftrag)*, da diese zu 80 % redundant wären. Der einzige Unterschied besteht in der Behandlung der Abweichungen und der Ware in Arbeit, da bei der Kundenauftragsfertigung bei unbewertetem Bestand mit CO-Objekt keine Abweichungen ermittelbar sind und die Ware in Arbeit nicht über eine eigenständige WIP-Ermittlung, sondern über den Prozeßbaustein *Ergebnisermittlung (Kundenauftrag)* ermittelt wird.

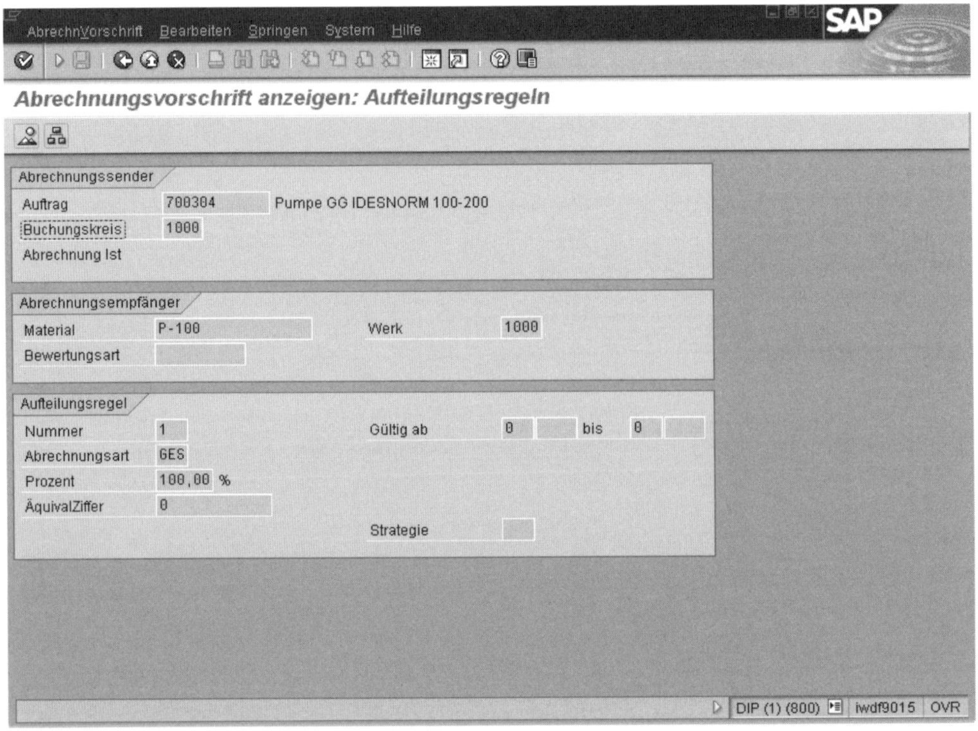

Abbildung 6.6.54-6: EnjoySAP Screen zur Abrechnung Produktkosten – Abrechnungsvorschrift zum Fertigungsauftrag (© SAP AG)

⑤ *Welche Belastungskostenarten auf dem Fertigungsauftrag sollen unter welchen* ***Entlastungskostenarten*** *abgerechnet werden?*

Bei dieser Frage müssen zwei wesentliche Konzepte unterschieden werden. Zuerst gibt es die Abrechnung eines Fertigungsauftrags bei Losfertigung (anonyme Lagerfertigung), bei der an das Material, d.h. das Lager, abgerechnet und die in diesem Buch hauptsächlich behandelt wird. Daneben kann der gesamte Auftrag oder können bestimmte Teile des Auftrags (siehe Prozeßbaustein *Abweichungsermittlung*: Abrechnung Ausschuß an Kostenstelle) auch an andere Empfänger abgerechnet werden. In unserem Fall sind dabei speziell die Empfänger Kundenauftrag, bei Kundenauftragsfertigung mit unbewertetem Kundenauftragsbestand, und die Kostenstelle bzw. Innenauftrag als Empfänger der Ausschußverrechnung gemeint.

Zu ⑤*: Beachte:* Bei der Abrechnung der Auftragskosten an das Material, d.h. den Lagerbestand, wie es normalerweise bei Abrechnung des Fertigungsauftrags bei Losfertigung erfolgt, werden die gesamten Kosten an den Bestand und bei Standardpreissteuerung des Materials die Abweichungen an das Preisdifferenzenkonto abgerechnet. Dabei bestimmt die Materialkontenfindung im MM, unter welcher primären Kostenart, z.B. 895000 Bestandsveränderungen, die Entlastung auf dem Auftrag fortgeschrieben wird. Werden in diesem Fall bestimmte Anteile der Gesamtkosten des Fertigungsauftrags, speziell der Ausschuß, an andere Empfänger, wie z.B. Kostenstelle oder Innenauftrag, abgerechnet (siehe Prozeßbaustein *Abweichungsermittlung*), müssen Sie wie untenstehend bei dem Punkt *Abrechnung an andere Empfänger* beschrieben Entlastungskostenarten explizit pflegen.

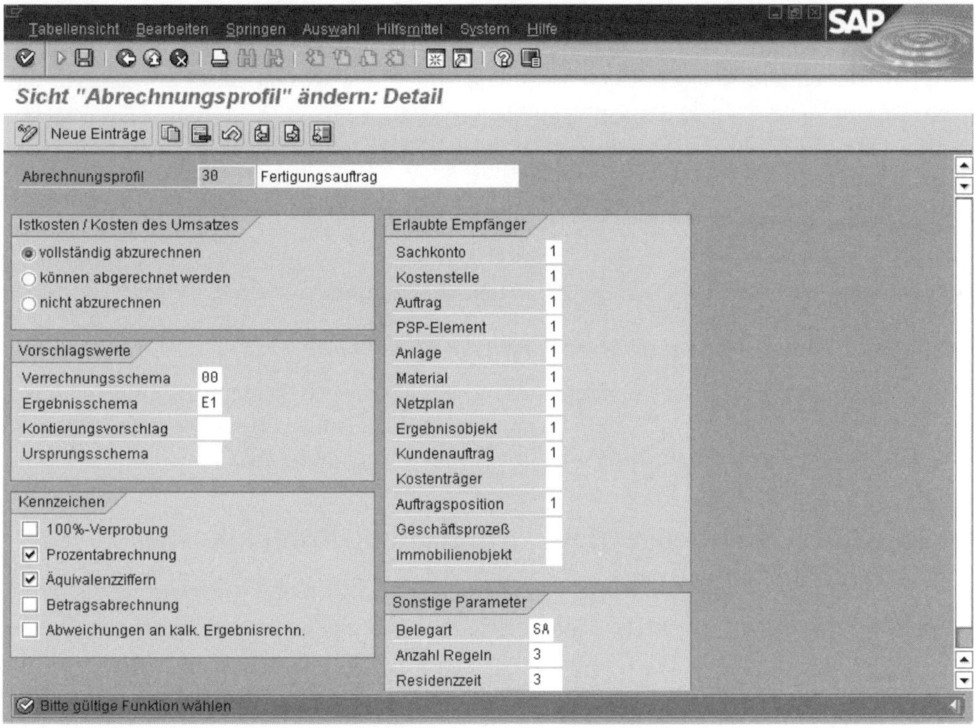

Abbildung 6.6.54-7: EnjoySAP Screen zur Abrechnung Produktkosten – Abrechnungsprofil (© SAP AG)

Zu ⑤: *Falls Sie die Gesamtkosten des Auftrags oder bestimmte Teile davon* ***anderen Empfängern*** *ungleich dem Material* ***abrechnen****, soll die Abrechnung dabei mit Abrechnungskostenarten erfolgen und, falls ja, welchen, oder soll kostenartengerecht abgerechnet werden?*

Rechnen Sie die Gesamtkosten des Auftrags oder bestimmte Teile davon an Empfänger ungleich dem Material ab, z.B. Kundenauftrag bei Kundenauftragsfertigung, oder den Ausschuß bei Losfertigung an Kostenstelle, müssen Sie explizit angeben, welche Belastungskostenarten bzw. -gruppen des Auftrags unter welchen Abrechnungskostenarten auf die Empfänger verrechnet werden sollen. Unter diesen Abrechnungskostenarten wird der Auftrag entlastet und die Empfänger werden belastet. Es kann dabei auch kostenartengerecht abgerechnet werden, d.h. alle Kostenarten, die auf dem Auftrag belastet wurden, werden unter derselben Kostenart entlastet und dem Empfänger belastet. *Beispiel* (vgl. SAP AG, Online-Dokumentation, Version 4.0B., 1998):

Für einen Fertigungsauftrag, dessen Kosten auf eine Kundenauftragsposition kontiert werden, sind Kosten für Rohstoffe, Eigenleistungen und Gemeinkosten angefallen. Diese Kosten sind einer Kostenartengruppe zugeordnet. Ist das Kennzeichen „kostenartengerechte Abrechnung" gesetzt, so sehen Sie nach der Abrechnung auf der Kundenauftragsposition die einzelnen Belastungskostenarten für die Rohstoffe, Eigenleistungen und Gemeinkosten. Ist das Kennzeichen „kostenartengerechte Abrechnung" nicht gesetzt, so sehen Sie nach der Abrechnung auf der Kundenauftragsposition alle Kosten zum Fertigungsauftrag unter der von Ihnen festgelegten Abrechnungskostenart.

⑥ *Zu welchem **Zeitpunkt** erfolgt die **Abrechnung** der Fertigungsaufträge?*

Bitte legen Sie fest, wann Sie die Abrechnung des Fertigungsauftrags vornehmen.

Beachte:
Dies kann erst nach der WIP- und der Abweichungsermittlung erfolgen.

⑦ *In wessen **Verantwortlichkeitsbereich** fällt die **Abrechnung** von Fertigungsaufträgen?*

Um unnötige Dissonanzen zu vermeiden, ist es empfehlenswert, schon frühzeitig zu klären, wer (d.h. welche Abteilung) für die Abrechnung der Fertigungsaufträge verantwortlich ist, z.B. das Produktkosten-Controlling oder die Produktionsplanung etc.

6.6.55 Prozeß-Knowledge Map – Abrechnung Produktkosten (an Kundenauftrag)

Dieser Prozeßbaustein kommt bei dem Fertigungsszenario Kundenauftragsfertigung bei unbewertetem Bestand mit CO-Objekt (siehe Kapitel 6.4.3) zum Einsatz. Dabei wird die Fertigung der für das Fertigfabrikat benötigten Erzeugnisse i.d.R. erst von dem Kundenauftrag angestoßen. Die damit generierten Fertigungsaufträge sind dann der entsprechenden Kundenauftragsposition zugeordnet. Dies gilt für alle Fertigungsaufträge, falls es sich um eine mehrstufige Fertigung handelt. Wie in Kapitel 6.4.3 erläutert, wird bei Fertigstellung des Materials dieses nur mengenmäßig an das Lager gelegt, wertmäßig jedoch nicht. Aus diesem Grund erfolgt dabei die Abrechnung der Kosten, die auf den Fertigungsaufträgen angefallen sind, an die Kundenauftragsposition. Dies wird durch die Ausführung des Prozeßbausteines *Abrechnung Produktkosten* (an Kundenauftrag) erreicht. Dabei werden alle Kosten abgerechnet, d.h., es ist keine Abweichungsermittlung auf den Fertigungsaufträgen möglich. Da die konzeptionellen Fragen und Erläuterungen den bereits in Kapitel 6.6.54, Abrechnung Produktkosten, erläuterten entsprechen und dort ausführlich behandelt wurden, gibt es in diesem Kapitel keine weiteren Fragen oder Erläuterungen.

6.6.56 Prozeß-Knowledge Map – Gemeinkostenzuschlagsrechnung (Kundenauftrag)

Dieser Prozeßbaustein ist für die Fertigungsszenarien Kundenauftragsfertigung bei unbewertetem Bestand mit CO-Objekt und Kundenauftragsfertigung bei bewertetem Bestand mit CO-Objekt möglich. Da es bei Kundenauftragsfertigung bei unbewertetem Bestand ohne CO-Objekt kein CO-Objekt gibt, auf dem Kosten gesammelt werden können, ist dieser Prozeßbaustein dabei irrelevant. Die Gemeinkostenzuschlagsrechnung erfolgt auf dem Kundenauftrag genau wie auf dem Fertigungsauftrag oder den Innenaufträgen. Auch hier kann pro Kostenart oder Kostenartengruppe ein Zuschlagssatz auf Basiskostenarten oder bei mengenabhängigen Zuschlägen auf die Verbrauchsmengen, die auf den Auftrag gebucht wurden, angewendet werden. Da die konzeptionellen Fragen und Erläuterungen den bereits in Kapitel 6.6.51, Gemeinkostenzuschlagsrechnung (Fertigungsauftrag), erläuterten entsprechen und dort behandelt wurden, gibt es in diesem Kapitel keine weiteren Fragen oder konzeptionelle Erläuterungen.

6.6.57 Prozeß-Knowledge Map – Ergebnis- und Deckungsbeitragsanalyse

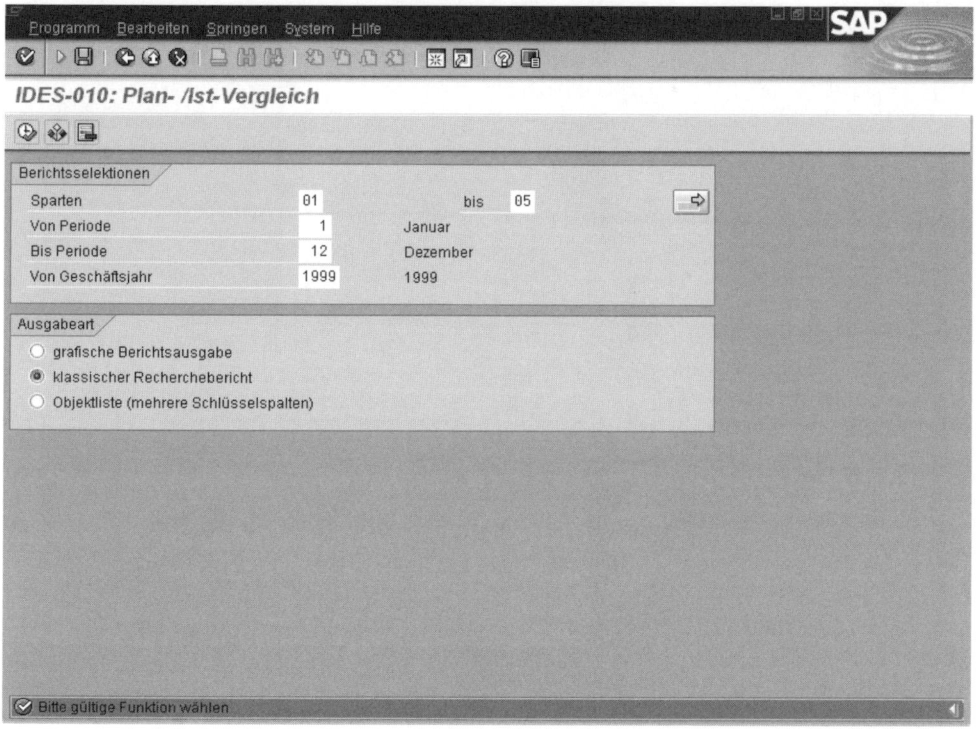

Abbildung 6.6.57-1: EnjoySAP Screen zur Ergebnis- und Deckungsbeitragsanalyse – Ausführen (© SAP AG)

Die Ergebnis- und Deckungsbeitragsanalyse erfolgt im Rahmen der Ergebnisrechnung (CO-PA). Sie hat dabei als oberstes Ziel die Ermittlung der Profitabilität bestimmter Marktsegmente oder der Deckungsbeiträge von Produkten oder ebenfalls von bestimmten Marktsegmenten. Dabei sind die Auswertungsmöglichkeiten bezüglich Marktsegmente im wesentlichen durch die Merkmale bestimmt, die Sie in Ihrer Ergebnisrechnung (CO-PA) definiert haben. Die auswertbaren Werte hingegen sind abhängig von den Konten, bei buchhalterischer Ergebnisrechnung, oder den Wertfeldern, bei kalkulatorischer Ergebnisrechnung. Die konzeptionellen Fragen, die hier gestellt werden müssen, wurden bereits ausführlich im Rahmen der Prozeß-Knowledge Maps *Definition Bewertungsstrategie* und *Definition Marktsegmente* behandelt.

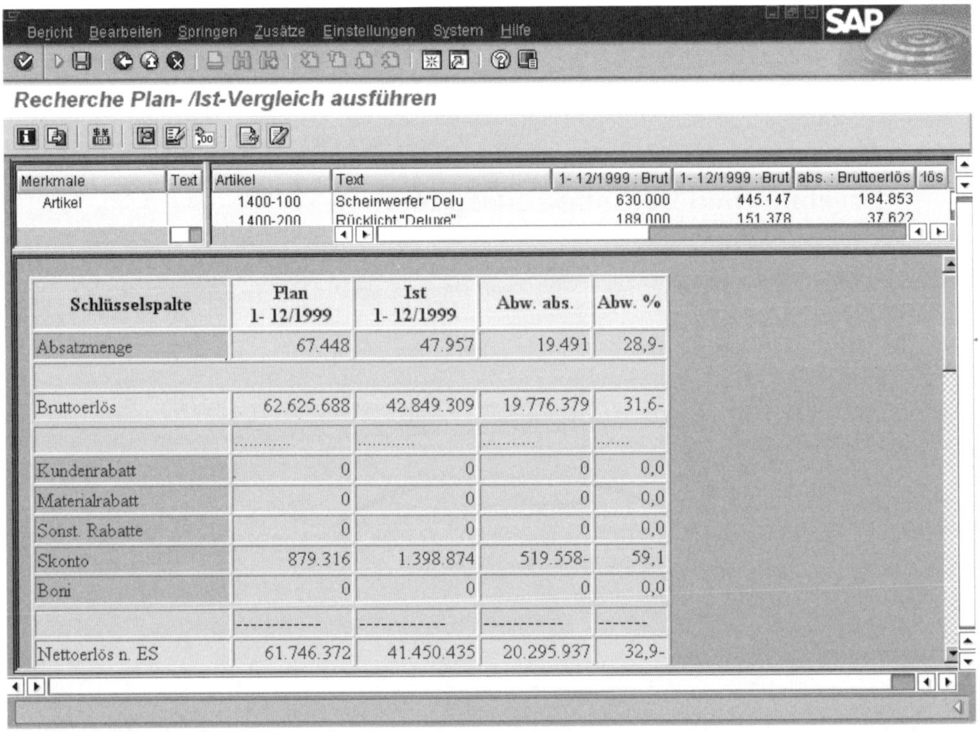

Abbildung 6.6.57-2: EnjoySAP Screen zur Ergebnis- und Deckungsbeitragsanalyse - Ergebnis (© SAP AG)

Literaturverzeichnis

Albrecht, F.: Strategisches Management der Unternehmensressource Wissen – Inhaltliche Ansatzpunkte und Überlegungen zu einem konzeptionellen Gestaltungsrahmen. Frankfurt a.M. 1993.

Allweyer, T.: Wissensmanagement mit ARIS-Modellen. In: Scheer, A.-W.: ARIS – Vom Geschäftsprozeß zum Anwendungssystem. Berlin, Heidelberg, New York 1998, S. 162-168.

Antal, A.B.: Lerntransfer vom Individuum zur Organisation – Wie kann Organisationslernen gefördert werden? In: Krebsbach-Gnath, C. (Hrsg.): Den Wandel in Unternehmen steuern – Faktoren für ein erfolgreiches Change Management. Frankfurt a.M. 1992, S. 85-102.

Bach, V.; Vogler, P.; Österle, H. (Hrsg.): Business Knowledge Management. Praxiserfahrung mit Intranet-basierten Lösungen. Berlin, Heidelberg, New York 1999, S. 20-23.

Balzert, H.: CASE Auswahl, Einführung, Erfahrungen, Mannheim 1993.

Bancroft, N.H. et al.: Implementing SAP R/3. How to introduce a large System into a large organization. Greenwich, CT. 1998.

Baßeler, U. et al.: Grundlagen und Probleme der Volkswirtschaft. Köln 1990.

Bell, D.: Die nachindustrielle Gesellschaft. Frankfurt a.M. 1975.

Boll, M.: Prozeßorientierte Implementation des SAP Softwarepaketes. In: Wirtschaftsinformatik Nr. 35, 1993, S. 5.

Brenner, W.; Hamm, V.: Prinzipien des Business Reengineering. In: Brenner, W.; Keller, G. (Hrsg.): Business Reengineering mit Standardsoftware. Frankfurt a.M., New York 1995, S. 24-27.

Buck-Emden R.; Galimow, J.: Die Client/Server-Technologie des SAP-Systems R/3. 2. Auflage, Bonn et al. 1995.

Bürkle, U.: Rascher Return on Investment. In: SAPInfo Nr. 57, Walldorf, Juli, 1998 S. 12-13.

Bullinger, H.-J.; Groh, G.; Graß, G.; Bartenschlager, F.: Praxisorientierte TCO-Untersuchung: Ein Vorgehensmodell. In: IM Fachzeitschrift für Information Management & Consulting, Ausgabe 2/98, Saarbrücken, 1998, S. 13-18.

Buzan, T.; Buzan, B.: Das Mind-map-Buch. Landsberg am Lech 1997.

Champy, J.: Reengineering Management. The Mandate For New Leadership. Managing The Change To The Reengineered Corporation. New York 1996.

Cohen, D. et al.: Managing Knowledge for Business Success. In: The Conference Board, Report Number: 1194-97-CH, New York 1997.

Davenport, T.: Process Innovation – Reengineering work through Information Technology. Boston 1993.

Davenport, T.: Knowledge Management. Some Principles of Knowledge Management. Texas 1996.

Davenport, T.: Paßt Ihr Unternehmen zur Software? In: Harvard Business Manager Nr. 1 1999, S. 89-99.

Davenport, T.: Working Knowledge: How Organizations Manage What They Know. Boston 1997.

Drucker, P. F.: Wissen – die Trumpfkarte der entwickelten Länder. In: Harvard Business Manager, 20. Jahrgang, Band 4, 1998.

Falterbaum, H.; Beckmann, H.: Buchführung und Bilanz. Grüne Reihe für Studium und Praxis, Band 10, 15. Auflage, Achim bei Bremen 1993.

Franz, K.-P.: Die Prozeßkostenrechnung. Darstellung und Vergleich mit der Plankosten- und Deckungsbeitragsrechnung. In: Ahlert, D. et al. (Hrsg.): Finanz- und Rechnungswesen als Führungsinstrument. Wiesbaden 1990, S. 109-136.

Freimuth, J. et al.: Auf dem Weg zum Wissensmanagement: Personalentwicklung in lernenden Organisationen. Göttingen 1997.

Gaarder, J.: Sofies Welt. Roman über die Geschichte der Philosophie. München 1993.

Gabler Wirtschaftslexikon, Band L – P. 12 Auflage, Wiesbaden 1988.

Gartner Group: Die Industrie hat übertriebene Erwartungen. In: Handelsblatt Nr. 221 vom 15.11.1999. Ohne Seite.

Gfaller, Hermann: SAP lehnt sich weit aus dem Internet-Fenster. In: COMPUTERWOCHE Nr. 38/99

Gibbons, M. et al.: The New Production of Knowledge – The Dynamics of Science and Research in Contemporary Societies. London 1994.

Groh, G.; Fähnrich K.-P.: Total Cost of Ownership in der Praxis. Ein nützliches Instrument zur Evaluation der Informationstechnologie. In: Neue Zürcher Zeitung, ORBIT Sonderausgabe. Zürich 22.09.1998.

Grupp, B.: Anwenderorientierte Istanalyse und Sollkonzeption. Köln 1993.

Gutenberg, E.: Grundlagen der Betriebswirtschaftslehre. Erster Band: Die Produktion. 18. Auflage, Berlin, Heidelberg, New York 1971.

Haberstock, L.: Kostenrechnung I. Einführung. 8. Auflage, Hamburg 1994.

Haberstock, L.: Kostenrechnung II. (Grenz-) Plankostenrechnung. 7. Auflage, Hamburg 1993.

Hackett, B.: The value of training in the era of intellectual capital. In: The Conference Board. Report Number: 1199-97-RR. New York, 1997.

Hagel III, J.; Armstrong, A.G.: Net Gain – Profit im Netz. Märkte erobern mit virtuellen Communities. Wiesbaden, 1997.

Hammer, M.; Champy, J.: Reengineering the Corporation. A Manifesto for Business Revolution. London, 1994.

Hammer, M.: Das prozeßorientierte Unternehmen – Die Arbeitswelt nach dem Reengineering. Frankfurt a.M. 1996.

Heinrich, J.; Burgholzer, P.: Systemplanung II. 4. Auflage, München, Wien 1990.

Herzog, E.; Jurasek, W.: Vertriebscontrolling im System der Grenzplankostenrechnung. In: Männel, W.; Müller, H. (Hrsg.): Modernes Kostenmanagement. Grenzplankostenrechnung als Controllinginstrument. Beiträge der Plaut Gruppe. Wiesbaden 1995, S. 131-136.

Hess, O.: Internet, Electronic Data Interchange (EDI) und SAP R/3. In: Hermanns A.; Sauter, M.: Management-Handbuch Electronic Comerce. München 1999, S. 185-196.

Horvath, P.: Prozeßkostenrechnung: Ein Ausweg aus der Krise des Rechnungswesen. In: Script zum Vortrag auf dem IMT-Kongress „Prozeßkostenrechnung" in Berlin 1990, Ohne Seite.

Hüsken, W.: TCO-basierte SAP R/3 Betriebsführung. In: IM Fachzeitschrift für Information Management & Consulting, Ausgabe 2/98, S. 19-23.

IWI-HSG Institut für Wirtschaftsinformatik der Universität St. Gallen: AcceleratedSAP – 4 Case Studies. St. Gallen 1998.

Kagermann, H.: Perspektiven der Weiterentwicklung integrierter Standardsoftware für das innerbetriebliche Rechnungswesen. In: Horvath, P. (Hrsg.): Strategieunterstützung duch das Controlling – Revolution im Rechnungswesen? Stuttgart 1990, S. 277-306.

Keller, G.; Nüttgens, M.; Scheer, A.-W.: Semantische Prozeßmodellierung auf der Grundlage „Ereignisgesteuerter Prozeßketten (EPK)". In: Veröffentlichung des Instituts für Wirtschaftsinformatik, Heft 89. Saarbrücken 1992.

Keller, G.; Teufel, T.: SAP R/3 prozeßorientiert anwenden. Iteratives Prozeß-Prototyping zur Bildung von Wertschöpfungsketten. Bonn 1997.

Kidler, B.: Lowest Cost of Ownership. In: SAPInfo, Heft 57, S. 20.

Kilger, W.: Einführung in die Kostenrechnung. 3. Auflage, Wiesbaden 1992.

Kilger, W.: Flexible Plankosten und Deckungsbeitragsrechnung. 10. Auflage, Wiesbaden 1993.

Kirchmer, M.: Business Process oriented Implementation of Standard Software. Berlin, Heidelberg 1998.

Krebsbach-Gnath, C.: Wandel und Widerstand. In: Krebsbach-Gnath, C. (Hrsg.): Den Wandel in Unternehmen steuern – Faktoren für ein erfolgreiches Change Management. Frankfurt a.M. 1992, S. 37-56.

Krebsbach-Gnath, C.: Den Wandel im Unternehmen steuern. In: Krebsbach-Gnath, C. (Hrsg.): Den Wandel in Unternehmen steuern – Faktoren für ein erfolgreiches Change Management. Frankfurt a.M. 1992, S. 7-18.

Meinhardt, S.; Teufel, T.: Business Reengineering im Rahmen einer prozeßorientierten Einführung der SAP-Standardsoftware. In: Brenner, W.; Keller, G. (Hrsg.): Business Reengineering mit Standardsoftware. Frankfurt a.M., New York 1995, S. 69-94.

Mellerowicz, K.: Kosten und Kostenrechnung. Verfahren. Band II, Teil 2: Kalkulation und Auswertung der Kostenrechnung und Betriebsabrechnung. Berlin 1968.

Mezger, T.: Wegbereiter, SAP Solution Maps für umfassende Branchenlösungen. In: SAPInfo, Nr. 58, Oktober 1998.

Möhrlen, R.; Kokot, F.: SAP R/3 Kompendium. München 1998

Moore, G. A.: Inside The Tornado. Marketing Strategies from Silicon Valley's Cutting Edge. New York 1995.

Müller, A.: Vom Geschäftsprozeßdesign zum prozeßorientierten Managementsystem. In: Scheer, A.-W. (Hrsg.): Neue Märkte, neue Medien, neue Methoden – Roadmap zur agilen Organisation. 19. Saarbrücker Arbeitstagung 1998 für Industrie, Dienstleistung und Verwaltung. Heidelberg 1998, S. 179-192.

Nachreiner, B.: Balance braucht Weile – Faktoren der Führung in lernfähigen Unternehmen. In: Krebsbach-Gnath, C. (Hrsg.): Den Wandel in Unternehmen steuern – Faktoren für ein erfolgreiches Change Management. Frankfurt a.M. 1992, S. 57-84.

Neumann, S. et al.: Knowledge Management Systems – optimaler Einsatz des „Produktionsfaktors Wissen". In: Scheer, A.-W. (Hrsg.): Neue Märkte, neue Medien, neue Methoden – Roadmap zur agilen Organisation. 19. Saarbrücker Arbeitstagung 1998 für Industrie, Dienstleistung und Verwaltung. Heidelberg 1998, S. 193-224.

Nuppeney, W.; Raps, A.: Produktkostencontrolling im System der Grenzplankostenrechnung. In: Männel, W.; Müller, H. (Hrsg.): Modernes Kostenmanagement. Grenzplankostenrechnung als Controllinginstrument. Beiträge der Plaut Gruppe. Wiesbaden 1995, S. 110-120.

Ohne Autor: Eine runde Sache, Industry Business Solutions schaffen noch mehr Kundennähe. In: SAPInfo, Nr. 57, Juli 1998.

Ohne Autor: Schöne neue digitale Welt. In Themenheft E-Commerce, INFORMATIONWEEK, August 1999.

Österle, H.: Business Engineering – Prozeß- und Systementwicklung. Band 1: Entwurfs-techniken. 2. Auflage, Berlin et al. 1995.

Olfert, K.: Kostenrechnung. Kompendium der Praktischen Betriebswirtschaft. 8. Auflage, Ludwigshafen (Rhein) 1991.

Pawlowsky, P. (Hrsg.): Wissensmanagement: Erfahrungen und Perspektiven. Wiesbaden 1998.

Perez, Mario; Hildenbrand, Alexander; Matzke, Bernd; Zencke, Peter: Geschäftsprozesse im Internet mit SAP R/3: Chance zur Neugestaltung betriebswirtschaftlicher Informationswege. Bonn 1998

Pfohl, H.-C.; Stölzle, W.: Anwendungsbedingungen, Verfahren und Beurteilung der Prozeßkostenrechnung in industriellen Unternehmen. In: Zeitschrift für Betriebswirtschaft, Ausgabe 61/1991, S. 1281-1305.

Plattner, H.: Neue Wege für das Controlling in einem hochintegrierten Anwendungssystem. In: Scheer, A.-W. (Hrsg.): Rechnungswesen und EDV. 8. Saarbrücker Arbeitstagung 1987. Heidelberg 1987, S. 58-81.

Plaut, H.-G.: Die Grenzplankostenrechnung. Zweiter Teil: Grundlagen der Grenz-Plankostenrechnung. In: Männel, W.; Müller, H. (Hrsg.): Modernes Kostenmanagement. Grenzplankostenrechnung als Controllinginstrument. Beiträge der Plaut Gruppe. Wiesbaden 1995, S. 20-31.

Popp, K.: Business Process Reengineering mit dem R/3-Referenzmodell. In: SAPInfo, Thema: Business Reengineering. Heft März 1995.

Preiser, S.; Buchholz, N.: Kreativitätstraining. Das 7-Stufen-Programm für Alltag, Studium und Beruf. Augsburg 1997.

Probst, G. et al.: Wissen managen: Wie Unternehmer ihre wertvollste Ressource optimal nutzen. Wiesbaden 1997.

Raps, A.; Reinhardt, D.: Projekt-Controlling im System der Grenzplankostenrechnung. In: Männel, W.; Müller, H. (Hrsg.): Modernes Kostenmanagement. Grenzplankostenrechnung als Controllinginstrument. Beiträge der Plaut Gruppe. Wiesbaden 1995, S. 121-130.

Reiß, M.: Wandel im Management des Wandels. In: Scheer, A.-W. (Hrsg.): Neue Märkte, neue Medien, neue Methoden – Roadmap zur agilen Organisation. 19. Saarbrücker Arbeitstagung 1998 für Industrie, Dienstleistung und Verwaltung. Heidelberg, 1998. S. 264-276.

Reiß, M.: Change Management als Herausforderung. In: Reiß et al. (Hrsg.): Change Management: Programme, Projekte und Prozesse. Stuttgart 1997, S. 6 ff.

Riepl, L.: TCO versus ROI. In: IM Fachzeitschrift für Information Management & Consulting, Ausgabe 2/98, 1998. S. 7-12.

Rißmann, M.; et al: Electronic Commerce – Der Kampf um den Konsumenten auf der neuen Agorà. In: Hermanns A.; Sauter, M.: Management-Handbuch Electronic Comerce. München 1999, S. 141-156.

SAP AG (Hrsg.): Funktionen im Detail – Ergebnis- und Vertriebs-Controlling. Walldorf 1996.

SAP AG (Hrsg.): Funktionen im Detail – Gemeinkosten-Controlling. Walldorf 1996.

SAP AG (Hrsg.): Funktionen im Detail – Hauptbuchhaltung. Walldorf 1996.

SAP AG (Hrsg.): Funktionen im Detail – Materialwirtschaft. Walldorf 1998.

SAP AG (Hrsg.): Funktionen im Detail – Integrierte Produktionsplanung und -steuerung. Walldorf 1997.

SAP AG (Hrsg.): Funktionen im Detail – Produktkosten-Controlling. Walldorf 1996.

SAP AG (Hrsg.): Funktionen im Detail – Prozeßkosten-Controlling. Walldorf 1996.

Scheer, A.-W.: Architektur integrierter Informationssysteme. Berlin et al. 1991.

Scheer, A.-W.: Wirtschaftsinformatik – Informationssysteme im Industriebetrieb. 3. Auflage, Berlin et al. 1990.

Scheer, A.-W.: ARIS – Vom Geschäftsprozeß zum Anwendungssystem. 3., völlig neubearbeitete und erweiterte Auflage, Saarbrücken 1998.

Scheer, A.-W.: ARIS – Modellierungsmethoden. Metamodelle. Anwendungen. 3., völlig neubearbeitete und erweiterte Auflage, Saarbrücken 1998.

Schmalenbach, E.: Die fixen Kosten und ihre Wirkungen. In: Saar-Wirtschaftszeitung, 33. Jg, Völklingen 1982.

Schneider, U. (Hrsg.): Wissensmanagement: Die Aktivierung des intellektuellen Kapitals. Frankfurt a.M. 1996.

Schöning, U.: Logik für Informatiker. Mannheim 1989.

Schüppel, J.: Wissensmanagement – Organisatorisches Lernen im Spannungsfeld von Wissens- und Lernbarrieren. Wiesbaden 1996.

Servatius, H. G.: Reengineering Programme umsetzen – Von erstarrten Strukturen zu fließenden Prozessen. Stuttgart 1994.

Servatius, H.-G.: Vom Reengineering zum Wissensmanagement. In: Scheer, A.-W. (Hrsg.): Neue Märkte, neue Medien, neue Methoden – Roadmap zur agilen Organisation. 19. Saarbrücker Arbeitstagung 1998 für Industrie, Dienstleistung und Verwaltung. Heidelberg 1998, S. 323-351.

Seubert, M.: Entwicklungsstand und Konzeption des SAP-Datenmodells. In: Scheer, A.-W. (Hrsg.): Datenbanken 1991 – Praxis relationaler Datenbanken. Fachtagung. Saarbrücken 1991, S. 87-109.

Seubert, M.; Schäfer, T.; Schorr, M.; Wagner, J.: Praxisorientierte Datenmodellierung mit der SAP-SERM-Methode. In: Informatik – Zeitschrift der schweizerischen Informatikorganisationen, 2 (1995) 1, S. 15-23.

Sinz, E. J.: Das Entity-Relationship-Modell (ERM) und seine Erweiterungen. In: Handbuch der modernen Datenverarbeitung – Theorie und Praxis der Wirtschaftsinformatik, 27 (1990) 152, S. 17-29.

Spek, R.v.d.; de Hoog, R.: Towards a methodology for knowledge management. Technical Note Knowledge Management Network. 23. November 1994. URL: http://ceres.cibit.nl/web/kmn/pospaper.nsf.

Stocker, T.: Die Kreativität und das Schöpferische. Frankfurt a.M. 1988.

Striening, H.-D.: Rationalisierungsanalysen und -maßnahmen im Gemeinkostenbereich. In: Witt, F.-J. (Hrsg.): Aktivitätscontrolling und Prozeßkostenmanagement. Stuttgart 1991, S. 131-149.

Striening, H.-D.: Prozeß-Management. Frankfurt a.M. 1988, S. 20-50.

Sveiby K. E.; Lloyd T.: Das Management des Know-how. Führung von Beratungs-, Kreativ- und Wissensunternehmen. Frankfurt 1990.

Taylor, D. A.: Business Engineering with Object Technology. New York et al. 1995.

Teufel, T.; Ertl, F.: Prozeßorientierte Einführung mit dem R/3-Analyzer. In: SAPInfo – Business Reengineering 1995, S. 22-24.

Teufel, T.: Wertschöpfung pur. Der Business Engineer hilft Michehls auf die Sprünge. In: SAPInfo – Erfolg durch IT-Management, Mittelstand, S. 50-52. Heft November 1997.

Thome, R.; Hufgard, A.: Continuous System Engineering – Entdeckung der Standardsoftware als Organisator. Würzburg 1996.

Tushman, M.L.; O'Reilly, C.A.: Unternehmen müssen auch den sprunghaften Wandel meistern. In: Harvard Business Manager, 20. Jahrgang, Band 1/1998.

Uhle, M.: Die LEGO Story. Der Stein der Weisen. Frankfurt 1998.

Vester, F.: Standpunkt – Die totale Information. In: Bild der Wissenschaft, Juli 1995, S. 14-15.

Vikas, K.; Beinhauer, M.: Gemeinkostencontrolling im System der Grenzplankostenrechnung. In: Männel, W.; Müller, H. (Hrsg.): Modernes Kostenmanagement. Grenzplankostenrechnung als Controllinginstrument. Beiträge der Plaut Gruppe. Wiesbaden. 1995, S. 99-109.

Warnecke, H.J.: Die Fraktale Fabrik – Revolution der Unternehmensstruktur. Reinbek bei Hamburg 1996.

Weisberg, R.: Kreativität und Begabung. Was wir mit Mozart, Einstein und Picasso gemeinsam haben. Heidelberg 1989.

Wildemann, Horst: Virtuelle Markplätze: die Zukunft des industriellen Einkaufs. In: Frankfurt Allgemeine Zeitung vom 11. Oktober 1999, S. 34.

Wöhe, G.: Einführung in die Allgemeine Betriebswirtschaftslehre. 19. Auflage, München 1996.

Wolf, K.; Holm, Ch.: Total Cost of Ownership: Kennzahl oder Konzept. In: IM Fachzeitschrift für Information Management & Consulting, Ausgabe 2/98, S. 19-23.

Wüthrich, H.A.; Philipp, A.F.: Virtuelle Unternehmen – Leitbild digitaler Geschäftsabwicklung. In: Hermanns A.; Sauter, M.: Management-Handbuch Electronic Comerce. München 1999, S. 49-60.

Zencke, P.: Modellgestützte R/3-Systemkonfiguration für eine Betriebswirtschaft des Wandels. In: SAPInfo – Continuous Business Engineering, S. 6-9.

Zerdick, A.; et al: Die Internet-Ökonomie. Strategien für die digitale Wirtschaft. European Communication Council Report. Berlin/Heidelberg/New York 1999.

Autoren

Jürgen Röhricht

Jürgen Röhricht war bei der SAP seit 1994 als Berater im Bereich Rechnungswesen tätig. Dort hat er in mehreren nationalen und internationalen Projekten bei Großkonzernen aber auch bei mittelständischen Unternehmen Erfahrung mit der Einführung und der Funktionalität des R/3-Systems gesammelt. Als Teilprojektleiter und Rollout-Verantwortlicher hat er ebenfalls die Vorgehensweise und Methodik der Prozeßorientierung in Geschäftsprozeß-Optimierungs- und Organisationsmodellierungs-Projekten aktiv praktiziert. Von August 1998 bis November 1999 war er im Bereich Corporate Marketing als Marketing Manager für SAPs Implementierungslösungen verantwortlich. Heute ist er als Marketingleiter für das gesamte Marketing der SAP Internet Solutions Tochtergesellschaft e-SAP.de verantwortlich.

Thomas Teufel

Thomas Teufel ist seit 1993 bei der SAP AG beschäftigt und praktizierte den prozeßorientierten Ansatz in verschiedenen Beratungsprojekten. Seine Schwerpunkte liegen bei der Prozeßgestaltung und bei der kreativen Methodik im Bereich des Knowledge Managements. Nach dem Motto: „Mapping the Maps“ arbeitet er momentan an einem Branchentemplate und ist zusätzlich als Dozent an der FH-Mannheim im wissenschaftlichen Bereich tätig.

Birgit Teufel-Weiss

Birgit Teufel-Weiss ist seit 1994 als Beraterin im Bereich Rechnungswesen tätig. Sie ist bei einem SAP Logopartner, der SFO GmbH in Konstanz, beschäftigt und arbeitet mit einem Beraterteam an einer Mittelstandslösung (R/3 Ready-to-work). Sie setzt sich hauptsächlich für einfache und pragmatische Wege bei einer R/3-Implementierung ein, die speziell für den Mittelstand als Zielgruppe von Bedeutung sind.

Peter Willems

Peter Willems ist seit 1994 bei der SAP AG in der Logistik Beratung beschäftigt. Nach dreijähriger Tätigkeit als Applikations- und Integrationsberater im Bereich Vertrieb und Servicemanagement arbeitet er seit Ende 1997 hauptsächlich als Projektleiter bei prozeßorientierten Einführungen von SAP R/3.

Stichwortverzeichnis

L

M

N

O

P

R

S